WIELKIE MOWY HISTORII

2006
POLITYKA

TOM 1
Od Mojżesza do Napoleona

TOM 2
Od Lincolna do Stalina

TOM 3
Od Hitlera do Eisenhowera

TOM 4
Od Kennedy'ego do Ratzingera

WIELKIE MOWY HISTORII

OD LINCOLNA

DO STALINA

TOM 2

Wybór i opracowanie:
Tadeusz Zawadzki
Redakcja:
Marek Gumkowski
Projekt graficzny:
Teresa Oleszczuk

Autorzy komentarzy:
Edwin Bendyk, Krzysztof Burnetko, Marek Gumkowski (mag), Zbigniew Kwiecień (zk), Anna Łabuszewska, Joanna Podgórska, Tomasz Sieniuć (ts), Adam Szostkiewicz (Aszo), Krzysztof Trawkowski (katraw), Tadeusz Zawadzki (TZ)
Tłumaczenie:
Tłumacze: Monika Beyer, Jerzy Bokłażec, Paweł Bravo, Jolanta Darczewska, Karina Ewa Frelek, Tomasz Krzyżanowski, Halina Lubicz-Trawkowska, Anna Łabuszewska, Zbigniew Mach, Ewa Mazurek, Małgorzata Olszewska, Aleksandra Przegalińska, Lidia Rafa, Piotr Rączka, Henryk Stanke, Elżbieta Żelazna
Współpraca: Anna Brzezińska, Barbara Chojnacka, Hanna Hartwig, Halina Lubicz-Trawkowska, Agnieszka Mitraszewska, Zbigniew Sala, Halina Thylwe, Maciej Zglinicki, Elżbieta Żelazna

Fotoedycja:
Anna Amarowicz, Wojciech Leliński
Sekretarz redakcji:
Ewa Zduńska
Korekta:
Marianna Chałupczak, Grażyna Henel

Druk i oprawa: Olsztyńskie Zakłady Graficzne, Printed in Poland

POLITYKA Spółdzielnia Pracy
02-309 Warszawa, ul. Słupecka 6
tel. 022 451 60 11; faks 022 451 61 35
e-mail: polityka@polityka.pl; www.polityka.pl

Indeks 22278X
ISBN 83-922734-0-0 [całość]
ISBN 83-922734-2-7 [tom II]

SPIS TREŚCI

OD LINCOLNA
DO STALINA

William COBBETT

1763–1835, syn farmera, polityk i publicysta. Początkowo był torysem, później radykalnym stronnikiem drobnych rolników.

WILLIAM COBBETT **miał burzliwe życie, dość wspomnieć, że dwukrotnie musiał uciekać do Ameryki – choć zwalczał jej demokrację. Zjadliwy publicysta – doczekał się przydomka Piotruś Jeżozwierz – przesiedział nawet dwa lata w więzieniu za oszczerstwo. Wykorzystując swój dwupensowy tygodnik „Political Register", przeciwstawiał się industrializacji, obwiniając przemysł za wszelkie zło w kraju. Po powtórnym pobycie w USA wrócił do kraju w 1819 r. bez grosza i bez wpływów politycznych. Ponownie zaangażował się po stronie rolników, wspierając m.in. protesty robotników rolnych w południowej Anglii. Cobbett działał także na rzecz reformy brytyjskiego systemu wyborczego, co skądinąd zaowocowało mandatem do Parlamentu. W Parlamencie walczył m.in. o skrócenie czasu pracy dzieci w fabrykach. Debata nad projektem ustawy, tzw. *Factory Act*, była burzliwa – Cobbett zaangażował w niej cały swój talent oratorski. Ostatecznie w 1833 r. uchwalono prawo zakazujące dzieciom w wieku 9–13 lat pracy dłuższej niż 9 godzin dziennie, a młodzieży (13–18 lat) – 12 godzin, oraz regulujące pojęcie dnia pracy. Ustawa dotyczyła zresztą tylko przemysłu włókienniczego – na kolejne zmiany trzeba było jeszcze długo czekać. Pikanterii całej sprawie dodaje fakt, że niemal jednocześnie toczyła się debata o zniesieniu niewolnictwa, którego zakazano w tymże 1833 roku. W dyskusji nad *Factory Act* często powoływano się na fakt, że byli niewolnicy mieli pracować nie dłużej niż 7,5 godziny dziennie. Nawiasem mówiąc, Cobbettowi zawdzięczamy, choć pośrednio, jeszcze jedno pojęcie, które na trwałe weszło do kultury i polityki. O nim właśnie pisząc, William Hazlitt – znany wówczas brytyjski pisarz i eseista – po raz pierwszy użył określenia „czwarta władza".** (TZ)

WILLIAM COBBETT

PRACA TRZYSTU TYSIĘCY MAŁYCH DZIEWCZYNEK W LANCASHIRE

POLEMIKA Z PRZECIWNIKAMI USTAWY O OGRANICZENIU CZASU PRACY NIELETNICH, WYSTĄPIENIE W IZBIE GMIN, 1833

Pozwolę sobie poczynić jedną małą uwagę na ten temat; a mianowicie taką, że ta „zreformowana" Izba dziś wieczorem dokonała odkrycia większego niż wszystkie poprzednie odkrycia Izby Gmin razem wzięte. Dotychczas mówiono nam nieraz, że nasze statki, nasz obrót handlowy odbywający się dzięki tym statkom, jak również nasi zamożni kupcy; wszystko to, mawiano, jest źródłem naszego bogactwa, potęgi i bezpieczeństwa. Bywało też, że na pierwszy plan wysuwała się ziemia, dopominając się, aby ją i jej właścicieli postrzegano jako stabilny i pewny fundament naszej wielkości i naszego bezpieczeństwa. Kiedy indziej z kolei to banki występowały przed szereg ze swoimi żądaniami uznania, przekonując, że wszystkie te wspaniałe instytucje byłyby niczym bez „kredytu publicznego", od którego zależy nie tylko prosperity i szczęście, ale również sama niezależność naszego kraju. Jednak dziś wieczorem odkryliśmy, że i przewóz statkami, i ziemia, i banki i ich kredyty są niczym w porównaniu z pracą trzystu tysięcy małych dziewczynek w Lancashire. Mało tego, są niczym w porównaniu z zaledwie ósmą częścią pracy tych trzystu tysięcy małych dziewczynek, które, jeśli będą pracowały zaledwie o dwie godziny dziennie mniej, spowodują topnienie bogactwa, topnienie kapitału, topnienie zasobów, osłabienie potęgi i chwały Anglii! Z jakąż dumą i z jakąż przyjemnością szanowny pan naprzeciwko i dostojny poseł reprezentujący Manchester siedzący za mną, udadzą się na północ z wieścią o tym odkryciu i zakomunikują o nim małym dziewczynkom, które mają honor i szczęście reprezentować.

PRZEŁ. EWA MAZUREK

Thomas Babington MACAULAY

1800–1859, brytyjski poeta, historyk i polityk z liberalnej partii wigów, autor m.in. *Historii Anglii*, współzałożyciel Towarzystwa Antyniewolniczego.

THOMAS MACAULAY już w 1830 r. ogłosił esej wzywający do zniesienia dyskryminacji Żydów. Polegała ona na utrudnieniach w dostępie do stanowisk i urzędów publicznych – na przykład w wymiarze sprawiedliwości lub w Parlamencie – pod pretekstem, że w państwie chrześcijańskim należą się one chrześcijanom. W dziejach Anglii – jak w dziejach prawie całej Europy, kiedy dominował w niej sojusz chrześcijańskich władców z przywódcami Kościoła – odnotowano liczne przypadki dyskryminacji Żydów. W 1290 r. król Edward I nakazał wypędzić Żydów z Anglii, kiedy nie dostarczyli mu dostatecznych funduszy na sfinansowanie wojny. Restrykcje antyżydowskie złagodził dopiero Oliver Cromwell (zob. t. 1, s. 199) w XVII w. W XIX w., pod wpływem idei Oświecenia, rewolucji francuskiej i rodzimej angielskiej myśli liberalnej, toczyła się na Wyspach dyskusja o emancypacji (równouprawnieniu Żydów i katolików). Macaulay przeniósł ją do Parlamentu, gdzie wygłosił swą słynną mowę w poparciu ustawy wniesionej przez Roberta Granta (1779–1838), brytyjskiego prawnika i polityka. Przekonał Izbę Gmin, ale Izba Lordów ustawę emancypacyjną odrzuciła. Ostatecznie uchwalono ją i wprowadzono w życie w 1845 r. Jednym z najwybitniejszych brytyjskich mężów stanu tamtej epoki był Benjamin Disraeli (1804–1881), premier w 1868 i 1847–1880 – jedyny premier brytyjski pochodzenia żydowskiego, ale Disraeli został ochrzczony w Kościele anglikańskim i jako chrześcijanin nie podlegał dyskryminacji. (Aszo)

THOMAS BABINGTON MACAULAY

PRZECIWKO DYSKRYMINACJI ŻYDÓW

IZBA GMIN, 17 KWIETNIA 1833

Panie Warburton[1], przypominam sobie, jak i mój czcigodny przyjaciel, poseł z uniwersytetu w Oksfordzie[2] sobie przypomni, że kiedy ten temat był podnoszony trzy lata temu, osoba, którą obaj cenimy i której stratę opłakujemy[3], zauważyła, że siła sprawy żydowskiej jest niewygodna dla jej orędownika, ponieważ wygłoszenie przemówienia na jej temat, bez znużenia słuchaczy powtarzaniem prawd ogólnie znanych, jest właściwie niemożliwe. Jeśli sir James Mackintosh[4] wyczuwał tę trudność, kiedy kwestia ta po raz pierwszy pojawiła się w tej Izbie, to żałuję, lecz nie jestem w stanie podać teraz argumentów, które mogłyby wnieść do sprawy coś nowego.

Mój czcigodny przyjaciel, poseł z uniwersytetu w Oksfordzie, rozpoczął swoje przemówienie od stwierdzenia, że nie ma najmniejszego zamiaru podawać w wątpliwość zasady wolności religijnej. Bezwzględnie jest przeciwny prześladowaniom, trzeba dodać prześladowaniom w jego rozumieniu. W jego mniemaniu prześladowaniem byłoby powieszenie Żyda lub obdarcie go ze skóry, lub wyrwanie mu zębów, lub uwięzienie go czy też nałożenie na niego grzywny; ponieważ każdy człowiek, wiodący spokojny żywot ma prawo do życia, kończyn, do wolności osobistej i własności. Lecz, jak mówi mój czcigodny przyjaciel, nie jest prześladowaniem wykluczenie jednej osoby lub całej klasy/grupy ze sprawowania stanowisk; bo nikt nie ma prawa do stanowisk: w każdym hrabstwie nominacje na stanowiska podlegają takim regulacjom, jakie ustanowi najwyższa władza; żaden członek społeczności nie może zaskarżyć tych regulacji jako niesprawiedliwych. Objęcie stanowiska to nie prawo, lecz przywilej. Ten, kto nie obejmuje stanowiska, nie jest krzywdzony; jest w sytuacji, w której siłą rzeczy znajduje się znaczna większość ludzi w każdym społeczeństwie. W Wielkiej Brytanii jest 25 milionów chrześcijan bez stanowisk; jeśli oni nie narzekają, dlaczego 25 tysięcy Żydów, będących w tej samej sytuacji, narzeka? W ten sposób mój czcigodny przyjaciel przekonał samego siebie, że byłby to absurd, gdyby on lub ja mielibyśmy za złe, że nie jesteśmy sekretarzami stanu, więc musi to być jeszcze większy absurd, że Żydzi są skrzywdzeni, ponieważ, jako naród, są wykluczeni z zatrudnienia w resorcie publicznym.

Mój czcigodny przyjaciel z pewnością nie mógł przewidzieć, do jakich wniosków może prowadzić jego rozumowanie. Te wnioski są tak monstrualne, że jestem pewien, że wzdra-

1 Zapewne Henry Warburton (1784–1858), brytyjski kupiec i polityk, naukowiec amator, m.in. prezes Towarzystwa Geologicznego, działacz na rzecz reform w medycynie, 1826–1841 członek Parlamentu.

2 Robert Harry Inglis (1786–1855), brytyjski polityk konserwatywny, w latach 1830–1854 deputowany z uniwersytetu w Oksfordzie, przeciwnik wszelkich praw osłabiających pozycję Kościoła anglikańskiego, m.in. emancypacji Żydów.

3 William Huskisson (1770–1830), brytyjski finansista i polityk, dziś pamiętany raczej jako pierwsza w historii ofiara wypadku kolejowego, zginął pod kołami lokomotywy *Rocket* Stephensona.

4 James Mackintosh (1765–1832), szkocki katolik, z wykształcenia prawnik, działał jako dziennikarz, sędzia, filozof, polityk, publicysta, obrońca praw człowieka.

gałby się przed nimi. Czy naprawdę miał na myśli to, że nie byłoby niesłuszne wydanie przez legislaturę ustawy, mówiącej o tym, że sędzią może zostać tylko człowiek, który waży 72 kg lub, że członkiem Parlamentu może zostać tylko osoba, która ma sześć stóp wzrostu? Wkrótce mamy zatwierdzić ustawę dla rządu Indii. Gdybyśmy zawarli w tej ustawie ustęp, że nikt, kto nie jest absolwentem uniwersytetu w Oksfordzie, nie może zostać gubernatorem generalnym lub jakimkolwiek gubernatorem, czy mój czcigodny przyjaciel, reprezentujący uczone grono, nie sprzeciwiłby się tak niesprawiedliwemu ustępowi? I czy odpowiedź mu udzielona (jego własnymi słowami), że wyznaczenie na stanowisko to przywilej i że wyłączenie jednej osoby lub całej grupy z tego przywileju nie jest niesprawiedliwe, byłaby dla niego satysfakcjonująca? Z pewnością, po zastanowieniu, musiałby przyznać, że wyznaczanie publicznych stanowisk nie może podlegać samowolnym regulacjom, które nie mają żadnych podstaw poza zwykłym kaprysem oraz, że ci, którzy wykluczają jakąś grupę z zatrudniania w resorcie publicznym, muszą wskazać poważny ku temu powód.

Mój czcigodny przyjaciel zwrócił się do nas jako chrześcijan. Niech mi będzie wolno zatem zapytać go, jak rozumie to wielkie przykazanie, obejmujące prawo i proroków. Czy możemy mówić: „Nie czyń drugiemu, co tobie niemiłe", jeśli bez powodu zadajemy im choćby najmniejszy ból? Jako chrześcijanie powinniśmy rozważyć po pierwsze, że odmawiając Żydom publicznego zaufania, wyrządzamy im krzywdę; po drugie, czy wyrządzanie tej krzywdy jest konieczne w celu uniknięcia większego zła. Mój czcigodny przyjaciel nie będzie dyskutował z faktem, iż odmawiając im zaufania publicznego, wyrządzamy im krzywdę. Zatem, jako chrześcijanin, powinien złagodzić tę krzywdę, chyba że potrafi wykazać, czego z pewnością jeszcze nie uczynił, że dla dobra ogółu niezbędne jest, by dalej cierpieli.

Lecz gdzie powinniśmy się zatrzymać, mój przyjaciel pyta, jeśli już wpuścimy do Izby Gmin ludzi, którzy negują znaczenie Ewangelii? Czy wpuścimy muzułmanów? Czy wpuścimy Parsów? Czy wpuścimy Hindusa, który czci bryłę kamienną z siedmioma głowami? Odpowiem na pytanie mojego czcigodnego przyjaciela pytaniem. Co ma na myśli, mówiąc „zatrzymać"? Czy jest gotowy smażyć niewierzących na wolnym ogniu? Jeśli nie, powiedzmy mu dlaczego: i podejmę się uwodnić, że jego rozumowanie jest tak rozstrzygające przeciwko nietolerancji, którą uważa za obowiązek, jak przeciwko nietolerancji, którą uważa za przestępstwo. Wystarczy raz uznać, że można wyrządzać krzywdę człowiekowi, ponieważ jest innej wiary, niech ktokolwiek spróbuje potem określić, gdzie powinniśmy się zatrzymać. Dlaczego zatrzymać się w punkcie wyznaczonym przez mojego czcigodnego przyjaciela, a nie w punkcie wyznaczonym przez posła z Oldham[5], który uznałby, że Żydzi powinni być pozbawieni prawa do posiadania ziemi? I dlaczego zatrzymać się w punkcie wyznaczonym przez posła z Oldham, a nie w punkcie, który wyznaczyłby hiszpański inkwizytor w XVI wieku? Kiedy wkroczysz na drogę prześladowań, spróbuj znaleźć powód, dla którego miałbyś się zatrzymać, zanim dotrzesz do rozwiązań ekstremalnych. Kiedy mój czcigodny przyjaciel mówi nam, że pozwoli Żydom na posiadanie dowolnej ilości ziemi, ale, że nie pozwoli na posiadanie choćby najmniejszej władzy politycznej, sam sobie zaprzecza. Własność

5 Tj. Williama Cobbetta, zob. s. 8.

to władza. Czcigodny poseł z Oldham rozumuje lepiej niż mój przyjaciel. Czcigodny poseł z Oldham jasno dostrzega, że niemożliwe jest pozbawienie politycznej władzy człowieka, jeśli jest on posiadaczem połowy kraju, dlatego konsekwentnie proponuje konfiskatę ziem należących do Żydów. Lecz nawet czcigodny poseł z Oldham nie posuwa się wystarczająco daleko. Nie zaproponował konfiskaty dóbr osobistych Żydów. Chociaż jest oczywiste, że każdy żydowski milioner może łatwo stać się ważną osobą w państwie. W ten sposób od władzy politycznej przechodzimy do własności ziemskiej, od własności ziemskiej do dóbr osobistych, od własności do wolności i od wolności do życia. W rzeczywistości prześladowcy, używający koła tortur i stosu, mają wiele na swoją obronę. Są przekonani, że ich cel jest dobry: a trzeba przyznać, że środki, z których korzystają, raczej muszą osiągnąć cel. Innowierstwo wielokrotnie było tłumione przez okrutne prześladowania. W ten sposób pozbyto się albigensów. W ten sposób protestantyzm był tłumiony w Hiszpanii i we Włoszech, tak że od tej pory nie podniósł głowy. Lecz rzucam wyzwanie, by ktoś odnalazł przykład, kiedy postępowanie, które teraz rozważamy, przyniosło inny skutek niż złość i zawziętość prześladowanych. Mój czcigodny przyjaciel powinien prześladować aż do osiągnięcia celu albo w ogóle. On nie lubi słowa „prześladowanie", wiem. Nie przyzna, że Żydzi są prześladowani. Mimo to jestem pewien, że wolałby być wysłany do więzienia Ławy Królewskiej[6] na trzy miesiące lub zostać skazanym na grzywnę w wysokości 100 funtów, niż być przedmiotem ograniczeń nałożonych na Żydów. Dlaczego w takim razie twierdzi, że nałożenie tych ograniczeń nie jest prześladowaniem, więzienie zaś i grzywna nim jest? Całe jego rozumowanie opiera się na wyznaczaniu umownych granic. Tego, co chce narzucić, nie nazwie prześladowaniem. To, co odbiera Żydom, nazywa władzą polityczną. Żyd nie może zasiadać w Parlamencie; ale może być właścicielem wszystkich kamienic w dzielnicy. Może mieć więcej lokatorów niż ktokolwiek inny w królestwie. Może serwować wyborcom smakołyki, by zadowolić ich podniebienia i zatrudnić bandy Cyganów, by rozwalić im głowy, tak jak by był chrześcijaninem i markizem. Cała reszta tego systemu jest taka sama. Żyd może być ławnikiem, lecz nie sędzią. Może decydować o faktach, lecz nie o prawie. Może dawać setki tysięcy funtów odszkodowania, lecz nawet w najbardziej trywialnej sprawie nie może wnosić o odwołanie? Może rządzić rynkiem finansowym, wpływać na kursy wymiany, może być wezwany do kongresu cesarzy i królów. Wielcy potentaci, zamiast negocjować z nim pożyczkę poprzez przywiązanie go do krzesła i wyrywanie trzonowców, mogą traktować go jak potentata i przekładać wojny lub podpisanie traktatów aż do czasu, gdy to z nim ustalą. To słuszny stan rzeczy; lecz nie może on zostać królewskim doradcą. Nie może być nazywany czcigodnym, bo to jest władza polityczna. I kogo staramy się oszukać w ten sposób? Nawet Wszechwiedzącego, drogi panie. Zostało powiedziane, że Żydzi są w niełasce Bożej i jeśli damy im władzę polityczną, Bóg nas osądzi. Czy uważamy zatem, że Bóg nie potrafi rozróżnić między istotą rzeczy a formą? Czy On nie wie, że odmawiając Żydom pozorów i władzy politycznej tylko z nazwy, tak naprawdę oddajemy im istotę? Prawda jest taka, że

6 King's/Queen's Bench: jeden z najstarszych sądów angielskich, ukształtowany w średniowieczu. Od 1873 oddział Najwyższego Trybunału Sprawiedliwości Anglii i Walii.

opinie mojego czcigodnego przyjaciela idą w jednym kierunku, jego zaś serce w drugim. Waha się pomiędzy dwoma opiniami. Stara się osiągnąć kompromis pomiędzy zasadami, które nie uznają kompromisów. Idzie w kierunku nietolerancji. Po czym zatrzymuje się, nie będąc w stanie podać powodu zatrzymania się. Lecz ja znam ten powód. Jest to jego człowieczeństwo. Ci, którzy w przeszłości wlekli Żyda przywiązanego do końskiego ogona i przypalali jego brodę płonącymi krzewami janowca, byli znacznie gorsi niż mój czcigodny przyjaciel; lecz byli bardziej konsekwentni niż on.

Usłyszeliśmy, że Żyd sądzący kogoś za bluźnierstwo to byłby straszny widok. Moim zdaniem, strasznym widokiem jest jakikolwiek sędzia, sądzący kogoś za bluźnierstwo według obecnego prawa. Lecz jeśli prawo w tym zakresie byłoby słuszne, nie widzę powodu, dla którego sumienny Żyd nie mógłby sądzić bluźniercy. Myślę, że każdy człowiek ma prawo dyskutować o świadectwie wiary; lecz nikt nie ma prawa zmuszać niechętnych oczu i uszu do dźwięków i widoków, które mogą powodować zdenerwowanie i irytację. To rozróżnienie jest jasne. Uważam, że niesłuszne jest karanie kogoś za sprzedaż *Wieku rozumu* Paine'a[7] na zapleczu sklepu tym, którzy chcą go kupić, lub za wygłaszanie deistycznego wykładu w prywatnym pokoju dla tych, którzy chcą słuchać. Lecz jeśli ktoś wystawia w oknie przy głównej ulicy Londynu – Stand – obrzydliwą karykaturę czegoś, co jest obiektem podziwu i admiracji dziewięćset dziewięćdziesięciu dziewięciu osób na każdy tysiąc, przechadzających się po tej ulicy; jeśli ktoś w miejscu publicznym używa obelżywych epitetów w stosunku do nazwisk osób szanowanych przez wszystkich chrześcijan; taki człowiek, w moim mniemaniu, winien być srogo ukarany, nie za opinie różne od naszych, lecz za naprzykrzanie się, wywołujące u nas zasmucenie i obrzydzenie. Nie ma prawa urażać naszych uczuć, narzucając nam swoje lekceważenie i usprawiedliwiając to swoim prawem do wypowiadania się, tak samo jak nie ma prawa otworzyć rzeźni koni zaraz obok naszych domów, opierając się na swoim prawie do własności, czy biegać nago po ulicach, odwołując się do prawa do przemieszczania się. Bezsprzecznie posiada prawo do wypowiedzi, jak i do własności i przemieszczania się. Lecz musi ich tak używać, by nie naruszyć praw innych ludzi.

To, mój panie, są zasady, na których oparłbym prawo o bluźnierstwie; i jeśli w ten sposób byłoby ono sformułowane, nie rozumiem, dlaczego Żyd nie mógłby go egzekwować tak samo jak chrześcijanin. Nie jestem katolikiem; lecz jeśli byłbym sędzią na Malcie, nie miałbym skrupułów, by karać zajadłego protestanta, który paliłby kukłę papieża na oczach tysięcy rzymskich katolików. Nie jestem muzułmaninem; lecz jeśli byłbym sędzią w Indiach, nie miałbym skrupułów, by karać chrześcijanina, który sprofanowałby meczet. Dlaczego zatem miałbym wątpić, że Żyd, kompetentny, prawy i wykształcony tak, by zasiadać w ławie sędziowskiej, miałby nie postąpić słusznie z człowiekiem, który w chrześcijańskim kraju obraził religię chrześcijańską?

7 Thomas Paine (1737–1809), angielski pisarz i intelektualista, jeden z Ojców Założycieli USA – w broszurze *Common Sense* nawoływał do niepodległości kolonii; w 1787 wrócił do Anglii; popierał rewolucję francuską. Po wydaniu broszury *Prawa człowieka* zagrożony aresztowaniem uciekł do Francji. Tam wybrany do Zgromadzenia Narodowego, ale w grudniu 1793 osadzony w więzieniu przez jakobinów. Uwolniony po upadku Robespierre'a w listopadzie 1794, przez krótki czas zwolennik Napoleona, w 1802 wrócił do Ameryki.

Lecz, mówi mój czcigodny przyjaciel, zostało przepowiedziane, że Żydzi będą wędrowcami świata i nie powinni być traktowani na równi z narodami krajów, w których się zatrzymają. Jestem całkowicie pewien, panie, że mogę wskazać, że to nie jest przesłanie żadnego z proroctw zawartych w Piśmie Świętym. Niezaprzeczalnym faktem jest, że w Stanach Zjednoczonych Ameryki obywatele żydowscy posiadają wszystkie przywileje obywateli chrześcijańskich. Zatem, jeśli proroctwa głoszą, że Żydzi, w trakcie swoich wędrówek nigdy nie będą przyjęci do innych narodów na równych prawach politycznych, proroctwa te są fałszywe. Lecz proroctwa z pewnością nie mogą być fałszywe. Zatem znaczenie im przypisywane przez mojego czcigodnego przyjaciela nie jest słuszne.

Kolejnym zarzutem, zawartym w tym wniosku, jest stwierdzenie, że Żydzi czekają na przyjście wielkiego zbawcy, na powrót do Palestyny, na odbudowanie świątyni, odrodzenie ich wiekowego wyznania i z tego powodu Anglię będą zawsze uważali za miejsce wygnania, nie zaś za swoją ojczyznę. Lecz z pewnością, panie, byłoby wyrazem wielkiej ignorancji natury ludzkiej sądzić, że oczekiwanie na wydarzenie, które ma nadejść w czasie bliżej nieokreślonym, wydarzenie, które jest na próżno oczekiwane od wielu wieków, wydarzenie, którego nadejścia nie spodziewają się w trakcie swojego życia, życia swoich dzieci lub wnuków nawet ci, którzy głęboko w nie wierzą, że takie wydarzenie może zajmować ich myśli na tyle, że nie zważają na to, co jest tu i teraz i na pewno. W istocie chrześcijanie, tak samo jak Żydzi, wierzą, że obecny stan rzeczy kiedyś się skończy. Wielu chrześcijan wierzy, że Jezus zstąpi na ziemię, by nią władać przez tysiąc lat. Zwolennicy proroctwa posunęli się aż do wyznaczenia roku, w którym rozpocznie się tysiącletnie władanie Chrystusa. Wydaje mi się, że w przeważającej opinii jest to rok 1866, lecz zdaniem niektórych komentatorów ten czas nadejdzie wkrótce. Czy powinniśmy wykluczyć wszystkich zwolenników tego proroctwa z Parlamentu i urzędów pod pretekstem ich niecierpliwego oczekiwania cudownej monarchii, która zastąpi obecną dynastię oraz obecną konstytucję i w związku z tym nie mogą być szczerze oddani królowi Williamowi?[8]

Mój czcigodny przyjaciel, poseł z uniwersytetu w Oksfordzie, powinien wziąć pod uwagę bardzo ważny fakt – żydowska religia jest najmniej szkodliwa ze wszystkich błędnych religii.

Nie ma najmniejszej szansy, by religia ta się rozprzestrzeniła. Żydzi nie mają zamiaru nawracać. Można powiedzieć , że odrzucają neofitów. Uważają prawie za karygodne założenie, że jeśli ktoś nie należy do ich rasy, może należeć do ich religii. Dlatego nie dziwne jest, że konwersja z chrześcijaństwa na judaizm jest wydarzeniem rzadszym niż zaćmienie słońca. W zeszłym wieku była jedna znacząca konwersja – lorda George'a Gordona[9]; i historia jego przechrzczenia powinna być zapamiętana. Bo jeśli kiedykolwiek istniał neofita, z którego sekta nowej wiary winna być dumna, był nim właśnie lord George; nie tylko dlatego, że był

8 William (Wilhelm) IV (1765–1837), od 1830 król Wielkiej Brytanii i Hanoweru.

9 George Gordon (1751–1793), ekscentryczny polityk brytyjski, w 1786 ekskomunikowany przez arcybiskupa Canterbury, w 1787 oskarżony o zniesławienie królowej Francji, Marii Antoniny, uciekł do Holandii, odesłany do Anglii, aresztowany i w styczniu 1788 skazany na siedem lat więzienia w Newgate. Na krótko przedtem przeszedł na judaizm.

dobrze urodzony, nie tylko dlatego, że był członkiem legislatury; lecz również dlatego, że został dotknięty nietolerancją, powiem nawet wrogością, wobec jego własnej formy chrześcijaństwa. Lecz czy został zwabiony do synagogi? Czy w ogóle miło był tam widziany? Nie, panie; z niechęcią i dystansem pozwolono mu dzielić hańbę i cierpienie ludu wybranego, lecz zdecydowanie odsunięto go od przywilejów. Przeszedł bolesny obrządek wymagany przez ich prawo. Lecz kiedy na łożu śmierci błagał, by pochowano go zgodnie z ich ceremonią, powiedziano mu, że jego prośba nie może zostać spełniona. (Rozumiem te okrzyki „Słuchajcie!"). Przypomina mi to, że jednym z argumentów przeciwko temu wnioskowi jest fakt, że Żydzi są nieprzystępnym narodem, że trzymają się blisko siebie i z daleka od obcych. Zaprawdę zabawne jest porównywanie sposobu, w jaki wcześniej pewni dżentelmeni kwestionowali emancypację katolików[10], ze sposobem kwestionowania emancypacji Żydów przez tych samych dżentelmenów. Kiedy zaistniała kwestia emancypacji katolików, odzew brzmiał: „Zobaczcie, jaki duch Kościoła rzymskiego jest nieugięty, nieobliczalny, ekspansywny, przymilny. Zobaczcie, jak jego księża przemierzają wody i morza, by nawrócić jedną osobę, jak niestrudzenie pracują, jak szczegółowo studiują słabe i silne części każdego charakteru, jak zręcznie korzystają z literatury, sztuki, nauk jako środków propagowania ich wiary. Znajdziecie ich w każdym regionie, w każdym przebraniu, badających manuskrypty w bibliotece Bodleian[11], ustawiających teleskopy w obserwatorium w Pekinie, uczących zastosowania pługu i kołowrotka dzikusów w Paragwaju. Czy oddacie władzę członkom Kościoła tak zajętym, agresywnym, nienasyconym?" Teraz kwestia dotyczy ludzi, którzy nigdy nie kuszą obcych, by się do nich dołączyli, i którzy nie życzą sobie, by ciało nie z ich krwi, było ich wiary. I teraz wykrzykniecie: „Czy oddacie władzę członkom sekty, która trzyma się z dala od innych sekt, która nie zaprasza, mało powiedziane, która rzadko kiedy przyjmuje neofitów?" Prawda jest taka, że fanatyzm nigdy nie przyjmuje żadnego tłumaczenia. Kiedy będziemy się ubiegać o tolerancję dla jakiejkolwiek sekty, nietolerancyjni ludzie zawsze będą oświadczać, że cechy szczególne tej sekty są odpychające i niebezpieczne, przynajmniej na ten czas. Jeśli chodzi o Żydów, to fakt, że są nieprzystępni w kwestii religii, jest prawdziwy; tym lepiej – bo z pewnością jako chrześcijanie nie chcielibyśmy, by narzucali nam się ze swoją wiarą. Lecz to, że Żydzi będą nieprzystępnymi członkami społeczeństwa, jeśli społeczeństwo wypełni swój obowiązek w stosunku do nich, nie zostało jeszcze dowiedzione. Mój czcigodny przyjaciel, który zwrócił się z wnioskiem, który omawiamy, przedstawił wiele dowodów na masowe propagowanie fałszywego obrazu Żydów; i dowody te nie zostały obalone przez mojego czcigodnego przyjaciela, posła z uniwersytetu w Oksfordzie. Lecz co by było, gdyby prawdą okazało się twierdzenie, że Żydzi są nieprzystępni? Że faktycznie nie uważają Anglii za swoją ojczyznę? Czy traktowanie, którego doświadczyli, nie tłumaczyłoby i nie usprawiedliwiało ich antypatii w stosunku do społeczeństwa, w którym żyją? Czy podobna antypatia nie była często odczuwana przez chrześcijan wobec społeczeństw, które ich prześladowały? Co się stało z patriotyzmem katolików, kiedy wpro-

10 Ustawa o równouprawnieniu katolików została uchwalona w kwietniu 1829.
11 Główna biblioteka naukowa uniwersytetu w Oksfordzie, jedna z najstarszych w Europie.

wadzono krwawy kodeks elżbietański przeciwko angielskim katolikom? Oliver Cromwell powiedział, że w jego czasach pozostawali pod wpływem hiszpańskim. W późniejszym okresie można powiedzieć, że pozostawali pod wpływem Galii. Tak samo było z kalwinistami. Jakich innych śmiertelnych wrogów poza prześladowanymi hugenotami miała Francja za czasów Ludwika XIV? Lecz czy racjonalnie myślący człowiek wywnioskowałby z tych faktów, że katolicy lub kalwiniści nie potrafią kochać kraju, w którym się urodzili? Gdyby Anglia została zaatakowana teraz przez katolików, ilu angielskich katolików przeszłoby na stronę najeźdźcy? Gdyby Francja została zaatakowana przez armię protestantów, ilu francuskich protestantów pomogłoby im? Dlaczego by nie spróbować, jaki efekt dałaby w stosunku do Żydów tolerancyjna polityka, która z angielskich katolików zrobiła dobrych Anglików, a z francuskich kalwinistów dobrych Francuzów?

Kolejny zarzut przeciwko Żydom nie został wysunięty przez mojego czcigodnego przyjaciela, posła z uniwersytetu w Oksfordzie – ponieważ jest on na to zbyt wykształcony i ma zbyt dobre samopoczucie – lecz przez czcigodnego posła z Oldham, który, jak z przykrością zauważyłem, opuścił swoje miejsce. Czcigodny poseł z Oldham twierdzi, że Żydzi są z natury podłym, skąpym i chciwym narodem; że są niechętni wszelkim prawym pobudkom; że ani nie sieją, ani nie zbierają plonów; że nie mają bydła ani trzody; że lichwa to jedyne, do czego się nadają; że są pozbawieni wszelkich wyższych uczuć. Tak właśnie, panie, wyglądało rozumowanie fanatyków w każdym okresie. Nigdy nie omieszkali użyć w usprawiedliwianiu prześladowania wad, które zrodziły właśnie prześladowania. Anglia była dla Żydów mniej niż półkrajem; a my obrzucamy ich obelgami, bo nie czują do Anglii więcej niż półpatriotyzmu. Traktujemy ich jak niewolników i dziwimy się, dlaczego nie uważają nas za braci. Zaganiamy ich do poślednie pracy, a potem wymawiamy, że nie obejmują szacownych stanowisk. Dawno zabroniliśmy im posiadania ziemi, a narzekamy, że zajęli się głównie handlem. Zamykamy przed nimi wszelkie ambitne ścieżki, a potem gardzimy nimi za ucieczkę w skąpstwo. W ciągu wieków naszych stosunków z nimi nadużywaliśmy naszej ogromnej przewagi siłowej; a teraz jesteśmy zniesmaczeni, że uciekają się do chytrości, która jest naturalną i uniwersalną obroną słabszego przed przemocą silniejszego. Lecz czy zawsze byli narodem, który tylko wymienia, zdobywa i gromadzi pieniądze? Nikt nie wie lepiej niż mój czcigodny przyjaciel, poseł z uniwersytetu w Oksfordzie, że w ich charakterze narodowym nie ma nic takiego, co czyniłoby ich niezdolnymi do spełniania najważniejszych obowiązków obywatelskich. On wie, że w powijakach cywilizacji, kiedy nasza wyspa była tak dzika jak Nowa Gwinea, kiedy litery i sztuka były jeszcze nieznane Atenom, kiedy w miejscu, które potem stało się Rzymem, stała kryta słomą chatka, ten pogardzany naród miał ogrodzone miasta i cedrowe pałace, piękną świątynię, floty statków handlowych, szkoły religii, znakomitych polityków i wojowników, swoich filozofów, historyków i poetów. Który naród dzielniej walczył o swoją niezależność i religię z przytłaczającymi przeciwnościami? Który naród w ostatnich męczarniach dał niezwykłe dowody tego, co można osiągnąć odważną desperacją? I jeśli, w przeciągu wielu wieków, gnębieni potomkowie wojowników i mędrców pozbyli się zalet swoich ojców, jeśli wyłączeni z przywilejów prawa i przytłoczeni jarzmem niewolnictwa przejęli część wad kryminalistów i niewolników, czy możemy czynić z tego zarzut przeciwko nim? Czy nie powinniśmy się raczej za to wstydzić i żałować tego? Zachowajmy się wobec nich uczciwie. Otwórzmy przed nimi drzwi do Izby Gmin. Otwórzmy im drzwi do kariery, w której będą mogli się wykazać zdolnościami i energią. Dopóki tego nie zrobimy, nie stwierdzajmy, że nie ma geniuszu wśród rodaków Izajasza, nie ma heroizmu wśród potomków Machabeuszy.

Głęboko wierzę, że popierając wniosek mojego czcigodnego przyjaciela, dbam o honor i interesy religii chrześcijańskiej. Uznałbym, że obraziłem tę religię, gdybym stwierdził, że może trwać wspomagana przez nietolerancyjne prawa. Bez takich praw została ustanowiona i bez takich praw można ją utrzymać. Zwyciężyła przesądy najbardziej wyrafinowanych i najdzikszych narodów, wdzięczną mitologię Grecji i krwawe bałwochwalstwo lasów północnych. Zwyciężyła władzę i politykę Imperium Rzymskiego. Poskromiła barbarzyńców, którzy to imperium obalili. Lecz tych wszystkich zwycięstw dokonano nie dzięki nietolerancji, lecz pomimo jej oporu. Cała historia chrześcijaństwa dowodzi, że nie musi się ono bać prześladowań jako wroga, lecz jako sojusznika. Niech jeszcze długo błogosławi nasz kraj swoim łaskawym wpływem, silne w swojej wzniosłej filozofii, silne w swojej nieskazitelnej moralności, silne w tych wewnętrznych i zewnętrznych dowodach, które zostały uznane przez najpotężniejsze i najbardziej wszechstronne ludzkie umysły, niech będzie ostatnim pocieszeniem dla tych, którzy stracili ostatnią nadzieję, ostatnim ograniczeniem dla tych, którzy unieśli się ponad każdą ziemską obawę. Lecz, błędnie pojmując charakter i interesy chrześcijaństwa, nie toczmy walki o prawdę, używając złej broni i usiłując ją wspierać; nie gnębmy religii, która pierwsza dała rasie ludzkiej lekcję miłosierdzia.

PRZEŁ. MAŁGORZATA OLSZEWSKA

FRYDERYK ENGELS **krótko po powrocie z Anglii do Niemiec w styczniu 1845 r. zorganizował w lokalu piwnym w Elberfeld spotkanie, na które zaproszono przedstawicieli mieszczaństwa – m.in. kilku prawników, bankierów i przedsiębiorców. Przez większą część wieczoru recytowano wiersze, którym akompaniowała wynajęta harfistka – punktem kulminacyjnym okazała się jednak mowa o wyższości ustroju komunistycznego nad kapitalistycznym. Engels uważał komunizm za sprawiedliwy system ekonomiczny i przeciwstawiał mu powodujący nierówności kapitalizm. Postulował m.in. wprowadzenie bezpłatnego szkolnictwa i wychowania, gospodarki nakazowo-rozdzielczej oraz przeprowadzenie wywłaszczenia. Nawiązał do Owena i jego idei budowy domów dla wielu tysięcy rodzin mieszkających w komunach. Komunizm był dla niego panaceum na problemy epoki przemysłowej – biedę, przeludnienie i „wilczy kapitalizm". Celem Engelsa była nie tylko zmiana systemu ekonomicznego, lecz przede wszystkim rewolucja, która doprowadzi do stworzenia nowego społeczeństwa.** (ts)

Fryderyk ENGELS
1820–1895, niemiecki socjalista, polityk, przedsiębiorca i filozof, bliski współpracownik Karola Marksa, popularyzator myśli marksistowskiej. Pochodził z bogatej rodziny pruskich przedsiębiorców. Wspólnie z Karolem Marksem opracował główne założenia komunizmu, wydane jako *Manifest komunistyczny* w lutym 1848.

FRYDERYK ENGELS

O ZALETACH SYSTEMU KOMUNISTYCZNEGO

8 STYCZNIA 1845

Moi panowie!

Żyjemy, jak właśnie usłyszeliście, co i tak mogę uznać za powszechnie wiadome, w świecie wolnej konkurencji. Przyjrzyjmy się trochę bliżej tej wolnej konkurencji i stworzonemu przez nią nowemu porządkowi świata. W naszym dzisiejszym społeczeństwie każdy pracuje na własną rękę, każdy próbuje wzbogacić się na swój sposób i nie troszczy się w najmniejszym stopniu o to, co robią inni; nie ma mowy o rozsądnej organizacji i rozdziale pracy. Wręcz przeciwnie, każdy usiłuje prześcignąć innych i wykorzystać każdą okazję dla siebie i nie ma czasu ani chęci pomyśleć o tym, że w istocie rzeczy jego własny interes jest zbieżny z interesem pozostałych ludzi. Każdy kapitalista jest w stanie wojny z pozostałymi kapitalistami, każdy robotnik walczy ze wszystkimi pozostałymi robotnikami; wszyscy kapitaliści walczą ze wszystkimi robotnikami, podobnie jak robotnicy w swojej masie muszą walczyć z masą kapitalistów.

Istota dzisiejszego społeczeństwa burżuazyjnego polega na walce wszystkich z wszystkimi, na powszechnym nieładzie i wzajemnym wykorzystywaniu się. Taka bezładna gospodarka, moi panowie, musi na dalszą metę sprowadzić na społeczeństwo same nieszczęścia. Leżące u jej podstaw zaniedbanie prawdziwego, powszechnego dobra musi wcześniej czy później dać jaskrawo znać o sobie. Ruina nielicznej elity – stanu, który był fundamentem państwa w ubiegłym stuleciu, jest pierwszym efektem tej walki.

Widzimy codziennie, jak ta klasa społeczna jest tłamszona przez potęgę kapitału, jak np. poszczególni krawcy tracą swoich najlepszych klientów na rzecz sklepów z gotową odzieżą, stolarze na rzecz magazynów z gotowymi meblami, a mali kapitaliści, członkowie klasy posiadającej, zamieniają się w zależnych, pracujących na cudzy rachunek proletariuszy, w członków klasy bez majątku. Ruina klasy średniej jest godnym pożałowania efektem tej, tak przez nas wychwalanej, wolności gospodarczej. Jest ona także nieodłącznym skutkiem przewagi, jaką wielki kapitalista ma nad swoimi mniej zamożnymi konkurentami, jest najjaskrawszą oznaką skłonności kapitalizmu do skupiania się w niewielu rękach. Tę skłonność kapitału widzą wszystkie strony, słyszy się powszechne skargi na stały proces skupiania się majątku w rękach nielicznych, w sytuacji, gdy znaczna większość społeczeństwa coraz bardziej ubożeje. Doprowadziło to do jaskrawych kontrastów pomiędzy nieliczną grupą bogaczy po jednej stronie a masą biedaków po drugiej. Są to przeciwieństwa, które w Anglii i Francji niebezpiecznie się zaostrzyły, a i u nas nasilają się z każdym dniem coraz bardziej. Jak długo obecna baza społeczna będzie zachowana, tak długo nie będzie można nic poradzić na proces bogacenia się nielicznych i ubożenia szerokich mas. Przeciwieństwa będą się zaostrzały, aż w końcu nędza zmusi społeczeństwo do zreorganizowania się według rozumnych zasad.

Ale to, moi panowie, nie są jeszcze wszystkie skutki wolnej konkurencji. Ponieważ każdy produkuje i konsumuje na własną rękę, niewiele troszcząc się o produkcję i konsumpcję innych, musi wkrótce pojawić się jaskrawa dysproporcja pomiędzy produkcją a konsumpcją. Ponieważ obecne społeczeństwo powierza dystrybucję produkowanych dóbr kupcom, spekulantom i kramarzom, którzy mają na oku tylko własne korzyści, to – pomijając biedaków, którzy nie będą mogli zapewnić sobie właściwego udziału – również w rozdziale produktów pojawią się podobne konflikty. Jakimi sposobami fabrykant może się dowiedzieć, jaka ilość jego wyrobów jest na tym czy innym rynku potrzebna? A jeśli mu już się to uda, to skąd ma wiedzieć, ile wyrobów wyśle na te rynki jego konkurent? Jak ma się tego dowiedzieć on, który najczęściej w ogóle nie wie, dokąd pójdzie właśnie przez niego wytwarzany towar, i skąd może się dowiedzieć, ile na każdy z tych rynków wyślą jego zagraniczni konkurenci? Nic o tym wszystkim nie wie, produkuje na oślep, podobnie jak jego konkurenci, i pociesza się jedynie nadzieją, że inni muszą robić tak samo. Nie dysponuje żadnym wskaźnikiem, poza stale wahającym się poziomem cen, który na odległych rynkach, na jakie wysyła swój towar, jest już całkiem inny niż w momencie otrzymania listownej informacji w tej materii i który znów jest inny w chwili dotarcia towaru na miejsce niż w chwili wysyłki.

Przy tak nieuregulowanej produkcji jest całkiem naturalne, że w każdej chwili mogą wystąpić zastoje w obrocie, które są oczywiście tym znaczniejsze, im bardziej jest rozwinięty przemysł i handel danego kraju. Najjaskrawszych tego dowodów dostarcza nam Anglia, kraj o najwyżej rozwiniętym przemyśle. Powstanie ruchu towarowego oraz działalność wielu spekulantów i pośredników, którym udało się wcisnąć między produkujących fabrykantów i faktycznych konsumentów, utrudnia angielskiemu fabrykantowi, o wiele bardziej niż niemieckiemu, dowiedzenie się czegokolwiek o stosunku zapasów oraz produkcji do konsumpcji. Ponadto musi on zaopatrywać niemal wszystkie rynki świata – niemal nigdy nie mając pojęcia, dokąd trafia jego towar. Zważywszy na olbrzymią moc produkcyjną angielskiego przemysłu, prowadzi to bardzo często do nagłego zalania wszystkich rynków. Obroty się zacinają, fabryki pracują na pół gwizdka, albo wcale, nadchodzą bankructwa, zapasów towarów trzeba się pozbyć po śmiesznie niskich cenach, a duża część zgromadzonego mozolnie kapitału zostaje stracona w wyniku kryzysu w handlu. W Anglii mieliśmy od początku wieku cały szereg podobnych kryzysów, a w ostatnich dwudziestu latach powtarzają się one co pięć albo co sześć lat.

Ostatnie z nich, te z roku 1837 i 1842 większość z was ma, moi panowie, jeszcze wyraźnie w pamięci. Gdyby nasz przemysł i zbyt były tak wspaniale rozwinięte jak przemysł i zbyt angielski, to mielibyśmy do czynienia z takimi samymi zjawiskami. Natomiast u nas działanie konkurencji w przemyśle i obrocie odczuwa się na tle stanu stałej depresji we wszystkich gałęziach gospodarki, wahającej się nieszczęśliwie pomiędzy zdecydowanym rozkwitem a całkowitym upadkiem, na poziomie łagodnego zastoju, tzn. stabilizacji.

Moi panowie, gdzie tkwią rzeczywiste przyczyny zła? Skąd bierze się ruina klasy średniej, jaskrawy kontrast pomiędzy biedą i bogactwem, zastoje w obrotach i w rezultacie marnotrawstwo kapitału? Z żadnej innej przyczyny, jak tylko ze sprzeczności interesów. Każdy z nas pracuje tylko dla własnych korzyści, nie troszcząc się o dobro innych, a przecież oczywistą prawdą jest, że interes, dobro i szczęście osobiste jednostki jest nierozdzielnie powiązane z interesem, dobrem i szczęściem ogółu. Musimy sobie uświadomić, że nikt z nas nie może się obyć bez bliźnich, że już sam wspólny interes nas wszystkich wiąże, a mimo to naszym działaniem zadajemy kłam tej oczywistej prawdzie i tak organizujemy życie społeczne, jakby nasze interesy nie były wspólne, a sprzeczne. Widzieliśmy, jakie są skutki tej podstawowej pomyłki; jeśli chcemy je zlikwidować to musimy ten zasadniczy błąd usunąć i do tego właśnie dąży komunizm.

W społeczeństwie komunistycznym, w którym interesy jednostek nie będą ze sobą sprzeczne lecz wspólne, konkurencja zostanie zniesiona. O ruinie poszczególnych klas społecznych, o klasach w ogóle, jak dzisiaj o klasie bogaczy i biedaków, nie będzie rzecz jasna więcej mowy. Podobnie jak w produkcji i w dystrybucji dóbr potrzebnych do życia, odpadnie prywatny zakup w celu wzbogacenia się na własną rękę, znikną również same przez się kłopoty związane z obrotem towarowym. W społeczeństwie komunistycznym rozeznanie się zarówno w produkcji, jak i konsumpcji, będzie łatwe. Ponieważ wiadomo, ile jednostka przeciętnie potrzebuje, więc z łatwością będzie można obliczyć, jakie są potrzeby określonej liczby konsumentów, a ponieważ towary nie znajdą się w rękach prywatnych nabywców, lecz w rękach gminy i jej zarządu, więc drobnostką będzie regulacja wielkości produkcji według potrzeb.

Widzimy więc, jak organizacja komunistyczna usunie podstawowe obecne zło społeczne. Jeśli zagłębimy się w szczegóły, odkryjemy, że zalety takiej organizacji nie zatrzymają się na powyższym przykładzie, lecz obejmą również inne nieprawidłowości, z których dzisiaj chciałbym wspomnieć tylko ekonomiczne. Z punktu widzenia ekonomii, obecna organizacja społeczna jest najgorsza i najbardziej niepraktyczna z wszystkich możliwych. Przeciwieństwo interesów ma to do siebie, że duża część siły roboczej jest wykorzystywana w sposób, który nie przynosi społeczeństwu żadnej korzyści, a znaczna część kapitału zostaje stracona, bez reprodukcji. Obserwujemy to w kryzysach handlu; widzimy, jak masy wyrobów, wytworzone z trudem przez wszystkich ludzi, zbywane są po cenach, przynoszących straty sprzedawcy, jak w wyniku bankructw wymykają się z rąk właścicieli z takim trudem zgromadzone masy kapitału. Wejdźmy nieco głębiej w szczegóły obrotu towarowego. Weźcie pod uwagę przez ile rąk musi przejść każdy wyrób, zanim znajdzie się u właściwego konsumenta. Moi panowie, zwróćcie uwagę na to, ilu spekulantów i pośredników wciska się obecnie między producenta a konsumentów!

Weźmy na przykład belę bawełny, wyprodukowaną w Ameryce Północnej. Taka bela przechodzi z rąk plantatora w ręce pośrednika w jakiejś faktorii nad Missisipi, a potem wędruje w dół rzeki do Nowego Orleanu. Tutaj zostaje sprzedana po raz drugi – bo pośrednik kupił ją już od plantatora – spekulantowi, który ją sprzedaje dalej eksporterowi. Bela idzie do Liverpoolu, gdzie dostaje się w ręce łapczywego spekulanta, który sprzedaje ją dalej komisjonerowi, działającemu – przyjmijmy – na rachunek niemieckiego hurtownika. Bela wędruje do Rotterdamu, a następnie w górę Renu przez tuzin rąk spedytorów, wyładowywana i załadowywana dziesiątki razy – i wtedy dociera wreszcie nie do rąk konsumenta, lecz do rąk fabrykanta, który przetwarza ją na wyrób zdatny do użycia; może na przędzę dla tkacza, a ten na tkaninę dla farbiarza, który sprzedaje ją dalej hurtownikowi, a ten z kolei detaliście, który sprzedaje ją na koniec konsumentowi. Te wszystkie miliony pośredników, spekulantów, faktorów, komisjonerów, spedytorów, hurtowników i detalistów, którzy sami przy wyrobie końcowym nic nie robią, chcą żyć i wypracowywać zysk, co w efekcie robią, bo inaczej nie mogliby istnieć. Moi panowie, czy nie ma prostszej i lepszej drogi dostarczenia tej beli bawełny z Ameryki do Niemiec, a potem wytworzonego z niej wyrobu do rąk właściwego konsumenta, zamiast ją dziesięć razy sprzedawać i sto razy przeładowywać z jednego magazynu do drugiego? Czy nie jest to dobitny przykład marnotrawstwa siły roboczej, spowodowanego rozdrobnieniem interesów?

W społeczeństwie zorganizowanym rozumnie nie może być mowy o takim kłopotliwym transporcie. Tak samo łatwe, jak ustalenie, ile bawełny albo wyrobów bawełnianych potrzebuje jakaś osada – żeby zostać przy przykładzie bawełny – będzie ustalenie przez centralny zarząd, ile będą potrzebowały wszystkie miejscowości i gminy całego kraju. Kiedy już taka statystyka zostanie raz zorganizowana, co będzie wymagało roku lub dwóch lat, to przeciętna roczna konsumpcja będzie się zmieniała tylko w proporcji do wzrostu ludności. Łatwo więc będzie w odpowiednim czasie przewidzieć, jaka ilość poszczególnych wyrobów zaspokoi zapotrzebowanie ludności, aby potem całą wielką ilość zamówić u źródła, bez pośredników, postojów i przeładunków, co leży prawdziwie w naturze komunikacji – więc z dużą oszczędnością siły roboczej. Nie będzie konieczne opłacanie spekulantów, hurtowników i detalistów. Ale to jeszcze nie wszystko – ci pośrednicy przestaną być szkodliwi dla społeczeństwa, wręcz przeciwnie, staną się pożyteczni. Jeśli teraz wykonują pracę ze stratą dla społeczeństwa, pracę, która w najlepszym przypadku jest zbędna, a im samym dostarcza środków do życia, a w wielu przypadkach przynosi wielkie bogactwo, podczas gdy szkodzi ona bezpośrednio dobru ogółu, to potem będą mieli swobodę wykonywania pożytecznej pracy i będą mogli podjąć się zajęć, które dadzą im możliwość wykazania się jako członkowie ludzkiej społeczności i uczestnicy wspólnych działań.

Dzisiejsze społeczeństwo, które skłóca jednostkę z pozostałymi swymi członkami, produkuje w ten sposób społeczną wojnę wszystkich z wszystkimi, która w wypadku anonimowej jednostki musi przybrać brutalną i barbarzyńską formę – formę przestępstwa. Aby się bronić przed przestępstwami, przed otwartą przemocą, społeczeństwo potrzebuje szeroko rozwiniętego, skomplikowanego mechanizmu administracyjnego i sądowniczego, który wymaga znacznych nakładów. W społeczeństwie komunistycznym zostałoby to skrajnie uproszczone – i to właśnie dlatego, choć brzmi to nieco dziwnie, właśnie dlatego, że w tym społeczeństwie zarządzano by nie tylko niektórymi aspektami życia społecznego, ale całym życiem społecznym, we wszystkich jego przejawach. Usuniemy sprzeczności pomiędzy jednostką a ogółem – przeciwstawimy pokój społeczny społecznej wojnie, przyłożymy siekierę do korzeni przestępstwa – i w ten sposób uczynimy większą część pracy aparatu administracyjnego i sądowniczego zbędną.

Już teraz maleje liczba przestępstw z pobudek osobistych na rzecz przestępstw wcześniej zaplanowanych i przeciwko mieniu – liczba przestępstw przeciwko osobom maleje, a rośnie liczba przestępstw przeciwko własności. Postępujące procesy cywilizacyjne łagodzą wybuchy przemocy pod wpływem afektu już w obecnym, toczącym walki wewnętrzne społeczeństwie, a o ile mniej będzie ich w pokojowym społeczeństwie komunistycznym!

Przestępstwa przeciw własności znikną same przez się, bo każdy otrzyma to, czego będzie potrzebował do zaspokojenia swoich potrzeb materialnych i duchowych, zlikwidowane zostaną również różnice społeczne i podziały klasowe społeczeństwa. Sądownictwo kryminalne nie będzie już potrzebne, sądownictwo cywilne, które sprowadza się prawie wyłącznie do rozstrzygania spraw majątkowych, albo przynajmniej takich, które są wynikiem stanu wojny społecznej, stanie się również zbędne; spory, które są obecnie naturalnymi skutkami powszechnej wrogości, staną się rzadkimi wyjątkami i będą łagodzone przez sądy polubowne. Dla urzędów państwowych stałym źródłem zatrudnienia jest permanentny stan wojny. Policja i administracja państwowa nie robią nic innego, jak tylko starają się, aby ta wojna pozostała w ukryciu i się nie ujawniała; aby nie zamieniała się w otwartą przemoc i przestępstwa. Jeśli nieskończenie łatwiejsze jest utrzymanie pokoju od kierowania wojny w określone ramy, to o ile łatwiejsze będzie zarządzanie gminą komunistyczną od gminy, w której trwa konkurencja. A jeśli już teraz cywilizacja nauczyła ludzi dostrzegania własnego interesu w utrzymaniu porządku publicznego i powszechnego bezpieczeństwa, a więc czynienia zbędnymi policji, administracji i organów sprawiedliwości, to jak bardzo spotęguje się to w społeczeństwie, w którym wspólnota interesów zostanie podniesiona do rangi nadrzędnej zasady, kiedy interes ogółu nie będzie się już różnił od interesu jednostki! Jeśli to, co jest, istnieje mimo przeszkód ze strony instytucji społecznych, o ile więcej stanie się, jeśli nowe instytucje nie będą przeszkodą, lecz wsparciem! Patrząc również z tej strony, możemy liczyć na znaczny przyrost siły roboczej, związanej obecnie przez sytuację społeczną.

Jedną z najkosztowniejszych instytucji, bez której obecne społeczeństwo nie może się obyć, jest skoszarowane wojsko, które zabiera narodowi najsilniejszą i najpotrzebniejszą część ludności i zmusza go do żywienia tej nieproduktywnej części. Z informacji o własnym budżecie wiemy, ile nas to skoszarowane wojsko kosztuje – rocznie 24 miliony, a w produkcji brak dwustu tysięcy najsilniejszych rąk. W społeczeństwie komunistycznym nikomu nie przyszłoby do głowy utrzymywanie skoszarowanego wojska. Bo i po co? Do utrzymania spokoju wewnętrznego? Przecież nikomu, jak widzieliśmy, występowanie przeciwko niemu nie wpadnie do głowy. Strach przed rewolucją jest efektem sprzeczności interesów; tam, gdzie interesy wszystkich są zbieżne, nie może być mowy o strachu. Do wojny napastniczej? W jaki sposób społeczeństwo komunistyczne mogłoby wpaść na pomysł rozpętania wojny napastniczej – ono, które dobrze wie, że w wojnie traci się tylko ludzi i kapitał, a zyskiem może być co najwyżej kilka niezadowolonych prowincji, które będą zagrożeniem dla porządku społecznego!

Do wojny obronnej? Do tego nie potrzeba skoszarowanego wojska, a o ile łatwiej byłoby przyuczyć każdego sprawnego członka społeczeństwa, poza jego zawodem, do rzeczywistego posługiwania się bronią, potrzebnego do obrony kraju, a nie tylko do parad wojskowych. I pomyślcie panowie, że członek takiego społeczeństwa, w wypadku wojny, którą toczono by i tak tylko z antykomunistycznymi narodami, w której broniłby prawdziwej ojczyzny i prawdziwego ogniska domowego, to walczyłby z takim zapałem i z odwagą, przed którą mechanicznie wyszkolone nowoczesne armie rozlatywałyby się niczym plewy. Weźcie pod uwagę, moi panowie, jakiego cudu entuzjazmu dokonały rewolucyjne armie z lat 1792–1799, które walczyły przecież dla iluzji, dla niby-ojczyzny, a będziecie musieli przyznać, jaką siłę musi mieć wojsko, które walczy nie dla iluzji, lecz dla rzeczywistości. Te niezliczone rzesze pracowników, zabierane teraz cywilizowanym narodom przez armie, zostałyby w ustroju komunistycznym zwrócone pracy; wytwarzałyby one nie tylko tak dużo, ile same zużywają, lecz mogłyby o wiele więcej produktów, niż potrzeba do ich utrzymania, dostarczać do publicznych magazynów.

Jeszcze większe marnotrawstwo siły roboczej ma miejsce w dzisiejszych społeczeństwach w związku ze sposobem, w jakim bogaci wykorzystują swoją pozycję społeczną. Nie chcę tutaj w ogóle mówić o tych wszystkich nierobach i ich życiu w śmiesznym luksusie, którego źródłem jest żądza wyróżnienia się i który angażuje masę pracowników. Ale wejdźcie kiedyś, moi panowie, do domu takiego bogacza, do świątyni jego bogactwa i powiedzcie mi, czy nie jest to skrajna rozrzutność siły roboczej, jeśli przy obsłudze jednego człowieka jest zatrudnionych kilku ludzi którzy leniuchują albo w najlepszym wypadku zajmują się pracami, wynikającymi z chęci odizolowania się jednostki we własnych czterech ścianach? Ta niezliczona liczba pokojówek, kucharek, lokai, stangretów, parobków, ogrodników i jak się oni wszyscy nazywają! Co oni właściwie robią? Jak mało czasu w ciągu dnia są oni rzeczywiście zatrudnieni, aby swoim państwu naprawdę uprzyjemnić życie, aby ułatwić państwu swobodne kształtowanie i realizację ich ludzkiej natury i ich wrodzonych sił – a ile czasu w ciągu dnia są zajęci pracami, których źródło tkwi w wadliwej organizacji społeczeństwa, pozwalającej na służeniu kaprysom jaśniepaństwa, takim, jak przynoszenie piesków kanapowych i inne błahostki.

W rozumnie zorganizowanym społeczeństwie, w którym każdy znajdzie się w sytuacji pozwalającej mu żyć bez konieczności służenia kaprysom bogatych i popadania samemu w podobne dziwactwa – w takim społeczeństwie ta dzisiaj trwoniona na luksusową obsługę siła robocza może zostać zamieniona na korzyści dla ogółu i dla niej samej.

Następne marnotrawstwo siły roboczej jest bezpośrednim skutkiem konkurencji, w sytuacji gdy wielu bezrobotnych chętnie by się pracy podjęło, ale nie może jej otrzymać. Ponieważ społeczeństwo nie jest nastawione na rejestrację rzeczywistego wykorzystania siły roboczej, a jednostka poszukująca pracy jest zdana sama na siebie, to oczywiste, że przy rozdziale pożytecznych prac lub nawet pozornych zajęć część bezrobotnych musi odejść z pustymi rękoma. Mamy często do czynienia z takimi przypadkami, tym bardziej że walka konkurencyjna zmusza pracodawców do najwyższego wysiłku, aby wykorzystać atuty, wynikające z wymiany drogiej siły roboczej na tańszą, a środków do tego dostarcza mu wzrost cywilizacyjny społeczeństwa – innymi słowy: każdy musi pracować nad odebraniem innym chleba, likwidując miejsca pracy, w ten czy w inny sposób. Więc w każdym cywilizowanym społeczeństwie znajdzie się duża liczba bezrobotnych, którzy by chętnie pracowali, ale nie mogą znaleźć pracy; a ich liczba jest z reguły większa, niż się sądzi. Natrafimy na tych ludzi, bo prostytuują się oni w ten czy w inny sposób, żebrzą, zamiatają ulice, wystają na ulicach, ledwo utrzymując się przy życiu dzięki drobnym i dorywczym zajęciom, handlując jako domokrążcy wszystkimi możliwymi drobiazgami – albo, jak kilka biednych dziewczyn, które widzieliśmy dzisiaj wieczorem z gitarą na ramieniu, wędrują z jednej miejscowości do drugiej, grają za pieniądze i muszą zgadzać się na obraźliwe odzywki albo propozycje, żeby zarobić parę fenigów. A ile jest takich, które popadają w prawdziwą prostytucję!

Moi panowie, liczba bezrobotnych, którym nie pozostaje nic innego, jak prostytuować się w ten, czy w inny sposób, jest bardzo duża – nasze instytucje opieki mogłyby opowiedzieć o tym więcej – i nie zapominajcie, że społeczeństwo tych ludzi jeszcze żywi, mimo ich bezużyteczności. Jeśli więc społeczeństwo ma ponosić koszty ich utrzymania, to powinno zadbać o to, aby ci bezrobotni zarabiali na swoje utrzymanie w godny sposób. Tego jednak dzisiejsze społeczeństwo, przesycone konkurencją, nie potrafi.

Jeśli, moi panowie, weźmiecie to wszystko pod uwagę – a mógłbym przedstawić jeszcze mnóstwo innych przykładów na to, jak dzisiejsze społeczeństwo trwoni siłę roboczą – jeśli się nad tym zastanowicie, to dojdziecie do wniosku, że społeczeństwo dysponuje nadmiarem siły roboczej, która czeka tylko na racjonalną organizację, na uporządkowany rozdział, aby przystąpić do pracy z wielką korzyścią dla dobra ogółu. Potem, moi panowie, będziecie mogli osądzić, jak mało uzasadniona jest obawa, że przy sprawiedliwym rozdziale społecznie użytecznych prac poszczególne jednostki mogłyby zostać tak obciążone pracą, że nie pozwalałoby to im zajmować się innymi sprawami. Wręcz przeciwnie, możemy przypuszczać, że przy takiej organizacji, tylko dzięki pełnemu wykorzystaniu bezrobotnych i nie w pełni zatrudnionych, obecnie obowiązujący czas pracy zostanie zredukowany do połowy.

Zalety, jakie w obecnej chwili oferuje ustrój komunistyczny związane z wykorzystaniem trwonionej siły roboczej, nie są jeszcze zaletami najważniejszymi. Największa oszczędność siły roboczej leży w połączeniu sił jednostek w siłę kolektywną i na skupieniu konkurujących sił. Chciałbym się tutaj przyłączyć do propozycji angielskiego socjalisty Roberta Owena, ponieważ są one najpraktyczniejsze i najbardziej dopracowane. Owen proponuje, aby w miejsce obecnych miast i wsi z ich pojedynczymi, stojącymi sobie wzajemnie na drodze budynkami mieszkalnymi, wznieść pałace o podstawie kwadratu i bokach o długości około 1650 stóp, otoczone ogrodami, które mogłyby dać wygodne schronienie dwóm lub trzem tysiącom ludzi. Taki budynek, zapewniając mieszkańcom wygody najlepszych obecnych mieszkań, jest mimo to tańszy i łatwiejszy do wybudowania niż wzniesione według obecnego systemu, w większej części kiepskie, mieszkania rodzinne. To oczywiste.

Pozbędziemy się bez trudu wielu pokoi, stojących pustką w prawie każdym porządnym domu albo używanych raz lub dwa razy w roku; poczynimy również duże oszczędności na spiżarniach, piwnicach etc. Zajmijmy się teraz szczegółami gospodarstwa domowego, a dostrzeżemy właściwe zalety wspólnoty. Jakie ilości pracy i surowca są marnotrawione w obecnej rozdrobnionej gospodarce – na przykład przy ogrzewaniu! Musicie, moi panowie, mieć w każdym pokoju oddzielny piec, a w każdym z nich trzeba oddzielnie palić, podtrzymywać ogień i pilnować go; wszędzie trzeba dostarczać opału i wywozić popiół; o ile łatwiej i taniej będzie można zamiast pojedynczych pieców wprowadzić wspaniałe ogrzewanie centralne z rurami parowymi i jednym centralnym piecem, jak to ma już obecnie miejsce w dużych budynkach publicznych, fabrykach kościołach etc.! Następnie – oświetlenie gazowe, które jest obecnie bardzo kosztowne z tej racji, że nawet cienkie rury muszą być położone pod ziemią, a ich sieć, ze względu na wielkość powierzchni, jaką w naszych miastach trzeba oświetlać, musi być nieproporcjonalnie długa, podczas gdy w proponowanym rozwiązaniu wszystko zostanie skupione na powierzchni 1650 stóp w kwadracie, a liczba 35 płomieni gazowych jest mimo to tak duża, czyli efekt przynajmniej tak opłacalny, jak w mieście średniej wielkości.

I dalej: przyrządzanie posiłków – jakież to marnotrawstwo miejsca, materiałów i siły roboczej w obecnej rozdrobnionej gospodarce, gdzie każda rodzina gotuje oddzielnie swój skromny posiłek, ma oddzielne naczynia, zatrudnia oddzielną kucharkę i musi oddzielnie przynosić z rynku, z ogrodu, od rzeźnika i piekarza produkty spożywcze! Można spokojnie przyjąć, że przy wspólnym przyrządzaniu posiłków i ich podawaniu będzie można zaoszczędzić dwie trzecie zatrudnionej przy tym siły roboczej, a pozostała jedna trzecia i tak poradzi sobie z tą pracą lepiej i sprawniej niż teraz. A reszta prac domowych! Czy sprzątanie i utrzymywanie w dobrym stanie takiego budynku nie będzie nieskończenie łatwiejsze, jeśli, tak jak jest to tutaj możliwe, praca zostanie również dobrze zorganizowana i rozdzielona, niż sprzątanie dwustu do trzystu oddzielnych budynków, w których w obecnym ustroju mieszka podobna liczba osób?

To są, moi panowie, niektóre z ogromnej liczby korzyści na płaszczyźnie ekonomicznej, jakie muszą wyniknąć z komunistycznej organizacji społeczeństwa. Nie można przedstawić wam w ciągu kilku godzin, w niewielu słowach i w jasny i rzetelny sposób wszystkich aspektów sprawy. W ogóle nie mamy takiego zamiaru. Nie chcemy i nie możemy nic więcej, jak tylko wyjaśnić niektóre punkty, a tych, dla których ta kwestia jest jeszcze obca, zachęcić do jej zgłębienia. Mamy nadzieję, że przynajmniej udało się nam dzisiejszego wieczoru wyjaśnić wam, że komunizm nie jest sprzeczny ani z ludzką naturą, ani ze zdrowym rozsądkiem, ani z ludzkim sercem, że nie jest to teoria, która nie uwzględnia realiów, a jej źródłem jest wyłącznie czysta fantazja.

Nasuwa się pytanie, jak można tę teorię wprowadzić w czyn; jakie środki proponujemy, aby jej wprowadzenie przygotować. Jest wiele różnych dróg prowadzących do celu; Anglicy najprawdopodobniej zorganizowaliby pojedyncze osady i pozostawiliby każdemu wolność wyboru – przyłączyć się lub nie. Francuzi przygotowaliby i wprowadzili komunizm na drodze ogólnonarodowej. Jak zrobiliby to Niemcy, trudno powiedzieć przy obecnych nowinkach w ruchach społecznych w Niemczech. Tymczasem chciałbym wspomnieć o jednej z dróg, o której ostatnio wiele razy mówiono – mianowicie o zastosowaniu trzech posunięć, których następstwem byłoby nieuchronne wprowadzenie praktycznego komunizmu.

Pierwszym byłoby wprowadzenie powszechnego wychowania dla wszystkich dzieci bez wyjątku, na koszt państwa – wychowania, które byłoby równe dla wszystkich i trwałoby tak długo, aż jednostka byłaby zdolna do występowania jako samodzielny członek społeczeństwa. To posunięcie byłoby jedynie aktem sprawiedliwości wobec naszych braci pozbawionych środków, gdyż oczywiste jest, że każdy człowiek ma prawo do pełnego rozwoju swoich zdolności, a społeczeństwo krzywdzi jednostkę podwójnie, gdy czyni ignorancję nieodłącznym skutkiem biedy. To, że wykształceni członkowie społeczeństwa przynoszą mu więcej korzyści niż prości i nieświadomi, jest oczywiste – i jeśli wykształcony proletariat, czego można się chyba spodziewać, nie zadowoli się położeniem uciskanego, w którym nasz dzisiejszy proletariat się znajduje, to można będzie się ze strony wykształconej klasy robotniczej spodziewać spokoju i rozwagi, które są potrzebne do pokojowej przebudowy społeczeństwa. Niewykształcony proletariat również nie ma chęci pozostać w swoim położeniu, czego dowodem są niepokoje śląskie i czeskie – również dla Niemiec, nie wspominając już o innych narodach.

Drugim posunięciem byłaby całkowita przebudowa systemu opieki nad biednymi, polegająca na tym, że wszyscy obywatele bez środków do życia zostaliby zgromadzeni w osiedlach, w których zajmowaliby się uprawą roli i pracą o charakterze przemysłowym dla korzyści całego osiedla. Dotychczas kapitały przeznaczone na pomoc dla biednych instytucje opiekuńcze lokowały na procent i w ten sposób dawały bogatym następne środki do wyzysku biedaków. Pozwólmy nareszcie pracować tym kapitałom rzeczywiście dla dobra biednych, nie przeznaczajmy na tę pomoc nędznych 3% od tych kapitałów, dajmy wspaniały przykład połączenia kapitału i pracy! W ten sposób siła robocza wszystkich bezrobotnych zostałaby spożytkowana dla dobra społeczeństwa, a oni sami zostaliby wyrwani z poniżającego i demoralizującego stanu pauperyzacji, zamieniliby się w porządnych, niezależnych i czynnych ludzi i znaleźliby się w położeniu, którego wkrótce mógłby im pozazdrościć niejeden zatrudniony pracownik, a które mogłoby być przygotowaniem do przebudowy społeczeństwa.

Do tych dwóch posunięć należy dodać jeszcze pieniądze. Aby je zgromadzić i jednocześnie zastąpić wszystkie dotychczas niesprawiedliwie nałożone podatki, proponuje się wprowadzenie w przedłożonym planie reform powszechnego, progresywnego podatku od kapitału, którego stawka procentowa będzie rosła wraz z wielkością kapitału. W ten sposób wszyscy będą ponosić koszty administracji publicznej zależnie od możliwości, a nie, tak jak dzieje się teraz we wszystkich krajach, koszty te będą spadały na barki tych, którym najtrudniej je unieść. W gruncie rzeczy obecna reguła opodatkowania jest czysto komunistyczna, ponieważ zasada czerpania podatków opiera się we wszystkich krajach na tak zwanym majątku narodowym. Albo bowiem własność prywatna jest święta, a więc nie ma majątku narodowego, a państwo nie ma prawa nakładać podatków, albo państwo takie prawo ma i wtedy własność prywatna nie jest święta i majątek narodowy jest ważniejszy niż prywatny, a prawdziwym posiadaczem jest państwo. Ta druga zasada jest ogólnie uznawana – a więc dobrze, moi panowie, my domagamy się tylko, aby państwo ogłosiło się powszechnym właścicielem i jako właściciel zarządzało publiczną własnością dla dobra ogółu – i aby wprowadziło ono taki tryb opodatkowania, który będzie się opierał wyłącznie na zdolności podatkowej jednostki i na prawdziwym dobru powszechnym.

Widzicie więc, moi panowie, że nie mamy zamiaru wprowadzenia przez jedną noc i wbrew woli narodu wspólnoty majątkowej, że chodzi tylko o zdefiniowanie celu, środków i metod jej uniknięcia. Ale za tym, że zasada komunistyczna zapanuje w przyszłości, przemawia kierunek rozwojowy wszystkich cywilizowanych narodów, postępujący szybko rozkład wszystkich dotychczasowych instytucji społecznych; przemawia za tym zdrowy człowieczy rozsądek, a przede wszystkim ludzkie serce.

PRZEŁ. HENRYK STANKE

FRYDERYK WILHELM IV, król Prus, przejmując w 1840 r. tron, obiecał położyć kres restauracji, która cechowała rządy jego ojca. Był jednak przeciwnikiem „papierowej konstytucji" i demokracji – uważał się bowiem za mitycznego suwerena, będącego pośrednikiem między Bogiem a ludem. Jednocześnie obawiał się, że w Prusach może wybuchnąć rewolucja, a jego samego spotka los Ludwika XVI. Powołany w kwietniu 1847 r. Landtag był jedynie organem doradczym, zwoływanym wyłącznie na polecenie monarchy. W jego skład nie wchodzili wybierani reprezentanci ludu, lecz przedstawiciele poszczególnych stanów. Po tym, jak większość deputowanych zażądała niezależności Landtagu, król nakazał w czerwcu tego samego roku jego rozwiązanie – tym samym kwestia pruskiej konstytucji pozostała otwarta. Mowa tronowa jest wyrazem sprzeczności targających królem, który z jednej strony chciał zostać ulubieńcem ludu, ofiarując mu „cenny klejnot wolności", z drugiej jednak ani myślał dzielić się władzą. (ts)

FRYDERYK WILHELM IV

1795–1861, w 1840–1861 król Prus. W okresie rewolucji marcowej w 1848 zrezygnował z użycia siły wobec demonstrantów. Zwolennik odejścia od polityki restauracji, ograniczenia cenzury i wprowadzenia większych swobód obywatelskich.

FRYDERYK WILHELM IV

ODDAJĘ W WASZE RĘCE CENNY KLEJNOT WOLNOŚCI

MOWA NA OTWARCIE PIERWSZEGO LANDTAGU ZJEDNOCZONYCH NIEMIEC,

BERLIN, 11 KWIETNIA 1847

Jaśnie oświeceni, szlachetni książęta, hrabiowie i panowie!

Drodzy przedstawiciele rycerstwa, miast i gmin wiejskich!

Z głębi serca witam was w dniu zakończenia wielkiego dzieła mojego spoczywającego w Bogu niezapomnianego ojca, przesławnej pamięci króla Fryderyka Wilhelma III[1].

Szlachetny gmach wolności stanowych, których osiem potężnych filarów błogosławiony król ustanowił głęboko i niewzruszenie we właściwościach swoich krajów[2], został dzisiaj utrwalony poprzez ich zjednoczenie. Otrzymał ochronny dach. Król chciałby sam dokończyć swojego dzieła, ale jego zamiary rozbiły się niestety o całkowitą niewykonalność przedłożonych mu planów. Wynikło z tego zło, które z bólem serca objął swoim przenikliwym

1 Fryderyk Wilhelm III (1770–1840), król Prus od 1797.

2 Mowa tu o ośmiu Landtagach prowincjonalnych.

spojrzeniem, a przede wszystkim niepewność, która nawet najszlachetniejszą glebę czyni podatną na chwast. Pobłogosławmy jednak jeszcze raz duszę szczerze ukochanego króla, który wzgardził własnymi wcześniejszymi triumfami, aby uchronić swój lud przed groźbą zagłady, i uczcijmy jego pamięć również w ten sposób, że nie będziemy kwestionować jego dopiero co ukończonego dzieła, poprzez pęd do wątpliwych zmian, w czym ja odmawiam jakiegokolwiek udziału. Zdajmy się na działanie czasu, a przede wszystkim doświadczenia, i złóżmy nasze zaufanie, jak to jest w zwyczaju, w twórcze dłonie Boskiej Opatrzności. Od czasu wejścia w życie tych uregulowań stanowych w poszczególnych prowincjach jestem świadom ich niektórych braków i zadaję sobie poważne pytanie: Jak im można zaradzić? Moje decyzje dawno dojrzały już do realizacji. Natychmiast po objęciu rządów uczyniłem pierwszy krok w tym kierunku poprzez utworzenie komisji stanowych i ich zwołanie wkrótce potem. Zapewne wiecie, moi panowie, że wprowadziłem regularne posiedzenia tych komisji i przyznałem im swobodę działania na poziomie uprawnień Landtagów prowincji. Zapewnia to wymaganą jednolitość postępowania w załatwianiu spraw bieżących. Jednak ustawa o zadłużeniu państwa[3] z dnia 17 stycznia 1820 roku w swej niezrealizowanej części nakłada na stany prawa i obowiązki, które nie mogą zostać spełnione ani przez rządy prowincji, ani przez komisje.

Jako spadkobierca nieosłabionej korony, którą mam obowiązek i chcę przekazać w nieosłabionym stanie moim następcom, uważam się za całkowicie zwolnionego wobec niespełnionych zobowiązań, a przede wszystkim wobec tych, przed których spełnieniem sumienie powstrzymywało moich szanownych poprzedników, jako ojców narodu. Ta ustawa została jednak w swoich najważniejszych punktach wykonana; zbudowano na jej podstawie ustrój prawny, składano na nią przysięgi, a w ciągu minionych 27 lat sprawdziła się jako mądre prawo. Dało mi to odwagę do przystąpienia z pełną swobodą królewskich uprawnień do jej ostatecznego uzupełnienia. Jestem jednak nieprzejednanym wrogiem każdej samowoli i daleki od myśli sztucznego i samowolnego utworzenia przedstawicielstwa stanów, które by pozbawiło znaczenia Landtagi prowincji, będące szlachetnym dziełem mojego drogiego ojca. Dlatego moim mocnym postanowieniem od wielu lat było utworzenie tego zaleconego przez ustawę zgromadzenia wyłącznie w drodze mojej suwerennej decyzji poprzez połączenie Landtagów prowincji.

Moi panowie!

Zgromadzenie narodowe zostało utworzone. Przekazałem mu wszystkie wynikające z ustawy uprawnienia, a nawet wykraczające, i to znacznie, poza obietnice błogosławionego króla, wraz z prawem wymierzania podatków, z pewnymi i koniecznymi ograniczeniami, co nakłada, moi panowie, odpowiedzialność większą od splendoru, jaki z sobą niesie. To ważne zgromadzenie będzie w przyszłości określało istotne dziedziny naszego państwa, które wymieniłem w moim dekrecie z dnia 3 lutego bieżącego roku[4]. Kiedy to wejdzie w ży-

3 Przewidywała ona zaciąganie długów przez państwo tylko za zgodą zwoływanego w razie potrzeby zjednoczonego Landtagu. Po raz pierwszy jednak taki Landtag zwołano w 1842, by rozpatrzyć kwestie budowy kolei. W historiografii niemieckiej dopiero Landtag z 1847 nosi nazwę Zjednoczonego.

4 Mowa o dekrecie ogłaszającym zwołanie Zjednoczonego Landtagu.

cie, to będę chciał zbierać przedstawicielstwa krajowe wokół mojego tronu, aby omawiać z nimi najważniejsze sprawy kraju i dać im możliwość wykonywania swoich uprawnień. Zastrzegam sobie jednak zdecydowanie prawo zwoływania wielkiego zgromadzenia, kiedy uznam to za stosowne bez przyczyn ustawowych. Będę to czynił chętnie i często, jeśli obecny Landtag utwierdzi mnie w przekonaniu, że mam do tego prawo, nie naruszając przy tym wysokich obowiązków regenta.

Mój i mojego ojca wolny i ukochany naród przyjął z gorącą wdzięcznością wszystkie prawa, jakie daliśmy mu dla ochrony jego żywotnych interesów, a w szczególności te, z dnia 3 lutego. Biada temu, kto chciałby tę wdzięczność pomniejszyć albo nawet zamienić w niewdzięczność.

Każdy Prusak wie od 24 lat[5], że wszystkie ustawy dotyczące jego swobód i własności są uprzednio omawiane w przedstawicielstwach stanów. Od tego czasu każdy w kraju wie, że ja z uzasadnionym wyjątkiem stanu wojny, „nie będę rozpisywał pożyczek państwowych, podwyższał podatków i nakładał nowych, bez suwerennej zgody przedstawicielstw wszystkich stanów"[6].

Szlachetni panowie i wierne stany!

Wiem, że wraz z tymi uprawnieniami oddaję w wasze ręce cenny klejnot wolności, którym wy będziecie uczciwie zarządzać, ale wiem również, że są tacy, którzy tego klejnotu nie doceniają, którym on nie wystarcza. Część prasy, na przykład, domaga się ode mnie niemal rewolucji w Kościele i państwie, natomiast od was, moi panowie, aktów jaskrawej niewdzięczności i postępowania wbrew prawu, a nawet nieposłuszeństwa. Wielu, a wśród nich nawet poważni ludzie, widzą możliwość poprawy w zamianie naturalnej więzi pomiędzy panującym a narodem w konwencjonalny układ, obwarowany ustawami i przysięgami.

Oby przykład tego szczęśliwego kraju, którego konstytucja jest wynikiem stuleci i nie mającej sobie równej polityki dziedziczenia tronu, ale bez skrawka zapisanego papieru, nie był dla nas stracony i znalazł uznanie, na jakie zasługuje. Jeśli inne kraje znajdą na odmiennej drodze niż ten naród i my swoje szczęście – mianowicie na drodze ustanowionej i nadanej konstytucji – to będziemy musieli i chcieli je wspólnie z nimi podzielać w uczciwy i braterski sposób. Obserwujemy takie rozwiązania z uzasadnionym podziwem, pod warunkiem że przy pomocy silnej woli, żelaznej konsekwencji i wysokiej mądrości, udaje się powstrzymać, wyprzeć i załagodzić wszystkie wątpliwości pojawiające się w tej sytuacji, a głównie, jeśli przyczynia się to do zachowania pokoju europejskiego, a w szczególności w Niemczech i na rzecz Niemiec. Jednak Prusy, moi panowie, takiej sytuacji nie dopuszczają. Jeśli zapytacie mnie dlaczego, to odpowiem: „rzućcie okiem na mapę Europy, na położenie naszego kraju, na jego rozczłonkowanie, prześledźcie linię jego granic, oceńcie siłę naszych sąsiadów, cofnijcie się w głąb naszej historii!" To łaskawemu Bogu możemy zawdzięczać potęgę naszego oręża, potęgę kraju w wojnach zewnętrznych i potęgę ducha wewnątrz kraju. Ale z pewnością nie zawdzięczamy tego negatywnemu duchowi czasu, lecz duchowi porządku i dyscypliny, takie jest, moi panowie, moje zdanie. Podobnie jak w warunkach wojennych,

5 Tj. od powołania w 1823 ośmiu Landtagów prowincjonalnych.
6 Cytat z ustawy o zadłużeniu państwa.

aby zmniejszyć zagrożenie i uniknąć największej głupoty, ma prawo dowodzić wola tylko jednego człowieka, tak i losy naszego kraju, aby nie stoczył się on ze szczytów chwilowego powodzenia, powinny spoczywać również w rękach jednego przywódcy. Jeśli król Prus popełni czyn niegodny, domagając się od swoich poddanych niewolniczego posłuszeństwa, to z pewnością jeszcze większym wykroczeniem byłoby niewymaganie od nich tego, co jest koroną wolnego człowieka – posłuszeństwa wobec Boga i sumienia. Jeśli kogoś niepokoi interpretacja tych słów, to zwracam jego uwagę na wyłącznie tylko rozwój naszego ustawodawstwa w czasie ostatniego stulecia, na edykty stanowe, a w końcu na to zgromadzenie i jego prerogatywy. Jeśli wykaże on wystarczająco dużo dobrej woli, to go to uspokoi.

Szlachetni panowie i wierne stany!

Jestem zmuszony złożyć uroczystą deklarację, że żadna siła w świecie nie jest w stanie zmusić mnie do zastąpienia naturalnego, u nas tak utrwalonego, dzięki swojej wewnętrznej prawdzie, stosunku pomiędzy panującym a narodem, na konwencjonalny i konstytucyjny, i nigdy nie dopuszczę do tego, aby pomiędzy naszego Pana Boga w niebiosach a nasz kraj wciskał się zapisany arkusz papieru niczym druga Opatrzność, aby rządził nami za pomocą paragrafów i zastąpił dawną, uświęconą wierność. Uważam siebie za całkowicie pozbawionego słabości. Nie tęsknię za próżnym uznaniem tłumów (a któż jest zdolny do tego, kogo nauczycielką była historia?). Pragnę wypełniać moje obowiązki z najlepszą wiedzą, zgodnie z moim sumieniem, aby zasłużyć na wdzięczność mojego narodu, nawet gdyby nigdy nie miała się ona stać moim udziałem.

W pierwszych latach mojego panowania często nachodziły mnie troski i niezadowolenie z powodu tego, że nie potrafiłem usunąć przeszkód, które nie pozwalały, szlachetni panowie i wierne stany, na wcześniejsze zwołanie waszego zgromadzenia. Nie miałem racji. Spotkalibyśmy się ubożsi o wiele doświadczeń; doświadczeń życiowo wartościowych, ale mimo iż nie zawsze dobrych, to dla nas nieocenionych. Teraz mamy te doświadczenia z minionych siedmiu lat przed oczyma i dzięki Bogu, nie nadaremno! Postępowanie partii po jednej stronie, i nastroje mojego narodu po drugiej, są obecnie wyraźne i nie do zakwestionowania. Wspaniałym przywilejem urzędu królewskiego jest możliwość postrzegania rzeczy takimi, jakie są, i mówienia bez obaw prawdy. Właśnie to mam dzisiaj zamiar zrobić, jako wypełnienie mojego obowiązku. Teraz proszę was o śledzenie przez chwilę moich wywodów, abyście mogli sobie wyrobić jasny pogląd na nasze sprawy.

Bieda, jaka dotknęła Europę w ostatnich latach, dotarła również do nas, chociaż nie tak dotkliwa jak w innych krajach[7]. Zastała nas jednak dobrze przygotowanych, a ja mogę z honorem zapewnić mój rząd, że w ciągu ostatnich dwóch lat zrobiliśmy dużo dla jej złagodzenia. Posiadamy również środki dla silniejszego jej zwalczania, jeśli Bóg, czego się spodziewam, uchroni nas przed spadkiem dochodu krajowego i nowymi kłopotami. Tutaj muszę jednak wspomnieć o prywatnej dobroczynności, która rozkwitła u nas na nowo w sposób radujący serce, i wyrażam jej za to przed wami mój usprawiedliwiony podziw i wdzięczność. Ale idźmy dalej.

7 Chodzi o nieurodzaj i kryzys ekonomiczny lat 1845–1847.

Spłata długów państwowych postępuje. Świadczenia na rzecz państwa zostały zmniejszone, budżet jest uporządkowany, jego stan daje mi dzisiaj to szczęście, że mogę zaoferować prowincjom 2 000 000 talarów na wzmocnienie ich finansów.

Administracja i wymiar sprawiedliwości są u nas na lepszym poziomie niż w jakimkolwiek innym kraju, w sądach jest zagwarantowana jawność i ustność rozpraw. W toku jest budowa dróg, kanałów i wszelkiego rodzaju ułatwień na wsi w niespotykanym dotychczas wymiarze; nauka i sztuki są w niebywałym rozkwicie; wzrasta dobrobyt narodu. Handel, przemysł i rzemiosło rozwijają się, chociaż nie udaje się tutaj uniknąć wahań, jak w całej Europie, niestety! Jednak nie należy zapomnieć o ojcowskiej opiece i jak najlepszych chęciach. Prasa cieszy się takimi swobodami, na jakie tylko pozwalają prawa Związku Niemieckiego; wolność wyznania łączy w ożywczy sposób naszą dawną wolność sumienia i wyznania. Należy jeszcze wyrazić uzasadnioną dumę z naszych niezrównanych wojsk liniowych i landwery.

Z naszymi sąsiadami i potęgami po jednej i drugiej stronie oceanów mamy jak najlepsze stosunki, a z naszymi braćmi w Związku Niemieckim, w sojuszu z którymi niegdyś wyzwoliliśmy Niemcy i od których błogosławionej zgody z nami zależało utrzymanie 32-letniego pokoju w dużej części Europy, mamy stosunki lepsze niż kiedykolwiek.

Mógłbym dodać do tego jeszcze wiele, co kazałoby nam ugiąć kolana w podzięce przed Bogiem, ale wystarczy. To wystarczy całkowicie, aby uzasadnić naszą wdzięczność i zadowolenie, które wbrew niektórym uzasadnionym życzeniom, ale w uczciwym porównaniu, są całkiem oczywiste. Przede wszystkim należałoby sądzić, że prasa powinna propagować na wszystkie strony wdzięczność i zadowolenie, gdyż – mogę to chyba powiedzieć – jest mi to w dużej mierze winna. Szlachetni panowie i wierne stany! Apeluję do waszych niemieckich serc, abyście dali tej wdzięczności wyraz! Doceniając honorowe wysiłki w kierunku podniesienia prasy za pomocą szlachetnego i uczciwego ducha, nie ma przecież wątpliwości, że w pewnej jej części tkwi ponury duch rozkładu, nawołujący do przewrotu i kłamstw, haniebny dla niemieckiej wierności i pruskiego honoru. Wiem, że duch narodu jest zdrowy, ale nie dajmy się skusić owocami z drzewa zła, które w formie niezadowolenia, nieufności i haniebnego zastraszania wypełzają z liberalizmu – oraz jeszcze gorszych doświadczeń: otwartego nieposłuszeństwa, tajemnych sprzysiężeń, deklaracji odejścia od wszystkiego, co dla dobrych ludzi jest święte, aż do królobójstwa. Tak, te owoce sięgają aż do naszych Kościołów krajowych, obok dwojakiej śmierci w obojętności i fanatyzmie. Ale sprawy Kościołów nie należą do kompetencji przedstawicielstwa stanów. Obydwa wyznania mają swoje organy prawne. Nie mogę się jednak dzisiaj powstrzymać od złożenia jednej deklaracji wobec przerażającej próby pozbawienia mojego narodu jego cennego klejnotu: wiary w jego i naszego Najświętszego Zbawiciela, Pana i Króla. Moja deklaracja brzmi: „Ja i dom królewski pragniemy służyć Panu z całego serca".

Odwracam zasmucony wzrok od tych nielicznych zbłąkanych i kieruję go na ogół mojego narodu. Wtedy rozpromienia się on w łzach radości, bo, moi panowie, jest mi on pociechą po wszystkich doświadczeniach rządzenia. Mój naród jest jeszcze tym dawnym, chrześcijańskim ludem, prostym, dzielnym ludem, który brał udział w bojach mojego ojca i którego wartościowe cechy jeszcze urosły wraz z wielkością i chwałą naszej ojczyzny, który kiedyś połączył się w dniach zgryzoty, jak żaden inny, ze swoim ojcowskim królem, a potem niósł go na swoich ramionach od zwycięstwa do zwycięstwa – naród, wodzony często na pokuszenie, ale którego wierność zawsze się sprawdzała. Wyszedł nieskażony również z najtrudniejszego egzaminu, bo bezczelna gra z chrześcijaństwem, próba nadużycia religii, jako środka do dokonania przewrotu, została w końcu rozpoznana jako świętokradztwo i obumarła. Również moje stałe przekonanie o wierności mojego narodu, która jest środkiem zapobiegającym pożodze, odpłacają synowie naszej pruskiej ojczyzny – ci starsi, jak i ci młodsi – we wspaniały sposób, nawet tam, gdzie mówi się innymi językami niż tutaj.

Dlatego słuchajcie, szanowni panowie i wierne stany, i oby z waszych ust dowiedział się tego cały kraj: pomimo wszystkich niegodziwości, jakich doświadczamy ja i mój rząd od siedmiu lat, apeluję do mojego narodu! Pomimo wszystkich haniebnych doświadczeń, jakie być może mnie spotkają, apeluję z wyprzedzeniem do mojego narodu! Mój naród zna moje serce, moją wierność i miłość do niego i odpłaca mi taką samą miłością i wiernością: mój naród nie chce współrządzenia przez przedstawicieli, nie chce osłabienia władzy, podziału jedynowładztwa i złamania absolutnej władzy swoich królów, którzy są gwarantami jego historii, jego wolności, jego dobrobytu i wyłącznie oni mogą chronić jego najcenniejsze osiągnięcia i będą ich dalej strzec, jeśli łaskawy Bóg pozwoli, tak jak dotychczas. Ale moi panowie, ja nie odczytuję nastrojów narodu z bram triumfalnych i świątecznych wiwatów, a w jeszcze mniejszym stopniu z krytyk i pochwał prasowych albo nawet z wątpliwych czy niekiedy nawet zbrodniczych apeli, jakie czasem docierają do tronu, przed przedstawicielstwa stanów i nie wiedzieć gdzie jeszcze. Ja jednak własnymi oczyma czytałem we wzruszającej podzięce ludzi za złożone i jeszcze wtedy niespełnione obietnice, tutaj, kiedy duże obszary kraju stały pod wodą, a ludzie cierpieli niedostatek; odczytywałem to z ich radości, z ich zalanych łzami oczu – przed trzema laty – przy cudownym uratowaniu mnie i królowej! To jest prawda, a w moich słowach zawsze jest prawda, kiedy mówię: to jest wspaniały naród i napełnia mnie szczęściem to, że stoję na jego czele. Wasze serca zrozumieją to i zgodzą się ze mną, kiedy w tej wielkiej godzinie żądam od was: okażcie się godni tego narodu!

Szlachetni książęta, hrabiowie i panowie!

Z pozycji, jaką wam mój dekret w zjednoczonym Landtagu przyznaje, dostrzegliście zapewne moje dążenie, aby ta pozycja była godna niemieckiej arystokracji i była nakierowana na dobro ogółu. Ufam, że w tej godzinie i w tych dniach zrozumiecie, co to znaczy i z jakimi obowiązkami jest związana pozycja pierwszych w narodzie. Liczę na waszą wdzięczność. A wy – moi panowie przedstawiciele stanu rycerskiego, miast i gmin wiejskich! – jesteście przepełnieni, o czym jestem mocno przekonany, prawdą, że w tej godzinie i w tych dniach jesteście pierwszymi z waszych stanów, ale właśnie przez to strażnikami waszej dawnej sławy. Spójrzcie na ten tron, mój i moich ojców. Wielu z was oraz książęta mojej korony i ja osobiście, walczyliśmy o jego utrzymanie, jego ratunek, jego honor i o życie ojczyzny. Bóg był z nami! Teraz musimy toczyć nową walkę, o te same wysokie wartości, wprawdzie na drodze pokojowej, ale jej rozstrzygnięcia nie są nawet o włos mniej ważne od tych na polu bitwy. Ale Bóg znów będzie z nami, ponieważ będzie to walka ze złymi pokusami naszych czasów. Wasza jednomyślność ze mną, wasza czynna zgoda, aby mi pomóc: uprawa, umacnianie i zapewnianie gruntu prawa (prawdziwego gruntu królów) uczyni z tego Landtagu zwycięskie pole walnej bitwy przeciwko złym, bezprawnym, zasmucającym Niemcy i haniebnym poczynaniom i zakończy owe poczynania ku chwale waszej, mojej, naszej ojczyzny i ku zadowoleniu mojego wiernego narodu.

Moi panowie ze stanu rycerskiego, będziecie tak jak dawniej, również teraz i w przyszłości pierwszymi, którzy maszerują pod sztandarami Hohenzollernów, będących od prawie pięciuset lat symbolem wszelkich cnót. A wy, moi panowie, przedstawiciele miast, dajcie całemu światu naoczny dowód tego, że inteligencja, za której większej części przedstawicieli możecie się z dumą uważać, jest tą uczciwą, uszlachetnioną przez religię i obyczajność i naznaczoną miłością do króla i ojczyzny. I wy, wierni przedstawiciele gmin wiejskich, wy i wasz stan nie byliście nigdy ostatnimi, kiedy trzeba było trwać z Bogiem dla króla i ojczyzny, czy to w wojnie, czy w pokoju. Idźcie za głosem waszego króla, który was wzywa: jesteście znów potrzebni!

W mojej monarchii żaden z trzech stanów nie stoi ponad innym albo pod innym. Wszystkie są równe wobec równych praw i są otoczone równym szacunkiem, stoją obok siebie w ustalonym dla siebie porządku. Tak pojmuję możliwą i rozsądną równość, to jest wolność!

Szlachetni panowie i wierne stany!

Muszę powiedzieć jeszcze słowo na temat sprawy życiowo ważnej: życiowo ważnej dla tronu i stanów. Błogosławiony król powołał do życia system stanowy, po głębokim namyśle w historycznoniemieckim duchu, a ja kontynuowałem jego dzieło wyłącznie w tym kierunku. Zaklinam was, przejmijcie się duchem tych prastarych założeń. Wy, moi panowie, jesteście niemieckimi stanami w starodawnym tego słowa znaczeniu, to znaczy przede wszystkim i głównie przedstawicielami i obrońcami własnych praw, praw swoich stanów, które przekazały w znacznej mierze swoje zaufanie temu zgromadzeniu. W następstwie tego macie obowiązek wprawiania się w wykonywaniu tych prerogatyw, jakie korona wam przyznała. Oprócz tego macie obowiązek udzielania koronie uczciwych rad, jakich się ona od was w zamian domaga. Macie także uprawnienia do rejestrowania próśb i zażaleń z waszego terenu działania i waszej okolicy i przedstawiania ich koronie, po wnikliwym ich zbadaniu.

Takie są prawa, takie są obowiązki niemieckich stanów, taki jest wasz wspaniały zawód. Ale do waszego zawodu nie zalicza się: reprezentowanie poglądów, propagowanie modnych prądów i szkolnych teorii. To jest całkowicie nieniemieckie, a poza tym niepraktyczne dla dobra ogółu, gdyż prowadziłoby do nierozwiązalnych konfliktów z koroną, która ma rządzić według praw boskich i praw kraju oraz według własnego uznania, ale nie może rządzić na podstawie woli większości, jeśli wyraz Prusy nie ma wnet pozostać w Europie jedynie pustym dźwiękiem! Jasno postrzegając moje stanowisko i wasz zawód, mocno zdecydowany postępować w każdych warunkach zgodnie z tymi poglądami, zszedłem do was i przemówiłem z królewską otwartością. Z taką samą otwartością i w dowód mojego najwyższego zaufania daję wam królewskie słowo, szlachetni panowie i wierne stany, że nie wezwałbym was tutaj, gdybym miał chociaż najmniejsze podejrzenie, że chcecie inaczej pojmować swój zawód i macie chęć pełnić rolę tzw. reprezentantów narodu. Nie zrobiłbym tego, bo według mojego najgłębszego przekonania stanowiłoby to zagrożenie dla tronu i państwa i ponieważ za swój pierwszy obowiązek uważam chronienie za wszelką cenę i w każdych warunkach mojego rządu, tronu i państwa, takich, jakie one są. Wspominam słowa jednego z moich królewskich przyjaciół: „Zaufanie budzi zaufanie". Na tym opierają się dzisiaj moje piękne nadzieje. To, że moje zaufanie do was jest bardzo duże, udowodniłem słowami i czynami, powołując was do tych funkcji. Również od was, moi panowie, oczekuję szczerych dowodów zaufania, a tym samym czynów, jako odpowiedzi na moje słowa. Niech mi Bóg będzie świadkiem, powołałem was jako wasz najlepszy, najwierniejszy przyjaciel i wierzę niezłomnie, że wśród setek zgromadzonych przede mną nie ma ani jednego, który nie chciałby w obecnych czasach sprawdzić się jako mój przyjaciel. Niektórzy z was byli obecni w Królewcu 10 września 1840 roku[8] i jeszcze teraz słyszę podobny do gromu głos waszej przysięgi wierności, który rozgrzewa moją duszę. Wielu z was dało mi w dniu hołdu moich niemieckich krajów dziedzicznych swoje nigdy nieprzemijające „tak", kiedy zażądałem od was, „abyście pomogli mi i wsparli mnie całym sercem, duchem, słowem, czynem, wiernością i miłością, w utrzymaniu Prus, takimi, jakie są i jakie muszą pozostać, jeśli nie mają upaść". Domagałem się od was, abyście wsparli rozsądny, ale realizowany z zapałem młodzieńczych sił postęp, abyście wytrwali ze mną, zarówno w dobrych, jak i złych chwilach. Dotrzymajcie teraz słowa! Wypełnijcie teraz wszystkie swoje przysięgi wierności.

Możecie tego dokonać podczas jednej z najważniejszych funkcji zgromadzenia, wybierając do komisji szczerych przyjaciół tronu i naszej dobrej sprawy; ludzi, którzy pojęli, że w obecnych czasach najważniejszym zadaniem stanów jest ożywianie i umacnianie w kraju dobrych nastrojów poprzez osobisty przykład, gotowych jednocześnie do odparcia i rozbicia wszystkich aktów niewierności, ludzi, moi panowie, będących jednocześnie wrogami każdego niewolnictwa, a przede wszystkim przeciwnikami haniebnego jarzma, jakie usiłuje się wam nałożyć w postaci zgubnych teorii, będących istotą liberalizmu. Ten akt wyborczy będzie miał decydujące, brzemienne w następstwa, znaczenie. Rozważcie to w głębi serca i wybierzcie zgodnie z waszym sumieniem.

Weźcie pod uwagę, że czas niepewności co do istoty struktury stanowej minął. Niektóre sprawy, pozwalające usprawiedliwiać tę niepewność, już nie egzystują i nie mogą już służyć za usprawiedliwienie. 3 lutego tego roku, podobnie jak 3 lutego 1813 roku[9], otworzył prawdziwym synom ojczyzny drogę, jaką powinni podążać. Ale to samo niewymowne szczęście, które wtedy stało się udziałem mojego sławnego ojca, stało się dzisiaj również moim udziałem, teraz, w tym momencie. Ja przemawiam, podobnie jak on, do pruskich, do niemieckich męskich serc.

8 10 IX 1840 stany pruskie złożyły przysięgę homagialną nowemu królowi.

9 Chodzi o odezwę króla Fryderyka Wilhelma III wzywającą do powoływania oddziałów ochotniczych do walki z Napoleonem. Wyznaczała ona początek tzw. niemieckiej wojny wyzwoleńczej 1813–1815.

A więc śmiało! Wasze wysokoście, szlachetni książęta, hrabiowie i szlachetni panowie, drogi stanie rycerski, miasta i gminy! Przystąpcie z Bogiem do pracy. Jestem teraz pełen nadziei (a obecnie także pewności), ze podczas całego, tak ważnego czasu wspólnej pracy, kiedy będą na nas skierowane oczy całej Europy, zarówno teraz, jak i w przyszłości, okażecie się na wszystkich stopniach naszego stanowego zgromadzenia zawsze prawdziwymi Prusakami. Wobec tego nie mogę, wierzcie mi, pominąć tego, od czego wszystko zależy – mianowicie łaski Bożej. Przywołana naszą jednomyślnością rozleje się ona szerokim strumieniem na nasze i na przyszłe pokolenia i mam nadzieję, również na naszą wspaniałą niemiecką ojczyznę, szerokim nurtem, nad którym będzie można wygodnie i bezpiecznie mieszkać, jak nad dobrze chronionymi brzegami niosącej błogosławieństwa wielkiej wody naszej Ziemi. A teraz jeszcze raz z głębi całego mojego serca: serdecznie witam!!

PRZEŁ. HENRYK STANKE

Carl Friedrich Wilhelm JORDAN

1819–1904, niemiecki pisarz i polityk. Zwolennik zjednoczenia Niemiec pod kierownictwem Prus. Wybrany w 1848 na deputowanego do Zgromadzenia Narodowego, gdzie wielokrotnie postulował zjednoczenie Niemiec pod kierownictwem Prus. Dał się poznać także jako skrajny nacjonalista.

WILHELM JORDAN, urodzony w Prusach Wschodnich, trafił do Zgromadzenia Narodowego jako poseł z brandenburskiego okręgu Ober-Barnim. Był przedstawicielem liberalno-nacjonalistycznej formacji politycznej, ale w trakcie obrad parlamentu zbliżył się do centrystów. Jako przedstawiciel większości aktywnie uczestniczył w dyskusji nad zjednoczeniem kraju. Plan zjednoczenia Niemiec zakładał określenie przyszłych granic niemieckiego państwa narodowego. Sporną kwestią był status ziem przygranicznych – m.in. Szlezwiku, Moraw i Tyrolu Południowego. Najwięcej kontrowersji budziło jednak powstałe w 1815 r. i wchodzące w skład Prus autonomiczne Wielkie Księstwo Poznańskie, przemianowane w 1848 r. na *Provinz Posen*. Efektem tzw. *Polendebatte* w parlamencie, obradującym we frankfurckim kościele św. Pawła, była propozycja włączenia zachodniej części tego regionu do Prus. Podział terytorialny według kryteriów etnicznych nie mógł być jednak dla Niemców korzystny – odsetek ludności niemieckiej wynosił tam zaledwie 34 procent. W utrzymanej w nacjonalistycznym tonie mowie Jordan starał się przekonać Zgromadzenie Narodowe o przyłączeniu prowincji poznańskiej do Związku Niemieckiego. W tym celu powołał się na „prawo silniejszego" oraz „prawo naturalne", które nakazuje podbijanie mniej „humanitarnych" narodów – twierdził ponadto, że Polacy nie są w stanie sami się rządzić. Ostatecznie Zgromadzenie ogłosiło podział prowincji, ale do niego nie doszło – sejm pruski w październiku 1848 roku uznał całość Poznańskiego za część Prus. (ts)

WILHELM JORDAN

ZA PRZYŁĄCZENIEM PROWINCJI POZNAŃSKIEJ

WYSTĄPIENIE PRZED ZGROMADZENIEM NARODOWYM, FRANKFURT nad MENEM, 27 LIPCA 1848

Moi panowie! Rozstrzygaliście już sprawy o bezspornie większym dla nas znaczeniu od tej, która jest dzisiaj na porządku dziennym, ale w sprawie o takim europejskim rozgłosie jeszcze nie rozstrzygaliście[1]. Zarówno nad Tamizą, jak i nad Sekwaną, nad Wisłą i nad Newą oczekuje się cierpliwie, z równym napięciem, choć z różnym nastawieniem na waszą decyzję, ponieważ słowa, jakie z tego miejsca padną, znajdą oddźwięk w całym cywilizowanym świecie w wymiarze, jakiego jeszcze nie było, bo w sporze z innym narodem, który trwał setki lat, a w którym dotychczas decydowano na tajnych radach królewskich, teraz

1 M.in. przeciw podziałowi oficjalnie zaprotestował rząd francuski, uznając go za „czwarty rozbiór Polski".

zaś naród niemiecki sam po raz pierwszy sprawuje sąd. Świat zadaje sobie pytanie: czy zaakceptuje on decyzję swoich książąt, czy może ją odrzuci? Nieodwracalność decyzji tej najwyższej instancji, od której nie ma innego odwołania, jak tylko wojna europejska, musi, przy poruszającym do głębi współczuciu wywoływanym w całej Europie przez trwającą od pokolenia polską tragedię, doprowadzać napięcie do zenitu. To europejskie znaczenie, jakie opinia publiczna przykłada do naszej rezolucji, wymusza, moim zdaniem, przestrzeganie procedury, której w innym przypadku byśmy się sprzeciwili.

Sądzę, że sprawy poznańskiej nie powinniśmy rozpatrywać w wąskich ramach, w które należałoby ją wtłoczyć jako odrębny przypadek, aby przez to ograniczenie nie ułatwić sobie oglądu, a tym samym podjęcia decyzji. Przeciwnie, uważam, że od tego szczególnego punktu widzenia sprawy musimy wznieść się do poziomu dziejowego, na jakim należy rozpatrywać sprawę poznańską znaczącą jako epizod wielkiego polskiego dramatu i przyznaję, otwarcie, że nie wiedziałbym, jak miałbym dojść do podjęcia decyzji, gdybym miał całkowicie zrezygnować z oceny historycznej, jak tego przedtem sobie zażyczył pan przewodniczący[2]. A teraz, aby móc ocenić specyficzny aspekt rozpatrywanej sprawy, zależy od tego, jak należy sobie odpowiedzieć na dwa zasadnicze pytania: 1) czy zasada podziału terytorialnego Wielkiego Księstwa Poznańskiego ma być uznana stosownie do liczebności obu narodowości? 2) czy realizacja tej zasady, która została już wprowadzona w życie poprzez wytyczenie linii podziału[3], ma uzyskać naszą akceptację?

W odniesieniu do Wielkiego Księstwa Poznańskiego rozpowszechnił się w Europie mylny pogląd. Okoliczność, że pewne jego części były na przestrzeni dziejów historycznie i etnicznie zawsze polskie, a inne jego części pozostawały czasowo w polskim władaniu, stała się przyczyną dość powszechnego przekonania, że cała prowincja poznańska jest po prostu polską ziemią. To założenie, jak już powiedziałem, jest na wskroś mylne. Dystrykt notecki[4], jej północna część, należał najpierw do Pomorza i został odstąpiony Królestwu Polskiemu dopiero jako skutek pokoju toruńskiego[5], czyli przez nie zdobyty. Później, w wyniku pokoju warszawskiego[6] przypadł Prusom i przy nich pozostał, pomijając krótki czas istnienia Księstwa Warszawskiego. Dalej, powiaty zachodnie Birnbaum, Meseritz, Bomst, Fraustadt[7], są już od niepamiętnych czasów niemieckie, co można wysnuć chociażby z nazw miast, w których większość mieszkańców jest niemiecka. W pozostałych powiatach, które wprawdzie były wcześniej polskie, Niemcy rozrośli się z czasem liczebnie i również pozostali w przewadze. Do pytania „jak?" powrócę później. Krótko mówiąc, faktem jest, że duża część prowincji poznańskiej jest obecnie w przeważającej części niemiecka i od tego faktu musimy wyjść. Wiecie panowie, że skutkiem rewolucji[8] w Berlinie było postanowienie zapewnienia

2 Obradom przewodniczył Heinrich von Gagern (1799–1880), prawnik, liberalny polityk niemiecki okresu rewolucji marcowej.

3 Prowincję Poznańską podzielono już wcześniej w celu przeprowadzenia wyborów do Zgromadzenia Narodowego.

4 Tj. tereny leżące po obu stronach Noteci, pozyskane przez Prusy w I rozbiorze Polski.

5 Tu mowa o pokoju toruńskim z 1411.

6 Tj. I rozbioru Polski.

7 Międzychód, Międzyrzecz, Babimost, Wschowa.

8 W marcu 1848.

Polakom ich przynależności państwowej w niespotykany dotychczas sposób i przyznanie polskiemu obszarowi oddzielnej konstytucji. Niemcy byli zdania, że mają ku temu takie samo prawo, że ich przynależność państwowa powinna być uznana i zagwarantowana na równi z Polakami. Mówili: nie obchodzi nas, do kogo należał kiedyś jakiś kawałek ziemi; to nie przeszłość powinna być decydująca, lecz żywa teraźniejszość. Protestowali więc przeciwko polskiej reorganizacji niemieckich dystryktów i kategorycznie domagali się odgraniczenia ich od polskich. Rząd przystał na te żądania i zadecydował o rozdziale. Nazwano to nowym rozbiorem Polski. Jednak nie stało się nic innego, jak tylko ustalenie, jak daleko na wschód rzeczywiście rozciągają się Niemcy, tzn. jak dalece zwycięsko rozpowszechnił się niemiecki język i cywilizacja. Tak więc pytanie odnośnie do linii podziału sprowadza się do drugiego pytania: czy pół miliona Niemców powinno żyć pod niemieckim rządem z niemieckimi urzędnikami i należeć do wielkiej niemieckiej ojczyzny, czy też mają być w podrzędnej roli naturalizowanych obcokrajowców przekazani w poddaństwo innej narodowości, nie posiadającej tak wielkiego humanistycznego ducha jak Niemcy i czy mają być wypchnięci na obczyznę? Kto na ostatnie pytanie odpowie twierdząco, kto mówi, że powinniśmy przekazać tych niemieckich mieszkańców prowincji poznańskiej Polakom i podporządkować polskiemu rządowi, tego uważam przynajmniej za nieświadomego zdrajcę narodu (*Brawo!*).

Tym pytaniem równocześnie zdecydowano w przeważającej części o następnym. W związku z rzeczywiście wytyczoną linią podziału powstaje pytanie, czy została ona poprowadzona stosownie do rzeczywistej przewagi liczebnościowej obu narodowości. Można powiedzieć, że ta zasada była dość rzetelnie przestrzegana. Ale, jak to wszędzie w życiu publicznym, teorie są w ostatecznych konsekwencjach modyfikowane, i tutaj także to miało miejsce. Początkowo nie wyrażono zgody na tworzenie enklaw i w ten sposób doszło do powstania narodowościowych wysp po obu stronach linii podziału, a więc do przyłączenia polskich skrawków do obszarów niemieckich, a niemieckich do polskich. Potem jednak nie można było nie uwzględnić ważnego aspektu: własnego bezpieczeństwa Niemiec. W przypadku wybuchu wojny mogłoby zagrażać nam niebezpieczeństwo utraty naszych wschodnich terenów, gdybyśmy nie zostawili w naszym władaniu ich linii strategicznych. Aby utrzymać dla siebie najważniejszy punkt tych linii strategicznych, jakim jest twierdza Poznań, nie mogło być odstępstwa od zasady, według której została wytyczona linia podziału, bo w tym mieście wzniesionym kosztem dziesięciu milionów niemieckich pieniędzy większość mieszkańców jest niemiecka. Panowie wojskowi zapewne wytłumaczą to panom lepiej, niż ja jestem w stanie, że twierdza sama w sobie przestaje być twierdzą, gdy jej linie zaopatrzenia odcięte są od pozostałych punktów obronnych. Wtedy, mając nawet silne dzieła obronne, może być uznana za straconą. Dlatego niektóre szlaki wodne, a szczególnie jedna droga bita, wiodąca przez polski pas, zostały włączone do części niemieckiej, naruszając wprawdzie na pewnym odcinku zasadę linii podziału. Ale rząd pruski nie potrafił i nie mógł inaczej postąpić. Gdyby tak nie postąpiono, byłaby to nieodpowiedzialna lekkomyślność, a nawet zaniedbanie obowiązków wobec Niemiec.

Odpowiedź na te dwa pytania załatwia, moi panowie, równocześnie, prawie całkowicie dwa następne, a mianowicie o uznanie przyłączenia niemieckich części prowincji poznańskiej do Związku Niemieckiego i o ostateczne zatwierdzenie deputowanych prowincji poznańskiej[9]. Zauważam z naciskiem, że to krótkie, pobieżne uzasadnienie jedynie możliwej decyzji jest moim zdaniem tylko czymś tymczasowym. To uzasadnienie może być przedstawione we właściwym świetle dopiero, gdy odchodząc od szczegółów, wzniesiemy się na wyższy poziom argumentacji i rozpatrzymy tę marginalną sprawę w związku z całokształtem głównego zagadnienia. Moi panowie, wiem, aż za dobrze, że wypowiadając się w tej kwestii po myśli komisji, popadam w sprzeczność z dużą częścią tych, z którymi zgadzałem się w innych sprawach. Wiem również, że w ten sposób przeciwstawiam się zdaniu dużej części opinii publicznej w Niemczech. W przypadku pierwszej niedogodności nie wyzbyłem się jeszcze nadziei, że siła prawdy skłoni wielu w trakcie debaty do zmiany stanowiska. Co do drugiego zła, to pocieszam się faktem, że kilka miesięcy temu byłoby ono jeszcze większe i że od tego czasu wyrazy sympatii opinii publicznej dla Polaków stopniowo stygły.

W każdym razie uniesienie dla sprawy polskiej znacznie opada. W ogóle sympatia dla Polaków jest dziwnym zjawiskiem. Kieruje się ona zasadą geograficzną, to znaczy, że rośnie ona i maleje w takim samym stopniu, w jakim oddalamy się na zachód lub na wschód. Ta okoliczność, że Polaków lubi się bardziej, im bardziej jest się od nich oddalonym i im mniej się ich zna, a o tyle mniej, im się jest ich bliżej (*Brawa z prawej strony i syki z lewej*), a więc ta okoliczność, powiadam, musi w każdym razie wzbudzać przypuszczenie, że ta przychylność polega nie tylko na prawdziwych zaletach polskiego charakteru, lecz bardziej na szczególnym kosmopolitycznym idealizmie, nie tylko na jasnym zrozumieniu naszych stosunków ze wschodnimi sąsiadami, lecz bardziej na przekazanym artykule politycznej wiary, który przyjmuje się bez głębszego zastanowienia. Jednak daleki jestem od tego, moi panowie, aby w ogóle przeczyć wszelkim podstawom sympatii dla Polski.

Tak często i przekonująco Polacy dowodzili jednego przymiotu, że nawet ich najzagorzalsi wrogowie muszą go z podziwem uznać. Tak często prezentowali swoje niezniszczalne i odważne umiłowanie ojczyzny, że można sobie tylko życzyć, by choć część tej ich wyjątkowości rozwinęła się również u nas. Jednak chcąc przyznać rację historii, która w swym nacechowanym koniecznością biegu nieustannie bezlitośnie miażdży żelaznym butem naród, który nie jest wystarczająco silny, by utrzymać się pośród równych mu nacji byłoby nieludzkie i barbarzyńskie zamykać się na wszelkie współczucie w obliczu tak długiego cierpienia, ja też daleki jestem od takiej bezduszności. Czym innym jest jednak wzruszenie wobec tragedii, a czym innym niejako próba jej odwrócenia. Właśnie tylko żelazna konieczność, jakiej podlega bohater, czyni z jego losu prawdziwą tragedię, a chęć ingerencji w ten los z ludzkiego współczucia próbowania zatrzymania i ponownego zawrócenia toczącego się koła historii oznaczałaby narażenie się samemu na niebezpieczeństwo zmiażdżenia przez nie (*Brawo!*). Pragnąć restytucji Polski tylko dlatego, że jej upadek przepełnia nas uzasadnionym smutkiem, nazywam bezmyślną sentymentalnością (*Brawa z prawej strony, syki z lewej*).

To dla mnie wesoła odmiana słyszeć ten dźwięk z tej strony (*Śmiech*).

9 Z prowincji poznańskiej wybrano do Zgromadzenia Narodowego 12 deputowanych.

Moi panowie, kiedy skończę, być może przestaniecie sykać, ponieważ zauważam, że mówię tak, nie mimo to, iż jestem demokratą, a dlatego, że nim jestem (*Głos: już nim byłeś!*). Już było wiele rzeczy, które mimo to w dalszym ciągu są prawdą. Chociaż taki poetycki sentymentalizm jest w gruncie głównym motywem tych wszystkich, którzy domagają się od nas restytucji wolnej Polski, to oni sami rozumieją, że ten powód niewiele waży i dlatego nie omieszkają dołączać do swoich żądań zrozumiałych powodów. Powiadają: mądrość polityczna doradza, sprawiedliwość domaga się, humanitarność nakazuje odtworzenie wolnej Polski. Pozwólcie panowie, byśmy przyjrzeli się bliżej tym argumentom. Najpierw panuje komunał wałkowany od pokolenia, że Niemcy potrzebują wolnej Polski jako przedmurza, jako wału przed Rosją, przed azjatyckim barbarzyństwem, jak się powiada.

Moi panowie! Byłoby smutne, gdyby naród liczący 45 milionów mieszkańców, żyjący w miarę zwartej masie w dobrze chronionym centrum Europy, musiał wierzyć, że potrzebuje przedmurza przed innym narodem[10], liczącym wprawdzie o jedną trzecią więcej mieszkańców, ale ze względu na wielkie przestrzenie w takim samym stopniu niezdolnym do ataku, jak umocnionym do obrony (*Brawo!*). Zapewne aż tak źle z naszymi siłami jeszcze nie jest. Niemcy mają dość siły, by każdy atak na ich nienaruszalność terytorialną spełzł na niczym (*Głośny aplauz*). Gdyby z naszymi siłami było aż tak źle, cóż więc upoważniałoby nas do szczególnego założenia, że naród, który od wieków żyje z nami na wojennej stopie, który po początkowych krwawych zwycięstwach nad wojskami niemieckimi, a mianowicie w bitwie narodów pod Grunwaldem, gdzie pole bitwy usłało 100 000 trupów, który na wielkich połaciach niemieckiej ziemi narzucił swoje panowanie, sprawując władzę żelazną ręką, a potem pokonany został przez nas sztuką pokoju jak w otwartym polu, aż z naszej strony, tak, z naszej strony zadano mu śmiertelny cios, co powiadam uprawnia nas do tego szczególnego założenia, że ten naród traktujący nas jak swego śmiertelnego wroga, nagle wspaniałomyślnie zapomni o całej swej przeszłości i stanie się naszym wiernym sprzymierzeńcem, niezawodnym przedmurzem przeciwko narodowi, z którym czuje się związany pobratymstwem? To osobliwa krótkowzroczność, lekceważenie faktu, że z chwilą gdy Polsce udałoby się wymóc na Rosji niepodległość i zabezpieczyć ją ostatecznym traktatem pokojowym, interesy Rosji i Polski wspólnie skierowane byłyby przeciwko nam.

Pierwszy dzień niezależnego Królestwa Polskiego byłby pierwszym dniem walki na śmierć i życie z nami, bo w obecnych czasach żadne samodzielne państwo nie może istnieć bez dostępu do morza, to prawda jasna jak słońce, a sami też słyszeliśmy podczas wielkiego powstania w 1831 roku[11], a także w czasie ostatniego zrywu krakowskiego[12], że Polacy nie zapomnieli swojej starej maksymy, że Polska sięga aż do „zielonego mostu"[13] w Królewcu. Bo do tego miejsca Polska dawniej rzeczywiście sięgała. Ale nawet gdyby wbrew tym wszystkim powodom bylibyśmy zdecydowani uwolnić Polskę, to w dalszym ciągu byłoby wielką niewiadomą, czy Polska byłaby w stanie wywalczyć wolność od Rosji. Jestem przeciwnego zdania. Takie

10 Tj. Rosją.
11 Tak w oryginale.
12 Tj. powstania krakowskiego z 1846, którego skutkiem było włączenie Wolnego Miasta Krakowa do Austrii.
13 Most łączący wyspę Knipawa (niem. Kniephof) z przedmieściem.

uwolnienie byłoby dla nas albo prezentem, którym Rosja chciałaby wkrótce zawładnąć, albo gdybyśmy nie chcieli się na to zgodzić, uwikłałoby nas w wojnę z Rosją. Ale właśnie tego domagają się od nas przyjaciele Polski. Powinniśmy wypowiedzieć wojnę Rosji, aby wymusić na niej niezależność Polski. Niektórzy nawołują do wyprawy krzyżowej przeciw Rosji[14].

Moi panowie! Mimo iż wiem, że taką szczerością nie zaskarbię sobie popularności, to nie zawaham się otwarcie powiedzieć, że ci, którzy głoszą nam nienawiść do Rosji, tak naprawdę nie wiedzą, co robią. Nienawiść między narodami jest barbarzyństwem niezgodnym z kulturą dziewiętnastego wieku, wręcz bezsensem. Naród rosyjski nie zasługuje na nienawiść! Na powierzchni, którą nam ukazuje, jest być może zepsuty i nadgniły przez nałożony mu sztucznie przez ich despotów blichtr cudzoziemskiej pseudokultury, ale w istocie swej naród nie jest zepsuty i wszyscy bezstronni sprawozdawcy są zgodni co do tego, że również Rosjanom nie brak znakomitych przymiotów i, że mają w sobie zalążki uprawniające ich do nadziei na wielką przyszłość. Nasza nienawiść może się kierować jedynie przeciwko systemowi, pod którym jęczy Rosja. Ci jednak, którzy głoszą nienawiść do Rosji, dają obrońcom starego systemu broń do ręki, dzięki której ten system być może będzie trwał jeszcze jedno pokolenie dłużej. Takie wypowiedzi wywołują tylko uzasadnione rozgoryczenie poczucia narodowego wobec nas, a przez to rozgoryczenie na zewnątrz może łatwo w taki sam sposób dojść do utraty z oczu na całe pokolenie konieczności wewnętrznej przemiany oraz zahamowania zdobywania swobód politycznych, jak podczas zrywów w Niemczech w okresie wojen wyzwoleńczych. Również w Rosji nie przebiega wszystko tak gładko i spokojnie, jak niektórzy sądzą, również w Rosji zapowiada się powszechna gwałtowna burza, również Rosja przystąpi za kilka lat do grona wolnych państw, uznających nowe zasady. Również w Rosji odczuwana jest dolegliwość systemu, który my obaliliśmy. Nie zagłuszajmy tego uczucia silniejszym bodźcem zewnętrznym, starajmy się nie spowodować, aby gromadząca się również tam skumulowana burza nie wyładowała się na zewnątrz i przeciwko nam. Z drugiej strony grożą nam Francją i mówią, że jeśli nie damy wolności Polakom, zostaniemy do tego zmuszeni, poprzez wzięcie Renu w zastaw. Muszę najpierw wyrazić swoje zdumienie, że w tym punkcie nagle doszło do uzgodnienia stanowiska z przeciwną stroną, chociaż przed ośmiu dniami[15] poglądy w tej kwestii były diametralnie różne, a strony z całą stanowczością się zwalczały. Pewien szanowany deputowany[16], z ust którego przywykliśmy słyszeć doniosłe i celne słowa, powiedział przy innej okazji, że we Francji nadal rozpowszechnione jest dążenie do zawładnięcia terytorium aż do Renu. Na to mój przyjaciel Vogt[17] odpowiedział osobiście, w taki sposób, że niewiele mogę dodać.

Również ja miałem okazję kilka tygodni po ostatnim pobycie tego szanowanego deputowanego, osobiście w różnych kręgach, w Paryżu zasięgnąć informacji na temat nastrojów

14 Aluzja do obaw lewicy, że Rosja – jako jedyne kontynentalne mocarstwo europejskie, w którym w 1848 nie doszło do rewolucji – może być punktem wyjścia dla kontrrewolucji.

15 15 VII 1848 w kościele św. Pawła odbyła się debata o zdolności obronnej Niemiec i środkach jej wzmocnienia.

16 Tj. Josef Maria von Radowitz (1797–1853) pruski generał, dyplomata i polityk, deputowany Zgromadzenia Narodowego.

17 Carl Vogt (1817–1895), szwajcarski naukowiec pochodzenia niemieckiego, zoolog, geolog i fizjolog; członek Przedparlamentu i deputowany do Zgromadzenia Narodowego we Frankfurcie. Od 1852 w Szwajcarii.

francuskich wobec Niemiec, a zwłaszcza w wielu znamienitych klubach i mogę panów poinformować nie tylko o ich negatywnym wyniku, ale i o tym, że nikt nie tylko nie miał zamiaru wypowiedzieć chociażby jednego słowa w sprawie tych pozornych ciągot, lecz wręcz odwrotnie, wypowiedzi były im nawet zdecydowanie przeciwne. Wielokrotnie słyszałem mówców deklarujących przy gromkim aplauzie, że Francja nie jest już tak zaślepiona, aby wyłącznie w imię sławy dała się sprowokować do zatargu ze swoim sąsiadem zza Renu, który byłby tylko pożywką dla ambicji i żądzy władzy. Podsycanie pretensji terytorialnych u równorzędnych narodów byłoby czystym absurdem. Również ja jestem przekonany, jak to już powiedział Vogt, że wiara w pozorne dążenia Francji opiera się na podobnie przestarzałych poglądach, jak słynne w świecie pretensje Ludwika Filipa do tronu, które już po ośmiu dniach, 29 lutego[18], okazały się nieprawdziwe. Zakładając nawet, że te wszystkie przesłanki są błędne, zakładając też, że polityka pokojowa szlachetnego pana Lamartine'a[19], który, posługując się jego własnymi słowami, nie przestawał bezkarnie jako piorunochron z chmurą oburzenia, lecz został porwany przez jej drugą falę[20], nie została ona podjęta przez jego następców[21], zakładając, że Francja byłaby rzeczywiście skłonna położyć na szali miecz w obronie Polski, to pytam was, moi panowie, czy licowałoby to z godnością narodu niemieckiego, z godnością tego wielkiego zgromadzenia, które go reprezentuje, by przy podejmowaniu naszych decyzji żywić choćby najmniejsze obawy przed zagranicą? (*Brawo!*). Nie, po tysiąckroć nie! Niemcy nie boją się nikogo, nie potrzebują się nikogo obawiać.

O tym, co nas dotyczy, chcemy decydować sami, ani teraz, ani w przyszłości nikt nad Sekwaną nie będzie nam niczego narzucał. Powtarzam, polityka, która nam nakazuje: uwolnijcie Polskę za wszelką cenę, jest krótkowzroczna, altruistyczna, jest polityką słabości, polityką strachu, polityką tchórzostwa. Najwyższy czas, abyśmy się obudzili z tego altruistycznego snu, w którym marzyliśmy o wszystkich możliwych narodach, podczas gdy my sami leżeliśmy zniewoleni i poniżani przez cały świat. Obudźmy się do zdrowego narodowego egoizmu, aby w końcu użyć tego słowa, który we wszystkich sprawach na pierwszym miejscu stawia dobro i honor ojczyzny. Ale właśnie ten egoizm, bez którego żaden lud nigdy nie stanie się narodem, jest przez przyjaciół Polski nazywany przeklętym. Mówią, że przede wszystkim musimy być sprawiedliwi, nawet gdy będzie to wymagało dużych ofiar. Głoszą, że mamy do naprawienia ciężką winę naszych ojców[22], do której zmusili nas książęta. Narody są zobowiązane zmązywać występki popełnione przez swoich despotów, mówi się w nowej wersji tego starego wiersza[23]. Nawet jeśli wszystko przemawiałoby przeciwko, to i tak sprawiedliwość wymaga, abyśmy restytuowali Polskę. Przyjrzyjmy się bliżej tej spra-

18 Błąd, być może drukarski, Ludwik Filip abdykował 24 II.

19 Alphonse de Lamartine (1790–1869), francuski poeta i pisarz romantyczny, także popularny polityk, m.in. 24 II–11 V 1848 minister spraw zagranicznych II Republiki, w wyborach prezydenckich tegoż roku był kontrkandydatem Ludwika Napoleona Bonaparte (późniejszego cesarza Napoleona III), po nieoczekiwanej rezygnacji z kandydowania wycofał się z polityki.

20 Mowa o powstaniu biedoty i proletariatu z 23 VI 1848, krwawo stłumionym przez wojsko i policję.

21 Następcą Lamartine'a był Jules Bastide (1800–1879), francuski dziennikarz i publicysta, działacz francuskich karbonariuszy i uczestnik rewolucji 1830. Po zamachu stanu Napoleona III w 1851 wycofał się z polityki.

22 Tj. rozbiory Polski.

23 Aluzja dziś nieczytelna.

wiedliwości. Chcę od razu zaznaczyć, że gardzę wdawaniem się w prawne odpieranie tego żądania, chociaż byłoby to możliwe i nie będę się powoływał na to, że to zwyczajny pokój zapewnił Prusom posiadanie prowincji poznańskiej. Szczerze mówiąc, statuty zasadniczego prawa nie wydają mi się bardziej żałosne, niż gdy uzurpują sobie prawo do określania losów narodu. Torowanie z ich pomocą dróg narodom to rozpinanie pajęczych sieci, aby w nie łapać orły (*Poruszenie po lewej stronie*). Stwierdzam bez ogródek: nasze prawo nie jest niczym innym jak prawem silniejszego, prawem zdobywcy. Tak, zdobyliśmy. Niemcy zdobyli polskie ziemie, ale to zawładnięcie nastąpiło na takiej drodze i w taki sposób, że nie możemy ich zwrócić. To są – jak to już wielokrotnie mówiono – zdobycze nie tylko miecza, ale i pługa. Tylko na Zachodzie nas zdobyto, na Wschodzie mieliśmy to wielkie nieszczęście, że to my zdobywaliśmy, co stało się powodem do tego, że całe rzesze niemieckich poetów tworzyły wzruszające jeremiady o różnych narodach, które musiały ulec naporowi niemieckiego plemienia (*Śmiech po prawej stronie, syki po lewej*).

Gdybyśmy chcieli być bezwzględnie sprawiedliwi, to musielibyśmy oddać nie tylko prowincję poznańską, ale połowę Niemiec, bo tereny słowiańskie rozciągały się niegdyś nie tylko do rzeki Saale, ale również poza nią. Już w XII wieku duch niemiecki rozpoczął swoją ekspansję na Wschód. Saksonia i Śląsk, Brandenburgia, Meklemburgia, Pomorze i kraje nadbałtyckie aż do Newy, były stopniowo przejmowane we władanie przez niemieckich kolonistów, a te zdobycze utwierdzano zbrojnie. Również germanizacja prowincji poznańskiej pod skrzydłami niemieckiego orła nie rozpoczęła się dopiero od rozbioru Polski. Kiedy polska szlachta nie mogła już zaspokajać swych wygórowanych luksusowych zachcianek plonami ze swoich majątków źle zarządzanych przez chłopów pańszczyźnianych, sprowadzała do kraju niemieckich dzierżawców, którzy dzięki niemieckiej sile i wytrwałości potrafili uzyskać z tej ziemi dwukrotnie wyższe plony i tak długo składali szlachetnym panom propozycje, aż większa część ziem stała się ich własnością, czy to w drodze umów o dzierżawę wieczystą, czy też na drodze sprzedaży. Taki był sposób zdobywania przez Niemców tamtych ziem. Kto jeszcze nie miał okazji, by porównać niemiecki majątek ziemski z sąsiadującym z nim majątkiem polskim, temu odmawiam prawa wypowiadania się w tej sprawie (*Aplauz z prawej strony*). Bowiem dopiero takie porównanie rozwiązuje zagadkę niemieckich zdobyczy w Polsce, ale rozwiązuje ją całkowicie (*Aplauz po prawej stronie*). Przewaga żywiołu niemieckiego nad w większością plemion słowiańskich, być może z jedynym wyjątkiem rosyjskiego, jest faktem, który narzuca się każdemu bezstronnemu obserwatorowi, a przeciwko takiemu, powiedziałbym, naturalno-historycznemu stanowi rzeczy, nie da się nic zrobić żadnym dekretem w sensie kosmopolitycznej sprawiedliwości. To zdanie jest tak oczywiste, jak sama kula ziemska (*Śmiech po lewej stronie i w centrum*).

Twierdzę więc, że niemieckie podboje w Polsce były naturalną koniecznością. Prawo historii jest inne niż prawa podręcznikowe. Uznaje tylko prawa natury, a jedno z nich mówi, że naród z racji samego istnienia nie ma jeszcze prawa do politycznej niezależności, lecz dopiero w wyniku siły sprawdzenia się jako państwo pośród innych państw. Ostatni akt tego podboju, tak głośno okrzyczany rozbiór Polski, nie był ludobójstwem, jak go nazwano, lecz niczym innym, jak obwieszczeniem śmierci, która już nastąpiła, niczym innym jak pogrzebem trupa w stanie rozkładu, którego nie można już było tolerować wśród żywych. W rzeczy samej naród składający się ze szlachty, Żydów i chłopów pańszczyźnianych, po długoletnim zdziczeniu na skutek anarchii, nie nadawał się już do zaprowadzenia w nim rozsądnej wolności, a kiedy taka wolność stała się życiowym warunkiem, musiał przestać istnieć. Jan Jakub Rousseau powiedział w 1772 roku, że istnieje wiele cudownych rzeczy, ale za największy cud, o jakim słyszał uważa fakt, że takie państwo jak polskie mogło tak długo istnieć[24]. Ale tego samego roku ten cud się skończył (*Aplauz po prawej stronie*). Słaba, bardzo słaba partia reform była całkowicie bezsilna, przy powszechnej tępocie mas chłopów pańszczyźnianych, chociaż nie zbywało jej na dobrych chęciach. Pewna liczna polska partia rzuciła się w objęcia Rosji (*Głosy z prawej strony: Tak! Racja!*), a Prusom i Austrii nie pozostało nic innego jak prowadzenie wojny o dalsze istnienie tego zmurszałego państwa albo skazanie go rabunek wyłącznie przez Rosję i tym samym sprowadzenie zagrożenia dla Prus Wschodnich, nad Wisłę, a nawet nad Odrę, albo w końcu podzielenie się z Rosją i tym samym odzyskanie ziem, które już niegdyś były pod panowaniem niemieckim i zamieszkane były przez liczną ludność niemiecką. Tak postąpiono, i tak należało zrobić (*Głośne syki z wielu miejsc po lewej stronie*).

Tak, moi panowie, za chwilę będziecie mogli jeszcze więcej protestować, ponieważ ja mam odwagę wystąpić przeciwko komunałowi, którym przez całe lata pokolenie niemieckich liberałów wypycha sobie usta: mam odwagę wziąć w obronę działalność rządu z okresu, kiedy nie było jeszcze innej polityki, ponieważ świadomość polityczna i narodowa w rzeczy samej rozbudzona była jedynie w umysłach zwolenników absolutyzmu; tak, mam odwagę posądzać o nieznajomość albo fałszowanie historii tych, którzy rozbiór Polski postrzegają w tak strasznie czarnych barwach, że nie znajdują dla niego innego określenia jak tylko nikczemną niegodziwość (*Długotrwałe syki po lewej stronie*). To prawdziwe tumanienie ducha… (*Gwałtowne syki z lewej strony i z centrum, głosy z prawej: cisza!*).

Powtarzam, oznacza to gwałtowne nieuznawanie ducha historii powszechnej, jeśli go nie pojmujemy w jego najbardziej przekonujących objawieniach, gdy przemawia on do narodów za pomocą najskuteczniejszego ze swoich środków, poprzez wzniosłą, tragiczną ironię, gdyż taką tragiczną ironią losu było to, że to samo Święte Przymierze, które wkrótce potem miało zawiązać sprzysiężenie wszystkich władców przeciwko rewolucji, wyznaczyło się w imieniu nienarodzonej jeszcze rewolucji do roli wykonawcy wyroku na narodzie, który sam z siebie nie miał dość sił, aby znieść feudalizm, którego obalenia kategorycznie domagała się cywilizacja, ponieważ nie posiadał on trzeciego stanu – pogromcy arystokracji, więc ten pogromca i wybawca musiał przybyć z zewnątrz. Tragiczną ironią losu było to, że to przeciwnicy rewolucji i jej powszechnych praw człowieka sami musieli rozpocząć rewolucję i przejąć jej zadania, po części wbrew swojej wiedzy i woli.

W ogóle od początku to zadaniem królów było zniesienie feudalizmu i przygotowanie demokracji, a ostatnim wielkim aktem europejskich monarchów była rewolucja, mimo że ci panowie nie mieli o tym żadnego pojęcia, ale to jest właśnie to, co ja nazywam tragiczną

24 Mowa o opracowanym przez Rousseau na przełomie lat 1771/1772 projekcie konstytucji dla Polski zawartym w *Considérations sur le gouvernement de la Pologne et sur sa réformation projetée* (Uwagi nad rządem Polski i projektowaną jego reformą).

ironią. Kto zechce zaprzeczyć, że taką samą koniecznością było to, co głosili jakobini: pokój chatom, wojna pałacom, a tu wyrażone ustami koronowanych głów postanowienie o rozbiorze zacofanej Polski (*Brawa po prawej stronie i w centrum*). Ale o to rewolucyjne i humanitarne znaczenie rozbioru Polski nie pytają się ci, którzy w zrozumiałym błędzie przyzwyczaili się bezwarunkowo wszystkie działania rządów określać jako wrogie społeczeństwu, ponieważ od niepamiętnych czasów były one niestety nastawione na tłumienie wolności ludów. Ale nawet tam, gdzie te rządy były kiedyś narodowe, kiedy robiły to, co uczynić musiały, nawet tam były potępiane, bez uświadomienia sobie, że działają na własną szkodę. Nawet tam, gdzie Polacy chwycili za broń wręcz przeciwko nam, Niemcom, w haniebny sposób wyrażano entuzjazm dla ich sprawy i wielbiono ich jako szerzycieli wolności (*Głosy: Racja! Niestety!*). Na ile pozostałe dwa mocarstwa wywiązały się z zadań nałożonych na nich przy rozbiorze Polski, czy może ich nie dotrzymały, nie potrzebuję się tutaj wypowiadać, ale Prusy przyjęły je do wiadomości i konsekwentnie się z nich wywiązały. Zdruzgotane, niemalże zniszczone przez bohaterów rewolucji, wkrótce się podniosły, a właśnie czas ich najgłębszego poniżenia stał się przez to najchwalebniejszym okresem w ich dotychczasowej historii, ponieważ przyswoiły sobie na drodze pokojowych przeobrażeń najważniejsze osiągnięcia rewolucji. Poprzez uchwalenie demokratycznie nakreślonej ustawy wojskowej, przez uchwalenie ustawy o samorządności miast, rozwój wszelkiej działalności, przez przywrócenie pełnej mobilności i całkowitej płynności wszystkich form własności, poprzez bezwzględną śmiałość, z jaką odważyły się ogłaszać ustawy, które nie były jednak niczym innym jak ingerencją i przemocą wobec istniejących stosunków prawnych i własnościowych – ale to były sławne i chwalebne akty przemocy, ponieważ nakierowane na złamanie systemu feudalnego, zniesienie pańszczyzny; dzięki tym wspaniałym dokonaniom Prusy osiągnęły ten wysoki poziom, na którym się obecnie znajdują, po tym jak 33-letnia reakcja na próżno usiłowała je stamtąd zrzucić, na którym pokażą światu, że żaden inny kraj nie jest tak gruntownie przygotowany do wprowadzenia wszechstronnie doskonałej demokracji (*Wiele głosów: Całkowita racja!*). Tą drogą Prusy wiernie ciągnęły na holu swoją część Polski, cywilizując prowincję poznańską i zaprowadzając w niej humanitarne stosunki, na ile było to możliwe przy tak opornym elemencie.

Mówiono niejednokrotnie, że Prusy uciskają Polskę. Niestety, jest w tym część prawdy; zostali stłumieni, ale nie bardziej niż my wszyscy cierpieliśmy pod strasznym uciskiem państwa policyjnego. Jednak kłamstwem jest, że państwo pruskie postępuje surowiej z Polakami niż z Niemcami. Nigdy nie przeszkadzało im w pielęgnowaniu własnej narodowości. Przy zatrudnianiu na stanowiska państwowe polscy urzędnicy byli nawet zdecydowanie faworyzowani. Podczas gdy z powodu przepełnienia list kandydatów rząd oficjalnie odradzał służbę państwową, gdyż starający się o nią po ukończeniu wykształcenia musieli niejednokrotnie czekać nawet dziesięć lat, to Polaków zachęcano nawet na wszelkie sposoby do przyswajania sobie kwalifikacji potrzebnych do służby państwowej. Podczas gdy dziesięciu Niemców ubiegało się o jedno stanowisko, można powiedzieć, że tu odwrotnie: na jednego Polaka czekało dziesięć stanowisk. Rządowi stale brakowało polskich urzędników (*Wiele głosów: Racja!*). Wykształcone warstwy Polaków nie miały ochoty w taki praktyczny i prozaiczny sposób... (*W centrum lewicy: okrzyki Och! Och! i oburzenie. Po prawej stronie: Racja! Głos z centrum: Wolność słowa! Przewodniczący potrząsa dzwonkiem*) powiadam: wykształcone warstwy narodu polskiego nie znajdują upodobania do współdziałania w restytucji swojego narodu w tak zwykły, mozolny, praktyczny, prozaiczny sposób, jak czynią to urzędnicy. To pozostawiają niemieckiej powadze, niemieckiej pilności, a sami raczej chętniej bawią za granicą, gdzie swą salonową ogładą i rycerskimi manierami potrafią zdobywać serca i niestrudzenie pracują nad wywołaniem gdzieś wielkiego konfliktu, aby pod wpływem wywołanego wstrząsu podjąć kolejną próbę restytucji swojego polskiego państwa i nie zastanawiają się nad tym, że tak długo jak świat istnieje, żaden naród nie upadł politycznie, jeśli przedtem nie uległ fizycznej degradacji oraz że to zupełnie daremne postanowienie przywracać polityczne istnienie narodowi odgórnie, przez uchwalenie jakiejś konstytucji bez uprzednio wypracowanych podstaw ekonomicznych. Woleli raczej w ten sposób toczyć kamień Syzyfa, który im jednak nieustannie staczał się w dół (*Brawo!*).

Prusy mogą sobie spokojnie pozwolić na to, aby im zarzucano współwinę w zamordowaniu narodu. Mogą dumnie milczeć i pozwolić, by przemówiło za nie ich dzieło, ponieważ ono jest znaczącym dowodem na to, że skuteczniej pracowały nad wskrzeszeniem, a raczej nad stworzeniem nowego polskiego narodu niż owa szlachta, która niczym burzyki[25] pojawia się wszędzie tam, gdzie można podburzyć do wojny lub powstania, aby w powszechnym konflikcie zyskać okazję wyzwania do walki. Wystarczy tylko wskazać, czym prowincja poznańska jest obecnie, i pozwolić przemówić tym, którzy jeszcze z własnego doświadczenia wiedzą, jak tu było dawniej. Kiedy Prusy ją otrzymały, to była pustynia, czym jeszcze obecnie jest Kraków. Ale jedno pokolenie pod niemieckimi rządami spowodowało to, co niemożliwe było przez tysiąclecie pod rządami Polski. A przy tym własność gruntów przeszła w większej części w niemieckie ręce, ale w najprostszy i najbardziej legalny sposób, po prostu dlatego, że Niemcy potrafili z tego samego kawałka pola osiągać dwu-, a nawet trzykrotnie wyższe plony niż Polacy, bo Niemiec potrafił się wzbogacić i rozprzestrzeniać tam, gdzie Polak ubożał. Polacy są w dalszym ciągu jedynie narodem szlacheckim, który mądrą oszczędność i wytężoną pracowitość Niemców uważa za oznakę gorszego charakteru i za niegodne sknerstwo (*Kilka głosów: och!*). To gorzkie, ale prawdziwe, ale nie mówię nic, czego nie dowiedziałem się albo nie przeczytałem, częściowo nawet znalazłem w pracach polskich autorów. To była wyłącznie własna wina Polaków, że pozwolili przejąć swoje ziemie przez Niemców i teraz byłaby to osobliwa sprawiedliwość, gdybyśmy ziemie pozyskane w ten sposób i najbardziej legalnie chcieli nagle z racji kosmopolitycznej wielkoduszności oddać w obce poddaństwo, wraz zamieszkującymi tam Niemcami. Tak, przyznaję całkowitą rację tym, którzy twierdzą, że określenie obszary narodowe jest pojęciem przestarzałym, aby pobić ich tutaj ich własną bronią. Tak jak śmieszne jest stwierdzenie, że narodowość przywiązana jest do ziemi, tak samo śmieszne jest również stwierdzenie, że zwrot niegdyś polskich obszarów jest nakazem sprawiedliwości. Czy Niemcy po to przecinkowali lasy, osuszali bagna, uprawiali ziemię, wytyczali ulice i kanały, budowali wsie i zakładali miasta,

25 Uważano, że te ptaki zwiastują burze i nieszczęście.

aby przygotować pasożytnicze gniazdka następcom kilkusetosobowej grupy polskiego despotyzmu? Czy ma ponownie podupaść stan mieszczański, zawdzięczający swoje istnienie wyłącznie pracowitości niemieckiego rzemieślnika, aby ponownie dopuścić do zmarnotrawienia istoty tej ziemi przez kilka pławiących się w dworskim splendorze rodzin oraz uprzejmych tancerzy mazura? (*Syki po lewej stronie, dezaprobata*).

[Przewodniczący: Chciałbym prosić mówcę, aby unikał używania wyrażeń obraźliwych].

[Jordan:] Nie chciałem tym wyrażeniem obrażać. Chciałem tylko zaznaczyć, że u Polaków skłonność do uciech urozmaiconego życia towarzyskiego jest nieproporcjonalnie mocniej rozwinięta niż chęć do ciężkiej pracy i prostego życia rodzinnego, jak to ma miejsce u Niemców. Niektóre piękne przymioty są udziałem Polaków z natury (*Głos po lewej stronie: dość tego!*). Moi panowie! Jeszcze nie skończyłem (*Śmiechy*). Równie bogato obdarzeni zostali towarzyską ogładą, gorącym, powiedziałbym wręcz płomiennym umiłowaniem ojczyzny, szaloną odwagą na polu bitwy. Ale natura poskąpiła Polakom wytrwałości do trudów codziennego życia, niezmordowanej pracowitości, chłodnej kalkulacji, zwracającej uwagę na to, co jest możliwe i kamień po kamieniu budującej pomost do wyższych celów i tego nie da się naprawić żadnymi dekretami. I tym Polakom mamy oddać ziemię, która stała się niemiecka, z jej liczną ludnością niemiecką na eksperymenty państwowe! To właśnie, moi panowie, jest ta sprawiedliwość, na którą się tutaj powołujecie, domagając się restytucji Polski.

Tak samo trafnie, ale z bardziej zwycięską pewnością Prusy mogą odpowiedzieć, kiedy zarzuca się im, iż postępują nieludzko, odmawiając uwolnienia uciskanego narodu. Nieprawdą jest, że uciemiężyły naród, one tylko obaliły arystokrację, która uniemożliwiła masie chłopów pańszczyźnianych stanie się narodem; usunęły możnowładców, utrzymujących swych poddanych w stanie odczłowieczenia i tylko dlatego było możliwe ich obalenie. To, na co oni nigdy nie mogli się zdobyć i przeciwko czemu nadal opierali się w pożałowania godnych sporach o przestarzałe przywileje, kiedy już pod Warszawą grzmiały rosyjskie armaty, tego dokonały Prusy. Stworzyły podstawy nowego narodu polskiego, do powstania wolnego stanu chłopskiego i, moi panowie, za te wysiłki znalazły uznanie również u Polaków. Udajcie się do Polski i spytajcie polskich chłopów, czy czują przywiązanie do wolnej Polski, czy wolą raczej pozostać w Prusach. Niech Bóg nas broni, odpowiedzą, wolimy zostać Prusakami. To fakt, który wielu z panów może się wydawać nieprawdopodobnym, ale który mimo to nie przestaje być prawdą. Tylko mała część tego, co określane jest jako naród polski, a mianowicie szlachta i, muszę niestety to przyznać, pewna część duchownych, nie uznaje pruskich dobrodziejstw i przeczy im. Ignorują je w posępnym milczeniu, ponieważ skostnieli jeszcze w dawno przebrzmiałych zasadach starego królestwa polskiego, które znało tylko dwa uczucia w życiu państwowym: żelazną wolę władcy i bezwzględne, ślepe posłuszeństwo poddanego. Dopóki państwo pruskie spokojnie im na to pozwalało i nie przeszkadzało utrzymywać ludu w dawnym umysłowym ubezwłasnowolnieniu i fizycznym poniżeniu, spokojnie znosili obcą władzę i okazywali się posłusznymi poddanymi. Ale kiedy rząd pruski zaczął przygotowywać zrównanie wszystkich stanów i wyzwolenie chłopów, myśl, że dotychczas poddani im ludzie ich własnej narodowości mogą zostać wyzwoleni z ich więzów, stała się dla nich tak bardzo nie do zniesienia, że wzbudziło to w nich nienawiść i od tej chwili rozpoczęli z nieustannym uporem dążyć do powstania, przyodziewając swój małoduszny egoizm, któremu zależało na utrzymaniu starych niegodnych stosunków, w szaty umiłowania ojczyzny i zachwytu dla polskiego ducha narodowego.

Kiedy mówię lud polski, to znaczy chłopi, nie są nastawieni propolsko, lecz propruско, to stawiam tutaj tezę, której będę musiał za chwilę bronić przed nasuwającym się twierdzeniem. Można by mi przytoczyć pozornie przekonywający argument, że w ostatniej insurekcji uczestniczyło tysiące kosynierów. Muszę na to odpowiedzieć – ale mimo że ta zagadka nie jest trudna do rozwiązania, nie mogę zaprzeczyć, decyduję się na to z wewnętrznymi oporami. Powiedziano mi, że, przedstawiając te argumenty, narażę uczucia części zgromadzenia i skłonię ją do głosowania przeciwko wnioskom komisji. Powiedziano mi, że partia katolicka zagłosuje wbrew interesowi niemieckiemu, jeżeli zostanie tutaj wspomniany udział duchownych katolickich w ostatnim powstaniu. Osobiście mam zbyt wysokie mniemanie o tej partii, a zwłaszcza o godności duchowieństwa katolickiego, iżbym miał sądzić, że będzie sobie rościć prawo do swego rodzaju nieskazitelności i bezgrzeszności wszystkich swoich członków, chociażby przytoczone tu fakty świadczyły przeciwko temu, i będzie głosować przeciwko słusznej sprawie z czystej wrażliwości. Moim zamiarem nie jest obrażanie, ale tych faktów nie mogę przemilczeć. Polskie społeczeństwo jest głęboko katolickie. Przy swym stosunkowo niskim poziomie wykształcenia jest całkowicie bezwolnie zdane na wpływy duchowieństwa. Ten wpływ był już przed rewolucją wykorzystywany do budzenia nieufności wobec Prus, wobec rządu, aby rozbudzić w nim przekonanie, że Prusy chcą wprowadzić protestantyzm. Tym staraniom sprzyjała pewna szczególna okoliczność. Mianowicie w typowym w prowincji poznańskiej języku potocznym zwykło się używać jednego i tego samego polskiego słowa dla dwóch określeń: niemiecki i protestancki, i w taki sam sposób całkowicie synonimiczne jest – polski i katolicki. Nietrudno więc było, przy każdej nowej organizacji tworzonej przez rząd wmówić ludności, że chce się ją zniemczyć, czyli pozbawić ją religii katolickiej. Próbowano tego w znacznym stopniu.

Przypominacie sobie, panowie, że rządowi pruskiemu nie przyszło na myśl poprzeć przed dwoma laty ówczesnego ruchu reformatorskiego w Kościele katolickim. Wręcz przeciwnie, rzucał mu nawet kłody pod nogi, co spotkało się ze zdecydowanym niezadowoleniem z wielu stron. Przeciwko ruchowi Czersky'ego[26] pojawiła się co najwyżej lekka niechęć, gdyż istniało przekonanie, że będzie on przeciwwagą dla elementów demokratycznych ruchu Rongego[27]. Ale tu również nie mogło być mowy o sprzyjaniu. Wobec tych faktów wmówiono polskim wieśniakom, że to sam rząd pruski zainicjował działania Rongego i Czersky'ego; nie jest to więc nic innego, jak ukryta próba germanizowania kraju, czyli ewangelizowania go. Nie szczę-

26 Johann Czersky (1813–1893), niemiecki ksiądz katolicki działający w Poznaniu i Pile, przeciwnik celibatu, na tle zakazu małżeństw mieszanych osób różnych konfesji skłócony z hierarchią kościelną, współzałożyciel Kościoła niemieckokatolickiego o raczej konserwatywnym obliczu.

27 Johannes Ronge (1813–1887), ksiądz katolicki, przeciwnik ultramontanizmu, ekskomunikowany w 1844 za publiczny sprzeciw wobec wystawiania relikwii szat Chrystusa z Trier, założyciel gminy niemieckokatolickiej o bardziej demokratycznym charakterze.

dzono środków, by w ludności zadowolonej dotychczas ze swojej świetnej – w przeciwieństwie do przeszłości – sytuacji, wzbudzić fanatyzm religijny i pozyskać ją dla powstania. [...]

Ale nawet podczas otwartego powstania, które [...] zmusiło Prusy do zbrojnej interwencji przeciwko narodowi, którego dobrobytu szczerze pragnęły; nawet podczas walk zapał polskich kosynierów i polskiej ludności nie był narodowy, lecz to był czysto religijny fanatyzm: ludność wiejska była przekonana, że toczy nie walkę narodową, lecz wojnę religijną, a do męstwa zagrzewała ją nie biało-czerwona flaga, lecz krucyfiks niesiony na czele przez fanatycznych księży.

Teraz odstąpili od uprzedzenia, jakoby ich religia znalazła się w niebezpieczeństwie. Teraz powracający spod Kostrzyna, gdzie ich trzymano w niewoli, wielkimi gromadami kosynierzy bez eskorty i nadzoru, otwarcie przyznają, jak zostali oszukani i złorzeczą tym, którzy to zrobili. To fakt, którego nie wolno przemilczeć, że obecnie w prowincji poznańskiej jest tak, że rząd podejmuje wszelkie możliwe starania, aby zapobiec reakcyjnemu wybuchowi gniewu chłopstwa przeciwko szlachcie. Tak, nastroje wśród chłopów przeciwko szlachetnie urodzonym są tak napięte, że gdyby szlachta ponownie próbowała wzniecić powstanie, to rządowi z trudem udałoby się zapobiec podobnym okrucieństwom, jakie już raz przeżywaliśmy w Galicji[28]. Jest to więc osobliwy humanitaryzm, który nam nakazuje restytucję Polski. Niemcy mają w sobie większą porcję humanitaryzmu niż Polacy. Jak można w ogóle mówić o restytucji Polski przed stworzeniem polskiego narodu? A w tej dziedzinie Prusy poczyniły skuteczniejsze początki niż owi arystokraci, którzy tułają się po świecie i nie troszczą o ludność, o której rozwój powinni dobrze i skutecznie dbać, jeżeli już z pogardą odrzucają oferowaną im karierę państwową. Dopiero Prusy stworzyły wolny, polski stan chłopski i doprawdy byłby to dość szczególny wyraz humanitaryzmu, gdyby oddać ponownie ten wolny stan chłopski pod knut jego szlachty!

Tutaj pojawiają się przyjaciele Polaków i pokazują nam ze zwycięsko jaśniejącym obliczem demokratyczno-komunistyczny katechizm, proklamowany w roku 1846 w Krakowie przez Tyssowskiego[29] i Grzegorzewskiego[30], jako program powstania. Oto czytajcie, powiadają, co tam obiecano. Czyż nie napisano tam wyraźnie, że nowa republika polska zapewni od tej pory całkowitą wolność i równość dla wszystkich, dobrobyt biednym i radość nieszczęśliwym; każdy będzie miał swój należycie odmierzony udział we wszystkich przyjemnościach życia, krótko mówiąc, o wszystkich zadba się w możliwie najlepszy i najrówniejszy sposób. Które państwo oferowało dotychczas coś podobnego, taki wzór doskonałości jako ostateczny cel swoich dążeń? Mam na to odpowiedzieć? (*Robert Blum*[31]*: Tak, oczywiście!*). Dobrze, a więc zrobię to. Sądzę, że nie jest wielką sztuką tłumaczyć francuskie hasła na język polski (*Okrzyki: Brawo! Racja! Śmiechy*), a potem roztrąbić je po całym świecie jako nową ewangelię ludzkości. Szkoda tylko, że nowoczesna sztuka rządzenia państwem musi przy-

28 Aluzja do rabacji galicyjskiej.

29 Jan Józef Tyssowski (1811–1857), polski działacz polityczny, uczetsnik powstania listopadowego, w powstaniu krakowskim członek Rządu Narodowego, 24 II 1846 ogłosił się dyktatorem, internowany przez Prusaków, poźniej na emigracji w USA.

30 Aleksander Grzegorzewski, ziemianin, członek Rządu Narodowego jako przedstawiciel Królestwa Polskiego.

31 Robert Blum (1807–1848), wydawca i polityk, członek Zgromadzenia Narodowego. W październiku 1848 na czele delegacji Zgromadzenia udał się do zrewoltowanego Wiednia, schwytany i skazany na śmierć, rozstrzelany 4 XI.

znać, że jest jeszcze tak ślepa, iż nie potrafi znaleźć ścieżki prowadzącej do tego ziemskiego raju, a ostatnia próba, jaką podjęto, aby ją odnaleźć, nie doprowadziła do niczego innego, jak tylko do okropnego rozlewu krwi![32] Szkoda tylko, że takim demokratyczno-socjalistycznym katechizmem nie można zatrzeć z wiernej pamięci narodów wspomnień sprzed wieków przez tak liberalne obietnice, gdy wywodzą się one od potomków tej kasty, która tak długo żyła i działała w odwrotnym kierunku. Chętnie przyjmę założenie, że głosiciele tych obietnic mieli uczciwe zamiary w związku z tą proklamacją. Jak chętnie gotów jestem sam uznać za całkowicie słuszną sympatię dla tych Polaków, którzy wyzwolili się z przesądów swych przodków, i którzy poważnie myślą o odrodzeniu się ich narodu w duchu XIX wieku, jak chętnie również wyznam, że ujmuje nas ich los z całym swym tragizmem, to również niepodważalną prawdą jest fakt, że nie można powołać narodu z niczego za pomocą jakiegoś katechizmu politycznego i żadna, nawet tak doskonała konstytucja nie jest w stanie stworzyć bez jakichkolwiek podstaw żywego i trwałego organizmu państwowego.

Nie opowiadam się przeciwko restytucji Polski, lecz raczej za nią, w sposób, w jaki to tylko możliwe, a zapoczątkowany i wypróbowany przez Niemców. Jestem na wskroś przeciwny restytucji polskiej arystokracji, ale tak samo za stworzeniem polskiego narodu, który dotychczas nie istniał, a którego zalążki pielęgnowane przez Niemców dopiero się pojawiły. Pielęgnowanie ich jest jednak trudnym i ogromnym zadaniem, które przypadło nam, Niemcom, wraz z podbojami poczynionymi w Polsce, a z tym zadaniem oczywiście nałożono na nas wystarczającą pokutę za to wszystko, co ohydnego przylgnęło do sposobu, z jakim dokonano rozbiorów Polski. Prusy przygotowały dla zalążków polskiego narodu, które same powołały do życia, kolebkę, w której pod niemiecką ochroną i zabezpieczone przeciwko zagranicy będą mogły rozwijać się bez przeszkód. Niech Polacy udowodnią teraz, że są w stanie sami sobą rządzić. Wtedy będą mogli nie tylko rozwijać swoje miłe przymioty życia towarzyskiego, lecz także pokazać, że potrafią wytężoną pilnością wypracować sobie zdrowe podstawy gospodarcze.

Przechodzę do końca. Gdybym uważał, że ta trybuna służy jedynie do tego celu, by wpływać na wasze postanowienia, to nie przemawiałbym tak długo. Jestem jednak równocześnie przekonany, że jesteśmy zobowiązani do wpływania z tego miejsca na opinię publiczną całych Niemiec (*Brawo*!). W tym zgromadzeniu w równym stopniu wyrósł mózg niemieckiego narodu, w jakim rozkładają się wszystkie odcienie poglądów jego nastrojów we wspólną jasną świadomość polityczną i ta trybuna doskonale się nadaje do tego, by jasno i zdecydowanie zakomunikować zagranicy, w jakim kierunku zamierza kroczyć nasz naród i jaki kierunek niezłomnie utrzymać. Gdyby tylko chodziło o to, moi panowie, aby uzyskać waszą aprobatę dla niemieckiej sprawy w prowincji poznańskiej, to nie nadużywałbym tak długo waszej cierpliwości, gdyż jestem przekonany, że również w was żywa jest zasada: „wolność dla wszystkich, ale potęga i dobrobyt ojczyzny ponad wszystko!" (*Długotrwały burzliwy aplauz. Okrzyki: dość! Dość!*).

PRZEŁ. HENRYK STANKE

32 Ponowne nawiązanie do paryskiego powstania czerwcowego z 1848, w którym zginęło ok. 3000 robotników, a ponad 10 000 zostało uwięzionych.

ARNOLD RUGE **wygłosił mowę polemizującą z wystąpieniem Wilhelma Jordana. Odwołał się do prawa narodów do samostanowienia i wolności oraz podkreślił znaczenie państwa polskiego dla historii Europy, uznając rozbiory za historyczną niesprawiedliwość. Twierdził ponadto, że obecność wolnej Polski jest niezbędna, aby zapewnić trwałą i pokojową koegzystencję narodów europejskich. Określił wspieranie wolności na Wschodzie i „wyzwolenie Słowian" jako obowiązek państwa niemieckiego, wynikający z historycznej konieczności. Był przeciwnikiem wcielenia Księstwa Poznańskiego do Związku Niemieckiego - twierdził jednak, że powinno ono pozostać pod zwierzchnictwem Prus. Na posiedzeniu Zgromadzenia Narodowego we Frankfurcie nad Menem oraz w czasie debaty na temat prawa Polski do niepodległości mowa Rugego była głosem wołającego na puszczy.** (ts)

Arnold RUGE

1802–1880, niemiecki pisarz, filozof i dziennikarz. W młodości wydawca krytycznych pism lewicowych heglistów. Deputowany do Zgromadzenia Narodowego, gdzie w lipcu 1848, w czasie tzw. *Polendebatte*, był jednym z nielicznych, którzy domagali się niepodległości Polski. W latach 60. XIX w. zwolennik polityki zagranicznej Bismarcka.

ARNOLD RUGE

PRZECIWKO PRZYŁĄCZENIU PROWINCJI POZNAŃSKIEJ

WYSTĄPIENIE PRZED ZGROMADZENIEM NARODOWYM, FRANKFURT NAD MENEM, 29 LIPCA 1848

Będę próbował jeszcze raz[1] nawoływać do pokoju w sprawie, która tak bardzo nadaje się do tego, by spowodować w Europie wiele niesnasek. Pierwsze, co w ogólnych zarysach powinniśmy uczynić w tej sprawie, to zaakceptować pogląd naszego własnego narodu, wyrażony z trybuny tymczasowego zgromadzenia narodowego, że rozbiór Polski był haniebną niesprawiedliwością. Zakwestionowano to z tej trybuny. Oświadczono, że rozbiór Polski był wynikiem historycznej konieczności, mimo to, moi panowie, ta pierwsza spontaniczna reakcja tymczasowego zgromadzenia narodowego jest słuszna, jest właściwym odczuciem i właściwą myślą. Likwidacja Polski była dlatego haniebnym bezprawiem, że zahamowała wartościowy rozwój narodu, który zdobył sobie w europejskiej rodzinie wiele zasług i który nadał

1 Ruge już wcześniej zabierał głos w tej sprawie, szczególnie 22 VII 1848.

średniowiecznemu okresowi rozwoju – epoce rycerskiej – szczytową formę. Despotyzm przerwał istnienie republiki szlacheckiej, uniemożliwiając dokonanie zapowiadających się zmian wewnętrznych możliwych dzięki konstytucji[2] powstałej w drodze rewolucyjnych przemian. Ten rozwój został zahamowany przez brutalny despotyzm. Nie byłoby to haniebnym bezprawiem, gdyby propagowano w Polsce nowe idee, a lud, który cierpiał w okowach poddaństwa, podporządkowano nakazom wolności. To było haniebne bezprawie, gdyż naród, znajdujący się na humanitarnym, choć niezadowalającym etapie rozwoju, został podporządkowany, uciśniony i zawojowany przez trzech despotów. W odczuciu Europy wyrzekli jednogłośnie klątwę historii i mieli rację wbrew wszelkiej sofisterii. Rosyjski despotyzm nie wyzwolił Polaków, wyniszczenie polskiej szlachty i jej majątków, wygnanie z kraju wielu znakomitych rodzin, to wszystko nie doprowadziło do demokracji i humanizacji życia. Austria nie postąpiła o wiele lepiej: do jakiego tworu przyłączono Galicję, pokazały nam wydarzenia roku 1846, kiedy opadła zasłona z okropnej tajemnicy. Inaczej miały się sprawy w pruskiej części Polski, co jest zaszczytem dla Prus, że poniesiona została tam wyższa cywilizacja, choć nie w pełni; również zaszczytem dla narodu niemieckiego jest fakt, że przeszczepiono tam niemiecką pracowitość i niemiecką oświatę, ale byłaby to hańba dla narodu niemieckiego, gdyby nie przeniesiono do Polski wszelkich form pełnej wolności, dlatego byłaby to haniebna niesprawiedliwość, gdyż nasz despotyzm zniszczył tam, choćby i wadliwą, ale formę wolności. Interwencja przemocy i tyranii jest zawsze hańbiącym bezprawiem, natomiast propagowanie wolności i humanizmu jest w światowej skali historycznym prawem narodów i ich ducha. Tak jak chrześcijaństwo szerzyło się na świecie przez męczeństwo swoich apostołów, ale również przez krew i wojny, tak rzeczywiste chrześcijaństwo musi upowszechniać humanizm wszelkimi środkami i z żarliwością dla tego szczytnego zadania. Jeżeli trzeba będzie użyć siły dla wprowadzenia rozsądku, to wprawdzie wszędzie jest to pożałowania godne, ale często nieuniknione. W naszych stolicach doświadczyliśmy, że zasady rozsądku nie wystarczały, i należało użyć siły, aby wprowadzić wspaniałe zasady wolności[3]. Przeciwnicy szerzenia się idei popełniają duży błąd, nie dostrzegając tej różnicy. Ojciec, który próbuje przemocą wpoić zasady rozsądku dziecku, postępuje słusznie, ale plantator, który propaguje niewolnictwo i sprowadza coraz więcej niewolników, używa przemocy w imię tyranii. Takie przedsięwzięcie jest haniebne i przeklęte, a na takie wobec Polski nie tylko się odważono, lecz je także realizowano. Dlatego to odczucie jest szczere, a narody w swych odczuciach się nie mylą, kiedy mówią, że rozbiór Polski był haniebnym bezprawiem. To również prawidłowe myślenie, gdyż Polacy są nieodzownym elementem w rozwoju Europy, Polacy nie mogą, nie powinni być ciemiężeni. Ten natchniony mówca, ów Polak[4], który wczoraj z tej trybuny tak jasno i pięknie otworzył swe serce i przedstawił swoje poczucie sprawiedliwości, oświadczył: Polska została połknięta, ale nie uda się jej strawić. Ta przemoc popełniona na Polsce, ten akt przemocy, rozproszył Polaków po całej Europie; zostali rozrzuceni na wszystkie strony ze swym gniewem na doznane bezprawie, a nawet, jeśli byli szlachetnie urodzeni, to niemniej

2 Mowa o Konstytucji 3 maja.
3 Chodzi o rewolucję marcową w Wiedniu i Berlinie.
4 Januszewski, jedyny Polak wśród deputowanych z Poznania.

odczuwali usprawiedliwiony rewolucyjny gniew za doznaną niesprawiedliwość, i jeszcze ten gniew w sobie pielęgnowali. Polski duch uległ we Francji i w Niemczech humanizacji i radykalizacji: polska emigracja stała się krzewicielem wolności. Polakom zarzucano, że zawsze stają jako pierwsi na barykadach: ale tym, moi panowie, zyskują sobie sympatię w obecnych czasach, w których chodzi o to, by na wszelkie sposoby rozpowszechniać wolność i nie tylko wcielać w życie wielkie idee rewolucji z 1848 roku, ale także ratować je, gdyby miały być zagrożone. Nie wątpię, że nastąpi demokratyzacja wszystkich ludów, bo już teraz świat jest bardziej wykształcony, a również te narody, które były wcześniej związane ze sobą Świętym Przymierzem, mam na myśli Austrię i Prusy oraz cały naród niemiecki, przeszły na stronę krzewicieli humanizmu i wolności, na stronę demokracji. Moi panowie, nie będziemy się sprzeczać, czy mamy na myśli demokratyczną monarchię, monarchię zdemokratyzowaną, czy czystą demokrację, w istocie rzeczy pragniemy tego samego: wolności, wolności narodów, rządów ludu, który dzięki humanistycznemu wykształceniu, jakie oświecony XVIII wiek i nasze postępowe czasy dały światu, dorósł do tego, aby sam sprawować rządy. Dlatego, moi panowie, ponieważ naród niemiecki, ponieważ, jak sami spostrzegliśmy, również inne narody są zdolne do samodzielnego sprawowania rządów i do bycia wolnymi i ponieważ również wielka inteligencja spłynęła na Polaków i rozpowszechniła się wśród nich. Przypominam panom wypowiedź, jaką wczoraj usłyszeli z polskich ust[5]. Słowianie są gotowi do tego, by przyłączyć się do wielkiej rodziny narodów, ponieważ mają tak wielu wykształconych ludzi, a ich emigracja spełnia rolę prawdziwego wysłannika wolności. Przenosi ona do Polski i Rosji wielką ideę politycznej wolności, dojrzałej we Francji, a nawet filozofii, która dotarła do Niemiec. A ci wszyscy Polacy, których car wcielił w swe pułki, stali się również szerzycielami wolności, cała rosyjska armia została zainfekowana tymi ideami obecnych czasów przez owych krzewicieli wolności, Polaków (*Śmiech po prawej stronie*). Jeżeli nie w całości, to przynajmniej jej większa część i uważam, że tak jest z ogromną korzyścią, szanuję honorową postawę Polaków prezentowaną w całej Europie, że chwycili za broń, by siłą propagować wolność, uważam ten stan za honor, jaki należy oddać Polakom. Historia zawsze będzie ich za to czcić, że wszędzie tam, gdzie byli, byli prekursorami. I dlatego, że są potrzebni w historii i dla rozwoju europejskich nacji, dlatego, że są nie tylko potrzebni, ale też realni i skuteczni, właśnie dlatego nie wolno nam porywać się na ten naród. Jeden z Polaków podziałał na was swą mową, Polacy walczyli na barykadach i ten polski duch tkwi w każdym polskim sercu, które wie, co to znaczy utracić ojczyznę i wolność i musieć je odzyskiwać za pomocą takich środków (*Brawa*) – Polacy to pierwiastek wolności ciśnięty na glebę słowiańszczyzny. Skierowali słowiański kongres w Pradze ku wolności, a instruując, nakłonili go do podjęcia najbardziej humanitarnych uchwał, to oni działali we Francji, w Rosji i w Niemczech. Polacy są więc aktywnym elementem również w obecnej kulturze. Oni działają, i dodam, że dobrze, a że działają dobrze, że są niezbędni, stąd też Polacy bynajmniej nie są martwi. Tak, jak nie są martwi Żydzi, którzy nie zaprzestali wywierać wpływu na powszechne dzieje, o czym możemy dowiedzieć się od Spinozy, Heinego i Börne'a, tak i Polacy wywie-

5 Odwołanie do mowy Januszewskiego.

rać wpływu nie przestali. Powtarzam więc, chociażby z tego powodu Polaków nie można wykreślić z historii. Wręcz przeciwnie; w imieniu ludzkości i sprawiedliwości domagam się, by Polska znów zaistniała i abyśmy nie zadawali kłamu tymczasowemu zgromadzeniu narodowemu, gdy uznało rozbiór Polski za haniebną niesprawiedliwość. To my musimy zainicjować odrodzenie Polski. To tymczasowe zgromadzenie narodowe nałożyło na nas obowiązek tego odrodzenia, a ja domagam się, moi panowie, abyście się tej misji podjęli (*Wiele głosów: Tak! Tak!*). A że tak się stanie, Rada Pięćdziesięciu zaręczyła honorem narodu niemieckiego. Rada Pięćdziesięciu i nasze tymczasowe zgromadzenie narodowe są naszymi legalnymi rewolucyjnymi instytucjami, z nich wyszliśmy, a duch, jaki je przenikał w momencie, gdy podejmowali swe uchwały, jest tym samym duchem, który nas tutaj sprowadził. Nie możemy wyprzeć się naszych ojców i musimy wykupić to, co zastawiono, a to nasz honor zastawiono. Tamte instytucje miały całkowitą rację, ręcząc naszym honorem. Sprawą honoru Niemiec jest zaprzestanie odwiecznego ucisku narodów słowiańskich; sprawą honoru Niemiec jest krzewienie wolności na Wschodzie i niezatrzymywanie się na granicy Rosji czy Polski. Honor niemiecki powinien na tym jeszcze polegać, iż przestaniemy ciemiężyć inne nacje, stając się przyjaciółmi wszystkich wyzwolonych ludów, że wyzwolimy Włochów i staniemy się ich przyjaciółmi, i że wyzwolimy Polaków i staniemy się ich przyjaciółmi. Tak, to sprawa naszego honoru, a jeśli będziemy tak postępować z naszym honorem, jak dawniej postępowano ze słowem honoru i z przyrzeczeniami konstytucyjnymi, to ściągniemy na siebie klątwę Europy, co więcej, staniemy się narodem, który przepadnie, przepadnie moralnie, jeśli nie zachowa swojego honoru i nie wykupi zastawu, za który poręczył honorem (*Brawa*). Wiele mówiono o historycznym prawie. Tu chodzi o historyczne prawo, ale o to prawdziwe historyczne prawo, o prawo, które stworzyła historia, a mianowicie, moi panowie, tu chodzi o największe wydarzenie w historii, do jakiego kiedykolwiek doszło, bo jeszcze nigdy przez kulę ziemską nie przetoczyła się taka rewolucja jak ta w roku 1848. Ona jest najbardziej humanitarna w swych zasadach, w swoich dekretach i proklamacjach, najbardziej ludzka w swej istocie i taka będzie w realizacji swoich celów, rozłożonej celami na stulecia, a nawet tysiąclecia. Historyczne prawo rewolucji z 1848 roku nie może zostać zdradzone przez ludzi niepowołanych, którzy nie rozumieją jej zasad i nie odczuwają potrzeby wolności. My tutaj, zebrani w tej sali, nie powinniśmy się do tego przyznawać. Tak więc historycznym prawem jest zlikwidowanie tego strasznego bezprawia, za pomocą którego chciano unicestwić naród, bez którego historia nie może i nie będzie mogła istnieć, bezprawia, które wprawdzie nie zostało w pełni wprowadzone w czyn, ale które z naszej strony nie powinno w ogóle otrzymać poparcia. Naród niemiecki nie powinien pomagać w tym, z czym nie uporali się despoci, naród niemiecki nie powinien brać na siebie hańby rozbioru Polski i stanowić o ucisku tego niezbędnego narodu. Cały zapał i całą posiadaną wiedzę pragnę zaangażować w przekonanie waszych serc i umysłów do tej decyzji (*Brawa*). Kwestia, którą się tu zajmujemy, to odtworzenie nowego prawa narodów, to rekonstytuowanie europejskich cywilizowanych nacji; i zwłaszcza w tym przypadku ważne zagadnienie wyzwolenia Słowian. To wyzwolenie mogło nastąpić w taki sposób, że dalej trwająca rewolucja mogła ogarnąć z powodzeniem Polskę początkowo w Królestwie Polskim będącym częścią Rosji, a potem rozszerzyć się na

Rosję, już zarażoną nowymi ideami. Na razie tak się jednak nie stało. Jak można jeszcze dokonać restytucji polskiego narodu? Mogłoby to nastąpić poprzez wyzwolenie albo w drodze układów. Moi panowie, są ludy i ludzie, których należy wyzwolić. To są niewolnicy, poddani i zniewoleni. Polacy zostali zniewoleni przez przemoc despotów, którzy mieli pewne historyczne prawo, co słusznie zauważył Stenzel, historyczne prawo przytłumienia szlachty – i kiedy panujące narody się opamiętają, to właśnie ten stan zniewolenia musi być zniesiony. Inteligentny naród niemiecki, który zrozumiał, że ujarzmienie i zniewolenie Polski jest bezprawiem, musi to zniewolenie Polaków znieść. Niemcy muszą wyzwolić Polaków, którymi władają; muszą powiedzieć tak, jak mówili starożytni Rzymianie, gdy wyzwalali niewolników: chcę, by ten człowiek stał się wolny. Niemcy muszą uwolnić niewolników z niewoli. To jest minimum, co możemy uczynić. Właściwie powinniśmy zrobić jeszcze więcej, powinniśmy odpokutować za to, że tak długo traktowaliśmy Polaków jak niewolników. Uwolnienie Polaków jest możliwe. Początkowo powiedziałem, że to obowiązek i prawo, mógłbym dodać, że to konieczność. Jednak zrezygnuję z tego, i powiem, że to jest możliwe, gdyż to bardziej doniosłe. Jak może dojść do uwolnienia Polski? Może to nastąpić przez układy, w których powinny wziąć udział dwa wielkie cywilizowane narody Europy, które wspólnie z Niemcami, z wyzwolonymi Niemcami, zawrą nieodzownie nowe trójprzymierze, już chociażby z tej przyczyny, że tak samo myślą i ogólnie tego samego chcą. Myślę, że będzie mogło dojść do tego wyzwolenia przez sojusz Francji, Anglii i Niemiec. To jest obecnie możliwe, a ja dodam, że to musi nastąpić, ponieważ Europa nie będzie wolna dopóty, dopóki w Europie panować będzie tyrania i mieć historyczne znaczenie. Wiecie zapewne, co mam na myśli. Nie podzielam poglądu, że w tym miejscu należy skończyć z wolnością i wyzwalaniem czy z odtwarzaniem Europy. Co więcej, jestem przekonany, że przebudowę Europy należy kontynuować tak długo, aż nie będzie już tyranii w tej części świata. Ale również jestem zdania, że jeżeli nie uczyni się tego dobrowolnie, trzeba to będzie zrobić pod przymusem; nie pod przymusem Francji, nie, Francja nigdy nie powiedziała, że chce nas zmusić do wolności i do uwalniania innych. We wszystkich proklamacjach i notach wydanych w ostatnim czasie, oferowała nam przyjaźń, pokojowy sojusz i braterstwo. Stwierdziła wprawdzie, że układy z 1815 roku zostały zerwane, co też jest prawdą, lecz chce uznać granice w ich obecnym kształcie. Francja nie zabrała Sabaudii, mimo że mówi się tam po francusku, a ludność chciała należeć do Francji. Nadto, nie przyłączyła Belgii, chociaż i ona mówi w większości po francusku i o ile wiem, każdy Belg rozumie po francusku. Francja nie przyłączyła Belgii z powodów narodowościowych. Mimo że Francja w dalszym ciągu uznaje układy z 1815 roku za przymus, to nie sięgnęła po ziemie, które posiadała przed tymi układami. Nie chciała ich i oświadczyła, że chce uznać istniejący status terytorialny. To bardzo ważne, bo z tej trybuny zostało to wypaczone i przedstawione w odmiennym świetle. Nie położono nacisku na fakt, że Francja chciała zachować istniejący status terytorialny i tak uczyniła. Stosunki z Francją powinny być źródłem nowego prawa historycznego. Prawo historyczne jest prawem narodów. W przypadku, o którym mówimy, jest to nowe prawo międzynarodowe. To jedyne prawidłowe pojmowanie historycznego prawa. Nie ma innego prawa międzynarodowego. Każda inna wykładnia prawa historycznego jest absurdalna. Prawo historyczne to prawo, które tworzy historia, a sankcjonuje czas, zrywając i unieważniając dotychczasowe układy i zastępując nowymi. Nowe układy nie zawsze znoszą stare, lecz są konsekwencją wcześniejszych. Układy mają na celu ustanowienie wolności narodów. Teraz musimy dopomóc w ustanowieniu nowego prawa międzynarodowego. Dlatego stawiam wniosek, aby:

„Z uwagi na fakt, że wcielenie części Wielkiego Księstwa Poznańskiego do Związku Niemieckiego wyprzedza ostateczne rozwiązanie sprawy europejskiej, jaką jest restytucja niepodległej Polski; dalej, z uwagi na fakt, że do restytucji Polski może dojść jedynie w wyniku zawarcia nowego układu, który zostanie podpisany przez wszystkie mocarstwa uczestniczące w pokoju wiedeńskim, należy nie dopuścić na razie do przyłączenia żadnej części Wielkiego Księstwa Poznańskiego do Związku Niemieckiego, a deputowanych z okręgów poznańskich ostatecznie nie dopuścić do Zgromadzenia Narodowego, natomiast zobowiązać władzę centralną do zainicjowania wspólnie z Anglią i Francją kongresu w celu odrodzenia wolnej i niepodległej Polski, w którym poprzez swoich posłów będą mogły uczestniczyć wszystkie zaangażowane mocarstwa".

Nie można niczego innego wnioskować i nic innego nie jest dopuszczalne. Można by, moi panowie, postąpić trochę inaczej, bo w naturze ludzkiej leży odstępstwo od tego, co słuszne. Odchodzenie od słusznej drogi jest dowodem na to, że człowiek ma wolną wolę. Natura nie może odchodzić od zasad, ale człowiek tak. Człowiek może postępować bezprawnie, niesprawiedliwie, może utrzymywać złe prawo międzynarodowe. Człowiek może postępować bezprawnie, lecz skutkiem tego to, co prawe, nie przestaje być poprawne. A w naszym przypadku to, o co wnoszę, jest jedynie słuszne, co powinno się stać. To oczywiste, że to udowodnię. Wcielenie Prowincji Poznańskiej do Związku Niemieckiego byłoby wyrazem tego, że nie zgadzamy się na istnienie narodu polskiego, którego częścią jest Poznań. To byłoby ingerowanie w narodową świadomość Polaków. Natomiast przyłączenie Prowincji Poznańskiej do Prus taką ingerencją w sprawy polskiego narodu nie jest. Jest sytuacją państwową wytworzoną przez niezręczność ówczesnych układów wiedeńskich. W układach wiedeńskich wierzono, że można zachować naród, dzieląc go na trzy części. W układach wiedeńskich wierzono, że można zachować naród polski, oddając jedną jego część Rosji, drugą Austrii, a trzecią Prusom. Wierzono również, że Niemcy staną się jednym narodem dzięki Związkowi Niemieckiemu, w którym znajdzie się Dania, Holandia i Anglia poprzez Księstwo Hanowerskie. Krótko mówiąc, konstytuowanie się Niemiec pokazuje, jak kształtowało się pojęcie o jedności Niemiec. Stare prawo narodów nie mogło się przez to utrzymać, legło w gruzach. Ponieważ Prowincja Poznańska jest częścią narodu polskiego, dlatego kwestia poznańska jest sprawą polską, a sprawa polska europejską i dlatego powinna być rozpatrywana przez przedstawicieli narodów europejskich, mających za zadanie stworzenie nowej Europy. Po tym, jak w ostatnich dniach proklamowane zostały przyjacielskie stosunki z Francją, po przyjęciu zaoferowanej nam braterskiej dłoni Francuzów, pojawia się możliwość pokojowego rozwiązania tej europejskiej kwestii. Podstawą do zawarcia nowych układów będą układy z 1815 roku, zawierające dawne prawa narodów; to w żadnym razie nie są pożółkłe pergaminy, na które nie możemy się powoływać, przeciwnie, to dokumenty, które jesteśmy zmuszeni przyjąć za punkt wyjścia. To, czego chciały układy wiedeńskie, musi być teraz zrealizowane i rzeczywiście wypełnione. To stan podobny do chrześcijaństwa, którego humanitarne idee należy realizować także obecnie. A czego domagały się układy wiedeńskie? Układy wiedeńskie domagały się praw dla wszystkich narodów przeciwko wielkiemu narodowi Francuzów, który chciał zawojować Europę i zamienić ją w jedną wielką monarchię. Czy Francuzi zachowywali prawa narodów? Tak, ale tylko w stopniu, w jakim je pojmowali. Ale rozumieli to niedostatecznie i teraz należy usunąć te niedostatki owego okresu. Przykładowo, tu, w kościele św. Pawła, zajmujemy się usuwaniem niedostatków z czasu konstytuowania się Niemiec. Układy wiedeńskie chciały restytucji narodu niemieckiego. Panowie przyznają, że układy wiedeńskie odrodziły naród niemiecki w nienależytej formie. Zgodzicie się ze mną, że jeśli będziemy mieli dość odwagi i rozsądku, to przywrócimy Niemcom jedność i wolność, wbrew oporowi królów, którzy do nas nie należą, i mimo separatystycznych dążeń królów, którzy do nas należą. Jeśli będziemy mieli dość odwagi, będziemy mogli stworzyć jedność Niemiec, a jeśli starczy nam rozumu, to tego dokonamy. Pragnę zatem, abyśmy w toku naszych obrad zachowali odwagę i rozsądek i zrealizowali układy wiedeńskie, a wtedy nasze nazwiska staną się nieśmiertelne w dziejach, bo jeśli nam go zabraknie, to je ośmieszymy. To samo dotyczy Włoch. Włosi staną się narodem i trzeba będzie przepędzić z Włoch Radetzkich. My Niemcy, powinniśmy pragnąć tego, by Radetzcy zostali przegnani z Włoch (*Tumult; głosy: Do rzeczy! Do porządku obrad!*). Musimy tego pragnąć, bo to należy do odtworzenia Europy, a jeśli pan (*do jednego z tych, którzy przerywali*) nie rozumie, że to należy do rzeczy, to jest to pańska sprawa (*Wesołość*). Stworzenie państwa włoskiego należy do nowego prawa narodów, a my, którzy pragniemy realizacji tego nowego prawa narodów, którzy pragniemy wolności ludów europejskich powinniśmy pragnąć, aby Tilly'owie i Radetzcy nowych czasów zostali pokonani (*Tumult i głosy: do rzeczy! Do rzeczy! Protestujemy wszyscy przeciwko takim wypowiedziom! To hańba, że coś takiego pada z niemieckiej trybuny. Nieprzerwany hałas*).

[Przewodniczący: przede wszystkim muszę prosić o spokój, jeśli mam dalej wypełniać swoje obowiązki. Moi panowie, nie będę przywoływał mówcy do porządku, mogę mu tylko powiedzieć, że to prawie zdrada narodu, jeżeli życzy się sobie klęski niemieckiej armii; mimo to nie mogę przywoływać do porządku, lecz zezwolić, aby przestawiał tu swój szczególny światopogląd (*Powszechny aplauz*)].

[Ruge:] Moi panowie! Ja nie pragnę wyzwolenia jedynie Włochów, pragnę również wyzwolenia Niemców... (*Nieprzerwany tumult*).

[Przewodniczący: Moi panowie, proszę teraz o spokój. Czy macie coś przeciwko mojej wypowiedzi? (*Wiele głosów: Nie! Nie!*). Jeżeli nie, to proszę dalej słuchać mówcy. Jego szczególne poglądy są nam znane!]

[Ruge:] Do tych szczególnych poglądów należy także moje życzenie wyzwolenia Polaków, Polaków należy wyzwolić tak samo, jak należy wyzwolić Włochów. Po zniesieniu starego prawa narodów należy ustanowić nowe. Rewolucja belgijska była, o czym panom wiadomo, pierwszym zniesieniem starego prawa narodowego. Rewolucja belgijska została zniesiona przez konferencję londyńską, została zniesiona przez układ i ze stanu rewolucji cywilizowana Europa powróciła do stanu prawa. Z Polską, moi panowie, to coś innego. Polska rewolucja nie została formalnie podniesiona układem do nowego stanu prawnego, polska rewolucja w stosunku do Królestwa Polskiego pozostała stanem de facto, przeciwko któremu nieustannie protestuje Francja i którego Anglia nigdy nie uznała za legalny. Ten stan faktyczny po polskiej rewolucji 1830 roku utrzymany został tylko dlatego, że Niemcy przez swoje dwa mocarstwa, Austrię i Prusy, były w tym niegodnym związku z Rosją i poprzez politykę gabinetową Austrii i Prus pomagają utrzymać ten haniebny stan faktyczny. Te trzy reakcyjne mocarstwa utrzymały dla siebie, że tak powiem, własne prawo narodowe. Po raz pierwszy zrobiły z niego skandaliczny użytek, wcielając do Austrii Rzeczpospolitą Krakowską. Wiecie panowie, że wywołało protest Francji i Anglii. Mimo iż Francja i Anglia nie utrzymywały wtedy przyjaznych stosunków, to w tym jednym punkcie były zgodne. Jakie były polityczne skutki zniesienia Rzeczpospolitej Krakowskiej? Lord Palmerston przepowiedział to księciu Metternichowi: Jeśli traktaty mają nie obowiązywać nad Wisłą, to Austria doczeka się, że przestaną one także obowiązywać nad Padem, we Włoszech. Od tego czasu mieliśmy powstanie we Włoszech, a Radetzky został wyparty z Mediolanu, traktaty przestały obowiązywać. Politycznymi skutkami likwidacji Rzeczypospolitej Krakowskiej, ostatniej pozostałości Polski, była rewolucja 1848 roku, która wybuchła najpierw we Włoszech, przyczynili się do tego Anglicy, pozwalając jej trwać, poparli również Szwajcarię przeciwko trzem mocarstwom, ponieważ mocarstwa te popadły w konflikt z prawem i sprawiedliwością, które warunkowało prawo narodów z 1815 roku. Co spowodowało później fiasko rewolucji 1848 roku we Francji? Przez to, że Guizot w porozumieniu z reakcyjnymi mocarstwami został przyłapany na gorącym uczynku, był sojusznikiem (!!!) tajnego związku w Szwajcarii. Widzicie zatem, moi panowie, jakie skutki pociągnęła za sobą likwidacja Rzeczypospolitej Krakowskiej. Już wtedy je przewidywano, a teraz do nich doszło. Nie chcę mówić tu o tym, w jakim stopniu to polityczne bezprawie doprowadziło do zaburzeń gospodarczych. Wystarczy, chciałem jedynie pokazać, że to skandaliczne zerwanie traktatów doprowadziło do rewolucji 1848 roku. Tę rewolucję z 1848 roku mamy obecnie i teraz naszym zadaniem jest potwierdzenie jej treści poprzez ustanowienie nowego prawa narodów (*Głosy: Dość! Dość! Inni: Spokój!*). Nie skończę wcześniej, aż będę pewny, że chociaż w części przekonałem panów do prawdy, że musimy na kolejnym kongresie ustanowić nowe prawa narodów (*ogólna wesołość*), i jeśli tylko przez kilka minut mógłbym w ten sposób powstrzymać wielkie nieszczęście zagrażające mojej ojczyźnie, to z nich skorzystam. Naszej ojczyźnie zagraża wielkie nieszczęście. Tak, jak po przyłączeniu Rzeczypospolitej Krakowskiej nastąpił w Europie wielki wybuch, tak po przyłączeniu Prowincji Poznańskiej nastąpi następny, tego możecie być pewni. Nie pragnę takiego wybuchu. Nie pragnę, by twierdza Poznań została wydana barbarzyńcom, pragnąłbym, aby została przy Prusach, ale nie chciałbym, aby naród niemiecki przyłożył rękę do likwidacji narodu polskiego, przeciwnie życzyłbym sobie, aby naród niemiecki, reprezentowany przez obecnych tu ministrów, zapoczątkował pertraktacje prowadzące do uchwalenia nowych praw narodów i odrodzenia Polski. Przyznacie, panowie, że to jest konieczne, jeśli choć przez chwilę uświadomicie sobie, że nie istnieją prawa narodów, a w Europie panuje anarchia, bo nie obowiązują już stare traktaty, a nowych jeszcze nie zawarto (*Powszechny aplauz*). Jeśli zostanie tu podjęta decyzja o wcieleniu Prowincji Poznańskiej do Niemiec, a tym samym naruszona integralność narodu polskiego, to polityczny skutek dla Niemiec będzie taki, że zrobimy to, czego chce i życzy sobie Rosja. Zniechęcimy do siebie serca Polaków, odwrócą się od nas, utracimy nie tylko sympatię Polaków, ale wszystkich Słowian, ponieważ umożliwimy Rosji skierowanie na nas nienawiści całej słowiańszczyzny, tej nadzwyczajnej rodziny narodów. Ściągniemy na siebie nie tylko nienawiść Polaków i Słowian, lecz również nienawiść Francuzów i utracimy sympatię cywilizowanych narodów. Polacy utracili sympatię reakcji, a teraz my zamierzamy utracić sympatię rewolucji, tzn. wolnych narodów, chcąc dokonać zamachu na polski naród, co się nam proponuje. Nie wolno nam tego uczynić; wręcz przeciwnie, nie wolno nam doprowadzić do takiego zwrotu historii, że my, Niemcy, ponownie znajdziemy się po stronie reakcji, po stronie tego nurtu, który płynie wstecz, a wbrew impulsowi zbliżającej się dla wszystkich narodów politycznej wolności. Teraz chodzi o ustalenie praw wszystkich narodów: Włochów, Polaków, a nie tylko samych Niemców. Na nic by się zdało, gdybyśmy tu stanowili wolność tylko dla siebie, taka polityka byłaby nieszlachetna, reakcyjna i niekorzystna. Nie wolno nam działać wbrew innym narodom, lecz z nimi, a nowe warunki w tej sprawie ustalać wspólnie z tymi narodami wyłącznie pertraktując. Korzystne jest pozyskanie sympatii europejskich narodów. Ale również skutki gospodarcze byłyby niekorzystne, gdyby ten niefortunny *status quo* został utrzymany, mianowicie zbrojny pokój z Francją i Rosją, gdyż to leży w naturze zbrojnej neutralności, którą teraz obserwujemy. Skutkiem byłoby wyniszczenie pod brzemieniem obciążeń militarnych: skutkiem tego systemu, bezpośrednim skutkiem kroku zmierzającego do ponownego podziału Polski byłoby powszechne bankructwo prowincji leżących przy granicy z Rosją. Tak by się z nami stało, gdybyśmy zrobili to, czego chce Rosja, czego chce reakcja. Inaczej byłoby, gdybyśmy postąpili tak, jak tego chciały Anglia, Francja i tymczasowe zgromadzenie narodowe i w dalszym ciągu chcą; tymczasowe zgromadzenie narodowe w swojej uchwale, która jeszcze obowiązuje. Wszystko zależy od propozycji, jakie złożyła nam Francja, a które częściowo zaakceptowaliśmy. To, czego chce tymczasowe zgromadzenie narodowe, to zapoczątkowanie restytucji Polski, do czego można doprowadzić jedynie na drodze układów. To urzeczywistnienie nowego okresu, przebudowa narodów, do czego jednak my sami nie jesteśmy uprawnieni. Zważcie, panowie, na to, że obecnie nie możemy uczynić niczego innego, jak zostawić tymczasem Wielkie Księstwo Poznańskie przy Prusach; postanówcie, że narodowi niemieckiemu nie wolno porywać się na naród polski, wręcz przeciwnie – działać w kierunku odrodzenia Polski, jak sobie tego życzy Francja, a Anglia niejednokrotnie uważa za pożądane. Z wolnymi narodami, z Anglią i Francją jako naszą nowo utworzoną władzą centralną zainicjujemy europejski kongres, aby spowodować odrodzenie Polski, o ile to jest możliwe na drodze pokojowej, a jeśli tak nie da rady, to nawet z użyciem siły. W związku z tym wnioskuję, aby tymczasowo zostawić Prowincję Poznańską przy Prusach, a przez naszą władzę wykonawczą spowodować zwołanie kongresu, i gorąco polecam panom, abyście nie odrzucali mojego wniosku. Nie ma innej możliwości i to jest jedyny sposób na utrzymanie pokoju. Restytucję Polski powinny zapoczątkować nasze mediacje (*Syki po prawej stronie, brawa po lewej*).

PRZEŁ. HENRYK STANKE

Abigail (Abby) KELLY FOSTER

1810–1887, radykalna aktywistka ruchów na rzecz zniesienia niewolnictwa, prohibicji oraz równouprawnienia kobiet; od 1840 członkini Komitetu Wykonawczego Amerykańskiego Towarzystwa Antyniewolniczego, delegatka na Światową Konwencję Antyniewolniczą w Londynie w tym samym roku.

ABBY KELLY FOSTER **uważano po roku 1850 za czołową działaczkę amerykańskiego ruchu kobiecego. Przełom lat 40. i 50. XIX w. przyniósł w USA zaostrzenie sporów i polemik, głównie wokół instytucji niewolnictwa. Różnice opinii i konflikty ideowe dotyczyły jednak także innych spraw, wiążących się z tym problemem. Obok kwestii ekspansji terytorialnej (na południe, jak chcieli zwolennicy niewolnictwa, czy też na zachód, jak pragnęli jego przeciwnicy) sprawą żywo dyskutowaną było pełne zrównanie kobiet z mężczyznami w prawach wyborczych i - szerzej - obywatelskich. Od 1848 roku ruchy na rzecz praw wyborczych kobiet były stałym elementem amerykańskiej sceny politycznej.** (zk)

ABBY KELLY FOSTER

KOBIETY STAĆ NA WIĘCEJ

WYSTĄPIENIE NA DRUGIEJ NARODOWEJ KONWENCJI PRAW KOBIET,
WORCESTER, MASSACHUSETTS, 15 PAŹDZIERNIKA 1851

Zwracam się tu do pani przewodniczącej[1], choć przybyłam na Konwencję bez zamiaru wygłoszenia przemówienia. Muszę jednak choćby w krótkich słowach złożyć tu zebranym gratulacje, gdyż wiele przemawia za tym, że w sprawie, dla której tu przybyłyśmy, sporo już osiągnęłyśmy. Nie mamy już powodów do zniechęcenia, gdy geniusz, który z powodzeniem mógłby się spełniać gdziekolwiek indziej, sam ofiarowuje swe zdolności celom naszego ruchu; teraz z nową nadzieją patrzę w przyszłość i nie brak mi wiary, że niedługo spełnią się nasze największe pragnienia i oczekiwania. Uważam, że w naszych dążeniach przekroczyłyśmy już półmetek.

1 Obradom Konwencji przewodniczyła Paulina Kellogg Wright Davis (1813–1876), amerykańska sufrażystka, abolicjonistka i pedagog, założycielka (1853) i wydawca pierwszego feministycznego pisma „The Una".

Mam jednak pewną koncepcję, którą chciałabym przedstawić Konwencji w formie krótkiej rezolucji, ponieważ nikt inny z ideą taką nie wystąpił. Wydaje mi się, że główny powód trudności w osiągnięciu naszych celów kryje się głęboko pod powierzchnią spraw, do których jeszcze nie dotarłyśmy. Narzekamy, że wynagrodzenie kobiety jest niewspółmierne do jej pracy. To prawda. Narzekamy, że na mównicy, w sądzie, na ambonie, w pokoju nauczycielskim i na wielu innych stanowiskach z długiej listy rozmaitych zawodów, kobieta nie zajmuje pozycji, która jej przynależy z racji wykształcenia; pytanie brzmi: co stoi temu na przeszkodzie? Nie mogę i nie zamierzam obarczać winą mężczyzn. Zgodzę się natomiast ze stwierdzeniem, że wina leży również i po naszej stronie. Przypomnę tu starą i znaną maksymę, która wciąż nie traci na aktualności: „Gdzie jest chęć, znajdzie się i sposób"; otóż powodem, dla którego nie można znaleźć kobiet na najwyższych stanowiskach, choć mają ku temu odpowiednie przygotowanie, jest po prostu brak takiej chęci z ich strony. W związku z tym pozwolę sobie odczytać rezolucję, którą trzymam w ręku:

Żywię głębokie przekonanie, że w większości przypadków kobieta pozbawiana jest swoich praw, ponieważ nie jest w pełni świadoma całego ciężaru spoczywającej na niej odpowiedzialności; dopiero gdy zda sobie sprawę z pełnego zakresu tej odpowiedzialności i gdy skłoni ją to do pójścia naprzód i wywiązania się ze wszystkich swoich obowiązków, to z pewnością wtedy zdobędzie swoje prawa; jeśli poczuje się równa swojemu ojcu, mężowi, bratu i synowi, poczuje się na równi z nimi odpowiedzialna za dbanie tak o materialne potrzeby, jak o zbytki życiowe, jeśli będzie czuła taką samą głęboką odpowiedzialność za kulturę umysłową, za moralne i religijne oblicze całej rasy ludzkiej, to siłą rzeczy sama znajdzie swoje cele i prowadzące do nich ścieżki pracy na fizycznej, intelektualnej, moralnej i religijnej niwie. Gdy tylko poczuje powiew motywacji, szybko rozwinie żagle.

Uważam, że myśl zawarta w tej rezolucji jest być może nieco trudna do uchwycenia, bo przesłania ją ogrom trudności, przed jakimi stawia nas sam taki pomysł; dlatego postawię sprawę jasno: uważam za konieczne wpojenie – zwłaszcza dorastającemu pokoleniu kobiet, bo głównie ich to dotyczy – uważam za konieczne wpojenie kobietom tego poczucia odpowiedzialności. Niech matki własnym przykładem zaszczepią swoim córkom pogląd, że kobieta nie powinna wychodzić za mąż, dopóki nie będzie w stanie utrzymać rodziny i zadbać o jej potrzeby. Niech córki nabiorą przekonania, że nie wolno im wstępować w związki małżeńskie bez umiejętności zapewnienia rodzinie bytu, a zobaczymy, jak kolejno znikają trudności, na które tu narzekamy. Przecież kobiety wzdragają się na myśl o wychodzeniu za mąż tylko po to, by dzięki małżeństwu mieć zapewniony byt i utrzymać to małżeństwo z portfelem, a nie z mężczyzną. Gdyby padło tu pytanie, czy miłość nie jest wystarczającym powodem zawarcia małżeństwa, wszystkie kobiety odpowiedziałyby twierdząco. Kobieta mówi, że wystarczy miłość, i w to wierzy; lecz w więcej niż jednym przypadku na dziesięć kryje się za tym coś jeszcze.

Zaszczepmy naszym córkom, że muszą umieć zapewnić byt rodzinie i że bez tej umiejętności nie nadają się do jej tworzenia. Jeśli nauczymy nasze córki, że – tak samo jak ich bracia – muszą dążyć do niezależności, że nie wolno im polegać wyłącznie na domu rodzinnym, lecz powinny same szukać podstaw egzystencji, czyż nie poszukają nowych dróg zatrudnienia? Przecież wszyscy to czujemy, wszyscy to wiemy; jeśli kobiety zrozumieją, że obowiązki rozkładają się równo między nimi i płcią przeciwną, same poszukają sposobów na wywiązanie się ze swoich powinności. Jesteśmy to winne dzisiaj naszym córkom; jesteśmy to winne samym sobie, musimy dopilnować, żeby ta nowa świadomość współodpowiedzialności za rodzinę na trwałe znalazła miejsce w umysłach wszystkich kobiet, że kobieta swoją pracą może wspomagać rodzinę tak samo, jak czynią to nasi ojcowie, mężowie i bracia. Praca kobiet jest z natury tak samo cenna jak każda inna, więc dlaczego nie jest podobnie wynagradzana? Dzieje się tak dlatego, jak już to podnoszono na tym forum, że jest zbyt wiele kobiecej siły roboczej na rynku oferowanych im form zatrudnienia. Ale istnieją przecież inne sposoby zarobkowania, inne ścieżki wiodące do dobrobytu, pozwólmy tylko kobietom je znaleźć i użyć ich dla własnych korzyści, a uda nam się w dużym stopniu wyeliminować złe uwarunkowania życia i posłannictwa kobiety.

Sprawmy też, by kobieta na równi z mężczyzną czuła się odpowiedzialna za upadek moralności, za szerzącą się w kraju przestępczość – czyż nie zrobi wszystkiego, co w jej mocy, by temu zapobiegać? Niech każda kobieta zrozumie, że również na niej spoczywa odpowiedzialność za chronienie społeczeństwa przed tą zarazą – czyż nie będzie na to szukać sposobów? Czy jeśli będzie czuła, że jest tak samo kompetentna jak jej brat, by walczyć z przesądami, uprzedzeniami, bigoterią – nie podejmie tej walki? To w sferze przyjęcia pełnej odpowiedzialności leży ta ogromna bariera na drodze praw kobiet. Mary Wollstonecraft[2] była pierwszą kobietą, która napisała książkę pod tytułem *Prawa kobiety*, a parę lat później kolejną, zatytułowaną *Obowiązek kobiety*[3]; jeśli kobieta poczuje się do odpowiedzialności, zdobędzie swoje prawa. My, niedoświadczone w walce o prawa kobiet, powinnyśmy zatytułować naszą następną książkę *Obowiązki kobiety*. Uprzytomnijcie swoim córkom ich obowiązki; wpajajcie żonom, siostrom, braciom, mężom, całemu społeczeństwu, że dzielą te same obowiązki, a wszyscy zdobędziemy swoje prawa.

Nie tylko kobietom, ale i mężczyznom dzieje się krzywda, i nie tylko w Londynie, Nowym Jorku czy Bostonie. Rozejrzyjcie się wokół siebie tu, w Worcester, i zobaczcie, jak siedzi w zakurzonym swoim kantorku lub za ladą i jak dzień długi, całą duszą pochłonięty jest liczeniem pieniędzy, dolarów i centów, jak tabliczka mnożenia staje się jego wyznaniem, jego „Ojcze nasz" i jego Dekalogiem. Społeczeństwo mówi – trzymaj swoje córki, jak lalki, w saloniku; nie przystoi im przykładać się do utrzymania rodziny. A tymczasem należy zachowywać pewne pozory. Musisz utrzymać określony status domu. Źle się dzieje, gdy twoja żona ma u ciebie warunki gorsze od tych, do jakich przywykła w domu swojego ojca. Zwracam się do mężczyzn. Gdybyśmy mogli zajrzeć pod strojne sukna i aksamity, znaleźlibyśmy tak wiele zranionych serc, tak wiele westchnień i jęków i tak wiele cierpienia psychicznego, ile można zaleźć w saloniku, pokoju dziecinnym każdego domu w Worcester.

2 Mary Wollstonecraft (1759–1797), oświeceniowa pisarka i publicystka brytyjska, prekursorka feminizmu, napisała m.in.: pamflet *Myśli o wykształceniu córek* oraz *Wołanie o prawa kobiety*. Matka Mary Shelley, pisarki, autorki powieści *Frankenstein*.

3 Książki o takim tytule nie ma wśród pism Mary Wollstonecraft. Być może chodzi o wydaną pośmiertnie *Maria, Or The Wrongs Of Woman*.

Ale cóż, kobieta jest istotą próżną i frywolną, a mężczyzna jest ignorantem; i dlatego ma to, na co zasługuje. Gdyby jego córkom, jego żonie wpojono poczucie obowiązku, to one miałyby swoje prawa, a on byłby szczęśliwym i spełnionym człowiekiem, a nie maszynką do robienia i liczenia pieniędzy, do czego dziś sprowadza się jego rola.

Drogie przyjaciółki, wydaje mi się, że dzieląc się z wami tymi przemyśleniami, uczyniłam zadość swojej powinności. Lecz nie wstałam po to, by wygłosić przemówienie – moje życie mówi samo za siebie. Przez czternaście lat byłam orędowniczką naszej sprawy, o czym świadczy moje codzienne życie. Krwawiące stopy, siostry, wydeptały ścieżkę, którą tutaj doszłyście (*Wielkie wzburzenie*). Nie będziecie musiały przemawiać, jeśli wasze codzienne życie będzie za was przemawiało. Och, ileż racji ma Webster, mówiąc: czynami swymi najpiękniej przemawiamy. Więc kiedy wrócimy do domu, nie narzekajmy, lecz działajmy. Nie wracajmy do domu, by narzekać na mężczyzn, lecz by zdobyć się na większy wysiłek niż kiedykolwiek, by wywiązać się z naszych codziennych obowiązków. Och! Łatwo jest być leniwym; wygodnie jest być opieszałym; a jak trudno, z jaką udręką łączy się poczucie odpowiedzialności. Tysiące kobiet w Stanach Zjednoczonych zarabia nędzne grosze, choć wiedzą i czują, że stać je na wiele więcej, a kiedy w rozmowach namawiam je, żeby otwierały własne sklepy, żeby realizowały swoje pomysły, słyszę jedną i tę sama odpowiedź: „To nie na moje siły, taka odpowiedzialność". Trudno – w swoim lenistwie wolą głodować!

Zwracam się do pani przewodniczącej obrad – wydaje mi się, że zbyt dużą winą obarczamy tę drugą stronę. W każdym razie mamy to, na co wszystkie sobie zasłużyłyśmy. Szukałyśmy wyjścia po omacku. Próbujemy znaleźć naszą drogę i och, Boże, oświeć nas! Jestem pewna, że gdy się przełamiemy i wstąpimy na drogę odpowiedzialności, ciemności stopniowo się rozproszą i również dla nas zaświeci słońce.

Nie będę już dłużej mówić. Przemawiam ciągle w ciągu roku i te z was, które jeszcze nie przemawiały, powinny zająć miejsce przy mównicy. Mam jednak nadzieję, że nie uważacie, że mówiłam do was w złości. Nie; to w nadziei wywołania u was chęci przyjmowania odpowiedzialności, nieprzespanej nocy od czasu do czasu, dni trudu i znoju; ponieważ ten, który pracuje, otrzyma nagrodę; ten, który sieje, zbierze plon. Moja nauczycielka z dzieciństwa nauczyła mnie czegoś, czego mam nadzieję nigdy nie zapomnę. Zadała mi zadanie i kiedy spytała, czy się nauczyłam, odpowiedziałam: „Nie, to dla mnie za trudne". „A więc – odpowiedziała – idź na drogę i zbierz dla mnie cały fartuszek kamieni". Tak zrobiłam. „Czy to było łatwe?" – spytała. Potwierdziłam. „Wyjdź zatem ponownie, wyrzuć je i przynieś mi fartuszek pełen złota". To było niemożliwe. „Tak, – powiedziała moja nauczycielka – możesz to osiągnąć tylko uczciwą pracą, poświęceniem i zmęczeniem". Dostałam nauczkę, zrobiłam zadanie; i proszę Boga, żeby każdy przeszedł podobną lekcję i nauczył się, że ciężka, uczciwa i pełna poświęceń praca jest niezbędna (*Głośne oklaski*).

PRZEŁ. MAŁGORZATA OLSZEWSKA

Karol Heinrich MARKS

1818–1883, urodził się w Trewirze w Prusach. Filozof i ekonomista, krytyk kapitalizmu i teoretyk rewolucji komunistycznej, napisał m.in. *Kapitał*. Współpracował z Fryderykiem Engelsem, z którym opublikował *Manifest komunistyczny* (1848). Uciekając przed represjami za swe radykalne poglądy, Marks kilkakrotnie zmieniał miejsca pobytu, by ostatecznie osiedlić się w Wielkiej Brytanii.

KAROL MARKS **wygłosił przedstawioną niżej mowę podczas bankietu zorganizowanego dla uczczenia czwartej rocznicy powstania pisma „People's Paper". Marks uczestniczył w tym spotkaniu jako przedstawiciel emigrantów rewolucjonistów, którzy znaleźli azyl w Londynie. W swym wystąpieniu krytyk kapitalizmu i teoretyk rewolucji zapowiada, że nadchodzi dziejowy sąd, w którym „sędzią będzie historia, wykonawcą wyroku - proletariat". Mowa Marksa została opublikowana w „The People's Paper" 19 kwietnia 1856 r. Jej uzupełnieniem jest list do Fryderyka Engelsa z 16 kwietnia, w którym Marks określa stosunek rewolucjonistów niemieckich do ruchu brytyjskich czartystów, wskazując, że celem rewolucji jest przejęcie władzy przez klasę robotniczą. Wyłaniająca się z tych tekstów koncepcja „dyktatury proletariatu" (mająca być, według Marksa, nawiązaniem do idei jakobinów z okresu rewolucji francuskiej) została rozwinięta później przez Włodzimierza Lenina.** (Edwin Bendyk)

KAROL MARKS

SĘDZIĄ JEST HISTORIA, WYKONAWCĄ WYROKU – PROLETARIAT

14 KWIETNIA 1856

Poczynając od r. 1848, tzw. rewolucje były jedynie nieznacznymi epizodami – drobnymi rysami i szczelinami w twardej powłoce pokrywającej społeczeństwo europejskie. Ujawniły one jednak przepaść, pokazały, że pod powierzchnią na pozór twardą znajdują się morza płynnej lawy, którym wystarczy rozprężyć się, a rozsadzą całe kontynenty ze skał granitowych. Krzykliwie i chaotycznie zapowiedziały one wyzwolenie proletariatu – tajemnicę XIX stulecia i rewolucji tegoż stulecia.

Wprawdzie ta rewolucja socjalna nie była nowością – wynalazkiem 1848 roku. Para, elektryczność i przędzarka były rewolucjonistami bardziej groźnymi aniżeli nawet obywatele Barbès, Raspail i Blanqui[1]. Jakkolwiek jednak atmosfera, w jakiej żyjemy, wywiera na każdego z nas ciśnienie równe dwudziestu tysiącom funtów, to czyż odczuwamy to? Nie w większym stopniu niż społeczeństwo europejskie przed 1848 r. odczuwało atmosferę rewolucyjną, która je otaczała i wywierała nań ciśnienie ze wszech stron.

Stoimy wobec faktu znamiennego dla XIX stulecia, faktu, któremu nie może zaprzeczyć żadna partia. Z jednej strony, zbudziły się do życia takie przemysłowe i naukowe siły, których nigdy nawet nie mogła sobie wyobrazić żadna z poprzednich epok w dziejach ludzkości. Z drugiej strony, istnieją symptomy upadku, które po wielekroć przewyższają wszystkie okropności ostatniego okresu imperium rzymskiego, znane nam z historii.

W naszych czasach wszelka rzecz jest jak gdyby brzemienna w swe przeciwieństwo. Maszyna, która ma cudowną moc skracania pracy człowieka i czynienia jej bardziej owocną, staje się, jak widzimy, źródłem jego nędzy i wycieńczenia. Nowo odkryte źródła bogactwa przeistaczają się, jak gdyby przez złe czary, w źródła nędzy. Zwycięstwa na polu sztuki zdają się być odniesione kosztem wartości moralnych. W tej samej mierze, w jakiej ludzkość zdobywa władzę nad przyrodą, podpada człowiek pod władzę innych ludzi lub pod władzę własnej nikczemności. Nawet jasne światło wiedzy może widocznie świecić jedynie na mrocznym tle ignorancji. Wszystkie nasze wynalazki i cały nasz postęp nie mają, zdawałoby się, innych wyników, prócz tego, że siły materialne obdarzone zostają życiem duchowym, a życie ludzkie przytępione i sprowadzone do poziomu sił materialnych. Ta sprzeczność pomiędzy współczesnym przemysłem i współczesną nauką z jednej a współczesną nędzą i współczesnym upadkiem – z drugiej strony, pomiędzy siłami wytwórczymi a stosunkami społecznymi naszej epoki, jest faktem namacalnym, nieodpartym, niezbitym. Niechaj z tego powodu jedne partie lamentują, inne znów niech pragną pozbyć się współczesnych zdobyczy techniki, byleby się pozbyć współczesnych konfliktów. Albo też niechaj przypuszczają, że tak znaczny postęp w przemyśle wymaga uzupełnienia w postaci równie znacznego cofnięcia się w polityce. My, ze swej strony, dostrzegamy tu nieomylnie tego szyderczego ducha, który stale nakłada swe piętno na wszystkie te sprzeczności. Wiemy, że po to, by nowe siły w społeczeństwie pracowały lepiej, potrzebni są tylko nowi ludzie, którzy by siły te opanowali – a ludźmi tymi są robotnicy.

Są oni tak samo nowo odkrytym produktem współczesności jak i maszyna. W zjawisku, które napełnia trwogą burżuazję, arystokrację i nieszczęsnych rzeczników zacofania, poznajemy naszego mężnego przyjaciela Robina Goodfellowa[2], starego kreta, który tak niezmiernie szybko potrafi ryć pod ziemią, poznajemy sławnego pioniera – rewolucję. Angielscy robotnicy są pierworodnymi synami współczesnego przemysłu. Nie będą więc, rzecz jasna, również w ostatnich szeregach tych, którzy wystąpią w obronie zrodzonej przez ten przemysł rewolucji socjalnej – rewolucji, która oznacza wyzwolenie własnej ich klasy w całym świecie i która jest tak samo międzynarodowa jak panowanie kapitału i niewola najemna. Znam bo-

1 François-Vincent Raspail (1794–1878), Armand Barbès (1809–1870), Louis Auguste Blanqui (1805–1881), rewolucjoniści francuscy.

2 Puk, postać ze *Snu nocy letniej* Szekspira.

haterskie walki, które toczyła klasa robotnicza Anglii od połowy minionego[3] stulecia – walki, których sławy nie pomniejsza to, że usuwają ją w cień i przemilczają burżuazyjni historycy. W Niemczech w średniowieczu istniał sąd tajemny, który mścił się za zbrodnie popełniane przez klasy panujące – „sąd femiczny". Skoro na jakimkolwiek domu spostrzegano czerwony krzyż, wiedziano wówczas, że na właściciela jego zapadł wyrok „Femy". Wszystkie domy w Europie są obecnie poznaczone tajemniczym czerwonym krzyżem. Sędzią jest historia, wykonawcą wyroku – proletariat.

3 Tj. XVIII wieku.

ALEKSANDER II w początkowym okresie swojego panowania złagodził politykę wobec Polaków: m.in. ogłosił amnestię i wyraził zgodę na pewne reformy. Nie trwało to jednak długo. Przyjmując na uroczystym posłuchaniu 23 maja 1856 r. w pałacu Na Wyspie w Łazienkach warszawskich przedstawicieli społeczeństwa polskiego, wygłosił mowę. Zaczął w dość łagodnym stylu – że przybył tu z jak najlepszymi intencjami, zapomniawszy o przeszłości. Potem już nie dał zapomnieć, iż Polacy są poddanymi absolutnego monarchy, wyjaśniając, że porządek ustalony przez jego ojca Mikołaja I będzie utrzymany, ponieważ potrafi czuwać, by ich marzenia nie przekroczyły pewnych granic; szczytem szczęścia zaś miało być całkowite zjednoczenie z Rosją. Konkluzja tej mowy, „żadnych marzeń", cytowana jest przez wszystkie podręczniki historii. (katraw)

ALEKSANDER II

1818–1881, od 1855 cesarz Rosji z dynastii Romanowych. Umarł w wyniku ciężkich ran, po zamachu dokonanym przez Polaka – Ignacego Hryniewieckiego.

ALEKSANDER II

PANOWIE, ŻADNYCH MARZEŃ...

MOWA WYGŁOSZONA WOBEC PRZEDSTAWICIELI POLSKIEGO SPOŁECZEŃSTWA, WARSZAWA, 23 MAJA 1856

Przybywam do was z zapomnieniem przeszłości, pełen najlepszych zamiarów w stosunku do kraju. Waszą jest rzeczą pomóc mi w ich urzeczywistnieniu. Ale przede wszystkim muszę wam powiedzieć, że nasze stosunki wzajemne należy jasno określić.

Jesteście bliscy sercu mojemu równie, jak Finlandczycy i inni moi poddani rosyjscy; lecz żądam, aby porządek, ustalony przez mego ojca, w niczym nie został naruszony. Dlatego też, panowie, przede wszystkim porzućcie marzenia, porzućcie marzenia! Potrafię bowiem poskromić porywy tych, co zechcą żyć nimi dalej, potrafię przeszkodzić temu, aby ich marzenia nie wykraczały poza granice ich wyobraźni. Pomyślność Polski zawisła od jej zupełnego zjednoczenia się z innymi narodami mojego cesarstwa. To, co zrobił mój ojciec, dobrze zrobił, i ja to utrzymam. W ostatniej wojnie wschodniej wasi bili się na równi z innymi; obecny tu książę Michał Gorczakow[1] był tego świadkiem i oddaje im sprawiedliwość, że dzielnie przelewali swą krew w obronie ojczyzny.

1 Michaił Dimitrowicz Gorczakow (1793–1861), generał armii carskiej, w latach 1855–1861 generał-namiestnik cara w Polsce.

Finlandia i Polska są równie drogie sercu memu, jak i inne części mojego państwa. Trzeba jednak, abyście wiedzieli, dla dobra samych Polaków, że Polska powinna pozostać na zawsze złączona z wielką rodziną cesarzy rosyjskich. Wierzcie, panowie, że jestem ożywiony najlepszymi chęciami, ale waszą jest rzeczą ułatwić mi moje zadanie i dlatego raz jeszcze powtarzam to wam, panowie, żadnych marzeń, żadnych marzeń!

Co do was, panowie senatorowie, postępujcie według wskazówek, jakich udzielać wam będzie obecny tu mój zastępca, książę Gorczakow; wy zaś, arcypasterze, nie spuszczajcie tego nigdy z uwagi, że podstawą wszelkiej moralności jest religia, i waszym jest obowiązkiem wpajać w Polaków przekonanie, że ich pomyślność zawisła jedynie od całkowitego ich zlania się ze świętą Rosją.

ABRAHAM LINCOLN **wygłosił przemówienie o „domu podzielonym" 17 czerwca 1858 r. w ramach debaty ze swym rywalem w wyborach do Senatu USA, demokratą Stephenem A. Douglasem, senatorem z Illinois. Wyraził w nim mocno pogląd, iż postawy polityków głoszących możliwość kompromisu pozwalającego na zachowanie jedności państwa złożonego ze stanów, których część dopuszcza istnienie niewolnictwa, część zaś go zakazuje, dowodzą braku realizmu. Istnienie lub likwidacja tej „szczególnej instytucji" muszą, zdaniem Lincolna, obowiązywać w całych Stanach Zjednoczonych, jeśli Unia nie ma się rozpaść w przyszłości. Fotel senatora wygrał Douglas, lecz Lincoln zaistniał wówczas w życiu politycznym USA jako lider pragmatycznych przeciwników niewolnictwa.** (zk)

Abraham LINCOLN
1809–1865, prawnik i polityk, początkowo działacz partii wigów, w 1856 zaś jeden z twórców partii republikańskiej. Z jej ramienia zwycięski kandydat w wyborach prezydenckich 1860 i 1864. Jego sukces przyspieszył secesję niewolniczych stanów Południa i wybuch wojny domowej 1861–1865. Przeciwnik niewolnictwa, ale nie abolicjonista, doprowadził do jego praktycznego zniesienia w 1863. Zginął z ręki zamachowca, fanatycznego zwolennika Południa.

ABRAHAM LINCOLN

O DOMU PODZIELONYM

SPRINGFIELD, ILLINOIS, 16 CZERWCA 1858

Panie przewodniczący, panowie delegaci!

Jeśli uświadomimy sobie najpierw, na czym stoimy i dokąd zmierzamy, trafniejsza będzie nasza decyzja, co i jak trzeba nam uczynić. Mija już piąty rok od solennie złożonej nam obietnicy położenia kresu konfliktom i sporom toczącym się wokół niewolnictwa. Tymczasem pod obecnymi rządami nie dość, że spory te nie ucichły, to jeszcze przybrały na sile. W moim najgłębszym przekonaniu konflikty te nie wygasną, aż dojdzie do kryzysu, który przyjdzie nam przezwyciężyć w tę lub drugą stronę.

„Dom podzielony nie może się ostać"[1].

Otóż uważam, że nasz na poły niewolniczy, a na poły wolnościowy ustrój długo przetrwać nie może. Nie twierdzę przy tym, że Unia się rozpadnie – nie wróżę upadku naszego domu. Przeciwnie, oczekuję, że Unia przestanie być tworem podzielonym. Stanie się jednością, albo w całości krajem wolnym, albo niewolniczym. Albo przeciwnikom niewolnictwa uda się zahamować jego dalszą ekspansję, co przekona ludzi, że niewolnictwo musi umrzeć śmiercią naturalną, albo też powiedzie się zwolennikom niewolnictwa – rozszerzą jego zasięg, aż stanie się rzeczą prawnie gwarantowaną i chronioną we wszystkich stanach, zarówno starych, jak i nowych – tak na Północy, jak na Południu.

Czyż nie zmierzamy ku temu drugiemu rozwiązaniu?

Ktokolwiek w to wątpi, niechaj wnikliwie rozważy fakt, iż mamy teraz niemal gotową zbitkę prawną, rzec by można – mechanizm prawny, na który składają się doktryna Nebraska[2] i decyzja w sprawie Dreda Scotta[3]; niech wątpiący nie tylko przyjrzą się, czemu i jak znakomicie ten mechanizm służy, ale i prześledzą historię jego konstruowania oraz – jeśli potrafią lub raczej, jeśli tylko potrafią nie trzymać się utartych ścieżek – niech pójdą tropem przesłanek, jakimi od samego początku kierowali się główni architekci tego mechanizmu i jak zgrana była ich intryga.

Pierwszy dzień roku 1854 w ponad połowie Stanów zaznaczył się zniesieniem niewolnictwa przez odpowiednie zapisy w konstytucjach stanowych, a na większości przyłączonych terytoriów – w drodze uchwalonych przez Kongresy zakazów. Zaledwie cztery dni później rozgorzała uwieńczona sukcesem walka o zniesienie tychże kongresowych zakazów. Pierwszy punkt został zdobyty: kraj nasz stanął otworem dla propagowania i ekspansji niewolnictwa.

1 Mt 12,25.

2 Chodzi o ustawę Nebraska-Kansas ze stycznia 1854, przepchniętą przez Senat przez Stephena Arnolda Douglasa (1813-1861), senatora z Illinois, który w 1860 przegrał rywalizację o prezydenturę z Lincolnem. Poza organizacją administracji na nowych terytoriach zakładała ona, że oba terytoria samodzielnie zadecydują o dopuszczalności niewolnictwa. Ustawa ta złamała tzw. kompromis missouryjski z 1820, zawarty między zwolennikami a przeciwnikami niewolnictwa.

3 Dred Scott (ok. 1795–1858), niewolnik, w latach 1847–1857 walczył przed sądami o uznanie za człowieka wolnego. W 1857 Sąd Najwyższy uznał (7 głosami przeciw 2), że jako niewolnik podlega konstytucyjnej ochronie własności. Nadto sąd uznał, że Murzyni nie są obywatelami USA, więc nie przysługuje im prawo do sądu.

Jak dotąd inicjatywa należała jedynie do Kongresu i zwolennicy niewolnictwa – aby zachować zdobyty już punkt i pójść za ciosem – zaczęli walczyć o zdobycie faktycznego lub choćby pozornego poparcia ludności.

Nie przegapiono tej konieczności; podniesiono wagę sprawy w najlepszy z możliwych sposobów, wysuwając niezbity argument, jakim jest „suwerenność mieszkańców", inaczej zwana „uświęconym prawem do samostanowienia", co w założeniu miało być fundamentem samorządności w granicach każdego ze Stanów, a w praktyce jest pojmowane opacznie i sprowadza się tylko do jednego: jeżeli jakiś człowiek zechce zniewolić drugiego, żadna osoba trzecia nie ma prawa się temu sprzeciwić. Argumentem owego samostanowienia posłużono się w projekcie ustawy Nebraska; ujęto to w następujących słowach: „Prawdziwym celem i znaczeniem tej ustawy nie jest usankcjonowanie niewolnictwa na terenie któregokolwiek ze stanów czy terytoriów, ani też jego zniesienie tamże, lecz pozostawienie tamtejszym ludziom pełnej swobody tworzenia i kontroli własnych lokalnych instytucji państwa, na swój własny sposób, w zgodzie jedynie z Konstytucją Stanów Zjednoczonych". Do wtóru podniósł się wielki krzyk za „suwerennością mieszkańców" i „uświęconym prawem do samostanowienia". „Jest jedno ale" – protestowali członkowie opozycji – „pozwólcie nam zmienić projekt ustawy tak, aby znalazła się w niej czytelna deklaracja, iż ludność danego terytorium może znieść niewolnictwo". „To nie my" – odparli zwolennicy aktu prawnego w przedstawionej postaci, i oczywiście – przegłosowali poprawkę.

Podczas gdy projekt ustawy Nebraska przechodził przez Kongres, w sądzie okręgowym Stanów Zjednoczonych dla Dystryktu Missouri toczyła się sprawa dotycząca kwestii wolności Murzyna, którego właściciel najpierw dobrowolnie zabrał do wolnego stanu, następnie zaś na terytorium, w którym obowiązywał kongresowy zakaz niewolnictwa i przez długi czas trzymał go tam nadal jako niewolnika; zarówno przyjęcie ustawy Nebraska, jak i wydanie decyzji w procesie niewolnika nastąpiły w tym samym miesiącu roku 1854 – w maju. Przed kolejnymi wyborami prezydenckimi sprawę przeniesiono i oprotestowano w Sądzie Najwyższym Stanów Zjednoczonych; jednak i tu na decyzję trzeba było poczekać do zakończenia wyborów. Jeszcze przed wyborami na sali Senatu senator Trumbull[4] zażądał od głównego obrońcy ustawy Nebraska, aby ten dał w końcu wyraz swej opinii, czy ludność terytorium może konstytucyjnie znieść niewolnictwo w swoich granicach; odpowiedź brzmiała wymijająco: „To jest pytanie do Sądu Najwyższego". Ów Murzyn nazywał się Dred Scott i to jego nazwiskiem przyjęło się określać podjętą w sprawie decyzję.

Nadeszły wybory. Wybrano pana Buchanana[5], któremu zagwarantowano takie, a nie inne poparcie. W ten sposób został zdobyty drugi punkt. Jednak poparcie w wysokości czterystu tysięcy głosów nie stanowiło wyraźnej, powszechnej większości, zabrakło prawie czterystu tysięcy głosów i być może dlatego nie dawało całkowitej pewności i nie w pełni było satysfakcjonujące. Ale odchodzący prezydent w swym ostatnim dorocznym orędziu przekonywał słuchaczy o wadze i sile tego poparcia. Ponownie zebrał się Sąd Najwyższy; nie

4 Lyman Trumbull (1813–1896), amerykański prawnik i polityk, 1849–1873 senator ze stanu Illinois, współautor XIII poprawki do Konstytucji USA, zakazującej niewolnictwa.

5 James Buchanan (1791–1868), w latach 1857–1861 piętnasty prezydent USA, uznawany za jednego z najgorszych prezydentów, gdyż nie potrafił zapobiec ześlizgiwaniu się kraju w wojnę domową.

ogłosił jednak decyzji, lecz zarządził ponowne rozpatrzenie sprawy. Nadeszła inauguracja prezydentury, a decyzji sądu wciąż nie było, wstępujący na urząd prezydent zaś w swym przemówieniu inauguracyjnym żarliwie przekonywał ludzi do uznania przyszłej decyzji niezależnie od tego, jaka ona będzie. Po kilku dniach decyzję ową podjęto.

Słynny, a raczej osławiony autor ustawy Nebraska przy pierwszej nadarzającej się okazji wygłasza mowę o kapitalnym znaczeniu poparcia dla decyzji Dred Scott i zarazem ostro potępia wszelki sprzeciw. Również nowy prezydent skwapliwie wykorzystuje list Sillimana[6] mocno popierający i podbudowujący tę decyzję i wyraża zaskoczenie, że w ogóle można było brać pod uwagę jakikolwiek inny punkt widzenia!

W końcu między prezydentem a autorem ustawy Nebraska dochodzi do spięcia na tle uchwalenia konstytucji Lecompton[7] – chodziło o to, czy obywatele Kansas w ogóle mieli wpływ na jej przyjęcie. W zaistniałym sporze autor ustawy oświadcza, iż chce jedynie dać ludziom swobodę głosowania, i nie obchodzi go, czy niewolnictwo zostanie, czy nie zostanie usankcjonowane. Dla mnie to jego oświadczenie, że sprawa przegłosowania lub odrzucenia niewolnictwa jest mu obojętna, jest niezrozumiałe, chyba że kryje się za tym podskórna chęć wywarcia wrażenia na opinii publicznej, jak to dla zasady, którą głosi, wycierpiał już tak wiele i gotów jest cierpieć do końca. Wytrwa w swoich przekonaniach. Jako ojciec tej zasady będzie za nią twardo obstawał. To wszystko, co zostało z pierwotnej wersji doktryny Nebraska. W związku z decyzją Dred Scott „suwerenność mieszkańców" przestała istnieć, złożywszy się jak domek z kart, jak forma odlewnicza – posłużyła na jeden raz i rozpadła się w pył. Zrobiła swoje – pomogła przeprowadzić wybory – i odeszła w niepamięć. Jego ostatnie wystąpienia wspólnie z republikanami przeciwko konstytucji Lecompton w żaden sposób nie miały związku z pierwotną doktryną Nebraska. Walczył w jednym tylko celu – by ludzie mieli prawo do uchwalenia własnej konstytucji, w których to staraniach między nim a republikanami nigdy nie było różnicy w poglądach.

W zderzeniu z polityką „nieprzejmowania się" senatora Douglasa niektóre punkty decyzji Dred Scott w obecnym stanie zaawansowania stanowią część wspomnianego na wstępie mechanizmu prawnego. To z ich pomocą zdobyto kolejny – trzeci punkt. Roboczymi elementami tego mechanizmu są:

Po pierwsze: żaden murzyński niewolnik, powiedzmy – przywieziony z Afryki, nie może być obywatelem żadnego ze stanów, w rozumieniu obywatelstwa użytym w Konstytucji Stanów Zjednoczonych. Ten punkt miał na celu całkowite pozbawienie Murzynów korzyści płynącej z tego przepisu Konstytucji Stanów Zjednoczonych, który głosi, iż „obywatel każdego ze stanów ma prawo do wszystkich przywilejów i immunitetów obywatelskich w kilku stanach".

Po drugie: „z zastrzeżeniem postanowień Konstytucji Stanów Zjednoczonych" ani Kongres, ani żaden terytorialny organ ustawodawczy nie może stanowić o zniesieniu niewol-

6 Benjamin Silliman (1779–1864), amerykański naukowiec, geolog i chemik, abolicjonista, zwolennik Lincolna. Lincoln mówi o liście do prezydenta Buchanana z 1857, w którym Silliman i 42 innych obywateli protestuje przeciw użyciu armii w Kansas.

7 Jeden z projektów konstytucji terytorium Kansas, przyjęty w 1857, dopuszczający niewolnictwo. Ostatecznie odrzucony w 1861.

nictwa na obszarze jakiegokolwiek terytorium Stanów Zjednoczonych. Ten punkt miał na celu to, aby każdy człowiek mógł zaludnić zamieszkiwane terytorium niewolnikami bez ryzyka utraty prawa do posiadania ich na własność; tym samym zwiększono szanse na ugruntowanie instytucji niewolnictwa na przyszłość.

Po trzecie: decyzję co do tego, czy przetrzymywanie Murzyna w stanie faktycznej niewoli w wolnym stanie czyni go wolnym wbrew właścicielowi, wydawać mają nie sądy Stanów Zjednoczonych, lecz ma być ona pozostawiona w gestii sądów tych niewolniczych stanów, do których Murzyn przybył zmuszony przez swego pana. Punkt ten nie miał zadziałać od razu; miał być na podorędziu, gdy zaistnieje sprzyjająca sytuacja i duża szansa na wyraźne poparcie go przez głosującą w wyborach ludność, a następnie miał z niego wypłynąć logiczny wniosek, że to, co właściciel Dreda Scotta może z nim legalnie zrobić w wolnym stanie Illinois, każdy inny pan może też zgodnie z prawem uczynić z jednym lub tysiącem niewolników w Illinois lub dowolnym innym wolnym stanie.

W sukurs temu wszystkiemu przychodzi, wręcz idzie ręka w rękę, ustawa Nebraska, czy też to, co z niej pozostało, pouczając i kształtując opinię publiczną, a przynajmniej opinię mieszkańców Północy, aby nie przejmować się tym, czy zniesienie niewolnictwa zostanie przegłosowane, czy też nie. To nam dokładnie uzmysławia, w jakiej sytuacji dziś się znajdujemy, a także częściowo nam uświadamia, dokąd zmierzamy.

Jeśli cofniemy się nieco w czasie, to bliższa analiza kilku zdarzeń rzuci dodatkowe światło na przyszłość. Kilka spraw wyda się teraz bardziej zrozumiałymi i mniej tajemniczymi niż wtedy, gdy po raz pierwszy wyszły na jaw. Ludzie mieli być „całkowicie wolnymi", „podlegać jedynie konstytucji". Co konstytucja miała z tym wspólnego, tego to już zwykli, postronni ludzie nie mieli się dowiedzieć. Dopiero teraz jasno widać, jak sprytnie stworzona była to nisza dla mającej później nadejść decyzji Dred Scott; zadeklarowano też całkowitą wolność ludziom, którzy wcale nie mieli być wolni. Czemu zatem została odrzucona poprawka, która wyraźnie deklarowała prawo ludzi do zniesienia niewolnictwa? Teraz już wiemy: jej przyjęcie zniszczyłoby niszę, w którą miała wskoczyć decyzja Dred Scott. Dlaczego podtrzymano decyzję sądu? Dlaczego senator trzyma w tajemnicy swą osobistą opinię – nawet po wyborach prezydenckich? Teraz to jasne: wcześniejsze jej ujawnienie zniszczyłoby całkowicie swobodną dyskusję, na której oparto przeprowadzenie wyborów. Dlaczego odchodzący prezydent wyraził swe poparcie? Dlaczego odroczono ponowne rozpatrzenie sprawy Scotta? Skąd ten pośpiech obejmującego urząd prezydenta, by wezwać do poparcia decyzji? Wygląda to jak ostrożne podchodzenie narowistego konia, którego pieszczotami chcemy skłonić, by dał się dosiąść i nie zrzucił jeźdźca. I skąd to pospieszne poparcie zapadłej decyzji przez prezydenta i innych?

Nie możemy z całą pewnością twierdzić, że wszystkie te działania były zaplanowane z góry. Jednak na widok tylu zgrabnie ustawionych cegiełek, choć wiele z nich stawiano w różnym czasie, w różnych miejscach i różnymi rękami – na przykład Stephena[8], Frankli-

8 Tj. Douglasa.

na[9], Rogera[10] czy Jamesa[11] – i widząc wszystkie te klocki poskładane razem na kształt domu lub młyna, gdzie wszystkie elementy ściśle do siebie pasują, wszystkie wymiary i proporcje są zachowane, nie brakuje też ani nie zbywa żadnej części – nie pomijając nawet rusztowania – a nawet jeśli brakowałoby jakiejś części, widać w konstrukcji miejsce dokładnie dla niej przeznaczone i przygotowane na jej wstawienie – w takim wypadku nie można wątpić, iż i Stephen, i Franklin, i Roger, i James działali razem od samego początku i – zanim wyszli z pierwszym ciosem – opracowali plan ogólny czy też zarys przedsiewzięcia.

Nie sposób też przeoczyć faktu, iż przez ustawę Nebraska ludność stanu czy terytorium miała pozostać „całkowicie wolna" i „podległa jedynie konstytucji". Dlaczego wzmiankowano wyłącznie o stanie? Tworzono prawo dla terytoriów, nie dla czy o stanach. Oczywiście ludność stanu ma i powinna podlegać Konstytucji Stanów Zjednoczonych, ale po co o tym wzmiankować w tych czysto terytorialnych przepisach? Po co wrzucono do jednego worka ludność terytoriów i stanów, skoro ich relacja wobec konstytucji wydaje się dokładnie taka sama? Wprawdzie opinia sądu wyrażona przez przewodniczącego Taneya w sprawie Dreda Scotta i odrębne opinie wszystkich współpracujących z nim sędziów dobitnie świadczyły o tym, że Konstytucja Stanów Zjednoczonych nie pozwala ani kongresowym, ani też terytorialnym organom prawodawczym na zniesienie niewolnictwa w którymkolwiek z terytoriów Stanów Zjednoczonych, to pominięta została odpowiedź na pytanie, czy ta sama konstytucja pozwala stanowi lub jego obywatelom na jego zniesienie, czy też nie. Możliwe, iż było to zwykłe przeoczenie, ale kto może być tego całkiem pewien, skoro McLean[12] czy Curtis[13] usiłowali włączyć do opinii deklarację o nieograniczonej władzy ludności stanu w kwestii wykluczenia niewolnictwa z granic swego kraju, zupełnie tak, jak Chase[14] i Mace[15] w imieniu ludności swojego terytorium usilnie próbowali włączyć taką deklarację do ustawy Nebraska; wobec tego mam pytanie, kto może być całkowicie pewien, iż nie zostanie to odrzucone w jednym przypadku, tak jak to się stało w innym? Najtrafniejszej interpretacji władzy, jaką dysponuje stan w kwestii niewolnictwa, dokonał sędzia Nelson[16]. Uczynił to nie raz i nie dwa, posługując się wiernie zapisami, a nawet swoistym językiem ustawy Nebraska. Przy jednej z okazji wyraził się dokładnie tak: „poza przypadka-

9 Tj. Franklina Pierce'a (1804–1869), w latach 1853–1857 czternastego prezydenta USA, oskarżanego o popieranie niewolnictwa.

10 Tj. Rogera Brooke'a Taneya (1777–1864), od 1836 do śmierci prezesa Sądu Najwyższego USA, autora uzasadnienia wyroku w sprawie Dreda Scotta.

11 Tj. Buchanana.

12 John McLean (1785–1861), amerykański prawnik i polityk, kongresman, generalny poczmistrz, w latach 1830–1864 sędzia Sądu Najwyższego, abolicjonista, jeden z dwóch głosujących przeciw sentencji wyroku w sprawie Dreda Scotta.

13 Benjamin Robbins Curtis (1809–1874), amerykański prawnik, w latach 1851–1857 sędzia Sądu Najwyższego, głosował przeciw sentencji wyroku w sprawie Dreda Scotta. W 1857 złożył rezygnację i wrócił do prywatnej praktyki prawniczej.

14 Salmon Portland Chase (1808–1873), amerykański prawnik i polityk, abolicjonista, w Senacie sprzeciwiał się ustawie Nebraska, później m.in. gubernator Ohio, od 1864 prezes Sądu Najwyższego.

15 Daniel Mace (1811–1867), amerykański prawnik i polityk, w latach 1851–1857 kongresman z Indiany, przeciwnik ustawy Nebraska.

16 Samuel Nelson (1792–1873), amerykański prawnik, w latach 1845–1872 sędzia Sądu Najwyższego.

mi, w których władza ograniczona jest przez Konstytucję Stanów Zjednoczonych, w kwestii niewolnictwa prawo stanowe – w granicach danej jurysdykcji – ma głos decydujący". Otwarte pozostaje pytanie, w jakich to przypadkach konstytucja ogranicza prawo stanowe, dokładnie tak samo jak w ustawie Nebraska otwarte pozostaje pytanie o granice władzy w terytoriach. Gdy to wszystko złożymy w jedną całość, oczom naszym ukaże się śliczna mała nisza, którą tylko patrzeć, jak wypełni kolejna decyzja Sądu Najwyższego głosząca, iż Konstytucja Stanów Zjednoczonych nie zezwala żadnemu ze stanów na zniesienie niewolnictwa w swych granicach. Tego właśnie z największym prawdopodobieństwem można się spodziewać, o ile doktryna „nie jest istotne, czy niewolnictwo zostanie zniesione, czy nie" zagnieździ się w opinii publicznej na tyle trwale, by uwierzyła ona, że po wydaniu takiej decyzji pozostanie ona w mocy.

Tego już tylko brakuje, żeby zapadła decyzja o usankcjonowaniu niewolnictwa we wszystkich stanach. Mniej lub bardziej oczekiwana – taka decyzja prawdopodobnie nadchodzi i niebawem nad nami zawiśnie, chyba że w obliczu oporu załamie się władza obecnej dynastii politycznej. Powinniśmy odłożyć marzenia o ludności Missouri rezygnującej z woli uczynienia swego stanu wolnym; zamiast tego trzeba nam wrócić ze snu do rzeczywistości, w której to Sąd Najwyższy czyni Illinois stanem niewolniczym. Tych zainteresowanych, którzy chcą zapobiec najgorszemu, to znaczy sprzeciwić się i obalić władzę tej dynastii, czeka jeszcze dużo pracy. Czas nam wziąć się do roboty. A jak to uczynić najlepiej?

Są tacy, którzy otwarcie nas potępiają w gronie swoich przyjaciół, a jednocześnie szepczą nam na ucho, że najwłaściwszym dostępnym narzędziem przeforsowania naszej sprawy jest senator Douglas. Pragną dać nam do zrozumienia, że – przede wszystkim – ma on mały zatarg z samą głową panującej dynastii; że w pewnej sprawie, w której – nawiasem mówiąc – i tak mieliśmy podobne zdanie, regularnie głosował po naszej myśli. Przypominają nam, iż jest człowiekiem wybitnym, podczas gdy nam do tego statusu jeszcze daleko, że wszyscy się z nim liczą. Niech i tak będzie. Ale „żywy pies jest lepszy od martwego lwa". Do czekającej nas pracy sędzia Douglas, nawet jeśli nie jest martwym, to – zważywszy na jego dotychczasową działalność – jest lwem uwięzionym w klatce, któremu w dodatku wyrwano zęby. Jakżeby umiał oprzeć się ekspansji niewolnictwa? Przecież jego to nic a nic nie obchodzi. Jego świętą misją jest zniechęcić „serce ludu" do jakiegokolwiek myślenia o tej sprawie. Wiodąca gazeta demokratów Douglasa trwa w przekonaniu, że nadzwyczajny talent pana Douglasa będzie niezbędny, by zapobiec wskrzeszeniu handlu afrykańskimi niewolnikami. Czy Douglas naprawdę wierzy w odradzanie się tego haniebnego procederu? Tego wszak nie powiedział. Czy tak myśli? Jeśli tak, to jak miałby temu zapobiec? Przez lata starał się, by udowodnić prawo białych ludzi do niewolenia czarnych na nowych terytoriach. Czy potrafiłby udowodnić, że kupowanie niewolników tam, gdzie ich cena jest najniższa, należy do praw mniejszych od tego, które pozwala ich niewolić na miejscu? Wszak bez wątpienia można ich kupić taniej w Afryce niż w Wirginii. Zrobił co tylko w jego mocy, by ograniczyć całą kwestię niewolnictwa do li tylko zwykłego prawa własności; a w tym kontekście jak może wystąpić przeciw zagranicznemu handlowi niewolnikami – jakże może zaprzeczyć, iż handel taką „własnością" powinien być „całkowicie swobodny", chyba że robiłby to w obronie krajowej produkcji niewolników? A jako że producenci krajowi prawdopodobnie nie poproszą o taką ochronę – jego ewentualny sprzeciw i tak nie będzie miał najmniejszego sensu.

Jak wiemy, senator Douglas utrzymuje, że człowiek zgodnie z naturą rzeczy nabiera mądrości z wiekiem; zatem potrafi mądrze się zmieniać, jeśli widzi, że popełnił błąd. Lecz czyż możemy z tego powodu posunąć się tak daleko, by oczekiwać, że ulegnie on jakiejś poważnej przemianie, której nadejścia on sam w żaden sposób nam nie sygnalizuje? Czyż możemy ufnie opierać nasze działania na tak niejasnych przesłankach? Jak zawsze, nie chciałbym tu podważać pozycji sędziego Douglasa kwestionowaniem jego motywów lub czynieniem czegokolwiek, co mogłoby go osobiście urazić. W każdej chwili, jeśli w ogóle to wchodzi w grę, on, tak bardzo uzdolniony, i my, moglibyśmy przyjąć wspólne założenia w przedmiotowej sprawie z wielkim dla niej pożytkiem. Mam nadzieję, że nie istnieją po temu żadne nieoczekiwane przeszkody. Ale – co nie ulega wątpliwości – on nie jest z nami, nawet nie udaje, że jest, i nigdy nie obiecywał, że z nami będzie.

W naszą sprawę trzeba wierzyć; muszą ją prowadzić przyjaciele, którzy w nią nie wątpią, których ręce są czyste, których serca wciąż dla niej biją i którym zależy na sukcesie. Dwa lata temu republikanie osiągnęli w narodzie siłę miliona trzystu tysięcy dusz. Uczyniliśmy to w ramach zaledwie jednego zrywu oporu wobec powszechnego zagrożenia, w okolicznościach skrajnie nam niesprzyjających. Z pochodzących z czterech stron świata, obcych sobie, dalekich od zgody, a nawet wrogich sobie elementów – połączyliśmy się i ramię w ramię walczymy pod ciągłym ostrzałem ze strony zdyscyplinowanego, pełnego pychy i coraz bardziej rozpieszczanego wroga. Czyż po to walczyliśmy, by teraz ulec? Teraz, gdy sam ten wróg zaczyna się chwiać, załamywać i potrząsać szabelką? Wynik walki jest oczywisty. Nie zawiedziemy – jeśli będziemy stawać niewzruszenie, nie zawiedziemy. Dobre rady mogą to przyśpieszyć, błędy opóźnić, lecz prędzej czy później z pewnością nadejdzie zwycięstwo.

PRZEŁ. ELŻBIETA ŻELAZNA

JOHN BROWN działał w latach 1855–1858 na terenie Kansas, zwalczając przemocą zwolenników wprowadzenia tam niewolnictwa. Kierował spektakularnymi akcjami pomocy zbiegłym niewolnikom w dotarciu do Kanady. W 1859 r. dokonał nieudanej próby wzniecenia powstania niewolników w stanie Wirginia. Postawiony za to przed sądem, został skazany na śmierć za przewodzenie buntowi zbrojnemu.

W swym ostatnim słowie oskarżonego Brown zawarł płomienne wyznanie wiary w ideały wolności i równości, których dobrodziejstwa, jego zdaniem, powinny przysługiwać wszystkim mieszkańcom USA. Nie zmieniając poglądu o słuszności użycia zbrojnej przemocy dla likwidacji niewolnictwa, starał się jednak przekonać opinię w stanach południowych, iż akcja, którą podjął, miała na celu jedynie umożliwienie niewolnikom ucieczki na Północ lub do Kanady. Chciał w ten sposób polemizować z tamtejszą prasą, opisującą od kilku lat jego działania jako terroryzm motywowany fanatyczną nienawiścią do cywilizacji Południa. Białych mieszkańców Południa nie przekonał, lecz jego postawa podczas procesu i później – aż do chwili egzekucji – utrwaliła wśród przeciwników niewolnictwa legendę Browna jako bohatera i męczennika abolicjonizmu. Ironią losu czy też grymasem historii, było, że wśród 2000 żołnierzy i gapiów obserwujących 2 XII 1859 publiczną egzekucję Browna znajdował się stanowy gwardzista John Wilkes Booth, późniejszy zabójca prezydenta Lincolna (zob. s. 94). (zk)

John BROWN
1800–1859, zwany też Brownem z Ossawatomie, najbardziej chyba radykalny abolicjonista w historii USA.

JOHN BROWN

OSTATNIE SŁOWO PRZED SĄDEM

CHARLES TOWN, WIRGINIA, 2 LISTOPADA 1859

Za pozwoleniem Wysokiego Sądu, chciałbym coś powiedzieć.

Po pierwsze, zaprzeczam wszystkiemu poza tym, do czego się podczas całego procesu przyznawałem – chodzi o mój plan wyzwolenia niewolników. Z pewnością próbowałem załatwić tę sprawę w sposób czysty i legalny, jak to uczyniłem ubiegłej zimy, kiedy pojechałem do Missouri i tam bez jednego strzału zabrałem niewolników na drugą stronę, przeszedłem z nimi przez cały kraj, a w końcu zostawiłem ich w Kanadzie[1]. Zamierzałem uczynić ponownie to samo, ale na szerszą skalę. To wszystko, co zamierzałem. Nigdy, prze-

1 Chodzi o rajd z 20 XII 1858, kiedy Brown uwolnił 11 niewolników w Missouri. 20 I 1859 wyruszył z nimi do Detroit, i dalej do Kanady.

nigdy nie zamierzałem popełnić morderstwa ani zdrady, ani zniszczyć czyjejś własności, ani namawiać czy podburzać niewolników, by wszczęli bunt, ani wzniecać powstania.

Sprzeciwiam się jeszcze jednej rzeczy; to niesprawiedliwe, że mam ponieść aż taką karę. Gdybym ingerował w sposób, do jakiego się przyznaję, a to, do czego się przyznaję, zostało najzupełniej udowodnione (podziwiam bowiem szczerość i bezstronność większości ze świadków, którzy zeznawali w tej sprawie), gdybym zatem ingerował w ten sposób na rzecz ludzi bogatych, wpływowych, inteligentnych, tak zwanych wielkich, bądź też na rzecz któregoś z ich przyjaciół albo ojca, matki, brata, siostry, żony czy dzieci lub kogokolwiek z tej klasy, i cierpiał, i poświęcał się, jak to było przy tej interwencji, wszystko byłoby w porządku; każdy zaś w tym sądzie uznałby to raczej za czyn godny nagrody niż kary.

Myślę, że Wysoki Sąd uznaje ważność prawa Bożego. Widzę, jak całuje się tu książkę, którą, jak sądzę, jest Biblia lub przynajmniej Nowy Testament. Uczy mnie on, że cokolwiek owi ludzie mnie by uczynili, ja powinienem uczynić także im. Dalej uczy mnie on, bym „pamiętał o tych, co są w okowach, jako z nimi w okowach będący". Usiłowałem działać zgodnie z tym nakazem. Powiadam, że [nie] jestem jeszcze zbyt młody na to, by pojąć, iż Bóg traktuje wszystkich tak samo. Sądzę, że moje postępowanie, właśnie takie, do jakiego zawsze szczerze się przyznawałem, na rzecz Jego pogardzanych ubogich, nie było złe, lecz słuszne. Otóż jeśli zostanie uznane za konieczne, bym oddał życie za wyższe cele sprawiedliwości i zmieszał swą krew z krwią swoich dzieci i z krwią milionów ludzi w tym niewolniczym kraju, w którym prawa są lekceważone z mocy podłych, okrutnych i niesprawiedliwych zarządzeń, poddaję się; niech się tak stanie!

Pozwólcie mi, proszę, powiedzieć jeszcze słowo.

Jestem całkowicie usatysfakcjonowany sposobem, w jaki mnie traktowano podczas procesu. Biorąc pod uwagę wszystkie okoliczności, było to bardziej wspaniałomyślne, niż oczekiwałem. Jednak nie mam poczucia winy. Od początku zeznawałem, co było moim zamiarem, a co nie. Nigdy nie miałem w planach targnąć się na niczyje życie, nie byłem zdolny do popełnienia zdrady ani nie podburzałem niewolników do wszczęcia buntu czy do wzniecenia wielkiego powstania. Nigdy nikogo nie zachęcałem do takich czynów, zawsze natomiast odradzałem tego rodzaju pomysły.

Proszę mi również pozwolić rzec słowo na temat zeznań złożonych przez kilku ludzi ze mną związanych. Słyszę, że niektórzy zeznali, że nakłaniałem ich, by się do mnie przyłączyli. Lecz prawda jest zupełnie inna. Nie mówię tego, by im zaszkodzić, lecz na znak tego, że ubolewam z powodu ich słabości. Wszyscy oni bez wyjątku przyłączyli się do mnie z własnej woli, większość zaś na własny koszt. Wielu z nich nigdy nie widziałem ani nie zamieniłem choćby słowa do chwili, dopóki do mnie nie przyszli; wszystko, co uczyniłem, miało na celu to, co tu przedstawiłem.

Teraz skończyłem.

PRZEŁ. HALINA LUBICZ-TRAWKOWSKA

GIUSEPPE GARIBALDI, opromieniony sławą wielkiego rewolucjonisty i wybitnego wodza, był niezbyt zadowolony z efektów dopiero co zakończonej wojny z Austrią. Piemoncka monarchia pozyskała wprawdzie Lombardię, ale dalsze nabytki były uzależnione od plebiscytu. W lutym 1860 Cavour, premier Piemontu, porozumiał się z sojusznikiem w niedawnej wojnie, Napoleonem III, co do losów księstw środkowowłoskich. W plebiscycie ludność miała się opowiedzieć za pozostaniem pod władzą Habsburgów albo przyłączeniem do królewstwa piemoncko-sardyńskiego. Ceną był podobny plebiscyt w Nicei i Sabaudii, ale dotyczący ewentualnej przynależności do Francji. Dla urodzonego w Nicei Garibaldiego myśl o przyłączeniu obu prowincji do Francji była wyjątkowo niemiła. Tym bardziej że nikt nie wątpił w taki właśnie wynik plebiscytu. Po nieudanych próbach przeciwdziałania w parlamencie wpadł na pomysł zorganizowania legionu ochotników, którzy mieliby zająć Niceę. Pod jego sztandary zgłosiło się 1089 ochotników, zwanych później „czerwonymi koszulami" – od koloru noszonych zamiast mundurów flanelowych koszul. W przeddzień plebiscytu Garibaldi zmienił plany, w których sensowność sam nie bardzo wierzył, i postanowił wyruszyć na Sycylię, przeciw Królestwu Obojga Sycylii. „Wyprawa Tysiąca" wylądowała w Marsali 11 maja, a przed końcem miesiąca wyspa była w rękach Garibaldiego. 18 lipca Garibaldi przeprawił się przez Cieśninę Messyńską i ruszył na Neapol, nad którym władzę przekazał 8 listopada 1860 królowi Wiktorowi Emanuelowi II. Tego samego dnia pożegnał się też ze swoimi towarzyszami broni. Następnego ranka udał się do swojego domu na wyspie Caprera. Tak skończyła się „Wyprawa Tysiąca", ale Garibaldi miał odegrać jeszcze ważną rolę we włoskim risorgimento (odradzaniu się Włoch). (TZ)

Giuseppe GARIBALDI
1807–1882, włoski rewolucjonista i działacz niepodległościowy, uznany przez Włochów za jednego z czterech „ojców narodu".

GIUSEPPE GARIBALDI

ODEZWA DO TOWARZYSZY BRONI

NEAPOL, 8 LISTOPADA 1860

Musimy się teraz zastanowić nad tym czasem, który zmierza ku bliskiemu i ostatniemu etapowi naszego zmartwychwstania jako narodu, a także przygotować się do tego, by stosownie zakończyć cudowne zamierzenie, wybrane przez dwadzieścia pokoleń, którego dokonanie Opatrzność zastrzegła dla tego szczęśliwego stulecia.

Tak, młodzieńcy, Italia zawdzięcza wam przedsięwzięcie, które zasłużyło na poklask całego świata. Jesteście zdobywcami i nadal nimi będziecie, ponieważ przygotowano was do taktyki, która decyduje o losach bitew. Nie ustępujecie w niczym ludziom, którzy wstąpili w szeregi falangi macedońskiej i którzy nie na darmo bili się z dumnymi zdobywcami z Azji. Do tej pięknej karty w dziejach naszego kraju niebawem zostanie dodana jeszcze jedna, chwalebniejsza – a niewolnik wreszcie ukaże swoim wolnym braciom ostry miecz ukuty z ogniw jego łańcuchów.

Zatem – do broni, wszyscy, każdy z was! Ciemięzcy i wielmoże muszą zniknąć jak proch i pył. Także wy, niewiasty, odrzućcie zaloty tchórzy, odepchnijcie ich; dadzą wam tylko tchórzliwe potomstwo, wy zaś, córy pięknego kraju, musicie nosić dzieci szlachetne i dzielne. Niech opuszczą nas bojaźliwi doktrynerzy, by ponieść swą służalczość i swoje nędzne obawy gdzie indziej. Ten naród jest sam sobie panem. Pragnie on być bratem dla innych narodów, lecz dumnie spoglądać na zuchwalców, nie zaś płaszczyć się przed nimi, błagając o własną wolność. Nie będzie on dłużej podążać drogą ludzi o podłym sercu. Nie, nie i nie!!!

Opatrzność obdarzyła Włochy Wiktorem Emanuelem. Wszyscy Włosi powinni się skupić przy nim. U boku Wiktora Emanuela zapomnimy o wszelkich sporach, miną wszelkie urazy. Raz jeszcze powtarzam swoje bitewne zawołanie: „Do broni, wszyscy, każdy z was!" Jeśli w marcu 1861 roku nie ujrzymy miliona Włochów pod bronią, wówczas biada wolności, biada życiu we Włoszech. O nie, niech precz odejdzie mnie myśl, której nienawidzę niczym trucizny. Marzec 1861, a jeśli będzie trzeba, luty, zastanie każdego z nas na stanowisku: Włochów z Catalafimi, z Palermo, Ankony, Volturno, Castelfidardo czy Isernii[1] – a wraz z nami każdego rodaka, który nie jest tchórzem lub niewolnikiem. Stańmy wszyscy u boku wielkiego bohatera z Palestro[2] i zadajmy ostatni cios kruszącemu się gmachowi tyranii. Przyjmijcie zatem ode mnie, moi dzielni młodzi ochotnicy, przy zaszczytnym podsumowaniu dziesięciu bitew, jedno słowo pożegnania.

Wypowiadam to słowo z najszczerszym uczuciem i z głębi serca. Dziś muszę się oddalić, ale tylko na kilka dni. Czas bitwy zastanie mnie znowu z wami, u boku obrońców wolności Włoch. Pozwólmy powrócić do domu jedynie tym, których wzywa naglący obowiązek wobec ich rodzin, oraz tym, którzy przez swe chwalebne rany zasłużyli na zaufanie swej ojczyzny. Oni z pewnością będą w swoim domu służyć Italii radą, samym widokiem blizn, które zdobią ich młode czoła. Poza nimi niechaj inni pozostaną na straży naszych wspaniałych sztandarów. Wkrótce musimy się znowu spotkać, by wspólnie pójść w marszu ku wyzwoleniu naszych braci, którzy nadal pozostają niewolnikami obcego. Wkrótce musimy się znowu spotkać, by wspólnie pójść w marszu ku nowym wielkim zwycięstwom.

PRZEŁ. HALINA LUBICZ-TRAWKOWSKA

1 Bitwy, w których wzięli udział ochotnicy Garibaldiego.
2 Chodzi o Wiktora Emanuela, który w tej bitwie odznaczył się osobistą odwagą.

Wybór ABRAHAMA LINCOLNA na prezydenta USA w 1860 r., uznany przez obrońców niewolnictwa za sukces abolicjonistów, spowodował secesję z Unii jedenastu stanów Południa, zdominowanych przez elity plantatorskie, i proklamowanie tam 4 lutego 1861 r. nowego państwa – Skonfederowanych Stanów Ameryki. W swym przemówieniu inauguracyjnym prezydent Lincoln starał się przekonać opinię publiczną, szczególnie stanów południowych, iż nie ma zamiaru narzucać nikomu swego poglądu na niewolnictwo, ale będzie zmuszony, jako głowa państwa, wyegzekwować, nawet siłą, posłuszeństwo wobec prawa ze strony tych, którzy je złamali – czyli secesjonistów – jeśli nie cofną swej decyzji. (zk)

Tłum pod wschodnim portykiem Kapitolu oczekuje na wystąpienie prezydenta Lincolna.

ABRAHAM LINCOLN

PIERWSZE PRZEMÓWIENIE INAUGURACYJNE

4 MARCA 1861

Współobywatele Stanów Zjednoczonych!

W zgodzie z utartym od powstania naszego rządu zwyczajem, staję oto przed Wami z zamiarem wygłoszenia krótkiej mowy inauguracyjnej oraz by w waszej obecności złożyć przysięgę nakazaną prezydentowi przez Konstytucję Stanów Zjednoczonych „zanim obejmie on swój urząd"[1].

Nie uważam za konieczne omawiać dziś tych spraw związanych z administracją, które nie wywołują specjalnego niepokoju czy też nie są palące.

Jak się jednak zdaje, wśród mieszkańców stanów południowych narasta obawa, iż wraz z nadejściem administracji republikańskiej zagrożone zostaną ich własność, spokój i bezpieczeństwo osobiste. Nie ma i nigdy nie było najmniejszego racjonalnego powodu do takich obaw. W rzeczy samej najdobitniejszym dowodem na coś wręcz przeciwnego jest samo to, do czego od zawsze mieszkańcy Południa mieli pełny wgląd. Chodzi o niemal wszystkie opublikowane wystąpienia tego, który się teraz do was zwraca. Dlatego zacytuję fragment jednego z takich wystąpień, w którym oświadczyłem, że „nie mam w tym żadnego celu – pośredniego czy bezpośredniego – by mieszać się do kwestii niewolnictwa w tych stanach, w których ono istnieje. Uważam, że nie mam żadnych uprawnień do tego rodzaju działań ani też nie mam takich zamiarów".

1 Konstytucja Stanów Zjednoczonych, art. II, par. 1.

Ci, którzy mnie nominowali i wybrali[2], uczynili tak, wiedząc dobrze, iż złożyłem tę i wiele innych podobnych deklaracji, nigdy ich się później nie wypierając; co więcej, przedstawili mi do akceptacji, jako obowiązujące tak ich, jak i mnie prawo, następujące jasne i stanowcze zobowiązanie, którego treść pozwalam sobie zacytować:

„Trwamy w przeświadczeniu, że utrzymanie praw stanowych w postaci nienaruszonej[3], a zwłaszcza prawa każdego ze stanów do kierowania własnymi instytucjami lokalnymi wyłącznie wedle własnego zdania, jest nieodzownym warunkiem zachowania równowagi sił, od których zależy sprawność i trwałość naszej machiny politycznej – potępiamy także bezprawną inwazję sił zbrojnych na teren któregokolwiek ze stanów czy terytoriów – bez względu na powody takiej agresji – uznając takową za jedno z najcięższych przestępstw"[4].

Te swoje poglądy przedstawiam po raz kolejny; a czynię to w pragnieniu zwrócenia szczególnej uwagi opinii publicznej na fakt, że moje dotychczasowe wystąpienia dowodzą niezbicie woli nadchodzącej administracji, by w tak drażliwych sprawach, jak własność, pokój i bezpieczeństwo ludzi, nie dawać żadnych powodów do niepokoju czy poczucia zagrożenia. Dodam też, iż na prawnie uzasadnione żądanie bez przeszkód będzie przyznawana wszelkiego rodzaju zgodna z konstytucją ochrona, niezależnie od powodów takiego żądania ani rejonu, z którego ono nadejdzie.

Wiele kontrowersji budzi sprawa przekazywania zbiegów ze służby bądź pracy. Poprawka, którą teraz przytoczę, jest w Konstytucji równie jasno sformułowana, jak wszystkie pozostałe jej postanowienia:

„Kto będąc z mocy prawa obowiązującego w jednym stanie obowiązany do służby lub pracy w tym stanie, zbiegnie do innego stanu, nie może być z mocy obowiązującej tam jakiejkolwiek ustawy lub innych przepisów zwolniony od tej służby lub pracy, lecz powinien być wydany na żądanie tej strony, na rzecz której zobowiązany jest do tej służby lub pracy"[5].

Nie ma chyba wątpliwości, że autorami treści tego postanowienia są osoby, które chcą odzyskiwać ludzi nazywanych zbiegłymi niewolnikami; w ten to sposób intencja prawodawcy staje się prawem. Jak wiadomo, wszyscy członkowie Kongresu składają przysięgę, że w całej rozciągłości popierają Konstytucję, a tym samym wyrażają równie silne poparcie tak dla tego zapisu, jak i wszystkich pozostałych. A zatem w przypadku zapisu, iż niewolnik, którego sprawa mieści się w jego ramach, „powinien zostać wydany"[6], ich przysięgi są jed-

2 Tj. Partia Republikańska, mowa tu o wyborze na kandydata na prezydenta.

3 Odwołanie do X poprawki do Konstytucji USA, uchwalonej w 1791, w której stwierdza się dosłownie: „Uprawnienia, których Konstytucja nie powierzyła Stanom Zjednoczonym ani nie wyłączyła z właściwości poszczególnych stanów, przysługują nadal poszczególnym stanom bądź ludowi".

4 Lincoln cytuje tu punkt 4 tzw. Platformy Partii Republikańskiej, tj. programu partii przyjętego na konwencji w Chicago 16 V 1850.

5 W rzeczywistości jest to fragment rozdziału 10. ustawy o zbiegłych niewolnikach przyjętej 18 IX 1850. Na krótko przed inauguracją Lincolna wydawało się, iż zapisy tej ustawy zostaną włączone do Konstytucji USA jako tzw. pierwsza XIII poprawka. Skądinąd Lincoln lobbował za przyjęciem tej poprawki w obu Izbach. Dwa dni wcześniej, 2 III 1861, Senat zatwierdził zakaz jakiegokolwiek mieszania się w sprawy niewolnictwa w poszczególnych stanach. Lincoln obiecuje tu stanom południowym prawną ochronę niewolnictwa. Poprawka ta, zwana też „poprawką Corwina", nie została ratyfikowana przez większość stanów i nie weszła w życie.

6 Ibidem.

nomyślne. A może by ci panowie dziś – działając już bez zacietrzewienia – podjęli tę samą inicjatywę ustawodawczą, sformułowaliby i uchwalili ją z niemal równą jednomyślnością i nie łamiąc tej jednomyślnej przysięgi?

Istnieją różnice zdań co do tego, czy poprawkę tę powinny egzekwować władze federalne, czy stanowe, ale przecież nie są to różnice poważne. Skoro bowiem niewolnik ma zostać oddany, nie będzie to miało większego znaczenia dla niego czy innych, która z władz tego dokona. Kto byłby zachwycony ze złamania przysięgi z tak błahego powodu, jakim jest sposób jej dochowania?

I znowu: Czy do przepisów dotyczących tej kwestii nie należy wprowadzić wszelkich znanych cywilizowanemu i humanitarnemu prawodawstwu gwarancji wolności tak, by wolnego człowieka nie można by było w żadnym wypadku zniewolić? Czy rozsądek nie podpowiada, że jednocześnie należałoby zapewnić zgodne z prawem egzekwowanie tego postanowienia Konstytucji, które gwarantuje, że „obywatele każdego ze stanów powinni mieć prawo do wszystkich przywilejów oraz immunitetów obywateli pozostałych stanów"?[7]

Składam dziś przysięgę bez żadnych warunków i bez zamiaru wywierania nacisku i wprowadzania nowych, surowszych zasad; nie mam też zamiaru naciskać na uchwalanie wybranych aktów prawnych Kongresu, i dlatego sugeruję przyjęcie postawy bezpieczniejszej – zarówno urzędnikom państwowym, jak obywatelom – by stosowali się i przestrzegali tych wszystkich aktów, które nie zostały zniesione, zamiast je naruszać w poczuciu bezkarności, bo przecież zawsze można je uznać za niekonstytucyjne.

Minęły siedemdziesiąt dwa lata od pierwszej, zgodnej z naszą narodową Konstytucją inauguracji prezydenta. W tym okresie piętnastu różnych i wielce dostojnych obywateli z powodzeniem sprawowało władzę wykonawczą. Przeprowadzili kraj przez wiele zagrożeń, zwykle z dużym powodzeniem. Teraz, w świetle tych wszystkich przykładów, w trudnych i szczególnych okolicznościach podejmuję to samo zadanie na krótki, konstytucyjny okres czterech lat. Do grożącego nam rozbicia Unii Federalnej omal już nie doszło[8].

Twierdzę, że w świetle prawa powszechnego i Konstytucji Unia tych Stanów jest nierozerwalna. Jej trwałość wynika, a nawet znajduje wyraz w prawach podstawowych wszystkich samorządów. Można śmiało powiedzieć, że żaden legalny rząd nigdy nie miał w swoim systemie prawnym przepisu mówiącego o własnej likwidacji. Wystarczy trzymać się wszystkich zapisów naszej Konstytucji, a Unia będzie trwała po wieki, i nie będzie możliwe jej rozwiązanie, chyba że stanie się tak za sprawą działań sprzecznych z Konstytucją.

I znowu: gdyby Stany Zjednoczone nie miały wspólnego, legalnego rządu, lecz były luźnym konglomeratem stanów związanych tylko umową, to czy do ich rozwiązania nie byłaby potrzebna zgoda wszystkich stron, które je stworzyły? Jedna ze stron umowy może ją naruszyć – a nawet zerwać – ale czy nie trzeba zgody wszystkich, by ją legalnie zerwać?

7 Art. 4, par. 2 Konstytucji USA.

8 Faktycznie do secesji już doszło. Powstanie Skonfederowanych Stanów Ameryki ogłoszono już 4 II 1861, zaraz po potwierzeniu wyboru Lincolna na prezydenta USA. W chwili inauguracji Lincolna większość deputowanych i senatorów z Południa opuściła Kongres. W dalszej części wywodu Lincoln kwestionuje legalność secesji Południa.

Zejdźmy jednak z wyżyn zasad konstytucyjnych, bo przecież Unia samym faktem istnienia potwierdza swą nierozerwalność. Jest starsza od naszej Konstytucji. Powstała faktycznie w chwili pojawienia się Artykułów Konfederacji i Wiecznej Unii w roku 1774. Wiek dojrzały osiągnęła wraz z ogłoszeniem Deklaracji Niepodległości w roku 1776, a okrzepła w chwili wydania Artykułów Konfederacji z roku 1778, na wierność którym odbyło się kolejne – powszechne w trzynastu stanach – ślubowanie, że Unia na wieki pozostanie nierozerwalna. I w końcu, w roku 1787 „stworzenie jeszcze doskonalszej Unii"[9] było jednym ze świętych celów ogłoszenia Konstytucji[10].

Gdyby zerwanie Unii w majestacie prawa przez jedną ze stron było aktem zgodnym z prawem, oznaczałoby to, że jest mniej doskonała niż przed Konstytucją, straciwszy żywotne znamiona swojej trwałości.

Wynika z tego, że żaden stan nie może na własną rękę wystąpić z Unii, gdyż postanowienia i rozporządzenia w tej kwestii nadal obowiązują i – co za tym idzie – zbrojny opór na obszarze stanu lub kilku stanów wobec władzy federalnej jest buntowniczą rewoltą.

A zatem skoro Konstytucja i jej prawne obwarowania pozostają w mocy, obiecuję ze wszystkich sił – do czego zobowiązuje mnie Konstytucja – egzekwować prawa federalne we wszystkich stanach oraz chronić i zachować jedność Unii. Uważam to za swoją prostą powinność, którą będę spełniał w praktyce, chyba że moi właściwi przełożeni, czyli Amerykanie, odbiorą mi potrzebne narzędzia i mandat lub podejmą jakąś inną decyzję. Wierzę, iż nie zostanie to poczytane za groźbę, ale jako zadeklarowany w Konstytucji cel, jakim jest utrzymanie i obrona jedności Unii.

Aby ten najważniejszy cel osiągnąć, nie można dopuścić do rozlewu krwi czy użycia przemocy i z pewnością do tego nie dojdzie, jeśli władza nie zostanie do tego zmuszona. Ta powierzona mi władza każe mi utrzymać, obronić i zachować własność federalnego majątku i obiektów obronnych, popierać pobieranie ceł i podatków; ograniczę się przy tym do działań najkonieczniejszych, bez inwazji i przymusu. Tam, gdzie wrogość wobec Stanów Zjednoczonych będzie wielka, powszechna i obejmująca niechcianych ludzi z zewnątrz, tam powstrzymam się z odgórnym obsadzaniem urzędów federalnych. Rząd ma prawo obsadzać te urzędy siłą, ale byłoby to dla ludzi tak irytujące, że aż nieskuteczne i bezcelowe. Lepiej w takiej sytuacji na pewien czas zrezygnować z pożytków, jakie niesie federalna służba publiczna.

Poczta będzie dostarczana do wszystkich zakątków Unii, chyba że ich mieszkańcy nie będą sobie tego życzyli. Ludzie powinni mieć absolutne poczucie bezpieczeństwa, bo tylko wtedy zdolni są do refleksji i spokojnej oceny rzeczywistości. Taki kurs polityki obieram i będę się go trzymał, jeśli tylko okoliczności nie zmuszą mnie do jego zmiany. W każdym razie jedynie skrajnie krytyczna sytuacja może mnie do tego zmusić, gdyż pragnieniem moim jest działać konsekwentnie i elastycznie zarazem, stosownie do okoliczności, a – generalnie – w najlepszej wierze i nadziei, że możliwe jest pokojowe rozwiązanie konfliktów i odrodzenie więzów braterskich.

9 Cytat z preambuły do Konstytucji USA.
10 Zob. t. 1, s. 214.

Nie twierdzę, ale też i nie zaprzeczam, że są ludzie, którzy za wszelką cenę i pod każdym pretekstem dążą do rozbicia Unii i cieszy ich wszystko to, co ludzi do tego skłania. Ale jeżeli rzeczywiście są między nami tacy ludzie, to ja nie mam im nic do powiedzenia. Nie wolno mi jednak zachować milczenia wobec tych, którzy Unię naprawdę kochają i nie zasługują na to, bym ich zignorował.

Zanim przejdę do smutnej sprawy niszczenia tkanki naszej państwowości, zadam sobie i wam kluczowe pytanie: Po co się to robi, dlaczego ci, którzy to robią, nie liczą się z korzyściami, jakie niesie nam życie w Unii, lekceważą nasze nadzieje na przyszłość i naszą wspólną pamięć historyczną? Czy nie zdajecie sobie sprawy z tego, że choroba, która was później dotknie, będzie stokroć cięższa niż ta, która pcha was do tak przerażającego kroku?

Wszyscy cieszymy się, że nasze konstytucyjne prawa są zachowywane. Czy jest zatem prawdą, że każdemu zapisanemu w Konstytucji prawu można zaprzeczyć? Nie sądzę. Na szczęście umysł ludzki jest tak skonstruowany, że żadnej ze stron w głowie się nie mieści aż tak daleko posunięta zuchwałość. W każdym razie – jak dotąd – takiego przypadku nie było. Jeśli za sprawą nieubłaganej wymowy liczb większość pozbawia mniejszość któregoś z praw konstytucyjnych, to z moralnego punktu widzenia zwrot taki jest usprawiedliwiony, choćby z uwagi na to, że prawo musi nadążać za życiem. Ale nie o to chodzi w naszym przypadku. Żywotne prawa naszych mniejszości i zwykłych obywateli są im tak silnie gwarantowane, że – jak dotąd – żadne spory wokół nich nie wybuchły. Ale ze zrozumiałych względów żadna ustawa zasadnicza nie obejmuje wszystkich, nawet palących kwestii do rozwiązania w praktyce administracji państwowej. Nie ma takiej konstytucji – i nikt rozsądny tego nie oczekuje, że nie wiem jak długa konstytucja odpowie na wszystkie pytania. Na przykład na pytanie, czy zbiegłych niewolników powinny wydawać władze federalne czy stanowe? Konstytucja tego nie precyzuje. Czy Kongres może zakazać niewolnictwa na nowych terytoriach? Konstytucja i tego jasno tego nie precyzuje. Czy Kongres musi chronić instytucję niewolnictwa na nowych terytoriach? I na ten temat Konstytucja milczy.

Z takich pytań pozostawionych bez jasnej odpowiedzi rodzą się spory, dzielące nas na rozmaite mniejszości i większości. Jeśli mniejszość odżegnuje się od zgody, to rząd musi tej zgody poszukać u większości, bo w przeciwnym razie rząd musi ustąpić. Nie ma innej alternatywy – aby rządzić, nadal trzeba mieć zgodę jednej lub drugiej strony. Jeśli mniejszość opowie się raczej za secesją niż zgodą, to precedens, którego jest autorem, podzieli i zrujnuje jej kraj, ponieważ mniejszość ta oderwie się od większości, która z kolei nie zgodzi się na rządy mniejszości. Można bez trudu przewidzieć, że znowu – za rok czy dwa – jakaś część nowej konfederacji samowolnie się oderwie, podobnie jak grożą secesją niektóre części dzisiejszej Unii. Ludzie marzący w skrytości o rozbiciu Unii nabierają w tej chwili wiatru w żagle.

Czy te secesyjnie usposobione stany rzeczywiście widzą identyczny interes w rozpadzie naszego państwa, by sklecić nową unię, zamiast zaprowadzić ład i nie dopuścić do secesji.

Trzeba to sobie powiedzieć bez ogródek – secesja w swej istocie oznacza anarchię. Narodowi prawdziwą suwerenność zapewnia trzymana w ryzach Konstytucji większość z właściwą jej kapryśną i łatwo ulegającą perswazji, pełną resentymentów, lecz zawsze wolną opinią publiczną. Odejście od takiego modelu popycha kraj w kierunku anarchii lub despotyzmu.

Jednomyślność nie jest możliwa. Rządy mniejszości na dłuższą metę są nie do przyjęcia; odrzucenie zasady rządów większości pozostawia nam do wyboru albo anarchię, albo tyranię.

Nie zapominam przy tym, że w niektórych z palących kwestii rozstrzyga Sąd Najwyższy, ani też nie przeczę, że jego decyzje są wiążące tak dla stron, jak dla przedmiotu sprawy, i – w równym stopniu – dla wszystkich organów władzy państwowej. Oczywiście nawet Sąd Najwyższy może się pomylić w jakimś odosobnionym przypadku, lecz złe skutki błędnego werdyktu, ograniczające się do jednego przypadku, z szansą na skorygowanie decyzji, by nie stała się groźnym precedensem przy rozstrzyganiu innych spraw – te złe skutki błędu są niczym w porównaniu ze złem wynikającym z braku takiego wysokiego arbitrażu. Jednak bezstronny obywatel musi przyznać, że gdyby polityka rządu w żywotnych dla narodu kwestiach miała zależeć wyłącznie od decyzji Sądu Najwyższego, to w chwili gdy naród zostaje uwikłany w zwykłą, pełną osobistych wycieczek pyskówkę między partiami – ten naród traci samorządność jako skazany na rezygnację z własnego rządu na rzecz tego prestiżowego trybunału. Nie jest moim zamiarem atakowanie Sądu czy zasiadających w nim sędziów. To powinność, od której nie wolno im się uchylać, ich zadaniem jest rzetelne rozpatrywanie przedkładanych spraw i nie można obciążać ich winą za to, że inni próbują wykorzystać ich decyzje w celach politycznych.

Część naszego narodu opowiada się za niewolnictwem, jako instytucją prawnie usankcjonowaną, i dąży do jego legalnej ekspansji, a część uważa niewolnictwo za zło i dąży do jego ograniczenia albo i zniesienia. I w tym tkwi sedno naszego sporu. Obowiązują obok siebie konstytucyjna poprawka dotycząca zbiegłych niewolników i zakaz zagranicznego handlu niewolnikami, jak to się dzieje w społeczności, której zasady moralne w mało doskonały sposób wpływają na stanowione prawo. Znakomita większość ludzi w obu przypadkach przestrzega li tylko suchej litery prawa, nie wdając się w rozważania natury moralnej, a tylko niewielu pozwala sobie prezentować postawę odmienną. Myślę, że to się prędko nie zmieni, a po secesji będzie jeszcze gorzej. Handel niewolnikami, do dziś nie do końca wyrugowany, rozkwitnie na Południu bez ograniczeń, a na Północy zbiegli niewolnicy, teraz tylko częściowo wydawani, byliby chwytani i wydawani co do jednego.

Wszystko to znaczy, że nie wolno nam się rozdzielić. Odsunięcie od siebie części kraju jest fizycznie niemożliwe, tak samo nie sposób zbudować między nimi nieprzebytego muru. Mąż i żona mogą się rozwieść i rozstać na zawsze, ale dwie części naszego kraju tego zrobić nie mogą. Nie pozostaje im nic innego jak stać twarzą w twarz i ich związek – przyjazny lub wrogi – musi trwać. Czy jest możliwe, żeby związek ten był dla obu stron korzystniejszy i bardziej satysfakcjonujący po separacji niż przed nią?

Czy obcy już sobie z większym wzajemnym zaufaniem będziemy zawierać traktaty, niż jako przyjaciele stanowimy prawo? Powiedzmy, że wybuchnie wojna, to przecież wojna nie może trwać wiecznie; a kiedy już do niej dojdzie, z wieloma stratami po obu stronach i bez zdobyczy po żadnej, i walki w końcu ustaną, i wojna się skończy na niczym, bo te same stare spory o charakter naszej więzi rozgorzeją na nowo i tym samym ciężarem na was spadną.

Ten kraj ze swoimi instytucjami należy do ludzi, którzy go zamieszkują. A jak ludzie poczują się zmęczeni i rozczarowani swoim rządem, skorzystają ze swego konstytucyjnego prawa do jego zmiany[11] lub ze swojego rewolucyjnego prawa do jego dymisji lub obalenia. Nie mogę ignorować faktu, że wielu wartościowych i patriotycznych obywateli zasługuje na to, by ich federalna konstytucja została poprawiona. Nie daję żadnych zaleceń co do treści czy charakteru poprawek, w pełni uznając zmysł prawny i władzę narodu w całej tej sprawie, co znajdzie wyraz w trybie przewidzianym w samej Konstytucji; a ja w zaistniałych okolicznościach powinienem polegać na zdolności narodu do sprawiedliwego rozstrzygnięcia sporu, a nie sprzeciwiać się jego decydującemu w sprawie udziałowi. Ośmielę się tylko nadmienić, że do mnie osobiście przemawia ugodowy tryb wniesienia poprawek, a to dlatego, że mogą to zrobić sami ludzie bez stawiania ich w roli statystów, którzy mogą tylko przyjąć lub odrzucić projekty wysunięte przez innych, a nie uwzględniające istoty i niuansów sprawy, nie mające wiele wspólnego z tym, co ludzie chcieliby przyjąć lub odrzucić. Rozumiem, że proponowana poprawka do Konstytucji – której jednak mi nie pokazano[12] – przeszła w Kongresie w postaci zapisu, iż rząd federalny nie powinien wtrącać się w działalność lokalnych instytucji stanowych, w tym również w sprawy ludzi trzymanych w niewolniczej służbie. Aby być dobrze zrozumianym – odchodzę od swego celu nie po to, aby mówić o określonych poprawkach, lecz by powiedzieć, że nie zgłaszam zastrzeżeń do uchwalenia przepisu, który teraz ma stać się zapisem konstytucyjnym pod warunkiem, że będzie on jasno sformułowany i nieodwołalny.

Przewodniczący Sądu Najwyższego czerpie swój autorytet z zaufania narodu, a naród nie zwrócił się do niego o ustalenie warunków separacji stanów. Tylko naród może o to wystąpić, jeśli tak zdecyduje, ale władza wykonawcza jako taka nic do tego nie ma. Obowiązkiem prezydenta jest pokierowanie aktualnym rządem, który przechodzi w jego ręce, i przekazanie go w dobrym stanie swojemu następcy.

Dlaczego nie poczekać cierpliwie i z ufnością na ostateczny osąd narodu? W czym na świecie może być więcej nadziei i co jej dorówna? Czy w dzielącym nas sporze którakolwiek ze stron konfliktu nie wierzy w swoją rację? Nie ma znaczenia, czy Wszechmocny, który włada odwieczną prawdą i sprawiedliwością, jest po stronie Północy, czy po waszej, Południa, bo w osądzie wysokiego trybunału, jakim jest naród amerykański, prawda i sprawiedliwość i tak wezmą górę.

W ustroju, w jakim przyszło nam żyć, ten sam naród ma swoją mądrze wybraną służbę publiczną, ale mało władzy do kontrolowania wyrządzanych przez nią szkód, więc z równą mądrością na krótko bierze te trochę władzy w swoje ręce. Kiedy naród ma świadomość swojej mocy i zachowuje czujność, przez krótki okres czterech lat kadencji żadna administracja nawet najstraszliwszą niegodziwością bądź głupotą nie jest w stanie zaszkodzić jedności Unii.

Rodacy, wszyscy i każdy z osobna, przemyślcie spokojnie całą sprawę. Nie macie nic do stracenia, oprócz chwili czasu na namysł. Co nagle, to po diable. Jeśli coś was nagli, pomyślcie, że jesteście o krok od zrobienia czegoś, czego nigdy byście nie zrobili po głębszym

11 Nawiązanie do art. 5 Konstytucji USA ustalającego zasady zmiany ustawy zasadniczej..
12 Por. przypis 5.

zastanowieniu. To coś, co was zmusza do pośpiechu, będzie zniecierpliwione, że tracicie czas, ale przecież dobro nie zna irytacji. W waszej sytuacji budzi niezadowolenie fakt, że stara Konstytucja pozostaje nienaruszona, a w drażliwej dziś sprawie secesji wasze prawa są jej nadal podporządkowane; tymczasem nowa administracja, nie od razu – jeśli w ogóle – będzie miała władzę, by fundament naszych historycznych praw zmienić. Gdybyście przyznali, że nie cieszy was fakt, iż w tym sporze stoicie po właściwej stronie, ciągle byłoby dość czasu, by się opamiętać. Rozum, patriotyzm, wiara chrześcijańska i poddanie się woli Tego, który nigdy w biedzie nie opuścił swego umiłowanego narodu, wciąż jeszcze mogą naprawić zło, które nas gnębi.

To nie w moich, to w waszych, moich niezadowolonych rodaków rękach spoczywa doniosła decyzja w sprawie wojny domowej. Ten rząd was nie zaatakuje. Możecie uniknąć konfliktu, jeśli sami nie uderzycie. Nie składaliście w niebie zapisanej przysięgi, że zniszczycie nasze państwo, a ja złożę solenną przysięgę, że je „ochronię, otoczę opieką i będę bronił".

Czas mi już kończyć. Nie jesteśmy wrogami, lecz przyjaciółmi. Nie wolno nam być wrogami. Zapalczywość może naderwać łączące nas więzi uczuciowe, ale nie może ich do końca zerwać. Mistyczne więzy pamięci, sięgające wprost z pól bitewnych, z grobów poległych patriotów do każdego bijącego jeszcze serca i do każdego ogniska domowego na tej rozległej ziemi ojczystej, sprawią, że zabrzmi chóralna pieśń na cześć Unii. Niech tylko obudzą się dobre anioły, które – wierzę w to głęboko – drzemią w naturze każdego z nas.

PRZEŁ. ELŻBIETA ŻELAZNA

OTTO von BISMARCK **powołany został na stanowisko premiera Prus 23 września 1862 roku. Krótko przedtem Izba Deputowanych odrzuciła zaproponowany przez króla Wilhelma I budżet, który przewidywał reformę wojska, co zapoczątkowało kryzys konstytucyjny. 30 września Bismarck wygłosił przed komisją budżetową Izby Deputowanych mowę, która nie zachowała się w całości, lecz jedynie jako krótkie streszczenie w prasie. Była ona odpowiedzią na wystąpienie deputowanego Maxa von Forckenbecka (1821–1892), późniejszego wieloletniego burmistrza Berlina. Świeżo wybrany premier dał się poznać jako monarchista i przeciwnik konstytucji – gdy parlament starał się zablokować reformę wojska, postanowił rządzić bez uchwalonego budżetu. Parafrazując słowa Kwintyliana, stwierdził, że to nie parlament rozwiązuje wielkie problemy współczesności, lecz „krew i żelazo". Tym samym kolejny raz udowodnił, że jest zwolennikiem rządów silnej ręki i przeciwnikiem demokracji. Strategia Bismarcka okazała się jednak skuteczna – to właśnie za jego czasów Prusy stały jednym z najpotężniejszych państw w Europie, a on sam przeszedł do historii jako inicjator zjednoczenia państwa niemieckiego.** (ts)

Otto von BISMARCK
1815–1898, niemiecki mąż stanu, 1862–1890 premier Prus, inicjator zjednoczenia Niemiec, 1871–1890 pierwszy kanclerz Niemiec. Dążył do zapewnienia dominującej pozycji Prus w Związku Niemieckim. Dał się poznać jako zwolennik rządów silnej ręki oraz doskonały mówca. Realizator tzw. Kulturkampfu, który w zaborze pruskim łączył się z nasileniem germanizacji.

OTTO VON BISMARCK

KREW I ŻELAZO

30 WRZEŚNIA 1862

On [Bismarck] chętnie rozważy budżet na 1862 rok, ale bez ostatecznego jego określenia. Do nadużycia konstytucji mogą dążyć wszystkie strony: co prowadzi do przeciwdziałania strony przeciwnej. Korona, np., mogłaby rozwiązać [parlament] dwanaście razy z rzędu, co byłoby zgodne z literą konstytucji, ale byłoby to jednocześnie jej nadużyciem. Również mogłaby odrzucać skreślenia w budżecie, bez umiaru, tutaj trudno byłoby wytyczyć granicę; czy byłaby nią już kwota 6 milionów? 16 milionów? Czy może 60 milionów? Mamy godnych szacunku członków Zgromadzenia Narodowego, tego organu przedstawicielskiego, cieszącego się uznaniem z racji słuszności swoich żądań, którzy uważają stałą armię za zbędną. Jeśli przedstawicielstwo narodu jest tego zdania! Czy rząd nie powinien tego odrzucić?! Mówi się o „rozsądku" narodu pruskiego.

Tak, duża niezależność jednostki utrudnia w Prusach rządzenie na podstawie konstytucji (czy wzmocnienie konstytucji); we Francji jest inaczej, tam brak tej osobistej niezależności. Kryzys konstytucyjny to nie wstyd, lecz powód do dumy. Ponadto chyba nadal jesteśmy zbyt „oświeceni", aby udźwignąć konstytucję; jesteśmy zbyt krytyczni; zbyt powszechna jest płytka ocena przedsięwzięć rządu i aktów przedstawicielstwa narodu, w kraju jest mnóstwo indywiduów o „mentalności Katyliny"[1], bardzo zainteresowanych przewrotem. Może to brzmieć paradoksalnie, a przecież świadczy o tym, jak trudne jest w Prusach życie w zgodzie z konstytucją.

Poza tym jesteśmy zbytnio wyczuleni na błędy rządu; jakby wystarczyło powiedzieć, ten i ten minister popełniali błędy, jakby nas to osobiście nie dotykało?! Przyjmuje się, że opinia publiczna jest zmienna, prasa to nie opinia publiczna, wiadomo jak powstaje; nadrzędnym celem deputowanych jest kierowanie nastrojami, bycie ponad nimi. – Jeśli chodzi o nasz naród: mamy za gorącą krew, mamy upodobanie do zakładania na wątłe ciało zbyt ciężkiego rynsztunku, teraz powinniśmy go użyć. Niemcy nie patrzą na liberalizm Prus, lecz na ich potęgę. Być może Bawaria, Wirtembergia, Badenia tolerują liberalizm, ale nikt im z tego powodu nie przypisze roli Prus; Prusy zaś muszą skupić swoje siły i trzymać je na dogodny moment, kilkakrotnie już przegapiony. Granice Prus po Kongresie Wiedeńskim nie sprzyjają zdrowej egzystencji państwa; problemów współczesności nie rozstrzyga się przemówieniami i uchwałami większości – to był wielki błąd lat 1848 i 1849 – tylko żelazem i krwią[2].

Ubiegłoroczną ustawę [budżetową] udało się osiągnąć, powody są obojętne, on [Bismarck] szczerze szuka drogi do porozumienia, czy je znajdzie, zależy nie tylko od niego. Lepiej byłoby, by Izba Deputowanych nie stwarzała *fait accompli*[3]. Gdy nie ma budżetu, to wtedy jest *tabula rasa*, a konstytucja nic nie rozstrzyga, tutaj jedna interpretacja stoi naprzeciw drugiej – *summum ius, summa iniuria*[4]. On [Bismarck] cieszy się z wypowiedzi sprawozdawcy, która daje widoki na porozumienie ze względu na możliwość innego postanowienia Izby na podstawie ewentualnego projektu ustawy, on sam też szuka porozumienia, ale nie wiadomo kiedy je znajdzie. Z powodu terminu zatwierdzenie budżetu w tym roku jest niemal niemożliwe; znajdujemy się w wyjątkowej sytuacji. Zasadę szybkiego przedkładania budżetu uznał również rząd, ale mówi się, że obiecywano już wielokrotnie i nigdy nie dotrzymano słowa, teraz „możecie panowie nam zaufać, jako uczciwym ludziom"[5]. On [Bismarck] nie podziela jednak opinii wyrażonej w interpelacji, że czynienie wydatków, które nie zostały zatwierdzone, jest sprzeczne z konstytucją. Każda interpretacja wymaga zgodności trzech czynników[6].

PRZEŁ. HENRYK STANKE

1 Zob. t. 1, s. 68.

2 Parafraza łacińskiej sentencji przypisywanej Kwintylianowi: *Coedes videtur significare sanguinem et ferrum.* ([Bitwa] to krew i żelazo). Quintilian (Marcus Fabius Quintilianus), *Declamationes.*

3 *Fait accompli* – fakt dokonany.

4 Najwyższe prawo [może stać się] najwyższym bezprawiem. Cyceron, *de Officiis*, 1.33.

5 Zapewne aluzja do *Cierpień młodego Wertera* Goethego (Postscriptum, 9 maja).

6 Tzn. Izby Deputowanych, Izby Panów i rządu.

Prezydent ABRAHAM LINCOLN **podczas uroczystości na cmentarzu poległych pod Gettysburgiem 1–3 VII 1863 r. żołnierzy Unii (zob. też t. 4, s. 259), przedstawił cele, w imię których jego rząd prowadził wojnę o przywrócenie jedności państwa. Nacisk położył głównie na zgodność tych celów z podstawowymi założeniami konstytucji z 1788 r. Krótkie to wystąpienie uważane jest za wzór amerykańskiej retoryki politycznej.** (zk)

Lincoln wygłasza mowę w Gettysburgu.

ABRAHAM LINCOLN

ADRES GETTYSBURSKI

19 LISTOPADA 1863

Lat temu osiemdziesiąt i siedem ojcowie nasi na tym kontynencie dali początek narodowi, poczętemu w wolności i w przekonaniu, że wszyscy ludzie rodzą się równi.

Toczymy wielką wojnę domową, która jest dla nas czasem próby za cel mającej odpowiedź na pytanie, czy naród w takim duchu poczęty ma szanse na przetrwanie.

Przyszło nam spotkać się na wielkim polu bitewnym tej wojny. Przybyliśmy tu, aby poświęcić część tego pola na miejsce ostatniego spoczynku ludzi, którzy oddali tu życie za życie naszego narodu w poczuciu wolności. I oni, i my znaleźliśmy się tu w słusznej sprawie, ale to naszą powinnością jest oddanie czci jej obrońcom.

Jednak nie nam to przypada zaszczyt poświęcenia, dokonania konsekracji, potwierdzenia świętości tej ziemi. To dzielni ludzie, żywi i polegli, którzy tu walczyli, uświęcili ją bardziej, niż może to uczynić nasza nędzna władza dawania i odbierania. Świat puści mimo uszu wypowiadane tu słowa i szybko pogrąży je w niepamięci, lecz nigdy nie zapomni czynu tych, którzy tu przelali krew. Do nas, którym dane było przeżyć, należy święty obowiązek oddania swych sił ogromnemu, lecz jeszcze nieukończonemu dziełu, za które oni oddali życie. To nam, ożywionym duchem poległych bohaterów, przypadło zadanie potwierdzenia, że ich śmierć nie była daremna. I to my, z Bożą pomocą, doczekamy odrodzenia idei wolności w tym kraju i to my sprawimy, że rządy narodu, przez naród i dla narodu nie znikną wraz z nami z powierzchni ziemi.

PRZEŁ. ELŻBIETA ŻELAZNA

Druga inauguracja Lincolna

ABRAHAM LINCOLN po drugim wyborze na prezydenta, wobec oczywistej już klęski Konfederacji i odbudowy jedności państwa, mógł skupić się na programie zaleczenia materialnych i duchowych ran zadanych przez wojnę secesyjnę. Jego realizację, w wersji proponowanej przez prezydenta, uniemożliwił zamach na jego życie, dokonany wkrótce po wygłoszeniu tego przemówienia. (zk)

ABRAHAM LINCOLN

OSTATNIE PRZEMÓWIENIE

BIAŁY DOM, WASZYNGTON, 11 KWIETNIA 1865

Spotykamy się dziś nie w smutku, lecz pełni radosnej otuchy. Ewakuacja Petersburga[1] i Richmond[2] i kapitulacja głównych sił rebelianckich[3] budzą nadzieję na rychły i zasłużony czas pokoju; jego nadejścia nic już nie powstrzyma, co napawa nas nieopisaną radością. Jednakże w toku tych wydarzeń nie można zapominać o Tym, który rozdaje wszystkie błogosławieństwa. W przygotowaniu jest ustanowienie dnia ogólnonarodowego dziękczynienia, którego data w odpowiednim czasie zostanie obwieszczona[4]. Nie można przy tym zapomnieć o kombatantach tej wojny, ich ciężkim bojom zawdzięczamy dzisiejszą radość. Zasługi tych ludzi trudno przecenić. Osobiście przebywałem w pobliżu frontu i miałem

1 Petersburg w Wirginii był węzłem linii kolejowych łączących stolicę Konfederatów z zapleczem. Oblężenie trwało 292 dni. Dowódca armii Konfederacji, gen. Lee, ewakuował wojska 2 IV 1865.

2 Richmond w Wirginii był stolicą Skonfederowanych Stanów Ameryki. 2 IV 1865 wojska konfederackie opuściły miasto, niszcząc jego dużą część.

3 Armia gen. Lee poddała się 9 IV 1865 po bitwie pod Appomattox. Faktyczna kapitulacja Konfederacji rozciągnięta była w czasie: ostatnią bitwę wojny, zresztą wygraną przez Południe, stoczono 13 V 1865 na ranczu Palmito w Teksasie; wojska lądowe Konfederacji poddały się w lipcu, a marynarka wojenna dopiero w listopadzie 1865.

4 Takie święto, Decoration Day, ustanowiono 5 V 1868. Obchodzono je 30 maja. Obecnie Memorial Day w ostatni poniedziałek maja.

niezwykłą okazję przekazywać wam większość z pomyślnych wieści; co nie znaczy, że zasługuję na zaszczyty za decyzje i przebieg zdarzeń. Nasza wdzięczność należy się generałowi Grantowi[5], jego świetnie wyszkolonym oficerom i ofiarnym żołnierzom. Nasza waleczna flota stała w pogotowiu, ale w aktywnym udziale w walkach przeszkodziła jej odległość[6].

Za sprawą ostatnich sukcesów spadło nam na barki ciężkie zadanie odbudowania administracji podbitego Południa. Pracujemy nad tym nie od dzisiaj, ale jest to zadanie najeżone niewyobrażalnymi trudnościami. W przeciwieństwie do sytuacji, gdy wojnę toczą i kończą państwa niezależne, na Południu dosłownie nie ma nikogo, żadnego legalnego organu władzy, z którym moglibyśmy pertraktować. A przecież nikt nie ma prawa odżegnać się od rebelii w cudzym imieniu. Musimy więc krok po kroku z rozproszonych i zdezorganizowanych elementów wyczarować jakieś siły zdolne do wszczęcia procesu rekonstrukcji. Sprawy nie ułatwia fakt, że i my, choć lojalni i sprawie oddani, też różnimy się poglądami na tryb, zakres i środki rekonstrukcji.

Przyjmuję generalną zasadę nieczytania raportów, donoszących o krytyce mojej osoby. Po prostu nie daję się sprowokować tym, którym nie mogę dać właściwej odpowiedzi lub odpowiednio zareagować. Nie uchroniło mnie to od zapoznania się z wiadomością o ostrej krytyce, jakiej jestem przedmiotem w związku z domniemaniem, jakobym – mimo protestów – tworzył specjalną agencję do wspierania rządu Luizjany. W tej sprawie uczyniłem ni mniej, ni więcej tylko to, o czym opinii publicznej już wiadomo. W dorocznym orędziu z grudnia 1863 roku i towarzyszącej mu proklamacji przedstawiłem plan tej tak zwanej rekonstrukcji[7] tego stanu. Obiecałem wtedy, że stan, który przyjmie ten plan, jako realny, zostanie uznany i uzyska poparcie rządu federalnego. Wyraźnie też zaznaczyłem, iż nie jest to jedyny plan do przyjęcia; i równie jasno zaprzeczyłem, jakobym w imieniu władzy wykonawczej nie miał prawa do decydowania, czy i kiedy przedstawiciele tych stanów zostaną dopuszczeni do foteli w Kongresie. Następnie plan ów przekazałem ówczesnemu gabinetowi, gdzie został bez zastrzeżeń zaaprobowany przez wszystkich jego członków. Jeden z nich zasugerował mi, abym przy okazji dołączył do planu Proklamację Emancypacji[8] dla do tej pory wykluczonych z niej części Wirginii i Luizjany,; oraz – że powinienem odrzucić propozycję swoistej kwarantanny, której mieliby być poddani wyzwoleni niewolnicy, oraz odrzucić protesty przeciwko mej władzy w kwestii dopuszczania nowych deputowanych do Kongresu. Jednak nawet ten mój doradca zaaprobował wszystkie punkty planu, który znajduje już zastosowanie w rekonstrukcji Luizjany. Nowa konstytucja Luizjany, głosząca całkowite wyzwolenie tego stanu, faktycznie wprowadza w życie Proklamację na tereny wcześniej z niej wykluczone. Nie przyjmuje ona okresu kwarantanny dla wyzwoleńców;

5 Ulysses S. Grant (1822–1885), jeden z nawybitniejszych generałów amerykańskich, w wojnie secesyjnej początkowo z sukcesami walczył w dolinie Missisipi, od 1864 do 1869 naczelny dowódca wojsk USA i główny strateg w wojnie secesyjnej, w latach 1869–1877 prezydent USA.

6 Appomattox leży ok. 140 km od oceanu. Wzmianka o flocie miała zapewne podkreślić jej zasługi dla pokonania Konfederacji, przede wszystkim przez skuteczną blokadę wybrzeża.

7 Plany rekonstrukcji Lincoln snuł już od 1861.

8 Dwuczęściowa deklaracja Lincolna (22 IX 1862 i 1 I 1863) o uwolnieniu wszystkich niewolników na terenach Konfederacji, które nadal pozostają w stanie rebelii.

milczy też, choć mogłaby postanowić inaczej, w sprawie mojego akceptowania nowych deputowanych do Kongresu. Tak zatem jeśli chodzi o Luizjanę, członkowie gabinetu gremialnie zaaprobowali mój plan rekonstrukcji stanu. Wiadomość o tym dotarła do Kongresu, a ja sam otrzymałem mnóstwo pochwał ustnych i na piśmie. Nie spotkałem się też z żadnymi zastrzeżeniami ze strony zdeklarowanych zwolenników emancypacji, a w końcu do Waszyngtonu napływają już dobre wieści, iż mieszkańcy Luizjany zaczynają nadążać za duchem tego planu. Mniej więcej od lipca 1862 r. korespondowałem z rozmaitymi osobami, które powinny być zainteresowane rekonstrukcją rządu stanowego w Luizjanie. Gdy orędzie z roku 1863 wraz z wyżej wymienionym planem dotarło do nowoorleańczyków, generał Banks[9] napisał do mnie, iż przy jego wojskowym wparciu ludność z pewnością podejmie dzieło rekonstrukcji zgodnie z literą tego planu. Odpisałem mu, że tak on, jak i inni mogliby spróbować swych sił w realizacji planu i tak też się stało, spróbowali z widocznym rezultatem – i tak wygląda najkrótsza historia mojego agenturalnego mieszania się w rekonstrukcję rządu w Luizjanie. Aby rząd ten przetrwał, dotrzymam swojej wcześniejszej obietnicy. Jednak jako że ze złych obietnic lepiej zawczasu się wycofać, niż brnąć w złym kierunku, jeśli tylko stwierdzę, że spełnienie mojej obietnicy byłoby sprzeczne z interesami jej adresatów – natychmiast uznam ją za złą i skazaną na złamanie. Jak dotąd jednak nie zaszło nic takiego, co by mnie do tego skłoniło.

Pokazano mi ostatnio list, podobno bardzo istotny, którego autor wyraża żal, iż mój umysł zatrzasnął się na pytanie, czy tak zwane secesyjne stany są w Unii, czy poza nią. Być może dodałoby to szczypty zdumienia do jego żalu, gdyby odkrył, iż od chwili, gdy zdeklarowani unioniści usiłują coś w tej sprawie zdziałać, celowo powstrzymuję się od publicznych wypowiedzi na ten temat. Zresztą wydaje mi się on tematem zastępczym i mało rzeczowym i podjęcie go w formie dyskusji byłoby bezużyteczne, a nawet i szkodliwe, gdyż dyskusja na ten temat skutkowałaby tylko zamieszaniem i niepotrzebnymi podziałami w gronie lojalnych przyjaciół. W każdym razie na dziś kwestia ta jawi się szkodliwą abstrakcją, choć w przyszłości może być prawdziwą gratką dla co wnikliwszych komentatorów naszej historii.

Nikt nie ma wątpliwości, że stosunki stanów zwanych secesyjnymi z Unią mogłyby być lepsze. Stąd też nadrzędnym celem rządu federalnego w jego skrzydłach tak cywilnym, jak wojskowym, jest i będzie faktyczne przywrócenie poprawnych z nimi relacji. Widzę taką szansę, a tym łatwiej ją będzie urzeczywistnić, im mniej się będziemy głowili nad odpowiedzią na pytanie, czy stany te były w Unii, czy poza nią. Lokujemy je przecież w bezpiecznej przestrzeni naszego domu, to po co mielibyśmy teraz deliberować, czy kiedyś tam znalazły się poza jego murami. Lepiej połączmy siły w dziele poprawy ich nastawienia do tego domu. Lepiej niech każdy z nas w prostocie serca sam sobie uświadomi, czy w akcie zaproszenia tych stanów do domu przyjmuje je znikąd, czy tylko udziela im należytej pomocy w trudnej chwili, a oni tak naprawdę nigdy z tego domu na dobre nie odeszli.

9 Nathaniel Prentice Banks (1816–1894), amerykański polityk i żołnierz, m.in. gubernator Massachusetts, w czasie wojny secesyjnej bez większych sukcesów walczył w Wirginii i Luizjanie, zorganizował nowe władze Luizjany, odwołany po kampanii nad Red River.

Elektorat – że się tak wyrażę – na którym może polegać nowy rząd Luizjany, nie jest dość liczny; chciałoby się, żeby wynosił nie – jak dziś – dwanaście tysięcy, a pięćdziesiąt, trzydzieści, choćby nawet dwadzieścia tysięcy głosów. Również fakt, że prawa głosu nie ma ludność kolorowa, nie budzi mojego zachwytu. Wolałbym, aby przyznać prawa wyborcze przynajmniej tym inteligentniejszym, a także tym, którzy służyli naszej sprawie w szeregach armii federalnej. Sedno nie w tym, czy rząd Luizjany satysfakcjonuje nas we wszystkim, co czyni i co sobą reprezentuje. Pytanie brzmi: Czy nie rozsądniej jest zaakceptować go w obecnym kształcie, a następnie pomóc w dokonaniu pożądanych zmian, zamiast go odrzucić i rozwiązać? Słowem, czy stosunki Luizjany z Unią wrócą do normalności szybciej dzięki naszemu wsparciu, czy przez rozwiązanie jej jeszcze nieokrzepłego rządu stanowego?

Około dwunastu tysięcy głosujących w dotąd niewolniczym stanie Luizjana opowiedziało się za lojalnością wobec Unii, tym samym stając się prawowitą władzą polityczną stanu po przeprowadzeniu wyborów, powołaniu rządu i przyjęciu suwerennej konstytucji. Konstytucja ta zapewnia dzieciom czarnej ludności równe z białymi prawo do nauki w szkołach publicznych i upoważnia ciało ustawodawcze do przyznania Murzynom praw wyborczych[10]. Ich legislatura zdążyła już przegłosować konstytucyjne poprawki, które wcześniej przeszły w Kongresie, znoszące niewolnictwo na terenie całego kraju. Owe dwanaście tysięcy osób jest zatem bardzo oddanych Unii i idei wieczystej wolności w ich stanie; ludzie ci naprawdę dzielą z całym naszym narodem niemal wszystkie jego pragnienia. Za swoje oddanie sprawie jedności narodu oczekują jedynie uznania i wsparcia w pogłębianiu tej lojalności. Odtrącając ich teraz, uczynilibyśmy wszystko co w naszej mocy, by ich zdezorganizować i rozbić. Tym samym powiedzielibyśmy tamtejszym białym ludziom: „Jesteście nic niewarci – a nawet gorszy by to miało wydźwięk – ani nie chcemy wam pomagać, ani nie potrzebujemy waszej pomocy". Czarni zaś otrzymaliby taki oto wyraźny przekaz: „Odejmiemy wam od ust ten puchar wolności, który przytknęli wam do warg wasi dawni panowie, i zostawimy wam jakieś nędzne, śmiechu warte resztki, nie dając żadnej wskazówki, czym te okruchy są ani jak i gdzie je zebrać". Gdybyśmy tak postąpili – zniechęcili i sparaliżowali inicjatywę zarówno białych, jak i czarnych, to czy wprowadzilibyśmy Luizjanę na tory poprawnych relacji z Unią? Jakim cudem miałoby się nam to powieść – nie mam pojęcia. Jeśli – przeciwnie – uznamy i podtrzymamy nowy rząd Luizjany, osiągniemy to, o co nam chodzi. Wlejemy otuchę i dodamy sił tym dwunastu tysiącom pionierów, by mogli podołać dalszym trudom, bronić tego, co zdobyli, zdobywać nowych entuzjastów sprawy i dopilnować, by ostatecznie zwyciężyła. Również Murzyni dostrzegą, jak ludzie jednoczą się wokół ich sprawy i też okażą swoją gotowość, wyzwolą długo tłumioną energię i odwagę, oddając się służbie dla wspólnej sprawy. Skoro pragną praw wyborczych, i to jak najrychlej – muszą raczej bronić tego, co już dla nich uczyniono, niż cofać się do punktu wyjścia. Nowy rząd Luizjany jest tym dla Unii, czym jajko dla kury. Pozwólmy kurze je wysiedzieć, a będziemy mieli nową kurę. Bo z jajka rozbitego nie będziemy mieli żadnego pożytku. Poza tym jeśli

10 Po raz pierwszy Lincoln publicznie wyjawił tu swoje poparcie dla emancypacji czarnych. Uważa się, że ta deklaracja pobudziła Johna Wilkesa Bootha, który był w tłumie pod Białym Domem, do zamachu na prezydenta.

odrzucimy Luizjanę, stracimy jeden głos za proponowaną poprawką do konstytucji. Argument, że trzy czwarte stanów, które nie próbowały wystąpić z Unii, chce zdecydowanie ratyfikować poprawkę, nie jest żadnym argumentem, bo tak skromną liczbą głosów przyjęta poprawka będzie miała bardzo wątpliwe podstawy i zbyt wielu będzie ją kwestionować; natomiast jej ratyfikowanie przez trzy czwarte wszystkich stanów zdecydowanie podniesie jej skuteczność i bezdyskusyjność.

Powtarzam pytanie: Czy stosunki Luizjany z Unią szybciej wrócą na właściwe tory, gdy poprzemy jej rząd, czy gdy go rozwiążemy?

To, co powiedziałem o Luizjanie, odnosi się do innych stanów znajdujących się w podobnej sytuacji. Każdy z tych stanów ma swój niepowtarzalny charakter, ale łączy je jedno – że dokonują się w nich wielkie, przełomowe zmiany i – w związku z tym – opracowanie jednego, sztywnego planu ich rekonstrukcji, ze wszystkimi niuansami i gwarancjami, mijałoby się z celem. Tak, tak. Realizacja planu nieelastycznego byłaby porażką, dodatkowym zagmatwaniem spraw i zarzewiem kolejnych konfliktów. Należy zachowywać tylko najistotniejsze jego punkty.

Być może w obecnej „sytuacji", jak się o tym powszechnie mówi – być może moim obowiązkiem będzie obwieszczenie nowych decyzji dotyczących mieszkańców Południa. Rozważam to i z pewnością uczynię wszystko, co uznam za konieczne.

PRZEŁ. ELŻBIETA ŻELAZNA

ELIZABETH CADY STANTON **wraz ze swoim mężem, Henrym Stantonem zaangażowała się w ruch na rzecz zniesienia niewolnictwa. Razem z innymi sufrażystkami wzięła udział w kongresie przeciwników niewolnictwa w Londynie, ale jako kobieta nie miała tam prawa głosu. Sufrażystki zrozumiały wówczas, że aby mieć wpływ na rzeczywistość, muszą najpierw wywalczyć sobie prawa obywatelskie. W lipcu 1848 r. z inicjatywy Stanton i Lucretii Mott odbył się w Seneca Halls kongres kobiet. Tam właśnie zainicjowano ruch kobiecy, a Elizabeth Cady Stanton stanęła na jego czele. W manifeście, jaki został wówczas ogłoszony, sufrażystki postulowały: „Zważywszy na całkowite wyjęcie spod prawa połowy ludności tego kraju, jej socjalną i religijną degradację ze względu na niesprawiedliwe prawa, obstajemy za bezwarunkowym dopuszczeniem kobiet do przynależnych im praw jako obywatelek Stanów Zjednoczonych".**

W XIX w., kiedy emancypantki domagały się równych praw, były często odsyłane do Biblii, a dokładniej do tych jej fragmentów, które sankcjonują podrzędną rolę kobiety. Stanton wraz ze współpracownicami wydała *Biblię kobiet*, zawierającą nowe tłumaczenie Pisma Świętego z komentarzami wskazującymi, że Biblia, od Księgi Rodzaju poczynając, jawnie dyskryminuje kobiety.

Elizabeth Cady Stanton była przywódczynią ruchu kobiecego w Stanach Zjednoczonych przez 50 lat. Amerykanki wywalczyły prawa wyborcze w 1920 r. (Joanna Podgórska)

Elizabeth CADY STANTON
1815–1902, amerykańska aktywistka ruchu praw kobiet i abolicjonistka, jedna z założycielek i najwybitniejszych działaczek Ruchu na rzecz Równouprawnienia Kobiet.

ELIZABETH CADY STANTON

O DESTRUKCYJNYM PIERWIASTKU MĘSKIM

NA KONWENCJI PRAW WYBORCZYCH KOBIET, WASZYNGTON, 19 STYCZNIA 1869

[...] Nalegam na uchwalenie XVI Poprawki[1], ponieważ „męskie prawo wyborcze", czyli sprawowanie rządów przez mężczyzn, prowadzi do obywatelskiej, religijnej i społecznej dezorganizacji. Pierwiastek męski jest siłą destrukcyjną, samolubną, surową, szukającą splendoru, miłującą wojnę, przemoc, podboje, zdobycze, siejącą tak w materialnym, jak

1 W 1868 przyjęto XIV Poprawkę do Konstytucji USA, w której definiowano obywatela jako mężczyznę, co wywołało sprzeciw sufrażystek. W czasie kiedy odbywała się konwencja, przez procedury parlamentarne przeszła XV Poprawka (zatwierdzona w 1870), zakazująca m.in. dyskryminacji ze względu na rasę i przyznająca tym samym prawa wyborcze czarnym mężczyznom. Stąd postulat XVI Poprawki podnoszony przez feministki. Postulat ten został zrealizowany dopiero w 1920 r., w postaci XIX Poprawki, zakazującej dyskryminacji wyborczej ze względu na płeć.

i w moralnym świecie niezgodę, nieporządek, chorobę i śmierć. Spójrzcie tylko, jaki rejestr przelewu krwi i okrucieństwa ujawniają stronice historii! Wspomnijcie na to wszystko, na niewolnictwo, rzezie i ofiary, na śledztwa i wtrącanie do więzień, na męki i prześladowania, na ustawy ograniczające prawa byłych niewolników po wojnie secesyjnej i na różne mroczne wierzenia, przez które od stuleci przedzierał się duch ludzkości, podczas gdy miłosierdzie zasłaniało sobie twarz, a wszystkie serca były znieczulone na miłość i nadzieję!

Pierwiastek męski dotychczas triumfował; od początku panoszył się z całą mocą, przytłaczając wszędzie pierwiastek kobiecy, miażdżąc wszelkie boskie cechy ludzkiej natury, aż wreszcie okazało się, jak niewiele wiemy o prawdziwej naturze mężczyzn i kobiet, a o tej ostatniej prawie nic zgoła, ponieważ aż do ubiegłego stulecia jej siła nie była właściwie uznawana. Społeczeństwo jest niczym więcej jak odbiciem samego mężczyzny, niezmąconym przez kobiecą myśl; jesteśmy prowadzone żelazną ręką zarówno w kościele, w państwie, jak i w domu. Nikogo nie powinna dziwić dezorganizacja ani niespójność wszystkiego, co nas otacza, kiedy sobie przypomnimy, że mężczyzna, który stanowi jedynie połowę kompletnego stworzenia i ma tylko połowiczny pogląd na każdy temat, podporządkował swej absolutnej kontroli wszystkie ziemskie sprawy.

Ludzie sprzeciwiają się żądaniom tych, których chętnie określają mianem nieugiętych, gdyż twierdzą, że „prawo wyborcze uczyni kobiety męskimi". W tę właśnie trudność jesteśmy dziś wszyscy uwikłani. Chociaż pozbawione praw obywatelskich, mamy niewiele kobiet w podstawowym sensie tego słowa; są one po prostu odbiciami, odmianami i rozcieńczeniami rodzaju męskiego. Silne, naturalne cechy kobiece są tłumione i ignorowane, co prowadzi do uzależnienia, ponieważ dopóki mężczyzna zapewnia kobiecie pożywienie, dopóty będzie się ona starała zadowalać dawcę i dostosowywać się do jego warunków. Aby zachować jakiś punkt oparcia w społeczeństwie, kobieta musi być tak podobna do mężczyzny, jak to tylko możliwe, odzwierciedlać jego myśli, opinie, zalety, motywy, uprzedzenia i wady. Musi szanować uchwalone przez niego ustawy, mimo że odzierają ją ze wszystkich należnych jej praw i są sprzeczne z najwyższym prawem, wpisanym palcem Bożym w jej własną duszę. Musi patrzeć na wszystko z perspektywy pieniądza, jeśli nie chce być niepoprawną romantyczką. Musi godzić się z sytuacją i radzić sobie z nią jak najlepiej. Zarzucono by jej sentymentalizm, gdyby użalała się nad niedolą innych, ubóstwem nędzarzy, ich ciężkim losem w więzieniach i zakładach dla obłąkanych, nad okropnością wojen, okrucieństwem i wszelkimi przejawami brutalności. Plotłaby bzdury, gdyby protestowała przeciwko intrygom, łapówkarstwu i korupcji w życiu publicznym oraz gdyby życzyła sobie, aby jej synowie pracowali w takiej dziedzinie, w której nie trzeba kłamać, oszukiwać i wykazywać się twardym, bezlitosnym egoizmem.

Tak oto mężczyzna nakłaniał kobietę do wyznawania jego poglądów poprzez bezpośrednie i pozytywne oddziaływanie, podczas gdy ona sama, jeśli nie posługiwała się negacją, używała pośrednich środków sprawowania nad nim kontroli i w większości wypadków rozwijała zarówno w nim, jak i w sobie samej te właśnie cechy, które musiały być tłumione. I teraz sam mężczyzna jest przerażony rezultatami własnych ekscesów i gorzko opłakuje ów fałsz, egoizm i przemoc, które stały się prawem życia. W tej godzinie potrzebujemy nie nowych obszarów, nie kopalń złota, kolei żelaznych czy gotówki, lecz nowej ewangelii kobiecości, która wysławiałaby czystość, cnotę, moralność i prawdziwą religię, aby dźwignąć człowieka ku wyższym sferom myśli i czynów.

Domagamy się prawa wyborczego dla kobiet, jako pierwszego kroku w stronę uznania tego niezwykle istotnego pierwiastka w rządzeniu państwem, który może zapewnić narodowi zdrowie, siłę i dobrobyt. Wszystkie działania na rzecz wyniesienia kobiet na należną im pozycję pomogą wprowadzić rasę ludzką w nową epokę pokoju i doskonałości.

Gdy mówię o pierwiastku męskim, nie chcę, by mnie źle zrozumiano. Nie sądzę, że wszyscy mężczyźni są twardzi, egoistyczni i brutalni; wielu najwspanialszych ludzi, jakich znał świat, było mężczyznami. Odnoszę się raczej do tych cech – przejawiających się zresztą także u kobiet – które wyróżniają tak zwaną płeć silniejszą. Dla przykładu, upodobania do bogacenia się i podbojów, torujące drogę cywilizacji, gdy się je stosuje wobec ziemi, morza, żywiołów, bogactw i sił przyrody, stają się siłami destrukcji, gdy służą ujarzmieniu jednego człowieka przez drugiego lub poświęcaniu narodów w imię jakichś ambicji.

I tutaj ten wielki opiekun, jakim jest kobieca miłość, gdyby mu pozwolono dojść do głosu, orędując za wolnością, przeciwko uciskowi, przemocy i wojnie, powstrzymywałby wszystkie te destrukcyjne siły, ponieważ kobiety lepiej znają koszt życia niż mężczyźni, i wówczas bez ich zgody nie zostałaby przelana nawet jedna kropla krwi, nie poświęcono by na próżno ani jednego życia.

W świecie przyrody, w którym panuje przemoc i zamęt, obserwujemy nieustanne próby zachowania równowagi sił. Przyroda, jak kochająca matka, zawsze stara się utrzymać lądy i morza, góry i doliny, każde na swoim miejscu, poskromić wściekłe wichry i fale, pogodzić skrajności upału i zimna, deszczu i suszy, tak aby pokój, harmonia i piękno mogły niepodzielnie rządzić. Istnieje uderzająca analogia między materią a umysłem, obecna zaś dezorganizacja, jaką obserwujemy w społeczeństwie, stanowi ostrzeżenie, że detronizując kobietę, uwolniliśmy te elementy przemocy i zniszczenia, które jedynie ona może okiełznać. Jeśli cywilizacja naszej epoki wezwie do rozszerzenia prawa wyborczego, to z pewnością rząd składający się z najbardziej prawych i wykształconych mężczyzn i kobiet lepiej reprezentowałby całość i chronił interesy wszystkich, niż mogliby to czynić przedstawiciele jednej tylko płci.

PRZEŁ. MONIKA BEYER

OTTO von BISMARCK **widział w działalności antypruskiej, katolickiej opozycji konserwatywną i „szkodliwą dla Rzeszy" alternatywę dla jego własnej polityki. Pojęcie Kulturkampfu oznaczało początkowo ograniczenie wpływu Kościoła rzymskokatolickiego na politykę. Bismarck potępił tworzenie frakcji politycznych według klucza wyznaniowego. Oskarżył ponadto stronnictwo katolickie, że dba nie o interes państwa, lecz Kościoła. Jednym z powodów konfliktu był dogmat o nieomylności papieża oraz ogłoszenie w 1864 roku przez Piusa IX *Syllabus Errorum* – listy 80 tez, uznanych przez Kościół za błędne. Efektem tej konfrontacji było m.in. wprowadzenie ślubu cywilnego i uchwalenie tzw. ustawy o tacy, likwidującej wszelkie państwowe dotacje dla Kościoła w Niemczech – w konsekwencji wprowadzono obowiązujący po dziś dzień podatek kościelny. Bismarck próbuje tu sprawić wrażenie nieprzygotowanego – mimo to jego mowa ma cechy szczegółowo zaplanowanego wystąpienia.** (ts)

OTTO VON BISMARCK

KULTURKAMPF

W PRUSKIEJ IZBIE DEPUTOWANYCH, 30 STYCZNIA 1872

Byłem przekonany, że w dzisiejszej debacie będę mógł brać udział wyłącznie jako słuchacz i że ograniczy się ona wyłącznie do spraw urzędowych i formalnych, bez poruszania tak szerokich zagadnień politycznych[1], jak to uczynił w swojej mowie mój szanowny przedmówca.[2] Jest to jedyna z wszystkich przedmów, jaką słyszałem, ponieważ ważne sprawy zatrzymały mnie w pałacu i z tego powodu przybyłem później, niż zamierzałem. Ta mowa zmusza mnie jednak do powiedzenia już dzisiaj kilku słów o stanowisku rządu wobec tego, co właśnie usłyszałem.

Mój szanowny przedmówca wyraził w ciepłych słowach życzenie, abyśmy przywrócili w kraju pokój wyznaniowy, który nie był przedtem zakłócany, i abyśmy mogli w zgodzie, jaką nam ten pokój dawał, pracować nad wspólnym dziełem. Chciałbym się odwołać do osobistej, ale mimo to ostrej i prawidłowej oceny mojego szanownego przedmówcy, z zapytaniem, czy jego mowa może naprawdę służyć sprawie pokoju i czy jest nakierowana na jego przywrócenie (*Racja!*).

1 Król Wilhelm I zgodził się 8 VII 1871 na rozwiązanie, z inicjatywy Bismarcka, wydziału katolickiego w ministerstwie ds. wyznań.

2 Bezpośrednio przed Bismarckiem przemawiał Ludwig Windhorst (1812–1891), niemiecki prawnik i polityk z Hanoweru, współzałożyciel i przewodniczący katolickiej Partii Centrum, po zjednoczeniu Niemiec przeciwnik Bismarcka.

Mój szanowny przedmówca nie osądzał jednak swoich przeciwników z chrześcijańską łagodnością, a we własnej sprawie nie mówił z chrześcijańską pokorą; nie mogę nawet przyznać, że przedstawił fakty zgodnie z prawdą, którą wszystkie religie stawiają na czele swoich zaleceń. Kiedy wchodziłem, mój szanowny przedmówca powiedział: pana „nie" nie może być dowodem, on natomiast za pełny dowód dla całej masy faktów przedstawił jedynie własne „ja", nie poparte niczym innym, jak tylko własnym twierdzeniem, na które muszę odpowiedzieć jego słowami: nie uważam go za prawdziwe, dopóki nie zostanie poparte dokumentami (*Wesołość*).

Teraz przejdę do zarzutów pod adresem rządu, które usłyszałem, wchodząc do sali, jakoby w ministerstwach i wśród radców ministerialnych oraz na innych stanowiskach rządowych katolicy nie byli w wystarczającym stopniu reprezentowani w stosunku do liczby obywateli tego wyznania. Odrzucam w imieniu rządu jakikolwiek obowiązek przeprowadzenia spisu ludności według wyznania (*Racja!*).

Jeśli miałoby być prawdą, co mój szanowny przedmówca napomknął, co potwierdzają nieliczne znane mi fakty, które ja chciałbym uznać za prawdziwe, bo zostały ujawnione, że którać ze stron przeprowadziła spis pod tym kątem, to mogę tylko stwierdzić, że stało się to bez wiedzy i woli rządu państwa, za którego najdostojniejszego przedstawiciela się uważam. Mogło się zdarzyć, że „biuro statystyczne"[3] przeprowadziło spis pod tym kątem. Mogę jedynie powiedzieć, że statystycy przeprowadzają wiele spisów, których bym nie organizował i których cele są mi całkowicie obce (*Wesołość*).

To samo dotyczy niezawisłości, jaką dysponują nasze instytuty naukowe, a więc pozostawiam mojemu szanownemu przedmówcy udowodnienie twierdzenia o badaniach statystycznych; zaprzeczam jednak, aby rząd brał w tym udział.

Jeśli mój szanowny przedmówca gani fakt, że w rządzie nie ma katolika, to ja ze swej strony bardzo nad tym ubolewam; chętnie powitałbym katolickiego kolegę. Ale jak sprawy obecnie się mają, to w państwie konstytucyjnym potrzebujemy rządu większościowego, który popiera w całości naszą politykę.

Czy mój szanowny przedmówca jest przekonany, że gdybyśmy wybrali rząd z frakcji, do której on należy[4], to wtedy mielibyśmy poparcie większości? Wątpię w to. Rząd bez pewnej homogeniczności nie utrzymałby się w obecnych czasach, bo chociaż stosunki między ministerstwami są dość luźne, to w Prusach ponosimy wspólną odpowiedzialność; ja jestem odpowiedzialny za to, co robi pan minister wyznań, a pan minister wyznań musi podać się do dymisji, jeśli nie chce przejąć odpowiedzialności za to, co ja robię. Musimy więc wypracować zrozumienie dla spraw drugoplanowych. Frakcja, do której mój przedmówca należy, sama przyczyniła się do tego, że oddzielenie wyznaniowego punktu widzenia w sprawach politycznych zostało utrudnione (*Racja!*).

Ze stanowiska dworu królewskiego obserwuję jako coś niedopuszczalnego na gruncie politycznym, że w politycznym zgromadzeniu utworzyła się frakcja wyznaniowa, frakcja, naprzeciwko której – jeśli mamy dla innych wyznań przyjąć te same zasady – powinna sta-

3 Założone w 1805 w ramach reform Steina i Hardenberga.
4 Tzn. partii Centrum.

nąć całość frakcji ewangelickiej. Wtedy jednak znaleźlibyśmy się na grząskim gruncie, gdyż uczynilibyśmy teologię przedmiotem dyskusji na forum zgromadzenia publicznego (*Racja! Prawda! Niepokój na sali*).

To był wielki błąd polityczny, jaki popełnili panowie reprezentujący punkt widzenia mojego przedmówcy, w ogóle tworząc tę frakcję, która jest frakcją czysto wyznaniową na czysto politycznym gruncie, grupując swoich współwyznawców z różnych frakcji i zmuszając ich różnymi, stojącymi im do dyspozycji środkami, do przyłączenia się do nich (*Racja!*).

Moi panowie, zmuszacie mnie do odwołania się do historii stanowiska rządu w tych sprawach. Mój szanowny przedmówca sam zapowiedział dalsze publikacje na ten temat, pragnę więc mu to ułatwić (*Wesołość*).

Wraz z domem królewskim hołduję zasadzie, że każda religia u nas musi mieć swobodę poczynań i wiary. Dotychczas nie wyciągałem konsekwencji z tego, że wyznawcy każdej religii powinni zostać policzeni, i odpowiednio do tego być reprezentowani w stanie urzędniczym. Ostatnio dla usprawiedliwienia ruchów, które nie są całkiem wolne od wpływów wyznaniowych, sformułowano nawet tezę, że wśród górali[5] brak równości wszystkich wyznań jest z oporami przyjmowany przez robotników... (*Wielka wesołość*) ...i wymaga usprawiedliwionych zmian. Tak dalece posuwa się mój przedmówca. Gdzie ma się to zakończyć? Zaczynamy od rządu; należało by policzyć nadprezydentów[6] – nie wiem, jak kształtuje się proporcja, sądzę, że w stosunku 4 do 7, ale ja nie chcę tego wiedzieć... (*Wesołość*) ...musimy policzyć również urzędników we wszystkich instytucjach rządowych. Do tego dochodzi fakt, że ewangelicy nie stanowią monolitu. Nie można przeciwstawić elementów ewangelickich katolickim; zjednoczony Kościół pruski[7], Kościół luterański[8], Kościół zreformowany[9] mają takie same prawa, jak Kościół katolicki. Jeśli mamy pokroić państwo na wyznaniowe kawałki, z których każde wyznanie otrzyma swoją proporcjonalną część, to należy wziąć pod uwagę znaczną liczbę ludności żydowskiej, z której większość odznacza się wybitną inteligencją i zdolnościami do służby państwowej (*Wielka wesołość*).

Jeśli jednak frakcja mojego przedmówcy ukonstytuowała się politycznie na gruncie wyznaniowym i swoją postawę polityczną uzależnia od wyznania po to, żeby zawrzeć pokój z państwem, to mogę jedynie zadać pytanie: czy można dążyć do pokoju, demonstrując siłę? Po powrocie z Francji nie mogę ocenić utworzenia tej frakcji inaczej jak tylko mobilizację partii przeciwko państwu (*Racja!*).

Zadałem sobie pytanie, czy to kłotliwe ugrupowanie, które bez wątpienia chce usunąć zwolenników rządu z ich stanowisk i wywiera naciski, aby całkiem nieznani ludzie, którzy

5 Niem. Bergpatei, franc. Montagnard; termin ten, sięgający czasów rewolucji francuskiej, oznacza radykałów (w parlamencie zasiadali w górnych ławach). Bismarck nazywa tak partię liberalnej lewicy – Partię Postępu (*Fortschrittpartei*).

6 Nadprezydent (*Oberpräsident*), najwyższy przedstawiciel państwa pruskiego w prowincji.

7 Powstał 27 IX 1817 na mocy zarządzenia króla Fryderyka Wilhelma III. W skład unii weszły gminy luterańskie i refomowane w ośmiu dawnych prowincjach pruskich. Część luteran (tzw. gminy staroluterańskie) później wyszła z wymuszonej unii.

8 Pozostał w prowincjach Hanower, Szlezwik-Holsztyn i Lauenburg oraz we Frankfurcie.

9 Krajowy Kościół zreformowany pozostał w Hanowerze, we Frankfurcie i Dolnej Saksonii pozostały gminy zreformowane.

nigdy nie byli widziani w okręgach wyborczych, zostali przeforsowani podczas wyborów na rozkaz z góry – czy takie ugrupowanie będzie chciało współpracować z rządem i mu pomóc, czy może będzie go atakować? Zacząłem w to powątpiewać, kiedy dowiedziałem się, jakich ludzi wybrano do kierowania frakcją i kiedy ujrzałem na jej czele tak agresywnego posła jak mój przedmówca, który według mojego rozeznania – a jestem uprawniony i zobowiązany do składania informacji o moich wrażeniach, ponieważ stanowisko rządu wobec frakcji jest w dużej mierze uzależnione od kierunku politycznego jej przywództwa – jest posłem od początku niechętnie nastawionym do przystąpienia do pruskiej wspólnoty z powodów, które rozumiem i szanuję. Nigdy nie dał dotychczas do zrozumienia przez swoją postawę i ton swoich wystąpień, że tę niechęć przezwyciężył. Poseł, co do którego jeszcze dzisiaj powątpiewam, czy restauracja Rzeszy Niemieckiej jest mu miła w obecnej formie – *sint ut sunt aut non sint*[10] – czy chce zaakceptować kształt niemieckiej jedności, czy może wolałby, aby jej wcale nie było. Co do tego mam w dalszym ciągu wątpliwości.

Po powrocie z Francji[11] odnosiłem wrażenie i byłem przekonany, że w Kościele katolickim będziemy mieli podporę rządu – być może niewygodną i wymagającą ostrożnego traktowania; martwiłem się o to, jak powinniśmy zacząć od strony politycznej, żeby zaspokoić *exigeante*[12] przyjaciół, abyśmy mogli z nimi długo współpracować i mogli przy tym zachować kontakt z większością w kraju. Ta troska zajmowała mnie, mogę powiedzieć: w pierwszej linii, kiedy tylko zwracałem się w kierunku tych spraw. Naprawdę zostałem zaskoczony postawą, jaką ta zmobilizowana armia przyjęła (*Wesołość*).

Podczas pierwszego posiedzenia Reichstagu powstrzymywałem się jeszcze skrupulatnie od wyrażania opinii w tych sprawach, powiedziałem sobie, że są one zbyt poważne, poczekam, jak się ta partia rozwinie, przyjaźnie czy wrogo – po prostu milczałem. Ale druga strona nie milczała.

Kiedy wróciłem z Francji, musiałem się dowiedzieć, jakich środków użyto podczas wyborów, aby przeforsować sukces tej nowej partii. Mieliśmy nadzieję pozyskać w głęboko katolickiej partii podporę dla rządu, która oddaje cesarzowi, co cesarskie i próbuje podtrzymać szacunek dla rządu we wszystkich kręgach, a szczególnie w grupach społecznych mniej wyrobionych politycznie, nawet w przypadku, gdy panuje przekonanie, że rząd się myli. Ze smutkiem i zdziwieniem dowiedziałem się, że przemówienia wyborcze, które są po większej części drukowane, te produkty prasy oddziałujące na wyborców i odwołujące się do uczuć masy wyborców z niższych klas, nie zrobiły nic, aby usprawiedliwiać błędy popełnione przez rząd z powodu przeoczeń, lecz bardzo surowo naświetlały po stronie naszego rządu wszystko, co było naganne i spowodowane ludzką niedoskonałością; natomiast nie znalazłem nigdy w tych mowach wyborczych nic dobrego o pruskim rządzie, nic, co mogłoby wzbudzać wobec niego uznanie. Niemniej jednak muszę przyjąć na podstawie świadectw panów posłów, że staropru-

10 Niech będą tacy, jacy są [albo niech ich nie będzie wcale]; generał zakonu jezuitów Lorenzo Ricci (1703–1775) o reformie zgromadzenia.

11 Bismarck przebywał we Francji wraz z królem (cesarzem) Wilhelmem I podczas wojny francusko-pruskiej.

12 Wymagających.

skie instytucje[13] – staropruskie to nie jest właściwe określenie, lecz nowopruskie – w swojej obecnej formie zostały przyjęte przez Kościół katolicki z aprobatą i uznane za pożyteczne, bo gwarantują mu powszechny szacunek i wygodną pozycję. Najwyższe świadectwo Jego Świątobliwości papieża, świadectwa biskupów przekonały nas o tym, że są z nas zadowoleni, a my spodziewaliśmy się, że to zadowolenie wyrazi się w jakimś stopniu we wpływie na zwykłego człowieka, jak to się zwykle odbywa z kazalnicy czy przed konfesjonałem, a jak widzę, to jest wręcz odwrotnie. Z jednej strony widzę, jak Kościół domaga się pruskich instytucji dla całej Rzeszy, jednak szaremu człowiekowi przedstawia je w nie całkiem korzystnym świetle. Naszły mnie więc wątpliwości i uczyniłem krok wstecz. Jak później stwierdziłem, to ta frakcja, o której mówiłem, z ochotą wchłonęła w Reichstagu te elementy, które z niekwestionowanych przeze mnie i inne strony motywów, były notorycznie przeciwne państwu pruskiemu i Rzeszy i dzięki nim się wzmocniła. Przyjęła w swoje szeregi protestantów, którzy z tą partią nie mieli nic wspólnego[14], poza wrogością wobec Rzeszy Niemieckiej i Prus, co znalazło uznanie i aprobatę u tych partii, które czy to z pobudek narodowych, czy rewolucyjnych są wrogo nastawione wobec państwa – jest to wspólnota, którą, panowie posłowie, z gruntu byście odrzucili, teraz jednak, może wbrew własnej woli, natknęliście się na nią na drodze, którą szliście – w mojej trosce coraz bardziej utwierdzałem się w przekonaniu, że dojdzie do tej pożałowania godnej sytuacji, w jakiej się obecnie znajdujemy.

Szanowny przedmówca, o ile dobrze zrozumiałem, wysunął jako główny powód zarzutu braku parytetu w stosunkach w państwie, likwidację wydziału katolickiego w ministerstwie wyznań.

Moim zdaniem, wydział katolicki miał pełną rację bytu w państwie absolutystycznym, ponieważ król, jako ostatnia instancja decydująca we wszystkich sprawach, pragnął również usłyszeć opinię kompetentnych katolików w sprawach katolicyzmu i z obsadzania stanowisk ministerialnych radcami z poszczególnych wyznań uczynił nawet regułę, co było łatwe do przeprowadzenia.

Kiedy teraz przeszliśmy do form konstytucyjnych, to znaleźliśmy się moim zdaniem w konflikcie z konstytucyjną zasadą, według której dostęp do pewnych stanowisk politycznych w urzędach publicznych został uzależniony od przynależności do danego wyznania (*Racja! Z lewej strony*), podobnie zresztą jak sama przynależność ministrów do któregoś z wyznań nie może decydować o tym, czy katoliccy ministrowie muszą być powoływani według klucza kwotowego, czy nie. Jeśli tak ma być, to nie można dalej tolerować ministerialnej odpowiedzialności w tej sprawie. Albo minister ma obowiązek postępowania zgodnie z poglądami swoich katolickich radców, a wtedy nie może ponosić konstytucyjnej odpowiedzialności za część swoich obowiązków urzędowych, albo tego obowiązku nie ma i wtedy nie ma potrzeby grupowania tych radców w specjalne wydziały, które statutowo muszą

13 Mowa tu o wniosku partii Centrum o przyjęciu rozwiązań konstytucji pruskiej w konstytucji Rzeszy, przede wszystkim ze względu na wyraźnie potwierdzone gwarancje wolności religijnej.

14 W rzeczywistości ci tzw. *Alibiprotestanten* nigdy nie zmieniali barw przynależności partyjnej z powodów wyznaniowych. Jedynym prominentnym działaczem wśród nich był chrześcijański konserwatysta, Ernst Ludwig von Gerlach (1795–1877).

wyznawać określone poglądy. Jest to więc ograniczenie konstytucyjnej odpowiedzialności albo całkiem bezużyteczna instytucja, kiedy minister na koniec będzie musiał powiedzieć: chętnie spełniłbym panów życzenie, ale moja konstytucyjna odpowiedzialność względem większości parlamentarnej mi na to nie pozwala. Nie będę się wypierał, że odnoszę wrażenie – nie oskarżając nikogo o postępowanie wbrew własnemu sumieniu – że kierunek, w jakim zmierzał wydział katolicki, uległ degeneracji. Został on pierwotnie stworzony po to, aby mieć urzędników państwowych, którzy głównie zajmowaliby się reprezentowaniem interesów państwa wobec Kościoła katolickiego – w przyjazny sposób, jak to jest w zwyczaju pomiędzy dwiema zaprzyjaźnionymi siłami. W końcu przybrał on jednak taki charakter, że według mojego rozeznania reprezentował wyłącznie interesy Kościoła wobec państwa i przeciwko państwu. Z tego powodu już przed trzema lub czterema laty w rozmowie z Jego Królewską Wysokością okazyjnie poprosiłem o rozpatrzenie, czy nie byłoby korzystniej, gdybyśmy w miejsce wydziału mieli nuncjusza papieskiego, o którym każdy wie, kogo on reprezentuje i co należy do jego obowiązków i wobec którego należy zachować odpowiedni dystans, jaki przysługuje dyplomatom, a on ze swej strony będzie w stanie powiadomić swojego kościelnego suwerena o wrażeniach, jakie rzeczywiście odnosi, bez instancji pośredniej i bez przekłamań. Zaproszenie nuncjusza uważałem za znacznie korzystniejsze i bardziej celowe od wydziału katolickiego, jednak nie miałem odwagi postępować dalej w tym kierunku, ponieważ ze strony wyższej instancji, a także ze strony opinii publicznej natrafiałem na ostry sprzeciw. Czy w końcu mimo wszystko nie zdecydujemy się na takie rozwiązanie, pozostawiam dalszemu biegowi historii, kiedy przejdzie ona na pokojowe tory. Ale zawsze uważałem za pożyteczną zasadę, która mówi: być przyjacielem przyjaciela i – nie chcę powiedzieć, wrogiem wroga – ale przeciwnikiem przeciwnika, pójście na ustępstwa w obecnej sytuacji przypomina mi starą bajkę o wędrowcu, jego płaszczu, słońcu i wietrze.

Poza tym sytuacja uległa zaostrzeniu nie tylko poprzez powstanie tej wyznaniowej frakcji, lecz także z powodu niespotykanej w naszych debatach gwałtowności wypowiedzi, szczególnie prasowych. Mój szanowny przedmówca dystansował się – stosownie do zwyczajów Izby – od tonu i języka wypowiedzi prasowych, ale i jego wystąpienia nie mogę uznać za pozbawione gwałtowności. Ubolewam nad tym, bo w sprawach politycznych tak delikatnej natury, jakimi są sprawy religii, gwałtownością daleko nie zajdziemy. Mój przedmówca wypowiadał się o prasie rządowej. Nie sądzę, aby to pojęcie przedstawił właściwie. Za organy rządowe uznał niezależne gazety, które, jeśli to jest zgodne z ich interesami, publikują komunikaty rządowe w ich oryginalnej formie, inne natomiast przycinają je na swoją modłę. Każda gazeta publikuje chętnie wiadomości, również polemiki, jeśli są dobrze napisane; w tym celu udostępniają swoje czyste szpalty, ale powtarzam po raz kolejny z rzędu: każda gazeta, za którą w całości odpowiedzialny byłby rząd, byłaby nudna niczym monitor rządowy, nie mogłaby mieć własnego odcienia i byłaby organem służącym wyłącznie do publikowania urzędowych notatek, ale nie taką, która znajduje abonentów.

Gwałtowność wystąpień prasowych zrobiła na mnie jeszcze dodatkowe wrażenie, że poprzez wszystkie deklaracje polemiczne na obecnym etapie wytworzył się pewien rodzaj solidarności.

Wydawany tutaj organ „Germania"[15], którego nie jestem czytelnikiem, ponownie zadeklarował – jak mnie poinformowano – swoją solidarność z prasą bawarską, z „Volksbote", „Vaterland"[16] – krótko mówiąc, z gazetami francuskojęzycznymi, wrogimi Niemcom i starą prasą Związku Reńskiego w katolickim płaszczyku. Ten poważny regionalny organ przyznaje się nie tylko do kolegialnej solidarności z wymienionymi gazetami, lecz – jak sobie przypominam – oświadczył wyraźnie, że uznaje je za przedstawicieli wyznawanego przez siebie kierunku (*Deputowany Reichensperger*[17]*: Nie uznajemy!*).

Nie poprawia mi to nastroju, kiedy to czytam, obawiam się jednak, że panowie będą dalej szli w tym kierunku, ale mam nadzieję, że w nadchodzącym czasie złagodzone stanowisko, jakie wyczuwam w innych miejscach, tylko nie w tej frakcji... (*Wesołość*) ...weźmie górę i zawrócimy z tej nieszczęsnej drogi wzajemnych wymysłów i zarzutów, ale nie mogę zaprzeczyć, że wspólny front różnych organów prasowych, ta ich wewnętrzna konsolidacja, sięgająca aż za granicę, np. do Genewy, umocniła mnie w przekonaniu, że ta cała mobilizacja, o której na początku wspomniałem, nie nastąpiła z przyjaznych dla rządu pobudek. Rząd jest tym samym zmuszony się bronić i będzie to robił. Uznam to za wielki postęp i proszę panów deputowanych o to – sam będę się starał postępować podobnie – abyśmy zrezygnowali z gwałtowności w dyskusjach, z tych wzajemnych oskarżeń; spróbujmy znaleźć spokojniejsze wyjście na polu politycznym z tego nieszczęsnego dla ojczyzny zacietrzewienia w dyskusjach teologicznych. Rząd pragnie z całych sił, a sądzę, że nikt w to nie może wątpić, aby wszystkie wyznania, a przede wszystkim tak szanowana i wielka z racji liczby wyznawców religia katolicka, mogły korzystać w granicach tego państwa z pełnej swobody.

Nie możemy stwierdzić, aby jej władza sięgała poza jej obszar, ale sądzę, że spór dotyczy raczej ekspansji dążeń hierarchii kościelnej niż obrony jej stanu posiadania (*Racja!*).

Jednak drogą wyjścia nie mogą być małostkowe decyzje administracyjne czy szykany, a ja osobiście wyrażam żal z powodu „sprawy braunsberskiej"[18], nawet jeśli weźmiemy pod uwagę stopień trudności, z jakim związana jest każda zmiana w prawodawstwie łącznie z najdrobniejszymi szczegółami, oraz z powodu gwałtowności i agresji przeciwnej strony, które muszą prowadzić do konfliktów prawnych. Ustawy państwowe zabraniają przenoszenia na biskupa Kościoła katolickiego uprawnień do zwalniania urzędnika państwowego. W takim przypadku kolizja pomiędzy prawem kościelnym, jakie się do dnia dzisiejszego ukształtowało, a obowiązującym obecnie prawem państwowym była na płaszczyźnie prawnej nie do uniknięcia. To jest konflikt, którego rozwiązanie, i to w możliwie jak najzręczniejszy sposób, uważam za zadanie dalszych prac ustawodawczych i jestem przekonany,

15 Centralny organ Partii Centrum.

16 „Bayerischer Volksbote", „Das Bayerische Vaterland" – bawarskie pisma katolickie.

17 W parlamencie Rzeszy zasiadało dwóch deputowanych o tym nazwisku, August Reichensperger (1808–1895) i jego młodszy brat Peter (1810–1892). Obaj reprezentowali Partię Centrum.

18 W 1871 w katolickim gimnazjum w Braunsbergu (dziś: Braniewo) nauczyciele zajęli stanowisko przeciwne dogmatowi o nieomylności papieża. Ówczesny biskup warmiński, Philipp Krementz, nałożył ekskomunikę na dyrektora, a kapelana uczącego religii obłożył klątwą. Ponieważ ministerstwo ds. wyznań odmówiło zwolnienia nauczycieli, a z drugiej strony rząd obstawał przy obowiązku uczestniczenia katolickich uczniów w nauczaniu religii, 112 z 251 uczniów zrezygnowało z lekcji.

że nowy minister wyznań zajmie się tym pilnie i z zaangażowaniem. Rząd jest daleki od wszczynania sporów dogmatycznych na temat przemian i deklaracji, jakie mogą następować w obrębie dogmatów Kościoła katolickiego; każdy dogmat, nawet taki, w który nie wierzymy, a który jest podzielany przez miliony naszych ziomków, musi być w każdym przypadku świętością dla pozostałych współobywateli i dla rządu.

Ale nie możemy zagwarantować urzędom kościelnym prawa do sprawowania części władzy państwowej, a jeśli taką mają, to dostrzegamy potrzebę ograniczania jej w interesie pokoju społecznego... (*Bardzo dobrze! Z lewej strony*) ...abyśmy mieli miejsce obok siebie, abyśmy mogli żyć obok siebie, abyśmy musieli możliwie jak najmniej zajmować się teologią (*Brawo! Z lewej strony*).

Rząd państwa oddala więc zarzuty, jakie mój przedmówca postawił, z takim samym oburzeniem, z jakim on ze swej strony odparł cały szereg zarzutów, bez podania dalszych powodów.

Ale ja mogę bronić w imieniu rządu tylko takiego stanowiska, które mówi, że od rządu państwa wielowyznaniowego nie można się domagać, aby występował w interesie tylko jednego wyznania, obojętnie którego. Wyznaniowe stanowisko może zająć tylko rząd kraju, w którym istnieje religia państwowa. Mój przedmówca wymienia pięć do sześciu wyznań, które rzekomo mają rangę religii państwowej – w tej sytuacji powtarzam: to, czego w związku z tym mógłby domagać się Kościół katolicki, obowiązywałoby również pozostałe wyznania chrześcijańskie i niechrześcijańskie, a mianowicie udział kwotowy po przeprowadzeniu przez biuro statystyczne spisu ludności, po którym należałoby jeszcze stwierdzić, czy wszyscy katolicy ze swej strony zgadzają się na taką kwantyfikację państwa, w co ja nigdy nie uwierzę, gdyż nie zgadzam się z panami z frakcji, kiedy występują wobec rządu państwa z taką pewnością, jakby mieli za sobą większość swoich współwyznawców, kiedy wiadomo, że w swoich wystąpieniach przedwyborczych nigdy nie zagłębiali się w te problemy, nie wspominając już o ich interpretacji prawnej. Odrzucam takie stanowisko i jestem gotów to poprzeć dowodami!

PRZEŁ. HENRYK STANKE

Susan Brownell ANTHONY
(1820–1906), amerykańska bojowniczka o prawa kobiet.

SUSAN B. ANTHONY, urodzona w rodzinie kwakrów, czyli przedstawicieli wspólnoty chrześcijańskiej o nastawieniu wybitnie równościowym, odrzucających hierarchiczne struktury kościelne, należała do pionierek ruchu kobiecego, ale wsławiła się też jako działaczka na rzecz zniesienia niewolnictwa. W założonym przez siebie czasopiśmie głosiła hasło pełnego zrównania praw publicznych mężczyzn i kobiet, w tym praw wyborczych. Za oddanie głosu w wyborach prezydenckich w 1872 roku została ukarana wysoką grzywną, której nigdy nie zapłaciła. Poniższy tekst jest fragmentem odczytu, jaki Anthony wygłaszała w hrabstwach Monroe i Ontario przed rozprawą sądową. (Aszo)

SUSAN B. ANTHONY

PRAWO KOBIET DO GŁOSOWANIA

1873

Przyjaciele moi i współobywatele!

Staję dziś przed wami oskarżona o ciężkie przestępstwo, jakim rzekomo był fakt, iż, nie mając praw wyborczych, oddałam swój głos w ostatnich wyborach prezydenckich. Otóż spróbuję wam teraz udowodnić, że poważywszy się na ten krok, nie tylko nie popełniłam przestępstwa, lecz przeciwnie – po prostu skorzystałam ze swoich niezbywalnych, gwarantowanych bowiem naszą Konstytucją, praw obywatelskich, których żaden ze stanów nie może nikomu odmówić.

[...]

W preambule do Konstytucji czytamy:

„My, Naród Stanów Zjednoczonych, w celu umocnienia Unii, ugruntowania sprawiedliwości, zapewnienia ładu wewnętrznego i środków na wspólną obronę, stworzenia warunków sprzyjających ogólnemu dobrobytowi, zabezpieczenia dla nas i dla potomnych błogosławieństw wolności, ustanawiamy i przyjmujemy tę oto Konstytucję Stanów Zjednoczonych Ameryki".

Stworzyliśmy tę Unię my, naród; nie my, biali obywatele płci męskiej, ani tym bardziej my – obywatele mężczyźni, lecz my – cały naród. A stworzyliśmy ją nie po to, by łaskawie obdzielać błogosławieństwami wolności, lecz by te wszystkim gwarantować; gwarantować wolność nie połowie narodu i połowie naszych potomnych, lecz całemu narodowi – i kobietom, i mężczyznom. Zwykłą kpiną jest wmawianie kobietom, iż oto pławią się w owych konstytucyjnych błogosławieństwach wolności, gdy odmawia się im tego, co zapewnia nasz demokratyczno-republikański ustrój: odmawia się im prawa głosu, czyli jedynego prawa gwarantującego udział w owych błogosławieństwach.

[...]

W przypadku każdego Stanu, który kieruje się podziałami ze względu na płeć, co zawsze skutkuje pozbawieniem praw wyborczych pełnej połowy narodu, oznacza to przyjęcie ustawy o pozbawieniu praw, inaczej mówiąc – ustawy z mocą wsteczną, a to już stanowi pogwałcenie ustawy zasadniczej państwa. Takie dyskryminacyjne stawianie sprawy na zawsze pozbawia kobiety i ich córki udziału w owych błogosławieństwach. Dla nich ustrój ten nie wynika z powszechnej zgody na taki, a nie inny zakres władzy. Dla nich to nie jest demokracja. To nie ich rzecz pospolita. Dla nich jest to odstręczający podział na lepszych i gorszych, nienawistna oligarchia płci i jeszcze bardziej znienawidzone, bezprecedensowe na tej ziemi rządy uprzywilejowanych nad maluczkimi, oligarchia dobrobytu, w której bogaty poniewiera biednym. Można jakoś ścierpieć oligarchię oświeconych, gdzie wykształceni mają władzę nad ciemnotą, czy nawet oligarchię rasową, w której biały rządzi czarnym; lecz oligarchia opierająca się na wyższości płci, gdy w każdym domu rodzinnym ojca, braci, męża, synów stawia się ponad matką i siostrami, żoną i córkami, sprowadza się do tego, iż wszyscy mężczyźni są panami i władcami, a wszystkie kobiety ich niewolnicami – co do każdego domu wnosi niezgodę, rozdźwięki i ostry sprzeciw.

[...]

Wedle definicji Webstera, Worcestera czy Bouviera[1] każdy obywatel Stanów Zjednoczonych to osoba uprawniona do głosowania i zajmowania urzędów.

[...]

Wobec tego pozostaje nam odpowiedzieć sobie na jedno tylko pytanie: czy kobieta jest osobą? Nie wydaje mi się, by którykolwiek z naszych oponentów miał czelność twierdzić, że nie. A skoro kobieta jest osobą, jest też obywatelem i żaden stan nie ma prawa przyjąć nowej czy przywrócić starej ustawy, pozbawiającej ją należnych przywilejów lub swobód. Stąd prosty wniosek, iż wszelkie przejawy dyskryminowania kobiet w postanowieniach konstytucji i ustawodawstwa stanowego nie mają dziś żadnej mocy prawnej, zupełnie tak samo jak ustawy wymierzone w konstytucyjne prawa Murzynów.

[...]

PRZEŁ. HALINA LUBICZ-TRAWKOWSKA

1 Noah Webster (1758–1843), Joseph Emerson Worcester (1784–1865), leksykografowie amerykańscy, twórcy słownika Webstera. John Bouvier (1787–1851), amerykański prawnik, twórca słownika prawnego.

WÓDZ JÓZEF

Hinmaton-Yalaktit, czyli Grom Toczący Się Po Szczytach Gór, 1840–1904, wódz plemienia Nez Percé z Oregonu.

HINMATON-YALAKTIT, zwany przez białych Wodzem Józefem młodszym, stanął na czele plemienia Nez Percé w wieku trzydziestu jeden lat, po śmierci swojego ojca, Wodza Józefa starszego. Józef był wodzem pokojowym największego odłamu tzw. traktatowych Nez Percé, zamieszkujących dolinę Wallowa. Pod naciskiem napływających do doliny białych osadników władze próbowały osadzić jego szczep w rezerwacie Lapwai w Idaho. Wtedy Wódz Józef podjął decyzję o przeniesieniu się razem ze swoim ludem do Kanady. W ciągu jedenastu tygodni, w nieludzkich warunkach, przez górzyste tereny Północnego Zachodu przemierzyli około półtora tysiąca mil. W tym czasie stoczyli trzynaście większych lub mniejszych potyczek. Wojska federalne nie dopuściły do przekroczenia przez nich granicy amerykańsko-kanadyjskiej, jednakże to przede wszystkim śnieg i brak żywności uniemożliwiły im stawianie dalszego oporu. Po bitwie w górach Bear Paw, 5 października 1877 r., wódz Józef poddał się gen. Oliverowi O. Howardowi i gen. Nelsonowi A. Milesowi. Wtedy właśnie wygłosił tę mowę, zapisaną przez wysłannika „Harper's Weekly". Później on i jego czterystu ludzi zostali przewiezieni do fortu Leavenworth w stanie Kansas. Dopiero w 1885 roku połowa z nich powróciła do stanu Washington, wciąż daleko od ojczystej doliny. Wódz Józef zmarł w 1904 roku. Według jego lekarza – z rozpaczy. (katraw)

WÓDZ JÓZEF

MOWA KAPITULACYJNA

5 PAŹDZIERNIKA 1877

Powiedzcie generałowi Howardowi, że znam jego serce, a to, co mi powiedział, noszę w swoim sercu. Zmęczyła mnie walka. Nasi wodzowie zabici. Zwierciadło[1] nie żyje, Too-hool-hool-zote[2] nie żyje. Wszyscy starcy zginęli. Teraz tylko młodzi mówią tak albo nie. Ten, co młodym przewodził[3], nie żyje. Jest zimno, a nie mamy derek. Małe dzieci zamarzają na śmierć. Co do moich ludzi – niektórzy uciekli na wzgórza i nie mają derek ani jedzenia. Nikt nie wie, gdzie są, być może umierają z zimna. Chciałbym mieć czas, by poszukać swoich dzieci i zobaczyć, ile z nich uda mi się odnaleźć. Możliwe, że znajdę je pośród martwych. Posłuchajcie, wodzowie! Jestem zmęczony. Serce mam chore i smutne. Z miejsca, gdzie stoi teraz słońce, nie będę więcej walczył z białym człowiekiem. PRZEŁ. HALINA LUBICZ-TRAWKOWSKA

1 Zwierciadło (Allalimya Takanin, ok. 1832–1877), jeden z wojennych wodzów Nez Percé, zginął tuż przed kapitulacją.

2 Too-hool-hool-zote, szaman Nez Percé, poległ pierwszego dnia bitwy w Bear Paw, 30 IX 1877.

3 Chodzi o brata Józefa, Ollokota, wojennego wodza plemienia. Józef nie chce wymieniać jego imienia.

STOJĄCY NIEDŹWIEDŹ, dzięki wyjątkowym zdolnościom, został wodzem swojego plemienia w bardzo młodym wieku. Indianie Ponka nigdy nie byli licznym ludem – szacuje się, że w XIX w. ich liczbność nie przekraczała 800 osób. Kiedy Kongres w 1876 r. postanowił przesiedlić Indian z północnej Nebraski do Terytorium Indiańskiego, w południowe warunki klimatyczne, chyba nie zdawano sobie sprawy, jaką to wywoła śmiertelność. Głównie za sprawą malarii wymarła niemal jedna trzecia plemienia, w tym syn wodza. Trudno się więc dziwić, że plemię Stojącego Niedźwiedzia w styczniu 1879 r. rozpoczęło powrót do swoich pierwotnych siedzib nad rzeką Niobrara. W marcu zatrzymali się u spokrewnionych z nimi Indian Omaha. Tam na rozkaz z Waszyngtonu zostali aresztowani przez żołnierzy generała Crooka i osadzeni w Forcie Omaha. Byli tak schorowani, a ich konie w tak słabej kondycji, że nie wchodziło w grę natychmiastowe odesłanie ich na Terytorium Indiańskie. Wyszło im to na korzyść, bo dziennikarz miejscowej gazety Thomas Henry Tibbles oraz dwaj prawnicy A.J. Poppleton i John L. Webster doprowadzili do procesu o prawa obywatelskie Stojącego Niedźwiedzia i Indian Ponka. Rozpoczął się on 1 maja 1879 roku. Linia obrony opierała się na twierdzeniu, że Indianie mają osobowość prawną, taką samą jak biali, więc mogą korzystać z prawa do wolności zagwarantowanego konstytucją. Znakomite przemówienie wodza w dużym stopniu wpłynęło na orzeczenie sądu i dzięki temu grupa Stojącego Niedźwiedzia mogła wrócić w ojczyste strony – wydzielono im niewielkie terytorium w hrabstwie Knox. Większości Indian nie było to pisane. Po śmierci Crooka (w 1890) Tibbles ujawnił, że to właśnie generał był inspiratorem wystąplenia w obronie prawa Indian Ponka do powrotu. (katraw/TZ)

STOJĄCY NIEDŹWIEDŹ
właściwie Ma-chu-nah-zah, 1834?–1908, wódz Indian Ponka, zamieszkujących ziemie nad Niobrara River.

STOJĄCY NIEDŹWIEDŹ

SPOSÓB MYŚLENIA AMERYKANÓW JEST JAK TRUCIZNA

WYSTĄPIENIE PRZED SĄDEM, 3 MAJA 1879

Amerykanie mają słowa takie jak: „wytępienie", „zaraza", „szkodnik", których my w ogóle nie znamy. Przed wtargnięciem Amerykanów do kraju Indian nie tępiliśmy tu żadnych gatunków roślin, ptaków czy innych zwierząt. Wszystko żyło i umierało w wiecznej równowadze natury po to, żeby znów się odrodzić.

Później przyszli Amerykanie i zaczęli polować na bobry, dopóki nie zabili wszystkich. Potem polowali na bizony, aż ich także zabrakło. A kiedy zasmakowało im mięso antylop, w niedługim czasie też wszystkie pozjadali.

Przybyli na prerię, na której przez stulecia lasy okalały bieg rzeki. Potrzebowali drewna, ale nie trochę, tylko całego. Dziś nie ma lasów nad rzekami.

Uznając wszystkie zwierzęta i rośliny za szkodniki, tępią je, dopóki one nie wyginą. Żyjących w zgodzie z naturą ludzi traktują tak samo. I tępią ich, gdzie tylko mogą.

Nawet choroby, na które zapadają Amerykanie, są przeciw naturze. Przecież ospa, gruźlica, cholera i tyfus niemal całkowicie wyniszczają ludzkie ciała.

W języku Indian nie ma słów wyrażających całkowite, nieodwracalne zniszczenie. Ileż jest chwastów, które szkodzą innym roślinom? Można je częściowo usunąć z miejsc, gdzie rosną rośliny służące człowiekowi jako pożywienie i leki, ale nie wolno wytrzebić ich wszystkich! W ten sposób w przyrodę wkrada się chaos, rzeki wysychają, znikają jeziora, rośliny, zwierzęta i ludzie. W miejsce tego, co zostało zniszczone, Amerykanie sadzą coś, co uznają za lepsze od natury. Jednak to jest znacznie gorsze od natury, bo rodzi kolejne zniszczenie i sieje zamęt.

Z jednej strony Amerykanie twierdzą, że potępiają przemoc, a z drugiej właśnie nią się trudnią. Ich myśli i czyny skażone są przemocą. Słowo „grzech" nie istnieje w języku Indian, a Amerykanie uważają, że radość życia jest właśnie grzechem. Z tego powodu nienawidzą świata i samych siebie. Potrafią wytwarzać zadziwiające rzeczy, ale wszystkie one służą zniszczeniu.

Nazywają wygodnictwo komfortem, a to osłabia siłę psychiczną ludzi. To właśnie komfort czyni cywilizowanego człowieka, zasadzoną przez niego roślinę i oswojone zwierzę chorowitymi słabeuszami. A kiedy przeważająca większość ludzi staje się słabeuszami, zaczynają oni uważać silniejszych od siebie za szkodniki. I tępią ich, a sami stają się jeszcze słabsi.

Dlatego lepiej nie rozumieć sposobu myślenia Amerykanów. Jest on jak trucizna.

PRZEŁ. ALEKSANDRA PRZEGALIŃSKA

ERNEST RENAN **wygłosił 11 marca 1882 roku na paryskiej Sorbonie przemówienie wielkiej doniosłości. Sytuacja, w jakiej znalazła się Europa po 1870 roku, a szczególnie postawa II Rzeszy Niemieckiej w stosunku do mniejszości narodowych, według niego nie była niczym innym, jak gwałtem, nie zaś spełnieniem misji cywilizacyjnej czy aktem opatrzności. Z jego słów wynikało, że nie mądrość, lecz egoizm rządzi światem oraz że państwo, jeżeli chce istnieć, musi się kierować narodowymi interesami nawet wbrew interesom innych państw. Mówca nie zapomniał także o swojej idei federacji (zasada wolnego przyłączania), która ze względów politycznych nie mogła być realizowana.** (katraw)

Ernest RENAN
1823–1892, francuski historyk, filozof i filolog. Autor *Początków chrześcijaństwa* oraz głośnego w swoim czasie *Życia Jezusa.*

ERNEST RENAN

CO TO JEST NARÓD?

11 MARCA 1882

Zamierzam rozebrać tutaj ideę, na pozór jasną, lecz prowadzącą do najniebezpieczniejszych nieporozumień. Formy społeczeństwa ludzkiego są najrozmaitsze. Wielkie zgromadzenia ludzi na kształt Chin, Egiptu, pierwotnej Babilonii; pokolenie na kształt Hebrajczyków, Arabów; gród na kształt Aten i Sparty; połączenia rozmaitych krajów na wzór państwa Achemenidów, państwa rzymskiego, państwa Karolingów; społeczności bez ojczyzny, utrzymane przez związek religijny, jak to ma miejsce u Izraelitów, Parsów; narody, jak Francja, Anglia i większość nowożytnych samodzielnych państw europejskich; związki na kształt Szwajcarii, Ameryki; pokrewieństwa, jakie np. rasa, a raczej język tworzy między rozmaitymi gałęziami Germanów, rozmaitymi gałęziami Słowian; oto sposoby grupowania się, które wszystkie istnieją lub też istniały, a których nie można mieszać z sobą bez bardzo poważnych niedogodności. W epoce rewolucji francuskiej wierzono, że urządzenia małych niezależnych miast, takich jak Sparta i Rzym, mogły być zastosowane do naszych wielkich narodów o trzydziestu do czterdziestu milionach dusz. W naszych czasach popełniają błąd ważniejszy: mieszają rasę z narodem i przypisują grupom etnograficznym, a raczej lingwistycznym, wszechwładzę podobną do władzy ludów rzeczywisty byt mających. Starajmy się dojść do pewnej dokładności w tych trudnych kwestiach, gdzie najmniejsza niejasność co do znaczenia słów na początku rozumowania może wywołać na końcu najzgubniejsze błędy. To, do czego przystępujemy, jest rzeczą delikatną; jest to prawie wiwisekcja; postępować będziemy z żywymi tak jak się zwykle postępuje z martwymi. Wniesiemy do tego zimną krew i bezwzględną bezstronność.

I

Od upadku państwa rzymskiego, lub lepiej, od rozpadnięcia się państwa Karola Wielkiego, zachodnia Europa przedstawia nam się jako podzielona na narody; z nich niektóre w pewnych epokach usiłowały posiadać nad innymi hegemonię, nie osiągnąwszy jednak nigdy tego w sposób trwały. Czego nie mógł dokonać Karol V, Ludwik XIV, Napoleon I, tego prawdopodobnie nikt nie dokona w przyszłości. Założenie nowego państwa rzymskiego lub nowego państwa Karola Wielkiego stało się niepodobieństwem. Podział Europy jest zbyt wielki, by usiłowanie powszechnego panowania nie wywołało bardzo prędko koalicji, która by zmusiła ów naród żądny władzy wejść na powrót w swoje naturalne granice. Pewien rodzaj równowagi ustalony jest na długo. Francja, Anglia, Niemcy, Rosja będą jeszcze po upływie setek lat i pomimo wypadków, które je spotkają, osobnikami historycznymi, istotnymi częściami warcabnicy, której pola zmieniają się nieustannie co do znaczenia i wielkości, lecz nigdy się w zupełności nie zlewają. [...]

Naród nowożytny jest wynikiem historycznym, spowodowanym przez szereg faktów, dążących w jednym i tym samym kierunku. To jedność była dokonana przez dynastię, jak to miało miejsce we Francji; to nastąpiła przez bezpośrednią wolę prowincji, jak to było z Holandią, Szwajcarią, Belgią; to przez nastrój ogólny, który późno obalił samowolę feudalizmu, jak to miało miejsce we Włoszech i Niemczech. Zawsze głęboka racja bytu była na czele tych formacji. Zasady w podobnych wypadkach przejawiają się przez niespodzianki najmniej oczekiwane. Widzieliśmy za naszych czasów Włochy zjednoczone przez swoje porażki i Turcję zgubioną przez swoje zwycięstwa; każda porażka posuwała naprzód interesy Włoch; każde zwycięstwo gubiło Turcję; gdyż Włochy są narodem, a Turcja poza obrębem Azji Mniejszej nim nie jest. Sławą Francji jest, że przez rewolucję francuską ogłosiła, iż naród istnieje sam przez się. Nie powinniśmy mieć za złe, że nas naśladują. Zasada narodów jest naszą zasadą. Lecz co to jest naród? Dlaczego Holandia jest narodem, gdy Hanower albo wielkie księstwo Parmy nim nie są? Jakim sposobem Francja nie przestaje być narodem wówczas nawet, gdy zasada, która go stworzyła, znikła? Jakim sposobem Szwajcaria, która ma trzy języki, dwie religie, trzy lub cztery rasy, jest narodem, gdy Toskania, na przykład, która jest tak jednolita, nim nie jest? Dlaczego Austria jest państwem, a nie narodem? Dlaczego zasada narodowości różni się od zasady ras? Oto punkty, co do których człowiek myślący chce mieć pewność, by być w zgodzie z samym sobą. Tego rodzaju rozumowania nie regulują bynajmniej spraw świata; lecz ludzie głębsi chcą wnieść w tę materię pewne światło i wyjaśnić niedokładności, w których się wikłają umysły powierzchowne.

II

Według niektórych teoretyków politycznych naród jest przede wszystkim dynastią, reprezentującą starożytny zabór, przyjęty z początku, następnie zapomniany przez masę narodu. Według polityków, o których mówię, zgrupowanie prowincji, uskutecznione przez dynastię, przez jej wojny, przez jej małżeństwa, przez jej traktaty, kończy się wraz z dynastią, która je utworzyła. Jest to najzupełniejszą prawdą, że większość nowożytnych narodów powstała dzięki rodzinie pochodzenia feudalnego, która zawarła małżeństwo z ziemią i która była w pewnym stopniu ogniskiem centralizacji. Granice Francji w r. 1789 nie przedstawiały nic naturalnego ani koniecznego. Szeroki kawał ziemi, który dom Kapetyngów dołączył do wąskiego pasa z traktatu werduńskiego[1], był tylko osobistym nabytkiem tego domu. W epoce, w której dokonano tych przyłączeń, nie miano wyobrażenia ani o granicach naturalnych, ani o prawie narodów, ani o woli prowincji. Zjednoczenie Anglii, Irlandii i Szkocji było także faktem dynastycznym. Włochy przez to tylko tak późno stały się narodem, że spomiędzy licznych panujących domów przed naszym stuleciem żaden nie stał się punktem środkowym zjednoczenia. Rzecz dziwna: od mało znanej wyspy Sardynii, ziemi zaledwie włoskiej otrzymał on tytuł królewski; Holandia, która się stworzyła sama przez akt bohaterskiego postanowienia, pomimo to zawarła ścisłe małżeństwo z Domem Orańskim i czekać ją będą prawdziwe niebezpieczeństwa z chwilą, gdy ten związek zostanie rozerwany.

Czy jednak prawo to jest bezwzględne? Nie ulega wątpliwości, że nie: Szwajcaria i Stany Zjednoczone, które się utworzyły ze stopniowych przyłączeń, nie mają żadnej dynastycznej podstawy. Nie będę rozbierał tej kwestii, o ile dotyczy to Francji; należałoby posiadać tajemnicę przyszłości. Powiedzmy tylko, że to wielkie królestwo francuskie było w tak wysokim stopniu narodowe, że nazajutrz po jego upadku naród mógł się bez niego utrzymać. A zresztą wiek XVIII zmieniał wszystko. Po wiekach poniżenia człowiek wrócił do ducha starożytnego, do poszanowania samego siebie, do idei swych praw. Słowa: ojczyzna i obywatel otrzymały na powrót swoje znaczenie. W ten sposób mogła mieć miejsce operacja najśmielsza, którą kiedykolwiek przedsięwzięto w historii, operacja, którą można przyrównać do tego, czym by była w fizjologii próba zachowania przy życiu w jego pierwotnej tożsamości ciała, któremu odjęto mózg i serce. Trzeba więc przyznać, iż naród może istnieć bez zasady dynastycznej, a nawet, że narody, które stworzone były przez dynastię, mogą się oddzielić od tej dynastii, nie przestając dlatego istnieć. Dawna zasada, która liczy się tylko z prawem królów, nie da się już utrzymać; prócz prawa dynastii istnieje prawo narodów. Na jakim kryterium oprzeć to prawo narodowe? Po czym je poznać? Z jakiego dotykalnego faktu je wyprowadzić?

1. Z rasy, powiadają z pewnością siebie niektórzy. Podziały sztuczne, wynikające z feudalizmu, z małżeństw książąt, z kongresów dyplomatów, są znikome. Rasa ludności jest rzeczą trwałą i stałą. Ona właśnie stanowi prawo, prawowitość. Rodzina germańska na przykład, według teorii, którą przedstawiam, ma prawo odebrać rozproszonych członków germanizmu nawet wtedy, gdy ci członkowie nie pragną tego połączenia. Prawo germanizmu do takiej prowincji jest silniejsze niż prawo mieszkańców tej prowincji do samych

1 Traktat w Verdun zawarty w 843 przez Lotara, Karola Łysego i Ludwika Niemca, synów Ludwika Pobożnego. Podzielili w nim cesarstwo stworzone przez ich dziadka, Karola Wielkiego, na trzy części: centralną obejmującą Italię i pas wzdłuż Alp i Renu (Lotar), tereny leżące na wschód od dzielnicy Lotara przypadły Ludwikowi, a na zachód – Karolowi. Traktat w Verdun uznaje się za początek formowanie się państwowości Francji i Niemiec.

siebie. Stwarza się w ten sposób rodzaj prawa pierwotnego, podobnego do prawa królów z Bożej łaski; w miejsce zasady narodów podstawia się zasadę etnograficzną. Jest to błąd bardzo wielki, który, jeśli się stanie panującym, zgubi cywilizację europejską. O ile zasada narodów jest sprawiedliwą i słuszną, o tyle zasada prawa ras jest ciasną i niebezpieczną dla prawdziwego postępu.

W starożytnym pokoleniu i grodzie czynnik rasy posiadał, przyznajemy to, pierwszorzędne znaczenie. Starożytne pokolenie i gród były tylko rozszerzeniem rodziny. W Sparcie, w Atenach wszyscy obywatele byli krewnymi w stopniach mniej lub więcej bliskich. Toż samo było u Beni-Izrael[2], tak samo jest jeszcze dziś w szczepach arabskich. Z Aten, ze Sparty, od pokolenia izraelskiego przenieśmy się do państwa rzymskiego. Położenie jest zupełnie odmienne. Utworzone z początku za pomocą gwałtu, utrzymywane następnie przez interes, wielkie to zbiorowisko miast i prowincji zupełnie różnych zadaje idei rasy cios najdotkliwszy. Chrześcijaństwo ze swoim charakterem powszechnym i absolutnym jeszcze skuteczniej oddziaływa w tym samym kierunku. Zawiera ono z państwem rzymskim ścisły sojusz i dzięki tym dwóm niezrównanym czynnikom zjednoczenia pogląd etnograficzny przestaje w przeciągu wieków panować wśród ludzi.

Najście barbarzyńców było, pomimo pozorów, krokiem naprzód na tej drodze. Granice królestw tych barbarzyńców nie mają w sobie nic etnograficznego; ustanawia je siła lub kaprys najeźdźców. Rasa ludności, które zdobywali, była dla nich rzeczą najobojętniejszą w świecie. Karol Wielki odbudował na swój sposób to, co Rzym już dawno był zrobił: jedno państwo, złożone z najrozmaitszych ras; twórcy traktatu werduńskiego, kreśląc jednym ciągiem dwie duże linie z północy na południe, nie dbali bynajmniej o rasę ludzi, którzy się znajdowali na prawo lub na lewo tych linii. Utworzenie się granic, które nastąpiło potem w średnich wiekach, nie miało również nic wspólnego z jakąkolwiek tendencją etnograficzną. Jeśli usilna polityka domu kapetyńskiego dokonała prawie zgrupowania, pod nazwą Francji, ziem starożytnej Galii, nie było to skutkiem tendencji, jaką by te kraje miały do połączenia się z pokrewnymi sobie prowincjami. Delfinat, Bresse, Prowansja, Franche-Comte nie pamiętały już swojego wspólnego pochodzenia. Galski duch i świadomość znikły, poczynając od II w. naszej ery, i tylko drogą badań za naszych czasów, patrząc w przeszłość, odnaleziono indywidualność charakteru galskiego.

A więc względy etnograficzne nie odgrywały żadnej roli w utworzeniu się narodów nowożytnych. Francja jest celtycka, iberyjska, germańska. Niemcy są germańskie, celtyckie i słowiańskie. Włochy są krajem, którego etnografia jest najbardziej zawikłana. Galowie, Etruskowie, Pelazgowie, Grecy, nie mówiąc o wielu innych elementach, krzyżują się tam w nie dającej się określić mieszaninie. Wyspy Brytyjskie, wszystkie razem wzięte, przedstawiają mieszaninę krwi celtyckiej i niemieckiej, której proporcje są nadzwyczaj trudne do oznaczenia.

2 Bnej Israel (hebr., Synowie Izraela), niewielka grupa etniczna wyznająca judaizm, zamieszkująca okolice Mumbaju w Indiach, uważająca się za potomków jednego z dziesięciu zaginionych plemion żydowskich. Po 1948 znaczna część Bnej Israel wyemigrowała do Izraela. Jednak za ortodoksyjny rabinat izraelski uznał ich za w pełni Żydów dopiero w 1964.

Prawdą jest, że nie ma rasy czystej i że opierać politykę na rozbiorze etnograficznym znaczy opierać ją na chimerze. Najszlachetniejsze kraje: Anglia, Francja, Włochy są krajami, gdzie krew jest najwięcej mieszana. A czyż Niemcy pod tym względem stanowią wyjątek? Czyż istnieje kraj czysto germański? Co za iluzja! Całe południe było galskie. Cały zachód, poczynając od Elby, jest słowiański. A czyż te części, które się ma za zupełnie czyste, są nimi w rzeczywistości? Dotykamy się tutaj jednego z zagadnień, o których przede wszystkim należy sobie wytworzyć jasne pojęcie i uprzedzić wprowadzonych w błąd.

Dyskusje o rasach nie mają końca, dlatego że słowo rasa wzięte jest przez historyków, filologów z jednej, antropologów i fizjologów z drugiej strony, w dwóch zupełnie odmiennych znaczeniach. Dla antropologów rasa ma to samo znaczenie, co w zoologii: oznacza pochodzenie rzeczywiste, pokrewieństwo krwi. Tymczasem językoznawstwo i historia nie prowadzą do tych samych podziałów co fizjologia. Słowa *brachycephalus*, *dolichocephalus*[3] nie znajdują miejsca w historii ani w filologii. W grupie ludzkiej, która wytworzyła języki i umysłowość aryjską, znajdowali się już jedni i drudzy. To samo powiedzieć należy o pierwotnej grupie, która wytworzyła języki i instytucje, semickimi zwane. Innymi słowy zoologiczne początki ludzkości ogromnie wyprzedzają początki kultury, cywilizacji, języka. Pierwotne grupy: aryjska, semicka, turańska nie miały żadnej jedności fizjologicznej. Zgrupowania te są faktami historycznymi, które miały miejsce w pewnej epoce, dajmy na to piętnaście lub dwadzieścia tysięcy lat temu, gdy tymczasem początek zoologiczny ludzkości gubi się w nieobliczonych ciemnościach. To, co nazywają filologicznie i historycznie rasą germańską, jest z pewnością rodziną zupełnie odrębną w rodzaju ludzkim. Ale jestżeż to rodzina w znaczeniu antropologicznym? Niewątpliwie nie. Zjawienie się indywidualności germańskiej w historii ma miejsce dopiero na kilka wieków przed Chrystusem. Oczywiście Germanie nie wyszli spod ziemi w tej epoce. Zmieszani przedtem ze Słowianami w wielkiej, nie odróżniającej się masie Scytów, nie posiadali oni własnej odrębnej indywidualności. Anglik jest bez wątpienia w ludzkości typem. Typ zaś tego, co zupełnie nieodpowiednio nazywają rasą anglosaksońską, nie jest ani Bretonem czasów Cezara, ani Anglosaksonem Hengista[4], ani Duńczykiem Kanuta[5], ani Normanem Wilhelma Zdobywcy[6]; jest to wypadkowa tego wszystkiego. Francuz nie jest ani Galem, ani Frankiem, ani Burgundem. Jest on tym, co wyszło z wielkiego kotła, w którym pod przewodnictwem króla Francji fermentowały razem najrozmaitsze elementy. Mieszkaniec w Jersey lub Guernesey[7] nie różni się w niczym co do pochodzenia od ludności normandzkiej sąsiedniego brzegu. W XI wieku najprzenikliwsze oko nie spostrzegłoby z obu brzegów kanału najlżejszej różnicy. Mało znaczące okoliczności są powodem, że Filip-August[8] nie zabiera

3 W typologii antropologicznej brachycefalia – czaszka krótka, szeroka; dolichocefalia – czaszka długa, wąska.

4 Hengist (zm. 488?), wódz germańskiego plemienia Jutów, półlegendarny władca Kentu w południowo-wschodniej Anglii.

5 Kanut Wielki (994/995–1035), król Anglii (od 1016), Danii (od 1018) i Norwegii (od 1028); przyjął chrzest, wnuk Mieszka I.

6 Wilhelm Zdobywca (1027/1028–1087), książę Normandii, po bitwie pod Hastings w 1066 król Anglii.

7 Wyspy Normandzkie należące do Wielkiej Brytanii.

8 Filip II August (1165–1223), król Francji od 1179, m.in. odebrał Janowi bez Ziemi Normandię i Bretanię i wcielił je do domeny królewskiej.

tych wysp razem z resztą Normandii. Oddzielone jedna od drugiej prawie od siedmiuset lat, dwie te ludności stały się nie tylko obce sobie, lecz zupełnie niepodobne. Rasa więc, jak my historycy ją pojmujemy, jest czymś, co się tworzy i na powrót znika. Badanie rasy jest rzeczą pierwszorzędną dla uczonego, który się zajmuje historią ludzkości. Nie ma ono zastosowania w polityce. Instynktowna świadomość, która kierowała przy tworzeniu się mapy europejskiej, nie zważała bynajmniej na rasę i pierwszorzędne narody w Europie są narodami krwi przeważnie mieszanej.

Czynnik więc rasy, bardzo ważny na początku, zatraca stopniowo swoje znaczenie. Historia ludzkości różni się co do istoty swojej od zoologii. Rasa nie jest tu wszystkim, jak u gryzących lub drapieżnych i nie ma się prawa chodzić po świecie, macając czaszki ludzi i potem brać ich za gardło, mówiąc: „ty jesteś naszej krwi; ty do nas należysz!" Oprócz cech antropologicznych istnieje rozum, sprawiedliwość, prawda, piękno, które są jednakowe dla wszystkich. Ta polityka etnograficzna nie jest bezpieczna. Wyzyskujecie ją dziś przeciwko drugim; potem zobaczycie, jak ona się zwróci przeciwko wam samym. Jest to pewne, że Niemcy, którzy tak wysoko podnieśli sztandar etnografii, zobaczą, jak Słowianie zaczną z kolei rozbierać nazwy wiosek saksońskich lub łużyckich, odszukiwać śladów Wilków[9] lub Obotrytów i żądać rachunku z rzezi i sprzedaży masami, na które Ottoni oddawali ich przodków? Umieć zapomnieć jest rzeczą dla wszystkich dobrą.

Lubię bardzo etnografię; jest to nauka nadzwyczaj interesująca; ale ponieważ chcę ją mieć wolną, nie chciałbym jej widzieć zastosowanej do polityki. W etnografii, jak we wszystkich naukach, systemy zmieniają się; jest to warunek postępu. Narody więc zmieniałyby się jednocześnie z systemami? Granice państw byłyby zależne od zmian w nauce. Patriotyzm zależałby od mniej lub więcej paradoksalnej rozprawy. Powiedziano by do patrioty: „mylisz się pan; pan przelewałeś swoją krew za taką lub ową sprawę; pan sądziłeś, że jesteś Celtem; nie, pan jesteś Niemcem". Następnie, w dziesięć lat potem powiedzą wam, że jesteście Słowianami. By nie fałszować nauki, uwolnijmy ją od dawania rady w tych kwestiach, z którymi tyle interesów jest połączonych. Bądźcie pewni, że jeśli ją obarczymy dostarczaniem materiału dla dyplomacji, to pochwycimy ją często na gorącym uczynku przypodobania się. Ma ona coś lepszego do czynienia: żądajmy od niej tylko prawdy.

2. To, cośmy wyżej powiedzieli o rasie, należy wyrzec także o języku. Język nakłania do połączenia się; nie zmusza jednak do niego. Stany Zjednoczone i Anglia, Ameryka hiszpańska i Hiszpania mówią tym samym językiem, a nie tworzą jednego narodu. Przeciwnie Szwajcaria, tak dobrze utworzona, ponieważ utworzona została przez zgodę swych rozmaitych części, liczy trzy lub cztery języki. Jest w człowieku coś wyższego nad język: jest nim wola. Wola Szwajcarii, aby była zjednoczoną, pomimo różnicy tych narzeczy, jest faktem o wiele ważniejszym niż podobieństwo języka, osiągnięte często przez ucisk.

[...] te podziały na języki indoeuropejskie, semickie i inne, stworzone z tak podziwu godną przenikliwością przez językoznawstwo porównawcze, nie schodzą się z podziałami antropologicznymi. Języki są formacjami historycznymi, które niewiele świadczą o krwi

9 Tzn. Wieletów.

tych, którzy niemi mówią, i które w każdym razie nie mogą krępować wolności ludzkiej, gdy chodzi o rodzinę, z którą się ktoś łączy na życie i na śmierć.

Te wyjątkowe względy, przywiązywane do języka, posiadają, jak podobne względy nadawane rasie, swoje niebezpieczeństwa, swoje niedogodności. Dopuszczając się tu przesady, zamykamy się w określonej kulturze, uważanej za narodową. Opuszczamy szerokie powietrze, którym się oddycha na obszernym polu ludzkości, na to, aby się ograniczyć na schadzkach współrodaków. Nie ma nic gorszego dla umysłu, nie ma nic smutniejszego dla cywilizacji. Nie opuszczajmy tej fundamentalnej zasady, że człowiek jest istotą rozumną i moralną przedtem, zanim go się zamknie w tym lub owym języku, zanim jest członkiem tej lub owej rasy, zanim jest zwolennikiem takiej lub owakiej kultury. Przed kulturą francuską, kulturą niemiecką, kulturą włoską istnieje kultura wszechludzka. Spójrzcie na wielkich mężów Odrodzenia: nie byli oni ani Francuzami, ani Włochami, ani Niemcami. Odnaleźli przez obcowanie ze starożytnością tajemnicę prawdziwego wykształcenia umysłu ludzkiego i oddali mu się duszą i ciałem. Jakżeż dobrze uczynili!

3. Religia również nie może służyć za dostateczną podstawę do utworzenia się nowożytnej narodowości. Z początku od religii zależne było samo istnienie grupy społecznej. Grupa społeczna była rozszerzeniem się rodziny. Religia, obrządki były obrządkami rodziny. Religia ateńska była kultem samych Aten, ich mitycznych założycieli, ich praw, ich zwyczajów. Nie prowadziła ona za sobą żadnej dogmatycznej teologii. Religia ta była w całym znaczeniu tego słowa religią państwową. Nie było się Ateńczykiem, jeśli się nie chciało jej praktykować. Był to w gruncie rzeczy kult uosobionego Akropolu. Przysięgać na ołtarz Aglaury[10] znaczyło dać przysięgę, że się umrze dla ojczyzny. Religia ta była równoznaczną z tym, czym jest u nas akt ciągnienia losu lub kult sztandaru. Odmówienie przyjmowania udziału w takim kulcie znaczyło to samo, co w naszych nowożytnych społeczeństwach odmówić służby wojskowej. Równało to się oświadczeniu, że się nie jest Ateńczykiem. Z drugiej strony jasne jest, że taki kult nie miał znaczenia dla tego, kto nie był Ateńczykiem; nie przybiegano też do żadnego prozelityzmu, aby zmuszać cudzoziemców do przyjęcia go; niewolnicy ateńscy nie praktykowali go. To samo było w kilku małych republikach w średnich wiekach. Nie było się dobrym Wenecjaninem, jeśli się nie przysięgało na św. Marka; nie było się dobrym obywatelem miasta Amalfi, jeśli się nie stawiało św. Andrzeja ponad wszystkich innych świętych w raju. W tych małych społeczeństwach to, co wyrodziło się później w prześladowanie, tyranię, było słuszne i początkowo w skutkach tak mało znaczące, jak u nas fakt życzenia imienin ojcu rodziny i składania mu powinszowań w Nowy Rok.

Co było prawdziwe w Sparcie, w Atenach, nie było nim już w królestwach, które powstały z wypraw Aleksandra, tym mniej jeszcze w państwie rzymskim. Prześladowania Antiocha Epifanesa[11], by skłonić wschód do kultu Jowisza Olimpijskiego, prześladowania państwa

10 Aglaura (także: Aglaulos), córka Kekropsa, mitycznego pierwszego króla Attyki, założyciela Aten. Według jednego z mitów, zgodnie ze słowami wyroczni, rzuciła się w przepaść, by uratować Ateny przed oblężeniem; stała się symbolem poświęcenia dla ojczyzny, na nią przysięgę składali młodzi Ateńczycy po osiągnięciu wieku dojrzałego i zdolności do służby wojskowej.

11 Antioch IV Epifanes (175–164/163 p.n.e.), władca z dynastii Seleucydów, syn Antiocha III Wielkiego.

rzymskiego, by utrzymać rzekomą religię państwową, były błędem. Za naszych czasów położenie jest zupełnie jasne. Nie ma już mas w jednakowy sposób wierzących. Każdy wierzy i praktykuje według swojego upodobania tak jak może, tak jak chce. Nie ma już religii państwowej; można być Francuzem, Anglikiem, Niemcem – będąc katolikiem, protestantem, izraelitą, nie praktykując żadnego kultu. Religia stała się rzeczą osobistą; dotyczy ona sumienia każdego. Podział narodów na katolików, protestantów nie istnieje już. Religia, która przed pięćdziesięciu dwoma laty była tak ważnym czynnikiem w ukształtowaniu się Belgii, zachowuje całe swoje znaczenie w wewnętrznym sumieniu każdego; lecz prawie zupełnie wyłączona została z motywów, które kreślą granice ludów.

4. Wspólność interesów jest niewątpliwie potężnym węzłem między ludźmi. Czy jednak interes wystarcza na utworzenie narodu? Nie sądzę. Wspólność interesów stwarza traktaty handlowe. Jest w narodowości strona uczuciowa; narodowość jest naraz duszą i ciałem; *Zollverein*[12] nie jest ojczyzną.

5. Geografia – to co zowią granicami naturalnymi – odgrywa niewątpliwie znaczną rolę w dzieleniu się narodów. Geografia jest jednym z istotnych czynników historii. Rasy prowadzone były przez rzeki, wstrzymywane przez góry. Pierwsze sprzyjały, drugie ograniczały ruchy historyczne. Można jednak powiedzieć, jak niektórzy twierdzą, że granice narodu nakreślone są na mapie i że naród ten ma prawo przysądzić sobie to, co jest potrzebne dla zaokrąglenia pewnych konturów, dla dojścia do pewnej góry, do pewnej rzeki, której się przypisuje jakąś właściwość odgraniczania *a priori*. Nie znam bardziej dowolnej i zgubnej doktryny. Czyż to góry czy też rzeki tworzą te rzekome granice naturalne? Nie ulega wątpliwości, że góry oddzielają; lecz rzeki raczej łączą. A następnie wszystkie góry nie mogą oddzielać państw. Jakież są te, które oddzielają, a jakież te, które nie oddzielają? Od Biarritz do Tornea nie ma ani jednego ujścia rzeki, które by więcej niż inne posiadało charakter odgraniczający. Gdyby historia była chciała, Loara, Sekwana, Moza, Elba, Odra miałyby w tym samym stopniu co Ren ów charakter granicy naturalnej, który spowodował tyle pogwałceń zasadniczego prawa, którym jest wola ludzka. Mówi się o względach strategicznych. Nie ma nic bezwzględnego; jasne jest, że wiele ustępstw uczynić należy dla konieczności. Ale nie trzeba, by te ustępstwa szły za daleko. W przeciwnym razie cały świat domagać się będzie odpowiednich warunków militarnych, nastąpią pretensje i wojna bez końca. Nie, ziemia również jak i rasa nie tworzy narodu. Ziemia dostarcza substratum, pola walki i pracy; człowiek dostarcza duszy. Człowiek jest wszystkim w utworzeniu się tej świętej rzeczy, którą nazywają ludem. Żaden czynnik materialny tu nie wystarcza. Naród jest zasadą duchową, wynikającą z głębokich powikłań historycznych, rodziną duchową, nie zaś grupą określoną przez kształt ziemi.

Widzieliśmy przed chwilą, że rasa, język, interes, jednakowość religii, geografia, potrzeby militarne nie są dostateczne do utworzenia takiej duchowej zasady. Czegóż więc jeszcze potrzeba? Wobec tego, cośmy wyżej powiedzieli, nie będę już zbyt długo zajmował waszej uwagi.

12 Niemiecki Związek Celny, utworzony pod przewodnictwem Prus w 1833; ważny element procesu zjednoczenia Niemiec.

III

Naród jest duszą, zasadą duchową. Dwie rzeczy, które, prawdę powiedziawszy, czynią tylko jedną, stanowią tę duszę, tę zasadę duchową. Jedna jest w przeszłości, druga w teraźniejszości. Jedną jest wspólne posiadanie bogatej spuścizny wspomnień; drugą jest istniejąca w teraźniejszości zgoda, pragnienie życia razem, chęć wsławienia w dalszym ciągu dziedzictwa, które się otrzymało niepodzielnie. Człowiek nie staje się od razu. Naród, jak osobnik, jest rezultatem długiej przeszłości pełnej wysiłków, ofiar i poświęceń. Kult przodków jest ze wszystkich najsłuszniejszym; przodkowie uczynili nas tym, czym jesteśmy. Przeszłość bohaterska, wielcy ludzie, sława (rozumiem prawdziwa) – oto kapitał społeczny, na którym się buduje ideę narodową. Mieć wspólne wspomnienia sławy w przeszłości, wspólną wolę w teraźniejszości; dokonać wielkich rzeczy razem, chcieć dokonywać ich dalej – oto istotne warunki, by być narodem. Kocha się w stosunku do poświęceń, na które się zgodzono, do nieszczęść, które się przecierpiało. Kocha się dom, który się zbudowało i który się przenosi. Pieśń spartańska: „jesteśmy tym, czym wyście byli; będziemy tym, czym wy jesteście" jest w swej prostocie skróconym hymnem każdej ojczyzny.

W przeszłości spuścizna sławy i żalów do podzielenia, w przyszłości jednakowy program do urzeczywistnienia; to, że się cierpiało, radowało, spodziewało razem, warte jest więcej niż wspólne komory celne; oto co się rozumie pomimo różnic rasy i języka. Powiedziałem przed chwilą „to, że się cierpiało razem"; w samej rzeczy wspólne cierpienie łączy więcej niż radość.

Naród więc jest wielką solidarnością, ustanowioną przez poczucie ofiar, które się poniosło, i ofiar, które się jest gotowym ponieść jeszcze. Wymaga on istnienia przeszłości; streszcza się jednak w teraźniejszości w fakcie namacalnym: zgodzie, jasno wyrażonym pragnieniu prowadzić dalej wspólne życie. Istnienie narodu jest (przebaczcie mi tę przenośnię) codziennym plebiscytem, tak jak istnienie osobnika jest nieustannym stwierdzaniem życia.

Wyrugowaliśmy z polityki abstrakcje metafizyczne i teologiczne. Cóż pozostaje poza nimi? Zostaje człowiek, jego pragnienia, jego potrzeby. Rozdwojenie, powiecie mi, i w końcu rozpadnięcie się narodów są następstwem systemu, który te stare organizmy oddaje na łaskę woli osób, często mało oświeconych. Jasne jest, że w podobnej materii żadna zasada nie powinna być doprowadzoną do ostateczności. Prawdy tego rodzaju mogą być tylko zastosowane w ich całości i w sposób bardzo ogólny. Wola ludzi zmienia się; lecz cóż na ziemi nie podlega zmianom? Narody nie są czymś wiecznym. Miały one swój początek, mieć będą swój koniec. Konfederacja europejska prawdopodobnie je zastąpi. Lecz nie takie jest prawo wieku, w którym żyjemy. W chwili obecnej istnienie narodów jest rzeczą dobrą, nawet konieczną.

Przez swe rozmaite, często sprzeczne zdolności narody służą wspólnemu dziełu cywilizacji; każdy z nich wnosi swą nutę do wielkiego koncertu ludzkości, który w rezultacie jest najwyższą idealną realnością, którą osiągamy. Odosobnione, mają one swoje słabe strony. Często sobie powiadam, że osobnik, który by posiadał wady, uważane u narodów za przymioty, który by się karmił czczą sławą, który byłby w równym stopniu zazdrosnym, egoistą, swarliwym; który by nie potrafił nic znieść, nie dobywając szpady, byłby najnieznośniejszym z ludzi. Lecz wszystkie te dysonanse w szczegółach znikają w całości. Biedna ludzkości! Ileżeś przecierpiała! Ile prób czeka cię jeszcze! Oby duch mądrości prowadził cię, byś się uchroniła od niezliczonych niebezpieczeństw, którymi twa droga jest posianą!

Streszczam się: człowiek nie jest niewolnikiem ani swojej rasy, ani swojego języka, ani swojej religii, ani biegu rzek, ani kierunku łańcuchów górskich. Wielkie zbiorowisko ludzi, zdrowe duchem i gorące sercem, tworzy świadomość (*conscience*) moralną, która się nazywa narodem. O ile ta świadomość moralna dowodzi swej siły przez ofiary, których wymaga zrzeczenie się osobnika na korzyść ogółu, jest ona słuszna, ma prawo bytu. Jeśli wątpliwości powstają na jego granicach, zapytajcie się o zdanie ludności, w sporze będącej. Poczekajmy, panowie; pozwólmy, by minęło panowanie transcendentalnych polityków; umiejmy znieść pogardę silnych. Być może, po wielu bezowocnych próbach uczynionych po omacku, powrócą do naszego skromnego empirycznego rozwiązania. Środkiem, aby mieć rację w przyszłości, bywa w pewnych razach umiejętność zrezygnowania[13] się na to, by być niemodnym.

13 Tak w oryginale.

WILLIAM GLADSTONE był głęboko wierzącym chrześcijaninem, ale jednocześnie zwolennikiem tolerancji. Jako polityk skupiał się na sprawach wewnętrznych, występując przeciwko imperialnym ambicjom brytyjskim, popadając często w konflikt zarówno z królową Wiktorią, jak i z wybitnym przywódcą konserwatystów Benjaminem Disraelim. W początku lat osiemdziesiątych XIX wieku rozgłosu nabrała sprawa tzw. wolnomyślicieli (*freethinkers*), czyli krzewicieli idei sekularyzmu (zakładającego prawo do ateizmu i uwolnienie życia publicznego od nadmiernych wpływów Kościoła). Jeden z nich, Charles Bradlaugh, dziennikarz i działacz społeczny, wybrany do Parlamentu, odmówił złożenia przyrzeczenia poselskiego z formułą „tak mi dopomóż Bóg". Nie pozwolono mu wówczas objąć mandatu deputowanego, a kiedy Bradlaugh mimo to próbował wykonywać obowiązki parlamentarne, wtrącono go do więzienia. William Gladstone stanął w obronie prawa ludzi niewierzących do uczestnictwa w życiu publicznym. (Aszo)

William Ewart GLADSTONE
1809–1898, brytyjski mąż stanu, czterokrotny premier, reformator związany najpierw z konserwatystami, a później liberałami.

WILLIAM GLADSTONE

O TOLERANCJĘ I PRAWA DLA WOLNOMYŚLICIELI

IZBA GMIN, 26 KWIETNIA 1883

Wielce szanowny kolega, który przewodził opozycji wobec tej ustawy, powiedział, że nie jest to kwestia różnicy między religiami, lecz kwestia między religią a bezbożnością – między religią a nieobecnością wszelkiej religii – i najwyraźniej u podstaw przemówienia wielce szanownego kolegi było nie to, że powinniśmy tolerować jakąkolwiek wiarę, lecz że nie powinniśmy tolerować nieobecności wiary. Mówiąc o tolerowaniu, mam na myśli dopuszczanie, honorowanie i stanowienie prawa w celu łatwiejszego wejścia do Izby Gmin.

Mój szanowny kolega z Finsbury w swym znakomitym przemówieniu jeszcze dobitniej wyraził podobne poglądy. Odniósł się także do zamierzchłych kontrowersji, które, jego zdaniem, dotyczyły narośli, nie zaś żywotnej substancji. Ja zaś, szanowny panie przewodniczący, pragnę przyjrzeć się dokładnie temu, czym jest owa żywotna substancja i jakie są na niej narośle. Mój kolega poszedł jeszcze dalej i posłużył się nadzwyczaj trafnym, wyrazistym i dużo bardziej znaczącym sformułowaniem. Powiedział: „Tak, to prawda, że dopuszczacie niektóre z takich religii, które mogą zbliżać się do przepaści; ale teraz wzywacie nas, byśmy nad nią przeszli". Panowie zasiadający po przeciwnej stronie głośno wiwatowali, gdy szanowny kolega, który siedzi za mną, wypowiedział te słowa. Ja jednak nie usłyszę od nich ani jednego okrzyku aprobaty. Podejrzewają oni, że przytoczyłem je w jakiejś złej intencji. Powstaje zatem pytanie, czy przytaczam je sprawiedliwie? Czy też idzie raczej o to, że niektórzy panowie niewystarczająco i nie dość wnikliwie zastanowili się nad swym stosunkiem to tego projektu ustawy, a jedynie pragną przeciwstawiać się wszystkiemu, co przedkłada ten rząd?

Jednakże mój szanowny kolega z wielkim rozmysłem posłużył się tym niezwykłym porównaniem o przepaści. Pragnę przyjrzeć się, jaka jest wartość tego głównego i zasadniczego twierdzenia – owej doktryny przepaści – tego podziału na religię i bezbożność, pomiędzy jakimś wyznaniem, które można tolerować, a brakiem wyznania, którego tolerować nie można – w takiej mierze, w jakiej odnosi się to do dopuszczania do tej Izby. Szanowny i uczony kolega, deputowany z Launceston, w swym wystąpieniu użył dokładnie takiego samego języka. Posłużył się sformułowaniem, które padło z ust szanownego deputowanego z Portsmouth, które, jego zdaniem, zostało niesłusznie użyte; i wyraził pragnienie, aby istniała jakaś forma wiary i jakieś uznanie wiary – coś, co w dyskursie filozoficznym określa się mianem uznania tego, co nadprzyrodzone. Jest to, jak sądzę, sformułowanie w ogromnej mierze zbliżone do tego, co mają na myśli panowie z opozycji. Pragnie się w każdym razie uznania istnienia tego, co nadprzyrodzone. Takie jest główne twierdzenie panów z opozycji; ja zaś chciałbym wiedzieć, czy twierdzenie to – owa propozycja – daje nam solidną podstawę legislacyjną. Jakikolwiek probierz by zastosować – probierz konstytucji, probierz swobód obywatelskich i politycznych czy, przede wszystkim, probierz przekonań religijnych – to nie waham się powiedzieć, że popierając z ufnością ten projekt ustawy, popieram ją głównie ze względu na absolutną jałowość i nieprawdziwość argumentu wyrażonego w słowach, które właśnie przytoczyłem, oraz w idei leżącej u podłoża tych słów, a także ze względu na niebezpieczeństwo uczynienia z nich podstawy czynności konstytucyjnych.

Cóż zatem pociąga za sobą to twierdzenie? Po pierwsze, w sposób oczywisty stanowi ono pogwałcenie swobód obywatelskich do tego stopnia, że – mówiąc słowami lorda Lyndhursta, o znaczeniu tak szerokim, jak tylko mógłby sobie życzyć każdy z panów zasiadających z tej strony – zaistnieje totalny rozdział między kwestią różnic religijnych i kwestią obywatelskich przywilejów i władzy; że nie zastosuje się w ogóle żadnego probierza wobec danego człowieka w związku ze sprawowaniem funkcji obywatelskich, poza sprawdzianem kompetencji obywatelskich oraz spełnienia warunków obywatelskich. Takie słowa wypowiedział lord Lyndhurst – i na nich się opieramy. Teraz padła propozycja, abyśmy odeszli od tego stanowiska i oświadczyli, że pewna klasa ludzi, być może bardzo wąska klasa – nie będę z tym teraz polemizował – gdyż mówi się, że nie wyznaje ona żadnej religii, może być wyłączona spod działania tej wielkiej i szerokiej zasady. Moim zdaniem, jest to w najwyższym stopniu irracjonalne, gdy się ustala tego rodzaju szeroką zasadę i po niemal jednogłośnym przyjęciu nagle się ją zawiesza, by w krzywdzący sposób wykluczyć niezmiernie ograniczoną liczbę osób, których mogłoby dotyczyć jej zastosowanie.

Szanowni koledzy będą może zaskoczeni, kiedy zgłoszę mój kolejny sprzeciw wobec poglądu przeciwników tego projektu. Idzie o to, że traktuje on chrześcijaństwo w sposób bardzo lekceważący. Proponują nam oni, byśmy uczynili coś, czego jako organ ustawodawczy nigdy nie powinniśmy uczynić – a mianowicie, byśmy zaczęli poruszać się po gruncie teologicznym, kiedy zaś nas już tam wywiedli, cóż chcą nam powiedzieć? Mówią nam, że możemy się posunąć tak daleko, jak sobie tylko życzymy w negowaniu religii, pod warunkiem jedynie że nie odrzucimy imienia Boga. Rozrywają religię – że się tak wyrażę – na strzępy i odkładają jeden konkretny strzęp, z którym za żadne skarby nie chcą się rozstać. Dzielą religię na części zbędne i niezbędne – nie mówię teraz o przypadkach tych, którzy składają deklaracje albo którzy zostają przyjęci na mocy specjalnych praw, i nie mówię o Żydach ani o kimkolwiek z tych, którzy się deklarują – mówię o tych, dla których nie przewidziano żadnych warunków, poza warunkiem złożenia przysięgi, pragnę, by to było jasne – a więc dzielą oni religię na to, czego można się pozbyć, i na to, czego nie można się pozbyć, a potem dochodzą do wniosku, że chrześcijaństwa można się pozbyć. Otóż nie zamierzam powiedzieć, że chrześcijaństwo, skoro funkcjonujemy tu jako chrześcijański organ ustawodawczy, powinno być ustawione na pozycji niższej, niż jest to niezbędne.

Proszę pozwolić mi zilustrować to, co mówię. Przypuśćmy, że dowódca zlecił małemu oddziałowi żołnierzy jakieś trudne i ważne zadanie. Mają oni wyruszyć bez bagażu i sprzętu. Wolno im zabrać tylko to, co sami uniosą na plecach. Muszą zrezygnować ze wszelkich luksusów i wygód i wziąć ze sobą tylko to, co absolutnie niezbędne. Dokładnie takiego samego postępowania od nas wymagacie, wciągając nas na grunt teologiczny. Żądacie, byśmy wprowadzili rozróżnienie między tym, co zbyteczne, a tym, co konieczne, i mówicie, odnosząc się do chrześcijaństwa: „Ach, to jedna z tych rzeczy zbytecznych – to jedna z tych narośli, która nie ma nic wspólnego z żywotną substancją – z wielkim i uroczystym imieniem Boga – które jest niezbędne”. Przyjęcie takiej propozycji – a właśnie ona leży u podstaw waszego twierdzenia – byłoby w moim przekonaniu objawem najwyższego lekceważenia wiary chrześcijańskiej...

Jestem pewien, że na każdym gruncie, tak religijnym, jak politycznym, sprawiedliwym i mądrym sposobem postępowania nie jest rozdzielanie swobód religijnych po połowie, w ćwiartkach czy ułamkach, ale przyznanie ich w całości oraz że nie należy wprowadzać podziałów między ludźmi na gruncie różnic religijnych, od jednego krańca ziemi po drugi.

Pójdę jednak jeszcze nieco dalej, próbując zgłębić to wielkie religijne twierdzenie o „przepaści”, wysunięte pośród okrzyków aprobaty ze strony szanownych panów zasiadających po przeciwnej stronie oraz mego szanownego przyjaciela, siedzącego za mną, i zapytam, czy wasze religijne rozróżnienie jest w ogóle prawdziwym rozróżnieniem? Gwoli samej dyskusji, i w żadnym innym celu, wyruszę razem z wami na ten niebezpieczny grunt rozszczepiania religii na plastry i zapytam was: „Do jakich granic się posuwacie?”. Posuwacie się do punktu, gdzie abstrakcyjne zanegowanie Boga zostaje odcięte od abstrakcyjnego uznania Boga. Twierdzę, że wytyczona przez was linia jest nic niewarta. Po waszej stronie linii jest tyle samo spornych argumentów, ile po drugiej stronie, po stronie ateizmu. Skoro nawołujecie nas, byśmy wprowadzili te zróżnicowania, to niech to będą zróżnicowania racjonalne. Nie mówię, żeby to były zróżnicowania chrześcijańskie, ale niechaj będą racjonalne...

Podburzacie kraj, aby podjął coś w rodzaju krucjaty w tej kwestii, próbując umocnić w umysłach ludzi przekonanie, że dysponujecie prawdziwym probierzem, prawdziwą gwarancją - że chrześcijaństwo jest nadal generalnie bezpieczne, z pewnymi nieuniknionymi wyjątkami, pod ochronną egidą przysięgi złożonej w tej Izbie. I w imię tego wszczynacie wielką wojnę religijną! Uważam więc, że to twierdzenie naszych oponentów jest lekceważące wobec religii; jest ono bezsensowne, a na dodatek wysoce irracjonalne. Jeśli bowiem byście w ogóle chcieli zastosować tego rodzaju probierz religijny, nad jakim się zastanawiacie – probierz teizmu, którym, jak to szczerze przyznał, chciałby się posłużyć szanowny deputowany z Portsmouth – powinien to być probierz konkretnie zdefiniowanego teizmu; nie jakiejś oderwanej od ziemi, abstrakcyjnej idei, ale winno to być praktyczne uznanie boskiej mocy rządzącej, która pewnego dnia wezwie każdego z nas, byśmy zdali sprawę z każdej myśli, jaka przyjdzie nam do głowy, i z każdego wypowiedzianego słowa.

Obawiam się, że zabraliśmy Izbie już wiele czasu. Ale po tym wszystkim, co zostało powiedziane, i po zalewie oskarżeń i inwektyw, jakie padły, uznałem za stosowne, by bardzo szczegółowo i poważnie wykazać, że w każdym wypadku, bez względu na to, czy zostaniemy pokonani, czy nie, nie zrezygnujemy z walki i nie pozwolimy, by powiedziano, że interesy religii zostały zagrożone i że mogą one znaleźć obrońców tylko po przeciwnej stronie Izby. Nie kwestionuję w tym momencie tego, że można tam znaleźć szczerych i sumiennych obrońców tych interesów, z całego serca jednak i z całej duszy utrzymuję, że przy uchwaleniu tej ustawy w grę wchodzą interesy religii, podobnie jak interesy swobód obywatelskich.

Przyczyny, dla których popieram uchwalenie tej ustawy, można podsumować w kilku słowach. Gdyby poproszono mnie o scharakteryzowanie tej przysięgi, to prawdopodobnie przydałbym jej większe znaczenie niż panowie z przeciwnej strony. W mojej opinii, jeśli wolno mi taką opinię sformułować, przysięga ta ma bardzo wyraźny posmak chrześcijański. Zdaję sobie dobrze sprawę, że doktryna mego szanownego i uczonego przyjaciela, prokuratora generalnego, zakłada, iż istnieją inne formy wiążącego ślubowania, uznawane przez inne systemy religijne, które umożliwiają złożenie przysięgi poprzez usunięcie z niej formuły „Tak mi dopomóż Bóg" i zastąpienie jej innymi słowami lub jakimś symbolicznym aktem, odwołującym się do idei Boga i odpowiedzialności wobec Niego. Sądzę jednak, że winniśmy oceniać prawdziwy charakter tej przysięgi zgodnie z intencją władzy ustawodawczej. Przysięga nie składa się jedynie z wypowiadanych słów. Wypowiadanym słowom towarzyszy potwierdzający akt ucałowania Biblii. Jakie jest tego znaczenie? Zgodnie z intencją władzy ustawodawczej, stwierdziłbym z całą pewnością, że akt ten jest świadectwem akceptacji boskiego objawienia. W innych krajach stosowano też inne formy. W Szkocji, jak sądzę, nadal obowiązuje forma podnoszenia prawej dłoni zamiast całowania Biblii. W Hiszpanii zaś, jak mniemam, całuje się krzyż. Wydaje mi się, że we Włoszech w pewnym okresie kładło się dłoń na Ewangelii.

Wszystkie te formy oznaczały, w pierwotnym zamyśle, akceptację chrześcijaństwa. Ale wy sami nie posuwacie się do tego, by powiedzieć, że prawo można zastosować w takim sensie. Tego rodzaju prawo jest jak nieskazitelna nowiutka moneta, prosto z mennicy, o świeżych i ostrych konturach, która jednak, przechodząc z rąk do rąk, ściera się i chociaż zachowuje swą wartość, to wyróżniające ją cechy zanikają. Cokolwiek bym sądził o pierwotnej żywotności tej przysięgi, myślę, że istnieje znikoma różnica zdań co do tego, czym się obecnie stała. Stała się ona, jak powiedział mój szanowny przyjaciel, probierzem teizmu. I uważana jest za nic więcej, jak tylko za probierz teizmu. Zawiera, jak sądzę, odniesienie do chrześcijaństwa. Jest to jednak moja osobista opinia, nieuznana przez żaden autorytet i, tak czy owak, nie jest w praktyce opinią przeważającą; albowiem niektórzy panowie z drugiej

Izby Parlamentu, jeśli nie z tej także, wypowiadali się na piśmie przeciwko religii chrześcijańskiej, a mimo to złożyli przysięgę. Aczkolwiek bez wątpienia nie byłoby dobrze, gdyby ktokolwiek z nas narzucał ów probierz, mający taki posmak, a nawet pozbawiony tego posmaku, ludziom, którzy nie mogą go zaakceptować w sposób pełny i szczery. Byłoby to postępowanie złe, demoralizujące. Można by oczywiście powiedzieć: „No tak, ale to jest ich odpowiedzialność". Nie jest to w moim przekonaniu odpowiedź satysfakcjonująca.

Dla przeciętnego Anglika we wczesnym okresie życia, lub może w wieku dojrzałym i średnim, kiedy osiągnął on już znaczącą pozycję w swojej karierze, miejsce w tej Izbie stanowi najwyższą nagrodę za jego dążenia. Jeśli jednak między nim a tą nagrodą umieścicie nie tylko konieczność podporządkowania się pewnym obywatelskim warunkom, ale także przyjęcia pewnych słów z domeny religii, i jeśli te słowa nie zostaną sprawiedliwie dostosowane do stanu jego sumienia i jego przekonań, wówczas skłonicie go – nie, wcale nie przesadzę, mówiąc, że przekupicie go, by zaczął ingerować w swoje przekonania – by zadał gwałt swemu sumieniu, aby uniknąć napiętnowania i wykluczenia z tego, co uważa się za najszlachetniejszy przywilej obywatela Anglii – reprezentowania swych współobywateli w Parlamencie. I dlatego twierdzę, że poza naszym obowiązkiem potwierdzenia słuszności zasady swobód obywatelskich i religijnych, która całkowicie oddziela spory religijne od dobrodziejstwa praw obywatelskich, najważniejsze jest, aby ta Izba rozważyła moralny efekt tego probierza. Jest to, jak mniej lub bardziej słusznie zauważył szanowny deputowany z Portsmouth, probierz czysto teistyczny. Gdy się go uważa za probierz teistyczny, nie obejmuje on uznania Opatrzności, Boskich rządów, odpowiedzialności ani kary Boskiej. Jest on jedynie pustym i abstrakcyjnym gestem – formą pozbawioną wszelkiego praktycznego znaczenia i odniesień.

To nie jest dobra lekcja, to lekcja niedobra. I nie tylko. Przyznaję, że chociaż teraz być może sam siebie skrzywdzę, wspominając przy okazji tej kontrowersji nazwisko pana Bradlaugh, opowiadam się zdecydowanie za położeniem kresu obecnym sporom. Nie obawiam się ateizmu w tej Izbie. Prawda jest wyrazem Boskiego umysłu; i choć nasz słaby wzrok nie pozwala nam w pełni dojrzeć sposobów, jakich Bóg użyje, aby ją zachować, możemy pozostawić tę sprawę w Jego rękach i być całkowicie pewni, że stanowcze i odważne zastosowanie każdej zasady opartej na sprawiedliwości i słuszności jest najlepszą metodą, jaką możemy przyjąć dla utrwalenia i upowszechnienia prawdy. Z bólem muszę odnotować, że wyrządzono poważną szkodę idei religii w wielu umysłach – nie w umysłach wykształconych, lecz w tych, które zostały wykształcone źle lub częściowo i na które winniśmy mieć teraz baczenie – w konsekwencji działań, które zostały, niestety, podjęte.

Wielka szkoda została wyrządzona w wielu umysłach wskutek oporu wobec człowieka wybranego z okręgu wyborczego Northampton, zdaniem części społeczności – oporu niesprawiedliwego. Gdy wyznawanie religii i interesy religii kojarzą im się nieodparcie z tym, co w ich głębokim przekonaniu jest niesprawiedliwością, skłania ich to do kwestionowania samej religii, która kojarzy się im z niesprawiedliwością. Niewiara zyskuje sympatię, którą inaczej by się nie cieszyła; w rezultacie cierpią na tym zarówno te przekonania, jak i ta wiara religijna, których utratę uważam za najbardziej niewysłowione nieszczęście, jakie może spaść na człowieka czy na naród.

PRZEŁ. MONIKA BEYER

Ludwik WARYŃSKI

pseud. Jan Buch, 1856–1889, działacz ruchu robotniczego, twórca pierwszych kółek socjalistycznych oraz tzw. kasy oporu. W 1878 stworzył program socjalistów polskich, czasami nazywany programem brukselskim. W 1880 utworzył pierwszą polską partię socjalisyczną Proletariat. Zmarł w twierdzy szlisselburskiej.

LUDWIK WARYŃSKI **miał już za sobą jeden proces, w którym sam się bronił, w Krakowie w 1880 r. Wówczas w wystąpieniu przed sądem przedstawił swoje założenia dotyczące socjalizmu i wyjaśnił, co go skłoniło do propagowania tej idei; proces zakończył się uniewinnieniem. W trzy lata później w Warszawie aresztowano ponad dwieście osób w sprawie Proletariatu. 23 listopada 1885 roku rozpoczął się proces dwudziestu dziewięciu oskarżonych. Wyrok ogłoszono 20 grudnia. Czterech oskarżonych – Kunickiego, Bardowskiego, Ossowskiego i Pietrusińskiego skazano na śmierć. Waryńskiego zesłano na 16-letnią katorgę, ze względu na początki gruźlicy faktycznie była to dla niego kara śmierci. Również i tym razem Waryński wygłosił mowę. Linia jego obrony opierała się na tych samych argumentach, co w Krakowie, przedstawił też, podobnie jak wówczas, ideologię socjalizmu. Niewątpliwie miał talent oratorski; przemawiał słowem, gestem i mimiką. Niestety, oba wystąpienia są tylko streszczeniami sporządzonymi przez Tadeusza Rechniewskiego. Urzędowego stenogramu nie prowadzono.** (katraw)

LUDWIK WARYŃSKI

USPRAWIEDLIWIENI JESTEŚMY PRZED WŁASNYM SUMIENIEM I PRZED LUDEM

WYSTĄPIENIE PRZED SĄDEM WARSZAWSKIM, GRUDZIEŃ 1885

Prawnikiem nie jestem i nie będę poruszał prawnej strony: została ona już dostatecznie rozpatrzona w świetnej przemowie p. Spasowicza[1]. Zwracam uwagę waszą tylko na jeden fakt, uderzający w historii naszego oskarżenia. Po zaaresztowaniu ja wraz z niektórymi towarzyszami zostaliśmy oskarżeni według 318 art. Przeszedł rok i nam ogłoszone zostało, że podciągnięto nas pod 250 art.; na koniec po więcej niż dwuletnim więzieniu dowiedzieliśmy się z aktu oskarżenia, że oddano nas pod sąd na mocy 249 art.[2]. Osobiście ja nie

1 Włodzimierz Spasowicz (1829–1906), adwokat i publicysta, historyk literatury, profesor uniwersytetu w Petersburgu, w Rosji zwany „królem adwokatury", występował jako obrońca w procesach politycznych, m.in. Narodnej Woli; obrońca Rechniewskiego. Waryński przemawiał zaraz po nim.

2 Art. 318 rosyjskiego kodeksu karnego mówił o uczestnictwie w organizacji mającej na celu wzbudzenie nienawiści między właścicielami a robotnikami, a także przygotowywanie strajków. Czyny te były zagrożone karą od mam zamiaru siebie bronić. Zapytany, czy poczuwam się do winy, ja już oświadczyłem, że o winie mojej i nas wszystkich nie może być mowy. Myśmy walczyli za swoje przekonania, my usprawiedliwieni jesteśmy przed własnym sumieniem i przed ludem, sprawie którego służyliśmy. Obojętne są dla mnie szczegóły ciążących na mnie oskarżeń i ja nie będę tracił czasu na ich zbijanie. Zadanie moje polega na tym, żeby odtworzyć obraz prawdziwy naszych dążeń i działalności, które prokuratoria w fałszywym świetle wystawia. My nie sekciarze, ani też nie oderwani od rzeczywistego życia marzyciele, za których nas uważa oskarżenie, a nawet i obrona. Socjalistyczna teoria otrzymała prawo obywatelstwa w nauce i na jej korzyść nieustannie świadczą fakty realne współczesnego życia. Od poważnych myślicieli wyszła druzgocąca krytyka istniejącego dziś społecznego systemu; oni też wskazują na zarodki lepszego ustroju, które szybko rozwijają się na gruncie dzisiejszych warunków. Parlamenty, a nawet rządy despotyczne przeprowadzają drogą prawodawczą reformy znajdujące się w zupełnej sprzeczności z panującymi pojęciami o własności. Koncentracja ziem państwowych, która odbywa się w wielu krajach Europy, przejście gospodarki kolejowej w ręce państwa, powszechne wprowadzenie prawodawstwa fabrycznego – wszystko to głęboko znamionuje czas nasz i zbliża chwilę triumfu dla nowego ustroju społecznego. My nie ignorujemy tych faktów, my jasno widzimy znaczenie i pożytek ich dla naszej sprawy. Ale wraz z tym przekonani jesteśmy, że uwolnienie klasy robotniczej od ciążącego nad nią ucisku powinno być dziełem samych robotników. Nawet te paliatywne środki, którymi rządy współczesne starają się zażegnać społeczne klęski – i one są wywoływane przez parcie ruchu robotniczego. Pod tym względem pozwolę sobie powołać się na profesora Wagnera[3], doradcę Bismarcka, autorytet którego, mam nadzieję, nie wyda się podejrzany dla p. prokuratora. W jednym z dzieł swoich mówi Wagner o znaczeniu współczesnego ruchu socjalistycznego i wskazuje na to, że nacisk jego zmusił rządy do wejścia na drogę reform społecznych. Nie ma takiego rządu, który by znajdował się w zupełnej niezależności od wchodzących w skład danego państwa klas społecznych. Wpływ ich na ustrój państwowy znajduje się w prostym stosunku do stopnia ich rozwoju politycznego i organizacji. Dotąd przewaga pod tymi względami znajdowała się po stronie klas uprzywilejowanych – burżuazji i szlachectwa. Występując na polityczną arenę, klasa robotnicza powinna organizację wystawić przeciw organizacji i w imię określonych ideałów prowadzić walkę z istniejącym ustrojem społecznym. Takie jest zadanie partii robotniczej walczącej pod sztandarem socjalizmu. Ona tworzy przeciwwagę innym klasom społecznym i kładzie tamę reakcyjnym dążnościom. Dążąc do radykalnej zmiany społecznego ustroju, partia robotnicza w czasie teraźniejszym prowadzi robotę przygotowawczą do tego. Zadanie jej polega na tym, żeby pobudzić robotników do świadomego odnoszenia się do swych interesów i powołać ich do

8 miesięcy twierdzy do pozbawienia wszystkich praw obywatelskich i dożywotniego zesłania na Syberię. Art. 250 dotyczył uczestnictwa w organizacji stawiającej sobie za cel obalenie władzy lub zmianę jej formy, nawet wtedy gdy organizacja taka nie zamierzała podjąć konkretnych działań. Do „zamysłu" buntu stosowano szeroki katalog kar, od 15 lat katorgi do 1 roku więzienia. Art. 249 mówił o zbrojnym buncie, zagrożonym karą śmierci.

3 Zapewne Adolf Wagner (1835–1917), niemiecki naukowiec, jeden z nawybitniejszych ekonomistów i finansistów ery bismarckowskiej, uznawany za twórcę idei socjalizmu państwowego.

wytrwałej obrony praw swoich. Partia robotnicza dyscyplinuje i organizuje robotniczą klasę i prowadzi ją do walki z rządem i uprzywilejowanymi klasami. My dążyliśmy do wywołania ruchu robotniczego i do zorganizowania partii robotniczej w Polsce. Na ile usiłowania nasze były uwieńczone powodzeniem, wy, panowie, osądzić możecie na podstawie danych, które śledztwo sądowe wyjaśniło. Przed wami defilował długi szereg świadków ze stanu roboczego. Pamiętajcie, sędziowie, w jaki sposób badała ich prokuratoria, jak domagała się pożądanych dla niej zeznań. Wy pamiętacie także, co odpowiadali ci świadkowie na zadane im pytanie, co oni wiedzą o dążeniach partii Proletariat. Odpowiedzi ich dają się podciągnąć pod jedną ogólną formułę: partia dążyła do polepszenia bytu robotników i wskazywała środki osiągnięcia tego. Sympatie robotników po naszej znajdują się stronie. Dumni jesteśmy świadomością, że rzucone przez nas ziarno głęboko zapadło i puściło korzenie. Wśród robotników wielu było słabych, którzy uchylili czoło przed siłą i zdradzili swą sprawę; lecz bądźcie przekonani, sędziowie, że w chwili stanowczej nawet ci słabi i zahukani ludzie staną po naszej stronie!

My – wrogowie rządu, ale nie jesteśmy patriotami w politycznym znaczeniu tego słowa i nie podnosimy kwestii narodowej. My – wrogowie klas majętnych i uprzywilejowanych, które w kraju naszym dzięki swemu rozwinięciu i tradycjom politycznym są silnym i niebezpiecznym przeciwnikiem. W działalności naszej my przede wszystkim propagowaliśmy zasady socjalistyczne, wskazując robotnikom ideał przyszłego ustroju, do którego oni dążyć powinni. Prowadziliśmy także agitację w imię codziennych interesów klasy robotniczej, dowodząc robotnikom, jak za swoimi prawami obstawać mają i czego dobijać się w danym wypadku. Że agitacja nasza nie była bezowocna, dowodem służy cofnięcie rozporządzenia warszawskiego oberpolicmajstra o rewizjach sanitarnych u kobiet pracujących w fabrykach.

P. prokurator zarzuca Proletariatowi jego terrorystyczny kierunek i nalicza cztery kategorie terroru przez partię dokonywanego, a mianowicie: terroryzm proklamacyjny, zasadniczy, dzielący się na polityczny i ekonomiczny, wewnętrzny i zewnętrzny. Niepodobna przy tym nie zauważyć, że p. prokurator posługuje się przestarzałą nieco logiką niemieckich metafizyków, u których kilka nierealnych pojęć dowodziło egzystencji jednego realnego. Wyrażenie „terror proklamacyjny" jest oczywiście niczym więcej jak zbyt śmiałą grą słów. Pod terroryzmem rozumie się takiego rodzaju czyny gwałtowne, które skierowane są przeciwko osobom reprezentującym pewien system polityczny. Rzecz prosta, że do tego, co p. prokuratorowi podoba się nazywać terrorem wewnętrznym i zewnętrznym, tj. zabójstwa zdrajców i szpiegów, nazwa terroryzmu nawet nie może być zastosowana. Z istnieniem tajemnej organizacji jest związana konieczność przedsiębrania pewnych środków dla ochronienia swego bezpieczeństwa. Jest to do tego stopnia naturalne, że w statutach sławnego stowarzyszenia tajemnego iluminatów, do którego należały koronowane osoby i nawet papieże, znajdował się paragraf karzący śmiercią za zdradę.

W końcu p. prokurator mówi o terrorze zasadniczym, dzielącym się na polityczny i ekonomiczny. Ale żaden z czynów partii istotnie dokonanych nie podpada pod tę kategorię. Gdzież ten szereg zabójstw i zamachów na prywatne i urzędowe osoby, o którym tak patetycznie mówi oskarżenie?

Wypada mi rozjaśnić błędne i zaplątane pojęcia p. prokuratora o terroryzmie politycznym i ekonomicznym. Terroryzm polityczny jest jednym ze środków politycznej agitacji. Wymierzony on zostaje, jeśli się można tak wyrazić, przeciwko pewnym posterunkom rządowym (*prawitielstwiennyje posty*) i dąży do podkopania i zburzenia danego systemu politycznego. Terroryzm ekonomiczny uderza w ludzi, którzy zajmowanego przez siebie stanowiska używają ze szkodą robotników, ciemiężą ich, naigrawają się nad ich godnością człowieka. Oczywiście więc terroryzm ekonomiczny ma do czynienia nie z systemem, a z pojedynczymi jednostkami.

Niedorzecznością jest przypisywanie nam zamiaru wprowadzenia nowego ustroju społecznego za pomocą zabójstw. Dla nas zabójstwo jest wstrętne; czymże wytłumaczyć, że ludzie obdarzeni najbardziej altruistycznymi skłonnościami, łagodnego charakteru i niezdolni do przyprawienia bliźniego swego o najmniejszą szkodę wstępują w nasze szeregi i często winni się okazują krwawych zbrodni?

Działanie za pomocą środków gwałtownych jest smutnym, ale nieuniknionym następstwem wadliwości dzisiejszego ustroju. Terroryzm ekonomiczny nie jest bynajmniej środkiem dopięcia naszych społecznych zadań; ale przy pewnych warunkach jest on jedynym środkiem walki ze złem, wkorzenionym we współczesnym systemacie społecznym.

Nie mogę dać lepszego określenia ekonomicznego terroru, jak powoławszy się na słowa mojego towarzysza i współoskarżonego Mańkowskiego[4], które z tego powodu na sądzie przez niego wypowiedziane zostały. Gdy robotnik wyjęty jest spod opieki prawa, gdy prawodawstwo nie reguluje zachodzących pomiędzy nim a pracodawcą stosunków, gwałt z jego strony jest często jedynym środkiem obrony własnej; to, co jest skutkiem, wtedy tylko zniknie, gdy usunięta zostanie wywołująca go przyczyna.

Objaśnię to przykładem. W końcu przeszłego i na początku teraźniejszego stulecia klasa robotnicza w Anglii była zupełnie wykluczona z życia politycznego i niczym nie zagwarantowana przeciwko samowoli fabrykantów; wtedy terroryzm ekonomiczny był powszechnym objawem w tym kraju i angielskie związki robotnicze (trade-uniony) dopuszczały się go systematycznie. Kiedy zaś w nowszych czasach wprowadzone zostało prawodawstwo fabryczne i wolność polityczną rozszerzono i rozpostarto na robotników, wtedy terroryzm ekonomiczny ustał sam przez się i związki robotnicze w Anglii w czasie teraźniejszym znajdują się pod opieką prawa.

Nie pomogą sztuczne środki; terroryzmowi ekonomicznemu jedynie zapobiec może usunięcie warunków, które go wywołują. Podjąwszy się sprawy bronienia robotników od ich ciemiężycieli, partia socjalistyczna zmuszona jest pogodzić się z koniecznością; ale jej staraniem być powinno, żeby trzymać na wodzy naturalne uczucie rozbudzonej mściwości robotników, zastąpić je względami sprawiedliwości i w ten sposób zmniejszyć ilość ofiar ekonomicznego terroryzmu. Prokuratoria wskazuje na straszliwą szkodę i przelew krwi, które mogą mieć miejsce na skutek działalności partii w tym kierunku. Ale szkoda ta jest niczym

4 Mieczysław Mańkowski, ps. Józef (1862–1922), działacz socjalistyczny, w procesie Proletariatu skazany na 16 lat katorgi, od 1905 w PPS, w kierownictwie Organizacji Bojowej.

w porównaniu ze zgubnymi następstwami dzisiejszego ustroju społecznego. Na podstawie zebranych przez Pogożewa danych statystycznych okazuje się, że rokrocznie w Rosji 20% ludności robotniczej ulega chorobom traumatycznym skutkiem pokaleczenia od maszyn i innych narzędzi. Tymczasem ilość rannych żołnierzy podczas rosyjsko-tureckiej wojny 1878 r. nie przenosiła 7% ich ogólnej cyfry. W ten sposób wojna pociąga za sobą mniejsze ofiary niż te nienormalne warunki, w których obecnie znajduje się ludzka praca.

My organizowaliśmy klasę robotniczą dla walki z teraźniejszym ustrojem. My nie organizowaliśmy przewrotu, lecz organizowaliśmy dla przewrotu. My wiemy, że wzrastające antagonizmy społeczne i nabrzmiewające na ciele społecznym rany nieuniknienie do wybuchu doprowadzą. Wiemy także, jak straszne następuje spustoszenie, gdy nędza doprowadza masy ludowe do ostatecznych granic rozpaczy i rozhukane żywioły z szaloną siłą rzucają się na istniejący porządek rzeczy. Właśnie dlatego zadaniem naszym jest przygotować klasę robotniczą do rewolucji, ruch jej uczynić świadomym i ująć w karby organizacyjnej dyscypliny, wystawić określony program celów i środków. Czy można działalność naszą nazywać „spiskiem uknutym w celu gwałtownego wywrotu istniejącego porządku państwowego, ekonomicznego i społecznego"?

Odpowiem porównaniem. Przedstawcie sobie, sędziowie, potok górski, który z gór alpejskich spływa w sąsiednie jezioro; prąd tego potoku unosi z sobą i ziarnka piasku, i leżące na dnie kamienie. Kiedyś żwir ten pokryje dno jeziora i stanie się ono płytkie. W szklance wody tego potoku znajduje się bezgranicznie mała cząstka tego piasku, który jezioro zapełnił. Niepodobna jednej szklance wody, będącej bezgranicznie małą częścią tej siły, która działała w przeciągu olbrzymiego periodu czasu, przypisywać skutek, który jest wypływem objawu w jego całości.

My nie stoimy ponad historią, my ulegamy jej prawom. Na przewrót, do którego dążymy, my patrzymy jak na rezultat rozwoju historycznego i społecznych warunków. My przewidujemy go i staramy się, żeby nie zastał nas nie przygotowanymi.

Skończyłem, sędziowie. Jedno mam tylko jeszcze do powiedzenia. Jakikolwiek bądź wyrok nad nami zawiesicie, proszę was, nie oddzielajcie losu mojego od losu moich towarzyszy. Ja zostałem aresztowany wcześniej od wszystkich towarzyszy. Ale to, co przez nich dokonanym zostało, ja sam uczyniłbym, jeślibym był na ich miejscu. Uczciwie służyłem swej sprawie i gotów jestem za nią życie położyć.

[Mowa Waryńskiego była ilustrowana wielką ilością danych statystycznych i historycznych przykładów, które tutaj opuściliśmy].

Po zjednoczeniu w 1871 r. zdecydowanie wzrosło znaczenie Niemiec na arenie międzynarodowej. Celem polityki Bismarcka była jednak nie ekspansja terytorialna, lecz zabezpieczenie egzystencji nowo powstałego państwa przez zawieranie sojuszów i stworzenie w Europie równowagi sił. Wybór takiej strategii wynikał z dążenia Francji do rewizji skutków porażki z 1870 roku, a także był skutkiem ekspansji Rosji, czemu z niepokojem przyglądała się Anglia. Zakusy Rosji na Bałkany prowokowały z kolei konflikt z monarchią austriacką. W obliczu nadciągającej zbrojnej konfrontacji konieczne było zdefiniowanie głównych celów polityki Niemiec oraz ich roli w Europie. Metoda Bismarcka polegała na ostentacyjnym przygotowywaniu Niemiec do wojny z Francją oraz zapewnieniu neutralności ze strony Rosji. W zamian Rosja mogła liczyć na poparcie Niemiec dla jej polityki na Bałkanach. Adresatem mowy Bismarcka byli nie tyle posłowie Reichstagu, co opinia publiczna w Niemczech. (ts)

OTTO VON BISMARCK

NIEMCY A EUROPA

W REICHSTAGU, 6 LUTEGO 1888

Zabieram głos nie w sprawie projektu ustawy, który wymienił pan prezydent, nie frasuję się, że zostanie przyjęty, i nie wierzę, że mógłbym przyczynić się do wzrostu większości, która go przyjmie. [...] Panowie we wszystkich stronnictwach sami dojdą do wniosku, jak mają głosować, i mam pełne zaufanie do niemieckiego Reichstagu, że przywróci nam wzrost naszej siły obronnej do wielkości, z jakiej stopniowo rezygnowaliśmy w latach 1867–1882, i uczyni to nie ze względu na obecną sytuację, w jakiej się znajdujemy, nie ze względu na obawy wstrząsające dziś giełdą i opinią publiczną, lecz w ocenie powszechnej sytuacji w Europie. Dlatego też więcej powiem o tej ostatniej niż o samej ustawie.

Nie czynię tego chętnie, gdyż słowo niezręcznie wypowiedziane w takiej kwestii może wiele popsuć. Czynię to niechętnie, ale obawiam się, że gdybym milczał, to po oczekiwaniach związanych z dzisiejszą debatą zaniepokojenie opinii publicznej oraz nerwowe nastroje naszego i zagranicznego społeczeństwa zamiast się uspokoić, tylko by wzrosły. [...]

Mógłbym się ograniczyć do wskazania na moje opinie, które padły z tego miejsca przed rokiem. Niewiele się od tamtej pory zmieniło. Wpadł mi dzisiaj w ręce wycinek z „Liberalnej Gazety" i mógłbym to wykorzystać jako punkt zaczepienia do rozwinięcia wypowiedzi.

Mogę ustosunkować się ogólnie do wymienionych tam punktów, wyjaśniając, że jeżeli od tamtej pory sytuacja uległa zmianie, to jedynie na lepsze.

Wtedy obawialiśmy się zachęty do rozpoczęcia wojny, która mogła nadejść do nas z francuskiej ziemi. Od tamtej pory we Francji odszedł ze stanowiska prezydent miłujący pokój, zastąpił go prezydent, którego sercu pokój jest także bliski. To korzystna oznaka, że rząd francuski, wybierając nową głowę państwa, nie sięgnął do puszki Pandory, lecz pokojowa polityka prezydenta Grévy[1] będzie kontynuowana przez jego następcę, prezydenta Carnota[2]. Ponadto we francuskim ministerstwie dokonują się zmiany, które mają bardziej uspokajające znaczenie niż sama zmiana prezydenta, która ma inne przyczyny. Odeszli członkowie ministerstwa, którzy byli skłonni pokój w swoim kraju i pokój w Europie podporządkowywać swym osobistym planom.

Obawy, jakie się w ciągu minionego roku pojawiły, związane są bardziej z Rosją niż Francją. A nawet raczej z wymianą wzajemnych emocji, pogróżek i wyzwisk, jakie miały miejsce między francuską i rosyjską prasą tego lata.

Wydaje mi się jednak, że sytuacja w Rosji również nie wygląda inaczej niż przed rokiem. „Liberalna Gazeta" tłustym drukiem podkreśliła, co powiedziałem zeszłego roku:

„Nasza przyjaźń z Rosją nie została zerwana nawet w okresie wojen i również w dniu dzisiejszym nie ulega wątpliwości. Ze strony Rosji nie spodziewamy się wcale ani ataku, ani wrogiej polityki".

Zostało to uwypuklone być może w intencji ułatwienia mi nawiązania do tego faktu albo w nadziei, że byłem w błędzie, przed rokiem ufając polityce rosyjskiej. Przyczyna, dla której tak stać by się mogło, leży po części w rosyjskiej prasie, po części w rosyjskim rozmieszczeniu wojsk.

Co do prasy, mówi się, że w Rosji ma ona większe znaczenie niż we Francji, ale ja tego poglądu nie podzielam. Jednak w obu przypadkach prasa jest dla mnie niczym więcej, jak farbą drukarską na papierze, przeciwko której nie prowadzimy wojny. Za każdym artykułem prasowym stoi przecież pojedynczy człowiek. Za piórem piszącym wrogie Niemcom artykuły stoi ręka pojedynczego człowieka kreślącego w swym gabinecie te elukubracje.

W Rosji prasa nie ma takiego wpływu na opinię publiczną jak we Francji; to raczej barometr tego, co według rosyjskiej ustawy prasowej jest dopuszczalne bez angażowania w to rosyjskiego rządu i Jego Wysokości cara Rosji[3]. [...]

Przekonałem się już, że car Rosji nie wykazuje żadnych tendencji wojennych, nie ma zamiaru nas zaatakować i w ogóle prowadzić wojen zaczepnych. Nie wierzę rosyjskiej prasie, carowi Aleksandrowi wierzę i absolutnie ufam. Świadectwo prasy rosyjskiej z jej nienawiścią do Niemiec położone na szali nie waży nic, natomiast osobiste świadectwo cara Aleksandra ma dla mnie największą wagę. [...]

Rosja nie zamierza zdobywać ani pruskich, ani austriackich ziem. Myślę, że Rosja posiada już tak dużą liczbę polskich poddanych, ile tylko potrzebuje, oraz że nie jest skłonna do ich zwiększania. [...]

1 Jules Grévy (1813–1891), prezydent Francji w latach 1879–1887.
2 Marie-François Sadi Carnot (1837–1894), prezydent Francji w latach 1887–1894.
3 Aleksander III Romanow (1845–1894), car Rosji w latach 1881–1894.

Nie ma więc powodu ani pretekstu, by europejski monarcha napadał na swoich sąsiadów. Jednak zakładając, że zostalibyśmy uwikłani w wojnę francuską, nie musiałaby po niej nastąpić też wojna z Rosją; odwrotnie, gdybyśmy uczestniczyli w wojnie z Rosją, na pewno nastąpiłby również atak ze strony Francji. [...] Skąd więc takie kosztowne rozmieszczenie wojsk rosyjskich? Nie umiem na to odpowiedzieć. Może rosyjski gabinet jest przekonany, że podczas kolejnego kryzysu europejskiego jego głos w dyplomatycznym areopagu będzie tym ważniejszy, im bliżej zachodnioeuropejskich granic jest ich wojsko. [...]

Sięgając pamięcią wstecz, widzimy, że rozruchy z 1830 roku[4] zastały Rosję nieprzygotowaną i niezdolną do działania, gdyż nie miała na zachodzie swego państwa wystarczającej ilości wojsk. Dlatego też z rozmieszczenia wojsk w zachodnich prowincjach (*zapadni guberni* – jak określają to Rosjanie) nie wyciągałbym wniosków, że wiąże się z tym chęć napaści na nas. Wnioskowałbym, że oczekują tam kryzysu wschodniego. [...]

Kiedy można spodziewać się kryzysu wschodniego? Było ich chyba cztery w tym stuleciu: pierwszy w roku 1809, który zakończył się podpisaniem pokoju dającego Rosji granicę na Prucie. Potem w latach 1828 i 1854 wojny krymskie, i jeszcze w 1877 – a więc, w odstępach co mniej więcej dwadzieścia lat. [...]

Poza tym istnieją inne wydarzenia europejskie pojawiające się w podobnych okresach. Dla przykładu polskie powstania. Dawniej spodziewaliśmy się ich co 18–20 lat. Być może to jest przyczyną tak silnej militarnej obecności Rosji w Polsce. Tak samo zmiana rządów we Francji odbywa się co 18–20 lat, a to również może prowadzić do powstania kryzysów, które należy rozwiązywać na drodze dyplomatycznej, ale za dyplomacją powinno stać wojsko gotowe do ataku. [...]

Najbliższy kryzys, jakiego możemy się spodziewać, to kryzys wschodni, w którym nie musimy brać udziału. [...] Każde wielkie mocarstwo, usiłując ingerować w politykę innych państw, porusza się poza granicami, jakie wyznaczył mu Bóg. [...]

Pragnę poruszyć kwestię ponownego utworzenia obrony krajowej drugiego poboru, oddzielając ją jednak od kwestii finansowej, i skupić się na ogólnej sytuacji opisując zagrożenia wojną ostatnich czterdziestu lat. [...]

W roku 1848 musieliśmy uporać się równocześnie z dwiema takimi sytuacjami: była to sprawa polska i szlezwik-holsztyńska. Pierwszym hasłem po wydarzeniach marcowych było: wojna przeciwko Rosji dla odrodzenia Polski! Zaraz potem powstało ogromne niebezpieczeństwo uwikłania się w wielką wojnę europejską z powodu kwestii szlezwik-holsztyńskiej. Nie potrzebuję podkreślać, jak to pokojem w Ołomuńcu w 1850 roku zażegnano wielką pożogę, wojnę w wielkim stylu. Po tym nastąpiły może dwa spokojniejsze lata, lecz pełne nieporozumień. To było w czasie, gdy byłem posłem we Frankfurcie. W roku 1853 pojawiły się już pierwsze oznaki wojny krymskiej; toczyła się w latach 1853–1856. Podczas jej trwania znajdowaliśmy się na krawędzi urwiska i w każdej chwili mogliśmy być w tę wojnę wciągnięci. Przypominam sobie, jak w latach 1853–1855 kursowałem między Frankfurtem a Berlinem, gdyż świętej pamięci król z całym pokładanym we mnie zaufaniem wykorzysty-

4 Tj. powstanie listopadowe.

wał mnie jako adwokata dla swojej niezależnej polityki, gdy nacisk sił zachodnich na nas, abyśmy przystąpili do wojny, był zbyt wielki, bo musielibyśmy wtedy wypowiedzieć wojnę Rosji, a opór ministerstwa zbyt słaby. [...] W każdym razie w owym czasie Prusy znajdowały się na skraju wojny: narażone na nienawiść całej Europy z wyjątkiem Rosji. [...]

Wojna krymska trwała do 1856 roku i zakończyła się pokojem w Paryżu, oznaczając dla nas swoistą Canossę podczas Kongresu Paryskiego. Nie było potrzeby, abyśmy odgrywali wtedy większe mocarstwo, niż byliśmy w rzeczywistości, ale antyszambrowaliśmy, by w końcu dopuszczono nas do podpisania tego pokoju. [...]

Już w roku 1857 sprawa Neuchâtel[5] groziła kolejną wojną; nie stało się to jednak zbytnio popularne. Wysłany byłem wtedy przez świętej pamięci króla do Paryża, aby układać się z cesarzem Napoleonem odnośnie do przemarszu wojsk pruskich do ataku na Szwajcarię. Cesarz Napoleon skłaniał się ku temu. Jednak moje rokowania w Paryżu zostały przerwane, gdyż Jego Wysokość król porozumiał się z Austrią i Szwajcarią na drodze ugodowej. [...] Również rok wcześniej istniało zagrożenie wojny włoskiej. U nas doszło już do mobilizacji. Pokój w Villafranca[6] przyszedł dla nas w samą porę, chociaż być może za wcześnie dla Austriaków. [...]

Ale już w roku 1863 istniało nie mniejsze zagrożenie wojną, chociaż powszechnie mniej znane. Przypominacie sobie panowie polskie powstanie z 1863 roku. Ja nigdy go nie zapomnę, a w tym czasie porannej wizyty sir Andrew Buchanana[7], angielskiego ambasadora, i Talleyranda[8], przedstawiciela Francji, którzy dokuczali mi z powodu obstawania Prus przy polityce rosyjskiej. [...] Rosyjski car miał już dość polskich intryg ze strony zachodnioeuropejskiej i miał zamiar stawić im czoło, uderzając razem z nami. [...] Mogło wtedy dojść do wojny zjednoczonych Prus i Rosji przeciwko tym wszystkim, którzy wbrew nam wspierali powstanie w Polsce. Ale śmierć duńskiego króla sprowadziła wszystkich zainteresowanych na inne zagadnienia. [...]

W roku 1864 pojawiło się kolejne poważne zagrożenie wojną. Od chwili gdy nasze wojska przekroczyły Eider[9], w każdej chwili spodziewałem się ingerencji zachodnioeuropejskiego konwentu seniorów w tę duńską sprawę. Ale już wtedy mogliśmy się przekonać, że jeżeli Prusy i Austria są zjednoczone, to nawet przy słabym sojuszniku, jakim był wtedy Związek Niemiecki, Europa nie zaatakuje nas tak łatwo. [...]

Potem front się odmienił i zaczęto przygotowania do wojny 1866 roku. Pamiętam posiedzenie pruskich ministrów z 1865 roku w Regensburgu, aby pozyskać pieniądze na ten cel, co załatwione zostało układem w Gastein. Tylko dzięki ostrożnemu wykorzystaniu okoliczności z pojedynku między Prusami i Austrią nie narodziła się kolejna wielka koalicyjna wojna w Europie. [...]

5 Chodzi o popierane przez Prusy powstanie rojalistów w kantonie Neuchâtel w 1856. Kanton ten był długo pruskim lennem, ale powiązanym ściśle z Konfederacją Szwajcarską. Celem powstańców było przyłączenie do Prus. Wobec braku poparcia ludności powstanie zostało zdławione. Prusy uznały się za upokorzone i rozpoczęły energiczną kampanię przeciw Szwajcarii, co doprowadziło do poważnego kryzysu międzynarodowego, zakończonego w kwietniu 1857 na konferencji w Paryżu.

6 Rozejm w Villafranca z 11.07.1859 praktycznie zakończył wojnę francusko-sardyńsko-austriacką.

7 Sir Andrew Buchanan (1807–1882), w latach 1825–1878 w brytyjskiej służbie dyplomatycznej.

8 Charles Angélique hr. Talleyrand-Périgord (1821–?), w latach 1862–1864 poseł francuski w Berlinie, 1864–1869 w Petersburgu. Pochodził z młodszej linii tego samego rodu, co słynny minister Charles Talleyrand.

9 Rzeka graniczna między Szlezwikiem a Holsztynem. Mowa o wojnie prusko-austriacko-duńskiej.

Już w roku 1867 powstała kwestia luksemburska[10], gdzie wystarczyłaby tylko bardziej zdecydowana reakcja z naszej strony i doszłoby do wielkiej wojny francuskiej. Od tej pory, w latach 1868, 1869 aż do 1870 żyliśmy w stałym zagrożeniu wojną, rokowaniami, które za czasów pana von Beust[11] prowadzone były między Francją, Włochami i Austrią w Salzburgu i innych miejscowościach. [...]

Spokojnie odczekaliśmy, aż nas zaatakowano, i wydaje mi się, że dobrze się urządziliśmy, pozostając atakowanymi, niż mielibyśmy atakować. [...]

Ponadto pragnę przypomnieć, że w 1876 roku z południa ponownie nadciągnęła burza wojenna, w roku 1877 prowadzona była wojna na Bałkanach, a po kongresie w Berlinie ukazał się nam zupełnie nowy obraz na wschodzie, gdyż Rosja miała nam za złe naszą postawę podczas kongresu. [...]

Dlatego też jestem zdania, że powinniśmy wzmocnić nasze siły obronne nie tylko ze względu na nasze zatroskanie obecną sytuacją, gdyż niezależnie od niej musimy być tak silni, aby mieć poczucie godności wielkiego narodu, który w zależności od okoliczności jest na tyle silny, by wziąć swe losy we własne ręce również przeciwko każdej koalicji – z wiarą we własne siły i z ufnością w Boga. [...]

Musimy być w tych czasach tak silni, jak tylko możemy i mamy możliwość bycia silniejszymi niż jakikolwiek inny naród tej samej wielkości. Jeżeli nie będziemy potrzebowali naszych sił obronnych, to nie będziemy ich powoływać. Chodzi tu jedynie o drobną kwestię finansową – drobną, jeżeli wspomnę, że Francja wydała w ostatnich latach 3 miliardy na poprawę swych sił zbrojnych, my natomiast tylko 1½ łącznie z tym, czego obecnie się domagamy. [...]

W związku z naszym położeniem geograficznym musimy czynić w tym względzie dużo większe wysiłki niż inne potęgi dla osiągnięcia tego samego celu. Leżymy w samym środku Europy, można nas zaatakować przynajmniej z trzech stron. Francja ma tylko jedną wschodnią granicę, Rosja tylko jedną zachodnią, na których mogą być zaatakowane. My natomiast w związku z naszym geograficznym położeniem oraz faktem, że naród niemiecki jest mniej spójny w porównaniu z innymi, możemy być narażeni na niebezpieczeństwo koalicji. Bóg postawił nas w takiej sytuacji, że nasi sąsiedzi nie pozwalają nam popaść w ospałość i otępienie. Dał nam za sąsiada najbardziej wojowniczy i niespokojny naród – Francuzów. Również w Rosjanach drzemią skłonności do wojny, tak więc niejako z dwóch stron dostajemy ostrogi w bok i zmuszani jesteśmy do wysiłku, jakiego nie czynilibyśmy w innych okolicznościach. Szczupaki w europejskim stawie z karpiami wbijają nam kolce z obu stron i nie pozwalają być karpiami. [...]

Ale musimy sprostać przeznaczeniu opatrzności, czyniąc nasz naród tak silnym, że szczupaki nie uczynią nam nic więcej, jak tylko mogą nas rozruszać.

10 Luksemburg był w latach 1815–1890 połączony unią personalną z Holandią, ale stacjonował tam garnizon pruski. W 1867 Francja próbowała nakłonić Holandię do odstąpienia jej księstwa. Napięcie zlikwidowały pertraktacje, na mocy układu między Austrią, Anglią, Prusami i Rosją z 11 V 1867 Luksemburg został uznany za neutralny.

11 Friedrich Ferdinand graf von Beust (1809–1886), w latach 1858–1866 premier Saksonii, doprowadził do jej wystąpienia u boku Austrii w wojnie 1866, w latach 1866–1871 austro-węgierski minister spraw zagranicznych.

W czasach Świętego Trójprzymierza mieliśmy oparcie w Rosji i Austrii i jeszcze jedno – mieliśmy tę skromność, że nie formułowaliśmy własnego zdania, zanim nie wypowiedzieli się inni. [...]

Święte Trójprzymierze rozpadło się podczas wojen krymskich, jednak nie z naszej winy. Związek Niemiecki zniszczyliśmy sami, ponieważ rola, jaką nam w nim wyznaczono, była nie do wytrzymania ani przez nas, ani przez naród niemiecki. Obie organizacje przestały istnieć. Związek Niemiecki po wojnie 1866 roku. Ale wydarzenia roku 1866 nie zburzyły jeszcze naszych stosunków z Rosją. [...]

Tak więc w najbardziej naturalny sposób mieliśmy nadal nasze oparcie w Rosji, co miało swe korzenie w polityce cara Aleksandra I. Właśnie jemu Prusy winne są głęboką wdzięczność. W roku 1813 mógł zawrócić spod polskiej granicy i zawrzeć pokój, porzucając Prusy.

Ta wdzięczność panowała podczas sprawowania rządów przez Fryderyka Wilhelma III[12]. Saldo przyjaźni dla Rosji na koncie pruskim wykorzystywane było przez okres panowania cara Mikołaja[13], a w Ołomuńcu zostało wyrównane[14]. W Ołomuńcu car Mikołaj nie stanął po stronie Prus, nie ochronił nas przed złymi doświadczeniami, pewnymi upokorzeniami. Miał w ogóle więcej sympatii dla Austrii niż dla Prus. [...]

Tak długo jak żył car Mikołaj, nie zerwaliśmy naszej tradycji odnośnie do Rosji. Podczas wojny krymskiej mimo znacznych niebezpieczeństw i zagrożeń trwaliśmy u rosyjskiego boku. [...]

Ale świętej pamięci cesarz nie interesował się sprawami wojny i naród może być mu za to tylko wdzięczny. Podczas wojny krymskiej nie żywiliśmy żadnej urazy za Ołomuniec. Zakończyliśmy tę wojnę jako przyjaciele Rosji. [...] [...] Także nasze ujęcie się za Austrią w wojnie z Włochami było nie po myśli rosyjskiego gabinetu, ale nie miało to ujemnego wpływu na nasze stosunki. Na naszą wojnę w 1866 patrzono z zadowoleniem. W naszej wojnie z Francuzami z 1870 mieliśmy przynajmniej tę satysfakcję, że równocześnie z naszą obroną mogliśmy wyświadczyć rosyjskiemu przyjacielowi przysługę nad Morzem Czarnym. Przeciwnicy nie oddaliby tak chętnie Morza Czarnego, gdyby nasze oddziały nie stały w pobliżu Paryża. Gdybyśmy wtedy zostali pobici, to podpisanie ówczesnego układu londyńskiego z korzyścią dla Rosji nie byłoby takie łatwe. Również wojna z 1870 roku nie przyniosła zadrażnień między nami a Rosją.

Przytaczam te fakty, aby wyłożyć panom genezę układu z Austrią, który został opublikowany przed kilkoma dniami, i aby usprawiedliwić politykę Jego Wysokości. [...]

Pierwsze lata po wojnie francuskiej upłynęły w największym spokoju; w roku 1875 pojawiła się skłonność mojego kolegi, księcia Gorczakowa[15], do zabiegania o większą popularność we Francji niż u nas. Były to pierwsze oznaki ochłodzenia się naszych relacji. Równocześnie też mieliśmy za zadanie utrzymanie pokoju między trzema cesarzami, kontynuowanie zadzierzgniętych kontaktów zapoczątkowanych wizytą cesarzy Rosji i Austrii,

12 Fryderyk WIlhelm III (1770–1840), król Prus od 1797.

13 Mikołaj I Romanow (1796–1855), car od 1825.

14 Chodzi o konflikt w Holsztynie i Hesji-Kassel, grożący w 1850 wybuchem wojny austriacko-pruskiej. Na spotkaniu premiera Prus i kanclerza Austrii w Ołomuńcu Prusy musiały ustąpić, m.in. pod naciskiem Rosji. Tzw. hańba ołomuniecka zjednoczyła niemieckich nacjonalistów.

15 Aleksander Michajłowicz Gorczakow (1798–1883), rosyjski dyplomata, minister spraw zagranicznych i kanclerz.

tu w Berlinie, w roku 1872. Dopiero w 1876, przed wojną turecką pojawiło się pewne przymuszanie do opcji między Rosją i Austrią, co zostało przez nas odrzucone. Nasze odrzucenie spowodowało, że Rosja zwróciła się bezpośrednio do Wiednia i w styczniu 1877 zawarty został układ między Austrią i Rosją dotyczący ewentualnego kryzysu na wschodzie, a w takiej sytuacji gwarantujący Austrii zajęcie Bośni. Potem doszło do wojny i cieszyliśmy się, że rozegrała się bardziej na południe, niż można to było początkowo przypuszczać. Jej definitywny koniec nastąpił tu na kongresie w Berlinie, co przygotowane zostało podpisaniem pokoju w San Stefano. [...] Ale czy był on arcydziełem dyplomacji, pozostaje wątpliwe. [...] Przekazano mi życzenie strony rosyjskiej, aby do definitywnego zakończenia wojny zwołać w Berlinie kongres wielkich mocarstw. Uczyniłem to, nie szczędząc wysiłków, przez pamięć na cara Aleksandra II[16]. [...] Tu muszę zaznaczyć, że zasługi, jakie zdobyłem sobie, działając na rzecz drugiego mocarstwa, rzadko stają się udziałem obcego ministra.

Jakież więc było moje zdumienie i zaskoczenie, gdy przez rodzaj kampanii nacisku zapoczątkowanej w Petersburgu zaczęto atakować niemiecką politykę, a mnie osobiście podejrzewać co do intencji. W następnym roku, 1879, zaczęto domagać się, abyśmy wywierali nacisk na stronę austriacką w sprawach, gdzie nie moglibyśmy atakować austriackiego prawa. Nie mogłem się na to zgodzić, gdyż oziębiając stosunki z Austrią, popadlibyśmy z konieczności w zależność od Rosji. [...]

To stało się przyczyną podpisania naszej austriackiej umowy[17]. Tymi pogróżkami zostaliśmy zmuszeni do wybrania unikanej przeze mnie od lat opcji kroczenia między naszymi obydwoma dotychczasowymi przyjaciółmi. [...]

Żadne wielkie mocarstwo nie może w dłuższym okresie działać w sprzeczności z interesami własnego narodu i trzymać się litery jakiejś umowy, w końcu zostaje zmuszone do wyjaśnienia: czasy się zmieniły, już tak nie mogę i muszę wytłumaczyć to waszemu społeczeństwu i stronom podpisującym umowę. Żadne wielkie mocarstwo nie może pochwalać prowadzenia własnego narodu ku zniszczeniu po to, by trzymać się litery umowy podpisanej w innych okolicznościach. Tak jest nie tylko z umową podpisaną z Austrią, ale i z umowami podpisanymi przez inne rządy, jak na przykład z Włochami. [...]

Na ile umowa z Austrią jest wyrazem obopólnych interesów, okazało się już w Nikolsburgu[18] i w roku 1870. Już podczas rokowań w Nikolsburgu byliśmy pod wrażeniem, że na dłuższy czas nie możemy obejść się bez Austrii w Europie. [...]

Czy potraficie sobie wyobrazić, że Austria znika z map Europy, wtedy razem z Włochami będziemy izolowani między Rosją a Francją. Taki kraj jak Austria nie znika z mapy, lecz skłonny jest podać rękę temu, kto z kolei jest wrogiem nierzetelnego przyjaciela.

Jeżeli w tej niepewnej sytuacji nie chcemy być odizolowani, musimy mieć niezawodnego przyjaciela. Z mocy tej ustawy mamy przyjaciela o wspólnocie interesów. [...]

16 Zob. s. 69.

17 Chodzi o sojusz Niemiec i Austro-Węgier zawarty 7 X 1879, tzw. dwuprzymierze. W 1882 przystąpiły do niego Włochy.

18 26 VII 1866 zawarto w Nikolsburgu (dzisiaj Mikulov) wstępne porozumienie pokojowe po wojnie prusko-austriackiej.

Żywię nadzieję, że ta w Rosji sztucznie rozdmuchana nienawiść do nas nie będzie trwała wiecznie. Z naszymi sojusznikami w umiłowaniu pokoju jednoczą nas nie tylko nastroje i przyjaźnie, lecz najistotniejsze interesy równowagi w Europie i naszej własnej przyszłości.

Nie ulega wątpliwości, że przyjmując tę ustawę, związek nadzwyczajnie zyska na sile, ponieważ członek utworzony z niemieckiego imperium będzie ze swej strony niezwykle wzmocniony. Projekt daje nam przyrost zbrojnych oddziałów, możliwy przyrost – jeżeli nie będziemy ich potrzebować, to ich nie powołamy, wtedy mogą zostać w domu. Ale będzie do dyspozycji, będziemy mieli dla niego broń, a to jest ze wszech miar konieczne. Jeżeli będziemy mieli odpowiednią broń, to nowa ustawa stanowić będzie wzmocnienie gwarancji pokojowych, wzmocnienie ligi miłujących pokój, która jest tak silna, jakby czwarte mocarstwo w sile 700 000 zbrojnych ludzi przystąpiło do związku.

Wydaje mi się, że tak potężne wzmocnienie będzie miało również uspokajające działanie na naszych obywateli, być może załagodzi do pewnego stopnia nerwowość opinii publicznej, naszej giełdy i prasy. Mam nadzieję, że odczują one złagodzenie, kiedy uświadomią sobie, że po takim wzmocnieniu, od chwili gdy ustawa zostanie podpisana i opublikowana, istnieje materiał ludzki; uzbrojenie byłoby skromne, ale już istniałoby; ale musimy je jeszcze zakupić. Jeżeli chcemy utworzyć armię triariuszy z najlepszego materiału ludzkiego, jaki tylko posiadamy w narodzie, z ojców rodzin powyżej 30. roku życia, to musimy mieć dla nich również najlepszą broń, jaka tylko istnieje. Nie musimy posyłać ich w bój z wyposażeniem, które jest nawet niewystarczające dla naszych młodych oddziałów liniowych. Silni mężczyźni, ojcowie rodzin, te olbrzymie postacie, które przypominamy sobie jeszcze z czasów, gdy okupowaliśmy most w Wersalu, muszą mieć na ramieniu najlepsze karabiny, pełne uzbrojenie i najkompletniejszy strój chroniący ich od wpływów atmosferycznych i wszystkich czynników zewnętrznych. Na tym nie można oszczędzać. Ale na pewno uspokoi to naszych obywateli, jeżeli wyobrażą sobie przypadek, którego ja nie dopuszczam, że zostaniemy zaatakowani z dwóch stron. Jeżeli dojdzie do tego, to na każdej naszej granicy możemy wystawić milion dobrych żołnierzy w defensywie. Możemy przy tym utrzymywać na tyłach pół miliona rezerwistów albo nawet milion i posyłać ich do przodu w razie zapotrzebowania. Powiedziano mi, że w wyniku tego inni też będą zwiększać liczebność swoich wojsk. Ale to niemożliwe. Już dawno osiągnęli górną granicę. Natomiast my w roku 1867 obniżyliśmy ją. Myśleliśmy, że mając Związek Północnoniemiecki, możemy sobie ulżyć i zwolniliśmy wszystkich powyżej 32. roku życia. W wyniku tego nasi sąsiedzi wydłużyli służbę zasadniczą, niektórzy nawet do dwudziestu lat. Mają więc taką samą liczebność, jednak pod względem jakości nam nie dorównują.

Wszystkie cywilizowane narody są jednakowo dzielne. Rosjanin czy Francuz bije się tak samo dzielnie jak Niemiec; ale nasi ludzie, naszych 700 000 żołnierzy, są zaprawieni w boju, *rompus au métier*[19], wysłużeni żołnierze, którzy jeszcze nic nie zapomnieli. Poza tym w jednym świat nam nie dorówna: mamy potencjał oficerów i podoficerów, którzy dowodzą tą olbrzymią armią. [...]

19 Otrzaskani.

To stanowi naszą przewagę, leży ona w wyższości naszych podoficerów kształcących wychowanków późniejszego korpusu oficerskiego. [...]

Ponadto korzyścią z przyjęcia tej ustawy jest to, że siła, do jakiej dążymy, nastraja nas bezwzględnie pokojowo. Brzmi to paradoksalnie, ale tak jest. [...]

Jeżeli chcemy toczyć w Niemczech wojnę z całą skutecznością naszych narodowych sił, to musi to być wojna prowadzona z pełnym entuzjazmem, jak ta z 1870 roku, kiedy zostaliśmy niegodziwie zaatakowani. Fale społecznej aprobaty niosły nas na wojnę. Ale trudnym zadaniem będzie wytłumaczenie tego w prowincjach, krajach związkowych i społeczeństwu: wojna jest nieunikniona, musi do niej dojść. Można zadać pytanie: Czy jesteście tego pewni? Kto to wie? Krótko mówiąc, jeżeli my przejdziemy do ataku, to cały ciężar tych imponderabiliów będzie po stronie naszych przeciwników, których zaatakujemy. „Święta Rosja" będzie oburzona atakiem. Francja będzie uzbrojona aż po Pireneje. To samo będzie dziać się wszędzie. Wojna, dla której nie będzie powszechnej akceptacji, będzie prowadzona, jeżeli zwierzchnictwo uzna ją za konieczną i wywoła ją; będzie prowadzona z całą energią i może nawet zwycięsko, jeżeli nabierze się rozmachu i zobaczy krew. Ale nie będzie to wojna prowadzona z takim uniesieniem i nie będzie stał za tym taki zapał, jak w przypadku, gdy zostaniemy zaatakowani. Wtedy całe Niemcy od Niemna po Jezioro Bodeńskie zapalą się jak beczka prochu i staną pod bronią i żaden wróg nie odważy się podjąć z nimi walki, gdyż będzie to potężny *furor teutonicus*[20]. [...]

Nie jestem zwolennikiem dowolnej wojny zaczepnej, nawet gdyby ta wojna zaczęła się od naszego ataku – ogień musi podłożyć ktoś inny, my tego nie zrobimy. Ale ani nasza świadomość siły, ani wiara w sojusze nie przeszkodzi nam podtrzymywać naszych dotychczasowych dążeń do zachowania pokoju i kontynuowania ich z dotychczasowym zapałem. Bez wątpienia pogróżki i wyzwiska kierowane pod naszym adresem wywołały również w nas uzasadnione rozgoryczenie, a to dla Niemca jest bardzo trudne, gdyż jest on bardziej nieprzystępny dla narodowej nienawiści niż jakikolwiek inny naród, staramy się jednak załagodzić go i tak jak przedtem szukamy pokoju z naszymi sąsiadami, a zwłaszcza z Rosją. Ale jestem zdania, że Francja nie daje nam w tych staraniach żadnych gwarancji bezpieczeństwa. Nie chcę też powiedzieć, że to nic nie pomaga; nie będziemy szukali zwady i nigdy nie zaatakujemy Francji. To przypadki, w których się mawia: mądry zawsze ustępuje. [...]

Rosyjska prasa, rosyjska opinia publiczna pokazały drzwi staremu, potężnemu przyjacielowi, jakim byliśmy. Nie będziemy się naprzykrzać.

Nie powstrzyma to nas jednak od tego, by ze zdwojoną dokładnością przyglądać się temu, jak Rosja realizuje swoje prawa wynikające z umowy, a które to prawa wywalczyliśmy dla niej odnośnie do Bułgarii podczas kongresu berlińskiego[21] i które do 1885 roku pozostawały niepodważalne. Wtedy wszyscy byliśmy zdania, że wpływy w Bułgarii powinny należeć do Rosji, która ze swej strony zrezygnowała ze wschodniej Rumelii. [...]

Bułgarzy albo tylko ich część lub sam książę – nie wiem już kto – byli z tego niezadowoleni i doszło do zamachu stanu, oderwania się od Rosji. [...] Nawet jeżeli Rosja będzie chciała

20 Germańska gwałtowność, teutoński impet.

21 Faktycznie kongres berliński znacznie ograniczył korzyści, jakie Rosja uzyskała po wygranej wojnie z Turcją w traktacie z San Stefano.

na siłę dochodzić swoich praw, i wywiązałyby się z tego powodu kłopoty, nie zamierzamy popierać takich działań. [...] Gdyby jednak Rosja spróbowała na drodze dyplomacji czy to przez zachętę do przystąpienia do działania bułgarskiego zwierzchnika, sułtana, przywrócić stan poprzedni, to uważam za zadanie lojalnej polityki niemieckiej trzymać się bez wyjątku postanowień umowy berlińskiej i wykładni, jakich wtedy dokonaliśmy. Bułgaria, kraik między Dunajem a Bałkanami, nie jest obiektem wystarczającej wielkości, by wiązać z nią konsekwencje rzucenia Europy od Moskwy po Pireneje, od Morza Północnego po Palermo w wir wojny, której końca nikt nie potrafi przewidzieć. W końcu po jej zakończeniu prawie nikt nie wiedziałby, z jakiego powodu do tej wojny doszło. [...]

Ale gdy tylko Rosja wyrazi takie życzenie, to nieprzyjemności spotykające nas ze strony rosyjskiej opinii publicznej i rosyjskiej prasy nie powstrzymają nas przed dyplomatycznym wsparciem rosyjskich działań dyplomatycznych zmierzających do odzyskania przez nią wpływu na Bułgarię. [...]

Nie wierzę w bezpośrednie zagrożenie pokoju i proszę rozpatrywać niniejszą ustawę niezależnie od tych przemyśleń i obaw, jedynie jako przywrócenie zastosowania potężnej siły, jaką Bóg pokładał w narodzie niemieckim na wypadek gdy będziemy jej potrzebowali. Gdy nie będziemy jej potrzebować, nie będziemy jej powoływać. Staramy się unikać przypadku, że będziemy jej potrzebowali.

Te dążenia będą jeszcze poniekąd utrudniane przez pogróżki ukazujące się w artykułach prasowych z zagranicy i chciałbym swoje ostrzeżenia skierować głównie za granicę, aby poniechano tych pogróżek. Do niczego nie prowadzą. Pogróżki, jakich doznajemy poprzez prasę, nie od rządu, są właściwie olbrzymią głupotą. Jeżeli ktoś myśli, że tak wielką i dumną siłę, jaką stanowi państwo niemieckie, można zastraszyć przez pewne zestawienie farby drukarskiej, przez zestawienie słów, jest w niewiarygodnym błędzie.

Powinno się tego zaprzestać, wtedy i nam będzie łatwiej wyjść naprzeciw naszym obojgu sąsiadom. Każdy kraj jest w pewnym momencie odpowiedzialny za okna, które wybija jego prasa; pewnego dnia przedłożony zostanie za to rachunek wraz z poirytowaniem zaczepianego państwa. Nas można łatwo zjednać miłością i życzliwością, ale z pewnością nie pogróżkami!

My, Niemcy, boimy się tylko Boga, poza tym niczego innego na świecie.

I bogobojność jest tym, co pozwala nam miłować i pielęgnować pokój. Kto go mimo to zerwie, ten się przekona, że wojownicze umiłowanie ojczyzny, które już w 1813 zwołało pod swe sztandary całą ludność słabych wtedy, małych i wyniszczonych Prus, jest dzisiaj dobrem powszechnym całego niemieckiego narodu, a ten kto w jakikolwiek sposób atakuje niemiecki naród, zastanie go powszechnie uzbrojonym i każdego obrońcę z niezłomną wiarą w sercu: Bóg będzie z nami!

PRZEŁ. KARINA EWA FRELEK

Utworzony w 1888 r. z inicjatywy LUDWIKA PASTEURA, **twórcy nowoczesnej mikrobiologii, Instytut Pasteura w Paryżu stał się modelowym publicznym instytutem naukowo-dydaktycznym skoncentrowanym na rozwoju i przekazywaniu wyspecjalizowanej wiedzy naukowej. Nowa placówka, powstała za pieniądze pochodzące ze zbiórki publicznej, miała zająć się walką ze wścieklizną, badaniami nad chorobami zakaźnymi i rozwojem mikrobiologii. Otwierając Instytut, 14 listopada 1888 r., Ludwik Pasteur w swym przemówieniu – nawiasem mówiąc, był tak wzruszony, że poprosił syna o jego odczytanie – podkreślił otwartość placówki na współpracę międzynarodową (wymieniając m.in. ważny udział w pracach uczonych rosyjskich). Pasteur zdawał sobie jednak sprawę, że postulat wspólnego działania ponad granicami dla dobra całej ludzkości w epoce rosnącego nacjonalizmu będzie musiał się zderzyć z „prawem krwi". Dążące do militarnych konfrontacji państwa były skłonne zawłaszczać wyniki pracy uczonych, by zwiększyć swoje szanse na polu bitwy. Obawy przed upolitycznieniem i militaryzacją nauki szybko znalazły potwierdzenie.** (Edwin Bendyk)

Ludwik PASTEUR

1822–1895, francuski chemik, twórca mikrobiologii. Badał zjawiska fermentacji i gnicia, opracował metodę sterylizacji (pasteryzacji). Stworzył m.in. szczepionkę przeciwko wściekliźnie, zapoczątkował stereochemię. Obalił teorię samorództwa drobnoustrojów. W modelowy sposób łączył podstawowe badania naukowe ze stosowanymi.

LUDWIK PASTEUR

STAWIAĆ ŻYCIE LUDZKIE PONAD WSZELKIMI ZWYCIĘSTWAMI

MOWA NA OTWARCIE INSTYTUTU PASTEURA, PARYŻ, 14 LISTOPADA 1888

Panie prezydencie[1], szanowni państwo,

Ten, kto za dwadzieścia lat będzie opisywać naszą historię współczesną i w kolejnych partyjnych potyczkach zacznie szukać skrytych myśli Francji, będzie mógł z dumą powiedzieć, że troszczyła się ona przede wszystkim o nauczanie na każdym poziomie. Wszystko, od wiejskich szkół po uniwersyteckie laboratoria, zostało założone bądź odnowione. Każdy, czy to uczeń, czy profesor, miał w tym udział. Ministrowie oświaty, popierani przez władze państwowe, pojęli, że o ile trzeba pozwolić płynąć szerokim strumieniem nauczaniu początkowemu i nauczaniu drugiego stopnia, to trzeba się również zatroszczyć o źródło, czyli o szkolnictwo wyższe. Dali temu szkolnictwu należne mu miejsce. Tego typu nauczanie zawsze będzie zastrzeżone jedynie dla niewielu – ale od tych niewielu i od ich elity zależy pomyślność, chwała, a w ostatecznym rozrachunku także supremacja danego narodu.

Oto co zostanie powiedziane i co przyniesie zaszczyt tym, którzy wzbudzili i wsparli ten wielki ruch. Moim zdaniem, proszę państwa, jeśli mogłem się cieszyć tym, że w niektórych swoich badaniach dotarłem do poznania praw, które czas uświęcił i dobył z nich obfity plon, stało się tak dlatego, że nie odmówiono mi niczego, co było niezbędne do moich prac. W dniu, w którym, przeczuwając przyszłość, jaka miała się otworzyć przed odkryciem osłabienia wirusów, zwróciłem się wprost do mojego kraju, aby przez siłę i rozmach inicjatyw prywatnych pozwolił nam wznieść laboratoria, które nie tylko zajęłyby się metodą zapobiegania wściekliźnie, lecz nadto i badaniem chorób wirusowych i zakaźnych – w owym dniu Francja zaczęła nam dawać garściami. Dała zbiorowe subskrypcje, prywatne darowizny, wspaniałe datki pochodzące z fortun, które sieją dobrodziejstwami tak jak oracz sieje zboże; wniosła wszystko, nawet oszczędności, które robotnik odjął sobie z zapłaty za ciężką pracę.

Podczas gdy dokonywało się to francuskie dzieło skupienia, trzej władcy dali nam dowód rzeczywistej sympatii. Jego Wysokość sułtan zapragnął być jednym z naszych subskrybentów; cesarz Brazylii, cesarz i człowiek nauki, dopisał swoje imię z radością konfratra, jak powiedział; car zaś ogłosił powrót Rosjan, których potraktowaliśmy jak naprawdę cesarski dar.

W obecności rosyjskich lekarzy, którzy będą pracować w naszych laboratoriach i są już wśród nas, kieruję do cara wyrazy naszej pełnej szacunku wdzięczności.

Wiedzą już państwo, w jaki sposób wszystkie te kwoty zostały zgromadzone w Crédit Foncier de France[2] i jaki uczyniono z nich użytek. Jednakże pan Christophle[3] nie powiedział wam jednego – z jaką troską zarządzał tym narodowym dobrem.

1 Sadi Carnot (zob. s. 136).

2 Ogólnofrancuski państwowy bank hipoteczny założony w 1852 przez Ludwika Wołowskiego.

3 Albert Christophle (1830–1904), francuski polityk, m.in. minister transportu i minister robót publicznych, od 1787 gubernator Crédit Foncier de France.

Nim położono kamień węgielny, komitet patronacki subskrypcji postanowił, bez mojego udziału, iż Instytut będzie nosić moje imię. Mam nadal obiekcje co do tytułu, który zastrzega dla człowieka hołd należny doktrynie. Choć jednak czuję się zakłopotany takim nadmiarem zaszczytu, tym większa i głębsza jest moja wdzięczność. Nigdy żaden Francuz przemawiający do innych Francuzów nie będzie bardziej wzruszony niż ja w obecnej chwili.

I oto wyrósł przed nami ten wielki dom, o którym można rzec, iż nie ma w nim ani jednego kamienia, który nie byłby materialnym znakiem szlachetnej myśli. Wszystkie cnoty złożyły się, by wznieść ten przybytek pracy. Niestety! Przybija mnie melancholia, bo wchodzę do niego jako człowiek, którego czas niejako minął, który nie ma już przy sobie żadnego ze swoich mistrzów ani nawet żadnego z towarzyszy walki, ani Dumasa[4], ani Bouleya[5], ani Paula Berta[6], ani Vulpiana[7], który, po przyłączeniu się do ciebie, mój drogi Grancher[8], doradco w pierwszych chwilach, stał się najbardziej przekonanym i najbardziej zdecydowanym obrońcą tej metody! W każdym razie, o ile z bólem mówię sobie: Ich już nie ma, po odważnym wzięciu udziału w dyskusjach, których nigdy nie prowokowałem, ale które musiałem znosić; jeśli nie mogą słyszeć, jak głoszę, ile zawdzięczam ich radom i wsparciu; jeśli czuję się równie zasmucony ich odejściem jak w dzień po ich śmierci – pociesza mnie przynajmniej myśl, że wszystko, czego razem broniliśmy, nie zginie. Naszą naukową wiarę podzielają obecni tu współpracownicy i uczniowie.

Działem leczenia wścieklizny będzie kierował pan profesor Grancher, przy współpracy doktorów Chantemesse'a[9], Charrina[10] i Terrillona[11].

Pan minister oświaty upoważnił p. Duclaux[12], najstarszego z moich uczniów i współpracowników, dziś wykładowcy na wydziale nauk ścisłych, do przeniesienia tu kursu chemii biologicznej, który prowadzi na Sorbonie. Będzie kierował laboratorium mikrobii ogólnej. P. Chamberland[13] będzie się zajmować związkami mikrobii z higieną. Doktor Roux[14] będzie wykładał o zastosowaniu metod mikrobowych w medycynie. Dwaj rosyjscy uczeni,

4 Jean-Baptiste Dumas (1800–1884), francuski chemik i polityk, zajmował się głównie chemią analityczną i syntezą, także chemią fizjologiczną, m.in. opracował metodę oznaczania mas cząsteczkowych.

5 Henri Marie Bouley (1814–1885), francuski naukowiec, weterynarz, badacz wścieklizny.

6 Paul Bert (1833–1886), francuski fizjolog i polityk, m.in. minister edukacji w rządzie Gambetty, zmarł w Hanoi na dyzenterię.

7 Edmé Félix Alfred Vulpian (1826–1887), wybitny francuski neurolog.

8 Jacques-Joseph Grancher (1843–1907), francuski lekarz, doktor medycyny, bliski współpracownik Pasteura w badaniach nad wścieklizną,

9 André Chantemesse (1851–1919), francuski lekarz i biolog.

10 Albert Charrin (1856–1907), francuski mikrobiolog, w 1889 wraz z Henrim Louisem Rogerem udowodnił, że bakterie *Pseudomonas pyocyanaeum* podane wraz z serum zwierzęcym ulegają aglutynacji.

11 Octave Terrillon (1844–1895), jeden z twórców aseptyki.

12 Emile Duclaux (1840–1904), francuski fizyk, chemik i biolog; w laboratorium Pasteura od 1862, w latach 1895–1904 dyrektor Instytutu.

13 Charles Chamberland (1851–1908), fizyk i biolog francuski, współpracownik Pasteura od 1875, wynalazca tzw. filtru Chamberlanda.

14 Pierre Paul Emile Roux (1853–1933), francuski lekarz, bakteriolog i immunolog, zajmował się m.in. badaniami nad gruźlicą i syfilisem, współpracownik Pasteura od 1878, od 1904 dyrektor Instytutu.

dr Miecznikow[15] i dr Gamaleja[16], pragną z nami współdziałać. Ich domeną będzie morfologia organizmów niższych i mikrobia porównawcza.

Znane są państwu nadzieje, jakie wiążemy z pracami doktora Gamalei. Specjalnie używam słowa „nadzieje". Zastosowanie u człowieka wciąż nie nastąpiło – ale najtrudniejszy etap za nami.

Ukonstytuowany tak, jak powiedziałem, nasz Instytut będzie zarazem przychodnią, w której będzie się leczyć wściekliznę, ośrodkiem badawczym chorób zakaźnych i ośrodkiem oświatowym zajmującym się studiami związanymi z mikrobią. Nauka ta, zrodzona wczoraj, lecz zrodzona w pełnym rynsztunku, czerpie tak wielką siłę ze swoich nowych zwycięstw, że pociąga za sobą wszystkie umysły.

Zachowajcie ten entuzjazm, który mieliście od początku, moi drodzy współpracownicy, ale dajcie mu nieodłączną towarzyszkę – surową kontrolę. Nie występujcie z niczym, co nie da się udowodnić w sposób prosty i ostateczny. Szanujcie w najwyższym stopniu zmysł krytyczny. Sam w sobie ani nie tworzy on pomysłów, ani nie pobudza rzeczy wielkich. Bez niego wszystko podupada. On ma zawsze ostatnie słowo. Proszę was tutaj, a wy z kolei będziecie prosić waszych uczniów podczas ich kształcenia, o to, co najtrudniejsze dla wynalazcy. Sądzić, że się odkryło ważny fakt naukowy, palić się do jego ogłoszenia i walczyć z samym sobą, by zmusić się do obrócenia wniwecz własnych eksperymentów, a ogłaszać odkrycie dopiero wówczas, gdy wyczerpiemy wszelkie przeciwne hipotezy – tak, to ciężkie zadanie. Kiedy jednak, po tak wielu wysiłkach, zyskujemy wreszcie pewność, doświadczamy jednej z największych radości, jakie może odczuwać dusza ludzka; natomiast myśl, iż przyczynimy się do chwały swojego kraju, czyni tę radość jeszcze większą. O ile nauka nie ma ojczyzny, o tyle człowiek nauki powinien mieć ojczyznę i na nią przenosić wpływ, jaki jego prace mogą wywierać na świat.

Panie prezydencie, gdyby było mi wolno zakończyć refleksją filozoficzną, jaką wzbudza we mnie pańska obecność na tej sali przeznaczonej do pracy, powiedziałbym, że dziś zdają się walczyć ze sobą dwojakiego rodzaju, sprzeczne prawa: prawo krwi i śmierci, które, wymyślając codziennie nowe środki walki, zmusza ludzi, by byli wciąż gotowi iść na pole bitewne, i prawo pokoju, pracy, dobra, które ma na celu jedynie uwalnianie człowieka od osaczających go plag. Jedno prawo dąży tylko do pełnych przemocy podbojów, drugie tylko do ukojenia ludzkości. To prawo stawia życie ludzkie ponad wszelkimi zwycięstwami, tamto poświęciłoby setki tysięcy istnień dla ambicji jednego z nich.

Prawo, którego instrumentem my jesteśmy, próbuje nawet pośród rzezi leczyć krwawe nieszczęścia tego prawa wojny. Opatrunki z zastosowaniem naszych metod antyseptycznych mogą ocalić tysiące żołnierzy. Które z tych dwóch praw zyska przewagę? Bóg jeden wie. Możemy jednak zapewnić, że francuska nauka, posłuszna prawu humanitarnemu, będzie usiłowała przesuwać granice życia.

PRZEŁ. HALINA LUBICZ-TRAWKOWSKA

15 Ilja Iljicz Miecznikow (1845–1916), rosyjski zoolog i mikrobiolog, odkrywca fagocytozy, współzałożyciel pierwszego rosyjskiego centrum bakteriologicznego w Odessie, laureat Nagrody Nobla w 1908 za badania immunologiczne.

16 Nikołaj Fiedorowicz Gamaleja (1859–1949), rosyjski lekarz, mikrobiolog i epidemiolog, w 1898 odkrył bakteriolizyny ptasiej cholery, zajmował się profilaktyką wścieklizny, cholery, tyfusu, ospy i innych chorób zakaźnych.

HELMUTH VON MOLTKE (starszy) był współtwórcą zjednoczenia Niemiec i bliskim współpracownikiem Bismarcka. Miał wiele prerogatyw, które umożliwiały mu podejmowanie decyzji wspólnie z cesarzem oraz z pominięciem kanclerza i parlamentu – mimo to akceptował nadrzędną rolę polityki. Okres od zjednoczenia Niemiec do I wojny światowej był tylko pozornie czasem pokoju. W rzeczywistości wszystkie mocarstwa w Europie były przekonane, że wojna musi prędzej czy później wybuchnąć. Podczas gdy duża część społeczeństwa niemieckiego popierała jak najszybszą konfrontację militarną z Francją, Moltke hołdował starorzymskiej zasadzie *Si vis pacem, para bellum* („Jeśli chcesz pokoju, szykuj się do wojny"). Twierdził, że do wybuchu wojny nie dąży dowództwo ani rząd, lecz nieuprzywilejowane grupy społeczne, które widzą w niej okazję do poprawy swojej sytuacji. Moltke, dla którego naród był „nośnikiem elementów wojennych", postulował konieczność istnienia silnego rządu, który oprze się partykularnym interesom grup społecznych. Uważał, że tylko dzięki zwiększeniu siły militarnej Niemiec uda się wzbudzić u sąsiadów respekt i odsunąć w czasie wybuch wojny. Mowa ta kłóci się z obrazem Moltkego jako „pruskiego generała", który tylko w czasie wojny mógł zaspokoić swoje ambicje. (ts)

Helmuth Karl Bernhard von MOLTKE
1800–1891, w latach 1835–1839 doradca ds. wojskowości w Turcji, naczelny dowódca wojsk pruskich, odpowiedzialny za strategię wojen z Danią, Austrią i Francją.

HELMUTH VON MOLTKE (starszy)

O PRZYSZŁEJ WOJNIE

REICHSTAG, 14 MAJA 1890

Moi panowie, może się wydawać dziwne, że domagamy się nowych, znacznych ofiar na cele militarne właśnie teraz, kiedy horyzont polityczny wydaje się wolniejszy od groźnych chmur niż niedawno temu i gdy wszystkie mocarstwa zapewniły nas o swoich pokojowych zamiarach. Mimo to pozwólcie mi, panowie, omówić w kilku słowach stopień bezpieczeństwa, jaki z tych okoliczności może wynikać.

Jeszcze niedawno, moi panowie, część Wysokiej Izby – wprawdzie wyłącznie z ław skrajnej lewicy – ponownie wystąpiła z twierdzeniem, jakoby wszystkie nasze posunięcia militarne służyły tylko interesom klasy posiadającej i że to książęta wywołują wojny, a bez nich narody żyłyby obok siebie w przyjaźni i pokoju. Jeśli chodzi o klasę posiadającą, to jest ona bardzo wielka i obejmuje w pewnym sensie prawie cały naród, bo czy jest ktoś, kto nie miałby czegoś do stracenia? (*Racja!*)

Wprawdzie klasa posiadająca jest zainteresowana wszystkimi instytucjami, które gwarantują każdemu jego własność – ale, moi panowie, to nie książęta, a już na pewno nie rządy, są tymi, którzy w naszych czasach wywołują wojny (*Okrzyki: bardzo dobrze! – z ław prawicy*).

Czas wojen gabinetowych mamy już za sobą – teraz mamy już tylko wojny narodowe, a każdy rozsądny rząd będzie się głęboko zastanawiał na rozpętaniem takiej wojny ze wszystkimi jej nieprzewidywalnymi skutkami (*Okrzyki: bardzo słuszne!*).

Nie, moi panowie, czynniki zagrażające pokojowi tkwią w narodach. To z łona klas, gorzej wyposażonych przez los, wychodzą niekiedy próby szybkiej poprawy swojego losu przy użyciu przemocy – poprawy, jaką w gruncie rzeczy można osiągnąć tylko poprzez prawa organiczne i na drodze długotrwałej, żmudnej pracy (*Okrzyki z prawicy: bardzo trafne! brawo!*).

Jeśli chodzi o świat zewnętrzny, pojawiają się pewne dążenia narodowe i rasowe, a także ogólne niezadowolenie z istniejącej sytuacji. To może w każdej chwili doprowadzić do wojny, bez zamiaru rządów, a nawet wbrew ich woli, gdyż, moi panowie, rząd, który nie jest wystarczająco silny, aby móc się sprzeciwić namiętnościom narodowym i interesom partyjnym, a więc rząd słaby, jest stałym zagrożeniem dla pokoju (*Okrzyki z prawicy: bardzo trafne!*).

Jestem przekonany, że nie da się przecenić wartości i dobrodziejstwa silnego rządu (*Brawo!*).

Tylko silny rząd może przeprowadzić dobroczynne reformy, tylko silny rząd może zagwarantować pokój.

Moi panowie, jeśli wojna, która już od dziesięciu lat wisi naszymi głowami, niczym miecz Damoklesa – jeśli taka wojna wybuchnie, to czas jej trwania i zakończenie są trudne do przewidzenia. To największe mocarstwa europejskie, uzbrojone jak nigdy przedtem, wystąpią przeciwko sobie, a żadnego z nich nie da się pokonać w jednej lub dwóch kampaniach w taki sposób, aby zgodziły się zawrzeć pokój na twardych warunkach – każde z nich byłoby w stanie dźwignąć się na nowo do walki, jeśli nie w tym samym roku, to w następnym. Moi panowie, to może być wojna siedmioletnia, może być także trzydziestoletnia – i biada temu, kto wznieci pożogę w Europie i pierwszy rzuci lont na beczkę z prochem! (*Brawo!*)

Tak więc, moi panowie, gdy chodzi o sprawy tak wielkie, jeśli chodzi o to, co osiągnęliśmy na drodze olbrzymich ofiar, o egzystencję państwa, może nawet o kontynuację porządku społecznego i cywilizacji, a w każdym razie o setki tysięcy istnień ludzkich, to sprawa pieniędzy powinna zejść na drugi plan, a każdy wysiłek finansowy trzeba uznać z góry za usprawiedliwiony.

Jest prawdą, co tutaj wielokrotnie podkreślano, że wojna wymaga pieniędzy i jeszcze raz pieniędzy i że nie powinniśmy przedwcześnie rujnować naszych finansów. Tak, moi panowie, gdybyśmy nie poczynili tych wielkich wydatków na cele wojskowe, które zapewnił nam patriotyzm Wysokiej Izby i narodu, to nasze finanse wyglądałyby dziś o wiele korzystniej, niż to jest obecnie. Ale, moi panowie, najlepsza nawet kondycja finansowa nie zapobiegłaby sytuacji, w której z powodu braku środków do obrony mielibyśmy dzisiaj wrogów w kraju – bo od dawna już, a także obecnie, tylko miecz utrzymuje miecze innych w pochwach. (*Brawo!*)

Nieprzyjaciel w kraju – tak, znosiliśmy to przez sześć lat na początku stulecia i cesarz Napoleon mógł się szczycić tym, że udało mu się wycisnąć miliard z małego i biednego wówczas kraju. Także i dziś wróg, znalazłszy się u nas w kraju, nie pytałby, czy ma do czynienia z bankiem państwowym, czy prywatnym. Widzieliśmy przecież w roku 1813, kiedy wróg był już w pełnym odwrocie: wtedy w Hamburgu, wówczas mieście francuskim, francuski marszałek zagarnął na pożegnanie cały Bank Hamburski[1]. Nieprzyjaciel w kraju wnet wyczyściłby nasze zasoby finansowe. Tylko silne militarnie Niemcy mogły wraz ze swoimi sprzymierzeńcami przez tyle lat nie dopuścić do naruszenia pokoju.

Moi panowie, im lepiej nasze siły zbrojne – morskie i lądowe – są zorganizowane, im kompletniej wyposażone i przygotowane do wojny, tym większą możemy mieć nadzieję, że pokój uda się zachować dłużej, albo też z honorem rozstrzygnąć nieuniknioną walkę na swoją korzyść (*Brawo!*).

Moi panowie, wszystkie rządy, każdy w swoim kraju, stoją przed doniosłymi zadaniami społecznymi, które wojna może co najwyżej opóźnić, ale nigdy ich nie rozwiąże. Wierzę, że wszystkie rządy rzetelnie starają się zachować pokój – jest tylko pytanie, czy są one dość silne, by tego dokazać. Wierzę też, że we wszystkich krajach ogromna większość ludności pragnie pokoju (*Okrzyki: słuchajcie! słuchajcie!*), ale decyzja nie należy do społeczeństw, tylko do rządzących partii, które stanęły na ich czele.

Moi panowie, pokojowe zapewnienia naszych obydwu sąsiadów ze wschodu i z zachodu – którzy zresztą nieprzerwanie kontynuują swoje przygotowania do wojny – (*Prawda!*) te pokojowe i inne manifestacje są zapewne bardzo cenne; jednak bezpieczeństwo możemy zapewnić sobie tylko my sami (*Ponowny gorący aplauz*).

PRZEŁ. HENRYK STANKE

1 Marszałkiem tym był Louis-Nicholas Davout (1770–1823), który poddał Hamburg dopiero po abdykacji Napoleona (27 IV 1814). W kasie banku było 7 489 343 marki.

Teodor HERZL

1860–1904, austriacki dziennikarz i pisarz, twórca nowoczesnego żydowskiego ruchu narodowego – syjonizmu, głoszącego, że tylko stworzenie własnego państwa może skutecznie chronić Żydów przed prześladowaniami i dyskryminacją o podłożu antysemityckim.

TEODOR HERZL **był wizjonerem i praktykiem syjonizmu. Wbrew wielu ówczesnym przywódcom żydowskim w Europie, którzy ideę państwa żydowskiego uważali za zbyt śmiałą lub zbyt laicką, doprowadził do powstania zorganizowanego ruchu, mającego służyć jej urzeczywistnieniu. W 1896 r. ukazała się jego książka *Państwo żydowskie*, a już rok później w szwajcarskiej Bazylei Herzl otworzył obrady pierwszego światowego kongresu syjonistycznego. Po raz pierwszy od 2000 lat, jakie upłynęły od utraty własnego państwa, Żydzi z różnych krajów zebrali się, by uchwalić rezolucję zapowiadającą dążenie do stworzenia legalnej siedziby narodu żydowskiego w Palestynie. Herzl wyobrażał sobie państwo żydowskie jako nowoczesne, praworządne i tolerancyjne. Zgromadzeni powołali Światowy Kongres Syjonistyczny, wybrali Herzla na jego przewodniczącego i przyjęli pierwszy program syjonistyczny, Deklarację Bazylejską. Choć sam Herzl nie dożył czasu powstania Państwa Izrael (1948), napisał proroczo po kongresie w Bazylei, że założył właśnie państwo żydowskie, o czym świat się przekona najdalej za 50 lat.** (Aszo)

TEODOR HERZL

SYJONIZM TO POWRÓT DO ŻYDOSTWA POPRZEDZAJĄCY POWRÓT DO KRAJU

WYSTĄPIENIE NA KONGRESIE SYJONISTYCZNYM W BAZYLEI, 29 SIERPNIA 1897

[*Zachowane słownictwo i styl oryginału*].

Szanowni członkowie zjazdu!

Jako jednemu z inicjatorów tego zjazdu przypadł mi zaszczyt powitania was. Uczynię to w niewielu słowach, każdy bowiem z nas dobrze się sprawie zasłuży, obchodząc się oszczędnie z drogocennemi chwilami Zjazdu. W przeciągu trzech dni załatwić mamy wiele ważnych rzeczy. Chcemy położyć kamień węgielny pod dom, który kiedyś ma dać schronienie narodowi żydowskiemu. Sprawa to tak wielka, że tylko w najprostszych winniśmy mówić o niej słowach. O ile już teraz można osądzić, w ciągu tych trzech dni otrzymamy przegląd obecnego stanu kwestii żydowskiej. Olbrzymi materiał nabiera kształtów w dłoni naszych referentów.

Usłyszymy wiadomości o położeniu Żydów w pojedynczych krajach. Każdemu z panów wiadomo, aczkolwiek może tylko w ogólnych zarysach, że położenie to, z małymi wyjątkami, wcale nie jest pocieszające. Gdyby było inaczej, czyżbyśmy się tu zgromadzili? Dawna wspólność naszych losów dziejowych rozprzęgła się, aczkolwiek rozproszone cząstki ludu żydowskiego wszędzie jednakowe musiały znosić cierpienia. W naszych dopiero czasach, dzięki nowoczesnym cudom komunikacji, stworzoną została możność porozumienia się i zjednoczenia rozdzielonych. A i w dzisiejszej epoce, która skądinąd wznosi się tak wysoko, widzimy, że nas zewsząd dawna otacza nienawiść. Antysemityzm – oto aż nazbyt dobrze panom znana współczesna nazwa ruchu. Pierwszym wrażeniem, jakie sprawił on na dzisiejszych Żydach, było zdumienie, które potem ustąpiło miejsca bólowi i oburzeniu. Przeciwnicy nasi nie wiedzą może wcale, jak głęboko dotknęli tych właśnie spośród nas, o których, być może, w pierwszej linii nie myśleli. Współczesne, wykształcone, z getta wyrosłe i od szacherek odwykłe żydowstwo ugodzone zostało w samo serce. Możemy to dziś powiedzieć spokojnie, nie ściągając na się podejrzenia, jakobyśmy chcieli apelować do gruczołów łzawych naszych przeciwników.

Od dawna świat miał o nas złe informacje. Uczucie solidarności, z jakiego nam tak często złośliwy czyniono zarzut, w zupełnym znajdowało się zaniku w chwili, kiedy nas opadł antysemityzm. On to je wzmocnił ponownie. Wróciliśmy, że tak powiem, do domu. Syjonizm jest to powrót do żydostwa, poprzedzający powrót do kraju żydowskiego.

My, wracający na ojcowiznę synowie, znaleźliśmy w domu ojcowskim niejedno, co by wymagało poprawy, posiadamy mianowicie braci pogrążonych w głębokiej nędzy. Ale nas w starym domu witają życzliwie, albowiem dobrze tam wiedzą, że nie żywimy zuchwałych zamiarów burzenia rzeczy godnych poważania. Okaże się to przy rozwinięciu programu syjonistycznego.

Syjonizm dokonał już czegoś osobliwego, rzeczy, jaka niegdyś za niemożliwą uchodziła: połączył on ścisłym węzłem najpostępowsze żywioły żydowstwa z najbardziej zachowawczymi. Ta okoliczność, że zaszło to bez wszelkich z jednej czy z drugiej strony niegodnych ustępstw, bez żadnych ofiar z własnych przekonań, jest jednym dowodem więcej, jeżeli jeszcze w ogóle dowodu potrzeba, że istnieje narodowość żydowska. Związek podobny możliwym jest tylko na gruncie narodowym.

Na porządku dziennym znajdą się rozprawy dotyczące organizacji, której konieczność wszyscy pojmują. Organizacja jest w każdym ruchu dowodem roztropności. Lecz tu to właśnie tkwi punkt, jaki trudno opracować dość jasno, dość energicznie. Dla rozwiązania kwestii żydowskiej my, syjoniści, pragniemy nie żadnego związku międzynarodowego, lecz tylko dyskusyi międzynarodowej. Różnica to dla nas najwyższej wagi, czego nie potrzebujemy Panom tłomaczyć. Okoliczność ta usprawiedliwiała też zwołanie naszego zjazdu. Nie może tu być wśród nas żadnych spisków, zmów tajemnych, żadnych podstępnych machinacyj, chodzi nam tylko o swobodne roztrząsanie sprawy pod ustawiczną, rozsądną kontrolą opinii publicznej. Jednym z najbliższych skutków naszego ruchu, jakie już dziś jasno się zarysowują, będzie przeobrażenie kwestii żydowskiej w kwestię syjonistyczną.

Ruch narodowy tej miary wszechstronnie ujętym być musi. Toteż Zjazd zajmować się będzie również środkami umysłowemi, niezbędnemi do wskrzeszenia i podtrzymywania żydowskiej samowiedzy narodowej.

Lecz i na tym punkcie walczyć musimy z nieporozumieniami. Ani myślimy cofnąć się bodaj o jedną piędź ze zdobytego posterunku cywilizacyjnego; owszem, pragniemy nadal zdobywać cywilizację na każdym polu wiedzy.

Jak zresztą wiadomo, umysłowe życie Żydów od dawna mniej zostawia do życzenia aniżeli materialne. Zrozumieli to doskonale praktyczni poprzednicy dzisiejszego syjonizmu, gdy zaczęli tworzyć osady rolnicze dla Żydów. O owych próbach kolonizacyjnych w Palestynie i Argentynie nie może i nie będzie żaden z nas mówić inaczej, jak tylko ze szczerą wdzięcznością. Atoli były one zaledwie pierwszym, ale nie są ostatnim słowem ruchu syjonistycznego. Ten ostatni, jeżeli w ogóle ma istnieć, szersze musi przybrać rozmiary. Naród sam sobie tylko może pomagać; jeżeli tego nie potrafi, to mu już pomóc nie można. My, syjoniści, pragniemy właśnie zachęcić naród do samopomocy, lecz żadnych przedwczesnych, niezdrowych nadziei nikt budzić nie będzie. I z tego również względu jawność rozpraw, jaką ma nasz zjazd na celu, wysokiego jest znaczenia. Kto spokojnie rzecz rozważa, musi się wszak przekonać, iż jedyna droga, na jakiej syjonizm dopiąć może swego celu, to otwarte porozumienie się z odnośnymi czynnikami politycznymi. Trudności zabiegów kolonizacyjnych nie zostały, jak przecież wiadomo, wywołane z winy syjonizmu w obecnej jego postaci. Ciekawa rzecz, jaki właściwie tu cel mają rozsiewacze podobnych baśni. Zaufanie rządu, z którym wypadnie się układać co do osiedlenia na wielką skalę żydowskich mas ludowych, pozyskać można szczerym, lojalnym postępowaniem. Zyski, jakie naród w zamian ofiarować może, tak są znaczne, że nadają układom już z góry dostateczną powagę. Byłoby zbytecznym dziś już rozwodzić się nad tem, jaka będzie ostatecznie prawna forma owego porozumienia. Jednego tylko niezłomnie żądać musimy, by podstawę tworzył stan prawny, nie zaś tolerancja. Doświadczenie nauczyło nas dostatecznie, czem jest żydostwo tolerowane i protegowane.

Ruch nasz przeto wtedy tylko można będzie uważać za rozsądny, gdy dążyć będzie do uzyskania publicznych, prawnych gwarancji. Dotychczasowa kolonizacja osiągnęła to, co z założenia swego osiągnąć była w stanie. Stwierdziła ona tylekroć zaprzeczaną zdatność Żydów do rolnictwa. Dowód ten, jak to się mówi w języku prawa, zapisała ona do wiecznej spraw pamięci. Kolonizacja nie stanowi jednak i w dotychczasowej swej postaci stanowić nie może rozwiązania kwestii żydowskiej. Wielkiego – wyznajmy to otwarcie – nie spotkała współczucia. Czemu? A to dlatego, że Żydzi umieją rachować, a jak to nawet utrzymują, umieją za dobrze. Przypuściwszy więc, że istnieje 9 milionów Żydów, że uda się kolonizacji 10 tysięcy osób rocznie osadzać w Palestynie, rozwiązanie kwestii żydowskiej potrwałoby 900 lat. Nie jest to bynajmniej praktycznem.

Otóż wiecie, panowie, że cyfra, wynosząca 10 tysięcy kolonistów rocznie, zwłaszcza w obecnych warunkach, wprost jest fantastyczną. Rząd turecki na wieść o takiej cyfrze natychmiast odnowiłby słusznie stare ograniczenia emigracyjne. Albowiem kto mniema, iżby Żydzi mogli się niejako zakraść do kraju swych praojców, ten albo siebie, albo innych łudzi. Nigdzie nie biją tak na alarm przy pojawieniu się Żydów, jak na historycznej ziemi ojczystej narodu, właśnie dlatego, że to historyczna ziemia ojczysta. Toteż wcale nie jest to w naszym interesie przedwcześnie tam się udawać. Osiedlanie się Żydów stanowi przypływ sił nieobliczonej potęgi dla ubogiej dziś krainy, a nawet dla całego państwa otomańskiego. Jego Cesarska Mość, sułtan[1], najlepszego zresztą nabrał przekonania o swych żydowskich poddanych, a i sam miłościwym jest dla nich władcą. Mamy więc przed sobą warunki, które przy roztropnym i szczęśliwym prowadzeniu sprawy mogą nas zbliżyć do celu. Finansowa pomoc, jaką Żydzi mogą ofiarować Turcji, nie jest małoznaczna i posłuży do usunięcia niejednej niemocy wewnętrznej, na którą państwo to obecnie cierpi. Jeżeli tu wraz z kwestią żydowską rozwiązaną zostanie jednocześnie część kwestii wschodniej, będzie to niewątpliwie z pożytkiem dla wszystkich ludów cywilizowanych. Osiedlenie się Żydów spowodowałoby też zapewne poprawę położenia chrześcijan na Wschodzie.

Lecz nie tylko z powyższych względów może syjonizm liczyć na współczucie ludów. Jak wiadomo, kwestia żydowska w niektórych krajach stała się plagą rządu. Gdy stanąć po stronie Żydów, ma się wzburzony tłum przeciwko sobie, stanąć zaś przeciwko Żydom, to się znów, wobec szczególnego ich wpływu na stosunki światowe, naraża kraj na ciężkie klęski ekonomiczne. Jeżeli się wreszcie rząd zachowuje biernie, wówczas Żydzi wśród istniejącego stanu rzeczy widzą się bez obrony i rzucają się w odmęt przewrotu. Otóż syjonizm, ta samopomoc Żydów, wskazuje drogę wydostania się spośród tych osobliwszych trudności. Syjonizm jest po prostu twórcą pokoju. Spotyka go też zwykły los twórców pokoju: sam musi największe staczać boje. Tylko gdy między więcej lub mniej uczciwymi argumentami, wymierzonymi przeciwko naszemu ruchowi, występuje oskarżenie nas o brak patriotyzmu, zarzut ten sam przez się upada. Jakąż większą usługę można wyświadczyć swemu krajowi nad przywrócenie wewnętrznego pokoju między obywatelami? O zupełnem wychodźstwie Żydów nigdzie zapewne i mowy być nie może. Ci, co mogą lub chcą się zasymilować, niech zostaną i niech się zleją z otoczeniem. Gdy po zawarciu odpowiedniej ugody z odnośnymi czynnikami politycznymi rozpocznie się w zupełnym porządku wędrówka Żydów, będzie ona w każdym kraju trwała tylko dopóty, dopóki ten ostatni zechce pozbywać się swych Żydów. Kiedyż nastąpi kres odpływu? Rzecz prosta, kiedy antysemityzm, z wolna się zmniejszając, zaniknie zupełnie. Tak rzecz pojmujemy, takiego oczekujemy rozwiązania kwestii żydowskiej.

O tem wszystkim mówiliśmy ja i moi przyjaciele. Nie sprzykrzy się nam wszelako trud powtarzania raz po raz jednego i tego samego, póki nas wreszcie nie zrozumieją. Przy uroczystej tej okoliczności, na którą na dane hasło, stare hasło narodowe, podążyli Żydzi z tylu krajów, niechże wyznanie nasze uroczyście dziś będzie powtórzone. Nie przejmie nas przeczucie wielkich zdarzeń, skoro pomyślimy, iż w chwili tej ku zgromadzeniu naszemu zwrócone są oczekiwania i nadzieje wielu setek tysięcy ludu naszego? Wieść o naszych naradach i postanowieniach pośpieszy w najbliższej godzinie do dalekich krajów, ba, za oceany. A przeto zjazd ten powinien mieć za zadanie oświecać i uspokajać. Niech wszędzie poznają, czem w istocie jest ów syjonizm, który przedstawiano dotąd za coś w rodzaju potwora chiliastycznego, niechaj wiedzą, że to moralne, prawne i humanitarne dążenie ku staremu przedmiotowi tęsknoty ludu naszego. Można było, albo też należało, ominąć obojętnie to,

1 Abdülhamid II (1842–1918), sułtan Turcji w latach 1876–1909.

co jednostki z naszego grona pisały lub twierdziły, natomiast nie wolno pozostawić bez uwagi tego, co zjazd uczyni. Niechże więc zjazd, który przez cały czas będzie gospodarzem swych rozpraw, rządzi jak mądry gospodarz.

Zjazd wreszcie sam będzie dbał o swą trwałość, byśmy się nie rozjechali bez śladu, bez skutku. Kongres ten to dla ludu żydowskiego organ, jakiego dotąd nie miał, lecz jaki dlań jest nieodzowny, niezbędny jak chleb i powietrze. Sprawa nasza przerasta ambicję i kaprys jednostek. Jeśli się ma ona udać, to powinna stanąć wyżej ponad ambicje prywatne. Kongres nasz powinien żyć wiecznie, bo nie tylko do czasu oswobodzenia ze starej niedoli, lecz i później, zwłaszcza później. Dziś znajdujemy się na gościnnym gruncie wolnego tego miasta – gdzie za rok będziemy? Lecz gdziekolwiek będziemy, dokądkolwiek oczekiwać nam wypadnie spełnienia naszego dzieła, niech zjazd nasz zachowa powagę i wzniosłość, nieszczęśliwym na pożytek, nikomu na szkodę, na cześć wszystkim Żydom. Niech będzie godnym przeszłości, której chwała wprawdzie jest już odległa, lecz niespożyta!

EMIL ZOLA uznawany był za jednego z najwybitniejszych pisarzy francuskich i autorytet moralny, gdy 13 stycznia 1898 roku na czołówce paryskiego dziennika „L'Aurore" olbrzymi tytuł krzyczał: „J'Accuse!" - „Oskarżam!". W liście otwartym do prezydenta republiki Zola pisał: „Stało się. Francja ma plamę na policzku". Chodziło o tzw. sprawę Dreyfusa, a w istocie o manipulacje służb specjalnych, konformizm sądów i wykorzystywanie przez władzę nastrojów antysemickich dla politycznej gry.

Po klęsce w wojnie z Niemcami w 1870 roku we Francji narastała niechęć do polityków, pleniły się korupcja i nepotyzm. Efektem była tęsknota za silną władzą. Powstał antyparlamentarny Komitet Narodowy, a prawica roztaczała wizję „Żyda" jako wcielenia odpowiedzialnego za całe zło. Jesienią 1894 roku kontrwywiad oskarżył o szpiegostwo na rzecz Niemiec kapitana Alfreda Dreyfusa ze Sztabu Generalnego. W prawicowej gazecie „La Libre Parole" pojawił się podesłany przez kręgi związane ze sztabem generalnym armii tekst „Zdrada stanu! Aresztowanie oficera Żyda!". Sąd wojskowy, nie bacząc na brak dowodów i prawo do obrony, skazał Dreyfusa na degradację i dożywotnie zesłanie na Wyspę Diabelską. W 1896 roku nowy szef biura informacyjnego sztabu odkrył manipulację poprzedników, ale został odwołany. Sprawę badała niezależna prasa, lecz rząd podtrzymywał swoją wersję. A Zola po opublikowaniu swego protestu trafił przed sąd. Miał przeciw sobie większość opinii publicznej, która oskarżała go, że szkaluje państwo i Kościół, jest libertynem i masonem, służy międzynarodowemu spiskowi żydowskiemu. Zola dostał rok więzienia i grzywnę, odebrano mu Legię Honorową, zmuszono do emigracji. Lecz powoli rosło też grono jego zwolenników. Nowy minister wojny zadecydował ponownie przyjrzeć się sprawie. Skutkiem była seria dymisji w rządzie i armii oraz procesy rewizyjne Dreyfusa i amnestia dla Zoli (pisarz ją odrzucił).

Zola zmarł, nim Dreyfus został uniewinniony, ale stał się symbolem Francji demokratycznej, tolerancyjnej i uczciwej oraz ojcem ruchów obrony praw człowieka. Hannah Arendt zauważyła, że w historii więcej było takich, którzy nie poddali się dyktatorom, niż tych, którzy „potrafili oprzeć się tłumowi: stać samotnie naprzeciw sprowadzonych na manowce mas, bez broni stawiać czoło ich nieprzejednanemu szaleństwu, powiedzieć »nie«, kiedy żądano od nich przytaknięcia. Takim człowiekiem był Zola". (Krzysztof Burnetko)

Émile ZOLA

1840–1902, francuski pisarz i publicysta; jeden z czołowych przedstawicieli naturalizmu w literaturze i autor jego podbudowy teoretycznej w postaci studium *Powieść eksperymentalna* (1880). Jego twórczość obejmuje 31 powieści oraz wiele nowel i dramatów. Za najważniejsze dzieło uchodzi 20-tomowy cykl *Rougon--Macquartowie. Historia naturalna i społeczna rodziny za Drugiego Cesarstwa* (1871–1893), będący panoramą francuskiego społeczeństwa tamtej epoki. Do klasyki literatury weszły *W matni* (1877), *Nana* (1880) oraz *Germinal* (1885).

EMIL ZOLA

NIE CHCIAŁEM, BY MÓJ KRAJ TKWIŁ W KŁAMSTWIE I NIESPRAWIEDLIWOŚCI

WYSTĄPIENIE PRZED SĄDEM, 21 LUTEGO 1898

Sędziowie!

W Sejmie na posiedzeniu 22 stycznia Juliusz Méline[1], prezes rady ministrów, oświadczył wśród frenetycznych oklasków usłużnej większości, że ufa dwunastu obywatelom, w ręce których złożył obronę armii. O was mówił, moi panowie. I tak jak generał Billot[2] podyktował sądowi wojskowemu swój wyrok – który miał uniewinnić majora Esterhazy[3] – dając swym podwładnym rozkaz bezwzględnego szacunku dla sądzonej sprawy, tak prezes gabinetu chciał wam dać rozkaz skazania mnie w imię honoru armii, o której znieważenie ośmiela się mnie oskarżać. Ujawniam sumieniu uczciwych ludzi ten nacisk władz publicznych na sprawiedliwość społeczną. Obrzydliwe polityczne obyczaje bezczeszczące wolne państwo!

Jestem pewien, panowie, że się im nie poddacie. To nieprawda, że stanąłem przed wami z rozkazu Juliusza Méline. Ściga mnie on, lecz czyni to z wielkim niepokojem, lękając się każdego nowego kroku, który prawda stawia w swym pochodzie. Wiedzą to wszyscy. Ja sam chciałem stanąć przed wami, sam zdecydowałem tę ponurą sprawę poddać waszemu sądowi, i wybrałem was – najwyższą i bezpośrednią reprezentację sprawiedliwości Francuzów, ażeby sama Francja o wszystkim wiedziała i o wszystkim orzekła. Ten mój akt nie miał innego celu, a osoba moja się nie liczy, bo szczęśliwy jestem, że złożyłem w wasze ręce nie tylko honor armii, ale zagrożony honor całego narodu.

Przebaczycie mi, gdy w waszych sumieniach prawda nie pełnym jeszcze zajaśnieje światłem. Nie będzie to z mojej winy. Okazało się, że nierealne to były marzenia, gdy chciałem wam przedstawić wszystkie dowody, uważając was jedynie za godnych i kompetentnych. Zaczęli od odbierania wam lewą ręką tego, co prawą zdawali się dawać. Udawali, że poddają się waszym orzeczeniom, lecz jeśli zaufano wam, gdy chodziło o ukaranie członków jednego sądu wojskowego, to inni oficerowie pozostawali nietykalni, postawieni ponad waszymi sądami nawet. I któż to pojmie? Z tego absurdu i hipokryzji widać wyraźnie, że bano się waszego sądu, że bano się pozwolić nam wszystko powiedzieć, a wam sądzić wszystko. Twierdzą, że chcieli zmniejszyć skandal, a więc skandalem śmieli nazwać mój czyn, którym było przedstawienie wam sprawy i żądanie, żeby sędzią był naród, przez was reprezentowany. Twierdzą jeszcze, iż nie mogli przyjąć tego, co było zamaskowaną rewizją, przyznając się tym samym, że przeraża ich tylko jedno – wasza kontrola. Wy w pełni reprezentujecie prawo i ja właśnie pragnąłem tego drogiego memu obywatelskiemu sercu prawa, a nie procedury nieczystej, za pomocą której z was samych próbowano szydzić.

1 Félix Jules Méline (1838–1925), polityk francuski, w latach 1896–1898 premier.

2 Jean-Baptiste Billot (1828–1907), francuski generał i polityk, minister wojny w gabinetach Charles'a de Freycineta (1882–1883) i Méline'a (1896–1898).

3 Ferdinand Walsin Esterhazy (1847–1923), oficer francuski, prawdziwy zdrajca w sprawie Dreyfusa.

Oto już wiecie, moi panowie, dlaczego przyzwałem was tutaj, mimo że nie mogłem odkryć przed wami całej prawdy. Prawdy, całej prawdy – tego jednego gorąco pragnąłem. Świadczą o tym te rozprawy – krok po kroku przemagaliśmy upartą wolę trzymania jej w ukryciu. Wyrywaliśmy każdy strzęp prawdy – o wszystko się spierano, wszystkiego nam odmawiano, terroryzowano naszych świadków, chcąc nie dopuścić, byśmy przedstawili dowody. Do was chcieliśmy się dostać, wam te dowody przedstawić, abyście mogli wyrokować z niezachwianej pewności sumienia. Jestem pewien, że oceniacie nasze wysiłki i że dość dużo prawdy udało się nam odsłonić. Słyszeliście świadków, usłyszycie mojego obrońcę – on wam przedstawi prawdę tej historii, od której wszyscy wpadają w obłęd, a której istoty nikt nie zna. Jestem spokojny, moi panowie, posiedliście już prawdę i będziecie jej rzecznikami.

Juliusz Méline myślał, że powierzając wam honor armii, dyktuje wasz wyrok. A to w imię tego honoru ja sam apeluję do waszej sprawiedliwości. Nie pozwalam panu Méline zadawać mi kłamu – nigdy nie obraziłem armii. Przeciwnie – wyrażałem serdeczne uczucia i szacunek dla tych ludzi pod bronią, dla naszych drogich żołnierzy, którzy na cień groźby powstaliby i bronili ziemi francuskiej. Tak samo fałszem jest, że atakowałem szefów armii, generałów, którzy by ich wiedli do zwycięstwa. Jeśli kilka indywiduów z ministerstwa wojny skompromitowało armię przez swoje posunięcia, czyż wytykać to – znaczy obrazić całą armię? Czyż nie było czynem obywatelskim uwalniać ją od jakichkolwiek podejrzeń, alarmować, by błędy, które sprowadziły na nas ciężkie ciosy, nie powtórzyły się i nie doprowadziły nas do nowych klęsk? Nie bronię się zresztą. Pozostawiam historii sąd nad moim czynem, od którego nic mnie zwolnić nie mogło. Twierdzę natomiast, że obraża się armię, jeśli po wstrętnych listach, jakie napisał major Esterhazy, pozwala się żandarmom robić mu owację. Twierdzę, że ta dzielna armia jest ciągle znieważana przez złoczyńców, którzy pod pretekstem jej obrony plamią ją swoim udziałem w zbrodni, mieszając z błotem wszystko, co jeszcze Francja zachowała dobrego i wielkiego. Twierdzę, że to właśnie oni bezczeszczą wielką armię francuską, kiedy mieszają okrzyki: „Niech żyje armia!" z okrzykami: „Śmierć Żydom!" A krzyczeli jeszcze: „Niech żyje Esterhazy!" Wielki Boże! Naród świętego Ludwika[4], Bayarda[5], Kondeusza[6] i Hoche'a[7], naród gigantycznych zwycięstw, naród wielkich wojen Republiki i Cesarstwa, naród, którego siła, wdzięk i szlachetność olśniły świat – krzyczący: „Niech żyje Esterhazy!" To wstyd – zmyć go może jedynie nasza wola prawdy i sprawiedliwości.

Wiecie, jaka legenda urosła. Dreyfus został skazany sprawiedliwie i zgodnie z prawem przez siedmiu nieomylnych oficerów, których nawet nie można pomówić o omyłkę, nie obrażając przy tym całej armii. Jego potworne przestępstwo zemściło się na nim i musi za nie ciężko pokutować. A ponieważ jest Żydem, uformował się oto syndykat żydowski, mię-

4 Ludwik IX Święty (1214/1215–1270), król Francji od 1226 z dynastii Kapetyngów, organizator i uczestnik VI i VII wyprawy krzyżowej, obu zakończonych klęską; zmarł pod Tunisem na skutek zarazy.

5 Pierre du Terrail, seigneur de Bayard (1473–1524), jeden z najwybitniejszych wodzów francuskich w okresie wojen włoskich, ostatni „rycerz bez skazy i zmazy", zginął od kuli z arkebuza w bitwie pod Sesia.

6 Ludwik II Burbon, zwany Kondeuszem Wielkim (1621–1686), marszałek Francji, jeden z najwybitniejszych wodzów w historii.

7 Louis Lazare Hoche (1768–1797), francuski generał w czasie wielkiej rewolucji, m.in. pacyfikator Wandei.

dzynarodowy syndykat ludzi bez ojczyzny, szafujący setkami milionów w celu uratowania zdrajcy najbezczelniejszymi manipulacjami. Syndykat ten popełnia niezliczone zbrodnie: kupuje sumienia, wprowadza Francję w stan zabójczej gorączki, jest gotów raczej sprzedać ją wrogowi i powszechną wojną Europę zapalić – niż wyrzec się swego niesłychanego zamiaru. To bardzo proste, a nawet dziecinne i głupie, jak widzicie. Ale tym to zatrutym chlebem niegodna prasa żywi nasz biedny naród od miesięcy. I nie trzeba się dziwić, że jesteśmy świadkami przerażającego kryzysu, bo kiedy się sieje głupstwo i kłamstwo, zbierać się musi obłęd.

Bądźcie pewni, moi panowie, nie znieważyłbym was nawet cieniem podejrzenia, żeście dotychczas nie wiedzieli, co sądzić o tej naiwnej historii. Znam was, wiem, kim jesteście. Jesteście sercem i rozumem Paryża, mojego wielkiego Paryża, gdzie na świat przyszedłem, Paryża, który budzi we mnie głęboką miłość, który poznaję i opiewam prawie od lat czterdziestu. W tej chwili przenikam również wasze myśli, gdyż zanim przyszedłem zasiąść tu jako oskarżony, siedziałem tam gdzie wy. Będąc przedstawicielami opinii powszechnej wszyscy staracie się być samą mądrością i sprawiedliwością. Za chwilę myślą będę z wami w sali obrad i jestem przekonany, że będziecie usiłowali ratować interesy obywateli, są one bowiem dla was interesami całego narodu. Będziecie mogli się mylić, ale omylicie się w przekonaniu, że – broniąc waszego dobra, bronicie dobra wszystkich.

Widzę was w domach waszych wieczorem przy lampie, słyszę, jak rozmawiacie z przyjaciółmi, towarzyszę wam w waszych warsztatach i sklepach. Wszyscy pracujecie: jedni z was są kupcami, drudzy przemysłowcami, inni pracują w wolnych zawodach. Słusznie was niepokoi opłakany stan interesów. Kryzys obecny może stać się klęską, dochody maleją, transakcje handlowe stają się coraz trudniejsze. Przyszliście tu z myślą – odczytuję ją w waszych twarzach – że już dosyć i że trzeba z tym skończyć. Wy nie powiecie jak wielu innych: „Co nas obchodzi, że na Czarciej Wyspie[8] siedzi jakiś oskarżony niewinnie! Czy dla uratowania jednego warto cały kraj niepokoić?" Ale mówicie sobie, że wystąpienia łaknących sprawiedliwości i prawdy są opłacane za drogo, nieszczęściami, które na kraj sprowadzają. A jeśli mnie potępicie, moi panowie, werdykt wasz będzie podyktowany pragnieniem uspokojenia waszych bliskich, chęcią poprawienia stanu interesów, wiarą, że uderzając we mnie, zatrzymacie kampanię rewindykacyjną szkodzącą interesom Francji.

Ale, moi panowie, mylilibyście się zupełnie. Zechciejcie mi uwierzyć, że nie bronię tutaj własnej wolności. Uderzając we mnie, wywyższylibyście mnie tylko. Kto cierpi dla prawdy i sprawiedliwości, staje się wielki i nietykalny. Spójrzcie na mnie, moi panowie – czyż wyglądam na zaprzedanego, kłamcę i zdrajcę? Więc po cóż bym się w to wszystko wplątywał? Nie kieruje mną ani ambicja polityczna, ani namiętność stronnicza. Jestem wolnym pisarzem, który życie swoje pracy poświęcił, który jutro wróci w szeregi zwykłych obywateli i na nowo do pracy się weźmie. Jakimiż głupcami są ci, co nazywają mnie Włochem, mnie, urodzonego z matki Francuzki, wychowanego przez dziadków z Beauce, chłopów tego żyznego

8 Diabelska Wyspa (Czarcia Wyspa), jedna z wysp Salut u wybrzeży Gujany Francuskiej, do 1953 kolonia karna o ostrym reżimie.

kraju, mnie, który wyjechałem do Włoch dopiero w pięćdziesiątym czwartym roku życia dla dokumentacji swojej powieści. Nie przeszkadza mi to jednak być dumnym z tego, że mój ojciec pochodził z Wenecji, olśniewającego miasta, którego odwieczna chwała nie gaśnie w pamięci ludzi. A gdybym nawet nie był Francuzem, czyż czterdzieści tomów w języku francuskim, które milionami egzemplarzy rozrzuciłem po całym świecie, nie wystarczyłoby, by zrobić ze mnie Francuza służącego chwale Francji!

A więc nie bronię się. Ale jakże się mylicie, jeśli przypuszczacie, że uderzając we mnie, przywróciliście ład w naszym nieszczęsnym kraju. Czyż nie rozumiecie teraz, że to, z czego naród ginie – to ciemność, w której utrzymuje się go uparcie, to zakłamanie, w którym żyć nie może? Rządzący popełniają błędy za błędami, jedno kłamstwo wywołuje drugie i to kłębowisko staje się przerażające. Została popełniona omyłka sądowa i od tego czasu, żeby ją ukryć, trzeba było ciągle uderzać w zdrowy rozsądek i sprawiedliwość. Skazanie niewinnego pociągnęło za sobą uniewinnienie winnego; i oto dzisiaj żądają od was, byście mnie z kolei skazali, bo krzyczałem z bólu, gdy ojczyzna weszła na tę straszną drogę. Skażcie mnie więc! Ale będzie to jeszcze jedna wina, którą historia was kiedyś obciąży. I skazanie mnie, zamiast sprowadzić pokój, którego pragniecie, którego wszyscy pragniemy, będzie tylko nasieniem namiętności i bezładu. Ostrzegam was, przepełni się miara.

Jakżeż możecie nie zdawać sobie sprawy ze strasznego kryzysu, który kraj cały przeżywa? Mówią, że my jesteśmy sprawcami skandalu, że to stronnicy prawdy i sprawiedliwości rozprzęgają naród, wszczynają rozruchy. Zaprawdę są to kpiny z całego świata. Czyż generał Billot, by tylko jego wymienić, nie wie o wszystkim od osiemnastu miesięcy? Czyż pułkownik Picquart[9] nie żądał od niego kierowania rewizją, by wstrzymać nadchodzącą burzę? Czyż senator Scheurer-Kestner[10] nie błagał go ze łzami w oczach, aby myślał o Francji i uratował ją przed katastrofą? Naszym pragnieniem było wszystko ułatwić, wszystko przytłumić i jeśli kraj cierpi, to winę za to ponosi rząd, który pragnąc osłonić winnych, kierowany interesami politycznymi, odmówił wszystkiego; spodziewał się widocznie, że będzie dość silny, by nie dać zajaśnieć prawdzie. Od owego dnia działał tylko w ukryciu, by wzmóc jeszcze ciemność, i to on, on jeden odpowiada za niepokój sumień.

Tak, moi panowie, sprawa Dreyfusa dzisiaj maleje i ginie w cieniu przerażających zagadnień, które wysunęła. Nie ma już sprawy Dreyfusa. Teraz chodzi o to, by wiedzieć, czy istnieje Francja, Francja praw człowieka, ta, która światu dała wolność, a miała mu dać także sprawiedliwość. Czy jesteśmy jeszcze narodem szlachetnym, braterskim, wielkodusznym? Czy zachowamy w Europie opinię obrońców sprawiedliwości i praw człowieka? A czyż naszych sukcesów politycznych nie poddano rewizji? Przejrzyjcie wreszcie i zrozumcie, że, by wpaść w takie pomieszanie wobec grozy niebezpieczeństwa, dusza narodu musiała być po-

9 Marie Georges Picquart (1854–1914), generał francuski, w latach 1906–1908 minister wojny w pierwszym gabinecie Clemenceau. Na początku afery Dreyfusa szef wywiadu (1895–1896), podejrzewał o zdradę Esterhazy'ego, usunięty ze stanowiska i przeniesiony do służby liniowej, w 1897 oskarżony i skazany na więzienie, uniewinniony w 1899, w 1906 przywrócony do służby.

10 Auguste Scheurer-Kestner (1833–1899), francuski chemik i przemysłowiec, od 1875 senator, od 1895 wiceprzewodniczący Senatu, próbował interweniować w sprawie Dreyfusa na korzyść oskarżonego.

ruszona w samej swej istocie. Naród nie byłby się tak zaniepokoił, gdyby nie było zagrożone jego życie duchowe. Chwila jest wagi wyjątkowej – chodzi o uratowanie narodu.

Gdy to pojmiecie, moi panowie, ujrzycie jedyny możliwy ratunek: rzec prawdę, uczynić sprawiedliwość. Wszystko, co to opóźni, co dorzuci ciemność do ciemności – przedłuży i wzmoże kryzys. Zadaniem dobrych obywateli, tych, którzy czują bezwzględną konieczność rozwiązania sprawy, jest żądać całej prawdy. Wielu z nas już stanęło na tym stanowisku. W imię prawdy i sprawiedliwości występują wokoło pisarze i uczeni. Nie mówię wam już o zagranicy, o niepokoju, który ogarnął całą Europę. A zagranica nie zawsze jest wrogiem. Nie myślę tu o narodach, które jutro przeciwko nam stanąć mogą. Myślę o wielkiej Rosji, naszym sprzymierzeńcu, o małej i szlachetnej Holandii, o wszystkich przyjaznych narodach Północy, o ziemiach naszego języka: Szwajcarii i Belgii – czyż narody te odczuwałyby braterskie współczucie, gdyby nam były wrogie? Pragniecie więc odosobnienia Francji w świecie? Chcecie, by za granicą przestano witać w was naszą legendarną już sławę obrońców sprawiedliwości i praw człowieka?

Może, moi panowie, tak jak wielu innych, oczekujecie gromu z jasnego nieba – dowodu niewinności Dreyfusa. Niestety! Prawda nie postępuje w ten sposób, wymaga poszukiwań i wysiłku umysłu. Dowodu! Wiemy dobrze, gdzie można by go znaleźć. Ale myśl tę kryjemy w sobie i cierpimy jako Francuzi, bo naraziliśmy się na to, że uwikławszy honor armii w kłamstwo, zostaniemy kiedyś tym dowodem spoliczkowani. Chcę oświadczyć wyraźnie, że jeśli powołaliśmy na świadków niektórych członków ambasad, z góry postanowiliśmy nie wymieniać ich tutaj. Nasza zuchwałość wywołała uśmiech. Myślę, że nie wywołałaby go w ministerstwie spraw zagranicznych, bo tam by wiedziano, o co chodzi. Chcieliśmy tylko oświadczyć tym, którzy znają całą prawdę, że my ją także znamy. Obiega ona ambasady i niedługo będzie znana wszystkim. A teraz jest dla nas rzeczą niemożliwą szukać prawdy tam, gdzie nieprzezwyciężalne formalności bronią do niej dostępu. Rząd, który wie wszystko, rząd, który – jak my – jest przekonany o niewinności Dreyfusa, bez ryzyka może znaleźć świadków, którzy ujawnią prawdę.

Dreyfus jest niewinny – przysięgam. Odpowiadam za to życiem i honorem. W tej uroczystej chwili, przed trybunałem przedstawiającym sprawiedliwość ludzką, przed wami, sędziowie przysięgli wybrani przez społeczeństwo, przed całą Francją, przed światem całym przysięgam, że Dreyfus jest niewinny. Przysięgam na moje czterdzieści lat pracy, na autorytet, jaki tą pracą zdobyłem, na wszystko, co osiągnąłem, na imię, jakie sobie zyskałem, na moje dzieła, które wpływ literatury francuskiej rozszerzyły w świecie. Jeśli Dreyfus jest winny, niech wszystko to padnie i prace moje zniszczeją. Jest niewinny!

Wszystko zdaje się sprzysięgać przeciwko mnie: obie Izby, władza cywilna, władza wojskowa, wielkie dzienniki, zatruta przez nie opinia publiczna. Mam za sobą jedynie ideę prawdy i sprawiedliwości. I zupełnie jestem spokojny – zwyciężę!

Nie chciałem, by kraj mój trwał w kłamstwie i niesprawiedliwości. Niech teraz prawo mnie dosięga. Kiedyś Francja mi podziękuje, że ratowałem jej honor.

PRZEŁ. IRENA ROLEWSKA

BERNHARD VON BÜLOW **niezmiennie popierał starania admirała Tirpitza o budowę i rozbudowę floty wojennej. Według tego ostatniego Niemcy musiały posiadać silną marynarkę, by zdobyć i bronić kolonii oraz strzec handlu zagranicznego Rzeszy. Nawet do Turcji większość towarów posyłano drogą morską. Wśród kolonialnej wrzawy, rozpętanej w ostatnich latach XIX wieku, w 1898 roku uchwalono tzw. pierwszą ustawę morską - program budowy eskadry pancerników. Niespełna rok później wybuchła wojna burska, która wzbudziła niechęć do Anglii na całym świecie. Korzystając z okazji (angielskie okręty zatrzymały statki niemieckie podejrzane o przewóz zaopatrzenia dla Burów), Tirpitz w porozumieniu z cesarzem Wilhelmem II przedłożył w parlamencie projekt tzw. drugiej ustawy o flocie. Przewidywała ona znacznie większą flotę niż ustawa sprzed roku. Weszła w życie w 1900 r. Później była zresztą wielokrotnie nowelizowana, zawsze w kierunku zwiększenia liczby okrętów. Wypracowana przez Tirpitza koncepcja „floty ryzyka", tj. floty, która w razie wojny zada Brytyjczykom na tyle duże straty, by podważyć ich panowanie na morzu, miała na celu zmuszenie Wielkiej Brytanii do ustępstw w koloniach. Z perspektywy czasu wyraźnie widać, że podjęty przez Rzeszę wyścig zbrojeń morskich stał się jedną z głównych przyczyn pierwszej wojny światowej. Niemcy bez floty i tak pozostawały najsilniejszym mocarstwem lądowym. Dla Brytanii hegemonia na morzach była kwestią „być albo nie być" Imperium. Wprawdzie w latach 1898-1901 ówczesny minister kolonii, Joseph Chamberlain, próbował doprowadzić do ugody, ale jego usiłowania zostały przez Niemców zignorowane. Anglia wzięła kurs na zbliżenie z dotychczasowym głównym przeciwnikiem - Francją.** (TZ)

Bernhard Heinrich Martin Karl von BÜLOW

1849–1929, polityk niemiecki, od 1897 sekretarz stanu w ministerstwie spraw zagranicznych, 1900–1909 premier Prus i kanclerz Rzeszy.

BERNHARD VON BÜLOW

MŁOT I KOWADŁO

W REICHSTAGU, 11 GRUDNIA 1899

W naszym dziewiętnastym stuleciu Anglia rozbudowywała coraz bardziej swoje imperium kolonialne, największe od czasów Rzymian, Francuzi umocnili się w Afryce Północnej i Wschodniej, a w Indochinach utworzyli nowe kolonie, Rosjanie zaś zapoczątkowali swój gwałtowny zwycięski marsz, który zaprowadził ich na płaskowyż Pamiru i do wybrzeży Oceanu Spokojnego. Przed czterema laty wojna chińsko-japońska, a potem przed niecałym półtora rokiem wojna hiszpańsko-amerykańska nadały dalsze tempo biegowi wypadków, których wynikiem były głębokie, znamienne i dalekosiężne decyzje; wstrząsnęły posadami dawnych potęg i wprowadziły ferment w dalszy rozwój świata [...] Moi panowie, konieczność planowanego przez rządy związkowe[1] uzupełnienia i rozszerzenia ustawy o flocie z 1898[2] wynika z obecnej sytuacji międzynarodowej oraz z potrzeb naszej polityki zamorskiej. [...]

Już dawno temu angielski premier powiedział, że słabe państwa będą coraz słabsze, a mocne coraz mocniejsze. Wszystko, co się od tamtej pory wydarzyło, potwierdza prawdziwość tych słów. Czy ponownie stoimy przed nowym podziałem świata, jak o tym marzył poeta sto lat temu? Nie wierzę, jeszcze nie chcę w to wierzyć. Ale w każdym razie nie możemy tolerować, by jakaś obca władza, jakiś obcy bóg powiedział nam: Cóż robić? Świat już został rozdany. My nie chcemy zatargów z żadnym z obcych mocarstw, ale nie pozwolimy też, aby jakaś obca siła nas obrażała (*Brawa*), nie chcemy również, aby inne mocarstwa spychały nas na margines, zarówno pod względem politycznym, jak i gospodarczym (*Gorący aplauz*). Już czas, już najwyższy czas, abyśmy w istotnie zmienionej od dwóch lat sytuacji międzynarodowej i w związku ze znacznie zmodyfikowanymi widokami na przyszłość zastanowili się, jakie stanowisko powinniśmy zająć wobec zachodzących wokół nas procesów i tych, które się zapowiadają, a które noszą w sobie zarodki przyszłych układów sił być może na nieograniczony czas.

Stać bezczynnie z boku, jak to przedtem często robiliśmy, być może z wrodzonej skromności (*Wesołość*) albo z powodu zbytniego zaabsorbowania naszymi sporami wewnętrznymi czy z doktrynerstwa – stać w rozmarzeniu z boku, podczas gdy inni dzielą między siebie tort; tak nie potrafimy i nie chcemy robić. Nie wolno nam tego robić, chociażby z tej prostej przyczyny, że mamy teraz interesy we wszystkich częściach świata, jak to podczas drugiego czytania ustawy o flocie zostało już podkreślone przez pana deputowanego barona von Hertlinga[3], szanownego pana deputowanego dr. Liebera[4] i przez pana von Benningsena[5],

1 Tj. rządy krajów Rzeszy.

2 Tzw. pierwsza ustawa o flocie.

3 Georg graf von Hertling (1843–1919), niemiecki polityk katolicki i filozof, premier Bawarii, deputowany do Reichstagu z Partii Centrum, kanclerz Rzeszy w latach 1917–1918.

4 Philipp Ernst Maria Lieber (1838–1902), polityk katolicki, współzałożyciel Partii Centrum, wieloletni przewodniczący jej frakcji parlamentarnej.

5 Rudolf von Bennigsen (1824–1902), niemiecki polityk liberalny, współzałożyciel i przewodniczący Niemieckiego Związku Narodowego i partii narodowoliberalnej.

którego niestety już nie widzimy na swoim miejscu. Gwałtowny przyrost naszej ludności, bezprzykładny rozwój naszego przemysłu, przedsiębiorczość naszych kupców, krótko mówiąc: potężna żywotność narodu niemieckiego wplotła nas w gospodarkę światową i wciągnęła w światową politykę. Jeśli Anglicy mówią o *Greater Britain*, Francuzi o *Nouvelle France*, a Rosjanie zdobywają Azję, to my również mamy prawo do większych Niemiec (*Brawa z ław prawicy, wesołość po stronie lewicy*), lecz nie w sensie zdobyczy terytorialnych, a w sensie pokojowego rozszerzenia naszego handlu i sieci jego faktorii. Moi panowie, wasza wesołość nie zbija mnie z tropu ani na chwilę. Nie potrafimy i nie chcemy tolerować, aby ktoś przechodził do porządku dziennego z pominięciem interesów narodu niemieckiego (*Ożywiony aplauz po prawej. Okrzyki po lewej. Dzwonek przewodniczącego*).

Mimo dobrych stosunków z innymi europejskimi krajami, Japonią i USA mogą niespodziewanie pojawić się zatargi. [...]

Musimy być zabezpieczeni przed niespodziankami nie tylko na lądzie, ale i na wodzie. Musimy posiadać flotę na tyle silną, aby mogła wykluczyć każdy atak – podkreślam słowo „atak"; przy absolutnym umiłowaniu pokoju naszej polityki zawsze może być mowa jedynie o obronie – jakiegokolwiek mocarstwa. Tego, co teraz zaniedbujemy, nie da się już nadrobić, jeżeli teraz pozwolimy, by upłynęły trzy lata i więcej bez tworzenia prawdziwej floty.

Zakres i zasięg naszych interesów zamorskich – tu leży sedno zagadnienia – rozwinął się o wiele, wiele szybciej i o wiele, wiele intensywniej niż materialne środki władzy, aby tak chronić i wspierać te interesy, jak to jest konieczne. [...]

Moi panowie, dlaczego wszystkie inne państwa wzmacniają swoją flotę? Przecież z pewnością nie z czystej radości wydawania pieniędzy (*Wesołość po lewej*). Mimo trudności finansowych Włochy są nieustannie gotowe do poświęceń na rzecz floty. We Francji rząd nie może nastarczyć parlamentowi wydatków na flotę. Rosja podwoiła tempo umacniania swojej floty, Ameryka i Japonia czynią w tej dziedzinie wzmożone wysiłki, a Anglia, mająca najpotężniejszą flotę świata, nieustannie stara się ją powiększać. Bez znacznego powiększenia stanu naszej floty nie będziemy mogli utrzymać naszej pozycji obok Francji i Anglii, obok Rosji i Ameryki, a musimy utrzymać pozycję w świecie. Tak, jak bez odpowiednich sił lądowych nie możemy utrzymać naszej pozycji w Europie, tak samo bez znacznego i przyspieszonego wzmocnienia naszych sił morskich nie możemy bronić naszych rozległych i coraz rozleglejszych interesów zamorskich i naszej światowej pozycji. [...]

Z politycznego punktu widzenia i z uwagi na obecną sytuację międzynarodową oraz ze względu na naszą pozycję w świecie nie może być najmniejszej wątpliwości o konieczności omawianego wzmocnienia. Spełniam jedynie obowiązek mojego urzędu, wypowiadając to z całym spokojem i bez polemicznej zaciętości, ale z pełnym przekonaniem. [...]

Jeżeli nie stworzymy floty zdolnej do obrony naszego handlu, naszych ziomków na obczyźnie, naszych misji (*Aha! – po lewej stronie*) i bezpieczeństwa naszych brzegów, to narazimy na szwank najżywotniejsze interesy kraju. Aby jednak tę naszą decyzję, tę niezłomną, niepodważalną decyzję stworzenia sobie takiej wystarczającej do celów obronnych floty udokumentować przed światem i zagranicą, nieodzowne jest zdaniem rządów związkowych ustawowe ustalenie jej wielkości.

Moi panowie, ostatnie dziesięciolecia przyniosły Niemcom szczęście, władzę i dobrobyt. Szczęście i wzrastający dobrobyt jednego nie zawsze wywołują u innych szczere zadowolenie, to może wywołać też zawiść. Zawiść odgrywa poważną rolę w życiu jednostki i w życiu narodów. W świecie jest wiele zawiści w stosunku do nas (*Okrzyki z ław lewicy*), zawiści na płaszczyźnie gospodarczej i politycznej. Są jednostki, grupy interesów, tendencje i są być może narody, które uważają, że Niemiec był wygodniejszy i sympatyczniejszy dla swoich sąsiadów w owych minionych czasach, kiedy to mimo naszego wykształcenia i naszej kultury, obcy patrzyli na nas z góry pod względem politycznym i gospodarczym, jak zarozumiali kawalerowie na skromnego guwernera (*Okrzyki: racja! Powszechna wesołość*). Te czasy bezsilności politycznej oraz gospodarczego i politycznego upokorzenia nie mogą się powtórzyć (*Ożywiony aplauz*). Nie chcemy być ponownie – że zacytuję Friedricha Lista[6] – parobkami ludzkości. Jednak tylko wtedy utrzymamy się na wysokim poziomie, kiedy zrozumiemy, że bez władzy, bez silnej armii i silnej floty nie ma dobrobytu (*Okrzyki: racja! – z prawej strony, sprzeciw z lewej*). Moi panowie, jeszcze nie znaleziono sposobu, jak w obecnym świecie bez znacznych zbrojeń na lądzie i na morzu wygrać batalię o byt prawie sześćdziesięciomilionowego narodu zamieszkującego środek Europy, a jednocześnie zmierzającego do ekspansji gospodarczej, bez znacznych zbrojeń na lądzie i na morzu (*Okrzyki: racja! – z prawej strony*). W nadchodzącym stuleciu naród niemiecki będzie młotem lub kowadłem.

PRZEŁ. KARINA-EWA FRELEK

6 Nawiązanie do myśli XIX-wiecznego niemieckiego ekonomisty, twórcy „ekonomii narodowej".

WILHELM II **podczas odprawy pułku żołnierzy niemieckich, udających się do Chin w celu stłumienia powstania bokserów, wygłosił w Bremerhaven mowę, która przeszła do historii jako „mowa huńska". Wiele kontrowersji wzbudził cytat, w którym niemiecki monarcha miał nawoływać do brutalnego traktowania więźniów. W oficjalnej wersji mowy przestrzegał on niemieckich żołnierzy przed bezwzględnym traktowaniem przez bokserów. Ci ostatni byli wojownikami, którymi kierowały religijne pobudki. Wierzyli oni w życie pozagrobowe, a gdy któryś z nich ginął w walce, jego towarzysze zabierali ze sobą zwłoki, by te nie zostały znalezione przez wroga. W nieopublikowanej (i prawdopodobnie prawdziwej) wersji mowy niemiecki cesarz użył dosadniejszych słów. Były one w okresie pierwszej wojny światowej często cytowane przez Anglików jako dowód barbarzyństwa i okrucieństwa żołnierzy niemieckich. Przemówienia nie były silną stroną Wilhelma II - świadczą o tym inne nieostrożne wypowiedzi jego autorstwa.** (ts)

WILHELM II

1859–1941, ostatni cesarz Niemiec oraz król Prus (1888–1918). W 1890 zmusił Bismarcka do dymisji – nie był jednak w stanie prowadzić samodzielnie konsekwentnej polityki. W listopadzie 1918 zrzekł się tronu, kończąc długi okres panowania dynastii Hohenzollernów w Niemczech.

WILHELM II HOHENZOLLERN

MOWA HUŃSKA

BREMERHAVEN, 27 LIPCA 1900

Nowo powstałej Rzeszy Niemieckiej przypadły wielkie zadania zamorskie, większe, niż spodziewało się wielu moich rodaków. Rzesza Niemiecka zgodnie ze swym charakterem ma obowiązek przyjść z pomocą swoim obywatelom, którzy za granicą znajdą się w opresji. Zadaniom, którym nie było w stanie podołać dawne Cesarstwo Rzymskie Narodu Niemieckiego, potrafi sprostać nowa Rzesza Niemiecka. Środkiem, który jej na to pozwoli, jest nasza armia.

Została ona wyszkolona w ciągu 30 lat wiernej, pokojowej pracy według zasad, ustalonych przez mojego świętej pamięci dziadka[1]. Również wy otrzymaliście wyszkolenie oparte na tych zasadach, a teraz wróg podda was próbie, która ma wykazać ich skuteczność. Wasi towarzysze broni z marynarki już zdali ten egzamin, pokazali wam, że podstawy naszego wyszkolenia są dobre, a ja mogę być dumny z pochwał zagranicznych przywódców, na jakie zasłużyli za granicą wasi towarzysze broni. Od was zależy, czy uda się wam im dorównać.

Czeka was wielkie zadanie: macie pomścić ciężkie bezprawie, jakiego się dopuszczono. Chińczycy podeptali prawo międzynarodowe, drwiąc sobie w sposób niespotykany w historii świata z uświęconej prawem godności posła i obowiązku gościnności. Jest to tym bardziej oburzające, że zbrodnia ta została popełniona przez naród, szczycący się swoją prastarą kulturą. Wykażcie dawną pruską dzielność, jako chrześcijanie pokażcie, że niestraszne są wam cierpienia; oby sława i chwała towarzyszyła waszym chorągwiom i broni; dajcie całemu światu przykład żołnierskiej postawy i dyscypliny.

Zapewne wiecie, że przyjdzie wam walczyć z przebiegłym, mężnym, dobrze uzbrojonym i okrutnym przeciwnikiem. Gdy znajdziecie się oko w oko z nim, wiedzcie: nikomu nie darowujemy życia. Jeńców nie bierzemy. Używajcie broni tak, aby przez następne tysiąc lat już żaden Chińczyk nie odważył się nawet krzywo spojrzeć na Niemca. Zachowajcie żołnierską postawę. Niech łaska Boska będzie z wami i modlitwy całego narodu. Każdemu z was towarzyszyć będą moje najlepsze życzenia. Utorujcie drogę kulturze po wsze czasy!

A teraz ruszajcie! Do zobaczenia, moi żołnierze!

[Powyższy tekst jest złagodzoną wersją oficjalną. W pierwotnej, autentycznej wersji ostatni akapit miał następujące brzmienie:]

Gdy znajdziecie się oko w oko z wrogiem, bijcie go! Nie dawajcie pardonu! Nie bierzcie jeńców! Kto wpadnie w wasze ręce, jest wasz! Tak samo, jak przed tysiącem lat Hunowie pod wodzą Attyli zyskali sławę, a o ich potędze do dzisiaj mówią nam przekazy i baśnie, również wy utrwalcie imię Niemców w Chinach na następne tysiąc lat – tak, aby nigdy więcej żaden Chińczyk nie odważył się spojrzeć krzywo na Niemca!

PRZEŁ. HENRYK STANKE

1 Wilhelm I Hohenzollern (1797–1888), król Prus (1861–1888), cesarz niemiecki od 1871.

KARL PEARSON, **matematyk i statystyk zafascynowany biometrią, podobnie jak większość Europejczyków na przełomie XIX i XX w. wierzył, że między jednostkami, narodami i całymi rasami istnieją naturalne nierówności, będące skutkiem nieustannej walki o byt. To proste przeniesienie ewolucjonistycznych koncepcji Karola Darwina na teren refleksji społecznej zaowocowało rozwojem naukowego rasizmu i powstaniem eugeniki. Podstawy eugeniki ufundował kuzyn Darwina, Francis Galton. Pearson został jego bliskm współpracownikiem, a nawet wyznawcą, przekonanym o możliwości poprawiania czystości rasy przez kontrolę reprodukcji, przy jednoczesnym zapobieganiu „mieszania się krwi". Wykład z Newcastle jest skondensowanym traktatem o naukowym rasizmie. Ten typ myślenia przez dziesiątki lat inspirował zarówno ideologię imperializmu, jak i lewicowe projekty społeczne, mające na celu stworzenie „nowego człowieka". Wiara w pozytywną eugenikę trwała do lat 70. ubiegłego wieku, znajdując wyraz w m.in. w ustawodawstwie Szwecji, regulującym prokreację osób chorych umysłowo. Dziś wiadomo, że „naukowe" argumenty Pearsona z naukową prawdą nie mają nic wspólnego.** (Edwin Bendyk)

Karl PEARSON

1857–1936, brytyjski matematyk i statystyk, interesował się biometrią i teorią ewolucji. Współpracownik Francisa Galtona, autor monumentalnej biografii twórcy eugeniki; po śmierci Galtona objął Katedrę Eugeniki w University of London. Niektóre z koncepcji Pearsona z obszaru teorii poznania inspirowały młodego Alberta Einsteina. Pearson był socjalistą, z racji swych przekonań odmówił przyjęcia tytułu szlacheckiego.

KARL PEARSON

ŻYCIE NARODU Z PUNKTU WIDZENIA NAUKI

NEWCASTLE, 19 LISTOPADA 1900

Gdy na w początku tego roku poproszono mnie o wygłoszenie wykładu w Newcastle, miałem wrażenie, że ludzie nie bardzo chcieli słuchać o fascynujących problemach czystej nauki. Każdy z nas, niezależnie od tego jaką partię popierał i jakie miał zdanie na temat etycznych aspektów kampanii Wielkiej Brytanii w Afryce Południowej, był przygnębiony. Współcześnie żyjący Brytyjczycy zapewne nie mieli dotąd takich doświadczeń. Być może teraz, w świetle tego, co się wydarzyło od tamtego czasu, możemy już spojrzeć prawdzie w oczy. Ponieśliśmy porażkę. Powiedziałbym nawet, że klęskę, którą zadało nam społeczeństwo mniej rozwinięte i o wiele mniej liczne niż nasze. Czuliśmy się jak kolos oszołomiony nie siłą, lecz sprytem i pomysłowością naszego przeciwnika. Utraciliśmy dar przewidywania przyszłych wydarzeń, a nasi żołnierze umiejętność przystosowania się do zmieniającego się środowiska[1]. [...]

Jednak tych, którzy potrafili sięgnąć wzrokiem dalej, ponad doraźne niebezpieczeństwa, nękało nieustanne poczucie zagrożenia. Rozumieli bowiem, że walka o przetrwanie pomiędzy narodami niekoniecznie kończy się zwycięstwem narodu największego ani najlepiej uzbrojonego, ani też dysponującego największymi zasobami materialnymi. Mam na myśli nie tylko konflikt zbrojny, ale również mniej widoczną, lecz równie intensywną, choć przebiegającą bez użycia siły militarnej, wojnę handlową o zdobycie przewagi gospodarczej, o nowe źródła zaopatrzenia w żywność, o bogactwa mineralne, a także surowce dla fabryk. Wielkość, siła militarna i dobrobyt materialny – wszystko to oczywiście się liczy. Liczą się także odwaga, męstwo i wytrzymałość, choć te ostatnie nie są już tak ważne jak za czasów królowej Elżbiety I. Jednak żaden z tych elementów sam w sobie nie wystarczy. Mamy bowiem do czynienia z ciałem, krwią, nerwem narodu. Aby naród zaczął zwyciężać w walce, trzeba zeń uczynić jednorodny, dobrze funkcjonujący organizm wyposażony w skomplikowany system nerwowy, który steruje zespołem odruchów nie całkiem automatycznych, bo poddanych kontroli uporządkowanego zbioru doświadczeń nazywanego mądrością. [...]

To właśnie brak rzeczywistego wglądu w wiele dziedzin życia narodu sprawił, że nastrój przygnębienia spowodowany trudnościami z początku roku przerodził się w depresję. Nie chodziło w tym przypadku o to, żeby „jakoś poradzić sobie" z tym problemem, ale raczej o to, jak dać sobie radę z dużo poważniejszymi kryzysami w przyszłości. Jak uświadomić narodowi jego własny błąd? Jak przekształcić naród w świetnie zorganizowaną całość, w pełni wykorzystując do tego celu potencjał umysłowy naszej rasy. Takie właśnie myśli, bardziej niż czysto naukowe dywagacje, zaprzątały mój umysł, gdy dotarło do mnie zaproszenie na wykład w Newcastle. I to one doprowadziły mnie, w sposób bardziej lub mniej bezpośredni, do refleksji nad rolą nauki w życiu narodu.

1 Pearson ma zapewne na myśli jedną czy serię walk przegranych przez Wielką Brytanię w II wojnie burskiej, 1899–1902. Samą wojnę Wielka Brytania wygrała (przyp. tłum.).

Z naukowego punktu widzenia istnieją dwa pytania, które możemy, lub raczej musimy, zadać. Pierwsze. Jaką rolę – w sensie naukowym – pełni naród? Jak ważna, gdy chodzi o historię naturalną, jest dobra organizacja w uniwersalnej walce o byt? Drugie. Co nauka ma nam do powiedzenia na temat najlepszych metod, które pozwalają przygotować naród do realizacji swoich celów? [...]

Jeśli raz zrozumieliście siłę praw dziedziczności, dostrzeżecie w doborze naturalnym – wyborze osobników fizycznie i umysłowo lepiej nadających się do roli rodziców następnego pokolenia – naczelną zasadę determinującą postęp w rozwoju wszystkich form życia. Natura i edukacja mogą w ogromnym stopniu pomóc machinie społecznej, ale trzeba utrwalać je z pokolenia na pokolenie. Same z siebie nie zmniejszą one tendencji do wydawania na świat „upośledzonego potomstwa". Natomiast zasada doboru naturalnego, świadomie czy też nie, właśnie to czyni.

To, co powiedziałem na temat „upośledzonego potomstwa", wydaje się dotyczyć niższych ras ludzkich. Ile wieków, ile tysiącleci kaffirzy[2] lub czarnoskórzy zamieszkiwali olbrzymie obszary Afryki nietknięte wówczas stopą białego człowieka? A jednak walki plemienne nie przyczyniły się tam do stworzenia cywilizacji choćby w najmniejszym stopniu porównywalnej z aryjską. Można ich kształcić i wychowywać do woli, ale nie wierzę, że przez to uda się zmienić ich pulę genetyczną. Historia podpowiada mi jedną i tylko jedną drogę, dzięki której udało się stworzyć wysoki poziom cywilizacyjny: walka rasy z rasą i przetrwanie tej, która fizycznie i umysłowo bardziej się do tego nadaje. Czy niższe rasy ludzkie mogą ewoluować w stronę wyższych? Obawiam się, że jedynym sposobem sprawdzenia tego twierdzenia pozostaje walka o byt między jednostką a jednostką, plemieniem a plemieniem. Ale nawet wtedy uwarunkowania klimatyczne, które tak bardzo wpłynęły na sukces aryjczyków, mogą zaburzać proces naturalnej selekcji.

Kontakt między białym a czarnym człowiekiem zbyt często prowadzi do „zawieszenia" procesu doboru naturalnego, od którego zależy przecież awans na wyższy szczebel ewolucji. Gdy na jednej ziemi żyją przedstawiciele rasy wyższej i niższej, koegzystencja ta okazuje się równie demoralizująca dla obydwu stron. W naturalny sposób kształtuje się relacja pan–służący lub mniej lub bardziej skrywana relacja pan–niewolnik. Często dochodzi do krzyżówek, w wyniku których pojawia się coraz więcej „złego potomstwa", a spada liczba dobrego. Nawet w przypadku Eurazjatów – a spotkałem wśród nich ludzi nadzwyczajnych pod względem umysłowym i fizycznym – zawsze miałem poczucie, iż o wiele lepiej byłoby dla nich, gdyby pozostali czystymi Azjatami lub czystymi Europejczykami. Zdarza się przeto, że gdy walka o byt między rasami zostaje zawieszona, w sposób sprzeczny z naturą oddala się też możliwość rozwiązania wielkich problemów. Zamiast powolnego, surowego procesu ewolucji przygotowuje się katastrofalne z punktu widzenia przyszłości rozwiązania. Sądzę, że owe wielkie nierozwiązane problemy ujawniają się w populacji czarnoskórych mieszkańców południowych stanów Ameryki oraz zbyt dużej domieszce krwi indiańskiej

2 W angielszczyźnie termin wieloznaczny, używany m.in. jako nazwa własna kilku ludów z Azji i Afryki. Tu jako określenie rdzennej ludności Afryki Południowej.

w niektórych rasach południowoamerykańskich. Przede wszystkim jednak – wśród kaffirów w Afryce Południowej.

Można by sądzić, iż oddalam się od tematu, ale pragnę jedynie usprawiedliwić w waszych oczach działanie doboru naturalnego. Chciałbym, żeby państwo postrzegali dobór [naturalny] jako mechanizm, który sprawia, że nieuchronne prawo dziedziczenia staje się źródłem postępu tworzącego dobro poprzez cierpienie: dobro dalece przewyższające tak bardzo widoczny ból i cierpienie. […]

W tym miejscu, jak sądzę, dotykamy drugiej istotnej funkcji nauki w życiu narodu. Pierwsza odkrywa przed nami znaczenie pojęcia życie narodu oraz jak ten ostatni kształtowany jest przez potężne siły ewolucji determinujące rozwój innych stadnych form życia. Istnieje walka rasy z rasą i narodu z narodem. We wczesnej fazie była to ślepa, nieuświadomiona walka barbarzyńskich plemion. Dzisiaj, w przypadku cywilizowanego białego człowieka, stała się ona coraz bardziej świadomą, starannie ukierunkowaną próbą dopasowania się narodu do nieustannie zmieniającego się środowiska. Naród musi umieć przewidzieć, jak i gdzie walka ta będzie kontynuowana. Utrzymanie pozycji w świecie wymaga coraz częściej od narodu podjęcia próby świadomej adaptacji do stale zmieniających się warunków życia oraz umiejętności przewidywania przyszłych potrzeb. […]

Przyszedł czas na podsumowanie tego, co przedstawiłem do tej pory. Prosiłem, by spojrzeli państwo na naród jak na zorganizowaną całość znajdującą się w ciągłej walce z innymi narodami – walce toczonej za pomocą siły militarnej, handlu czy procesów gospodarczych. Przekonywałem, że niezależnie od swojego charakteru, walka ta nie do końca jest rzeczą złą i przez długie wieki napędzała rozwój człowieka. Ale jeśli naród ma obronić swoją pozycję, musi – w każdej dziedzinie życia – mieć do dyspozycji najlepiej wyszkolone jednostki. Dotyczy to w tej samej mierze członków rządu, co zwykłych robotników w fabryce. Ponadto naród powinien móc odwołać się do rezerw intelektualnych i fizycznych w czasach kryzysu. Ostatnie wydarzenia związane z naszą polityką handlową i działaniami militarnymi wzbudziły u niektórych wątpliwości, czy rzeczywiście dysponujemy wystarczającym potencjałem ludzkim, a jeśli nawet, to czy jest on właściwie wykorzystywany.

PRZEŁ. ZBIGNIEW MACH

HENRIK RAGNAR TÖRNEBLADH, prezes szwedzkiej Królewskiej Akademii Nauk, mógł w grudniu 1903 r. bez żadnych wątpliwości przedstawić laureatów Nagrody Nobla w dziedzinie fizyki. Zostali nimi Henri Becquerel (połowa nagrody), Maria Skłodowska-Curie oraz jej mąż Piotr Curie (po jednej czwartej nagrody). Odkryli nową, niezwykłą właściwość materii – promieniotwórczość. W 1903 r. trudno jeszcze było domyślać się praktycznych skutków prac zapoczątkowanych przez trójkę uczonych, choć doktor Törnebladh przeczuwał, że otwiera się nowa epoka. Zastosowanie radu w medycynie pokazywało pozytywne możliwości fizyki jądrowej. Ale wiek XX zakończyliśmy, bardziej obawiając się, niż ciesząc z perspektyw związanych z promieniotwórczością. Maria Skłodowska-Curie została raz jeszcze nagrodzona Nagrodą Nobla w 1911 r., tym razem już samodzielnie, w dziedzinie chemii za odkrycie radu i prace nad związkami tego pierwiastka. (Edwin Bendyk)

Henrik Ragnar TÖRNEBLADH
1833–1912, szwedzki naukowiec, filolog, pedagog i polityk.

HENRIK RAGNAR TÖRNEBLADH

PREZENTACJA LAUREATÓW HENRIEGO BECQUERELA, PIOTRA CURIE I MARII SKŁODOWSKIEJ-CURIE

10 GRUDNIA 1903

Wasza Królewska Mość, Wasza Wysokość, panie i panowie.

Lista postępów w naukach fizycznych, jakie poczyniono w ciągu ostatniej dekady, jest wyjątkowa, dokonano bowiem odkryć równie imponujących, co nieoczekiwanych. Królewska Akademia Nauk obarczona została zadaniem wykonania szlachetnej woli, wyrażonej przez Alfreda Nobla w jego testamencie spisanym w tym owocnym dla nauk fizycznych okresie. Wielkie odkrycie, za które Akademia Nauk postanowiła przyznać Nagrodę Nobla w fizyce za 1903 rok, jest zamknięciem pewnego etapu tego wspaniałego rozwoju, a jednocześnie jest ściśle powiązane z odkryciem, za które przyznano pierwszą Nagrodę Nobla w fizyce.

Po odkryciu promieni Röntgena pojawiło się pytanie, czy mogą one być wytwarzane także w innych warunkach niż te, w których zaobserwowano je po raz pierwszy. Wykonując eksperymenty w tej dziedzinie, profesor Henri Becquerel[1] uzyskał rezultaty, które nie tylko zawierały odpowiedź na to pytanie, ale także doprowadziły do nowego odkrycia o pierwszorzędnym znaczeniu.

1 Antoine Henri Becquerel (1852–1908), francuski fizyk i chemik, odkrywca promieniotwórczości, rektor École Polytechnique, członek i prezes Francuskiej Akademii Nauk.

Kiedy w rurze wypełnionej bardzo rozrzedzonym gazem następuje wyładowanie elektryczne, pojawia się też promieniowanie. Promieniowanie to, nazwane promieniowaniem katodowym, padając na ciało, powoduje powstanie promieni odkrytych przez Röntgena[2]. Często zdarza się, że promienie katodowe powodują także emisję światła przez ciała, na które padają, zwaną fluorescencją lub fosforescencją. Właśnie to zjawisko było przedmiotem doświadczeń Becquerela. Zadał on sobie pytanie, czy ciała, które fosforyzują, po poddaniu ich przez dłuższy lub krótszy czas działaniu zwykłego światła, nie będą także emitować promieni Röntgena. Aby odpowiedzieć na to pytanie, Becquerel wykorzystał dobrze znaną właściwość promieni Röntgena, które zostawiają ślady na płytach fotograficznych. Umieściwszy folię aluminiową na płytce fotograficznej, położył na niej szklaną płytkę z badanym materiałem fosforyzującym, przyjmując, że jeśli na płycie fotograficznej pojawi się jakiś ślad mimo obecności folii aluminiowej, może to być jedynie skutek działania promieni takich jak promienie Röntgena, które charakteryzują się zdolnością przenikania przez metale. W trakcie badań Becquerel odkrył, że w przypadku pewnych substancji, w szczególności wszystkich soli uranu, na płytce fotograficznej rzeczywiście pojawiają się ślady. Udowodnił tym samym, że te substancje emitują promienie szczególnej natury, różniące się od zwykłego światła. W trakcie dalszych badań dokonał on jeszcze bardziej niezwykłej obserwacji, mianowicie, że to promieniowanie nie jest bezpośrednio związane ze zjawiskiem fosforescencji, może być bowiem emitowane zarówno przez substancje fosforyzujące, jak i takie, które nie fosforyzują, a wcześniejsze naświetlenie nigdy nie jest konieczne, by to promieniowanie się pojawiło, a także, że promieniowanie to zachodzi z niezmiennym natężeniem, choć jego wystąpienie nie daje się powiązać z żadnym znanym źródłem energii. W ten sposób Becquerel odkrył radioaktywność naturalną i promienie, które noszą jego imię. To odkrycie ukazało nową właściwość materii i nowe źródło energii, której pochodzenie było zagadką. Nie trzeba mówić, że odkrycie tego kalibru musiało wzbudzić największe zainteresowanie świata nauki i zapoczątkować liczne nowe badania, których celem było gruntowne zbadanie istoty promieni Becquerela i określenie ich źródła. W tym właśnie momencie pan i pani Curie[3] podjęli najszerzej zakrojone i najbardziej systematyczne badania nad tym zagadnieniem, poddając analizie większość substancji prostych i dużą liczbę minerałów, poszukując substancji posiadających te same niezwykłe właściwości co uran, jeśli takie w ogóle istnieją. Pierwsze odkrycie w tej dziedzinie zostało dokonane mniej więcej w tym samym czasie przez Niemca Schmidta[4] i panią Curie, którzy oboje stwierdzili, że tor jest radioaktywny w mniej więcej takim samym stopniu co uran.

2 Wilhelm Conrad Röntgen (1845–1923), niemiecki fizyk, pierwszy laureat Nagrody Nobla w dziedzinie fizyki (1901) za odkrycie promieniowania X.

3 Pierre Curie (1859–1906), fizyk francuski, w 1880 odkrył zjawisko piezoelektryczności, wraz z żoną zajmował się badaniem promieniotwórczości, wspólnie odkryli pierwiastki rad i polon. Maria Skłodowska-Curie (1867–1934) po śmierci męża kontynuowała badania nad promieniotwórczością, w 1911 ponownie otrzymała Nagrodę Nobla (w dziedzinie chemii) za wydzielenie radu w stanie czystym.

4 Gerhard Schmidt (1865–1949), fizyk niemiecki, niezależnie od Skłodowskiej wykazał, że tor ma właściwości promieniotwórcze.

W trakcie badań naukowcy wykorzystali pewną właściwość promieni Becquerela, polegającą na tym, że ciała, które w normalnych warunkach nie przewodzą prądu, po naświetleniu tymi promieniami stają się przewodnikami. W rezultacie jeśli promienie tego typu padają na naładowany elektrycznie elektroskop, będzie się on rozładowywał z mniejszą lub większą szybkością, w zależności od tego, jakie jest natężenie promieniowania powodującego, że powietrze wokół elektroskopu staje się przewodnikiem. Elektroskop pełnił więc do pewnego stopnia w stosunku do materiałów radioaktywnych tę samą rolę, co spektroskop w poszukiwaniu nowych pierwiastków. Pan i pani Curie, stwierdziwszy za pomocą elektroskopu, że blenda smolista ma znacznie silniejsze właściwości radioaktywne niż sam uran, doszli do wniosku, że musi ona zawierać jedną lub więcej nowych substancji radioaktywnych. Rozkładając blendę smolistą na składniki chemiczne i badając, znów za pomocą elektroskopu, radioaktywność otrzymanych substancji, w końcu udało im się drogą rozpuszczania i wytrącania z roztworów wyizolować substancje, które wyróżniały się szczególną aktywnością radioaktywną. Pewne wyobrażenie o tym, jak ogromna to była praca, można sobie wyrobić na postawie faktu, że dla uzyskania kilku decygramów tych aktywnych substancji konieczne było przetworzenie 1000 kg surowca. Z tych nowych substancji polon został odkryty przez pana i panią Curie, rad został odkryty przez nich we współpracy z Bémontem[5], a aktyn przez Debierne'a[6]. Ze wszystkich tych substancji przynajmniej w przypadku radu udało się wykazać, że jest on substancją prostą[7].

Becquerel już wcześniej określił niektóre najważniejsze cechy tych promieni, badając promieniowanie uranu. Jednak dopiero dzięki uzyskaniu tych wysoce radioaktywnych substancji, o których przed chwilą wspomnieliśmy, stało się możliwe przeprowadzenie gruntowniejszych badań nad promieniami Becquerela i uzupełnienie pod pewnymi względami jego obserwacji. Wśród naukowców, którzy zrealizowali ten program badań, na czołowym miejscu znaleźli się Becquerel oraz małżeństwo Curie.

Promieniowanie Becquerela przypomina światło pod kilkoma względami. Rozchodzi się po liniach prostych. Tak jak światło o niektórych długościach fali, ma silne działanie fotochemiczne, powoduje fosforescencję etc. Jednocześnie jednak pod pewnymi ważnymi względami różni się od światła, na przykład zdolnością przenikania przez metale i wiele innych nieprzezroczystych materiałów, szybkością, z jaką następuje rozładowanie ciał naładowanych elektrycznie, na które pada, wreszcie brakiem zjawisk odbicia, interferencji i załamania, charakterystycznych dla światła. Pod tym względem promienie Becquerela są bardzo podobne do promieni Röntgena i promieni katodowych. Stwierdzono także, że promieniowanie Becquerela nie jest jednorodne, ale składa się z kilku różnych typów promieni, przy czym niektóre z nich nie są odchylane przez siły magnetyczne i elektryczne, tak jak promienie Röntgena, natomiast inne są odchylane, podobnie jak promienie katodowe lub promienie

5 Gustave Bémont, francuski chemik, współpracownik małżeństwa Curie, kierownik studium eksperymentalnego w Laboratorium Chemii Nieorganicznej w paryskiej Szkole Wyższej Fizyki i Chemii Przemysłowej.

6 André-Louis Debierne (1847–1949), fizyk francuski, odkrywca aktynu, w 1910 bliski współpracownik małżeństwa Curie.

7 Tzn. pierwiastkiem.

Goldsteina[8]. Promienie Becquerela, podobnie jak promienie Röntgena, powodują bardzo silne skutki fizjologiczne; mogą na przykład atakować skórę, podrażniać oczy etc.

Pewne substancje radioaktywne mają też jeszcze jedną szczególną właściwość, która nie ma bezpośredniego związku z emitowanym przez nie promieniowaniem. Mają one zdolność wywoływania czasowej radioaktywności wszystkich ciał w ich otoczeniu, przez produkowanie radioaktywnej emanacji, która przenosi właściwości radioaktywne na otoczenie.

Nie ma zatem żadnej wątpliwości, że istnieje ścisły związek między promieniami Becquerela a promieniami Röntgena i promieniami katodowymi. Współczesną teorię elektronów, za pomocą której wyjaśnia się tę ostatnią formę promieniowania, zastosowano także z bardzo dobrym skutkiem do wyjaśnienia promieni Becquerela.

Zakończymy w tym miejscu nasz opis odkryć Becquerela i małżeństwa Curie, ponieważ to, o czym powiedzieliśmy, stanowi główny rezultat badań podjętych przez nich na początku 1903 roku i to właśnie powinno być brane pod uwagę przy podejmowaniu decyzji o Nagrodzie Nobla za 1903 rok. Z pewnością odkrycia, które pokrótce omówiliśmy, są wystarczająco ważne, aby zasługiwały na taką nagrodę. Te odkrycia nauczyły nas, że różne szczególne rodzaje promieniowania, które do tej pory obserwowano jedynie przy wyładowaniach elektrycznych w rozrzedzonych gazach, są naturalnym i powszechnym zjawiskiem. Zdobyliśmy wiedzę o całkiem nowej dla nas właściwości materii, mianowicie zdolności emitowania, najwyraźniej w sposób spontaniczny, tych wspaniałych promieni. Wzbogaciliśmy się o nowe metody badania – w pewnych warunkach – obecności różnych substancji w przyrodzie, nieskończenie bardziej subtelne niż wszystkie znane dotychczas metody w tej dziedzinie. Wreszcie odkryliśmy nowe źródło energii w przyrodzie, którego istoty nie jesteśmy w tej chwili w pełni wyjaśnić. Z pewnością te odkrycia zapoczątkują w fizyce i chemii nowe cenne badania.

Odkrycia Becquerela i małżeństwa Curie same w sobie zapowiadają początek nowej ery w historii nauk fizycznych. Możemy tu jedynie zasygnalizować wspaniałe doświadczenia przeprowadzone w tej dziedzinie w ubiegłym roku przez małżeństwo Curie, którzy odkryli w radzie wielkie spontaniczne wydzielanie ciepła, a także odkrycia Rutherforda i Ramsaya o uwalnianiu helu przez rad, odkrycia, które z pewnością okażą się niezwykle ważne zarówno dla fizyków, jak i dla chemików. Perspektywy na przyszłość, jakie stwarzało odkrycie Becquerela, wydają się bliskie pełnej realizacji.

Odkrycia i badania Becquerela i małżeństwa Curie są blisko związane ze sobą; ci drudzy oczywiście byli współpracownikami. Kiedy wynikła sprawa uhonorowania odkrycia promieniotwórczości naturalnej Nagrodą Nobla, Królewska Akademia Nauk nie uważała za właściwe, aby czynić rozróżnienie między tymi wybitnymi naukowcami. Akademia uznała zatem za sprawiedliwe, aby Nagrodę Nobla za rok 1903 podzielić, przyznając połowę profesorowi Henriemu Becquerelowi za odkrycie promieniotwórczości naturalnej, a drugą połowę profesorowi i pani Curie za wybitne umiejętności, jakimi wykazali się w pracach nad promieniami odkrytymi przez Henriego Becquerela.

8 Eugene Goldstein (1850–1930), fizyk niemiecki, odkrywca promieniowania katodowego.

Panie profesorze Becquerel. Olśniewające odkrycie radioaktywności ukazuje nam ludzki umysł w chwili triumfu, badający naturę nieugiętymi promieniami geniuszu, które na wskroś przenikają przestrzeń. Twoje zwycięstwo jest błyskotliwym kontrargumentem dla starożytnego poglądu *ignoramus et ignorabimus*, czyli „nie wiemy i nigdy się nie dowiemy". Rodzi nadzieję, że dzięki wysiłkom naukowców nauka odniesie sukces w opanowywaniu nowych obszarów, i jest to dla ludzkości ważna nadzieja.

Wielki sukces pana Curie i pani Curie jest najlepszą ilustracją starego przysłowia *coniuncta valent* – „w jedności siła". Dzięki niemu możemy ujrzeć słowo Boże w zupełnie nowym świetle: „Nie jest dobrze, żeby mężczyzna był sam; uczynię mu zatem odpowiednią dla niego pomoc"[9].

To jednak nie wszystko. Ta para naukowców to zespół reprezentujący różne narodowości, co dobrze wróży ludzkości pracującej wspólnie na rzecz rozwoju nauki.

Szczerze żałujemy, że z powodu obowiązków ta dwójka laureatów nie może być w tej chwili z nami, mamy jednak przyjemność gościć w ich zastępstwie szanownego ministra pana Marchanda, reprezentującego Francję, który uprzejmie zgodził się odebrać nagrodę przyznaną jego rodakom.

PRZEŁ. PIOTR RĄCZKA

9 Rdz 2,18.

Theobald Theodor Friedrich Alfred von BETHMANN HOLLWEG

1856–1921, niemiecki polityk, w latach 1909–1917 kanclerz Rzeszy, premier i minister spraw zagranicznych Prus.

THEOBALD BETHMANN HOLLWEG jako kanclerz Rzeszy próbował poprawić stosunki niemiecko-brytyjskie. Po głębokiej zapaści wywołanej drugim kryzysem marokańskim (1911) wydawało się, że jego wysiłki przyniosły pewne efekty. Powodzenie rozmów londyńskich nieco ociepliło wzajemne relacje – udało się powstrzymać wojnę. Jak stwierdził minister Grey, „kotwice wytrzymały". Dla Wielkiej Brytanii jednak najważniejszą sprawą była konsekwentna rozbudowa floty niemieckiej, ponieważ jako mocarstwo morskie nie mogła sobie pozwolić na zagrożenie dla szlaków komunikacyjnych. Obawy Brytyjczyków zostały zlekceważone przez najwyższe władze niemieckie. Ostatnią próbą uregulowania stosunku sił na morzu były zaproponowane 23 marca 1913 r. przez Churchilla, wówczas pierwszego lorda admiralicji, tzw. wakacje morskie. Polegały one na odsunięciu w czasie budowy nowych pancerników. Strona niemiecka odrzuciła ten pomysł, choć debata w Reichstagu nad budżetem wojskowym na 1913 r. była dość burzliwa – koszty miały być ogromne. Ostatecznie projekt rządowy przyjęto 30 czerwca, podwyższając m.in. liczebność wojska pozostającego na stopie pokojowej aż o 117 tys. Łącznie wydatki na zbrojenia wzrosły o 35 procent. (TZ)

THEOBALD VON BETHMANN HOLLWEG

DOBROBYT ALBO OBRONNOŚĆ

FRAGMENT DEBATY NAD POLITYKĄ OBRONNĄ W REICHSTAGU, 1913

Od początku wojny bałkańskiej wielkie mocarstwa dążyły do zlokalizowania wojny, żadne z nich nie chciało przyczynić się do zmian terytorialnych na Bałkanach. Mimo to istniejące przez miesiące napięcie zdopingowało dwa wielkie mocarstwa, Austro-Węgry i Rosję, do podjęcia nadzwyczajnych środków militarnych. Nie chcę przez to powiedzieć, że w jakiejś chwili wojna wisiała na włosku, ale ponownie potrzeba było całego poczucia odpowiedzialności najbardziej zainteresowanych gabinetów, aby złagodzić przeciwieństwa poglądów i interesów, które mogłyby doprowadzić do gwałtownego wybuchu.

(*Słuchajcie! Słuchajcie!*)

Europa będzie musiała złożyć wyrazy podzięki angielskiemu ministrowi spraw zagranicznych[1] za nadzwyczajne oddanie i ducha pojednania, z jakim przewodniczył londyńskim

1 Tj. Edwardowi Greyowi (zob. s. 187).

rozmowom ambasadorów[2] i łagodził przeciwieństwa. Niemcy przyłączą się tym chętniej do tych podziękowań, bo – stojąc wiernie u boku naszych sojuszników – identyfikowaliśmy się z celami angielskiej polityki i odpowiedzieliśmy w tym samym duchu.

(*Brawo!*)

Sir Edward Grey przedstawił niedawno na forum Izby Gmin dotychczasowe wyniki londyńskich rozmów ambasadorów. Te wywody można uznać za uzgodnioną wspólnie przez wielkie mocarstwa podstawę podejścia do spraw Orientu. Obecnie chodzi o to, aby decyzje wielkich mocarstw wcielić w czyn. Jesteśmy zdecydowani uczestniczyć w tym jak najenergiczniej.

(*Aplauz*).

Można było oczekiwać, że sprawa Adrianopola przyczyni się do przywrócenia pokoju na Bałkanach. Tak się niestety nie stało. Turcja zaakceptowała propozycje pokojowe przedstawione przez wielkie mocarstwa, natomiast odpowiedź państw bałkańskich dotarła dopiero przedwczoraj. Właśnie dyskutują nad nią wielkie mocarstwa. Z tego powodu nie mogę się dzisiaj na ten temat bliżej wypowiadać, ponieważ – wbrew wyzywającemu oporowi Czarnogóry – (*Ożywione okrzyki: słuchajcie! słuchajcie! na prawej stronie i w centrum; śmiech w ławach socjaldemokracji*) chodzi tutaj przede wszystkim o utrzymanie współpracy wielkich mocarstw.

(*Okrzyki: racja i słuchajcie! Słuchajcie!*)

Wszystkie wielkie mocarstwa wzięły udział w demonstracji flot wojennych, z wyjątkiem Rosji, która jednak tę akcję zaaprobowała.

Moi panowie, powtarzam: postanowienia londyńskie muszą jak najszybciej i z całą stanowczością zostać wprowadzone w życie. Wtedy znajdzie się również pokojowe rozwiązanie dla dotychczas spornych kwestii.

Moi panowie, wszystkie procedury, oględność i ostrożność, z jakimi były prowadzone rozmowy londyńskie, postawa wielkich mocarstw wobec walczących stron i *vice versa,* pokazują dobitnie, że wydarzenia na Bałkanach dotykają nie tylko żywotnych interesów wielkich mocarstw, lecz mogą w fatalny sposób wpłynąć na ich wzajemne stosunki. Do chwili obecnej jedynie ograniczenie Albanii spowodowało pomiędzy niektórymi wielkimi mocarstwami konflikt interesów. Decydujące dla przyszłości jest, aby miejsce Turcji europejskiej, z jej stagnacją w życiu publicznym, zajęły państwa o potwierdzonej nadzwyczajnej żywotności. Wszyscy jesteśmy żywotnie zainteresowani, aby ten potencjał, który sprawdził się w wojnie, potwierdził się również w pokojowej pracy i aby kraje bałkańskie stanęły przed epoką rozkwitu w ścisłej współpracy gospodarczej i kulturalnej ze swoimi sąsiadami i wszystkimi krajami europejskimi. Wtedy również one staną się elementami postępu i europejskiego pokoju.

Jednak jedno jest niewątpliwe: gdyby kiedyś miało pojawić się w Europie ognisko zapalne, w wyniku którego Germanie stanęliby naprzeciw Słowian, to zajęcie miejsca Turcji europejskiej w systemie równowagi częściowo przez państwa południowosłowiańskie będzie niekorzystne dla Germanów.

(*Racja!*)

2 Chodzi o zwołaną z inicjatywy Greya konferencję mocarstw w sprawie wojen bałkańskich.

To przesunięcie sytuacji militarno-politycznej na kontynencie zapowiadało się już od dłuższego czasu. Teraz, kiedy nastąpiło w nieoczekiwanie dużym zakresie, byłoby nierozsądne, gdybyśmy nie chcieli wyciągnąć z niego konsekwencji.

(*Racja!*)

Moi panowie, starcia pomiędzy słowiańszczyzną a krajami germańskimi nie uważam za nieuniknione. Niektórzy publicyści wyrażają inny pogląd. Jest to postawa niebezpieczna. Podobne tezy brzęczą w uszach jak slogan i przygotowują grunt pod idee sprowadzające narody na manowce.

(*Racja! Okrzyki z lewej strony*).

Z rządem Rosji, moi panowie, naszym wielkim słowiańskim sąsiadem, utrzymujemy przyjacielskie stosunki. Od czasu gdy zacząłem pełnić mój urząd, uznałem za swój obowiązek pielęgnowanie otwartych i pełnych zaufania kontaktów z gabinetem rosyjskim (*Brawo! Z prawej strony*), a z rozwoju sytuacji i moich osobistych kontaktów z mężami stanu, którzy zgodnie z wolą najjaśniejszego cara Mikołaja kierują rosyjską politykę na tory dobrosąsiedzkiej współpracy z Niemcami, wnioskuję, że moje dążenia spotykają się z pozytywnym oddźwiękiem. Nie są mi znane bezpośrednie konflikty interesów pomiędzy nami a Rosją. Niemcy i Rosja mogą pracować nad swoim rozwojem gospodarczym i politycznym, nie wchodząc sobie w drogę. Dobre stosunki dwustronne mogą tylko sprzyjać temu rozwojowi. Same przeciwieństwa rasowe nie doprowadzą do wojny pomiędzy nami a Rosją. My w każdym razie jej na pewno nie rozpętamy, a obecni władcy Rosji też tego nie zrobią. Ja w to nie wierzę. Ale, moi panowie, zarówno rosyjscy mężowie stanu, a i my także, wiemy, że panslawistyczne tendencje, które niepokoiły już Bismarcka, uzyskały dzięki zwycięstwom Słowian bałkańskich potężny impuls. Zwycięstwa Bułgarów nad Turkami są w pewnych kręgach świętowane wręcz jako zwycięstwo idei słowiańskich nad germańskimi. To właśnie te tendencje – poza realnymi konfliktami interesów – doprowadziły do napięć, jakie pojawiły się tej zimy pomiędzy Austro-Węgrami a Rosją.

(*Wesołość i okrzyki ze strony socjaldemokratów*).

Moi panowie, nie potrzebuję się powoływać na ostre spory pomiędzy częścią prasy rosyjskiej i austro-węgierskiej. Są one wszystkim znane. W tych zażartych utarczkach publicystycznych pobrzmiewają ponownie wszystkie te różnice, jakie od dziesięcioleci rozpalają konflikt bałkański pomiędzy Austro-Węgrami a Rosją. Jako wierny sprzymierzeniec Austro-Węgier staramy się łagodzić te napięcia, na ile to jest możliwe. Ale mimo to nie wolno nam chować głowy w piasek. Oczywiste jest również, że nasza wierność wobec sojuszu będzie w razie potrzeby wykraczała poza zabiegi dyplomatyczne.

(*Brawa z prawej strony, z ław centrum i narodowych liberałów*).

Nowe, ostre ożywienie instynktów rasowych nabrało znaczenia z racji przesunięcia sytuacji militarno-politycznej wywołanej wojnami bałkańskimi. Jesteśmy zmuszeni wziąć to pod uwagę, jeśli chcemy myśleć o przyszłości.

Nasze stosunki, moi panowie, z rządem francuskim są dobre. Bismarck w swoim wielkim przemówieniu w dniu 11 stycznia 1887 opisał, jak rozwijały się stosunki niemiecko-francuskie w przeciągu historii i jak były one kształtowane przez narodowy charakter Francuzów. Bismarck powiedział wtedy: „Jeśli Francuzi będą chcieli zachować pokój do chwili, kiedy ich zaatakujemy, jeśli będziemy tego pewni, to pokój jest zapewniony po wszystkie czasy". Tutaj się nic nie zmieniło. W przeciągu 40 lat, również w momentach krytycznych, daliśmy Francji i światu tyle dowodów, że chcemy żyć z naszym zachodnim sąsiadem w pokoju, że nie wymaga to słownych deklaracji.

(*Racja! Z prawej strony*).

Bismarck obawiał się wtedy ataku Francji, gdyby do władzy doszedł rząd o wojowniczym nastawieniu lub gdyby sytuacja wewnętrzna popchnęła go do akcji za granicą albo gdyby Francja miała jakiekolwiek powody, dla których mogłaby uwierzyć, że ma nad nami przewagę, czy to wierząc we własną siłę militarną, czy polegając na sojuszach. Pełniąc urząd, Bismarck nie doświadczył żadnej z tych ewentualności. Mam prawo przypuszczać, że obecny rząd francuski życzy sobie pokojowego sąsiedztwa z nami. Nikt nie wie, czy przyszłość przyniesie jakieś zmiany. Jak sądzę, w porównaniu do czasów sprzed 25 lat są obecnie szanse na to, żeby gabinety wielkich mocarstw, które są ośrodkami aspiracji wojennych, swoje ambicje raczej łagodziły, a nie zaostrzały. Nikt nie może sobie wyobrazić rozmiarów światowej pożogi, nieszczęść i zniszczeń, jakie przyniosłaby wojna. Wszystkie wojny przeszłości byłyby wobec niej dziecinną igraszką.

(*Racja! Ze strony narodowych liberałów*).

Żaden odpowiedzialny mąż stanu nie byłby gotów lekkomyślnie przyłożyć lont do beczki prochu. Takie skłonności zmalały. Natomiast wzrosła siła opinii publicznej, a wewnątrz niej naciski tych, którzy najgłośniej krzyczą. Im demokratyczniejsze stają się instytucje w naszych niespokojnych czasach, tym głośniejsze stają się mniejszości, a nie większość.

(*Racja! Ze strony narodowych liberałów*).

Niezależnie od tego, jak wojowniczy i dzielny, żądny honoru i sławy, kochający ojczyznę i gotów do poświęceń jest naród francuski – to nie wierzę, aby jego większość dążyła do wojny. Ale u szerokich kręgów Francuzów, nie tylko u szowinistów, nie, również u tych spokojnych i rozważnych, nastąpiło to, czego Bismarck się obawiał. Panuje przekonanie wynikające z ufności w siłę własnej armii, wiary w sojusz z Rosją, być może też nadziei pokładanych w Anglii, że jeśli nie mają nad nami przewagi, to są nam przynajmniej równi. To jest odwrotna, niebezpieczna strona wzmocnienia się ducha narodowego Francji, który ma coraz większy wpływ na umysły Francuzów. Zbyt często gwałtowne i szowinistyczne elementy pokazują ostrze skierowane przeciwko Niemcom i to z pewną ostentacją.

(*Racja!*)

Armia francuska jest dobra, a w opinii wojskowych nawet bardzo dobra. Jest oczkiem w głowie, dumą i nadzieją narodu. Wszystkie partie, cały naród, robią dla niej wszystko, co tylko możliwe. Ale po drugiej stronie Wogezów powstała szowinistyczna literatura, która jeśli nawet mówi o tej armii z uzasadnioną dumą, to czyni to, porównując ją z naszą niemiecką armią, która miałaby być gorsza w przyszłej wojnie. Kładzie się nacisk na przewagę francuskiej artylerii, lepsze wyszkolenie pilotów i piechoty, a niektórzy widzą już masy rosyjskiej kawalerii i piechoty, zalewające nasz kraj. Frenetycznemu duchowi francuskiemu – w tym punkcie jest on zgodny z poglądami panslawistycznymi – klęska Turcji wydaje się jednocześnie klęską Niemiec. Postrzega on, na podstawie porażek pod Kirk-Kilisse i Lüle

Burgas[3], przewagę francuskich dział i francuskich instruktorów za jednoznaczną. Spekuluje się na temat przyłączenia się państw bałkańskich do sojuszu trzech i na temat przyszłości Niemiec w kontekście Alzacji i Lotaryngii.

Moi panowie, w tym wszystkim jest dużo złudzeń, ale już kiedyś Francja podjęła z nami walkę w imię złudzeń.

Bismarck, popierając w 1887 roku septenat[4], mógł ocenić w ogólnych zarysach niebezpieczeństwa przyszłej wojny dla Niemiec, opierając się na dwustronnych stosunkach Niemiec z innymi mocarstwami. Utrzymał się sojusz trzech, ale nie związek dwóch i również nie trójjententa. Moi panowie, nie możemy oddzielnie rozpatrywać znaczenia aspiracji francuskich i panslawistycznych, wpływu procesu na Bałkanach na sytuację europejską i siły militarnej naszych sąsiadów. Sytuację określają sojusze mocarstw. A teraz, moi panowie, w jaki sposób zostaliśmy od tego czasu włączeni w tryby historii świata! Gwarancje pokoju, polegające na ścisłych związkach z Austro-Węgrami i Włochami, oceniam wysoko. Przekonani o wielkiej wartości trójprzymierza dla bezpieczeństwa zjednoczonych w nim narodów odnowiliśmy je, a obecnie jest ono tak trwałe jak przedtem.

(*Brawo! Z centrum i z lewicy*).

Służy ono nie tylko sprzymierzonym narodom, lecz całemu światu i tę próbę wytrzymało.

Mimo to: Niemcy powinny być czujne, jak żaden inny kraj. Również w trójprzymierzu; właśnie jako forpoczta trójprzymierza na wschód i na zachód pozostajemy wciśnięci pomiędzy świat słowiański i Francuzów. Musimy być przygotowani do obrony własnej skóry na dwa fronty.

Pan minister wojny przedstawi na posiedzeniu komisji szczegółowe dane o sile militarnej naszych sąsiadów. I to nie dlatego, aby nasz projekt miał służyć wyścigowi zbrojeń czy potrzebom chwili.

(*Śmiech z ław socjaldemokratów*).

Moi panowie, wasza wesołość świadczy jedynie o tym, że mam rację.

(*Racja! Z ław prawicy*).

Proszę również panów socjaldemokratów o odrzucenie z góry takiego założenia. Z naszym rosyjskim sąsiadem nie możemy w ogóle wdać się w wyścig zbrojeń. Rosyjski car będzie zawsze w stanie wystawić więcej żołnierzy niż my. My natomiast zakładamy, że w wojnie, w jaką możemy zostać wplątani, będziemy polegać nie na liczebności naszej armii, lecz na odwadze i duchu naszego narodu, który nasza armia ucieleśnia zarówno w czasach pokoju, jak i w wojnie.

(*Aplauz ze strony narodowych liberałów*).

Ale mimo to, moi panowie, udowodnimy za pomocą liczb, że nasi sąsiedzi podjęli nadzwyczajne wysiłki militarne i je kontynuują.

W Rosji obserwujemy godny podziwu rozwój gospodarczy tego wyposażonego w niewyczerpalne zasoby surowców naturalnych olbrzymiego kraju (*Racja! Ze strony prawicy*), któremu towarzyszy reorganizacja armii pod względem liczebności, jakości uzbrojenia, or-

3 Miejsca bitew z armią bułgarską w pierwszej wojnie bałkańskiej przegranych przez Turków.

4 Siedmioletni okres, na który uchwalano budżet wojskowy. Przez ten czas parlament nie miał prawa ingerowania w sprawy armii.

ganizacji i możliwości przejścia ze stanu pokoju w stan wojny, jakiej Rosja w swojej historii jeszcze nie przeżyła.

(*Słuchajcie! Słuchajcie! Z ław prawicy*).

Francja wyprzedziła nas już dawno pod względem wykorzystania zasobów ludzkich dla celów obronności. Już od lat powoływani są pod broń wszyscy mężczyźni. Teraz, w celu zwiększenia siły militarnej, przedłużyła służbę wojskową do trzech lat. Ja nie dostrzegam w tym nic więcej, jak wyzwania, również nasza postawa może stanowić prowokację dla Francji czy kogoś innego na świecie.

(*Racja! Z ław prawicy i narodowych liberałów*).

Również Francja pragnie się wzmocnić militarnie w miarę możliwości. W tej sytuacji żaden człowiek nie może dać gwarancji, że wojny nie będzie. O tym przekonają się w każdym razie również zagorzali zwolennicy pokoju i antymilitaryści. Byłoby zarozumiałością, a wręcz wyzywaniem losu, mówić tutaj:

(*Racja! Z ław prawicy i narodowych liberałów*).

jesteśmy dostatecznie mocni, moglibyśmy być wprawdzie o wiele mocniejsi, ale to kosztuje za dużo pieniędzy, mimo to będziemy postępować tak samo. Moi panowie, podobne nastroje były zawsze początkiem nieszczęść, w 1870 roku we Francji, a teraz w Turcji.

(*Racja! Okrzyki z prawej strony i z ław narodowych liberałów*).

Prawdopodobieństwo wybuchu wojny, w której milionowe armie, wyposażone w naj nowszą broń, staną naprzeciw siebie, jest jeszcze trudniejsze do przewidzenia niż dawniej. Ale jedno jest pewne: zwycięzcą zostawał zawsze od początku świata ten naród, który był gotów walczyć do ostatniego żołnierza, stawiając czoło wrogowi z całą swoją potęgą, kiedy zagrają spiżowymi kośćmi o jego los.

(*Racja! Z ław prawicy i narodowych liberałów*).

Przedkładamy nasz projekt, nie dlatego, że chcemy wojny, tylko dlatego, że mamy pokój, i dlatego, że gdyby miała nadejść wojna, to chcemy zostać zwycięzcami.

(*Głośny aplauz ze strony prawicy, centrum oraz lewicy*).

Większość narodu pozna się na znaczeniu tych propozycji (*Racja! Z ław prawicy*) i będzie chciała, tego jestem pewien, aby stały się one ustawą. Kiedy już staną się ustawą, to będziemy burzycielami porządku światowego w tak samo nikłym stopniu, w jakim byliśmy dotychczas. Wręcz przeciwnie: silne i świadome swej potęgi Niemcy będą gwarantem pokoju. (*Bardzo dobrze!*)

Przeczą temu stulecia historii starej Rzeszy, dowodzą tego – czasy po 1870 roku.

Moi panowie, brytyjski gabinet powtórnie podkreślił w ostatnim czasie, że przy pełnym i niezmienionym dotychczasowym układzie sił mogą się pojawić nici przyjaźni od jednej grupy mocarstw do drugiej. Zgadzam się z tym. Chciałbym to nawet rozszerzyć twierdzeniem, że takie nici przyjaźni powinny zostać nawiązane. Tak, moi panowie, przyjaźnie polityczne – nie bądźmy sentymentalni – są transakcjami politycznymi, a podobnie jak w życiu gospodarczym, również w polityce najłatwiejsze i najtrwalsze są transakcje pomiędzy silnymi partnerami. Słabeusze zawsze dostają się pod koła.

(*Aprobata*).

Podkreśliłem już, moi panowie, że utrzymujemy kontakty z rządami francuskim i rosyjskim. Jak sądzę, nie bez powodzenia. To samo dotyczy Anglii. Mówiłem już o naszej wspólnej działalności podczas londyńskich rozmów ambasadorów. Pan Churchill w wielkim przemówieniu, jakie wygłosił, naświetlił układ sił pomiędzy flotą angielską i niemiecką i powtórzył przy tym myśl, którą wyraził już w ubiegłym roku na forum parlamentu – pomysł, aby w celu zmniejszenia wydatków na zbrojenia stocznie wielkich mocarstw wprowadziły od czasu do czasu rok wakacji. Pan Churchill skierował tę propozycję specjalnie pod adresem Niemiec, a miało to dotyczyć lat 1914 i 1915, ale jednocześnie uznał, że w tej reglamentacji powinny uczestniczyć wszystkie wielkie mocarstwa. Znawcy zagadnień morskich po jednej i po drugiej stronie Morza Północnego z dużą zgodnością, jak mi się wydaje, wskazali na trudności, jakie wystąpiłyby przy rozwiązaniu tego problemu. Nawet pan Churchill potwierdził te trudności. Również mnie nie jest wiadome, aby jego pomysł spotkał się ze szczególnym oddźwiękiem w angielskim parlamencie lub na forum publicznym. Będziemy mogli więc odczekać, aż rząd angielski wystąpi z konkretnymi propozycjami.

Ale, moi panowie, fakt, że ta myśl została wypowiedziana oraz forma, jaką nadał jej pierwszy lord Admiralicji, oznacza jednak duży postęp.

(*Racja! Z ław narodowych liberałów*).

Był czas, gdy każde słowo, które służyło porównaniu angielskich i niemieckich sił morskich lub porównaniu potencjału produkcyjnego angielskich i niemieckich stoczni, prowadziło do *navy scare*, do wyścigu zbrojeń morskich, które coraz bardziej zatruwały stosunki niemiecko-angielskie. Wydaje mi się – i mam nadzieję – że te czasy należą do przeszłości. Wydaje mi się, że zaczyna wracać zaufanie, którego brak tak szkodził obu krajom i światu.

(*Brawo! Z ław lewicy*).

Wszyscy, moi panowie, znacie słowa, jakimi pan Asquith[5] i sir Edward Grey wypowiedzieli się na temat obecnych stosunków angielsko-niemieckich. Ich stwierdzenie, że te stosunki są obecnie dobre, mogę tylko potwierdzić i powitać z radością.

(*Aplauz*).

Pan Churchill zakończył swoje przemówienie słowami, które całą swoją pewność czerpią ze świadomości własnej siły. Uczcił moc angielskiej floty, z którą nie może się równać żadna inna potęga morska, w sposób, który mógłby ograniczyć lub odwrócić wpływy polityczne Anglii. Zwrócił uwagę na to, że w minionych miesiącach, pełnych trosk, napięcia i niebezpieczeństw, nie było mocarstwa, które nie byłoby wdzięczne za to, że znaczenie Anglii w koncercie potęg było rzeczywistością, a nie cieniem, i że Anglia była wystarczająco wolna i silna, aby móc działać w interesie powszechnego pokoju. Tak, moi panowie, nie jest inaczej, jak tego pragniemy. Również my chcemy być wolni i silni w świecie, nie po to, aby uciskać innych, ale po to, aby móc się rozwijać swobodnie i bez ograniczeń z całą siłą narodu i aby móc – kiedy zajdzie potrzeba – położyć na szali nasze słowo z całym ciężarem naszej siły w obronie powszechnego pokoju.

(*Brawo! Z ław prawicy i narodowych liberałów*).

5 Herbert Henry Asquith (1852–1928), premier brytyjski w latach 1908–1916.

Moi panowie, przedstawiłem wam sytuację tak, jak ją widzę, bez koloryzowania i czarnowidztwa. Nie my sami będziemy decydować o tym, czy przyszłość będzie się kształtować pokojowo, czy z zagrożeniami. Ale możemy decydować o tym, czy w niepewną przyszłość będziemy mogli kroczyć z pełną świadomością, czy nie.

(*Racja! Z ław prawicy.*).

Decyzja jest teraz w waszych rękach. Obronność narodu jest ostatecznie kamieniem probierczym jego sił moralnych i fizycznych.

(*Aprobata*).

Pomóżcie w utrzymaniu powszechnego obowiązku obrony, któremu Niemcy zawdzięczają swoje odrodzenie! Wartości, które tak cenimy, rosną z roku na rok. Mając poparcie szerokich warstw narodu, Reichstag nie powinien wystraszyć się ciężaru żądań, jakie ten projekt zawiera. Mówimy o ciężkich ofiarach, o niesamowitych obciążeniach, słyszymy skargi, że kontynuacja zbrojeń doprowadzi do ruiny finansowej albo do ruiny w ogóle.

(*Racja! Z ław socjaldemokratów*).

Tak, moi panowie, ci, którzy teraz krzyczą „racja": przez okres dłuższy niż życie ludzkie my i wszyscy nasi sąsiedzi poczyniliśmy niesamowite nakłady na zbrojenia, a zawsze przy każdym większym niemieckim projekcie militarnym słyszało się: „teraz będzie wojna". Wojna bałkańska w 1877 roku i obecna, wojna rosyjsko-japońska, wojna burska; również obecne napięcia nie mają nic wspólnego ze zbrojeniami wielkich mocarstw. I, moi panowie, mimo wielkich sum, jakie wydaliśmy na nasze zbrojenia, nie było nigdy takich czasów, w których bylibyśmy gospodarczo silniejsi niż teraz (*Racja! Z ław prawicy*), kiedy staliśmy się wydajniejsi w wypełnianiu zadań państwa na polu rozwoju kulturalnego i społecznego oraz w życiu jednostki.

(*Potakiwania z ław prawicy*).

Historia świata nie zna przykładu narodu, który zginął, gdyż wysiłek obronny wyczerpał jego siły (*Racja! Z ław prawicy*), ale wiele takich, które upadły, bo dla dobrobytu i luksusu zaniedbały swoją obronność.

(*Racja! Ze strony prawicy – dezaprobata z ław socjaldemokracji*).

Naród, moi panowie, który nie jest wystarczająco ofiarny albo sam sobie nie wydaje się wystarczająco bogaty, aby utrzymać własne zbrojenia, pokazuje, że jego rola się skończyła.

(*Racja! Prawda! Z ław prawicy i narodowych liberałów*).

Moi panowie, pomijając wszystkie trudności, proszę was, abyście zapamiętali: jeśli ktoś grozi naszemu domowi, to staniemy wszyscy jak jeden mąż!

(*Aplauz z ław prawicy i narodowych liberałów – sarkanie ze strony socjaldemokratów. Ponowny aplauz*).

PRZEŁ. HENRYK STANKE

Józef PIŁSUDSKI

1867–1935, polityk, współtwórca Polski niepodległej, marszałek.

JÓZEF PIŁSUDSKI **przewidywał konflikt zbrojny między Austrią i Rosją. Była to przesłanka wystąpienia zbrojnego przeciw Rosji u boku c.k. monarchii Franciszka Józefa I i tworzenia formacji wojskowych. Po ogłoszeniu mobilizacji, 3 sierpnia 1914 roku na placu powystawowym, tzw. Oleandrach, na krakowskich Błoniach do kompanii utworzonej z członków Związku Strzeleckiego i Drużyn Strzeleckich (właściwie: Polskich Drużyn Strzeleckich, ich komendantem był Marian Januszajtis) przemówił Piłsudski. Zwrócił się do nich jak do żołnierzy polskich, a nie do „drużyniaków" czy „strzelców", mówiąc, że jedynym ich znakiem będzie orzeł biały. Podkreślał, że spotkał ich wielki zaszczyt, ponieważ pierwsi przestąpią granice zaboru rosyjskiego jako czołowa kolumna wojska polskiego. Wymarsz Pierwszej Kompanii Kadrowej nastąpił 6 sierpnia o godz. 3.30 – na kilka godzin przed wypowiedzeniem przez Austro-Węgry wojny Rosji.** (katraw)

JÓZEF PIŁSUDSKI

PRZEMÓWIENIE DO I KOMPANII KADROWEJ

KRAKÓW, OLEANDRY, 3 SIERPNIA 1914

Odtąd nie ma ani Strzelców, ani Drużyniaków. Wszyscy, co tu jesteście zebrani, jesteście żołnierzami polskimi. Znoszę wszelkie odznaki specjalnych grup. Jedynym waszym znakiem jest odtąd orzeł biały. Dopóki jednak nowy znaczek nie zostanie wam rozdany, rozkazuję, abyście zamienili ze sobą wasze dawne oznaki, jako symbol zupełnej zgody i braterstwa, jakie muszą wśród żołnierzy polskich panować. Niech Strzelcy przypną do czapek blachy[1] Drużyniaków, a oddadzą im swoje orzełki. Wkrótce może pójdziecie na pola bitew, gdzie, mam nadzieję, zniknie najlżejszy nawet cień różnicy między wami.

Żołnierze!... Spotkał was ten zaszczyt niezmierny, że pierwsi pójdziecie do Królestwa i przestąpicie granicę rosyjskiego zaboru, jako czołowa kolumna wojska polskiego, idącego walczyć za oswobodzenie ojczyzny. Wszyscy jesteście równi wobec ofiar, jakie ponieść macie. Wszyscy jesteście żołnierzami. Nie naznaczam szarż, każę tylko doświadczeńszym wśród was pełnić funkcje dowódców. Szarże uzyskacie w bitwach. Każdy z was może zostać oficerem, jak również każdy oficer może znów zejść do szeregowców, czego oby nie było... Patrzę na was, jako na kadry, z których rozwinąć się ma przyszła armia polska, i pozdrawiam was, jako pierwszą kadrową kompanię.

1 Członkowie Związków Strzeleckich nosili na czapkach orła tzw. strzeleckiego, natomiast członkowie Polskich Drużyn Strzeleckich owalną blachę, z wytłoczonym na niej orzełkiem i napisem „Polska Drużyna Strzelecka w N.N.". Józef Piłsudski zamienił swego orzełka z dowódcą oddziału Polskich Drużyn Strzeleckich Stanisławem Burhardt-Bukackim (przyp. red.).

EDWARD GREY, polityk Partii Liberalnej, odegrał kluczową rolę w wypadkach prowadzących do wybuchu I wojny światowej. Swoją koncepcję polityki zagranicznej oparł na sojuszu z Francją i zbliżeniu z carską Rosją. Nieufny wobec mechanizmów demokratycznych, uprawiał gabinetową grę dyplomatyczną, próbując pozyskać Francję do współpracy przeciwko Niemcom, ale nie miał pewności, jak Francja ułoży się z Rosją, a tylko taki potrójny sojusz dawał szanse pokrzyżowania planów niemieckiej ekspansji. Kiedy Niemcy postanowiły wykorzystać sprawę Belgii jako pretekst do wojny, Grey nie zareagował dostatecznie jasno i stanowczo. Nie oświadczył wyraźnie, że naruszenie przez Niemcy neutralności Belgii – a Wielka Brytania i Niemcy byli jej gwarantami – zostanie w Londynie potraktowane jako złamanie traktatu i powód do wypowiedzenia Niemcom wojny. Gdy armia niemiecka nadciągnęła nad granicę z Belgią, było już za późno. 3 sierpnia 1914 r. Niemcy wypowiedziały wojnę Francji, dzień później wtargnęły do Belgii. Rząd Wielkiej Brytanii prawie jednogłośnie opowiedział się za wojną z Niemcami. Greyowi pozostało przedstawienie sytuacji w Parlamencie, co uczynił w długim przemówieniu, nie tłumacząc jednak, dlaczego i jak Brytyjczycy mają bronić Belgii. Brytyjski dziennikarz i historyk Paul Johnson nazwał Greya człowiekiem, „który ściągnął na Anglików największe nieszczęście w całej historii Anglii". (Aszo)

Edward GREY

1862–1933, najdłużej urzędujący (1905–1916) brytyjski minister spraw zagranicznych.

EDWARD GREY

POKOJU W EUROPIE NIE DA SIĘ URATOWAĆ

WYSTĄPIENIE PRZED IZBĄ GMIN, 4 SIERPNIA 1914

W ubiegłym tygodniu oświadczyłem, że pracujemy na rzecz pokoju nie tylko dla tego kraju, ale również na rzecz pokoju w Europie. Dziś wydarzenia toczą się tak szybko, że coraz trudniej jest precyzyjnie określić, w jakim punkcie się znajdujemy, ale widać wyraźnie, że pokoju w Europie nie da się uratować. Rosja i Niemcy już wypowiedziały sobie wojnę.

Zanim przejdę do przedstawienia sytuacji, w której znalazł się rząd Jego Królewskiej Mości, zanim Izba dowie się, jakie jest nasze stanowisko w sprawie obecnego kryzysu, musi wiedzieć, w ramach jakich uwarunkowań i zobowiązań działa rząd. Przede wszystkim niech wolno mi będzie powiedzieć, że zgodnie i ze wszystkich sił działaliśmy na rzecz uratowania pokoju. Izba może czuć się w pełni usatysfakcjonowana w tej kwestii, w której postępowaliśmy tak, jak zawsze postępujemy. Tak było przez wszystkie ostatnie lata, przynajmniej jeśli chodzi o rząd Jego Królewskiej Mości, i możemy to z łatwością udowodnić. Każdy przyzna, że w czasie kryzysu bałkańskiego pracowaliśmy na rzecz pokoju. Współpraca wielkich mocarstw zakończyła się w tym przypadku sukcesem, choć prawdą jest, że niektórym z nich pójście na ustępstwa nie przyszło łatwo. Wiele czasu zajęło im przezwyciężanie rozbieżności, ale pokój został ocalony, bo wszyscy tego chcieli i skupiali się na mozolnych negocjacjach, a nie na podkreślaniu różnic.

Tym razem pokoju w Europie prawdopodobnie nie uda się uratować: czasu jest mało, a niektóre kraje, nie chcę się tu rozwodzić które, forsują ostro swoje racje, nie zważając na ryzyko, jakie te działania niosą dla pokoju. W rezultacie polityka pokoju, przynajmniej z punktu widzenia wielkich mocarstw, jest zagrożona. Nie chcę się nad tym rozwodzić, wskazywać, gdzie naszym zdaniem leży wina, które mocarstwa najbardziej pragną pokoju, a które są gotowe zaryzykować wojnę. Chciałbym bowiem, by Izba rozpatrzyła obecny kryzys z punktu widzenia brytyjskich interesów, brytyjskiego honoru i brytyjskich zobowiązań, wolna od wszelkich namiętności i rozważań, dlaczego pokoju nie udało się uratować.

Obecna sytuacja kryzysowa nie jest taka sama jak w przypadku Maroka[1] i ma swoje źródło w sporze pomiędzy Austrią a Serbią. Mogę z całym przekonaniem powiedzieć, że nie ma kraju, któremu bardziej zależałoby na uniknięciu konfliktu z Austrią niż Francja. Francuzi zostali jednak do niego wciągnięci ze względu na swój sojusz z Rosją. Mogę zapewnić Izbę, że tego rodzaju zobowiązanie nie dotyczy nas. Nie jesteśmy częścią francusko-rosyjskiego sojuszu, nie znamy nawet jego warunków. Sądzę, że jak dotąd wyczerpująco i jasno opisałem sytuację w kwestii naszych zobowiązań.

Przejdę teraz do tego, czego naszym zdaniem wymaga od nas ta sytuacja. Od wielu lat łączy nas przyjaźń z Francją (*Głos z sali: I z Niemcami!*). Dobrze pamiętam uczucia przepełniające tę salę i moje własne – bo zabierałem głos na ten temat, gdy poprzedni rząd zawierał porozumienie z Francją. Były to ciepłe i serdeczne uczucia, bo wynikały z faktu, że dwa narody, które w przeszłości nieraz toczyły ze sobą spory, położyły im wreszcie kres. Pamiętam, że mówiłem, iż jakaś dobra siła umożliwiła stworzenie tej serdecznej atmosfery, której wynikiem było porozumienie. Do jakiego stopnia jednak ta przyjaźń pociąga za sobą zobowiązania – to w końcu przyjaźń między państwami i ratyfikowana przez państwa – to każdy musi rozważyć we własnym sercu i sumieniu i określić, co to zobowiązanie znaczy dla niego samego. Mam w tej sprawie swoje własne zdanie, ale nie zamierzam nikomu go narzucać i dyktować komukolwiek, co powinien czuć. Cała Izba i każdy jej przedstawiciel z osobna powinien ocenić tę kwestię. Wyrażam jedynie swoje własne zdanie i przedstawiam Izbie swoje indywidualne odczucia.

Flota wojenna Francji jest obecnie skoncentrowana na Morzu Śródziemnym[2], w związku z czym północne i zachodnie wybrzeże tego kraju jest absolutnie bezbronne. Sytuacja ta różni się więc diametralnie od tego, co było dawniej, ponieważ przyjaźń, jaka narodziła się między dwoma narodami, dawała Francuzom poczucie, że z naszej strony nie muszą

1 Chodzi o tzw. drugi kryzys marokański z 1911.

2 Doszło do tego na skutek nieformalnego porozumienia brytyjsko-francuskiego z 1912.

się niczego obawiać. Według mojego głębokiego przekonania, jeśli obca flota – zaangażowana w wojnę, której Francja nie chciała i w której nie jest agresorem – wpłynie na Kanał Angielski (La Manche) i zacznie ostrzeliwać i niszczyć bezbronne wybrzeża Francji, to my nie będziemy mogli stać z boku, czekać z założonymi rękami i patrzeć spokojnie na to, co rozgrywa się na naszych oczach. (*Oklaski*). Wierzę, że moi rodacy podzielą to przekonanie. Wierzę, że jeśli takie okoliczności zaistnieją, przekonanie to podzieli cały kraj.

Chcę jednak również spojrzeć na te sprawy bez sentymentów i z punktu widzenia brytyjskich interesów, i na tej podstawie chcę oprzeć swoje wystąpienie w tej Izbie. Jeśli w tej chwili nie powiemy ani słowa, to co Francja ma zrobić ze swoją flotą na Morzu Śródziemnym? Jeśli każe jej tam zostać, to jej północne i zachodnie wybrzeża zostaną wydane na łaskę niemieckiej floty, która wpłynie na Kanał i będzie sobie śmiało poczynać w walce toczącej się na śmierć i życie. Jeśli nie powiemy ani słowa, być może francuska flota opuści Morze Śródziemne. Europę ogarnia pożoga: czy ktokolwiek jest w stanie przewidzieć jej konsekwencje? Załóżmy, że zachowamy neutralność, mówiąc: „Nie, nie możemy zaangażować się w tym konflikcie po jednej ze stron". Załóżmy, że francuska flota wycofa się z Morza Śródziemnego, i starajmy się przewidzieć konsekwencje, które już w tej chwili są ogromne nawet dla krajów nie uczestniczących w konflikcie – de facto w tej chwili nie ma znaczenia, czy jakiś kraj uczestniczy w wojnie, czy nie. Załóżmy zatem, że w następstwie wydarzeń, które nie zawsze jesteśmy w stanie przewidzieć, w pewnym momencie w obronie swoich żywotnie ważnych interesów Wielka Brytania będzie zmuszona przystąpić do wojny. Dodajmy do tego całkiem prawdopodobną hipotezę, że Włochy[3], które obecnie zachowują neutralność (*Głosy z sali: Słuchajcie, słuchajcie!*) – ponieważ, jak rozumiem, postrzegają tę wojnę jako agresywną, a Trójprzymierze jest blokiem obronnym – w pewnym momencie w absolutnie uzasadnionej potrzebie ochrony swoich interesów zrezygnują z neutralności i to w chwili, gdy my sami będziemy zmuszeni do obrony naszych żywotnie ważnych interesów. Jaka będzie wtedy sytuacja na Morzu Śródziemnym? Czy w którymś krytycznym momencie nie okaże się, że będziemy zmuszeni do działań obronnych ze względu na ogromne znaczenie śródziemnomorskich szlaków handlowych dla naszego kraju?

Nikt nie jest w stanie zagwarantować, że w ciągu kilku tygodni któryś z tych szlaków nie stanie się dla nas szczególnie kluczowy. Jaka będzie wtedy nasza sytuacja? Nie mamy na Morzu Śródziemnym floty, która dałaby sobie w pojedynkę radę z inną. Może się to wydarzyć akurat w momencie, kiedy nie będziemy w stanie wysłać w tamten akwen więcej okrętów i w ten sposób zapłacimy za naszą obecną niechęć do podejmowania ryzyka. Mówię to z punktu widzenia brytyjskich interesów. Zdecydowanie uważamy, że Francja ma prawo wiedzieć – i to wiedzieć szybko – czy w przypadku ataku na jej niechronione północne i zachodnie wybrzeża może ona, czy też nie może, liczyć na naszą pomoc. W tych nadzwyczajnych okolicznościach złożyłem wczoraj po południu ambasadorowi Francji następujące oświadczenie:

3 Włochy, wraz z Austro-Węgrami i Niemcami członek Trójprzymierza, pozostały neutralne do 23 V 1915, kiedy podjęły działania zbrojne przeciw Austrii.

Jestem uprawniony do zapewnienia, że jeśli niemiecka flota wpłynie na Kanał poprzez Morze Północne, by podjąć wrogie działania zagrażające francuskiemu wybrzeżu lub francuskiej żegludze, to brytyjska flota udzieli wszelkiej możliwej ochrony. To zapewnienie jest oczywiście uwarunkowane uzyskaniem poparcia parlamentu dla polityki rządu Jego Królewskiej Mości i nie może być uważane za zobowiązanie rządu Jego Królewskiej Mości do podjęcia jakichkolwiek akcji, zanim flota niemiecka nie przystąpi do wyżej wspomnianej operacji.

Przeczytałem ten dokument Izbie nie jako deklarację wypowiedzenia przez nas wojny i nie jako deklarację zobowiązującą nas do podjęcia natychmiastowych działań zaczepnych. Zobowiązuje nas on natomiast do podjęcia takich działań, gdy zaistnieją wspomniane nadzwyczajne okoliczności. Sytuacja zmienia się z godziny na godzinę. Dochodzą do nas informacje z Francji, ale nie jestem w stanie ich przedstawić w bardzo oficjalny sposób. Rozumiem jednak, że jeśli zobowiążemy się do neutralności, to rząd niemiecki zgodzi się, by jego flota nie zaatakowała północnego wybrzeża Francji. Dowiedziałem się o tym na chwilę przed wejściem na tę salę, ale deklaracja ta jest dla nas w wysokim stopniu niewystarczająca. Jest przy tym jeszcze jedna kwestia wymagająca wnikliwego rozważenia, która z każdą godziną staje się coraz poważniejsza – kwestia neutralności Belgii.

Powiem Izbie, co w tej kwestii zdarzyło się w ubiegłym tygodniu. Kiedy rozpoczęła się mobilizacja, wiedziałem, że sprawa ta będzie najważniejszym elementem naszej polityki i najważniejszym tematem. W tym samym czasie wysłałem jednobrzmiące telegramy do Paryża i Berlina, w których podkreślałem, że Wielka Brytania musi wiedzieć, czy rządy francuski i niemiecki są gotowe respektować neutralność Belgii. Oto odpowiedzi, jakie otrzymałem.

Od rządu Francji:

Rząd francuski jest zdecydowany respektować neutralność Belgii i zachowa się inaczej tylko wtedy, gdy inne państwo naruszy tę neutralność, stwarzając zagrożenie dla bezpieczeństwa Francji. Taką gwarancję dawaliśmy już kilkakrotnie. Prezydent Republiki rozmawiał na ten temat z królem Belgów, a francuski ambasador w Brukseli spontanicznie odnowił dziś te gwarancje podczas spotkania z belgijskim ministrem spraw zagranicznych.

Rząd Niemiec odpowiedział:

Minister spraw zagranicznych nie jest w stanie udzielić odpowiedzi bez skonsultowania się z cesarzem i kanclerzem.

Sir Edward Goschen[4], któremu powiedziałem, jak istotna jest dla nas szybka odpowiedź, odrzekł, że ma nadzieję, iż opóźnienie nie będzie długie. Później jednak niemiecki minister spraw zagranicznych dał sir Edwardowi Goschenowi do zrozumienia, iż wątpi, by jakakolwiek odpowiedź w ogóle została udzielona, ponieważ w przypadku wojny mogłaby mieć ona ten niepożądany efekt, że ujawniłaby przynajmniej część planów niemieckiej kampanii. Jednocześnie wysłałem telegram do Brukseli, do rządu belgijskiego, i uzyskałem odpowiedź od sir Francisa Villiersa[5]:

4 William Edward Goschen (1847–1924), brytyjski ambasador w Berlinie.
5 Francis Villiers (1852–1925), brytyjski minister pełnomocny w Brukseli.

Minister spraw zagranicznych dziękuje mi za zainteresowanie i odpowiada, że Belgia zrobi wszystko co w jej mocy, by zachować neutralność, i oczekuje, że inne państwa uszanują i wesprą tę neutralność. (Minister) podkreślił, że Belgia ma znakomite stosunki z sąsiadującymi z nią mocarstwami i nie widzi powodu, by podejrzewać je o złe zamiary. Rząd belgijski uważa jednak, że w przypadku użycia wobec jego kraju przemocy będzie w stanie obronić neutralność.

Z informacji, które dziś uzyskałem, choć nie jestem pewien, czy są one absolutnie ścisłe, wynika, że Niemcy postawiły Belgii ultimatum, w którym zaoferowały jej przyjazne stosunki pod warunkiem, że zezwoli na przemarsz wojsk niemieckich przez swoje terytorium (*Ironiczny śmiech*). Nie chcę jednak Izbie zdawać sprawozdania w tej kwestii, dopóki nie będę miał kompletnej i wyczerpującej informacji. W zeszłym tygodniu byliśmy sondowani, czy zadowoliłaby nas gwarancja, że po wojnie integralność terytorium Belgii zostanie zachowana. Odpowiedzieliśmy, że nasze zobowiązania w kwestii neutralności Belgii nie będą przedmiotem handlu (*Oklaski*).

Na krótko przed przybyciem do tej Izby zostałem poinformowany, że nasz król Jerzy[6] otrzymał od króla Belgów[7] ów telegram o następującej treści:

Pamiętając o licznych dowodach przyjaźni Waszej Królewskiej Mości i jego poprzedników, o przyjaznej postawie Anglii w 1870 roku i w ostatnim okresie, zwracam się z gorącym apelem o dyplomatyczną interwencję rządu Jego Królewskiej Mości w celu uratowania integralności terytorialnej Belgii.

Interwencja dyplomatyczna z naszej strony miała miejsce w ubiegłym tygodniu. Jaki może mieć ona w obecnym czasie skutek? W naszym żywotnie ważnym interesie jest, by Belgia pozostała niepodległa, a jej integralność zachowana. Jeśli Belgia zostanie zmuszona do zezwolenia na pogwałcenie swojej neutralności, sytuacja będzie jasna. Nawet jeśli podpisze zgodę, będzie oczywiste, że zrobiła to pod przymusem. Mniejsze państwa europejskie proszą tylko o jedno. Ich jedynym pragnieniem jest, by pozostawiono je w spokoju i pozwolono cieszyć się niepodległością. Sądzę, że martwią się nie tyle tym, że naruszona zostanie ich integralność, ile tym, że utracą niezależność. Jeśli w czasie wojny, która czeka Europę, neutralność tych krajów zostanie pogwałcona, jeśli wojska jednej ze stron zajmą ich terytorium i nie spotka się to z żadną reakcją, to po zakończeniu wojny być może kraje te zachowają część swojego terytorium, ale ich niepodległość zniknie bezpowrotnie (*Oklaski*).

Jeśli Belgii przedstawione zostanie ultimatum, wymuszające na niej kompromis lub gwałcące jej neutralność, bez względu na to, co zostanie Belgii zaoferowane w zamian, jej niepodległość zniknie bezpowrotnie. Jeśli zaś Belgia utraci niepodległość, następna w kolejce będzie Holandia. Zwracam się do Izby, by rozważyła z punktu widzenia brytyjskich interesów, o jaką stawkę idzie gra. Jeśli w walce na śmierć i życie Francja zostanie pokonana, rzucona na kolana, to utraci status mocarstwa i zostanie podporządkowana woli mocarstwa potężniejszego niż ona. Nie przewiduję takiego obrotu spraw, ponieważ jestem pewien, że

6 Jerzy V (Jerzy Fryderyk Ernest Albert Windsor, 1865–1936), od 1910 król Zjednoczonego Królestwai i cesarz Indii.

7 Albert I Koburg (1875–1934), król Belgii od 1909,

Francja ma siłę, energię, potencjał i patriotyzm swoich obywateli, a więc to, co niezbędne, by się obronić. Zresztą wielekroć to udowadniała. Jeśli jednak nie zdoła się obronić, to w sferze wpływów tego potężniejszego mocarstwa znajdzie się Belgia, a następnie Holandia i Dania. Czyż nie okażą się w tej sytuacji prawdziwe słowa Gladstone'a[8], że powinniśmy przeciwstawić się nadmiernemu wzrostowi znaczenia jakiejkolwiek potęgi? (*Głośne oklaski*).

Ktoś mógłby powiedzieć, że powinniśmy stanąć z boku, oszczędnie gospodarować naszymi siłami i jakikolwiek będzie przebieg wojny, pod jej koniec zainterweniować, by sprawy przebiegły po naszej myśli. Jeśli jednak w takiej kryzysowej sytuacji jak ta uchylimy się od naszych zobowiązań wynikających z traktatu belgijskiego[9], to bez względu na to, jaką siłą będziemy dysponować po wojnie, nie wyrówna to utraty naszej wiarygodności i szacunku. Nie wierzę też, by wielkie mocarstwo, bez względu na to, czy zaangażuje się w wojnę, mogło przy jej końcu w pełni posługiwać się swoją siłą. Jeśli zaangażujemy się w wojnę przy użyciu naszej potężnej floty wojennej, która, mamy nadzieję, ochroni nasze interesy handlowe i nasze wybrzeża, to będziemy cierpieć, ale tylko nieznacznie bardziej, niż gdybyśmy stali z boku.

Będziemy cierpieć. Ucierpimy w tej wojnie bardzo, bez względu na to, czy weźmiemy w niej czynny udział, czy też nie. Handel zagraniczny ustanie, nie dlatego, że szlaki handlowe zostaną zamknięte, ale dlatego, że nie będzie z kim handlować. Kraje kontynentalne całą swoją energię, ludzi i bogactwo zaangażują w wojnę i nie będą mogły handlować z nami jak kiedyś w czasie pokoju, i to bez względu na to, czy będziemy stroną w tej wojnie, czy nie. Nie wierzę ani przez chwilę, byśmy przy końcu wojny, nawet jeśli zachowamy w niej neutralność, byli w stanie użyć siły w tak zdecydowany sposób, by móc naprawić to, co się wydarzyło w trakcie wojny, by uchronić całą Europę Zachodnią przed dominacją jednego potężnego mocarstwa. Jestem też przekonany, że nasza pozycja moralna... (*Reszta zdania „...gwałtownie osłabnie", ginie w głośnych okrzykach*). Chciałem jeszcze powiedzieć, że przykład Belgii podaję w pewnym sensie hipotetycznie, ponieważ nie jestem w stu procentach pewien co do faktów. Jeśli jednak okażą się one takie, jakie się w tej chwili wydają, jest oczywiste, że na naszym kraju ciąży obowiązek zapobieżenia konsekwencjom, które mogłyby z tych faktów wyniknąć.

I jeszcze jedno. Jednym jasnym punktem w tej fatalnej sytuacji jest Irlandia. W całym tym kraju panuje postawa – i chciałbym być dobrze zrozumiany w kręgach zagranicznych – która nie musi nas martwić (*Oklaski*). Przedstawiłem Izbie, jak daleko posunęliśmy się dotąd w naszych zobowiązaniach, oraz wyjaśniłem warunki kształtujące naszą politykę. Podkreśliłem również, jak ważna jest w tej sytuacji neutralność Belgii.

Jaką inną politykę może obrać Izba? Jest tylko jeden sposób, w jaki rząd może zapewnić, że pozostaniemy poza sferą działań wojennych. Wymagałoby to od nas natychmiastowego ogłoszenia bezwarunkowej neutralności. Nie możemy tego zrobić (*Oklaski*). Już podjęliśmy zobowiązania wobec Francji, które przedstawiłem Izbie i które nam to uniemożliwiają.

8 Zob. s. 125.

9 Traktat Londyński z 1839 m.in. formalnie uznający niepodległość Belgii. W art. VIII sygnatariusze – Austria, Francja, Holandia, Prusy, Rosja i Wielka Brytania – gwarantowali neutralność Belgii.

Musimy mieć na uwadze Belgię, co także uniemożliwia nam ogłoszenie bezwarunkowej neutralności. Jeśli nasze warunki nie zostaną spełnione w sposób absolutnie nas zadowalający, to nie pozostanie nam nic innego, jak użyć wszystkich sił pozostających w naszej dyspozycji. Jeśli obierzemy linię głoszącą „Nie mamy z tym nic wspólnego", bez względu na okoliczności – a więc bez względu na nasze zobowiązania płynące z traktatu belgijskiego, prawdopodobnie groźną dla naszych interesów sytuację na Morzu Śródziemnym, ewentualną porażkę Francji spowodowaną przez naszą bezczynność – jeśli uznamy, że to wszystko nie ma dla nas znaczenia i że będziemy trzymać się z boku, to sądzę, że stracimy nasze dobre imię i szacunek w świecie i że nie unikniemy niezwykle groźnych konsekwencji ekonomicznych (*Oklaski i głos: nie*).

Moim celem było przedstawienie stanowiska rządu i danie Izbie pełnej informacji i możliwości wyboru. Mimo niekompletnych danych odnośnie do Belgii nie ukrywałem przed Izbą, że musimy być przygotowani i jesteśmy przygotowani na konsekwencje użycia przez nas całej dostępnej nam obecnie siły – nie wiemy jeszcze jak szybko – w celach obronnych. Wiemy, że jeśli wszystkie fakty prezentują się tak, jak je przedstawiłem, to choć zapewniłem, że nie żywimy żadnych agresywnych zamiarów i że żadna decyzja nie zostanie podjęta do czasu uzyskania przez nas pełnej wiedzy, użycie siły może zostać na nas wymuszone. Jeśli chodzi o siły zbrojne Korony, to są one gotowe. Wierzę, że premier[10] i mój szanowny przyjaciel, pierwszy lord Admiralicji[11] nie mają wątpliwości, że gotowość i skuteczność naszych sił nigdy nie była większa niż dzisiaj i że nigdy jeszcze wiara w to, że Królewska Marynarka Wojenna jest w stanie ochronić nasz handel i nasze wybrzeże, nie była bardziej uzasadniona. Wiemy, że czekają nas cierpienia i bieda, których nie uniknie żaden kraj w Europie i przed którymi nie uratuje nas żadna ucieczka w neutralność. Szkody, jakie okręty wroga mogą wyrządzić naszym interesom handlowym, są znikome w porównaniu ze szkodami, jakie może nam przynieść fatalna sytuacja gospodarcza na Kontynencie.

Najokropniejszy obowiązek, jaki spoczywa na rządzie, polega na doradzeniu Izbie Gmin, co winna zrobić. Otworzyliśmy przed Izbą nasze umysły. Przedstawiliśmy całą kwestię, przekazaliśmy wszelkie informacje, jakimi dysponujemy, i jasno daliśmy Izbie do zrozumienia, że jesteśmy gotowi sprostać tej sytuacji, bez względu na to, jak ona się rozwinie. Pracowaliśmy dla pokoju do ostatniej chwili, a nawet dłużej. O tym, jak ciężko, nieustannie i szczerze walczyliśmy w zeszłym tygodniu o pokój, Izba się przekona, gdy przedłożymy jej stosowne dokumenty.

Pokój w Europie jest już jednak nie do uratowania. Stoimy teraz wobec konkretnej sytuacji i wszelkich, być może nieznanych jeszcze następstw, które ona rodzi. Wierzymy, że bez względu na to, jakie będą te konsekwencje i jakich działań będą od nas wymagać poczynania innych państw, uzyskamy poparcie Izby. Sytuacja zmienia się tak szybko, że – jak sądzę – kraj nie zdał sobie jeszcze do końca sprawy z wagi problemu. Naród wciąż jeszcze myśli o kłótni pomiędzy Austrią a Serbią, a nie o skomplikowanych konsekwencjach tego sporu.

10 Tj. Herbert Henry Asquith.
11 Tj. Winston Churchill, w latach 1911–1915 pierwszy lord Admiralicji, zob. t. 3, s. 27.

Jak wiemy, Rosja i Niemcy znajdują się w stanie wojny[12]. Nie wiemy na razie, czy Austria, którą jej niemiecki sojusznik powinien wspierać, także jest w stanie wojny z Rosją[13]. Wiemy, że wiele dzieje się na granicy francuskiej, ale nie mamy informacji, czy ambasador Niemiec opuścił Paryż[14].

Sytuacja militarna zmienia się tak szybko, że szalenie trudno jest powiedzieć, w jakim właściwie jesteśmy momencie. Chciałem przedstawić tu podstawowe kwestie, które mogą wpłynąć na nasze postępowanie, na naszą politykę i zaprezentować je jasno. Izba otrzymała ode mnie wszystkie najważniejsze fakty i jeżeli, co nie wydaje się nieprawdopodobne, zostaniemy szybko zmuszeni do działania i do zajęcia stanowiska, to wierzę, że gdy kraj zda sobie sprawę, jaka jest stawka w tej grze i jakie niebezpieczeństwo grozi Europie Zachodniej, co starałem się tu przedstawić, otrzymamy pełne poparcie nie tylko Izby Gmin, ale również całego kraju.

[Jeszcze tego samego dnia sir Edward wypowiedział następujące słowa:]

Chcę przekazać Izbie pewne informacje, które otrzymałem, a których nie miałem, kiedy wygłaszałem swoje przemówienie dziś po południu. Oto wiadomość, którą otrzymałem od poselstwa Belgii w Londynie.

Wczoraj o godzinie siódmej wieczorem Niemcy wysłały notę, w której proponują Belgii zajęcie postawy przyjaznej neutralności obejmującej zgodę na swobodny przemarsz przez terytorium Belgii i obiecują utrzymanie niepodległości i integralności terytorialnej królestwa w momencie zawarcia pokoju. W przypadku odmowy Niemcy grożą, że będą traktowały Belgię jako wroga. Na odpowiedź wyznaczono dwunastogodzinny nieprzekraczalny termin. Belgowie odpowiedzieli, że naruszenie ich neutralności będzie jaskrawym pogwałceniem prawa narodów i że przyjęcie propozycji niemieckiej oznaczałoby poświęcenie honoru narodu. Świadoma swoich powinności Belgia ostrzega, że jest zdecydowana odeprzeć agresję wszystkimi możliwymi środkami.

Oczywiście mogę jedynie dodać, że rząd jest gotowy wnikliwie rozważyć informację, którą otrzymał. Nie ma w tej sprawie nic więcej do dodania.

PRZEŁ. TOMASZ KRZYŻANOWSKI

12 Niemcy wypowiedziały wojnę Rosji 1 VIII 1914.
13 Austro-Węgry wypowiedziały wojnę Rosji dwa dni po wystąpieniu Greya, 6 VIII 1914.
14 Niemcy wypowiedziały wojnę Francji 3 IV 1914.

RABINDRANATH TAGORE **był umiarkowanym indyjskim nacjonalistą, ale głosił potrzebę zasadniczej duchowej jedności Zachodu i Wschodu na fundamencie etycznym i w dążeniu do harmonii i współpracy. Jakby w przeczuciu nadchodzących wojen światowych, już w pierwszych dekadach XX w. przestrzegał przed wyradzaniem się ruchów narodowych w siły destrukcji i agresji. Wierzył zarazem w szczególną misję Azji jako przeciwwagi dla materializmu i arogancji cywilizacji zachodniej. Z takim przesłaniem przybył w 1916 r. do Japonii, gdzie 11 czerwca wygłosił mowę w cesarskim Uniwersytecie Tokijskim. Prawie 90 lat później odczyt Tagorego nabiera szczególnej wymowy: nacjonalizm doprowadził Japonię do katastrofy, w dzisiejszej Azji na giganty wyrastają Indie i Chiny, w których siły nacjonalistyczne wciąż odgrywają wielką rolę.** (Aszo)

Rabindranath TAGORE
właściwie Rabīndranath Thākur (1861–1941), bengalski poeta, filozof, pisarz, eseista i malarz, pierwszy Azjata, który otrzymał literacką Nagrodę Nobla (1913).

RABINDRANATH TAGORE

NACJONALIZM

WYKŁAD NA UNIWERSYTECIE TOKIJSKIM, 11 CZERWCA 1916

Najgorszą postacią zniewolenia jest zwątpienie, które nie pozwala ludziom uwierzyć w siebie. Słyszy się nieraz, nie bez powodu, że Azja żyje przeszłością, przypomina bogate mauzoleum, którego przepych ma zapewnić zmarłemu nieśmiertelność. Mówiło się o Azji, że nigdy nie pójdzie drogą postępu, ponieważ jej oblicze jest zwrócone w tył. Zaakceptowaliśmy ten zarzut i uwierzyliśmy, że jest słuszny. Wiem, że w Indiach znaczna część inteligencji, która ma już dosyć podobnych upokorzeń, stara się wszelkimi dostępnymi metodami samooszukiwania się uczynić z tego zarzutu powód do dumy. Lecz chełpliwość to jedynie maskowane poczucie wstydu, a nie prawdziwa wiara w siebie.

Kiedy w Azji jak zahipnotyzowani wierzyliśmy, że nigdy nie będzie inaczej, Japonia obudziła się ze snu i, stawiając kroki olbrzyma, zostawiła za sobą wieki bezruchu i wyprzedziła teraźniejszość z jej szczytowymi osiągnięciami. Straciło moc zaklęcie, które na stulecia pogrążyło nas w apatii, jakoby właściwej pewnym rasom żyjącym pod pewnymi szerokościami geograficznymi. Zapomnieliśmy, że w Azji powstały wielkie królestwa, kwitła nauka, filozofia i literatura, tutaj miały swój początek wszystkie wielkie religie świata. Dlatego nie można twierdzić, że gleba Azji rodzi intelektualną stagnację, że w jej klimacie następuje uwiąd władz umysłu odpowiedzialnych za postęp ludzkości. Przez wieki, kiedy Zachód spowijały ciemności, na Wschodzie jaśniały pochodnie cywilizacji, czego z całą pewnością nie można uznać za oznakę ospałego umysłu i ciasnych horyzontów.

Potem nad krajami Wschodu zaległa głęboka noc. Zupełnie jakby czas stanął w miejscu i Azja, zamiast nowymi ideami, zaczęła się karmić własną przeszłością, czyli samą sobą. Ów bezruch był jak śmierć. Zamilkł potężny głos, który obwieszczał światu wieczną prawdę i od pokoleń strzegł ludzkie życie przed splugawieniem, jak ocean powietrza oczyszczający Ziemię.

Życie niekiedy zapada w sen, miewa okresy bezczynności, nie przyjmuje świeżego pokarmu, czerpie jedynie z zapasów. Z czasem staje się bezradne, jego mięśnie wiotczeją, popada w odrętwienie i wystawia się na pośmiewisko. Aby mogło się odradzać, potrzebuje pauz. Jest ciągłym wysiłkiem, nieustannym spalaniem energii, nie może jednak trwać wiecznie, musi znać swoją miarę. Następuje więc nieuchronnie moment wyciszenia, kiedy wszelka aktywność ustaje, a zaczyna się regeneracja i powolne odzyskiwanie sił.

Umysł jest ze swej istoty ekonomiczny: lubi wytwarzać nawyki i poruszać się utartymi koleinami, które oszczędzają mu wysiłku rozważania na nowo każdego podejmowanego kroku. Ale nawyki rozleniwiają umysł. Zaczyna unikać ryzyka i wszelkich wyzwań, rozkoszuje się bezpieczeństwem, kryje za murem przyzwyczajeń. Tym samym nieświadomie odcina się od bogactwa, którym mógłby rozporządzać, staje się skąpcem. Nawyki muszą pozostać żywe. Nie mogą utracić związku z wiecznie zmienną, dynamiczną materią życia. Wolność, którą niosą, nie polega wyłącznie na poczuciu bezpieczeństwa, lecz przede wszystkim na stawianiu czoła nowym doświadczeniom.

Pewnego ranka cały świat ze zdumieniem zobaczył nową Japonię; w ciągu jednej nocy tryumfalnie wyłoniła się zza muru starych przyzwyczajeń. Odbyło się to niezwykle szybko, przypominało raczej zmianę stroju niż mozolną przebudowę całej konstrukcji. Niespodziewanie Japonia nabrała dojrzałej pewności siebie. Zaskakiwała świeżością i wiarą w możliwości, jakie niosło ze sobą nowe życie. Podejrzewano, że to wybryk historii, igraszka Czasu, bańka mydlana o doskonałym kształcie i pięknych barwach, lecz w środku pusta, pozbawiona treści. Japonia wkrótce dowiodła, że ta nagła manifestacja jej potęgi nie jest chwilowym cudem ani przypadkowym tworem, który wychynął z otchłani czasu tylko po to, by go zaraz pochłonęło morze zapomnienia.

Japonia to kraj nowoczesny i starożytny zarazem. Spadkobierczyni starej kultury Wschodu, która nakazuje człowiekowi szukać prawdziwych wartości i siły w nim samym, kultury, która w obliczu klęsk i niebezpieczeństw obdarza wewnętrznym spokojem, uczy wyrzeczeń bez względu na korzyści, uczy pogardy dla śmierci i akceptacji naszej roli jako istot społecznych. [...]

Jednocześnie, pozostając dzieckiem Starożytnego Wschodu, Japonia odważnie sięgnęła po wszystkie zdobycze nowoczesnego świata. Dowiodła męstwa, przekraczając granice własnych przyzwyczajeń i odrzucając bezużyteczne schematy leniwego umysłu, który chowa się za barykadą przezorności i strzeże swojego świętego spokoju. Znów zaczęła żyć czasem rzeczywistym. Umiejętnie i energicznie podjęła się wypełniania zadań, jakie postawiła przed nią współczesność.

Dzięki temu odżyły nadzieje całej Azji. Uświadomiliśmy sobie, że wciąż drzemie w nas życie i siła – wystarczy tylko skruszyć martwą skorupę. Zrozumieliśmy, że chronienie się w tym, co martwe, to śmierć, a życie polega przecież na podejmowaniu ryzyka, na stawianiu czoła kolejnym wyzwaniom.

Osobiście nigdy nie zgodzę się z tezą, że Japonia stała się tym, czym jest dzisiaj, tylko dlatego, że naśladowała Zachód. Nie można naśladować życia. Nie da się na dłuższą metę udawać siły. Przeciwnie – naśladownictwo jest zawsze źródłem niemocy, gdyż krępuje naszą prawdziwą naturę. Przypomina ubieranie szkieletu w skórę innego człowieka.

Sama nauka nie stanowi o naturze człowieka. Nauka to zasób naszych wiadomości i umiejętne ich wykorzystywanie. Poznawanie praw rządzących światem materialnym nie jest jednoznaczne z przemianą ducha. Można pożyczyć od innych wiedzę, lecz nie temperament.

[...] Chciwość nakazuje przywłaszczać sobie wszystko bez umiaru i ograniczeń. Zmysł życia – odwrotnie: kieruje się selekcją i asymiluje tylko to, co służy zdrowiu. Życie to dokonywanie wyboru. Zależnie od potrzeb jedne rzeczy się przyswaja, inne odrzuca. Żywy organizm nie może się stać swoim własnym pokarmem, przeciwnie – przetwarza pokarm w ciało. Tylko tak może wzrastać: poprzez asymilację, a nie akumulację. W przeciwnym razie utraci tożsamość.

Japonia sprowadziła z Zachodu pokarm, zachowując istotę swojego charakteru. [...] Energia i zdrowie, jakie jej dopisują, są dowodem na to, że proces asymilacji przebiega bez zakłóceń. Żywię szczerą nadzieję, że Wasz kraj nigdy nie utraci wiary w swoją duszę, nie ulegnie zwykłej dumie ani pokusie podbojów terytorialnych. Taka duma, sama w sobie poniżająca, musi koniec końców doprowadzić do ubóstwa i niemocy. [...]

Świat z niepokojem przygląda się, w jakim kierunku podąży ten wielki naród Wschodu i jak sobie poradzi z zadaniami, jakie stawia przed nim współczesność. Jeżeli stanie się kopią Zachodu, zawiedzie pokładane w nim nadzieje. Istnieją bowiem ważkie problemy, które cywilizacja zachodnia pomogła sformułować, lecz nie zdołała ich w pełni rozwiązać. Konflikty pomiędzy jednostką a państwem, klasą robotniczą a posiadaczami, kobietą i mężczyzną, pomiędzy żądzą materialnego zysku a życiem duchowym człowieka, egoizmem narodów a wyższymi ideałami ludzkości, pomiędzy wszystkimi zależnościami istniejącymi w zorganizowanej gospodarce i w zorganizowanym państwie a pragnieniem prostoty, piękna i chwili wytchnienia – wszystko to domaga się harmonii, której dzisiaj nie potrafimy sobie nawet wyobrazić.

[...]

Nie powinniście zatem bezkrytycznie przejmować nowoczesnej cywilizacji z jej tendencjami, metodami i strukturami, które nie są przecież jedynie słuszne. Musicie zrobić użytek z waszego wschodniego umysłu, z waszej siły duchowej, umiłowania prostoty i poszanowania obowiązków społecznych, aby utorować drogę topornemu wehikułowi postępu, który nie jest wolny od dysonansów. Musicie zminimalizować ofiarę składaną w każdej chwili z ludzkiego życia i wolności. [...]

Ze wszystkich krajów Azji właśnie tutaj, w Japonii, istnieją możliwości wykorzystania dorobku Zachodu do rozwiązywania lokalnych potrzeb, zgodnie z geniuszem tego miejsca.

Spoczywa na was wielka odpowiedzialność, ponieważ to wy w imieniu Azji macie udzielić odpowiedzi na pytania postawione ludzkości przez Europę. [...]

Pragnę wam przypomnieć czasy, kiedy cały Wschód, od Birmy po Japonię, łączyły z Indiami więzy szczerej przyjaźni – jedyne naturalne więzy, jakie powinny jednoczyć narody. Nasze serca biły wówczas jednym rytmem, wykształciliśmy wspólny system nerwowy, wrażliwy na najistotniejsze potrzeby ludzkości. [...] Wymienialiśmy idee i ideały. Potrafiliśmy się obdarowywać prawdziwą miłością. Inny język i odmienne obyczaje nie stały na przeszkodzie naszej przyjaźni, nie podcinała jej pycha ani poczucie wyższości rasowej. Nasza sztuka i literatura rodziły wspaniałe owoce w słonecznym cieple zjednoczonych serc. Rasy zamieszkujące odległe kraje składały hołd braterstwu. Właśnie wtedy, w epoce pokoju i dobrej woli, kiedy przyświecały nam te same, wzniosłe cele, powstał ów eliksir życia, dzięki któremu wasz naród mógł się odrodzić, odrzucić martwe struktury i w dobie rewolucyjnych przemian współczesności przybrać nową, wspaniałą postać.

Europejska cywilizacja polityczna, która pleni się wszędzie jak chwast, posiłkuje się metodą wykluczenia. Nie toleruje obcych, trzyma ich na dystans, a w razie potrzeby likwiduje. Jest krwiożercza, wręcz kanibalistyczna. Żerując na cudzych zapasach, niweczy przyszłość całych narodów. W ich rozwoju dostrzega zagrożenie dla siebie, więc za wszelką cenę stara się zdławić w zarodku ich potencjalną potęgę. Tym samym skazuje słabszych na trwanie w niemocy. Zanim zdobyła przewagę i rozdziawiła nienasyconą paszczę, by połknąć kontynenty, doświadczyliśmy wojen, rozbojów, przewrotów politycznych i związanej z nimi nędzy. Nigdy jednak nie byliśmy świadkami równie przerażającej zachłanności i bezwzględnego wyniszczania się narodów. Nawet się nam nie śniły maszyny, które ogałacają ziemię z jej bogactw, zamieniając ją w góry jałowego gruzu. Cywilizacja polityczna jest naukowa, ale nieludzka, i potężna, bo ma tylko jeden cel: tak jak milioner gromadzi majątek kosztem swojej duszy. Zawsze gotowa do zdrady, snuje pajęczynę bezwstydnych kłamstw i składa ofiary swojemu bożkowi – chciwości, buduje mu świątynie i urządza ceremonie, co nazywa aktem patriotyzmu. Ale taki stan nie może trwać długo, ponieważ światem rządzi prawo moralne, które stosuje się zarówno do jednostek, jak i społeczeństw. Nie sposób gwałcić tego prawa w imię dobra narodu i jednocześnie chronić się za nim jako jednostka. Powszechny uwiąd ideałów etycznych stopniowo zaczyna wpływać na społeczeństwo, niepostrzeżenie je wyniszcza, rodzi cyniczną pogardę dla wszystkiego, co w człowieku święte. To niezawodny objaw zbliżającego się upadku. Pamiętajmy, że nowoczesna cywilizacja Zachodu nie przeszła jeszcze próby czasu. Światło Grecji dawno zgasło, potęga Rzymu leży w gruzach. W Indiach i Chinach nadal żyje cywilizacja, której podstawę stanowi społeczeństwo i duchowy wizerunek człowieka. Chociaż teraz wydaje się wątła – zwłaszcza jeżeli ją oceniać wedle mechanistycznych standardów współczesności – kiedy przyjdzie na to pora, jej ziarna zakiełkują i znów zacznie wzrastać, rodzić kwiaty i owoce, wyciągać ku niebu dobroczynne konary. Ruin wieżowców i strzaskanej maszynerii chciwości nie przywróci do życia nawet boski deszcz [...]

Oskarża się nas, że ideały Wschodu są statyczne, pozbawione energii niezbędnej do otwierania nowych perspektyw rozwoju. Nasza kultura jest jakoby przestarzała, opiera się na filozofii, która gardzi zewnętrzną manifestacją siły i poprzestaje na subiektywnej, niczym nieusprawiedliwionej pewności siebie. Potwierdza to jedynie regułę, że jeżeli naszą wiedzę cechuje mglistość, jesteśmy gotowi posądzić o mglistość jej przedmiot. Człowiekowi Zachodu nasza cywilizacja wydaje się na wskroś metafizyczna, podobnie jak głuchemu gra na fortepianie wydaje się jedynie tańcem palców na klawiaturze. Nie przychodzi mu do głowy, że formy naszego życia społecznego to wynik rozpoznania pewnych podstawowych wyznaczników rzeczywistości.

[...] O istocie rzeczywistości rozstrzyga wyłącznie sposób jej ujmowania. [...]

Zapewne usłyszę zarzut: „Dlatego tkwicie w bezruchu! Nie posuwacie się naprzód!". Pozwólcie, że spytam: „Skąd ta pewność? Wszak postęp należy oceniać ze względu na cel. Postęp przypomina pociąg zmierzający do stacji końcowej. To ruch. Stare drzewo się nie porusza, dla niego postęp jest czymś innym – to wewnętrzny postęp jego życia. Drzewo pragnie jedynie chłonąć światło, nie zna celu".

[...] Liczą się tylko zdobycze życia wewnętrznego. To do nich tęsknią umęczeni, pokryci kurzem młodzieńcy, ranni żołnierze wracający z pól bitewnych. Gdy bogactwo zostanie roztrwonione, a duma upokorzona, w chaosie wydarzeń i sprzecznych dążeń ludzkie serce znów będzie łaknąć prawdy i harmonii. Nie chodzi bowiem o pomnażanie i gromadzenie dóbr materialnych, lecz o duchowe spełnienie.

[...] Wschód może cierpliwie czekać, aż Europa straci oddech i opadnie z sił w ciągłej pogoni za doraźnymi korzyściami. [...] O ile bowiem handel i rozrywki nie cierpią zwłoki, o tyle miłość potrafi czekać, troskliwie pielęgnuje owoce piękna i mądrości, prostej wiary i pokory. I tak będzie czekać Wschód, aż nadejdzie jego czas.

Nie zamierzam kwestionować wielkości Europy. [...] W sercu Europy płynie najczystszy strumień miłości i wiary w sprawiedliwość. Przenika je wiecznie żywa kultura chrześcijańska, która kształtuje najszlachetniejsze umysły – ludzi zawsze gotowych stanąć w obronie praw człowieka, bez względu na wiarę i kolor skóry; ludzi, którzy potrafią się sprzeciwić szalonym wizjom militarnych podbojów i zbiorowemu pragnieniu zemsty, bez względu na zniewagi, jakich doznają; ludzi pragnących zadośćuczynić krzywdom wyrządzonym innym, słabszym narodom. Ci błędni rycerze nowoczesnego świata nie utracili wiary w bezinteresowne umiłowanie wolności. Obcy jest im narodowy egoizm. Są dowodem na to, że w Europie jeszcze nie wyschło źródło wiecznego życia i że kiedyś na pewno nastanie dzień jej ponownych narodzin.

Tam jednak, gdzie Europa jest zbyt zajęta budowaniem swojej potęgi, gdzie szydzi ze swojej głębszej, prawdziwej natury, pleni się niesprawiedliwość społeczna, która rozprzestrzenia się jak dżuma i zagraża światu. Europa umie okazać bezgraniczną dobroć, kiedy otacza troską całą ludzkość, ale kiedy dba jedynie o własny interes i zwraca się przeciwko temu, co w Człowieku wieczne, staje się bezgranicznie zła.

Azja Wschodnia kroczyła własną drogą, zbudowała cywilizację, która jest przede wszystkim społeczna, niepolityczna. Przyświecają jej ideały duchowe i dążenie do prawdziwego braterstwa, nie pragnie ekspansji ani zdobyczy materialnych. Przez wieki ludy Azji żyły w niemal doskonałym odosobnieniu. Zdołały wypracować skuteczne metody radzenia sobie z problemami. Ale teraz zapanował nad nimi świat zewnętrzny. Na zawsze utraciliśmy samotność. Nie jest to, oczywiście, powód do rozpaczy; kiełkująca roślina nie rozpacza, kiedy otwiera się nad nią bezmiar nieba. Nadszedł czas, by problemy globalne stały się naszymi i by ducha naszej cywilizacji pogodzić z cywilizacją innych narodów. Nie możemy unosić się dumą, kryć jak nasienie pod ziemią, gdzie rodziły się nasze ideały. To dla nich z nasienia musi wyrosnąć roślina, która przyniesie światu drogocenny plon.

Japonia pierwsza spośród państw azjatyckich wyszła z ukrycia na spotkanie ze światem, wlewając w serce Azji nową nadzieję. Poczuliśmy w sobie ogień, który szuka ujścia w czynach. Nie wolno nam pogrążać się w letargu ani niezdarnie naśladować Zachodu. Dziękujemy Krajowi Wschodzącego Słońca za tę lekcję i prosimy, żeby nie zapominał o swojej wielkiej misji na Wschodzie. [...]

Niechaj te ideały staną się dla wszystkich oczywiste, niechaj górują nad nami jak Fudżi, wznosząca się w sercu tego kraju, sięgająca sfery wiecznego piękna, delikatna i radosna jak dziewica, a zarazem poważna, z której emanuje moc i majestat.

II

Wiele podróżowałem, spotykałem na swojej drodze ludzi różnego pokroju, ale nigdzie tak silnie jak tutaj nie doświadczyłem istnienia pierwiastka ludzkiego. [...]

W waszym kraju najbardziej urzekło mnie to, że zgłębiliście tajniki natury, nie kierując się wiedzą analityczną, lecz uczuciem. Zrozumieliście jej język, muzykę kolorów, dostrzegliście symetrię w jej nieregularnych kształtach i kadencję w swobodzie ruchów. [...] Wiedzę można posiąść dosyć szybko, ale poznanie ducha wymaga wieków treningu i pracy nad sobą. Dużo prostsze wydaje się ujarzmienie natury z zewnątrz niż pozyskanie jej miłością; tego dzieła może bowiem dokonać tylko prawdziwy geniusz. Wasza rasa dowiodła swego geniuszu nie dzięki zdobyczom, ale tworzeniu, nie dzięki nagromadzonym dobrom, ale wewnętrznemu bogactwu. Taka moc twórcza drzemie w każdym narodzie. [...] Geniusz Europy wyraża się w potędze organizacji, co szczególnie daje się zauważyć w polityce, handlu i nauce. Geniusz Japonii wyraża się w sposobie postrzegania piękna natury i umiejętności jego realizowania na co dzień.

Każda cywilizacja odzwierciedla sumę doświadczeń danej społeczności. Europa, która dotkliwie odczuła konflikt ogólnoświatowy, wydaje się żyć w przekonaniu, że można go rozwiązać jedynie przemocą. Dlatego zawsze jest gotowa do walki i koncentruje się na organizowaniu sił. Tymczasem Japonia doświadcza jej wszechobecności, która w jej duszy obudziła uwielbienie. Nie chełpi się, że zawładnęła naturą, przeciwnie, przynosi jej w darze miłości bezgraniczną troskliwość i radość. Jej relacje ze światem są głębokie i serdeczne. Japonia łączy się więzami miłości ze wzgórzami, morzami i potokami, z lasami o kwiecistych nastrojach i gałęziach przedziwnych kształtów. [...] To cywilizacja harmonijnego współżycia ludzi. Wasze obowiązki względem państwa mają charakter obowiązków synowskich, wasz lud stanowi jedną wielką rodzinę, na której czele stoi cesarz. Źródłem jedności waszego narodu nie jest braterstwo broni ani wspólna obrona i atak; nie zrodziła się ona ze współudziału w grabieży ani z dzielenia łupów i niebezpieczeństw. Wasza solidarność nie wynika z konieczności jednoczenia sił dla wyższego celu, lecz stanowi naturalne przedłużenie obowiązków rodzinnych. Fundamentem waszej kultury jest *maitri* – miłość w obcowaniu z ludźmi i naturą[1]. Prawdziwym jej wyrazem jest język piękna, uniwersalny dla wszystkich Ziemian. [...]

I właśnie dlatego z obawą myślę o zmianach, jakie zagrażają japońskiej cywilizacji. Charakterystyczna dla naszych czasów różnorodność, której jedynym wspólnym mianownikiem jest użyteczność, została żałośnie ośmieszona w zderzeniu z dostojeństwem i dyskretną potęgą milczącego piękna Japonii.

Największe niebezpieczeństwo tkwi w tym, że brzydota szturmem zdobywa ludzkie umysły, zdumiewa wielkością, agresywną natarczywością i siłą szyderstwa wymierzonego w uczucia płynące z głębi serca. [...]

Zapewne są u was i tacy, którzy pogardzają dziedzictwem waszej kultury, których życiowym celem jest posiadanie, a nie rozwój. Szukając rozgłosu, przechwalają się, że unowocześnienie Japonii to ich zasługa. Owszem, mają rację, twierdząc, że duch waszego narodu powinien pozostawać w harmonii z duchem czasu, nie wolno im jednak zapominać, że unowocześnianie to ledwie pozór nowoczesności, tak jak poetyzowanie to ledwie pozór poezji. [...] Ten, kto pojął ducha nowoczesności, nie musi niczego unowocześniać, podobnie jak prawdziwy bohater nie musi rozgłaszać swej chwały. [...] Prawdziwa nowoczesność to wolność umysłu, a nie niewola upodobań, to niezależność myśli i czynów, a nie kuratela europejskich nauczycieli. To nauka – pod warunkiem, że mądrze wykorzystywana – a nie imitacja i przesądy, do jakich sprowadzają jej rolę nasi nauczyciele, powołując się na nią w najbardziej absurdalnych wypadkach.

Dla wielu życie oparte na zdobyczach nauki bywa atrakcyjne, bo nieco przypomina sport z jego udawaną powagą, ale brak mu głębi. Wynik polowania jest tym lepszy, im mniej empatii w myśliwym, który ma wytropić i zabić zwierzynę; poczucie wyższości pozwala mu sądzić, że posiłkuje się naukowymi metodami. To powierzchowna nauka. Umiejętnie i wytrwale dąży do sukcesów, ignorując przewagę ludzkiej natury. [...]

Nie chodzi mi o to, żeby Japonia zrezygnowała z nowoczesnej broni, [...] zbrojenie się nigdy nie powinno wykraczać poza podszepty instynktu samozachowawczego. Trzeba wam wiedzieć, że o prawdziwej potędze nie stanowi broń, ale człowiek, który się nią posługuje. I jeśli ów człowiek chce pomnożyć władzę, mnożąc broń kosztem swojej duszy, to staje się on większym zagrożeniem niż jego wrogowie.

Żywe istoty łatwo skrzywdzić, dlatego trzeba je chronić. Przyroda ma swoje kryjówki, zapewnia życiu harmonijny rozwój i cykliczność. Prawdziwym schronieniem człowieka są ideały duchowe, a za broń służą mu, niestety, przedmioty martwe – bezduszne stalowe mechanizmy. Używając ich, trzeba się wykazać szczególną ostrożnością, żeby nie popaść w ich tyranię. Słabość polegająca na przybraniu rozmiarów swojej kryjówki równa się powolnemu samobójstwu, skarleniu duszy. Japonia musi zachować niezłomną wiarę w moralne prawo do egzystencji, aby utwierdzić się w przekonaniu, że państwa Zachodu podążają drogą

1 *Maitri* – sanskr. czułe przywiązanie, uniwersalna miłość; jeden z czterech filarów buddyzmu.

samobójczą, że dla utrzymania władzy i podporządkowania sobie reszty świata przygniatają człowieczeństwo ogromnym ciężarem organizacji.

Nie ma żadnego niebezpieczeństwa w naśladowaniu zewnętrznych cech Zachodu, zagrożenie może natomiast stanowić akceptacja i powielanie motywów, jakimi kieruje się zachodni nacjonalizm. W rękach polityków społeczne ideały Japonii zaczynają się dewaluować. Wejściu kraju w nowoczesność zdaje się przyświecać motto przeniesione ze świata natury: „Przetrwają tylko najsilniejsi", czyli „Radź sobie sam, nie zważaj na krzywdy, jakie wyrządzasz bliźniemu". Przypomina to dewizę ślepca, który wierzy tylko w to, czego może dotknąć. Widzący, świadomi więzów łączących ludzi, wiedzą, że cios zawsze wróci do tego, kto go zadał. Zgodnie z arcymądrym prawem moralnym, owym najwspanialszym odkryciem ludzkości, człowiek jest tym bliżej prawdy, im pełniej realizuje się w bliźnich. To prawo ma nie tylko wartość subiektywną – manifestuje się we wszystkich dziedzinach życia. Narody, które pod pozorem patriotyzmu tkwią w moralnym zaślepieniu, zginą nagłą, tragiczną śmiercią. W minionych wiekach doświadczyliśmy wielu najazdów, nigdy jednak najeźdźcom nie udało się zdobyć duszy narodu. Inwazje stanowiły jedynie realizację ambicji jednostek. Lud, wolny od odpowiedzialności za prymitywność i haniebność takich działań, wykazał się bohaterstwem i dyscypliną, z których zrodziła się niezachwiana lojalność, oddanie i szacunek dla honoru. Naród, który potrafi całkowicie się poddać, bez strachu stawia czoło niebezpieczeństwu i śmierci. Dlatego ideały żyjące w sercach ludu nie ulegały zmianom wraz z zapatrywaniami królów i generałów. Dzisiaj, tam gdzie panoszy się duch zachodniego nacjonalizmu, uczy się nienawiści najmłodsze pokolenia, nadmiernie rozbudza ambicje, produkuje półprawdy i kłamstwa historyczne, nieustannie podburza przeciwko innym narodom, fałszując ich obraz, stawia pomniki ku czci wydarzeń, o których ludzkość powinna jak najszybciej zapomnieć. W ten sposób wzbudza się wrogość do sąsiadów i innych narodów. Takie działania są jak jad, który zatruwa człowieczeństwo. To wyszydzanie ideałów zrodzonych w największych umysłach i pochwała egoizmu kreującego się na nową religię, uniwersalną dla całego świata. Powinniśmy czerpać z nauki, ale nie wolno nam sięgać po ten „eliksir" moralnego zniszczenia. Nie sądźcie, że krzywdy, jakie wyrządzacie innym narodom, nie obrócą się przeciwko wam i że wrogość, którą wokół siebie rozsiewacie, zapewni wam w przyszłości bezpieczne schronienie. Zatruwanie umysłu narodu absurdalną i pyszną ideą wyższości, wmawianie mu, że moralne skarlenie i niechlubnie zdobyte bogactwo mogą być powodem do dumy, upokarzanie pokonanych poprzez nieustanne chełpienie się łupami wojennymi, ba, opowiadanie o tym w szkołach, by zaszczepić w dzieciach pogardę dla innych – to nic innego jak naśladowanie najbardziej zepsutych i skażonych zarazą zachodnich wzorców, przenoszenie ropiejącego wrzodu na zdrowy, żywotny organizm.

Zboże, które jest nam niezbędne do życia, to owoc wielowiekowej troski i zabiegów. [...] Podobnie jest z kulturą, która tak cudownie wrosła w waszą ziemię, stała się ludzka i bliska waszemu życiu. Przez stulecia wymagała starannego plewienia i doglądania, dzisiaj też trzeba o nią dbać równie troskliwie. Da się przeszczepić na nowy grunt to, co nowoczesne, czyli naukę i metody organizacyjne, ale to, co ludzkie, ma tak delikatne włókna i tak bujnie rozkrzewione korzenie, że wyrwane z gleby, może natychmiast obumrzeć. Dlatego budzi moje obawy brutalny wpływ politycznych idei Zachodu w waszym kraju. W cywilizacji opartej na przesłankach politycznych państwo to pojęcie abstrakcyjne, a w relacjach międzyludzkich decydującą rolę odgrywa funkcjonalność. Niebezpiecznie łatwo nią manipulować, ponieważ nie jest zakorzeniona w uczuciach. [...]

Człowiek osiąga prawdziwą wielkość, kiedy jest nieświadomy. Wasza cywilizacja, oparta na silnych więzach międzyludzkich, karmiła się zdrowym, prawdziwym życiem, nieskażonym wpływami drapieżnej autoanalizy. Więzy polityczne bazują wyłącznie na świadomości. Ten stan ogarnął was bez ostrzeżenia, jak gorączka. Dlatego musicie być czujni i otwarci na prawdę, w której żyliście dotychczas. Wasza przeszłość to dar boży, o teraźniejszości decydujecie wy sami.

[...]

Zapewne dostrzegacie lęk Zachodu, ilekroć na Wschodzie może się pojawić nowa silna rasa. Dopóki Zachód ma zło po swojej stronie, dopóty czuje się bezpiecznie. Reszta świata drży przed nim ze strachu. Jedynym i największym pragnieniem współczesnej Europy jest posiadanie wyłącznej władzy nad złem. [...] Hulający po świecie terror, który Zachód spuścił ze smyczy, wrócił do macierzy i zagraża jej, zmusza do coraz bezwzględniejszych zbrojeń. Zachód nie zna spoczynku, ani przez chwilę nie zapomina o niebezpieczeństwach, na jakie naraża siebie i innych. Na ołtarzu zła – polityki – składa ofiarę z pokonanych przez siebie narodów. Tuczy się mięsem, które pozbawił życia, dba o to, by trupy zawsze były świeże. Ale w końcu zaczną one gnić, a wtedy zmarli pomszczą swoje krzywdy, sprowadzą zarazę i zatrują tych, którzy się nimi karmili.

Japonia od wieków cieszyła się bogactwem człowieczeństwa, bohaterstwem i pięknem, żyła w harmonii i szlachetnej samokontroli. Ale Zachód nie darzył jej szacunkiem, dopóki nie udowodniła, że potrafi wyhodować krwiożercze ogary Szatana i żywić je ludzką nędzą. Bogata w psiarnie Europa przyznała Japonii prawo do równości dopiero wtedy, kiedy się przekonała, że Japonia też ma klucze do bram piekieł i jeśli zechce, zaleje Ziemię falą ognia. Zachód już wie, że – podczas gdy świat chyli się ku upadkowi – Japonię stać na barbarzyński taniec rabunku, mordu i gwałtu na niewinnych kobietach. Człowiek moralnie niedojrzały czci – jak wiadomo – tylko tego boga, którego gniewu się boi. Czy taki człowiek ma być ideałem, powodem do dumy? Po wiekach rozkwitu cywilizacji jedne narody budzą w drugich strach, przypominają dzikie bestie skradające się w mrokach nocy, z wrogością zatrzaskują przed sobą bramy, a jednoczą się tylko w obliczu zbrojnych napaści. Ukrywają w swoich norach tajemnice handlowe i państwowe, nie ujawniają szczegółów dotyczących uzbrojenia, układają się między sobą, w zamian za pokój rzucają warczącym psom cudze mięso. Trzymają w śmiertelnym uścisku podbite narody, które walczą, by stanąć na własnych nogach. Prawą ręką rozdzielają ubogim ludom religie, a lewą – rabują, ile się da. Czy coś może wzbudzić naszą zazdrość? Czy mamy paść na kolana przed duchem nacjonalizmu, który sieje na świecie strach, chciwość i nieufność? Czy mamy paść na kolana przed nikczemnymi kłamstwami skrywanymi pod płaszczykiem dyplomacji, przed obłudnymi obietnicami pokoju, fałszywymi zapewnieniami o dobrej woli i umiłowaniu braterstwa między ludźmi?

Czy potrafimy uwolnić nasze umysły od podejrzeń, gdy na rynku zachodnim wymieniamy nasze dziedzictwo na taki towar? Wiem, jak trudno poznać siebie. [...] Europa jeszcze nie dojrzała do tego, by porzucić politykę wrogą człowiekowi, i nadal wierzy, że wystarczy zmodyfikować system, nie zmieniając duszy i serca.

Jesteśmy gotowi kupować od nich systemy wytwarzane przez maszyny, bo tak podpowiada nam rozum, nie serce. Chcemy budować dla nich schronienie, ale nie postawimy ich na ołtarzach w naszych domach i świątyniach. Są narody oddające cześć zwierzętom, które zabijają. Możemy od nich kupować mięso, gdy czujemy głód, ale nie możemy uczyć się od nich czci, z jaką zabijały. Nie możemy zatruwać umysłów naszych dzieci przesądami w rodzaju: interesy to interesy, wojna to wojna, polityka to polityka. Musimy pamiętać, że interesy nie kończą się na interesach, to samo dotyczy wojen i polityki. Zbudowaliście w Japonii rodzimy przemysł, szlachetny i prawdziwy w każdym calu, o czym świadczą jego owoce – ich wdzięk, trwałość i dbałość o szczegóły. Niestety, wasz kraj również zalał fałsz, którego źródło bije w tej części świata, gdzie interesy są tylko interesami, a uczciwość to tylko objaw skutecznej polityki. Czy nie budzą w was niesmaku kłamliwe i pełne przesady reklamy, które nie dość, że szpecą mury miast, wylegają na pola uprawne, gdzie uczciwie pracują wieśniacy, i na górskie szczyty, które pierwsze witają wschodzące słońce? Nieustanny nacisk łatwo może zdusić w człowieku poczucie honoru i przyćmić subtelność umysłu, kiedy fałsz dumnie kroczy po Europie pod postacią handlu, polityki i patriotyzmu, a każdy protest przeciwko jego nachalnej obecności w naszym życiu spotyka się z zarzutem sentymentalizmu, uwłaczającego godności mężczyzny.

Doszło do tego, że spadkobiercy bohaterów, którzy woleli umrzeć, niż złamać słowo, i bez wahania odrzucali myśl o czerpaniu zysków z oszustwa, którzy przedkładali klęskę nad czyn niehonorowy, sprawnie posługują się fałszem i dla zysku nie poczytują za hańbę uciekanie się do oszustwa. To zasługa jednego magicznego słowa: „nowoczesność". Jeśli jednak użyteczność jest równoznaczna z nowoczesnością, piękno właściwe jest każdemu wiekowi. Tam, gdzie skrajny egoizm uchodzi za symbol nowoczesności, ideały nie są niczym nowym. Bez względu na to, jak nowoczesna jest biegłość, która okalecza człowieka w imię technologii, możemy mieć pewność, że nigdy nie dożyje wieku sędziwego.

Uwalniając się od pretensji Europy i ratując przed zagładą w ruchomych piaskach zaślepienia, baczmy, byśmy nie wpadli w drugą skrajność i nie dali się zaślepić nadmierną podejrzliwością. [...] To naturalne, że mamy chęć odpłacić Europie tą samą monetą – pogardą za pogardę, złem za zło. Pamiętajmy jednak, że byłoby to naśladowanie jej najohydniejszej cechy manifestowanej wobec ras określanych jako żółta, czerwona i czarna. Tutaj my, ludzie Wschodu, przyznajemy się do winy. Popełniliśmy grzech równie ciężki, jeśli nie cięższy – zlekceważyliśmy człowieczeństwo, traktując z pogardą i okrucieństwem ludy różniące się od nas jedynie kolorem skóry, wyznaniem czy przynależnością do innej kasty. Ze strachu przed niemocą, jaką budzi sam widok siły, próbujemy jedną słabość zastąpić drugą, ślepi na autentyczną wielkość Zachodu. Tylko poznanie prawdziwej Europy – wielkiej i szlachetnej – umożliwi nam obronę przed tym, co w niej podłe i zaborcze. [...] Nie możemy zapominać, że Zachód też ma duszę. Zmaga się ona z gigantycznym systemem

– przygniatającym swym ciężarem mężczyzn, kobiety i dzieci – którego mechanizmy są nieczułe na prawa ludzkie i duchowe. Nie pozwala się stłamsić przez obojętność i brak współczucia dla innych ras. Zachód nigdy nie osiągnąłby takiej świetności, gdyby opierał swą potęgę na brutalności lub maszynach. Boski pierwiastek duszy Europy cierpi z powodu krzywd, jakie jej ręce zadają światu – ale z jej bólu wypływa balsam leczący rany. Europa nieraz walczyła przeciwko sobie, zakuwała bezbronnych w kajdany, które potem zrywała, powodowana żądzą zysku, przemocą wlewała truciznę w gardła wielkiego narodu, by się potem otrząsnąć z szaleństwa i obmyć dłonie zbrukane grzechem. Oto najlepszy dowód, że źródło żywych uczuć bije nawet tam, gdzie zdawałoby się, że pozostała tylko śmierć i pustka. W głębi jej serca są pokłady prawdy, które przetrwają najgorsze okresy okrucieństwa i niedoli. To nie chciwość, ale szacunek dla ideałów. Niesprawiedliwe zarówno dla nas, jak i dla Europy byłoby twierdzenie, że Europa zafascynowała nas jedynie swoją potęgą. Mimo huku dział i kurzu targowisk zawsze jaśniała jej śmiertelna natura. Zaszczepiła nam ideę etycznej wolności, której podstawy leżą głębiej niż społeczne konwencje i która obejmuje swoim zasięgiem cały świat.

Wschód, choć uprzedzony do Zachodu, instynktownie wyczuł, że od Europy można się wiele nauczyć – nie tylko tego, jak zdobyć władzę, ale przede wszystkim – jak dotrzeć do jej źródła, które tkwi w umyśle i moralności człowieka. To Europa nauczyła nas wyższości obowiązku społecznego nad rodzinnym i plemiennym, poszanowania prawa, które uniezależnia społeczeństwo od kaprysów jednostki, zapewnia postęp i stoi na straży równości. Przede wszystkim jednak największą zasługą Europy jest to, że mimo wieków męczeństwa i prześladowań wciąż niesie sztandar wolności sumień, myśli i czynu, wolności sztuki i literatury. Europa, która zyskała nasz szczery szacunek, jest tym bardziej niebezpieczna z powodu swoich słabości i kłamstw – tak jak trucizna w ulubionej potrawie. Istnieje tylko jedna droga naszego ocalenia – uznanie Europy za sprzymierzeńca w walce z pokusami, na jakie nas wystawia, ale i z wykroczeniami. Europa zawsze była wierna swoim ideałom, którymi możemy dzisiaj mierzyć wielkość jej upadku. To one pozwolą nam postawić ją przed jej własnym trybunałem i okryć wstydem – najpewniejszą oznaką prawdziwej dumy i szlachetności.

Trucizna może się jednak okazać zabójcza, to, co dzisiaj stanowi o sile Europy, nie musi świadczyć o zdrowiu jej duszy, lecz o naruszeniu równowagi życiowej. [...]

Dlatego, proszę, nie traćcie wiary i jasności umysłu, które pozwolą utwierdzić nas w przeświadczeniu, że nadwątlona struktura współczesnego postępu niebawem runie, ponieważ trzyma się jedynie na spoidłach wydajności i ambicji. [...] Czyż już dzisiaj nie widzimy zwiastunów rozpadu? Czyż poprzez huk walk nie dociera do nas ten głos, czy krzyk nienawiści i jęki rozpaczy nie zagłuszają niegodziwości nagromadzonej przez wieki nacjonalizmu? Czyż nie słyszymy głosu obwieszczającego rychłe osunięcie się twierdzy nacjonalistycznego egoizmu, który ukrywa się za patriotycznymi hasłami? Jej sztandary pokryje kurz, a światła zgasną na zawsze. Bracia, nie traćcie wiary, gdy łuna pożogi sięgnie gwiazd! Patrzcie w gwiazdy, nie w trawiące płomienie. Płomienie się dopalą, pozostawią po sobie popiół i zgliszcza, a na Wschodzie, niegdysiejszej kolebce ludzkości, znów rozbłyśnie wieczne światło. Kto wie, czy ten dzień już nie świta, czy blask jutrzenki nie rozjaśnia horyzontu Azji?

Tak jak moi przodkowie *rishis*[2], tak i ja pokłonię się słońcu wschodzącemu nad Azją. Niechaj jego promienie znowu rozświetlą Ziemię.

Wiem, że mój głos jest zbyt słaby, by zdołał się przebić przez zgiełk naszych czasów; każdy urwis na ulicy może zarzucić mi niepraktyczność. Taka opinia przylgnie do mnie na dobre i już nigdy nie będę mógł się ubiegać o miano człowieka szanowanego. Wiem, ile się ryzykuje, stawiając czoło żywiołowi tłumu, kiedy uchodzi się za idealistę, zwłaszcza dzisiaj, gdy trony utraciły autorytet, prorocy to relikt, a zgiełk targowiska zagłusza inne głosy.

Pewnego ranka stałem na przedmieściach Jokohamy spowitej blaskiem nowoczesności i patrzyłem na zachód słońca nad waszym południowym morzem. Góry porośnięte sosnowym lasem tchnęły pokojem i dostojeństwem. Na złotym horyzoncie rysowała się majestatyczna Fudżi – niczym bóstwo opromienione własną światłością. Ciszę wieczoru przenikała muzyka wieczności. Uświadomiłem sobie, że niebo i ziemia, poezja świtu i zmierzchu to domena poetów i idealistów, a nie kupców wyzutych z wrażliwości. Dotarło do mnie, że ludzkość – acz odrzuciła na chwilę swoją boskość – wkrótce się ocknie i przypomni sobie, że nad światem rozciąga się niebo. Dlatego nie można wydawać Ziemi na pastwę wygłodniałych wilków nowoczesności, które zwietrzyły ludzką krew i wyją do księżyca.

PRZEŁ. LIDIA RAFA

2 *Rishis* – w hinduizmie mityczni prorocy lub mędrcy, którzy objawili święte księgi Wed; każdy z *rishis* to w jednej osobie kaznodzieja, święty, autor wedyjskich hymnów, asceta, prorok i pustelnik.

WŁODZIMIERZ LENIN przygotował notatki do artykułu lub mowy w obronie „Tez kwietniowych" na 17 kwietnia 1917 r., kiedy to odbył kilka decydujących spotkań z elitą partii bolszewickiej. Pierwsze z nich zorganizowano w petersburskim Komitecie Miejskim bolszewików, czyli w pałacyku Matyldy Krzesińskiej, kochanki cara Mikołaja II. Celem Lenina było sformułowanie na nowo celów działania bolszewików, a przede wszytskim odrzucenie doktryny przejmowania władzy etapami, z których pierwszy polegać miał na umocnieniu efektów rewolucji lutowej. Lenin był przekonany, że można przeprowadzić rewolucję, nie dzieląc jej na etapy, lecz wprowadzając od razu komunizm i dyktaturę proletariatu. Sceptycy uważali, że taka dyktatura w efekcie doprowadzić musi do rządów autorytarnych jednostki. Był o tym przekonany także Lenin, jednak w swoich kwietniowych wystąpieniach nie zdradzał się z tym, maskując prawdę przez użycie specyficznego języka. Po ogłoszeniu „Tez" nawet najbliżsi współpracownicy Lenina uznali, że oszalał i sam się zepchnął na margines rewolucji. (Edwin Bendyk)

Włodzimierz LENIN
właściwie Władimir Iljicz Uljanow, 1870–1924. Teoretyk i ideolog komunizmu, organizator i przywódca rewolucji październikowej. Utworzył partię bolszewicką, był pierwszym przywódcą państwa radzieckiego. Po śmierci władze ZSRR otoczyły jego osobę kultem.

WŁODZIMIERZ LENIN

MUSIMY ZRĘCZNIE, OSTROŻNIE PROWADZIĆ PROLETARIAT

NOTATKI DO MOWY W PAŁACYKU KRZESIŃSKIEJ, 17 KWIETNIA 1917

(1) Upadek gospodarki jest bliski. Dlatego usuwanie burżuazji jest błędem.

(To wniosek burżuazji. Im bardziej nieuchronny jest upadek, tym ważniejsza jest kwestia usunięcia burżuazji).

(2) Proletariat jest niezorganizowany, słaby, brakuje mu świadomości klasowej.

(To prawda. Dlatego głównym zadaniem jest walka z tymi drobnomieszczańskimi przywódcami, tak zwanymi socjaldemokratami – Ceretelim[1], Czcheidzem[2], Stiekłowem[3] – którzy usypiają masy, zachęcając je, by pokładały zaufanie w burżuazji).

1 Irakli Cereteli (1881–1959), gruziński działacz polityczny, mienszewik, w II Dumie przewodniczący frakcji socjaldemokratów, od 1921 na emigracji.

2 Nikołaj Siemienowicz Czcheidze (1864–1926), mienszewik, m.in. w 1918 przewodniczący Piotrogrodzkiej Rady Delegatów Robotniczych i Żołnierskich, od 1921 na emigracji.

3 Jurij Michajłowicz Stiekłow (1873–1941), działacz bolszewicki, m.in. redaktor „Izwiestii" (1917), członek najwyższych władz ZSRR, aresztowany w 1938, zmarł w więzieniu.

Nie jedność z tymi drobnomieszczanami – Czcheidzem, Stiekłowem, Ceretelim – ale całkowite zwycięstwo nad tymi socjaldemokratami, którzy rujnują rewolucję proletariatu.

(3) Na obecnym etapie rewolucja jest burżuazyjna. Dlatego nie jest potrzebny „socjalistyczny eksperyment".

(Ten argument jest w całości argumentem burżuazyjnym. Nikt nie mówi o „socjalistycznym eksperymencie". Konkretna propozycja marksistowska wymaga, aby teraz wziąć pod uwagę zarówno instytucje, jak i klasy).

Dusiciele rewolucji – Czcheidze, Cereteli, Stiekłow – za pomocą słodkich słówek cofają rewolucję, odciągają ją od Rad Delegatów Robotniczych ku niepodzielnej władzy burżuazji, ku zwykłej burżuazyjnej republice parlamentarnej.

Musimy zręcznie, ostrożnie oczyszczać umysły ludzi i prowadzić naprzód proletariat i ubogie chłopstwo, od „podwójnej władzy" ku pełnej władzy Rad Delegatów Robotniczych. I to jest komuna w sensie Marksa, w sensie doświadczenia roku 1871.

Problem nie w tym, jak szybko mamy iść, lecz gdzie mamy iść.

Problem nie w tym, czy robotnicy są przygotowani, ale jak i na co powinni być przygotowani.

Ponieważ manifesty i apele Rad Delegatów Robotniczych w sprawie wojny itd. to zwykła drobnomieszczańska blaga, wymyślona tylko po to, by ukołysać lud do snu, nasze zadanie polega przede wszystkim, jak powiedziałem, na oczyszczeniu umysłów, na uwolnieniu mas od burżuazyjnych wpływów Czcheidzego, Stiekłowa, Ceretelego i spółki.

Rewolucyjne *oboronczestwo* Rad Delegatów Robotniczych, czyli Czcheidzego, Ceretelego i Stiekłowa, to szowinistyczny nurt, sto razy bardziej szkodliwy, bo ukryty pod słodkimi słówkami. To próba pogodzenia mas z Tymczasowym Rządem Rewolucyjnym.

Uśpione, nieoświecone masy, oszukane przez Czcheidzego, Ceretelego, Stiekłowa i spółkę, nie zdają sobie sprawy, że wojna jest kontynuacją polityki, że wojny są prowadzone przez rządy.

Trzeba wyjaśnić, że „lud" może powstrzymać wojnę lub zmienić jej charakter tylko poprzez zmianę klasowego charakteru rządu.

PRZEŁ. JERZY BOKŁAŻEC

GEORGES CLEMENCEAU **złożył urząd premiera w 1909 roku – po przegranej debacie w sprawach floty Izba Deputowanych odmówiła rządowi wotum zaufania. Przepracowany i zmęczony, przyjął to z zadowoleniem i udał się w czteromiesięczną podróż do Brazylii i Argentyny. Pozostał jednak wciąż aktywnym politykiem, po wybuchu wojny zagrzewał Francuzów do walki. Sam od stycznia 1915 roku pracował w senackiej komisji wojny, by ostatecznie zostać jej przewodniczącym. W maju i czerwcu 1917 roku sytuacja we Francji uległa pogorszeniu, do czego przyczyniły się alianckie niepowodzenia na froncie, a także nastroje buntu przeciw wyniszczającej i beznadziejnej wojnie. Na linii frontu mnożyły się wypadki odmowy wykonania rozkazu, manifestacje żołnierzy, próby buntu, a na zapleczu – afery korupcyjne i szpiegowskie. Powszechne niezadowolenie sprawiało, iż zaczęto przebąkiwać o kompromisowym pokoju. Sytuacja na froncie zaczęła się stabilizować, gdy nowy szef armii, generał Philippe Pétain, drastycznymi metodami zaprowadził porządek w wojsku. Prezydent Raymond Poincaré powołał na premiera „mocnego człowieka" – „starego tygrysa" Clemenceau. 76-letni premier swoją deklarację programową wygłosił silnym, wibrującym głosem. Wystąpienie było bardzo lakoniczne, odwoływało się do pełnej mobilizacji wszystkich sił i rezerw Francji i prowadzenia wojny aż do zwycięstwa.** (katraw)

Georges Benjamin CLEMENCEAU
1841–1929, francuski mąż stanu, pisarz i lekarz, jeden z autorów traktatu wersalskiego.

GEORGES CLEMENCEAU

MOŻEMY SPRAWIĆ, BY NADSZEDŁ TEN DZIEŃ

DEKLARACJA PROGRAMOWA PREMIERA W IZBIE DEPUTOWANYCH, 20 LISTOPADA 1917

Panowie, zgodziliśmy się wejść do rządu, aby poprowadzić wojnę ze zdwojonym wysiłkiem, mając na uwadze skuteczniejsze wykorzystanie całego potencjału energii (*Bardzo dobrze! Bardzo dobrze!*). Stajemy przed wami z jedną jedyną myślą o wojnie integralnej. Chcielibyśmy, aby zaufanie, którego dowodu od was się domagamy, było aktem zaufania do was samych, przywołaniem historycznych cnót, które uczyniły nas Francuzami (*Wielkie brawa*). Nigdy Francja nie odczuwała tak jasno, że musi żyć i wzrastać z ideałem siły w służbie ludzkiego sumienia (*Bardzo dobrze! Bardzo dobrze!*), z postanowieniem, by utrwalać coraz większą prawość pośród obywateli i pośród narodów, które potrafią się wyzwolić (*Oklaski*). Zwyciężyć dla sprawiedliwości – oto hasło wszystkich naszych rządów od początku wojny. I podtrzymamy ten program pod gołym niebem (*Wielkie brawa*).

Mamy wielkich żołnierzy w wielkich dziejach, pod komendą wodzów zahartowanych w bojach, gotowych do najwyższych poświęceń, z których zasłynęli ich ojcowie (*Bardzo dobrze! Bardzo dobrze!*). Dzięki nim, dzięki nam wszystkim nieśmiertelna ojczyzna ludzi, dumna pani zwycięstwa, będzie nadal podążać drogą swego przeznaczenia z najszlachetniejszym pragnieniem pokoju. Ci Francuzi, których zmuszeni byliśmy pchnąć do boju, mają nad nami swoje prawa (*Długa owacja*). Chcą, by żadna nasza myśl nie odwróciła się od nich, by żaden z naszych czynów nie był im obcy. Jesteśmy im winni wszystko, bez reszty. Wszystko dla Francji, okrwawionej i pełnej chwały, wszystko dla apoteozy tryumfującego prawa (*Wielkie brawa*).

Niechaj więc dziś wszystko się wymiesza: prawa frontu i obowiązki zaplecza. Niechaj każda strefa należy do wojska. A jeśli muszą istnieć ludzie, którzy w swojej duszy szukają dawnego zasiewu nienawiści, odsuńmy ich.

Wszystkie cywilizowane narody są zaangażowane w tę samą walkę, walkę z nowymi formacjami dawnego barbarzyństwa. Wraz ze wszystkimi naszymi dobrymi sprzymierzeńcami jesteśmy niewzruszoną skałą przy przejściu, którego nikt nie przekroczy. Na czele przymierza, o każdej porze, wszędzie tylko braterska solidarność, najpewniejszy fundament nadchodzącego świata (*Oklaski*).

Zamknięty obszar ideałów – nasza Francja – cierpiała za wszystko, co ludzkie. Zdecydowana w nadziejach, które czerpała ze źródeł najczystszego humanizmu, zgadza się na to, by wciąż jeszcze cierpieć w obronie ziemi wielkich przodków, w nadziei, że otworzy wszystkie wrota życia, coraz szersze dla ludzi, dla narodów. W tym tkwi siła francuskiego ducha. To właśnie pcha nasz naród do pracy – i do działań wojennych. Ci spokojni żołnierze z fabryki, głusi na złe podszepty (*Oklaski*), ci starzy wieśniacy, zgarbieni nad swoim polem, te krzepkie niewiasty przy orce, te słabe dzieci, z powagą niosące im pomoc – oto nasi żołnierze (*Ponowny aplauz*). Nasi żołnierze, którzy kiedyś, wspominając to wielkie dzieło, będą mogli powiedzieć jak tamci w transzejach: Taki byłem. Musimy trwać także z nimi, sprawić, abyśmy dla Ojczyzny, uwolnieni od nieszczęść wojny, pewnego dnia zaczęli się miłować.

Miłować się nie znaczy mówić sobie o tym, trzeba to sobie jeszcze udowodnić (*Wielkie brawa*). My chcemy spróbować to udowodnić. Żeby dać ten dowód, prosimy was o pomoc. Czy może istnieć piękniejszy program rządowy?

Były pewne błędy. Myślmy o nich, ale tylko po to, by je naprawić. Niestety – były także zbrodnie, zbrodnie popełnione przeciwko Francji, wołające o rychłą karę (*Wielkie brawa*). W waszej obecności, wobec kraju, który żąda sprawiedliwości, podejmujemy zobowiązanie, iż sprawiedliwości stanie się zadość zgodnie z wymogami prawa (*Bardzo dobrze! Bardzo dobrze!*). Ani wzgląd na osoby, ani porywy politycznych pasji (*Wielkie brawa po lewej, w centrum i po prawej – przerywane z ławek partii socjalistycznej*) nie odwiodą nas od obowiązku, nie sprawią też, żebyśmy przeszli ponad nim (*Bardzo dobrze! Bardzo dobrze!*). Zbyt wiele zgubnych zamachów wydarzyło się na naszym bitewnym froncie, dodatkowo przelewając francuską krew. Słabość oznaczałaby współwinę. Nie będzie w nas słabości, nie będzie też przemocy. Wszyscy obwinieni przed radę wojenną. Żołnierz w trybunale solidarny z żołnierzem walczącym. Żadnych więcej kampanii pokojowych, żadnych knowań niemieckich. Ani zdrady, ani półzdrady: wojna (*Oklaski*). Tylko wojna, nic więcej. Nasze wojska nie zostaną wzięte w dwa ognie, idzie sprawiedliwość. Kraj będzie wiedział, że został wzięty w obronę (*Znowu oklaski*). Tak się stanie w wolnej Francji, zawsze wolnej. Zbyt wysoką cenę zapłaciliśmy za nasze swobody, by oddać z nich cokolwiek – poza troską o zapobieganie wydawaniu tajemnic i judzeniu, które mógłby wykorzystać wróg. Będzie utrzymana cenzura informacji dyplomatycznych i wojskowych, jak również takich, które mogłyby zakłócić porządek cywilny (*Poruszenie w ławkach partii socjalistycznej. Brawa po stronie lewej, w centrum i po stronie prawej*). To zaś do granic poszanowania opinii. Biuro prasowe będzie udzielać informacji – i tylko informacji – każdemu, kto ich zażąda. W czasie wojny czy w czasie pokoju wolność przejawia się na osobistą odpowiedzialność pisarza. Poza tą regułą jest tylko bezprawie, anarchia (*Oklaski*).

Panowie, aby nakreślić charakter tego rządu, w obecnych okolicznościach nie uznaliśmy za konieczne mówić więcej. Dni będą płynąć jeden za drugim. Po jednych problemach przyjdą inne. Będziemy iść z wami, krok w krok, ku osiągnięciom, które okazują się wprost konieczne. Pozostajemy pod waszą kontrolą. Zawsze będzie stawiana kwestia zaufania (*Bardzo dobrze! Bardzo dobrze!*).

Wejdziemy na drogę ograniczenia spożycia, za Anglią, Włochami, za samą Ameryką, której zapał jest godny podziwu. Będziemy się domagać od każdego obywatela, by brał pełen udział we wspólnej obronie, by dawał więcej, a zgadzał się dostawać mniej. Wyrzeczenia są dla wojska. Niechaj wyrzeczenie będzie w całym kraju (*Oklaski*). Nie wykujemy większej Francji, jeśli nie włożymy w to naszego życia. Ale oto w dodatku żąda się od nas jednocześnie czegoś z naszych oszczędności. Jeśli głosowanie pod koniec tego posiedzenia będzie dla nas pomyślne, oczekujemy jego usankcjonowania poprzez całkowity sukces naszej pożyczki wojennej – najwyższego świadectwa zaufania, jakie Francja winna jest sobie samej, kiedy dla zwycięstwa, po ofierze z krwi, żąda się od niej pomocy pieniężnej, dla której gwarancją będzie zwycięstwo (*Oklaski*).

Panowie – co do tego zwycięstwa, niechaj wolno nam będzie przeżywać je teraz, z góry, w komunii naszych serc, w miarę jak czerpać z niej będziemy coraz więcej niewyczerpanej bezinteresowności, która musi się dopełnić w najwyższym wzlocie francuskiego ducha, na zawrotnych wyżynach jego najwznioślejszych nadziei.

Pewnego dnia, od Paryża po najskromniejsze miasteczko, fale owacji będą witać nasze sztandary: zwycięskie, unurzane we krwi, we łzach, poszarpane od pocisków, wspaniałe objawienie naszych wielkich zmarłych (*Oklaski*). Możemy sprawić, by nadszedł ten dzień, najpiękniejszy dla naszego narodu, po tylu innych dniach. Prosimy was, panowie, o przypieczętowanie waszą wolą tych nieodwracalnych postanowień (*Burzliwe, długie i nawracające oklaski po stronie lewej, w centrum i po stronie prawej*).

PRZEŁ. HALINA LUBICZ-TRAWKOWSKA

Woodrow Thomas WILSON
1856–1924, profesor prawa, polityk Partii Demokratycznej; przez dwie kadencje, 1912–1916 i 1916–1922, prezydent USA. W 1917 doprowadził do wypowiedzenia przez Stany Zjednoczone wojny Niemcom, co przesądziło o zwycięstwie państw ententy w I wojnie światowej.

WOODROW THOMAS WILSON **8 stycznia 1918 r. wygłosił przemówienie, skierowane w istocie do obu stron walczących, zawierające program pokojowy jego rządu. Mimo że USA były wówczas w stanie wojny z Niemcami i Austro-Węgrami, mocarstwo to nie występowało jako członek ententy. Rząd USA podkreślał stale, że nie ma żadnych roszczeń terytorialnych lub innych wobec państw centralnych ani też nie jest związany obietnicami poparcia takich roszczeń państw ententy. Pozwalało to prezentować amerykański program pokojowy jako plan ładu światowego opartego na altruistycznych zasadach demokracji i równości, będących podstawami ustroju USA. Równocześnie zaś tworzyło to alternatywę dla pokojowego programu rewolucyjnego, głoszonego wówczas, ze skrajnie odmiennych pozycji, przez rosyjskich bolszewików.** (zk)

WOODROW WILSON

14 PUNKTÓW

NA POŁĄCZONEJ SESJI KONGRESU, 8 STYCZNIA 1918

Panowie kongresmani,

nie po raz pierwszy już rzecznik mocarstw centralnych wyraża chęć omówienia tła tej wojny i możliwości znalezienia płaszczyzny porozumienia w sprawie osiągnięcia ogólnoświatowego pokoju. W Brześciu Litewskim toczą się rokowania między przedstawicielami Rosji i państw centralnych, a towarzyszy temu zainteresowanie wszystkich walczących w tej wojnie stron, które w brzeskich rozmowach szukają szansy przeistoczenia ich w ogólnoświatową konferencję poświęconą warunkom pokoju i ustaleniom powojennym[1].

Reprezentanci Rosji przedstawili nie tylko swoje precyzyjnie sformułowane stanowisko w sprawie zasad, w myśl których gotowi są wyrazić wolę zawarcia pokoju, ale równie jasno sprecyzowany program konkretnego zastosowania tych zasad. Ze swej strony reprezentanci

1 Wstępne rozmowy z bolszewikami rozpoczęły się 26 XI 1917. Rokowania w Brześciu zaczęły się 3 XII 1917, pokój podpisano 3 III 1918.

państw centralnych przedstawili własną, już nie tak ścisłą koncepcję ustaleń powojennych, na pierwszy rzut oka dopuszczającą jej dość liberalną interpretację, co jednak okazało się wrażeniem złudnym, gdy do koncepcji tej państwa centralne dołączyły szczegółowy program rozwiązań praktycznych. Program ten nie przewidywał żadnych odstępstw w kwestii tak co do suwerenności Rosji, jak do preferencji ludności, której losem rozporządzał, natomiast wyraźnie zakreślał granice wojennych zdobyczy tych państw – krótko mówiąc – miałyby one zatrzymać każdą piędź ziemi, którą ich siły zbrojne okupowały – każdą prowincję, każde miasto, każdy punkt przewagi – jako stały dodatek do ich terytoriów i stałą domenę ich władzy.

Wszystko wskazuje na to, że autorstwo samej koncepcji traktatu pokojowego można przypisać bardziej liberalnie nastawionym osobistościom Niemiec i Austrii, czyli ludziom, którzy zaczęli liczyć się z siłą pragnień i celów swoich narodów, natomiast skonkretyzowane warunki pokoju pochodzą od przywódców wojskowych, owładniętych tylko jedną myślą – za wszelką cenę utrzymać wojenne łupy. Ich arogancji zawdzięczamy zerwanie rokowań. Rosjanie zachowali się bowiem twardo i z całą powagą. Nie przypadła im do gustu proponowana przez drugą stronę polityka podboju i dominacji.

Za tym budzącym mieszane uczucia incydentem kryją się wieloznaczne podteksty. Rosjanie chcieliby wiedzieć, z kim właściwie mają do czynienia? W czyim imieniu występują przedstawiciele państw centralnych? Czy w imieniu większości parlamentarnych swoich krajów, czy raczej w imieniu partii mniejszościowych, lecz skupiających mniejszości o zapatrywaniach imperialistycznych i stawiających na przewagę militarną, mniejszości, które *de facto* mają największy wpływ na politykę swoich państw, jak ma to miejsce w Turcji i państwach bałkańskich, w tej wojnie czujących się wręcz w obowiązku być sprzymierzeńcami państw centralnych.

Tym słuszniejszy i mądrzejszy, tym bardziej zgodny z duchem nowoczesnej demokracji wydaje się upór, z jakim przedstawiciele Rosji nalegają, by konferencje prowadzone z teutońskimi i tureckimi mężami stanu odbywały się przy otwartych, a nie zamkniętych drzwiach, by ich widownią był cały świat, co jest tego świata powszechnym życzeniem. Czyjego więc głosu słuchamy? Czy tych, którzy mówią, że duch i intencje uchwały niemieckiego Reichstagu z 9 lipca są aktualne, uchwały wyrażającej ducha i zamiary liberalnych przywódców i partii niemieckich[2], czy też posłuchamy tych, którzy się temu duchowi i zamiarom sprzeciwiają i nadal dążą do podbojów, ujarzmiania i zniewalania innych narodów? A może mocno niepokojąca prawda jest taka, że miotają nami sprzeczne uczucia i w beznadziejnym pomieszaniu słuchamy obu stron? Od tego, jaka jest nasza odpowiedź na te brzemienne pytania, zależy pokój światowy.

Jednak niezależnie od wyników rokowań w Brześciu Litewskim, niezależnie też od tego, jak rozbieżne opinie i jak różne cele wyrażają w swoich oświadczeniach rzecznicy mocarstw centralnych, generalnie próbują one ponownie narzucić światu swoją wizję sprawiedliwych i satysfakcjonujących je rozstrzygnięć powojennych, tak by odpowiadały one ich celom.

2 Błąd w dacie. Chodzi o „rezolucję pokojową" Reichstagu z 19 VII 1917 uchwaloną głosami socjaldemokracji, partii Centrum i liberalnej lewicy.

Państwa centralne rzucają nam kolejne wyzwanie i nie ma powodu, byśmy nie udzielili im szczerej i dobitnej odpowiedzi. Oczywiście nie czekaliśmy do dziś z tą odpowiedzią. Wielokrotnie już, wciąż od nowa, wykładaliśmy światu swoją myśl polityczną i przyświecające nam cele, przedstawialiśmy nie tylko ogólne warunki zawarcia pokoju, ale za każdym razem ściśle określaliśmy, jakie warunki szczegółowe powinny z nich wynikać. Między innymi w ciągu ostatniego tygodnia z godną podziwu otwartością mówił o tym pan Lloyd George, przemawiający w imieniu Brytyjczyków[3].

Wśród adwersarzy państw centralnych nie ma rozbieżnych opinii ani różnic zdań co do zasad czy wahań co do szczegółów. Tylko po stronie Niemiec i ich sojuszników widać skrywanie opinii, brak absolutnej szczerości i – co za tym idzie – jasnego wyjawienia przyświecających im celów wojny. A przecież jasne zdefiniowanie tych celów jest sprawą życia lub śmierci. Żaden mąż stanu mający elementarne pojęcie o ciążącej na nim odpowiedzialności nie powinien pozwalać na kontynuowanie tego zatrważającego przelewu krwi i bezsensownego marnowania dorobku ludzkości, chyba że ofiara z życia ma służyć ratowaniu życia narodu, w którego imieniu i za którego przyzwoleniem podejmuje trudne, lecz konieczne decyzje.

Powiem więcej – dociera do nas wołanie wyjątkowo głośne i – w moim odczuciu – najbardziej przejmujące wśród wielu mu podobnych, a przepełniających powietrze nad udręczonym wojną światem. To głos narodu rosyjskiego, wzywający do zakończenia wojny. Wydaje się, że naród ten, choć śmiertelnie wycieńczony, nie ugnie się przed ponurą, nie znającą litości ni zmiłowania potęgą Niemiec. Potęga Rosji jest rozbita, ale jej naród nie splami się służalczością. Nie będzie skamleć, nie schyli karku ani słowem, ani czynem. Wytrwa w poglądach na to, co właściwe i co ludzkie, a zwłaszcza – co dla niego honorowe i możliwe do przyjęcia. Rosjanie przedstawili swoje szerokie poglądy z całą szczerością i wspaniałomyślnością w stosunku do innych, co wzbudzać musi nieodparty podziw każdego przyjaciela ludzkości; zachwyt budzi to, że ani nie nagięli swoich ideałów, ani nie wyrzekli się ich li tylko po to, by ratować własną skórę.

Wzywają nas, abyśmy powiedzieli, co jest naszym największym pragnieniem, a w czym – jeśli tak jest – różnią się nasze cele; a ja wierzę, że obywatele Stanów Zjednoczonych życzyliby sobie, bym dał odpowiedź najprostszą i najszczerszą z możliwych. Czy ich obecni przywódcy wierzą w to, czy nie, żywimy z głębi serca płynące pragnienie i nadzieję na znalezienie sposobu przyjścia narodowi rosyjskiemu z pomocą w spełnieniu jego najgłębszych nadziei na wolność oraz przywrócenie ładu i spokoju.

Celem naszym i życzeniem jest zapewnienie procesom pokojowym – kiedy już ten etap osiągniemy – pełnej otwartości, wykluczającej możliwość jakichkolwiek sekretnych porozumień czy tajnych sojuszy. Dni bezprzykładnej pychy i zaborczości odchodzą w przeszłość; kończą się czasy tajnych sojuszy zawieranych w partykularnych interesach umawiających się rządów, ciemnych paktów, które – w porę nie wykryte – zagrażały pokojowi na świecie. To prawdziwe szczęście, co dopiero teraz jest jasne dla polityków, którzy wyszli z zaklętego kręgu myślenia w przebrzmiałych już kategoriach, że każdy naród kierujący się pragnieniem

3 Mowa o przemówieniu Lloyda George'a do związków zawodowych z 5 I 1918 (zob. też s. 257).

sprawiedliwości i pokoju może bez przeszkód zgłosić tak teraz, jak i w innym dowolnym czasie, wszelkie zastrzeżenia, jakie mu przychodzą na myśl.

Przystąpiliśmy do tej wojny, przynagleni jawnymi pogwałceniami prawa międzynarodowego, gdyż naród amerykański nie wyobraża sobie życia bez naprawienia szkód, zapewnienia światu bezpieczeństwa i pewności, że nie wróci to, co było. Nasze dążenia i cele nie są niczym nowym ani wymyślnym. Chcemy świata przyjaznego i bezpiecznego; chcemy takiego świata dla każdego narodu miłującego pokój, każdego, który – jak nasz naród – pragnie żyć po swojemu, powoływać swoje własne instytucje, utrzymywać sprawiedliwe i uczciwe stosunki z innymi narodami, również przeciwnymi używaniu siły i stosowaniu egoistycznej agresji. Cała ludzkość ma w tym swój wspólny, partnerski interes, bo wiemy już aż za dobrze, że dopóki nie zapanuje sprawiedliwość dla innych, będzie jej brakowało i dla nas. Dlatego program, z którym wychodzimy, jest programem światowego pokoju; i program ten – w naszym przekonaniu jedyny możliwy do przyjęcia – wygląda następująco:

I. Porozumienia pokojowe jawnie zawarte, po których nie będzie już żadnych tajnych paktów, bez względu na ich charakter, a dyplomacja będzie prowadzona jawnie i na otwartym forum publicznym.

II. Całkowita wolność żeglugi na morzach, poza wodami terytorialnymi, tak w czasie pokoju, jak i w czasie wojny, z wyjątkiem wypadków całkowitego lub częściowego zamknięcia mórz z uwagi na działania międzynarodowe, mające na celu wykonanie międzynarodowych porozumień.

III. Zniesienie, w możliwym do przyjęcia zakresie, wszelkich barier gospodarczych i ustalenie warunków handlu równych dla wszystkich narodów akceptujących warunki pokoju i stowarzyszonych dla jego utrzymania.

IV. Wzajemna wymiana wystarczających gwarancji mających na celu zredukowanie zbrojeń narodowych do minimum niezbędnego dla zachowania bezpieczeństwa wewnętrznego kraju.

V. Załatwienie wszystkich pretensji kolonialnych w atmosferze swobodnej, otwartej i całkowicie bezstronnej, na podstawie ściśle przestrzeganej zasady, iż przy rozstrzyganiu wszelkich kwestii dotyczących suwerenności interesy ludności zainteresowanej bezwzględnie zachowają wagę równą słusznym żądaniom rządu, którego tytuł prawny ma być określony.

VI. Wycofanie wojsk ze wszystkich rosyjskich terytoriów i uregulowanie wszystkich problemów wiążących się z Rosją, tak aby zapewnić jak najwłaściwszą i najszerszą współpracę innych narodów świata, co stworzyłoby Rosji stosowną okazję do określenia, bez przeszkód i utrudnień, w warunkach pełnej niezależności, swej drogi politycznej i narodowej; aby zapewnić jej szczere przyjęcie do społeczności wolnych narodów z instytucjami, które ona sama sobie wybierze; aby zapewnić jej wreszcie jak największą pomoc, pomoc, jaka okazałaby się potrzebna i jakiej ona sobie by życzyła. Sposób, w jaki bratnie narody będą traktowały Rosję w najbliższych miesiącach, będzie probierzem ich dobrej woli i zrozumienia potrzeb Rosji, niezależnie już od ich własnych interesów i ich uzasadnionych sympatii.

VII. Cały świat zgodzi się, że Belgia musi być ewakuowana i restytuowana bez żadnych prób ograniczenia jej suwerenności, z której korzysta na równi z innymi wolnymi narodami. Żaden akt bardziej niż ten właśnie nie pomoże w przywróceniu zaufania narodów do praw ustalonych i określonych, a mających regulować ich wzajemne stosunki. Bez tego aktu zadośćuczynienia cały układ i moc wszystkich praw międzynarodowych bezpowrotnie straciłyby na wiążącym strony znaczeniu.

VIII. Całe terytorium francuskie powinno być uwolnione, a jego części okupowane w całości odbudowane. Krzywda wyrządzona Francji przez Prusy w 1871 r., w tym co dotyczy Alzacji i Lotaryngii, a która zakłócała pokój świata przez blisko pięćdziesiąt lat, powinna zostać naprawiona tak, aby w interesie wszystkich raz na zawsze przywrócić pokój.

IX. Należy dokonać stosownej korekty granic włoskich wzdłuż dającej się wyraźnie oznaczyć linii podziału etnicznego.

X. Co do ludów Austro-Węgier, którym pragniemy zapewnić należne im miejsce wśród narodów świata, należy w możliwie najkrótszym czasie stworzyć im warunki autonomicznego rozwoju.

XI. Z Rumunii, Serbii i Czarnogóry należy wycofać wojska, a także należy im zwrócić ich terytoria. Serbii zostanie przyznany wolny dostęp do morza, a stosunki między państwami bałkańskimi powinny być oparte na przyjacielskich porozumieniach, uwzględniających linie podziału wspólnot i narodowości w ich historycznie przyjętych granicach.

XII. Co do tureckich części obecnego Imperium Osmańskiego, to zostanie im zapewniona pełna suwerenność i bezpieczeństwo, natomiast innym narodowościom pozostającym pod rządami Imperium należy zapewnić trwałość istnienia i możliwość bezpiecznego rozwoju w warunkach organizacyjnej autonomii. Dardanele zostaną bezterminowo otwarte dla wszystkich okrętów wojennych i statków handlowych, stanowiąc przejście wolne, gwarantowane umową międzynarodową.

XIII. Powinno powstać niezawisłe państwo polskie obejmujące terytoria zamieszkane przez ludność niezaprzeczalnie polską, któremu powinno się zapewnić wolny dostęp do morza; niezawisłość polityczna, gospodarcza oraz integralność terytoriów zamieszkanych przez tę ludność będą zagwarantowane mocą konwencji międzynarodowej.

XIV. Na podstawie formalnych konwencji musi zostać utworzona powszechna Liga Narodów, której celem będzie zapewnienie wzajemnych gwarancji niezawisłości politycznej i integracji terytorialnej tak mniejszym, jak i większym państwom.

W kontekście tych ważnych posunięć, mających na celu eliminowanie nieprawidłowości i umacnianie tego, co słuszne i prawidłowe, czujemy się bliskimi partnerami wszystkich rządów i narodów sprzymierzonych w walce z imperialistami. Nie mogą nas dzielić partykularne interesy i cele. Będziemy razem do końca. Dla osiągnięcia takich rozwiązań i porozumień jesteśmy gotowi walczyć i kontynuować walkę do skutku; ale tylko dlatego, że pragniemy, aby zwyciężyła praworządność i ziściło się pragnienie sprawiedliwego i trwałego pokoju, który można zapewnić tylko w drodze wyeliminowania głównych czynników będących zarzewiem wojny, co znajduje pełny wyraz w przedstawionym przeze mnie programie. Nie ma w nas krztyny zawiści o potęgę Niemiec, a w naszym programie nie ma niczego godzącego w wielkość tego kraju. Nie zazdrościmy Niemcom ich osiągnięć, czy profesjonalizmu, albo pokojowego rozwoju gospodarczego, które uczyniły z nich kraj wspaniały i budzący podziw. Nie jest naszym zamiarem ich skrzywdzić ani też stawiać jakiejkolwiek tamy ich prawnie uzasadnionym wpływom lub uprawnieniom. Nie chcemy ich pokonać ani zbrojnie, ani w drodze nakładania embarga na handel, pod warunkiem jednak, że i one wykażą wolę współpracy z nami i z innymi miłującymi pokój krajami świata, jako sygnatariuszami konwencji gwarantujących sprawiedliwość, poszanowanie prawa i uczciwe stosunki między narodami. Życzymy im, by na zasadach równości, a nie dominacji, zajęły swoje miejsce wśród narodów świata – tego nowego świata, w którym żyjemy.

Nie ośmielamy się też sugerować im zmiany bądź modyfikacji ich struktury instytucjonalnej. Niemniej – szczerze mówiąc – konieczne jest, i to konieczne bezzwłocznie z punktu widzenia jakichkolwiek naszych z nimi interesów – byśmy wiedzieli, w czyim imieniu ich rzecznicy przemawiają, kiedy zwracają się do nas – czy w imieniu większości w Reichstagu, czy w imieniu partii wojskowych i ludzi, którzy dominację imperialną przyjęli za swoje polityczne credo.

Z pewnością przemawiamy dzisiaj w kategoriach zbyt świeżych jeszcze zaszłości, by później nie pojawiły się jakieś wątpliwości bądź zastrzeżenia. Jednak nakreślonemu tu programowi przyświeca jedna wyraźnie określona zasada. To zasada sprawiedliwości dla wszystkich narodów i mniejszości etnicznych i ich prawa do współżycia na równych zasadach wolności i bezpieczeństwa niezależnie od tego, czy zamieszkują kraje potężne, czy słabe.

I dopóki na gruncie międzynarodowym zasada ta nie zostanie ustalona, żadna ze struktur międzynarodowej sprawiedliwości nie będzie trwała i skuteczna. Narodowi amerykańskiemu żadna inna zasada nie zastąpi tej jednej, gdyż tylko ona zapewnia mu podstawy funkcjonowania; i w obronie tej zasady jest on gotów poświęcić życie, honor i wszystko, co posiada. W tej zmierzającej do końca, ostatniej wojnie o wolność człowieka nastał dla niego czas ciężkiej próby – czas pełnego poświęcenia rzucenia na szalę jego morale, jego siły, jego losu i jego nienaruszalności.

PRZEŁ. ELZBIETA ZELAZNA

Roman DMOWSKI

1864–1939, polityk, współtwórca Stronnictwa Demokratyczno-Narodowego, założyciel Obozu Wielkiej Polski.

ROMAN DMOWSKI w okresie I wojny światowej stał na czele Komitetu Narodowego Polskiego, który działał na Zachodzie, opowiadając się po stronie państw ententy. Od 18 stycznia 1919 do 21 stycznia 1920 r. trwała konferencja pokojowa w Paryżu, w trakcie której ujawniły się duże sprzeczności wśród aliantów. 29 stycznia 1919 roku przed obliczem Rady Dziesięciu stanął Dmowski i dowiedział się, że właśnie tego dnia ma przedstawić całokształt kwestii polskiej. Jego wystąpienie trwało kilka godzin i było wygłoszone bez notatek, równolegle w dwóch językach: francuskim i angielskim. Niestety to posiedzenie nie było stenografowane, tak więc wystąpienie zrekonstruowano na podstawie notatek sekretarza generalnego konferencji pokojowej, Paula E. Dutasta. Nawet niechętny Dmowskiemu brytyjski premier David Lloyd George był pełen uznania dla jego inteligencji i zdolności oratorskich. (katraw)

ROMAN DMOWSKI

EXPOSÉ NA KONFERENCJI POKOJOWEJ W PARYŻU

29 STYCZNIA 1919

Pierwsze posiedzenie Rady Dziesięciu[1] z dnia 29 stycznia 1919 r., godz. 11.00

[Pan Dmowski przypomina, że] w układzie rozejmowym dwa artykuły odnosiły się do Polski. Według art. XII „wszystkie wojska niemieckie, znajdujące się 11 listopada 1918 r. na terytoriach, które przed wojną stanowiły część Rosji, powinny powrócić w granice Niemiec takie, jakie były one 1 sierpnia 1914 r., z chwilą gdy Sojusznicy będą uważali, biorąc pod uwagę sytuację wewnętrzną na tych terytoriach, że nadszedł odpowiedni moment". Zgodnie z postanowieniem art. XVI „Sojusznicy będą mieli wolny dostęp do terytoriów ewakuowanych przez Niemców na granicach wschodnich, bądź to przez Gdańsk, bądź też Wisłą, aby móc zaopatrzyć ludność w produkty żywnościowe oraz w celu utrzymania porządku".

Te dwa artykuły, jeśli zostałyby wykonane, dawały w pewnym stopniu gwarancję bezpieczeństwa dla Polski, zwłaszcza gdyby wojska niemieckie, które zajmowały część frontu ro-

1 Właściwie Rada Najwyższa, kierująca pracami konferencji. Składała się z premierów i ministrów spraw zagranicznych 5 państw: Francji, Japonii, USA, Włoch i Wielkiej Brytanii (stąd Rada Dziesięciu). Wkrótce ograniczono jej skład do premierów (Rada Pięciu). W praktyce decyzje podejmowali w trójkę prezydent Wilson i premierzy Clemenceau i Lloyd George.

syjskiego, głównie od strony Litwy, poczekały z wycofaniem na rozkaz Sojuszników. Polacy byliby osłonięci przed inwazją bolszewików, idącą z Rosji. Z drugiej strony, jeśliby dostęp przez Gdańsk był zapewniony, Polska mogłaby otrzymać wojsko, żywność i amunicję, których potrzebuje.

Niestety, zła wola przywódców niemieckich, a może także i rewolucja, przeszkodziły wykonaniu tych klauzul i oddziały niemieckie wschodniego frontu opuściły okupowane terytoria, nie biorąc wcale pod uwagę warunków układu rozejmowego. Wycofując się, Niemcy nie tylko zmasakrowali część ludności, lecz zabrali znaczną część artykułów żywnościowych i tabor kolejowy, który się znajdował w kraju.

Z drugiej strony, było niemożliwością dla Polski otrzymanie broni i amunicji, której ona potrzebowała, gdyż miasto Gdańsk znajduje się na terytorium niemieckim oddalonym o sto pięćdziesiąt kilometrów od granic polskich. Otóż od podpisania rozejmu Niemcy nie zmieniły swego stosunku do Polski. Lecz wręcz przeciwnie, manifestowały wciąż rosnącą wrogość. Wobec tego niemożliwe było używanie drogi kolejowej Gdańsk–Toruń, która – ażeby tak powiedzieć – znajduje się na terytorium nieprzyjacielskim. Wykorzystanie tej linii, zagwarantowane przez art. XVI układu rozejmowego, może mieć tylko miejsce z chwilą przejęcia jej przez Sojuszników.

Można powiedzieć, że do chwili obecnej dwa artykuły: XII i XVI konwencji rozejmowej dotyczące Polski pozostały martwą literą.

Według statystyk niemieckich na terytorium Polski pod zaborem niemieckim znajduje się cztery miliony Polaków, a według czynników miarodajnych polskich – około pięciu milionów. Ci Polacy są porozrzucani w czterech prowincjach: Poznańskiem, Prusach Wschodnich, Prusach Zachodnich i na Śląsku. Stanowią oni najlepszą część narodu polskiego, gdyż wykształcenie jest wśród nich bardzo rozpowszechnione i nie ma ani jednego analfabety; posiadają oni bardzo rozwinięte poczucie godności narodowej i poczucie obowiązków obywatelskich. Można mieć nadzieję, że gdyby tylko warunki były sprzyjające, zorganizowaliby się oni politycznie. I rzeczywiście, od czasu zawarcia rozejmu na początku rewolucji niemieckiej wykorzystali oni okazję, aby wywalczyć instytucje polskie i zorganizować swoje życie narodowe. Ta pokojowa organizacja miała pokazać światu, że ta część kraju jest polska i jednocześnie, że przyjdzie ona z pomocą innym dzielnicom Polski i będzie brała udział w życiu narodowym kraju.

Odkąd jednak Niemcy zrozumieli, że ta polska organizacja może zagrażać ich panowaniu, bojąc się utraty tego terytorium, uformowali oddział specjalny, który nazwali „Heimatschutz Ost", utworzony głównie z pruskich oficerów, to znaczy z przedstawicieli niemieckiego militaryzmu i skoncentrowali ich w rejonie Poznańskiego, aby zdusić ugrupowania polskie.

Kiedy przedstawiciel polski, p. Paderewski, udał się do Poznania w towarzystwie pułkownika angielskiego i gdy ludność chciała zorganizować na jego cześć spotkanie, Niemcy zaatakowali ludność i użyli karabinów maszynowych. Nastąpiły rozruchy i zaistniał ciekawy szczegół: obydwa obozy wojskowe miały te same mundury niemieckie, ale jedni z nich byli Polakami, drudzy zaś Niemcami. W tej walce Niemcy ponieśli porażkę, a oddziały polskie zajęły miasto i twierdzę poznańską. Na skutek trwającego pościgu Niemcy zmuszeni byli ewakuować całą prowincję.

Po wypędzeniu Niemców Polacy utworzyli rząd cywilny, który przywrócił porządek w całej prowincji i zapewnił wolność wszystkim mieszkańcom. Jest to dowodem, że Polacy uważają tę dzielnicę za nieodłączną część swego kraju i chcą, aby panował tam porządek, podczas gdy Niemcy traktują ten rejon jako terytorium zdobyte lub kraj nieprzyjacielski.

W związku ze sporami, które mogą wyniknąć w kwestii roszczeń do posiadania poszczególnych obszarów, przedstawiciele mocarstw zwrócili się z ostrzeżeniem do wszystkich narodów. Polacy prawdopodobnie będą przypuszczali, że to ostrzeżenie ich dotyczy, a podporządkowując się decyzjom Wielkich Mocarstw, niezawodnie dostosują się do nich bardzo skrupulatnie, lecz tym samym znajdą się w gorszej sytuacji w stosunku do Niemców, ponieważ jest rzeczą mało prawdopodobną, że wojska niemieckie zastosują się do tych poleceń.

[P. Dmowski prosi,] aby sojusznicy wydali oddziałom niemieckim rozkaz wstrzymania wszelkich operacji przeciwko Polakom. Gdyby Niemcy otrzymali taki rozkaz, jest prawdopodobne, że podporządkują się.

Zabór niemiecki, a szczególnie prowincja poznańska, jest jedynym rejonem w państwie polskim, w którym nie brak żywności. Prawdopodobnie jest to zresztą jedną z przyczyn koncentracji oddziałów niemieckich w Poznańskiem. Zapewnia się nawet, że zaopatrzenie jest dostateczne, aby pozwolić tej dzielnicy na udzielenie pomocy innym częściom Polski.

W obecnej chwili Niemcy zachowują janusowe, podwójne oblicze: na Zachodzie mówią o pokoju, a na Wschodzie przygotowują wojnę. Wojsko na froncie zachodnim uznaje swoją porażkę, ale oddziały, które są skoncentrowane na froncie wschodnim, marzą jeszcze o podbojach; zdają sobie doskonale sprawę z tego, co utraciły na Zachodzie, ale chcą utrzymać i – jeśli to możliwe – pójść dalej na Wschód, aby zabezpieczyć sobie penetrację Rosji.

[P. Clemenceau[2] pyta p. Dmowskiego, jakie są jego wnioski i czy rząd polski prosi tylko o przesłanie noty do Niemiec. P. Dmowski odpowiada, że] jeśli chodzi o zabór niemiecki, to rząd polski życzy sobie jedynie, aby zostały wstrzymane wszelkie operacje wojskowe. [Dodaje on, że] Polacy z Poznania chcieliby zatrzymać tabor kolejowy znajdujący się w tej dzielnicy.

[P. Dmowski w dalszym ciągu swego exposé naświetla sytuację zaboru rosyjskiego. Wyjaśnia, że] nazajutrz po rozejmie zabór rosyjski znajdował się w trudnym położeniu. Tam był rdzeń państwa polskiego, utworzonego przez Niemców i Austriaków 5 listopada 1916 r., które miało pozostać pod panowaniem niemieckim, gdyby państwa centralne odniosły zwycięstwo. Rząd ten pozostał przy władzy do końca wojny. Po rozejmie Rada Regencyjna nie mogła nadal istnieć z dwóch powodów:

1) ponieważ był to rząd utworzony przez państwa centralne;

2) ponieważ był to rząd konserwatywny. W kraju, który znajduje się pomiędzy Rosją bolszewicką i Niemcami w stanie rewolucji rząd konserwatywny nie mógł się utrzymać.

Rada Regencyjna oddała władzę w ręce gen. Piłsudskiego, wpływowego członka Partii Socjalistycznej, który cieszył się dużą popularnością we wszystkich partiach, gdyż na po-

2 Zob. s. 209.

czątku wojny walczył przeciwko Rosji, a który w drugim okresie poróżnił się z Niemcami i został przez nich wtrącony do więzienia.

Gen. Piłsudski utworzył rząd całkowicie socjalistyczny. Był to na pewno zręczny chwyt zastosowany w atmosferze rewolucji, w jakiej znalazła się Polska ze względu na swoje położenie, chwyt podobny do tego, jaki zauważamy wśród zwierząt w obliczu nieprzyjaciela, gdy upodabniają się doń barwą, mimo to rząd natknął się na olbrzymie trudności. Z jednej strony, dwie wielkie partie o tendencjach bardziej umiarkowanych sprzymierzyły się przeciwko niemu, z drugiej zaś, nie miał on pieniędzy, a wreszcie nie wzbudzał zaufania u sojuszników, którzy oczywiście nie czynili mu wyrzutów z powodu jego charakteru wyłącznie socjalistycznego, ale mieli wątpliwości co do jego sympatii i zarzucali mu zaproszenie do Warszawy przedstawiciela niemieckiego. Paryski Komitet Centralny był kilkakrotnie namawiany przez ugrupowania polskie do spowodowania upadku gabinetu i nawiązał kontakt z gen. Piłsudskim, aby spróbować namówić go do ustąpienia, lecz napotykał przez długi czas znane nieprzejednanie wszystkich skrajnych partii, ponieważ socjaliści w Polsce nie są mniej nieprzejednani niż w innych krajach. Niedawno Paderewski został wysłany do Polski i miał szczęście dojść do kompromisu z gabinetem Piłsudskiego. Niezwłocznie zorganizował rząd koalicyjny, w składzie którego są reprezentowane trzy wielkie partie polskie.

Utworzenie tego rządu pozwala przypuszczać, że trudności wewnętrzne skończyły się. Pozostaje przeanalizować komplikacje zewnętrzne, którym Polska powinna stawić czoło. Gdy oddziały niemieckie na mocy postanowień rozejmu wycofały się w stronę Prus Wschodnich, pozostawiając wschód Polski bez zabezpieczenia, popełniły wiele przestępstw różnego rodzaju; jedno z nich jest cięższe niż wszystkie inne. Władze niemieckie ustąpiły śmiało miejsca bolszewikom, a odmówiły go władzom polskim. Oddziały niemieckie nie zawahały się nawet przed przekazaniem bolszewikom sprzętu wojennego. Na przykład w Wilnie, gdy oddziały polskie zwróciły się do oficera niemieckiego o zezwolenie na przejście, zwracając jego uwagę, że jeśli bolszewicy owładną terenem, Polacy zostaną zmasakrowani, w odpowiedzi usłyszeli: „To okropne, ale będziecie zmasakrowani".

Również wbrew art. XVI rozejmu, bolszewicy znacznie posunęli się w głąb terytorium Polski i w obecnej chwili znajdują się w odległości niecałych 150 km od Warszawy. Lecz nie tam jest ich cel: oświadczają oni otwarcie, że chcą skontaktować się bezpośrednio z Niemcami, a przede wszystkim z grupą spartakusowców[3], aby móc szerzyć swoje idee w całej Europie.

W ten sposób Polska znajduje się w niebezpieczeństwie grożącym jej ze strony bolszewików, a przy tym jest bez środków obrony. Nie brak jej ludzi, którzy zaciągnęliby się do walki, lecz brak jej broni i amunicji. W Warszawie sytuacja jest tak krytyczna, że mieszkańcy Poznania byli zmuszeni wysłać niedawno dwa miliony naboi i było to z ich strony najlepszym darem dla potrzebującego miasta. Nie można myśleć o wysłaniu broni i amunicji przez Austrię, gdyż droga ta jest zbyt długa i jeżeli Polska nie otrzyma wkrótce amunicji przez Gdańsk, grozi jej wielkie niebezpieczeństwo z tej strony.

3 Związek Spartakusa, skrajnie lewicowy ruch rewolucyjny w Niemczech, działał pod różnymi nazwami w latach 1915–1918, jego działacze utworzyli w 1918 Komunistyczną Partię Niemiec.

Nie jest to jednak jedyne niebezpieczeństwo, któremu musi ona stawić czoło. Od strony południowej Polska znajduje się w konflikcie z bandami ukraińskimi. Wojska austriackie, wycofując się w stronę Galicji Wschodniej, ograbiły magazyny i porozdawały znajdującą się w nich broń i amunicję, zachęcając tym samym mieszkańców do masakry cudzoziemców. I rzeczywiście na Podolu i Wołyniu zostało zamordowanych w niesłychanych torturach ponad 2 tys. osób; niektóre ofiary były poćwiartowane niczym w średniowieczu. Większość tych rodzin była pochodzenia polskiego, gdyż duże posiadłości w tych okolicach były własnością Polaków. Ukraińcy zawładnęli nawet Lwowem, ale miasto zostało odbite przez oddziały polskie[4].

Wobec tego Polska znajduje się w sytuacji, w której musi stawić czoło na dwóch frontach, lecz nie posiada ona ani wojska, ani broni, ani amunicji. To prawda, że we Francji znajduje się wojsko polskie i rząd warszawski prosił o przesłanie go do Polski, ale w tym celu należy zabezpieczyć jego transport i środki komunikacji z Polską. Nie można myśleć o przesłaniu go przez Austrię, gdyż droga ta jest zbyt długa i skomplikowana; jedyna droga możliwa i najbardziej skuteczna prowadzi przez Gdańsk, ale linia kolejowa Gdańsk–Toruń znajduje się w rękach nieprzyjaciela.

Rząd polski zwrócił się do sojuszników z prośbą o zajęcie tej linii przez wojska alianckie na mocy art. XVI, lecz ta sugestia nie została przychylnie przyjęta. Obecnie rząd polski proponuje zajęcie tej linii przez wojska polskie, ale pod warunkiem zgody rządu niemieckiego. Byłoby na pewno znacznie lepiej, gdyby linia Toruń–Gdańsk obsadzona była oddziałami alianckimi, gdyż w ten sposób uniknęłoby się wszelkich trudności z Niemcami, ale rząd polski jest gotów zabezpieczyć własnymi siłami tę linię, jeśli zostanie upoważniony przez przedstawicieli mocarstw i jeśli władze niemieckie nie podniosą sprzeciwu.

Z tego exposé wynika, że Polska, której grozi niebezpieczeństwo zduszenia przez bolszewików, nie może otrzymać żadnej pomocy, jeśli nie zapewni się środków komunikacji, co jest możliwe tylko w sposób skuteczny przez linię kolejową Toruń–Gdańsk.

Żadne z mocarstw w obecnej chwili nie może czuć się zabezpieczone przed bolszewikami, a najmniej już Polska, gdyż w ciągu dłuższego czasu znajdowała się ona pod kontrolą Rosji, która stosowała we wszystkich swoich posiadłościach politykę ciemnoty. W zaborze rosyjskim duża część ludności jest gotowa przyjąć ten jad bolszewizmu. Między innymi w Polsce znajduje się znaczna część ludności żydowskiej i ostatnie wypadki wskazują na to, że organizacje żydowskie sprzyjają bolszewizmowi.

Dla tych wszystkich przyczyn jest niezbędne, aby Polska otrzymała możliwie jak najszybciej broń i amunicję, jak również jest konieczne, aby w tym celu sojusznicy zajęli przez [...][5] swoich wojsk w porozumieniu z władzami niemieckimi.

[P. Clemenceau pyta p. Dmowskiego, czy może on udzielić kilku informacji na temat roszczeń terytorialnych Polski. P. Dmowski odpowiada, że] pierwsza trudność terytorialna, z jaką spotkała się Polska, powstała z państwem czechosłowackim. [Ubolewa on nad

4 1–22 XI 1918, oblężenie trwało do czerwca 1919.

5 Luka w oryginale.

faktem, że] może dojść do konfliktu pomiędzy braćmi słowiańskimi, którzy w przyszłości powinni być sojusznikami.

Przyczyną konfliktu jest rejon Cieszyna, który znajduje się między Galicją i Morawami. Większa część tego obszaru jest polska, reszta jest czeska, ale ludność nie jest zmieszana i część zachodnia zamieszkiwana jest prawie wyłącznie przez Czechów, a część wschodnią zamieszkują Polacy, co zresztą potwierdzają ostatnie statystyki austriackie. Czechosłowacy nie przeczą, że okręg ten w znacznej swej części jest polski i przyczyny, na które się powołują, aby podać w wątpliwość ten fakt, mają charakter historyczny i ekonomiczny. Utrzymują oni także, że ludność, która jest polska ze względu na język, nie jest taką pod względem zaangażowania uczuciowego, ale jest rzeczą oczywistą, że podobny argument nie może mieć większego znaczenia. W chwili upadku Austrii polskie i czechosłowackie władze lokalne zawarły w Cieszynie, 5 listopada 1918 r., porozumienie o podziale okręgu na dwie strefy, jedną mającą przypaść w udziale Polsce, drugą zaś Republice Czechosłowackiej. Porozumienie to było zatwierdzone przez rząd warszawski, ale nie zostało uznane przez rząd w Pradze.

I kilka dni temu armia czechosłowacka wtargnęła na terytorium przyznane Polsce. Wypadek ten to nie tylko pogwałcenie terytorium, ale jest to akt bardzo groźny, gdyż stanowi on pierwszy konflikt między Sojusznikami. Rząd polski ma jedno tylko życzenie: żyć w pokoju ze swymi sąsiadami, a przede wszystkim z Republiką Czechosłowacką; lecz poprzez agresję rząd praski naraża przyszłość stosunków między obu krajami.

Rząd polski mocno nalega, aby przedstawiciele mocarstw wezwali rząd czechosłowacki do wycofania swoich oddziałów z terytoriów okupowanych przez nie i do zastosowania się do porozumienia cieszyńskiego.

[Baron Sonnino[6] zapytuje, czy okręg cieszyński stanowił część Austrii czy Czech. P. Dmowski odpowiada, że] okręg ten nie należał do Austrii, lecz stanowił część Śląska.

[P. Clemenceau prosi p. Dmowskiego o wskazanie, jakie powinny być granice Polski zgodnie z życzeniem rządu polskiego. P. Dmowski odpowiada, że] spośród trzech rządów, które podzieliły między siebie Polskę, jedynie rząd berliński miał jakąś politykę w sprawie Polski i jemu udało się w pewnym stopniu narzucić ją Rosji i Austrii.

W ciągu tej wojny rząd niemiecki przedsięwziął wszystko, aby uregulować problem polski zgodnie z własnymi życzeniami, ponieważ zrozumiał on, że jedną z konsekwencji wojny powinno być uregulowanie kwestii polskiej. Rząd niemiecki uważał Polskę za niebezpieczeństwo dla ekspansji Niemiec. Również wtedy, kiedy uważał się za zwycięzcę, rząd niemiecki zorganizował Polskę tak małą, jak to tylko było możliwe, liczącą zaledwie 8 do 10 mln mieszkańców, pod nazwą Królestwa Polskiego, ale otoczył ją sferami wpływów niemieckich, pozostawiając zabór niemiecki Niemcom, a zabór austriacki – Austrii. Poza tym sprzyjał on powstaniu dwóch państw: Litwy i Ukrainy, które byłyby w pewnym sensie protektoratami niemieckimi.

Litwa zaczęła mówić o sobie zaledwie około czterdziestu lat temu. Ruch litewski powstał w znacznym stopniu na skutek intryg Niemców, którzy w rozwoju jego aspiracji widzieli środek jednoczesnego zwalczania Polski i Rosji. Kampania ta jest dziełem ludzi pełnych

6 Giorgio Sidney Sonnino (1847–1922), polityk włoski, w latach 1914–1919 minister spraw zagranicznych.

energii i dobrej woli, lecz nie udało jej się utworzyć nowego narodu i właściwie nie można mówić o państwie litewskim.

To samo można powiedzieć i o Ukrainie. Ukraina była wymysłem Niemców. Literatura niemiecka aż roi się od dzieł i artykułów na temat narodowości ukraińskiej, a ruch ukraiński był wspomagany pieniędzmi niemieckimi i austriackimi. Jest on zresztą całkiem młody i jeszcze bardzo słaby.

W ten sposób koncepcja niemiecka zawierała Polskę małą, liczącą mniej niż 10 mln mieszkańców, duszoną przez Litwę i Ukrainę z jednej strony, a cesarstwo niemieckie i cesarstwo austriackie – z drugiej.

Chodzi w tej chwili o to, aby dowiedzieć się, jaka będzie Polska, którą mają wskrzesić sojusznicy. Jest to na pewno problem skomplikowany i trudny, gdyż, studiując historię, można stwierdzić, że w pewnych okresach Polska stanowiła królestwo większe niż jakiekolwiek państwo w Europie. Ale Katarzyna II i Fryderyk Wielki w 1772 r. dokonali podziału Polski i odtąd znalazła się ona pod rządami trzech państw obcych.

Czy jest taki kraj, który w podobnych warunkach zachowałby tyle sił witalnych, jakich dowód mamy obecnie w Polsce? Jeśli pytają się, jaka jest ludność Francji lub Włoch, albo każdego innego kraju, wystarczy otworzyć jakąkolwiek pracę statystyczną i można będzie zobaczyć, że jest tyle a tyle milionów Francuzów, tyle milionów Włochów itd. Inaczej ma się rzecz, jeśli postawi się pytanie, ilu jest Polaków. Jest niemożliwością w obecnej chwili odpowiedzieć na to pytanie. Są Polacy zamieszkujący w Polsce, są Polacy z Niemiec, Polacy z Austrii, są Polacy z Rosji, są jeszcze Polacy, którzy nie mają pełnej świadomości swojej narodowości. [Tak więc zupełnie niedawno p. Dmowski] spotkał w Anglii czterech jeńców cywilnych pochodzących z Prus Wschodnich, którzy mówili tylko po niemiecku, ale którzy twierdzili, iż ich przodkowie pochodzą z Polski. Trudną rzeczą jest przeto opieranie się na statystykach lub mapach przy wyznaczaniu granic Polski. Jest jedyna możliwość osiągnięcia tego celu, tj. brać pod uwagę jako punkt wyjścia granice Polski z 1772 r. i przeprowadzić pewne rektyfikacje, które uzna się za konieczne ze względów politycznych lub przemysłowych.

P. Clemenceau proponuje przenieść dalszy ciąg dyskusji na posiedzenie popołudniowe. Propozycja ta została przyjęta przez Radę. Posiedzenie zostało zamknięte o godzinie 13.

Drugie posiedzenie z dnia 29 stycznia 1919 r., godz. 15.30

[P. Clemenceau oddaje głos p. Dmowskiemu dla kontynuowania exposé, dotyczącego żądań Polski. P. Dmowski przypomina, że zakończył on swoje poranne przemówienie na tym, że] w celu ustalenia aktualnych granic Polski trzeba wziąć za punkt wyjścia granice Polski sprzed rozbioru z 1772 r. i wprowadzić rektyfikacje uzasadnione względami politycznymi, ekonomicznymi i przemysłowymi.

Pomiędzy obszarami odłączonymi od Polski znajdują się rzeczywiście terytoria zgermanizowane, ale które pierwotnie nie należały do Niemiec. Tymi terytoriami są Śląsk i południowa część Prus Wschodnich. Niemcom udało się narzucić swoje wpływy i cywilizację poprzez szkoły, koszary, a niekiedy nawet poprzez strach. Na tych terenach część ludności uważana jest za niemiecką, lecz jest pochodzenia polskiego. Według statystyk tylko 3% ludności zamieszkującej Gdańsk stanowiliby Polacy, ale można mieć pewność, że gdyby to miasto oddano Polsce, nowe statystyki przeprowadzone w sposób niezależny pozwoliłyby na skonstatowanie, że przynajmniej 40% ludności jest Polakami. Gdy nazajutrz po zawarciu rozejmu Niemcy z Gdańska chcieli zorganizować wiec protestacyjny przeciwko przyłączeniu tego miasta do Polski, zebrali tylko 16 podpisów.

Niemcy mogli dokonać germanizacji Polski tylko poprzez całą serię ustaw antypolskich; i gdyby chcieć się dowiedzieć, jakie są właściwe naturalne granice Polski, można by powiedzieć, że wszystkie terytoria, na których antypolskie ustawy pozostały w mocy, są polskimi.

Tam istnieje niewątpliwie trudny do rozwiązania problem, gdyż mapa etnograficzna jest bardzo nieregularna. Stwierdza się np. w Prusach Wschodnich wysepkę niemiecką w Królewcu, która jest całkowicie oddzielona od Niemiec przez terytorium zamieszkiwane przez Polaków. Czy zechce się pozbawić Polskę pasma terenów łączących ją z morzem, ażeby zachować Królewiec dla Niemiec? Albo może trzeba będzie odizolować terytorium niemieckie? Oczywiście, państwo polskie nie chce opierać się na gwałcie i nie chce pod żadnym pozorem wcielenia wysepki Królewca; ale jeśli pod pretekstem przyłączenia Niemców z Królewca do Niemiec pozbawiono by Polskę dostępu do morza, niesprawiedliwość byłaby większa niż w przypadku przyłączenia Królewca do Polski. Wielu ludziom może się wydawać, że Polska jest przyzwyczajona do aktów niesprawiedliwości, że może znieść jeszcze i inne, lecz jeśli już niesprawiedliwości musi się stać zadość, to czyż nie lepiej będzie, jeśli skierowana ona będzie przeciwko Niemcom, którzy poprzez całe wieki narzucali ją swym sąsiadom?

[P. Clemenceau zapytuje, ile liczy ludność okręgu królewieckiego. P. Dmowski odpowiada, że] rejon ten jest zamieszkiwany przez około 1,5 mln Niemców.

[P. Lloyd George[7] pyta, ile jest ludności w Prusach Wschodnich. P. Dmowski odpowiada, że] ludność [Prus Wschodnich] liczy około 5 mln, w tym 1200 tys. stanowią Polacy zamieszkujący część południową.

Dodaje on, że przyznanie Polsce wyjścia na morze jest warunkiem koniecznym dla utrzymania w przyszłości pokoju. Jeśli wybrzeże należy do jednego narodu, a centrum kraju do drugiego, to sprzyja to stałym konfliktom między sąsiadami. Ludność z centrum będzie się starała dojść do morza, a mieszkańcy wybrzeża będą próbowali rozszerzyć swoje wpływy na centrum. Wypływa to w sposób zupełnie widoczny z niemieckiej polityki. Ponieważ ich posiadłości na wybrzeżu rozciągały się do Niemna – z punktu widzenia ekonomicznego te granice były złe – dlatego też próbowali oni wchłonąć ludność polską w centrum. Wystarczy tylko rzucić okiem na tablicę posiadłości niemieckiej Komisji Kolonizacyjnej[8] w Polsce. Nawet pod zaborem rosyjskim rząd rosyjski sprzyjał niemieckiej kolonizacji, gdyż rząd carski uważał, że Polska jest dla Rosji jedną z przyczyn trudności, na jakie napotyka Rosja, toteż popierał rozwój wpływów niemieckich, aby zniszczyć nacjonalizm polski.

7 David Lloyd George (1863–1945), brytyjski polityk i mąż stanu pochodzenia walijskiego, w latach 1916–1922 premier, współtwórca traktatu wersalskiego, znany z niechęci do Polski.

8 Powołana w 1886 przez Landtag pruski, jej celem było skupywanie gruntów od polskich ziemian i parcelowanie ich dla kolonistów niemieckich. Działała do 1918.

Wobec tego, albo ta wysepka z 1,5 mln mieszkańców niemieckich będzie oddzielona od Niemiec, albo naród polski będzie wystawiony w przyszłości na oddzielenie od morza i zależność ekonomiczną od Niemiec, a w konsekwencji będzie wystawiony na próby wchłonięcia Polski przez Niemcy. Rozwiązanie problemu wymaga nie tylko przyłączenia terytoriów, gdzie znajduje się większość ludności polskiej, lecz także obszarów, gdzie są bardzo silne narodowe uczucia (*sentiment*) polskie oraz trzeba się zdecydować na izolowanie niemieckiego terytorium Królewca. Być może można będzie stworzyć tam małą niemiecką republikę handlową, jaka istniała przed 1870 r. Jeśli takie rozwiązanie zostałoby przyjęte, możliwe jest, że rozwinąłby się prąd emigracji polskiej na te obszary, które po pewnym czasie straciłyby niemiecki charakter. Czy nie byłoby lepiej i sprawiedliwiej, aby raczej małe niemieckie państewko było wystawione na emigrację Polaków, niż wystawić cały naród polski na próbę wielkiego niebezpieczeństwa, odmawiając mu dostępu do morza i stawiając go w zależności od Niemców.

Idea wchłonięcia Polski jest tak zakorzeniona w psychice niemieckiej, że sam Bebel[9] nie wahał się napisać w swojej książce *Die Frau und der Sozialismus*: „Naszym zadaniem nie jest kolonizacja Afryki, lecz kolonizacja Wisły". Polska nie może być wystawiona na to niebezpieczeństwo w przyszłości. Chce ona mieć granice, które jej bronią i dają jej dostęp do Morza Bałtyckiego.

Co się zaś tyczy granic Polski na wschodzie, to trudności są innego rodzaju. W 1772 r. Polska na wschodzie rozciągała się do Dniepru i Dźwiny, na skutek przyłączenia Litwy, która zawładnęła terytoriami białoruskimi i wielkoruskimi. Ludność zamieszkująca miasta jest polska, lecz znaczna część ludności wiejskiej nie jest narodowości polskiej i jej wcielenie do Polski stworzyłoby poważne trudności. Granica Polski na wschodzie powinna sprowadzić się do tego, aby pozostawić Rosji ludność niepolską.

Na tych terytoriach powstały dwa ruchy narodowe: ruch litewski i ruch ukraiński, które datują się zaledwie od mniej więcej czterdziestu lat i które mają specyficzny charakter. Przeważnie ruch narodowy jest skierowany przeciwko ciemięzcom. Nieco inaczej ma się rzecz na Ukrainie i Litwie, gdyż ruch ten został skierowany przeciwko Polakom, czyli ciemiężonym, a Rosjanie występowali tu w charakterze gospodarzy. Prawdopodobnie można tym wytłumaczyć, że ruch ten nie napotkał przychylności, na jaką można było liczyć.

Patrząc z punktu widzenia Ligi Narodów, oczywiste jest, że ta Liga, jak zresztą każde inne stowarzyszenie, ma szansę rozwoju tylko w przypadku, gdy w skład jej wejdą członkowie solidarni, to znaczy narody dobrze zorganizowane. A naród – to grupa ludzi zdolnych do zorganizowania się, do wyrażania swoich poglądów i mających ustaloną linię polityczną. Co zaś obserwuje się w grupie wschodniej: Rosja znajduje się pod rządami despotycznymi utworzonymi przez garstkę ludzi. Te same warunki panują na wschodzie Polski. Większość ludności jest pozbawiona jakichkolwiek ideałów, poczucia swojej narodowości i obowiązków obywatelskich. Jedynie garstka ludzi stara się im narzucić swoją władzę. Jeśli Liga Na-

9 Ferdinand August Bebel (1840–1913), niemiecki działacz socjalistyczny, publicysta i teoretyk socjaldemokracji. W tekście niemieckim książki *Kobieta i socjalizm* nie ma takiego stwierdzenia.

rodów przyjęłaby jako członków takie państwa jak Litwa i Ukraina, to przyjęłaby na swoje łono nie państwa silne, ale zorganizowaną anarchię.

Cały świat jest przeto zainteresowany, aby na wschodzie Europy mieć państwo dobrze zorganizowane, zdolne do zapewnienia porządku i utrzymania pokoju. W tych warunkach nie wydaje się, aby można było uznać Ukrainę jako państwo samodzielne, niezależne. Co do Litwy, to jeśli można przyjąć możliwość uznania jej autonomii – i rząd polski ma nadzieję, że tak będzie – to państwo liczące 3 mln ludzi powinno być połączone z Polską, gdyż nie jest ono zdolne istnieć samo. Litwa mogłaby więc być państwem autonomicznym, połączonym z Polską.

Można obawiać się, aby wszystko to, co pozostanie na wschód od Polski, nie stało się łupem anarchii, ponieważ w tych rejonach w obecnej chwili nie istnieje rząd zdolny zapewnić porządek. Rosja będzie jeszcze długo państwem najbardziej nieszczęśliwym na świecie, gdzie czarny despotyzm może znaleźć następcę w postaci czerwonego despotyzmu, gdyż partie umiarkowane są zbyt słabe i niezbyt liczne, aby przejąć władzę, a masa ludności jest zbyt ospała, aby reagować.

[P. Orlando[10] pyta, czy p. Dmowski wierzy w powrót caratu. P. Dmowski odpowiada, że] jest to całkiem możliwe, ale jest on przekonany o tym, że jakaś forma despotyzmu zastąpi despotyzm aktualny, a gdyby carat został w Rosji przywrócony, to wróciłyby wraz z nim wszystkie wady starego ustroju.]

[P. Dmowski kontynuuje, że] jeśli Polska gotowa jest zrzec się znacznej części swych terytoriów, które niegdyś należały do niej, to oczywiście nie czyni tego bez żalu, lecz rząd warszawski obawia się, aby terytoria te nie stały się na dłuższy czas łupem anarchii i niebezpieczeństwa dla Polski, a dąży on przede wszystkim do tego, ażeby móc zabezpieczyć utrzymanie porządku i pokoju na terytoriach, które zostaną przyznane Polsce.

[P. Clemenceau zapytuje, czy jeszcze ktoś zechce zabrać głos. Prezydent Stanów Zjednoczonych zauważa, że exposé p. Dmowskiego było tak jasne i wyczerpujące, że odpowiada ono na wszystkie pytania postawione przez przedstawicieli mocarstw.

P. Dmowski prosi o pozwolenie dodania mu kilku słów na temat Galicji Wschodniej.] W tym kraju większa część ludności jest ruska, a Polacy stanowią zaledwie 16 tys. na ponad 465 tys. mieszkańców. Ale jeśli studiuje się statystyki, to w wolnych zawodach można stwierdzić, że Rusini przedstawiają zaledwie nikłą mniejszość 5%. Można więc wyciągnąć stąd wniosek, że Galicja Wschodnia nie jest w stanie utworzyć samodzielnego państwa z własnym rządem, ale Rusini mają prawo do gwarancji zabezpieczających niezależność ich narodowi.

10 Vittorio Emanuele Orlando (1860–1952), włoski polityk, premier w latach 1917–1919.

Lenin na I Kongresie Kominternu.

Zima 1918/1919 r. była dla rewolucji bolszewickiej wyjątkowo dramatyczna. Sytuacja praktycznie wymykała się spod kontroli, znaczna część Rosji dostała się pod wpływy białych i wojsk krajów zaangażowanych w antyrewolucyjną interwencję. Do Moskwy zbliżał się Kołczak. Lenin zdecydował się na zwołanie zjazdu, by uzyskać akceptację komunistów z innych krajów dla doktryny odrzucającej możliwość przejęcia władzy na drodze parlamentarnej. Dyktaturę proletariatu mogła zapewnić tylko światowa rewolucja. Choć zjazd był od początku zmanipulowany przez bolszewików i uczestniczyło w nim tylko 34 reprezentantów często nieistotnych ugrupowań, to jednak powstały Komintern, organizacja stawiająca sobie za cel likwidację kapitalizmu na świecie, przez kilkadziesiąt lat w złowieszczy sposób wywierał wpływ na historię. (Edwin Bendyk)

WŁODZIMIERZ LENIN

O DEMOKRACJI BURŻUAZYJNEJ I DYKTATURZE PROLETARIATU

I KONGRES III MIĘDZYNARODÓWKI KOMUNISTYCZNEJ (KOMINTERNU)

MOSKWA, 4 MARCA 1919

1. Wzrost rewolucyjnego ruchu proletariatu we wszystkich krajach wywołał wśród burżuazji i jej agentów w organizacjach robotniczych rozpaczliwe próby znalezienia ideowopolitycznych argumentów w obronie panowania wyzyskiwaczy. Spośród tych argumentów szczególnie szermuje się potępianiem dyktatury i obroną demokracji. Fałsz i obłuda takiego argumentu, powtarzanego na tysiące sposobów w prasie kapitalistycznej i na konferencji żółtej Międzynarodówki w lutym 1919 r. w Bernie, oczywiste są dla wszystkich, którzy nie chcą sprzeniewierzać się podstawowym twierdzeniom socjalizmu.

2. Przede wszystkim argument ten operuje pojęciami „demokracja w ogóle" i „dyktatura w ogóle", pomijając pytanie, o jaką klasę chodzi. Takie pozaklasowe lub ponadklasowe, rzekomo ogólnonarodowe ujęcie zagadnienia jest po prostu natrząsaniem się z podstawowej nauki socjalizmu, mianowicie z nauki o walce klasowej, z nauki, którą w słowach uznają, lecz w praktyce zapominają socjaliści, którzy przeszli na stronę burżuazji. W żadnym bowiem cywilizowanym kraju kapitalistycznym nie istnieje „demokracja w ogóle", lecz tylko demokracja burżuazyjna, i mowa jest nie o „dyktaturze w ogóle", lecz o dyktaturze klasy uciskanej, czyli proletariatu, nad ciemięzcami i wyzyskiwaczami, czyli nad burżuazją, w celu złamania oporu, który stawiają wyzyskiwacze w walce o swoje panowanie.

3. Historia uczy, że żadna klasa uciskana nigdy nie zdobyła panowania i nie mogła go zdobyć bez przejścia przez okres dyktatury, tj. bez zdobycia władzy politycznej i zdławienia przemocą najbardziej rozpaczliwego, najbardziej zaciekłego, nie cofającego się przed żadnymi zbrodniami oporu, który zawsze stawiali wyzyskiwacze. Burżuazja, której panowania bronią teraz socjaliści występujący przeciwko „dyktaturze w ogóle" i gotowi dać się ukrzyżować za „demokrację w ogóle", zdobywała władzę w przodujących krajach za cenę wielu powstań, wojen domowych, zdławienia przemocą królów, feudałów, właścicieli niewolników oraz ich prób przywrócenia dawnych porządków. Socjaliści wszystkich krajów wyjaśniali ludowi tysiące i miliony razy w swych książkach, broszurach, w rezolucjach swoich zjazdów, w swych przemówieniach agitacyjnych klasowy charakter tych burżuazyjnych rewolucji, tej burżuazyjnej dyktatury. Toteż obecna obrona demokracji burżuazyjnej osłonięta gadaniną o „demokracji w ogóle" oraz obecne lamenty i krzyki przeciwko dyktaturze proletariatu osłonięte krzykiem o „dyktaturze w ogóle" są jawną zdradą socjalizmu, faktycznym przejściem na stronę burżuazji, negowaniem prawa proletariatu do własnej, proletariackiej rewolucji, są obroną burżuazyjnego reformizmu w takim właśnie momencie historycznym, w którym burżuazyjny reformizm na całym świecie zakończył się krachem i w którym wojna stworzyła sytuację rewolucyjną.

4. Wyjaśniając klasowy charakter burżuazyjnej cywilizacji, burżuazyjnej demokracji, burżuazyjnego parlamentaryzmu, wszyscy socjaliści wyrażali myśl, którą z największą ścisłością naukową sformułowali Marks i Engels w słowach, że najbardziej demokratyczna republika burżuazyjna nie jest niczym innym jak machiną do dławienia klasy robotniczej przez burżuazję, mas pracujących przez garstkę kapitalistów. Wśród tych, którzy podnoszą dziś krzyk przeciwko dyktaturze i w obronie demokracji, nie ma ani jednego rewolucjonisty, ani jednego marksisty, który by nie zaklinał się przed robotnikami i nie przysięgał, że uznaje tę podstawową prawdę socjalizmu; a teraz, kiedy wśród rewolucyjnego proletariatu zaczyna się wrzenie i ruch zmierzający do zburzenia owej machiny ucisku i do wywalczenia dyktatury proletariatu, ci zdrajcy socjalizmu przedstawiają sprawę w ten sposób, że burżuazja rzekomo obdarzyła masy pracujące „czystą demokracją", że burżuazja rzekomo zrezygnowała z oporu i gotowa jest podporządkować się większości ludzi pracy, że rzekomo w republice demokratycznej nie było i nie ma żadnej machiny państwowej służącej do ucisku pracy przez kapitał.

5. Komuna Paryska – którą w słowach czczą wszyscy pragnący uchodzić za socjalistów, wiedzą oni bowiem, że masy robotnicze darzą ją gorącą i szczerą sympatią – w sposób szczególnie poglądowy wykazała historyczną względność oraz ograniczoną wartość burżuazyjnego parlamentaryzmu i burżuazyjnej demokracji – instytucji w dużym stopniu postępowych w porównaniu ze średniowieczem, ale nieuchronnie wymagających gruntownych przemian w epoce rewolucji proletariackiej. Właśnie Marks, który dał najlepszą ocenę historycznego znaczenia Komuny, analizując ją, wykazał eksploatatorski charakter burżuazyjnej demokracji i burżuazyjnego parlamentaryzmu, kiedy klasy uciskane otrzymują prawo raz na kilka lat decydować o tym, jaki przedstawiciel klas posiadających będzie „reprezentował i tratował" (*ver- und zertreten*) lud w parlamencie. Właśnie teraz, kiedy ruch radziecki, ogarniając

cały świat, na oczach wszystkich kontynuuje dzieło Komuny, zdrajcy socjalizmu zapominają o konkretnym doświadczeniu i o konkretnych naukach Komuny Paryskiej, powtarzając stare bzdury burżuazyjne o „demokracji w ogóle". Komuna nie była instytucją parlamentarną.

6. Znaczenie Komuny polega następnie na tym, że podjęła ona próbę rozbicia, zburzenia aż do podstaw burżuazyjnego aparatu państwowego, aparatu urzędniczego, sądowniczego, wojskowego, policyjnego i zastąpiła go samorządną masową organizacją robotników, która nie znała podziału władzy na ustawodawczą i wykonawczą. Wszystkie współczesne republiki burżuazyjno-demokratyczne, łącznie z niemiecką, którą zdrajcy socjalizmu, urągając prawdzie, nazywają proletariacką, zachowują ten aparat państwowy. Tak więc potwierdza się raz jeszcze w sposób całkiem oczywisty, że krzyki w obronie „demokracji w ogóle" są w istocie rzeczy obroną burżuazji i jej eksploatatorskich przywilejów.

7. „Wolność zgromadzeń" może być uważana za typowe żądanie „czystej demokracji". Każdy świadomy robotnik, który nie zerwał ze swą klasą, zrozumie od razu, że niedorzecznością byłoby przyrzekać wyzyskiwaczom wolność zgromadzeń w okresie i w warunkach, kiedy wyzyskiwacze przeciwstawiają się ich obaleniu i bronią swych przywilejów. Kiedy burżuazja była rewolucyjna, nie zapewniała ona, ani w Anglii 1649 roku, ani we Francji 1793 roku, „wolności zgromadzeń" monarchistom i szlachcie, którzy wzywali obce wojska i „zgromadzali się" w celu organizowania prób restauracji. Jeśli obecna burżuazja, która dawno stała się reakcyjna, żąda, by proletariat bez względu na to, jaki opór kapitaliści będą stawiali wywłaszczeniu ich, z góry zapewnił wyzyskiwaczom „wolność zgromadzeń", to robotnicy będą się tylko śmiali z obłudy burżuazji.

Z drugiej strony, robotnicy doskonale wiedzą, że „wolność zgromadzeń" nawet w najbardziej demokratycznej republice burżuazyjnej jest czczym frazesem, bogacze bowiem mają do swej dyspozycji najlepsze gmachy publiczne i prywatne oraz dość wolnego czasu na zgromadzenia i możliwości ochrony ich przez burżuazyjny aparat władzy. Proletariusze miast i wsi oraz drobni chłopi, czyli ogromna większość ludności, nie mają ani pierwszego, ani drugiego, ani trzeciego. Dopóki istnieje taki stan rzeczy, dopóty „równość", czyli „czysta demokracja", jest oszustwem. Aby wywalczyć prawdziwą równość, aby faktycznie zrealizować demokrację dla ludzi pracy, trzeba najpierw odebrać wyzyskiwaczom wszystkie gmachy publiczne i luksusowe gmachy prywatne, trzeba najpierw dać wolny czas ludziom pracy, trzeba, by wolności ich zgromadzeń strzegli uzbrojeni robotnicy, a nie szlacheccy synalkowie czy oficerowie kapitaliści z zahukanymi żołnierzami.

Dopiero po takiej przemianie można bez natrząsania się z robotników, z ludzi pracy, z biedaków, mówić o wolności zgromadzeń, o równości. A takiej przemiany nie dokona nikt inny poza awangardą ludzi pracy – proletariatem, który obala wyzyskiwaczy, burżuazję.

8. „Wolność prasy" jest również jednym z głównych haseł „czystej demokracji". Robotnicy jednak i w tym wypadku wiedzą, a socjaliści wszystkich krajów miliony razy stwierdzali, że wolność ta jest oszustwem, dopóki najlepsze drukarnie i największe zapasy papieru zagarnięte są przez kapitalistów oraz dopóki kapitał ma nad prasą władzę przejawiającą się na całym świecie tym jaskrawiej, tym wyraziściej, tym bardziej cynicznie, im bardziej rozwinięty jest demokratyzm i ustrój republikański, jak na przykład w Ameryce. Aby wywalczyć

rzeczywistą równość i prawdziwą demokrację dla ludzi pracy, dla robotników i chłopów, trzeba najpierw odebrać kapitałowi możność najmowania pisarzy, kupowania wydawnictw i przekupywania gazet, w tym celu zaś należy zrzucić jarzmo kapitału, obalić wyzyskiwaczy, zgnieść ich opór. „Wolność" określana przez kapitalistów była zawsze dla bogaczy wolnością ciągnięcia zysków, dla robotników wolnością umierania z głodu. Wolnością prasy nazywają kapitaliści wolność przekupywania prasy przez bogaczy, wolność wykorzystywania bogactwa do fabrykowania i fałszowania tak zwanej opinii publicznej. Obrońcy „czystej demokracji" również w tym wypadku okazują się w rzeczywistości obrońcami najnikczemniejszego, najbardziej skorumpowanego systemu panowania bogaczy nad środkami uświadamiania mas, okazują się oszustami, którzy za pomocą gładkich, pięknych i na wskroś fałszywych frazesów odciągają lud od konkretnego, historycznego zadania wyzwolenia prasy z jarzma kapitału. Prawdziwą wolnością i równością będzie taki ład, jaki tworzą komuniści, w którym nie będzie możliwości bogacenia się cudzym kosztem, nie będzie obiektywnej możliwości ani bezpośredniego, ani pośredniego podporządkowywania prasy władzy pieniądza, nie będzie przeszkód, by każdy człowiek pracy (lub grupa ludzi pracy bez względu na liczebność) miał jednakowe prawo do korzystania ze społecznych drukarń i społecznego papieru i urzeczywistniał je.

9. Historia XIX i XX stulecia dowiodła nam już przed wojną, czym jest faktycznie sławetna „czysta demokracja" w kapitalizmie. Marksiści zawsze mówili, że im bardziej rozwinięta, im „czystsza" jest demokracja, tym bardziej jawna, tym ostrzejsza, bezwzględniejsza staje się walka klasowa, tym „czystszą" postać przybiera ucisk kapitału i dyktatura burżuazji. Sprawa Dreyfusa w republikańskiej Francji, krwawe masakry strajkujących robotników dokonywane przez najemne oddziały uzbrojone przez kapitalistów w wolnej i demokratycznej republice Ameryki – te i tysiące podobnych faktów potwierdzają prawdę, którą burżuazja daremnie usiłuje ukryć, a mianowicie, że w najbardziej demokratycznych republikach w rzeczywistości panuje terror i dyktatura burżuazji, przejawiające się otwarcie za każdym razem, kiedy wyzyskiwaczom zaczyna się wydawać, iż władza kapitału się chwieje.

10. Wojna imperialistyczna w latach 1914–1918 ostatecznie ujawniła nawet zacofanym robotnikom prawdziwy charakter burżuazyjnej demokracji nawet w najbardziej wolnych republikach jako dyktaturę burżuazji. W celu wzbogacenia niemieckiej czy angielskiej grupy milionerów lub miliarderów wymordowano dziesiątki milionów ludzi, a w najbardziej wolnych republikach wprowadzono wojskową dyktaturę burżuazji. Ta dyktatura wojskowa trwa nadal w krajach Ententy również po rozgromieniu Niemiec. Właśnie wojna bardziej niż cokolwiek innego otworzyła oczy ludziom pracy, zdarła z burżuazyjnej demokracji fałszywe ozdoby, pokazała ludowi cały bezmiar spekulacji i zysków osiąganych w czasie wojny i w związku z wojną. W imię „wolności i równości" burżuazja prowadziła tę wojnę, w imię „wolności i równości" niesłychanie bogacili się dostawcy wojenni. Żadne wysiłki żółtej berneńskiej Międzynarodówki nie ukryją przed masami zdemaskowanego teraz ostatecznie eksploatatorskiego charakteru burżuazyjnej wolności, burżuazyjnej równości, burżuazyjnej demokracji.

11. W najbardziej rozwiniętym kraju kapitalistycznym na kontynencie europejskim, w Niemczech, już pierwsze miesiące wolności republikańskiej, którą przyniosło rozgro-

mienie imperialistycznych Niemiec, wykazały robotnikom niemieckim i całemu światu, na czym polega prawdziwa istota klasowa burżuazyjnej republiki demokratycznej. Zamordowanie Karola Liebknechta i Róży Luksemburg[1] jest wydarzeniem światowej wagi historycznej nie tylko dlatego, że tragicznie zginęli najlepsi ludzie i przywódcy prawdziwie proletariackiej Międzynarodówki Komunistycznej, lecz i dlatego, że w przodującym państwie europejskim – można bez przesady powiedzieć: przodującym w skali światowej – została obnażona w całej pełni jego istota klasowa. Jeśli ludzie aresztowani, tzn. tacy, których władza państwowa wzięła pod swoją ochronę, mogli być bezkarnie zamordowani przez oficerów i kapitalistów w okresie rządów socjalpatriotów, to znaczy, że republika demokratyczna, w której taki fakt był możliwy, jest dyktaturą burżuazji. Ludzie, którzy wyrażają swe oburzenie z powodu zamordowania Karola Liebknechta i Róży Luksemburg, ale nie rozumieją tej prawdy, ujawniają przez to jedynie albo swą tępotę, albo swą obłudę. „Wolność" w jednej z najbardziej wolnych i przodujących republik świata, w republice niemieckiej, jest wolnością bezkarnego mordowania aresztowanych przywódców proletariatu. I nie może być inaczej, dopóki trwa kapitalizm, rozwój demokratyzmu bowiem nie stępia walki klasowej, lecz zaostrza ją, a wszystkie rezultaty i wpływy wojny oraz jej skutki doprowadziły walkę klasową do punktu wrzenia.

W całym świecie cywilizowanym ma teraz miejsce wydalanie bolszewików, prześladowanie ich, zamykanie w więzieniach – jak na przykład w jednej z najbardziej wolnych republik burżuazyjnych, w Szwajcarii; organizowane są pogromy bolszewików w Ameryce itp. Z punktu widzenia „demokracji w ogóle" lub „czystej demokracji" śmieszne jest po prostu to, że przodujące, cywilizowane, demokratyczne, uzbrojone po zęby kraje boją się obecności u siebie kilkudziesięciu ludzi z zacofanej, głodnej, zrujnowanej Rosji, którą gazety burżuazyjne w dziesiątkach milionów egzemplarzy nazywają dziką, zbrodniczą itd. Jasne jest, że sytuacja społeczna, która zrodzić mogła tak krzyczącą sprzeczność, jest w rzeczywistości dyktaturą burżuazji.

12. W tym stanie rzeczy dyktatura proletariatu jest nie tylko w zupełności uzasadniona jako środek obalenia wyzyskiwaczy i zdławienia ich oporu, ale jest również absolutnie niezbędna dla ogółu mas pracujących jako jedyna obrona przed dyktaturą burżuazji, która doprowadziła do wojny i przygotowuje nowe wojny.

Rzeczą główną, której nie rozumieją socjaliści i która stanowi o ich krótkowzroczności w dziedzinie teorii, o ich uleganiu burżuazyjnym przesądom oraz politycznej zdradzie wobec proletariatu, jest to, że w społeczeństwie kapitalistycznym przy nieco poważniejszym zaostrzeniu się leżącej u jego podstaw walki klasowej nie może istnieć nic pośredniego między dyktaturą burżuazji a dyktaturą proletariatu. Wszelkie mrzonki o czymś trzecim – to reakcyjne lamentowanie drobnego burżuja. Dowodzi tego zarówno doświadczenie przeszło stuletniego rozwoju demokracji burżuazyjnej, jak i ruchu robotniczego we wszystkich przodujących krajach, a zwłaszcza doświadczenie ostatniego pięciolecia. Świadczy o tym

1 Karl Liebknecht (1871–1919), Róża Luksemburg (1870–1919), radykalni działacze międzynarodowego ruchu socjalistycznego, współzałożyciele Związku Spartakusa, a poźniej Komunistycznej Partii Niemiec, 15 I 1919 aresztowani za udział w powstaniu robotniczym i zamordowani przez żołnierzy.

również cała nauka ekonomii politycznej, cała treść marksizmu, który wyjaśnia, że w każdej gospodarce towarowej dyktatura burżuazji jest ekonomicznie nieunikniona, że jej miejsce zająć może jedynie dyktatura klasy, którą sam rozwój kapitalizmu rozwija, pomnaża, zespala i wzmacnia, tzn. klasy proletariuszy.

13. Drugi teoretyczny i polityczny błąd socjalistów polega na nierozumieniu tego, że formy demokracji, poczynając od jej zaczątków w starożytności, nieuchronnie zmieniały się w ciągu tysiącleci w miarę tego, jak miejsce jednej klasy panującej zajmowała druga. W starożytnych republikach Grecji, w miastach średniowiecza, w przodujących krajach kapitalistycznych demokracja ma różnorakie formy i różny stopień zastosowania. Byłoby największą niedorzecznością sądzić, że najgłębsza rewolucja w dziejach ludzkości, pierwsze w świecie przejście władzy z rąk wyzyskującej mniejszości w ręce wyzyskiwanej większości może się dokonać w dawnych ramach starej, burżuazyjnej, parlamentarnej demokracji, może się dokonać bez najbardziej ostrych przełomów, bez stworzenia nowych form demokracji, nowych instytucji, które są ucieleśnieniem nowych warunków jej zastosowania itd.

14. Dyktatura proletariatu podobna jest do dyktatury innych klas pod tym względem, że jak każda dyktatura została wywołana koniecznością zdławienia przemocą oporu klasy tracącej panowanie polityczne. Zasadnicza różnica między dyktaturą proletariatu a dyktaturą innych klas – dyktaturą obszarników w wiekach średnich, dyktaturą burżuazji we wszystkich cywilizowanych krajach kapitalistycznych – polega na tym, że dyktatura obszarników i burżuazji była dławieniem przemocą oporu ogromnej większości ludności, mianowicie ludzi pracy. Dyktatura proletariatu, przeciwnie, jest dławieniem przemocą oporu wyzyskiwaczy, tj. znikomej mniejszości ludności – obszarników i kapitalistów.

Z tego z kolei wynika, że dyktatura proletariatu musi nieuchronnie przynieść ze sobą nie tylko, mówiąc ogólnie, zmianę form i instytucyj demokracji, lecz właśnie taką ich zmianę, która daje klasom uciskanym przez kapitalizm, klasom pracującym, niespotykane dotąd w świecie rozszerzenie zakresu faktycznego korzystania z demokratyzmu.

I rzeczywiście ta forma dyktatury proletariatu, która została już faktycznie stworzona, tj. władza radziecka w Rosji, Räte-System w Niemczech, Shop Stewards Committees i inne analogiczne instytucje radzieckie w innych krajach, wszystkie one oznaczają i realizują właśnie dla klas pracujących, tj. dla ogromnej większości ludności, taką faktyczną możliwość korzystania z praw i swobód demokratycznych, jaka nawet w przybliżeniu nigdy nie istniała w najlepszych i najbardziej demokratycznych republikach burżuazyjnych.

Istota władzy radzieckiej polega na tym, że stałą i jedyną podstawą całej władzy państwowej, całego aparatu państwowego jest masowa organizacja właśnie tych klas, które kapitalizm uciskał, tj. robotników i półproletariuszy (chłopów nie wyzyskujących cudzej pracy i uciekających się stale do sprzedawania chociażby części swej siły roboczej). Właśnie te masy, które nawet w najbardziej demokratycznych republikach burżuazyjnych – chociaż w myśl ustawy równouprawnione – faktycznie za pomocą tysięcy chwytów i wybiegów odsuwano od udziału w życiu politycznym i od korzystania z praw i swobód demokratycznych, włącza się teraz do stałego i bezwarunkowego, a zarazem decydującego udziału w demokratycznym rządzeniu państwem.

15. Tę równość obywateli, niezależnie od płci, wyznania, rasy, narodowości, którą demokracja burżuazyjna zawsze i wszędzie obiecywała, ale nigdzie nie wprowadziła i wobec panowania kapitalizmu wprowadzić nie mogła, władza radziecka, czyli dyktatura proletariatu, wprowadza od razu i całkowicie, uczynić to bowiem może tylko władza robotników, nie zainteresowanych w prywatnej własności środków produkcji oraz w walce o ich podział i ponowny podział.

16. Stara, tj. burżuazyjna demokracja i parlamentaryzm zorganizowane były w ten sposób, że właśnie masy pracujące były najbardziej odsunięte od aparatu rządzenia. Natomiast władza radziecka, tj. dyktatura proletariatu, zbudowana jest w taki sposób, by zbliżyć masy pracujące do aparatu rządzenia. Temu samemu celowi służy połączenie władzy ustawodawczej i wykonawczej w warunkach radzieckiej organizacji państwa oraz zastąpienie terytorialnych okręgów wyborczych jednostkami produkcyjnymi, jakimi są: zakład przemysłowy, fabryka.

17. Wojsko było aparatem ucisku nie tylko w monarchii. Pozostało ono nim również we wszystkich burżuazyjnych, nawet najbardziej demokratycznych republikach. Jedynie władza radziecka, jako stała państwowa organizacja tych właśnie klas, które uciskane były przez kapitalizm, jest w stanie zlikwidować podporządkowanie wojska komendzie burżuazji i rzeczywiście zespolić proletariat z wojskiem, rzeczywiście uzbroić proletariat i rozbroić burżuazję, bez czego niemożliwe jest zwycięstwo socjalizmu.

18. Radziecka organizacja państwa dostosowana jest do kierowniczej roli proletariatu jako klasy, którą kapitalizm najbardziej skoncentrował i uświadomił. Doświadczenie wszystkich rewolucji i wszystkich ruchów klas uciskanych, doświadczenie światowego ruchu socjalistycznego uczy nas, że tylko proletariat jest w stanie zjednoczyć i prowadzić za sobą rozproszone i zacofane warstwy pracującej i wyzyskiwanej ludności.

19. Jedynie radziecka organizacja państwa może rzeczywiście rozbić od razu i zburzyć doszczętnie stary, tj. burżuazyjny aparat urzędniczy i sądowniczy, który w kapitalizmie utrzymywał się i z konieczności utrzymywać się musiał nawet w najbardziej demokratycznych republikach, będąc faktycznie największą przeszkodą na drodze do wprowadzenia w życie demokratyzmu dla robotników i ludzi pracy. Komuna Paryska uczyniła na tej drodze pierwszy krok o znaczeniu historycznym w skali światowej. Władza radziecka – drugi.

20. Zniesienie władzy państwowej jest celem, który stawiali sobie wszyscy socjaliści, włącznie z Marksem i z nim na czele. Bez osiągnięcia tego celu prawdziwego demokratyzmu, tj. równości i wolności, nie można urzeczywistnić. A do celu tego prowadzi w praktyce tylko radziecka, czyli proletariacka, demokracja, włączając bowiem do stałego i bezwarunkowego udziału w rządzeniu państwem masowe organizacje ludzi pracy, zaczyna ona natychmiast stwarzać warunki do całkowitego obumierania wszelkiego państwa.

21. Całkowite bankructwo socjalistów, którzy zebrali się w Bernie, całkowite niezrozumienie przez nich nowej, tj. proletariackiej demokracji ujawniają szczególnie następujące fakty. 10 lutego 1919 r. Branting[2] zamknął w Bernie międzynarodową konferencję żółtej

2 Karl Hjalmar Branting (1860–1925), lider szwedzkich socjaldemokratów, w latach 1920–1925 trzykrotny premier Szwecji, laureat pokojowej Nagrody Nobla (1921), zwalczał bolszewików.

Międzynarodówki[3]. 11 lutego 1919 r. w Berlinie, w gazecie jej uczestników, „Die Freiheit", wydrukowano odezwę partii „niezależnych" do proletariatu. W odezwie tej uznaje się burżuazyjny charakter rządu Scheidemanna[4], zarzuca mu się chęć zniesienia rad, które odezwa nazywa *Träger und Schützer der Revolution* – nosicielami i obrońcami rewolucji, i proponuje się legalizację rad, nadanie im praw państwowych, nadanie im prawa zawieszania uchwał Zgromadzenia Narodowego z przekazywaniem sprawy pod głosowanie ogólnoludowe.

Taka propozycja – to zupełne bankructwo ideowe teoretyków, którzy bronili demokracji i nie rozumieli jej burżuazyjnego charakteru. Śmieszna próba połączenia systemu rad, tj. dyktatury proletariatu, ze Zgromadzeniem Narodowym, tj. z dyktaturą burżuazji, demaskuje ostatecznie zarówno ubóstwo myśli żółtych socjalistów i socjaldemokratów, jak i ich polityczną reakcyjność drobnych burżujów oraz ich tchórzliwe ustępstwa na rzecz niepowstrzymanie rosnącej siły nowej, proletariackiej demokracji.

22. Potępiając bolszewizm, większość żółtej Międzynarodówki w Bernie, która w obawie przed masami robotniczymi nie zdecydowała się na formalne przegłosowanie odpowiedniej rezolucji, postępowała słusznie z klasowego punktu widzenia. Ta właśnie większość w pełni solidaryzuje się z rosyjskimi mienszewikami[5] i socjalistami-rewolucjonistami[6] oraz z Scheidemannami w Niemczech. Rosyjscy mienszewicy i socjaliści-rewolucjoniści, skarżąc się na prześladowania ze strony bolszewików, usiłują ukryć fakt, że prześladowania te są spowodowane udziałem mienszewików i socjalistów-rewolucjonistów w wojnie domowej po stronie burżuazji przeciw proletariatowi. Zupełnie tak samo Scheidemannowie i ich partia dowiedli już w Niemczech, że w wojnie domowej biorą taki sam udział po stronie burżuazji przeciw robotnikom.

Jest więc rzeczą zupełnie naturalną, że większość uczestników berneńskiej żółtej Międzynarodówki opowiedziała się za potępieniem bolszewików. Było to wyrazem nie obrony „czystej demokracji", lecz samoobrony ludzi, którzy wiedzą i czują, że w wojnie domowej stoją po stronie burżuazji przeciw proletariatowi.

Oto dlaczego z klasowego punktu widzenia nie można nie uznać za słuszną uchwały większości żółtej Międzynarodówki. Proletariat, nie bojąc się prawdy, powinien spojrzeć jej prosto w oczy i wyciągnąć stąd wszystkie wnioski polityczne.

Towarzysze! Chciałbym dodać jeszcze coś niecoś do dwóch ostatnich punktów. Sądzę, że towarzysze, którzy mają wygłosić referat o Konferencji Berneńskiej, opowiedzą nam o tym bardziej szczegółowo.

3 Międzynarodowa Federacja Związków Zawodowych, potocznie Międzynarodówka Amsterdamska, utworzona na konferencji w Amsterdamie (26 VII–2 VIII 1919). W czasie II wojny światowej zawiesiła działalność, rozwiązana w 1945.

4 Philipp Scheidemann (1869–1939), niemiecki socjaldemokrata, w 1919 kanclerz pierwszego niemieckiego rządu wybranego w demokratycznych wyborach, od 1933 na emigracji w Danii.

5 Odłam Socjaldemokratycznej Partii Rosji powstały po rozłamie na II zjeździe w 1903. Wbrew nazwie stanowili wówczas większość w partii.

6 Partia Socjalistów Rewolucjonistów, tzw. eserowców, założona w 1901. W 1917 wyszła z podziemia, w jedynych wolnych wyborach do Zgromadzenia Narodowego w listopadzie 1917 uzyskali 41% głosów (niemal 2 razy więcej niż bolszewicy). Rewolucję październikową poparło lewe skrzydło partii. Prawe skrzydło wystąpiło przeciw bolszewikom.

Podczas całej Konferencji Berneńskiej nie powiedziano ani słowa o znaczeniu władzy radzieckiej. W Rosji już od dwóch lat omawiamy to zagadnienie. Już w kwietniu 1917 r. na konferencji partyjnej podjęliśmy od strony teoretycznej i politycznej zagadnienie: „Co to jest władza radziecka, jaka jest jej treść, na czym polega jej historyczne znaczenie?" Już prawie dwa lata omawiamy to zagadnienie i na naszym zjeździe partyjnym uchwaliliśmy w tej sprawie rezolucję.

Berlińska gazeta „Freiheit" opublikowała 11 lutego odezwę do proletariatu niemieckiego podpisaną nie tylko przez przywódców niezależnych socjaldemokratów Niemiec, ale i przez wszystkich członków frakcji niezależnych. W sierpniu 1918 r. największy teoretyk tych niezależnych, Kautsky[7], pisał w swej broszurze *Dyktatura proletariatu*, że jest zwolennikiem demokracji oraz organów radzieckich, ale że rady powinny mieć jedynie gospodarcze znaczenie, a bynajmniej nie powinno się ich uznawać za organizacje państwowe. Kautsky powtarza to samo na łamach „Freiheit" z 11 listopada i 12 stycznia. 9 lutego ukazuje się artykuł Rudolfa Hilferdinga[8], będącego również jednym z największych autorytetów wśród teoretyków II Międzynarodówki. Proponuje on, aby prawnie, w drodze ustawodawstwa państwowego, zespolić system rad ze Zgromadzeniem Narodowym. Było to 9 lutego. 11 lutego projekt ten zostaje przyjęty przez całą partię niezależnych i opublikowany w formie odezwy.

Chociaż Zgromadzenie Narodowe już istnieje, nawet kiedy „czysta demokracja" została urzeczywistniona, a później, kiedy najwięksi teoretycy niezależnych socjaldemokratów oświadczyli, że organizacje radzieckie nie powinny być organizacjami państwowymi, po tym wszystkim – znowu wahanie! To dowodzi, że panowie ci rzeczywiście zupełnie nie zrozumieli nowego ruchu i warunków jego walki. Świadczy to jednak jeszcze o czymś innym, a mianowicie: muszą istnieć warunki, przyczyny wywołujące to wahanie! Kiedy po wszystkich wydarzeniach, po prawie dwuletniej zwycięskiej rewolucji w Rosji proponuje się nam takie rezolucje, jak uchwalone na Konferencji Berneńskiej, w których nie mówi się nic o radach i ich znaczeniu, na konferencji, podczas której żaden delegat w żadnym przemówieniu nie wspomniał o tym ani słowem, mamy pełne prawo twierdzić, że wszyscy ci panowie umarli dla nas jako socjaliści i teoretycy.

W praktyce jednak, z politycznego punktu widzenia, jest to, towarzysze, dowód na to, że wśród mas dokonuje się wielki zwrot – skoro owi niezależni, którzy ze względów teoretycznych, w imię zasad występowali przeciw tym organizacjom państwowym, proponują nagle taką niedorzeczność jak „pokojowe" zespolenie Zgromadzenia Narodowego z systemem rad, tzn. połączenie dyktatury burżuazji z dyktaturą proletariatu. Widzimy, jak oni wszyscy zbankrutowali jako socjaliści i teoretycy i jaka ogromna przemiana dokonuje się w masach. Zacofane masy proletariatu niemieckiego idą ku nam, przyszły do nas! Zna-

7 Karl Kautsky (1854–1938), teoretyk marksistowski, działacz SPD, krótko w USPD, współtwórca tzw. programu erfurckiego. Po anschlussie Austrii wyemigrował do Amsterdamu.

8 Rudolf Hilferding (1877–1941), niemiecki polityk, teoretyk marksizmu i ekonomista, działacz SPD i USPD, w 1923 i 1928–1929 minister finansów, od 1933 na emigracji w Szwajcarii, a potem we Francji. W 1941 aresztowany przez władze Vichy i wydany gestapo popełnił samobójstwo.

czenie Niezależnej Socjaldemokratycznej Partii Niemiec[9], najlepszej części Konferencji Berneńskiej, jest zatem z teoretycznego i socjalistycznego punktu widzenia równe zeru; zachowuje ona jednak pewne znaczenie polegające na tym, że owe wahające się elementy są dla nas wskaźnikiem nastroju zacofanych części proletariatu. Na tym właśnie, w moim przekonaniu, polega ogromne historyczne znaczenie tej konferencji. Coś podobnego przeżyliśmy w naszej rewolucji. Nasi mienszewicy przeszli prawie identyczną drogę rozwoju co i teoretycy niezależnych w Niemczech. Początkowo, kiedy mieli oni w radach większość, byli za radami. Wtedy nie słyszało się nic innego, jak tylko: „Niech żyją rady!", „Za władzę rad!", „Rady – to rewolucyjna demokracja!" Kiedy zaś większość w radach uzyskaliśmy my, bolszewicy, wtedy zaczęli śpiewać na inną nutę: rady nie powinny istnieć równolegle ze Zgromadzeniem Konstytucyjnym; a rozmaici teoretycy mienszewiccy wysuwali prawie takie same propozycje w rodzaju połączenia systemu rad ze Zgromadzeniem Konstytucyjnym i włączenia ich do organizacji państwowej. Dowodzi to raz jeszcze, że ogólny przebieg rewolucji proletariackiej jest na całym świecie jednakowy. Najpierw żywiołowe tworzenie rad, następnie ich rozpowszechnianie się i rozwój, a potem wyłania się w praktyce kwestia: rady czy Zgromadzenie Narodowe, czy Zgromadzenie Konstytucyjne, czy burżuazyjny parlamentaryzm; całkowita dezorientacja wśród przywódców i wreszcie – rewolucja proletariacka. Uważam jednak, że po dwóch prawie latach rewolucji nie powinniśmy stawiać sprawy w ten sposób, lecz powinniśmy podejmować konkretne uchwały, ponieważ rozpowszechnianie systemu rad jest dla nas, a zwłaszcza dla większości krajów zachodnioeuropejskich, zadaniem najważniejszym.

Chciałbym przytoczyć tu tylko jedną rezolucję mienszewików. Prosiłem towarzysza Obolenskiego[10], by przełożył ją na język niemiecki. Obiecał mi to zrobić, ale niestety nie ma go tutaj. Ponieważ nie mam pełnego tekstu tej rezolucji, postaram się odtworzyć ją z pamięci.

Cudzoziemcowi, który nic nie słyszał o bolszewizmie, jest bardzo trudno wyrobić sobie własne zdanie o kwestiach spornych między nami. Wszystkiemu, co twierdzą bolszewicy, przeczą mienszewicy, i odwrotnie. Oczywiście, w czasie walki nie może zresztą być inaczej, toteż jest bardzo ważne, że na ostatniej konferencji partii mienszewików w grudniu 1918 roku uchwalono długą, szczegółową rezolucję, która została wydrukowana w całości w mienszewickim piśmie „Gazieta Pieczatnikow". W rezolucji tej mienszewicy sami przedstawiają pokrótce dzieje walki klasowej i wojny domowej. Rezolucja stwierdza, że potępiają oni te grupy w swej partii, które pozostają w sojuszu z klasami posiadającymi na Uralu, na południu, na Krymie i w Gruzji – i wylicza wszystkie te rejony. Te grupy w partii mienszewickiej, które w sojuszu z klasami posiadającymi występowały przeciwko władzy radzieckiej, są teraz w rezolucji potępiane, w ostatnim zaś punkcie potępia się również tych, którzy przeszli do komunistów. Z tego wynika: mienszewicy byli zmuszeni przyznać, że

9 Niezależna Socjaldemokratyczna Partia Niemiec (USPD), istniejąca w latach 1917–1931, w 1922 część działaczy weszła do KPD, dwa lata później większość prawego skrzydła powróciła do SPD.

10 Prawdopodobnie Walerian Walerianowicz Obolenski (właściwie N. Osinski, 1887–1938), działacz bolszewicki, po rewolucji październikowej m.in. szef Gosbanku, poseł w Szwecji, aresztowany w 1937, rozstrzelany.

w ich partii nie ma jedności i że część ich stoi po stronie burżuazji, a część po stronie proletariatu. Większa część mienszewików przeszła na stronę burżuazji i w czasie wojny domowej walczyła przeciwko nam. Prześladujemy oczywiście mienszewików, rozstrzeliwujemy ich nawet wtedy, kiedy w wojnie z nami walczą przeciw naszej Armii Czerwonej i rozstrzeliwują naszych czerwonych dowódców. Na wojnę burżuazji odpowiedzieliśmy wojną proletariatu – innego wyjścia być nie może. Tak więc z politycznego punktu widzenia wszystko to jest tylko mienszewicką obłudą. Z historycznego punktu widzenia jest niezrozumiałe, jak ludzie nie uznani oficjalnie za obłąkanych mogli na Konferencji Berneńskiej z polecenia mienszewików i eserowców mówić o walce bolszewików z nimi, ale pominąć milczeniem ich walkę w sojuszu z burżuazją przeciw proletariatowi.

Wszyscy oni zaciekle występują przeciwko nam, ponieważ ich prześladujemy. To prawda. Nie wspominają jednak ani słówkiem o tym, jaki był ich udział w wojnie domowej! Sądzę, że będę musiał oddać do protokołu cały tekst rezolucji, a towarzyszy z zagranicy poproszę o zwrócenie uwagi na tę rezolucję, stanowi ona bowiem dokument historyczny, w którym zagadnienie zostało ujęte właściwie i który dostarcza najlepszego materiału do oceny sporu między „socjalistycznymi" kierunkami w Rosji. Między proletariatem a burżuazją istnieje jeszcze klasa ludzi skłaniających się to w jedną, to w drugą stronę; tak było zawsze i we wszystkich rewolucjach i jest absolutnie niemożliwe, żeby w społeczeństwie kapitalistycznym, w którym proletariat i burżuazja tworzą dwa wrogie obozy, nie istniały między nimi warstwy pośrednie. Istnienie tych wahających się elementów jest rzeczą historycznie nieuniknioną i, niestety, elementy takie, które same nie wiedzą, po czyjej stronie staną jutro do walki, będą istniały jeszcze dosyć długo.

Chcę wnieść praktyczną propozycję, polegającą na tym, żeby uchwalić rezolucję, w której powinny być specjalnie podkreślone trzy punkty.

Po pierwsze: jedno z najważniejszych zadań towarzyszy z krajów zachodnioeuropejskich polega na wyjaśnianiu masom znaczenia, doniosłości i niezbędności systemu rad. Daje się zauważyć niedostateczne zrozumienie tego zagadnienia. Jeżeli nawet Kautsky i Hilferding jako teoretycy zbankrutowali, to ostatnio artykuły w piśmie „Freiheit" dowodzą jednak, że trafnie oddają oni nastroje zacofanych części proletariatu niemieckiego. U nas również działo się to samo: w ciągu pierwszych ośmiu miesięcy rewolucji rosyjskiej zagadnienie organizacji radzieckiej było bardzo szeroko dyskutowane; dla robotników nie było jasne, na czym polega nowy system i czy można z rad stworzyć aparat państwowy. W naszej rewolucji posuwaliśmy się naprzód nie drogą teoretyczną, lecz praktyczną. Na przykład nie wysuwaliśmy przedtem od strony teoretycznej kwestii Zgromadzenia Konstytucyjnego i nie mówiliśmy, że nie uznajemy Zgromadzenia Konstytucyjnego. Dopiero później, kiedy organizacje radzieckie rozpowszechniły się w całym kraju i zdobyły władzę polityczną, dopiero wtedy postanowiliśmy rozpędzić Zgromadzenie Konstytucyjne. Obecnie widzimy, że na Węgrzech i w Szwajcarii sprawa przedstawia się o wiele ostrzej. Z jednej strony, to bardzo dobrze: czerpiemy stąd niezachwianą pewność, że rewolucja w państwach zachodnioeuropejskich posuwa się szybciej i przyniesie nam wielkie zwycięstwa. Z drugiej zaś strony, kryje się w tym pewne niebezpieczeństwo, mianowicie takie, że walka będzie tak intensywna, iż świadomość mas robotniczych nie będzie nadążała za takim rozwojem. Znaczenie systemu rad nawet teraz nie jest jeszcze jasne dla szerokich mas politycznie wyrobionych robotników niemieckich, ponieważ są oni wychowani w duchu parlamentaryzmu i w przesądach burżuazyjnych.

Po drugie: o rozpowszechnianiu się systemu rad. Kiedy słyszymy, jak szybko rozpowszechnia się idea rad w Niemczech, a nawet w Anglii, jest to dla nas najważniejszym dowodem na to, że rewolucja proletariacka zwycięży. Powstrzymać jej bieg można tylko na krótki czas. Inaczej się sprawa przedstawia, kiedy towarzysze Albert[11] i Platten[12] oświadczają nam, że u nich we wsiach wśród robotników rolnych i drobnego chłopstwa rady prawie nie istnieją. Przeczytałem w „Rote Fahne" artykuł, w którym opowiedziano się przeciw radom chłopskim, ale, całkiem słusznie, za radami parobczańskimi i biedoty wiejskiej. Burżuazja i jej lokaje, jak Scheidemann i ska, wysunęli już hasło: rady chłopskie. Nam jednak potrzebne są tylko rady parobczańskie i biedoty wiejskiej. Niestety, z referatów towarzyszy Alberta, Plattena i innych wnioskujemy, że z wyjątkiem Węgier bardzo mało robi się dla rozpowszechnienia systemu radzieckiego na wsi. Na tym właśnie, być może, polega jeszcze praktyczne i dosyć duże niebezpieczeństwo zagrażające pewnemu zwycięstwu proletariatu niemieckiego. Zwycięstwo można uważać za zapewnione tylko wtedy, kiedy zorganizowani zostaną nie tylko robotnicy miejscy, ale i proletariusze wiejscy, i to zorganizowani nie tak jak przedtem – w związkach zawodowych i spółdzielniach – lecz w radach. My osiągnęliśmy zwycięstwo łatwiej, ponieważ w październiku 1917 r. szliśmy razem z chłopstwem, z całym chłopstwem. W tym sensie rewolucja nasza była wtedy burżuazyjna. Pierwszy krok naszego proletariackiego rządu polegał na tym, że dawne żądania całego chłopstwa, wyrażone przez rady chłopskie i zebrania chłopskie jeszcze za Kiereńskiego[13], zostały uznane w ustawie wydanej przez nasz rząd 26 października (starego stylu) 1917 r., nazajutrz po rewolucji. Na tym polegała nasza siła, dlatego też tak łatwo mogliśmy zdobyć przytłaczającą większość. Dla wsi nasza rewolucja wciąż jeszcze pozostawała burżuazyjną i dopiero później, po upływie pół roku, byliśmy zmuszeni w ramach organizacji państwowej zapoczątkować na wsi walkę klasową, zakładać w każdej wsi komitety biedoty, półproletariuszy, i systematycznie walczyć z burżuazją wiejską. U nas było to nieuniknione z racji zacofania Rosji. W Europie Zachodniej sprawa będzie miała inny przebieg, dlatego też powinniśmy podkreślić, że rozciągnięcie systemu rad również na ludność wiejską w odpowiednich, być może, nowych formach jest absolutnie konieczne.

Po trzecie: musimy powiedzieć, że zdobycie przez komunistów większości w radach stanowi główne zadanie we wszystkich krajach, w których władza radziecka jeszcze nie zwyciężyła. Nasza komisja do opracowania rezolucyj omawiała wczoraj to zagadnienie. Być może,

11 Max Albert (właściwie Hugo Eberlein, 1887–1941), niemiecki działacz komunistyczny, od 1906 w SPD, członek Związku Spartakusa, potem w KPD, delegat na I kongres Kominternu, od 1933 na emigracji, w 1936 w ZSRR, aresztowany w 1937, rozstrzelany w 1941.

12 Fritz Platten (1883–1942), szwajcarski komunista, towarzyszył Leninowi w podróży przez Niemcy w 1917, delegat na I kongres Międzynarodówki, aresztowany w 1938, zmarł w łagrze.

13 Aleksander Fiodorowicz Kiereński (1881–1970), prawnik i polityk rosyjski, członek partii eserowców, od lipca 1917 premier Rządu Tymczasowego.

inni towarzysze wypowiedzą się jeszcze w tej sprawie, ja jednak chciałbym zaproponować uchwalenie tych trzech punktów jako odrębnej rezolucji. Nie jesteśmy w stanie, rzecz jasna, wyznaczyć drogi rozwojowi. Bardzo możliwe, że w wielu krajach zachodnioeuropejskich rewolucja nastąpi bardzo szybko, my jednak, jako zorganizowana część klasy robotniczej, jako partia, dążymy i powinniśmy dążyć do uzyskania większości w radach. Wtedy zwycięstwo nasze będzie zapewnione i żadna siła nie zdoła przedsięwziąć czegokolwiek przeciwko rewolucji komunistycznej. W przeciwnym wypadku zwycięstwa nie odniesiemy tak łatwo i nie będzie ono długotrwałe. Chciałbym zatem zaproponować uchwalenie tych trzech punktów w postaci specjalnej rezolucji.

Mowa wygłoszona przez WŁODZIMIERZA LENINA **pod koniec marca 1919 r., zarejestrowana na płycie gramofonowej przez Centropieczat', organizację odpowiedzialną w latach 1919 – 1923 za centralną dystrybucję i zaopatrzenie w czasopisma. Centropieczat' zarejestrował 13 mów Lenina. Krótkie przemówienie jest wykładem ideologii państwa radzieckiego jako jedynego, które prowdzi lud do socjalizmu. Słowo „sowiety" zdążyło już zyskać na świecie autonomiczne znaczenie. Używanie m.in. w prasie angielskojęzycznej pojęcia sowiet power było dla Lenina dowodem żywotności i uniwersalności komunistycznego projektu realizowanego w bolszewickiej Rosji. Lenin nie miał wątpliwości, że tylko kwestią czasu jest rozszerzenie się władzy sowieckiej na inne kraje.** (Edwin Bendyk)

WŁODZIMIERZ LENIN

CZYM JEST WŁADZA RADZIECKA?

MARZEC 1919

Na czym polega istota tej nowej władzy, której nie chce lub nie może jeszcze zrozumieć większość krajów? Jej istota, która coraz bardziej przyciąga robotników wszystkich krajów, polega na tym, że o ile wcześniej państwem rządzili tak czy inaczej bogacze lub kapitaliści, to teraz państwem rządzą – i to masowo – właśnie te klasy, które były uciskane przez kapitalizm. Nawet najbardziej demokratyczną, nawet najbardziej wolną republiką, w której nadal rządzi kapitał, w której ziemia pozostaje nadal w rękach prywatnych, takimi państwami zawsze rządzi nieliczna mniejszość, składająca się w 9/10 z kapitalistów lub bogaczy.

Po raz pierwszy w świecie władza w państwie zorganizowana jest u nas, w Rosji, w taki sposób, że tylko robotnicy, tylko pracujący chłopi, z wyłączeniem eksploatatorów, tworzą masowe struktury – Rady. Rady te otrzymują pełnię władzy państwowej. I choć przedstawiciele burżuazji we wszystkich krajach rzucają oszczerstwa pod adresem Rosji, to na całym świecie słowo „Rada" stało się nie tylko zrozumiałe, ale popularne, stało się ulubionym słowem robotników, wszystkich ludzi pracy. Oto dlaczego władza radziecka, pomimo prześladowania zwolenników komunizmu w różnych krajach, władza radziecka nieuchronnie, z całą pewnością, w niedalekiej przyszłości zwycięży na całym świecie.

Doskonale zdajemy sobie sprawę z naszych braków w organizacji władzy radzieckiej. Władza radziecka to nie cudowny talizman. Władza radziecka nie może od razu uleczyć wszystkich błędów przeszłości – analfabetyzmu, braku kultury, dziedzictwa dzikiej wojny, dziedzictwa grabieżczego kapitalizmu. Ale za to zyskujemy dzięki niej możliwość przejścia do socjalizmu. Władza radziecka umożliwia tym, którzy byli uciskani, zrzucenie jarzma i stopniowe przejmowanie rządzenia państwem, zarządzania gospodarką, zarządzania produkcją.

Władza radziecka to droga do socjalizmu, określona przez masy ludu pracującego i dlatego – słuszna, i dlatego – niezwycię̇żona.

PRZEŁ. ANNA ŁABUSZEWSKA

Lew Dawidowicz TROCKI
(właśc. Lejba Bronstein) 1879–1940, rosyjski rewolucjonista, współtwórca i jeden z głównych przywódców Rosji Sowieckiej, organizator Armii Czerwonej, od 1929 na emigracji, na rozkaz Stalina zabity w Meksyku przez agenta NKWD.

LEW TROCKI **jako komisarz spraw zagranicznych wynegocjował w 1918 r. pokój brzeski z państwami centralnymi. Za cenę ogromnych ustępstw terytorialnych Rosja wycofała się z wojny, a władza bolszewicka zyskała spokój na najważniejszym froncie. Dzięki temu mogła skoncentrować się na zwalczaniu wewnętrznych przeciwników. Rosyjska wojna domowa praktycznie zakończyła się w 1920 r. – wojska białych zostały rozgromione, pozostało tylko zgrupowanie Wrangla na Krymie. W tych okolicznościach nowych wymiarów nabrał konflikt z Polską. O ile w 1919 roku unikano bezpośredniej konfrontacji, to rok później sytuacja była już inna. Piłsudski szykował się do odbicia Ukrainy i odtworzenia sojuszniczej Ukraińskiej Republiki Ludowej z Petlurą na czele, jednocześnie zaś bolszewicka Rosja miała wpisany w swoją ideologię nakaz eksportu rewolucji. Z tych względów od lutego 1920 r. rozpoczęto wzmacnianie sił na froncie z Polską. Do bezpośredniego starcia doszło pod koniec kwietnia – armia polska wspomagana przez siły ukraińskie ruszyła na Kijów i zajęła go 7 maja. W referacie wygłoszonym 5 maja Trocki dał przegląd sytuacji, tak jak ją widziały kręgi decyzyjne bolszewików. Jednocześnie pokrętnie, posługując się specyficzną sowiecką retoryką, uzasadniał ofensywne zamiary Sowietów.** (TZ)

LEW TROCKI

O WOJNIE Z POLSKĄ

REFERAT WYGŁOSZONY NA WSPÓLNYM POSIEDZENIU OGÓLNOROSYJSKIEGO CENTRALNEGO KOMITETU WYKONAWCZEGO RAD, MOSKIEWSKIEJ RADY DELEGATÓW ROBOTNICZYCH, CHŁOPSKICH I ARMII CZERWONEJ, ZARZĄDÓW ZWIĄZKÓW ZAWODOWYCH I KOMITETÓW FABRYCZNYCH, 5 MAJA 1920

Towarzysze!

Fronty północny, wschodni i południowy ukształtowały się podczas Rewolucji Październikowej i wojny domowej. Front zachodni odziedziczyliśmy po starej wojnie imperialistycznej z Niemcami i Austro-Węgrami. Pierwszą naszą troską i decyzją po Rewolucji Październikowej było zlikwidowanie tego odziedziczonego po poprzedniej wojnie frontu. Postawiliśmy przed sobą zadanie doprowadzenia do pokoju. Nasi wrogowie do tej pory zarzucają nam ze złośliwą satysfakcją, że walczyliśmy o pokój, że zorganizowaliśmy powstanie w imię tego pokoju, a w efekcie sprowadziliśmy na naszą ojczyznę nieszczęścia wojny domowej i wojen z wrogiem zewnętrznym. Ale to tylko potwierdza, że klasa robotnicza spotyka na swojej drodze ogromny opór i bez zdecydowanej walki nie zdoła zrealizować postawionych przed nią zadań. Z bronią w ręku, krwawą walką musi zniszczyć podstawy ustroju, z którego ta krwawa walka wyrasta.

Linia frontu zachodniego, odziedziczonego po caracie, w ciągu trzech lat rewolucji zmieniała się wielokrotnie, a jej zmiany odzwierciedlały te doniosłe wydarzenia, które wstrząsały Europą i światem. Pierwszy próbował przesunąć linię frontu rząd Kiereńskiego, ale skutkiem jego nieudanej ofensywy było rozszerzenie okupacji niemieckiej. Kiedy władza przeszła w ręce rad robotniczo-chłopskich, natychmiast podjęliśmy próbę likwidacji frontu zachodniego i zaproponowaliśmy pokój rządowi Austro-Węgier. Wszyscy pamiętamy te tragiczne czasy. Po pertraktacjach pokojowych, podczas których broniliśmy pokojowego programu rewolucji robotniczej, zostaliśmy ostatecznie zmuszeni (byliśmy, jak się okazało, jeszcze zbyt słabi) do podpisania 3 marca 1918 roku pokoju z potężnymi wówczas siłami militaryzmu niemieckiego. Wtedy granica przechodziła przez Jamburg[1], na wschód od Pskowa i Połocka. Pod ciężkim jarzmem okupacji niemieckiej z części dawnego Imperium Carskiego utworzono pseudosuwerenne państwa: Finlandię Mannerheima[2] (której nienawiść do nas miała czysto społeczny, reakcyjno-kapitalistyczny, a nie narodowościowy charakter, władza radziecka bowiem uznała niezależność Finlandii już pierwszego dnia, kiedy ta zaczęła suwerenne życie i walkę), utworzono Estonię, co do niezależności której nigdy nie zgłaszaliśmy żadnych pretensji, a także Łotwę, Litwę, Białoruś, Polskę i – wreszcie – Ukrainę, która przed 1 maja 1918 roku znalazła się pod całkowitą okupacją wojsk Hohenzollerna[3], wezwanych przez Radę Kijowską.

W tych ciężkich czasach nasza polityka wobec państw ościennych była taka sama jak obecnie. Nie tylko uznaliśmy suwerenność Polski, ale podczas rozmów pokojowych w Brześciu Litewskim broniliśmy tej suwerenności przed wszechpotężnymi siłami militaryzmu niemieckiego. Nasza delegacja kategorycznie sprzeciwiła się uznaniu rządu Kucharzewskiego[4], tego nędznego pachołka berlińskich drapieżców, za przedstawiciela niezależnej Polski. Imperializm niemiecki bardzo zabiegał (przede wszystkim chciał w ten sposób wpłynąć na opinię własnych mas pracujących) o nasze jawne bądź przynajmniej ciche poparcie ciemiężycielskiego reżimu okupacyjnego w Polsce, który przedstawiano jako skutek samookreślenia się narodu polskiego. Agenci Hohenzollerna już wówczas podjęli próbę wykradzenia tej formuły rosyjskiej rewolucji i uczynienia z niej przykrywki dla swoich zaborów i przemocy. Byliśmy wtedy zbyt słabi, by uciskaną Polskę wesprzeć militarnie. Ale solidaryzowaliśmy się z polskim narodem w jego walce z ciemiężcami: kłamstwu grabieżców i dyplomacji niemieckiej przeciwstawialiśmy naszą rewolucyjną prawdę o Polsce. Byłoby to śmieszne, wręcz nie przystoi nam, partii rewolucyjnej, chełpić się, że nie pozwoliliśmy wówczas Hohenzollernom sprostytuować formuły samookreślenia się narodu polskiego. Były to przecież czasy,

1 Dziś Kingisepp, miasto nad Ługą, 137 km na płd. zach. od Sankt Petersburga.

2 Carl Gustaf Emil Mannerheim (1867–1951), fiński marszałek, w latach 1944–1946 prezydent, w latach 1917–1918 represjami zdławił komunistyczną rewolucję w Finlandii, naczelny dowódca armii w wojnach z ZSRR: zimowej (1939–1940) i tzw. kontynuacyjnej (1941–1944).

3 Tj. cesarza Wilhelma II.

4 Premier rządu, zależnego od Niemiec i Austro-Węgier, Królestwa Polskiego od 26 XI 1917. Złożył dymisję 12 II 1918 na skutek okoliczności związanych z rokowaniami w Brześciu.

kiedy, jak się wydawało, byliśmy zależni od Hohenzollerna... Zresztą czy jakiekolwiek inne państwo świata odważyłoby się odmówić tej drobnej, ale jakże ważnej przysługi imperializmowi niemieckiemu – zwłaszcza gdyby w zamian uzyskało złagodzenie warunków traktatu pokojowego?

Później, kiedy obywatel Mirbach[5] mieszkał w Moskwie, a nawet niekiedy pojawiał się w loży Teatru Wielkiego na posiedzeniach zjazdu rad, ani na jotę nie zmieniliśmy naszego stanowiska. Mirbach domagał się, abyśmy (jawnie albo choćby pośrednio) uznali, że Polska znajdująca się pod butem Hohenzollerna jest Polską niezawisłą i samookreśliła się suwerennie. Odpowiadaliśmy wtedy, że zmuszeni do rozmowy przez niemieckich katów Polski zgodzimy się, a może nawet podpiszemy układ z rządem polskim, tym sługusem potężnych ciemiężców, ale nigdy i pod żadnym warunkiem nie uznamy, że Polacy, uginający się pod jarzmem niemieckiego imperializmu, są narodem wolnym i samostanowiącym o sobie.

Pod koniec 1918 roku, w rocznicę naszej Rewolucji Październikowej, wybuchła rewolucja w Niemczech. Jej skutki dla losów frontu zachodniego, dla losów całego świata, miały i nadal mają znaczenie, które trudno przecenić. Przebudziły się państwa ościenne; wybił dzwon niepodległości dla Ukrainy. Rady Kijowskiej, z Petlurą[6] na czele, która wezwała na Ukrainę wojska niemieckie, dawno już nie było: Niemcy wykorzystali do własnych celów, a następnie odsunęli niewygodnych polityków i zainstalowali swojego agenta, Skoropadskiego[7]. Ten padł tuż po Hohenzollernie. Przez Ukrainę przetoczyła się fala powstań. Klika Petlury skarżyła się wtedy całemu światu, że Ukrainę zajęły wojska moskiewskie. Ale to już dawne dzieje, od tego czasu na Ukrainie zaszło wiele zmian. Uznałem jednak za niezbędne jeszcze raz podkreślić, że w wyzwoleniu Ukrainy od petlurowszczyzny i skoropadszczyzny wojska moskiewskie prawie nie uczestniczyły. Ustanowienie władzy radzieckiej na tych terenach było dziełem oddziałów partyzanckich, żywiołowych powstań, które unaoczniły tylko, która władza rzeczywiście pochodzi od ludu i jest prawdziwą władzą ludową na Ukrainie.

Wydarzenia na Ukrainie wstrząsnęły całym frontem zachodnim. Siły niemieckie uległy dekoncentracji, wycofywały się, a te, które pozostały na pozycjach, poddawały się bez walki. Regularne wojska czerwone ściągnięte na front zachodni były nieliczne i słabe. Byli tam czerwoni Łotysze, czerwoni Estończycy, czerwoni Finowie. Oddziały te (tu dodam – praktycznie bez dowództwa) przesunęły się na zachód, nie natrafiając na większy opór.

Do marca 1919 roku czerwone terytorium poszerzyło się daleko na zachód, objęło Rygę i Wilno[8]. Nasza Armia Czerwona była jednak w tym czasie zajęta także walkami na południu i wschodzie. Dlatego na zachodzie po fali przypływu nadeszła fala odpływu: ziemie zajęte wcześniej przez czerwonych znowu zaczęły się kurczyć.

5 Wilhelm von Mirbach, ambasador Niemiec w Moskwie, zamordowany w zamachu 6 VIII 1918.

6 Semen Petlura (1879–1926), polityk i ataman ukraiński, od 1917 w ukraińskim ruchu niepodległościowym, 1919–1920 prezes dyrektoriatu Ukraińskiej Republiki Ludowej; za jego rządów na Ukrainie dokonano wielu pogromów Żydów; w 1920 podpisał układ sojuszniczy z Polską, po 1921 na emigracji, zamordowany w Paryżu przez żydowskiego zamachowca, Szoloma Schwartzbarda.

7 Pawło Skoropadski (1873–1945), wojskowy i polityk ukraiński, żołnierz armii carskiej, uczestnik wojny rosyjsko-japońskiej, w 1912 generał major; w 1918 dyktator Ukrainy; po obaleniu przez Petlurę na emigracji w Niemczech.

8 Bolszewicy zajęli Wilno 5 I 1919, wypierając z miasta siły polskie.

Jednak niezależnie od tego, że linia frontu zachodniego stale się zmieniała, że przesuwała się to w jedną, to w drugą stronę, nasza polityka pozostawała niezmienna. Niezmiennie nasze stanowisko polegało na pełnej, szczerej i bezwarunkowej gotowości do uznania prawa do samostanowienia narodów wchodzących niegdyś w skład Imperium Carskiego. Oczywiście, niełatwo było nam wbijać tę prawdę do głów przedstawicieli burżuazji i drobnej burżuazji tych krajów, a to właśnie z nimi mieliśmy do czynienia. Nawykli, by wszystko mierzyć miarką swych uprzedzeń, sympatii i antypatii, nie wierzyli w szczerość naszych intencji, nie wierzyli, że uznamy ich niezawisłość. Z tego względu popierali każde działanie wymierzone przeciw nam – i to w czasie gdy całą swą uwagę i wszystkie siły musieliśmy poświęcić problemom gospodarczym kraju.

Gdy tylko za pomocą zachodnioeuropejskiego imperializmu państwa ościenne zyskały możliwość utworzenia swoich sił zbrojnych, skierowały je nie tylko przeciw swoim robotnikom, okrutnie się z nimi rozprawiając, nie tylko oczyściły znaczną część swoich ziem z organizacji sowieckich, ale i znacznie przesunęły się na wschód. Linia frontu zachodniego zmieniła się znowu.

Co zaś się tyczy Polski, to po tym, jak zagarnęła ona Litwę, Białoruś i znaczną część ziem ukraińskich i wielkoruskich, tj. do końca ubiegłego roku, zdawało się, że wreszcie osiągnęła równowagę między tym, do czego dążyła w swoich zakusach, a tym, na co pozwalały jej siły. Pokoju z Polską nigdy nie podpisaliśmy, ale nie prowadziliśmy również operacji wojskowych na szeroką skalę: miały one jedynie charakter bardziej lub mniej istotnych działań oddziałów rozpoznania. Poważnych działań nie było. Po obu stronach rosło przekonanie, że wojna już się zakończyła oraz że prędzej czy później dyplomacja dojdzie do konsensusu i podpisze kiepski lub dobry, całkowity lub połowiczny, ale pokój. Na froncie zachodnim spodziewano się go z dnia na dzień, a dyplomacja radziecka nie szczędziła wysiłków, by nadejście tego pokoju jeszcze przyspieszyć.

Na dzisiejszym zebraniu, które zgromadziło najlepszych, myślących i zorganizowanych przedstawicieli moskiewskiego proletariatu, a które zwołaliśmy jako naradę wojenną, by znowu na cały kraj rzucić hasło wojny, uznałem za niezbędne podsumowanie ostatnich wysiłków naszej dyplomacji wobec Polski, jej nieustających prób nawiązania z Polską relacji pokojowych.

Niezależnie od zmian w rozkładzie sił i zmian linii frontu stanowisko naszej dyplomacji niezmiennie wyznacza ta sama rewolucyjna linia, to jest prawo do samostanowienia narodów, które wcześniej znajdowały się pod jarzmem caratu rosyjskiego i z tego powodu mogły nie mieć zaufania do Rosji i podejrzewać ją o podstępne zamiary. Z wielkim trudem, czynami, a nie pustymi słowami, musieliśmy przekonywać naszych wrogów, że to właśnie my jesteśmy jedyną partią, jedynym państwem, jedyną władzą na świecie, która rzeczywiście uznaje prawo narodów do samostanowienia.

Ale na to nasi wrogowie, w tym również w Polsce, odpowiadali: wśród bolszewików nie ma jednomyślności w tej sprawie, są podzieleni. Jedni uznają wolność i niepodległość Polski, inni nie – zwłaszcza partia wojny. Burżuje mierzyli nas miarką państwa burżuazyjnego, gdzie jest zawsze partia wojny, tj. ludzie pokroju Ludendorffa[9], narzucający rządowi swoją wolę.

9 Erich Ludendorff (1865–1937), niemiecki wojskowy, w czasie I wojny światowej współpracownik Hindenburga, współtwórca sukcesu w bitwie pod Tannenbergiem, później generalny kwatermistrz armii niemieckiej, faktyczny współdyktator, po wojnie związany z ruchem nazistowskim, m.in. w 1923 brał udział w puczu monachijskim.

Wśród nas nie ma partii wojny – mamy jasny, konkretny, przesiąknięty krwią dziesiątków tysięcy proletariuszy program. Program ten, będący jednocześnie programem całej partii komunistycznej, zobowiązuje nas wszystkich. Temu, do czego nas zobowiązuje, służymy radą i czynem, krwią i życiem, w podziemiu, na barykadach i u steru władzy. I już pierwszego dnia po tym, jak historia zmiotła parasol niemieckiego imperializmu nad państwami ościennymi, nasza dyplomacja poczyniła starania, aby nawiązać z nimi (a w tym, bynajmniej nie w ostatniej kolejności z Polską) relacje pokojowe. Pierwszy pookupacyjny rząd Moraczewskiego[10], drobnoburżuazyjnego szowinisty, zajmował się głównie złośliwą i dziką nagonką przeciw Rosji Radzieckiej. W odpowiedzi na propozycję wytyczenia linii demarkacyjnej, zawarcia rozejmu i pokoju, agenci rządu Moraczewskiego – jak wszyscy dobrze pamiętacie – 2 stycznia 1919 roku zabili członków naszej delegacji, misji Czerwonego Krzyża, najbardziej pokojowej ze wszystkich światowych organizacji, którą przecież te „chrześcijańskie", te „katolickie" rządy winny uszanować jako stojącą pod znakiem krzyża. Zabili wszystkich członków delegacji na czele z towarzyszem Wesołowskim[11], jednym z założycieli partii polskiego proletariatu, zasłużonym, oddanym, odpowiedzialnym rewolucjonistą i humanistą. Taka była pierwsza reakcja szowinistycznego burżuazyjnego rządu Moraczewskiego na pokojowe wysiłki naszej dyplomacji. I co – czy zaniechała dalszych prób? W żadnym wypadku! Z cierpliwością i konsekwencją zasługującą na najwyższe uznanie, dzień po dniu, przy każdej okazji komunikowała z naciskiem, że pokój jest możliwy i konieczny.

Rząd Moraczewskiego upadł. Zastąpił go jawnie burżuazyjny rząd Paderewskiego[12]. Początkowo Paderewski był skłonny zmienić stanowisko wobec Rosji Radzieckiej. Do Moskwy przysłano półoficjalnego przedstawiciela Aleksandra Więckowskiego[13]. Komisariat Spraw Zagranicznych od razu podjął z nim rozmowy na temat wszystkich podstawowych problemów w naszych stosunkach z Polską. Więckowski wyjechał do Warszawy. Odpowiedź nie nadeszła. Znów wzrosła fala burżuazyjnej nieufności i burżuazyjnej nienawiści do Rosji Radzieckiej, fala nadziei na realizację planów będącego wówczas jeszcze u władzy Clemenceau oraz grożącego nam z pianą na ustach lorda Churchilla. 18 kwietnia 1919

10 Jędrzej Moraczewski (1870–1944), polski polityk, działacz PPS, w 1918 minister komunikacji w tzw. rządzie lubelskim Daszyńskiego, 17 XI 1918–16 I 1919 premier, 1919–1925 członek CKW PPS i wicemarszałek Sejmu, w 1929 po przejściu PPS do opozycji zrezygnował z członkostwa Rady Naczelnej PPS i mandatu poselskiego, później wycofał się z polityki i zajął się działalnością związkową, był założycielem prorządowego Związku Związków Zawodowych (1931).

11 Bronisław Wesołowski, ps. Smutny, Jan z Kijowa, 1870–1919, rewolucjonista polski i radziecki, współzałożyciel SDKPiL, od 1917 w Piotrogrodzie, członek WCIK partii bolszewickiej, sędzia Sądu Najwyższego. Wspomniana misja przybyła do Warszawy 21 XII 1918. Jej zadaniem było wynegocjowanie warunków wymiany jeńców wojennych. Jednak za prowadzenie agitacji została wkrótce aresztowana. Jej członków odesłano do Moskwy na początku stycznia. W dość niejasnych okolicznościach na granicy polsko-sowieckiej Wesołowski został zastrzelony przez polskich żandarmów. Niektóre opracowania podają, że zginęło wówczas jeszcze dwóch lub trzech członków misji.

12 Ignacy Jan Paderewski (1860–1941), pianista i kompozytor, także polityk i działacz społeczny zbliżony do narodowej demokracji, w 1919 premier RP, podpisał w imieniu Polski traktat wersalski. Uznawany za wybitnego wirtuoza, ale słabego premiera.

13 Aleksander Więckowski (1854–1919), działacz socjalistyczny i niepodległościowy, w 1874 założyciel studenckiego kółka socjalistycznego w Petersburgu, wpółpracownik „Głosu", w 1917 doradca rządu Kiereńskiego. Na jego wniosek Piotrogrodzka Rada Delegatów Robotniczych w marcu 1917 uznała prawo Polski do niepodległości.

roku ludowy komisarz spraw zagranicznych[14] po raz kolejny podniósł kwestię stosunków polsko-radzieckich. Mniej więcej w tym samym czasie polskie wojska naruszyły „zasady" sztuki wojennej: ich żołnierze poprzebierali się za żołnierzy Armii Czerwonej, przedarli się do Wilna i zajęli to litewskie miasto[15]. To oczywiste: wtedy polscy szowiniści uważali się za wszechmocnych, a nas – za słabych. Nasza sytuacja na innych frontach również nie była łatwa. Po zajęciu Wilna, stolicy Litwy, rządzący w Polsce białogwardziści uznali za stosowne ogłosić, że z władzą radziecką, naruszającą wszelkie normy międzynarodowe, rozmawiać nie będą. I kto to mówi? Ci sami ludzie, którzy wymordowali naszą misję Czerwonego Krzyża, ci sami, którzy poprzebierali legionistów, by podstępem zająć Wilno.

22 grudnia 1919 roku ludowy komisarz spraw zagranicznych złożył przez radio otwartą, formalną propozycję: przystąpmy do rozmów pokojowych. Towarzysz Cziczerin nawiązał przy tym do oświadczenia zastępcy polskiego ministra spraw zagranicznych Skarżyńskiego[16], który niespodziewanie, kłamliwie stwierdził w sejmie, że władza radziecka nigdy nie zaproponowała Polsce pokoju. Tak więc 22 grudnia towarzysz Cziczerin zwrócił się z formalną notą przez radio – cały świat ją usłyszał. Odpowiedzi jednak nadal nie było.

28 stycznia 1920 roku, tj. ponad miesiąc później, skierowano kolejną odezwę do rządu i narodu polskiego, podpisaną przez przewodniczącego Rady Komisarzy Ludowych i ludowego komisarza spraw zagranicznych. Odezwa ta, formalna i konkretna, zawierała kilka propozycji. Po pierwsze, potwierdziliśmy w niej notę towarzysza Cziczerina z 22 grudnia. Po drugie, kategorycznie potwierdziliśmy nietykalność ziem polskich. Po trzecie wreszcie, oświadczyliśmy, że w oczekiwaniu na odpowiedź rządu polskiego i w nadziei na rozejm i pokój wydamy naszym wojskom rozkaz, by nie przekroczyły jakiejś konkretnej, wskazanej linii, wyznaczonej strefy. Zaproponowaliśmy, by linię tę wyznaczały pozycje, które aktualnie zajmowały nasze wojska. Dalej w naszej nocie stwierdziliśmy, że między nami i Niemcami (a tego obawiała się Polska) ani jakimkolwiek innym krajem nie został podpisany żaden tajny układ, żadna tajna umowa lub porozumienie, które byłoby bezpośrednio lub pośrednio skierowane przeciw Polsce. Notę zakończyliśmy stwierdzeniem, że w stosunkach wzajemnych Rosji i Polski nie ma takich problemów, których nie dałoby się rozwiązać na drodze pokojowej, drodze rozmów dyplomatycznych, drodze plebiscytu – sprawa dotyczyła przecież spornego terytorium. Taka była treść wydanego przez nas dokumentu. Ale i tego Polakom było mało. Nie doczekawszy się po raz kolejny odpowiedzi strony polskiej, Wszechrosyjski Centralny Komitet Wykonawczy na sesji plenarnej w dniu 2 stycznia przyjął i potwierdził naszą odezwę do rządu i narodu polskiego. Wydał ponadto deklarację, w której jasno i konkretnie sformułowano pokojowe dążenia i zamiary Rosji wobec Republiki Polskiej.

14 Gieorgij Wasiljewicz Cziczerin (1872–1930), rosyjski rewolucjonista, mieńszewik, w 1917 organizator powrotu Lenina do Rosji, od 1918 w partii bolszewickiej; od 18 I 1918 zastępca, a od 30 V 1918 ludowy komisarz spraw zagranicznych, przewodniczący sowieckiej delegacji na rozmowy w Brześciu.

15 19 IV 1919.

16 Tak w oryginale. Chodzi tu o Aleksandra Skrzyńskiego (1882–1931), późniejszego ministra i premiera RP. Oświadczenie Skrzyńskiego z 28 XI było odpowiedzią na interpelację poselską.

Powtórzę: 28 stycznia wystosowaliśmy naszą notę. Rząd polski myślał dwa miesiące, aż wreszcie – pod naciskiem mas pracujących – poczuł się do odpowiedzialności i odpowiedział na naszą notę. 27 marca Patek[17], polski minister spraw zagranicznych, zaproponował rozpoczęcie rozmów pokojowych w Borysowie, tj. miasteczku położonym na linii frontu, zajętym przez Polaków. 28 marca, tj. już następnego dnia, nasza dyplomacja zaoferowała po pierwsze – zawarcie rozejmu jako warunek podjęcia rozmów pokojowych, a po drugie – przeniesienie rozmów na grunt neutralny, przy czym proponowaliśmy Estonię. Burżuazyjny rząd polski nie zgodził się na rozejm powszechny, sugerując ograniczenie się do rozejmu na niewielkim odcinku borysowskim. Inaczej mówiąc, rząd polski powiedział nam: „Rozejmu na całym froncie nie będzie, będziemy prowadzić rozmowy pokojowe i dalej nacierać. Macie się stawić w miasteczku Borysów, które zajęliśmy. Tutaj, w Borysowie, będzie obowiązywał rozejm – trzy sążnie na lewo i trzy sążnie na prawo, a na pozostałych terenach będziemy nadal nacierać". Mówiono mi, że nawet arcyburżuazyjna i arcywroga nam angielska gazeta „Times" pisała, że warunki te są niespotykane i niebywałe. Tak może mówić tylko zaślepiony zwycięstwem jaśnie wielmożny barbarzyńca, który złamał kark pokonanemu wrogowi. Ale my nie byliśmy pokonani. Mocno staliśmy i stoimy na nogach. Pojawiła się wśród nas ogromna pokusa dać natychmiastową odpowiedź tym ogładzonym dzikusom, ale nasza dyplomacja nie dała się zwieść tym pokusom, kierując się głosem rozsądku. Rzeczowo, w spokojnych słowach, które szokowały niektórych towarzyszy (jak można w tak spokojnym tonie odpowiadać na jawną prowokację! – krzyczeli), w spokojnych słowach nasza dyplomacja wyjaśniła, że Borysowa nie możemy zaakceptować. I nie chodziło tu o żadne względy prestiżowe, towarzysze! Dobrze wiecie, że gardzimy tym, co burżuazyjna dyplomacja nazywa prestiżem. Dla nas liczą się jedynie interesy mas pracujących. Jeśli jest szansa przyspieszyć pokój o 24 godziny czy choćby nawet o 24 minuty, to żadne zabobonne „prestiże" się dla nas nie liczą. Nie o prestiż chodziło. Czy jednak mogliśmy uzbrojonemu po zęby wrogowi, który kontynuował walkę, pozwolić wybierać miejsce, gdzie miał nastąpić rozejm bądź też mieliśmy ustalić, że rozejmu nie będzie? Aby dać odpór wrogowi, musimy przecież uderzyć właśnie na odcinku borysowskim! Czy możemy dopuścić do tego, żeby wróg nam spętał ręce i nogi? To oczywiste: nasza odpowiedź musiała być negatywna. A mimo to poszliśmy na rękę rządowi z Warszawy. Zaproponowaliśmy nie tylko Estonię, której rząd poprosiliśmy o zorganizowanie konferencji pokojowej na gruncie estońskim i otrzymaliśmy uprzejmą odpowiedź. Zaproponowaliśmy dodatkowo Piotrogród, Moskwę lub Warszawę. Nie nalegaliśmy przy tym na powszechne i całkowite zawieszenie broni. Ale i ta propozycja została odrzucona bez wyjaśnienia przyczyn. 7 kwietnia rząd polski odpowiedział, że nie podejmie żadnych rozmów na temat miejsca pertraktacji. To bezprecedensowy (nawet w ocenie gazety „Times") przypadek historyczny: rząd walczącego z nami kraju żąda ultymatywnie, abyśmy prowadzili rozmowy w mieście, które zajął, a które leży niemal na linii ognia! Kiedy proponujemy szereg innych miast, naszych bądź polskich, bądź też neutralnych, słyszymy odpowiedź: nie będziemy z wami rozmawiać na temat miejsca pertraktacji!

17 Stanisław Patek (1866–1944), prawnik, adwokat związany z PPS, wielokrotny obrońca w procesach politycznych; w 1919 przedstawiciel Naczelnika Państwa na konferencji paryskiej; 1919–1920 minister spraw zagranicznych; później poseł w Japonii, ZSRR i USA; 1936–1939 senator.

A co na to nasza dyplomacja? Nasza dyplomacja nie straciła zimnej krwi. Nie ugięła się. 23 kwietnia oświadczyła w nocie publicznej na cały świat, że oprócz dowolnego kraju neutralnego, Piotrogrodu, Warszawy, Moskwy, Londynu lub Paryża, proponuje dodatkowo jeden z punktów okupowanych przez Polskę. Prosimy bardzo: chcecie Grodno – niech będzie Grodno. Chcecie Białystok – niech będzie Białystok. Chcemy tylko, by było to miasto leżące poza strefą działań wojennych. Taka była propozycja naszej dyplomacji. Odpowiedzi nie otrzymaliśmy. Nasza dyplomacja zwróciła się także ze swą propozycją do Ententy, do Anglii i Francji, które stoją za plecami Polski, proponując im pośrednictwo – chcą przecież pokoju i stosunków handlowych z nami. Odpowiedzi dalej nie było. Awanturnicy z Warszawy chcieli wojny za wszelką cenę.

Tymczasem Piłsudski, mieniący się naczelnikiem państwa i głównodowodzącym polskiej armii, zbierał swoje dywizje i przygotowywał petlurowską maskaradę w celu zajęcia Ukrainy. Jeśli chodzi o zaangażowanie Petlury, tego sławetnego wojewody z „Jarmarku Soroczyńskiego"[18], to Piłsudski okazał się wiernym uczniem niemieckich imperialistów – niewolniczo wręcz powielając najmniejsze szczegóły z ich wcześniejszego scenariusza. Kiedy wiosną 1918 roku Niemcy postanowili ograbić Ukrainę, w charakterze parawanu albo listka figowego, znaleźli żałosną firmę pod nazwą Rada Kijowska[19]. Petlura wchodził w jej skład i był wówczas pokornym instrumentem w rękach Hohenzollerna i Habsburga[20]. Po wykorzystaniu Petlury niemieccy imperialiści wyrzucili tego pożałowania godnego dyktatora z ukraińskiego wodewilu jak niepotrzebną szmatę. Po upadku Skoropadskiego Petlura sprzedał swoje usługi Ententcie i za jej pieniądze tworzył swoje bandy. Wkrótce zmiotła go jednak rewolucja radziecka na Ukrainie. Teraz, kiedy Piłsudski popychany przez najbardziej drapieżne elementy imperialistyczne powziął plan zniewolenia Ukrainy, Petlura znów postanowił się wcielić w starą rolę. Żałosny „hetman", który sprzedał się generałom austro-niemieckim i francuskim imperialistom, teraz nie przepuścił okazji, by sprzedać się polskim panom. W marcu Piłsudski zajął Mozyrz, Kalinkowicze, Owrucz i Rzeczycę, Petlura zaś 23 kwietnia rozpoczął szeroką ofensywę na froncie wołyńsko-kijowskim, zajmując Żytomierz i Zmierzynkę i kierując swoje główne siły na Kijów. W chwili obecnej wojska polskie wprost i bezpośrednio zagrażają Kijowowi i całej Ukrainie, a tym samym Rosji Radzieckiej, ściśle z nią powiązanej duchowo, materialnie i pod względem wojskowym.

Piłsudski wdarł się do Ukrainy niczym drapieżny wilk i jak szczwany lis wydał manifest, w którym wyjaśnił, że nie zajmuje, lecz wyzwala Ukrainę. Według tej samej recepty dwa lata wcześniej „wyzwolił" Ukrainę Wilhelm II. Za Ukrainę Prawobrzeżną, gdzie Piłsudski obiecuje ustanowić władzę Petlury (w co mogą uwierzyć tylko głupcy), Petlura oddaje w zamian Piłsudskiemu terytoria na zachód od linii Zbrucz–Styr i Horyń, to jest całą Galicję Wschodnią, Wołyń Zachodni, Polesie i Chełmszczyznę. Obejmują one ponad 100 000 wiorst kwadratowych, zamieszkanych przez siedem i ćwierć miliona dusz, z czego

18 Opera komiczna Modesta Musorgskiego, wg opowiadania Nikołaja Gogola.

19 Centralna Rada Ukraińska utworzona w Kijowie 17 III 1917 jako parlament niepodległej Ukraińskiej Republiki Ludowej.

20 Tj. cesarza Franciszka Józefa I.

pięć i ćwierć miliona stanowią Ukraińcy, Białorusini i Wielkorusini. W ten sposób na tym Jarmarku Soroczyńskim wielki wojewoda Petlura sprzedaje polskim panom pięć milionów Ukraińców w zamian za obietnicę, że uczynią go swym rządcą na Ukrainie Prawobrzeżnej.

Ten odrażający układ budzi sprzeciw nie tylko proletariusza i parobka, nie tylko przeciętnego chłopa z Kijowa, ale nawet ukraińskiego kułaka, mieszkającego po prawej stronie Dniepru, najbardziej zacofanego pod każdym względem. To będzie protest i zryw 99 procent ludności! Ten nieuchronny protest z karabinem w ręku, przeciwko Petlurze i jego mocodawcy Piłsudskiemu, będzie pełną i pewną gwarancją naszego zwycięstwa w czekającej nas ciężkiej i zaciekłej walce.

Tak, walka będzie ciężka. Polska armia jest liczebna. W ciągu ostatniego roku formowano ją bardzo energicznie. Ma znaczne rezerwy: w obecnych granicach Polski mieszka około 35 milionów dusz, jednak Polacy stanowią niewiele ponad 38 procent ogółu mieszkańców. Fakt, że polscy panowie siłą rządzą nie tylko swoimi chłopami i robotnikami, ale i masami pracującymi innych narodowości, będzie wpływać demoralizująco na polską armię. Ale ten czynnik ujawni się dopiero później, podobnie jak bardzo ostre w Polsce przeciwieństwa klasowe, które jaskrawo ujawnią się dopiero po naszym rozstrzygającym uderzeniu.

Polska klasa robotnicza nie chciała i nie chce wojny. Od nowego reżimu, od reżimu Piłsudskiego i jego szlacheckich popleczników polskie chłopstwo otrzymało tylko ochłapy, a ściślej – obietnice ochłapów. Chłopstwo nie będzie długo popierać tego reżimu, nie może dążyć do wojny, która przyniesie mu tylko zwiększenie ciężarów podatkowych, a jeśli wojna przeciągnie się, wpadnie w całkowitą nędzę i wykrwawi się na śmierć.

To wszystko jest bezsporne, ale dziś jeszcze nie wszyscy polscy chłopi to rozumieją. Jeszcze silne są wśród nich przesądy narodowe. Po długich latach ucisku Polska stała się niezależną republiką całkiem niedawno. Wrażliwość narodowa jest zbyt świeża, miodowe miesiące suwerenności państwa jeszcze nie minęły. Na tych właśnie nastrojach próbuje budować swą politykę „naczelnik Państwa Polskiego", Piłsudski. Nie wykorzeniono jeszcze braku zaufania i nienawiści wśród najbardziej zacofanych mas chłopskich do Rosji i do wszystkiego, co rosyjskie, a w ich świadomości i pamięci Rosja i to, co rosyjskie, są tożsame z carem i caratem. Z tego historycznego kapitału czerpie tantiemy „naczelnik Państwa Polskiego", Piłsudski.

Te ogromne zasoby ludzkie, stara tradycja narodowa, wzmocniona jeszcze przez utworzenie republiki, stara podejrzliwość wobec Rosji i do wszystkiego, co rosyjskie – to są elementy, które obecnie przeważają na szali Piłsudskiego i tych, którzy za nim stoją.

Generalnie jednak jego reżim jest reżimem słabym wewnętrznie i tak pod względem zarysów ogólnych, jak i w wielu szczegółach przypomina reżim Kiereńskiego. Niepewność i demoralizacja na wskroś przenikają kręgi oficerskie armii. Istnieją tam dwie frakcje: oficerów piłsudczyków (zwolenników Piłsudskiego) i oficerów narodowców, polskich kadetów i październikowców[21]. Te dwie organizacje tworzą kolizyjny splot. Robotnicy są niezadowoleni. Chłopi są niezadowoleni. Są też elementy ostrej walki, toczącej się zarówno na

21 Tu Trocki stosuje analogię do znanych słuchaczom partii rosyjskich: kadetów (konstytucyjnych demokratów – partii liberalnej inteligencji i szlachty) i członków Związku 17 Października skupiającego ziemian i wielkich przemysłowców.

górze, jak i walki między górą a zbuntowanymi dołami. Wszystkie te wydarzenia nastąpią jako ostateczny rezultat, jako zwieńczenie naszych wysiłków. Byłoby największym błędem sądzić, że historia poda nam polską rewolucję robotniczą na tacy i zwolni nas z konieczności walki zbrojnej. Nie, dopóki w Polsce szerokie masy chłopstwa i drobnej burżuazji uważają, że Ententa jest ponad wszystko, że Ententa o wszystkim decyduje, że Ententa domaga się wojny z Rosją i że Polska musi prowadzić z nami walkę, aby zachować swą suwerenność; dopóki ten pogląd jest podzielany i upowszechniany przez polską prasę bulwarową (jeśli nie z pobudek wewnętrznych, to pod presją siły); dopóki ten pogląd ma znaczący rezonans – nie mamy innego wyjścia. Musimy pokazać, że oprócz sił Ententy jest inna siła, siła rosyjskich robotników i chłopów, siła naszej Armii Czerwonej, a każdy zamach na granice Rosji Radzieckiej i Radzieckiej Ukrainy napotka bezlitosny odpór.

Teraz, towarzysze, w te dni i tygodnie, kiedy klasa robotnicza Rosji, zmęczona, niedożywiona, która rwie się do pokojowej pracy, musi znowu stanąć na baczność i wykonać zadania bojowe, aby dać bezlitosny odpór polskiej szlachcie, również wszyscy myślący, uczciwi, lubiący porządek ludzie (nawet ci, którzy nie zgadzają się z naszym programem socjalnym i naszymi metodami działania) zmuszeni byli przyznać, że jedyną siłą, która broni obecnie niezawisłości narodu rosyjskiego i przyszłości Rosji, jest rosyjska klasa robotnicza i radziecka władza komunistyczna. Oto dlaczego, towarzysze, wielu z naszych wczorajszych wrogów i dzisiejszych pryncypialnych przeciwników, jeśli chodzi o kwestie socjalne, religijne i inne, wielu z nich zmuszonych jest uznać tę wielką rolę naszej klasy robotniczej – rolę fundamentu, na którym się opiera nasz kraj i bez którego upadłby w przepaść. Przytoczę tu przykład generała, od którego niedawno otrzymałem list. Odgrywał on ogromną rolę w dobie caratu, za czasów Kiereńskiego był naczelnym dowódcą, a pod względem wieku i wychowania nie jest jednym z nas – to przykład Brusiłowa[22]. Zwrócił się on do szefa Wszechrosyjskiego Sztabu Głównego[23] z listem, w którym oświadcza, iż stary rząd popełnił ogromny błąd, odmawiając niepodległości narodowi polskiemu i że rząd radziecki postąpił całkiem słusznie, uznając tę niepodległość. Ale, powiada Brusiłow, od tego momentu, kiedy Polska (czy raczej, jak należałoby powiedzieć, polska burżuazja, która czołgała się na kolanach i lizała rękę staremu rządowi) rzuca się do gardła narodu rosyjskiego – od tego momentu obowiązkiem każdego obywatela jest pomóc władzy radzieckiej. Proponuje on zwołać naradę (oczywiście, nie naradę dowódców, jak się obawiają niektórzy, ale naradę autorytetów wojskowych), aby omówić kwestię zaopatrzenia, uzupełnienia, szkolenia nowej kadry dowódców, optymalnego wykorzystania kolei żelaznej itp.

Brusiłow jest człowiekiem innej epoki, innej szkoły, reprezentuje poglądy, które – bez wątpienia – pozostają daleko w tyle za naszymi. Ale w momencie kiedy wprost, uczciwie

22 Aleksiej Aleksiejewicz Brusiłow (1853–1926), rosyjski generał, najwybitniejszy bodaj dowódca armii carskiej w I wojnie światowej, wsławił się udaną ofensywą na Wołyniu w 1916; po rewolucji lutowej naczelny dowódca. List, o którym mowa, spowodował mianowanie go w maju 1920 na stanowisko szefa specjalnej rady przy naczelnym dowódcy Armii Czerwonej, 1923–1924 generalny inspektor kawalerii Armii Czerwonej.

23 Szefem Wszechrosyjskiego Sztabu Głównego był w tym czasie Aleksander Aleksandrowicz Samojło (1869–1963), były generał major armii carskiej, ziemianin z pochodzenia.

i odważnie oświadcza, że chce swą wiedzą i doświadczeniem pomóc klasie robotniczej, mówimy mu: „Prosimy bardzo". W tej straszliwej walce przyjmiemy wsparcie i pomoc wszystkich uczciwych obywateli. Byliśmy przeciwko temu, co Niemcy nazywają *Burgfrieden*, co oznacza „pokój obywatelski". Byliśmy przeciwko pokojowi zniewolonego proletariatu z grabieżczą burżuazją. Mówiliśmy: „Nie pokój obywatelski, a wojna!". Ale kiedy klasa robotnicza rusza do walki o swą wolność i niezależność i kiedy przedstawiciele klas społecznych, pozbawionych dotychczasowej pozycji i przywilejów, uznają kierownictwo klasy robotniczej i śpieszą jej na pomoc, mówimy, że takie wsparcie przyjmujemy z otwartymi ramionami i postaramy się wykorzystać je jak najlepiej.

Towarzysze! Chciałbym, aby główny wniosek, który wyniesiecie z tego spotkania, był następujący: walka, która nas czeka, będzie walką ciężką i wytężoną. Polska burżuazja zdaje sobie sprawę z tego, że napadając na nas, postawiła wszystko na jedną kartę. Ci, którzy stoją za jej plecami, wiedzą, że białogwardyjska Polska uciska polski proletariat, związany z proletariatem piotrogrodzkim i moskiewskim dziesięcioleciami wspólnej walki rewolucyjnej; wiedzą, że ta białogwardyjska Polska chciałaby wznieść mur między nami i Europą. Polskie szlachciury mówią, że Rosjan, tych barbarzyńców i Scytów, trzeba odsunąć jak najdalej na wschód. My natomiast kierujemy się na zachód, naprzeciw proletariatowi Europy, który wie, że możemy się z nim spotkać nie inaczej jak tylko nad grobem białogwardyjskiej Polski, w Polsce robotniczo-chłopskiej, wolnej i niezależnej.

Walka będzie straszna. Ale jeśli spytacie mnie o szanse tej walki, to wam powiem, że nigdy dotąd nie byłem tak mocno przekonany, że z tej walki wyjdziemy jako zwycięzcy i że rozgromimy wroga. Walczymy bez przerwy już dwa i pół roku i zdobyliśmy już jakie takie doświadczenie. Oczywiście, były i będą niepowodzenia, takie na przykład jak w Żytomierzu, a być może i gorsze. Na froncie zachodnim, w którego sprawie nasi dyplomaci prowadzili długie pertraktacje, a który miał dla nas drugorzędne znaczenie, Piłsudskiemu łatwo było zadać nam cios.

Mamy jednak rezerwy i posiłki. Kiedy przestawialiśmy naszą armię z reżimu wojny na reżim armii pracy, mówiliśmy: przewijamy nasz potencjał wojskowy z motka na kłębek. Skoro jednak nasi wrogowie, widząc tę zmianę, uznali, że jesteśmy wyczerpani i chcemy się poddać, to wracamy do punktu wyjścia i znowu będziemy przewijać z kłębka na motek. I to się teraz dzieje. Nasze koleje żelazne rozgrzane słoneczkiem i wzmocnione tysiącami pracowników zaczęły działać ze zdwojoną energią. Nasze robotnicze pułki ruszyły na front zachodni. Bez wątpienia nasze pułki bardzo potrzebują tego elementu, który jest solą naszej armii, tj. przodujących robotników. Wiadomo, a bywało tak nieraz, że kiedy młody, politycznie niedojrzały pułk nie przejawia dość energii i siły, wystarczy mu dodać garstkę tej naszej soli, tj. grupę robotników, komunistów, by momentalnie uzyskać całkowicie odmienny rezultat. Dlatego ogłaszamy partyjną mobilizację, uprzedzając, że walka będzie ciężka i wytężona. Ze swej strony powzięliśmy wszelkie działania, by zabezpieczyć przyszłą kampanię zimową przede wszystkim pod względem aprowizacji.

Pierwszy rozkaz już został wykonany: komuniści Piotrogrodu, którzy są już tutaj, między nami, już dziś ruszają na front. Teraz kolej na moskwian i resztę kraju. Wszyscy komuniści na front zachodni!

Czasowo oderwani od pracy, dotrą na front i powiedzą już zmobilizowanym i nadciągającym dopiero wielu dziesiątkom tysięcy czerwonoarmistów, chłopów i robotników: „My, proletariusze Moskwy i Piotrogrodu, przyszliśmy do was jako posłańcy z samego serca naszego kraju, ponieważ temu sercu zagraża niebezpieczeństwo ze strony polskiej szlachty i polskiej burżuazji. Nie po to, bracia chłopi, przelewaliśmy krew w naszym kraju, byśmy mieli teraz niczym niewolnicy schylić karki przed przemocą, by pokornie wsunąć nasze głowy w jarzmo Piłsudskiego i jego potężnych mocodawców. Skoro polscy panowie chcieli wojny, skoro nam tę wojnę narzucili, to niech jej żywioł i kataklizmy spadną na ich głowy. Zwycięstwo niech będzie po naszej stronie! Po stronie robotniczej Rosji".

[Referat ten w całości został powtórzony 10 maja 1920 roku, na mityngu słuchaczy mińskich kursów kadr dowódczych w Homlu, w rocznicę bitwy pod Rzeczycą. Przemówienie w Homlu zostało zakończone następującymi słowami:]

Miasto Homel, które leży opodal naszego frontu, jest jednym z miast, któremu zagraża potencjalne niebezpieczeństwo. Aby to potencjalne niebezpieczeństwo nie przekształciło się w niebezpieczeństwo rzeczywiste, należy stworzyć mocne, pewne zaplecze naszego frontu. Polska szlachta ma niemało agentów w naszym kraju. Nie bez kozery i nie na żarty mówiłem o tych piłsudczykach i petlurowcach, którzy w niewielkiej liczbie mogą znajdować się i tutaj. Są na kolei. Szerzą kłamstwo, ferment, oszczerstwo i prowokację w środowisku rosyjskich robotników, chłopów i czerwonoarmistów. Szpiedzy wszędzie sieją dywersję – gdzie mogą i jak mogą. Naszym zadaniem, świętym obowiązkiem wszystkich uczciwych obywateli jest wszelka pomoc Armii Czerwonej w tych trudnych warunkach. Musimy bardzo czujnie obserwować działalność podejrzanych osób, agentów Piłsudskiego i kontrrewolucji, musimy karać ich bezlitosną ręką trybunału rewolucyjnego przy każdej próbie szkodnictwa przeciwko republice robotniczo-chłopskiej.

Ja, towarzysze, byłem dziś pod Rzeczycą. Opowiadano mi tam, na naszym froncie, o tym nie do opisania zezwierzęceniu i okrucieństwach, z jakimi polski białogwardyjski korpus oficerski i polskie białogwardyjskie kułactwo traktują jeńców i rannych czerwonoarmistów. Oni w ogóle nie uznają jeńców. Wieszają nie tylko komunistów. Wieszają każdego bezpartyjnego czerwonoarmistę, który wpadnie im w ręce. Likwidują rannych i chorych. Towarzysze! Pytałem, czy te opowieści nie są przesadzone, czy to nie oszczerstwo, nawet bowiem na wroga nie wolno rzucać oszczerstw. Opowiadano mi: „Był tu taki to a taki, dotarł tutaj taki to a taki, a są oni ludźmi zasługującymi na zaufanie, wszystko widzieli na własne oczy i wszyscy potwierdzają to potworne zezwierzęcenie".

Jaka jest nasza odpowiedź? Wydaliśmy dziś w imieniu Rewolucyjnej Wojskowej Rady Republiki rozkaz dla wszystkich wojsk frontu zachodniego, by nie mściły się za te bezeceństwa na niewinnych polskich jeńcach. Towarzysze, będziemy ucinać ręce tym czerwonoarmistom, którzy podniosą je nad wziętym do niewoli polskim robotnikiem lub chłopem, nad bezbronnym, chorym i rannym. My walczymy tylko z uzbrojonymi. Dlaczego polska szlachta rozstrzeliwuje rosyjskich jeńców – robotników i chłopów? Bo wie, że każdy czerwonoarmista zawsze będzie śmiertelnym wrogiem magnatów i zbrodniarzy. Ale jeśli my wziętego do niewoli polskiego robotnika, polskiego chłopa posadzimy obok siebie i powiemy mu naszą prawdę, przeciwstawiając ją kłamstwu Piłsudskiego i jego magnatów, to ten polski chłop i ten polski robotnik po kilku tygodniach lub kilku dniach będzie zaciekłym wrogiem Piłsudskiego. W ten sposób przekształciliśmy w rewolucjonistów niemieckich żołnierzy, którzy potem powstali przeciwko Wilhelmowi, a także żołnierzy austriackich, węgierskich, żołnierzy Kołczaka i Denikina. Oni wszyscy przeszli naszą szkołę. My nie rozstrzeliwaliśmy jeńców, przekształcaliśmy ich w świadomych bojowników. Dlatego i polscy legioniści, polscy robotnicy i chłopi, którzy dostaną się do naszej niewoli, nie powinni bać się tortur i straceń. Nie, my niesiemy im światełko komunizmu, światełko teorii braterstwa wszystkich ludzi pracy. Przyszli do nas pod żółtą flagą drapieżczego imperializmu, a wyjdą stąd pod czerwonym sztandarem rewolucji i komunizmu. Potrzebna jest bezlitosna walka w boju i wielkoduszność wobec wroga wziętego do niewoli. Bezlitosna wrogość – magnatowi, kapitaliście; ręka wyciągnięta w geście przyjaźni – polskiej klasie robotniczej. Nie dopuścimy do zamachu na nas i nie podniesiemy własnej ręki na niezawisłość polskiego narodu. I wierzymy, wiemy, że Republika Polska wyjdzie z tej wojny odmieniona.

Nasz kraj, Rosja, przez wiele wieków miała na swojej fladze dwugłowego orła. Co symbolizowały te dwie jego głowy? Jedna dziobała i nękała rosyjski naród, ludzi pracy, a druga była skierowana przeciwko Polakom, Litwinom, Estończykom, Finom, zagrażając i nękając inne narody poza granicami Rosji. Takie były te dwie głowy drapieżnego orła carskiego. Odcięliśmy je obie. Mamy teraz nową flagę z sierpem i młotem, symbolami pracy, a praca prowadzi ludzi do braterstwa.

Polska nie jest republiką pracy. Nie. To republika burżuazji i szlachty. Na jej herbie widnieje orzeł biały. Jest to wprawdzie jednogłowy orzeł, ale ma głowę drapieżnika. Kręci się w prawo i lewo, by dziobać i szarpać swoich polskich, ukraińskich i białoruskich robotników i chłopów. Ten biały orzeł jest cały skrwawiony. Nasze zadanie polega teraz na odcięciu głowy temu drapieżnemu polskiemu orłu, by w ten sposób pomóc polskim robotnikom i chłopom – pomóc im wznieść nad republiką sztandar, na którym, podobnie jak na naszym, będą widniały symbole pracy. A wtedy między Polską i Rosją nie będzie wrogości, będzie sojusz i będzie braterstwo, a wszystkie swoje siły będziemy mogli poświęcić spokojnej, pokojowej, uczciwej pracy. I wtedy podźwigniemy nasz kraj z nędzy, z zawieruchy, biedy i chorób. Dzięki pracy setek tysięcy robotników i chłopów, którzy teraz przelewają krew na frontach, przekształcimy ją w kwitnący sad, gdzie ludzie będą żyć w dobrobycie, a dzięki spokojnej i szczęśliwej pracy będą czerpać radość z nauki i sztuki, tworzyć lepsze warunki dla przyszłych pokoleń, ponieważ cała ludzkość stanie się nareszcie prawdziwym, wolnym gospodarzem naszej planety.

Oto dlaczego, towarzysze, musimy dać odpór polskiej szlachcie. I my ten odpór damy! Rzuciła nam wyzwanie, więc będziemy walczyć do końca. „Za naszą i waszą wolność – mówimy polskim robotnikom i chłopom. Idziemy wam na spotkanie!" Niech żyje robotniczo-chłopska Polska! Niech żyje robotniczo-chłopska Rosja! Niech żyje rewolucja światowa, która wyzwoli wszystkich ludzi pracy!

PRZEŁ. JOLANTA DARCZEWSKA

MOHANDAS GANDHI nie wyróżniał się na studiach prawniczych i nie słynął z talentu oratorskiego. Odkąd jednak zdobył popularność jako obrońca praw obywatelskich, najpierw w Afryce Południowej, dokąd pojechał w poszukiwaniu pracy adwokata, a po powrocie w 1914 r. w Indiach, jego pozycja polityczna i autorytet moralny stale rosły. W latach dwudziestych XX wieku rozwijał skutecznie potężną akcję bojkotu produktów i instytucji brytyjskich w Indiach. Na przełomie 1921/1922 r. doszło jednak do gwałtownych zamieszek w kilku miastach Indii między zwolennikami Gandhiego a siłami panujących Brytyjczyków. Mahatma w obawie przed eskalacją przemocy, sprzeczną z jego pokojową metodą walki, odwołał bojkot, ale władze brytyjskie w marcu 1922 r. aresztowały go i postawiły przed sądem pod zarzutem podżegania do buntu. Został skazany na 6 lat więzienia (zwolniono go, z powodu stanu zdrowia, dwa lata później). Indie w 1948 r. odzyskały niepodległość (zob. t. 3, s. 242); Gandhi – przeciwnik segregacji kastowej i militaryzmu – zginął od kuli fanatycznego nacjonalisty hinduskiego (zob. t. 3, s. 253). (Aszo)

Mohandas Karamchand GANDHI
przydomek Mahatma, zwany Nauczycielem i Ojcem Narodu, 1869–1948, bojownik o niepodległość Indii, twórca doktryny walki o cele polityczne bez stosowania przemocy, która inspirowała wielu przywódców ruchów obywatelskiego nieposłuszeństwa na całym świecie.

MOHANDAS KARAMCHAND GANDHI

WYCOFANIE POPARCIA DLA ZŁA WYMAGA CAŁKOWITEGO POWSTRZYMANIA SIĘ OD GWAŁTU

WYSTĄPIENIE PRZED SĄDEM, AHMEDABAD, 18 MARCA 1922

Zanim odczytam oświadczenie, chciałbym oznajmić, że całkowicie popieram uwagi czcigodnego Prokuratora Generalnego dotyczące mojej skromnej osoby. Nie mam żadnego zamiaru ukrywać przed sądem absolutnej prawdy, iż głoszenie krytyki istniejącego systemu władzy stało się wręcz moją pasją, a Prokurator Generalny ma całkowitą rację, twierdząc, że moje działania nie rozpoczęły się wraz ze związkami z „Młodymi Indiami"[1], lecz dużo wcześniej i w oświadczeniu, które zamierzam odczytać, przykrym obowiązkiem będzie przyznanie się przed sądem, iż działania te rozpocząłem w okresie wcześniejszym niż ten, o którym wspomniał Prokurator Generalny. To bolesna powinność, lecz jestem zmuszony ją czynić, ponieważ jestem świadom ciężaru odpowiedzialności, który spoczywa

1 Tygodnik założony przez Gandhiego w październiku 1919.

na moich barkach, i chciałbym przyjąć na siebie całą winę, którą obarczył mnie Prokurator Generalny w związku z wydarzeniami w Bombaju[2], Madrasie oraz Chauri Chaura. Po dogłębnej analizie i conocnych zmaganiach z myślami o tych wydarzeniach niemożliwe jest wyparcie się mojego związku z haniebnymi zbrodniami w Chauri Chaura czy szalonymi gwałtami w Bombaju. Prokurator Generalny ma również rację, twierdząc, że ja, jako człowiek odpowiedzialny, wykształcony, posiadający doświadczenie, powinienem przewidzieć konsekwencje każdego z moich czynów. Znałem je. Wiedziałem, że igram z ogniem. Ryzykowałem i gdybym został uwolniony, zrobiłbym jeszcze raz to samo. Dzisiejszego ranka poczułem, że nie wypełniłbym swojej powinności, gdybym tego nie powiedział.

Chciałem uniknąć przemocy. Unikanie przemocy to pierwsze przykazanie mojej wiary. To równocześnie ostatni punkt mojego credo. Ale musiałem dokonać wyboru. Mogłem albo poddać się systemowi, który w moim mniemaniu wyrządził krajowi krzywdę nie do naprawienia, albo ponieść ryzyko wybuchu ślepej furii ludzi, którzy zrozumieją prawdę płynącą z moich ust. Zdaję sobie sprawę z tego, że moi ludzie zachowywali się czasem jak szaleńcy. Jest mi niezmiernie przykro z tego powodu i dlatego jestem tutaj, by poddać się nie małej, lecz najwyższej karze, jaka może mi zostać wymierzona za to, co prawnie nazwane jest zbrodnią z premedytacją, a co w moim mniemaniu jest najważniejszym obowiązkiem obywatela. Jedyne, co sąd może zrobić, jak zaznaczę w moim oświadczeniu, to albo ustąpić ze stanowiska, albo, jeśli sąd wierzy, że system i prawo, które jest stosowane, są dobre dla społeczeństwa, wymierzyć mi najsurowszą z kar. Nie oczekuję tego rodzaju rozmowy. Ale nim skończę czytanie oświadczenia, sąd będzie miał pogląd na to, co w moim wnętrzu skłania mnie do podejmowania największego ryzyka, jakie może podjąć człowiek świadomy.

A teraz odczytam pisemne oświadczenie: By złagodzić oskarżenie tu wysunięte, jestem winny narodowi hinduskiemu oraz brytyjskiemu wytłumaczenie się, dlaczego z zagorzałego lojalisty i współpracownika stałem się bezkompromisowym przeciwnikiem systemu, odmawiającym z nim współpracy. Również sądowi powinienem wyjaśnić, dlaczego przyznaję się do zarzucanego mi podżegania przeciwko rządowi, ustanowionemu przez prawo w Indiach.

Moje życie publiczne rozpoczęło się w Afryce Południowej w 1893 roku w mało sprzyjających okolicznościach. Mój pierwszy kontakt z władzą brytyjską w tym kraju nie był budujący. Odkryłem, że jako człowiek i jako Hindus nie posiadam żadnych praw. Dokładniej rzecz biorąc, odkryłem, że nie mam praw jako człowiek, ponieważ jestem Hindusem[3].

Lecz nie byłem rozczarowany. Myślałem, że takie traktowanie Hindusów to tylko wyjątek w systemie, który ogólnie jest słuszny. Podjąłem z władzami dobrowolną i serdeczną współpracę, krytykując rząd, kiedy według mnie popełniał błędy, lecz nigdy nie pragnąc jego obalenia.

Zatem kiedy istnienie Imperium zostało zagrożone w 1899 roku sprzeciwem Burów, zaoferowałem się, utworzyłem oddziały medyczne i służyłem w wielu akcjach dążących do

2 17 XI 1921 do Bombaju przybył z wizytą książę Walii, późniejszy król Edward VIII (zob. t. 3, s. 43). Stało się to pretekstem do kilkudniowych zamieszek w prezydencjach Bombaju i Madrasu. Gandhi przez pięć dni pościł w intencji zakończenia rozruchów.

3 Za odmowę zdjęcia turbanu Gandhiego wyrzucono z sali sądowej w Durbanie.

odbicia Ladysmith[4]. Podobnie w 1906 r., w czasie „buntu" Zulusów, zorganizowałem oddział sanitariuszy i służyłem w nim aż do końca „rebelii"[5]. W obu przypadkach zostałem odznaczony medalami i wymieniono nawet moje nazwisko w komunikatach wojskowych. Za moje działania w Afryce Południowej lord Hardinge[6] wręczył mi złoty medal Kaisar-i-Hind[7]. Kiedy w 1914 roku wybuchła wojna między Anglią i Niemcami, zorganizowałem w Londynie ochotnicze ambulansy[8], prowadzone przez mieszkających tam Hindusów, głównie studentów. To działanie zostało ocenione przez władze jako cenne. W końcu, w Indiach, kiedy na konferencji wojennej w Delhi[9] w 1918 roku lord Chelmsford[10] ogłosił specjalny apel do rekrutów, narażając swoje zdrowie, stworzyłem oddziały w Khedzie[11], odpowiedzią – kiedy ustały wrogie działania – było wydanie rozkazów, że nie potrzeba więcej rekrutów. We wszystkich tych wysiłkach w służbie działałem pod wpływem wiary, że przez tego rodzaju pomoc możliwe jest uzyskanie w Imperium pełnej równości dla moich rodaków.

Pierwszy wstrząs nadszedł w postaci ustawy Rowlatta[12] – prawa stworzonego po to, by całkowicie pozbawić ludzi prawdziwej wolności. Czułem się zobowiązany prowadzić przeciw tej ustawie intensywną agitację. Potem nastąpiły okropności w Pendżabie, poczynając od masakry w Jallianwalla Bagh[13], a na kulminacji w formie rozkazów czołgania się, publicznych chłost i innych nie do opisania upokorzeniach kończąc. Odkryłem również, że przyrzeczenie premiera dane hinduskim muzułmanom, dotyczące niepodzielności Turcji i świętych miejsc Islamu, raczej nie zostanie wypełnione. Lecz pomimo złych przeczuć i poważnych ostrzeżeń przyjaciół na sesji Kongresu[14] w Amritsarze w 1919 roku walczyłem o współdziałanie i wprowadzenie reform Montagu-Chelmsforda[15], żywiąc nadzieję, że premier dotrzyma obietnicy danej hinduskim muzułmanom[16], że rana zadana w Pendżabie zagoi się i że reformy, choć nie do końca trafne i zadowalające, będą początkiem nowej ery nadziei w życiu Indii.

4 Od 2 XI 1899 do 28 II 1900 w Ladysmith Burowie oblegali wojska brytyjskie.

5 Chodzi o tzw. Bambatha Rebellion, bunt Zulusów w prowincji Natal. Zespół medyczny Gandhiego był jedynym ratującym czarnych Południowoafrykańczyków.

6 Charles Hardinge (1858–1944), brytyjski dyplomata i polityk, w latach 1910–1916 wicekról Indii.

7 Order za służbę publiczną w Indiach ustanowiony w 1900 przez królową Wiktorię (tu jako cesarzową Indii). Gandhi swój medal zwrócił w 1920, rozpoczynając kampanię biernego oporu.

8 14 VIII 1914.

9 Zorganizowana 28 IV 1918 przez brytyjskie władze Indii konferencja miała na celu nakłonienie działaczy niepodległościowych do zawieszenia agitacji i wsparcia wysiłku wojennego.

10 Frederic John Napier Thesiger, lord Chelmsford (1868–1933), brytyjski polityk, w latach 1916–1921 wicekról Indii.

11 W Khedzie zorganizował protest wieśniaków przeciw nadmiernym obciążeniom podatkowym. W wyniku konferencji zawiesił protest i rozpoczął akcję rekrutacyjną do wojska.

12 Od nazwiska przewodniczącego komisji, która ją zaleciła; zwana też „czarną ustawą". Zawieszała wiele praw obywatelskich, m.in. pozwalała na uwięzienie bez sądu osób podejrzanych o terroryzm.

13 10 IV 1919 w Amritsarze w Pendżabie aresztowano dwóch lokalnych przywódców protestu przeciw ustawie Rowlatta. Tłum domagający się ich uwolnienia zaatakował dwa banki, śmierć poniosło pięciu Europejczyków. W odpowiedzi 13 IV brytyjskie oddziały otworzyły ogień do 20-tysięcznego tłumu podczas sikhijskiego święta Baisakashi. Zginęło 379 cywili, a 1200 zostało rannych.

14 Tj. Indyjskiego Kongresu Narodowego.

15 Pakiet reform, przygotowany przez sekretarza stanu ds. Indii, Edwina Samuela Montagu (1989–1924) i lorda Chelmsforda, przewidujący stopniowe wprowadzanie samorządu w Indiach.

16 5 I 1918 premier Lloyd George (zob. s. 225) w przemówieniu do delegatów związków zawodowych zapewnił m.in., że wojennym celem Wielkiej Brytanii nigdy nie było pozbawienie Turcji terytoriów.

Lecz cała ta nadzieja legła w gruzach. Obietnica Kalifatu nie została spełniona[17]. Zbrodnie w Pendżabie usprawiedliwiono, większość winnych nie tylko nie została ukarana, lecz pozostała w służbie, niektórzy otrzymywali renty z budżetu Indii, a nawet zostali nagrodzeni. Dostrzegłem również, że reformy nie tylko nie zmieniły sytuacji, lecz były zaledwie sposobem na dalsze łupienie Indii z ich bogactwa i przedłużenie ich niewolnictwa.

Z bólem serca doszedłem do wniosku, że powiązania brytyjskie sprawiły, że Indie stały się politycznie i ekonomicznie bardziej bezradne, niż były kiedykolwiek wcześniej. Nieuzbrojone Indie nie mają takiej siły oporu, by przeciwstawić się jakiemukolwiek agresorowi, z którym chciałyby wejść w konflikt zbrojny. To stwierdzenie jest prawdziwe do tego stopnia, że niektóre z naszych cenionych osobistości uważają, że miną pokolenia, zanim Indie osiągną status dominium. Indie stały się krajem tak biednym, że nie oprą się pladze głodu. Przed nadejściem Brytyjczyków Hindusi przędli i tkali materiały w tysiącach małych chatek, co stanowiło idealny dodatek do skromnych zasobów rolniczych kraju. Ten przemysł włókienniczy, tak niezbędny dla egzystencji Indii, został zniszczony przez niewiarygodnie bezlitosne i nieludzkie metody opisywane przez angielskich świadków. Mieszkańcy miast nie zdają sobie sprawy, że na wpół wygłodzone rzesze Hindusów powoli umierają z wygłodzenia. Nie mają świadomości, że ich żałosny komfort osiągnięty pracą dla zagranicznego wyzyskiwacza to w rzeczywistości dochód odbierany masom. Nie wiedzą, że rząd stworzony przez prawo w Indiach brytyjskich egzystuje dzięki wyzyskowi tych mas. Żadna argumentacja, żadne żonglowanie liczbami nie może zaprzeczyć dowodom w postaci bielejących na słońcu szkieletów w tysiącach wiosek. Nie mam najmniejszych wątpliwości, że jeśli istnieje Bóg, zarówno Anglia, jak i mieszkańcy miast Indii będą musieli odpowiedzieć za tę zbrodnię przeciwko ludzkości, która chyba nie ma sobie równych w historii. Prawo w tym kraju było używane, by służyć zagranicznemu ciemiężcy. Moja bezstronna analiza spraw dotyczących stanu wojennego w Pendżabie[18] wskazuje, że co najmniej 95% wyroków skazujących wydano całkowicie niesłusznie. Moje doświadczenie w sprawach politycznych w Indiach utwierdza mnie w przekonaniu, że na każdego z dziesięciu skazanych dziewięciu jest absolutnie niewinnych. Przestępstwo, które popełnili, to miłość do ojczyzny. W sądach Indii w dziewięćdziesięciu dziewięciu przypadkach na sto spraw Hindusów przeciwko Europejczykom sprawiedliwości nie stało się zadość. Nie jest to wyolbrzymiona wizja. To doświadczenie prawie każdego Hindusa, który miał do czynienia z takimi sprawami. W mojej opinii stosowane prawo jest, świadomie lub nieświadomie, wykorzystywane dla korzyści wyzyskiwacza.

Jeszcze większym nieszczęściem jest to, że Anglicy oraz ich hinduscy współpracownicy działający w administracji tego kraju nie wiedzą, że są zaangażowani w zbrodnie, które tu opisałem. Cieszy mnie, że wielu z nich szczerze wierzy w systemy powstałe w świecie i że Indie odnotowują miarowy, choć wolny, postęp. Nie są świadomi, że subtelny, lecz efektywny

17 Traktat w Sevres z 1920 odbierał Turcji m.in. terytoria arabskie. Kalifat został obalony przez Atatürka w 1924. Wśród muzułmanów indyjskich działała w latach 1919–1924 organizacja Khilafat (Kalifat), sprzeciwiająca się likwidacji kalifatu. Współpracowała ona z Kongresem Narodowym Gandhiego.

18 Stan wojenny w Pendżabie dla dystryktów Amritsara i Lahore ogłoszono 15 IV 1919 (rozkaz antydatowany na 30 III). Wkrótce rozszerzony na kolejne trzy dystrykty.

system terroru i zorganizowany pokaz siły z jednej strony, a pozbawienie wszelkich środków odwetu lub samoobrony z drugiej doprowadziło do wypalenia ludzi oraz skłoniło do nawyku udawania. Ten ohydny nawyk wspomaga ignorancję i oszukiwanie ich samych. Artykuł 124A, na podstawie którego jestem oskarżony, jest paragrafem koronnym pośród politycznych praw w indyjskim kodeksie karnym[19], stworzonych w celu zlikwidowania wolności obywatelskich. Uczucie nie może być ani wytworzone, ani kontrolowane prawem. Jeśli ktoś nie darzy uczuciem osoby lub systemu, ale nie planuje, nie zachęca ani nie podżega do przemocy, powinien mieć prawo do wyrażenia tej niechęci. Lecz wspomniany tu artykuł 124A stwierdza, że już sama niechęć jest przestępstwem. Studiowałem sprawy oskarżonych z tego paragrafu i wiem, że niektórzy z najbardziej poważanych hinduskich patriotów byli z tej racji skazani. Z tego powodu czuję się zaszczycony, że dołączam do oskarżonych z tego samego powodu. W jak najkrótszej formie usiłowałem przedstawić powody mojej niechęci. Nie mam żadnych osobistych uprzedzeń w stosunku do jakiegokolwiek urzędnika, tym bardziej nie czuję niechęci do króla. Lecz niechęć do rządu, który wyrządził Indiom krzywdę większą niż jakikolwiek wcześniejszy system, uważam za cnotę. Indie pod władzą brytyjską są słabsze niż kiedykolwiek. Mając takie przekonania, byłoby grzechem darzyć szacunkiem ten rząd. Możliwość wyrażenia moich poglądów w różnych artykułach wymienionych jako dowody przeciwko mnie była dla mnie cennym przywilejem.

Właściwie uważam, że wyświadczyłem przysługę Indiom i Anglii, pokazując, że brak współpracy może być wyjściem ze stanu wynaturzenia, w którym trwają oba państwa. Według mnie odmowa współdziałania ze złem jest takim samym obowiązkiem jak współdziałanie z dobrem. Jednak w przeszłości niechęć do współpracy była wyrażana przemocą w stosunku do czyniącego zło. Staram się pokazać moim rodakom, że przemoc tylko potęguje i podtrzymuje zło, wycofanie zaś poparcia dla zła wymaga całkowitego wstrzymania się od gwałtu. Brak współpracy zakłada dobrowolne poddanie się karze za niechęć do współdziałania. Dlatego też jestem tutaj, by z chęcią poddać się najwyższej możliwej karze za czyny prawnie uznane za przestępstwo z premedytacją, a w moim przekonaniu za najważniejszy obowiązek obywatela. Jedyne, co sąd może uczynić, to zrezygnować z urzędu i odżegnać się od zła, jeśli czuje, że prawo, które winien stosować służy złu i że w rzeczywistości jestem niewinny, lub nałożyć na mnie najsurowszą karę, jeśli wierzy, że system i prawo, które wspiera, jest dobre dla narodu tego kraju i – co za tym idzie – moja działalność jest szkodliwa dla ogólnego dobrobytu.

PRZEŁ. MAŁGORZATA OLSZEWSKA

19 Indyjski kodeks karny z 1860, obowiązywał do 1993. Art. 124A przewidywał dla osób „słowem, mówionym lub pisanym, lub znakami albo przez widoczne wyobrażenie, lub w inny sposób" nawołujących (lub próbujących nawoływać) do nienawiści i niezadowolenia z rządu Indii Brytyjskich, wysokie kary więzienia (z dożywociem włącznie) i grzywny.

Pomnik księcia Józefa Poniatowskiego na placu Saskim w Warszawie. Lata 30. XX w.

2 lipca 1923 roku JÓZEF PIŁSUDSKI przesłał prezydentowi Stanisławowi Wojciechowskiemu swą rezygnację ze stanowiska przewodniczącego Ścisłej Rady Wojennej i z drugiego wiceprzewodniczącego Pełnej Rady Wojennej. Prośba została przyjęta, a prezydent wyraził Marszałkowi Polski podziękowanie za pracę na obu tych stanowiskach. Nie była to, jak chcieli jego przeciwnicy, nieodwracalna emerytura. Następnego dnia wieczorem w Sali Malinowej hotelu Bristol grono przyjaciół wydało na jego cześć bankiet, w którym uczestniczyło około dwustu osób. Najpierw przemówienia wygłosili Antoni Anusz, B. Kołakowski, Jędrzej Moraczewski, Mieczysław Michałowicz i Bolesław Limanowski. Potem przemówił Piłsudski, bez „pieczęci milczenia" jak się wyraził, ponieważ nie pełnił już żadnej funkcji politycznej. Według obecnych przemówienie było znakomite i jak zwykle wygłoszone z pamięci. Na szczęście było stenografowane. A po wojnie właśnie do tego przemówienia nawiązywało hasło na plakacie Włodzimierza Zakrzewskiego: „Olbrzym i zapluty karzeł reakcji". (katraw)

JÓZEF PIŁSUDSKI

PRZEMÓWIENIE W SALI MALINOWEJ HOTELU BRISTOL

3 LIPCA 1923

Szanowni panowie!

W przemówieniach, które słyszałem, brzmiały nuty, których nie chcę poruszać, nuty tej natury, od której się już odzwyczaiłem. W przeciągu pięciu lat prawie pędziłem czas na pracy, przy której swobodny nigdy nie byłem, swobodny być nie mogłem, gdyż urząd, który w Polsce pełniłem, nakładał mi zawsze na usta pieczęć milczenia. Byłem bowiem reprezentantem, a źle spełnia reprezentant swoją rolę, gdy tylko pamięta o sobie, a nie pamięta o innych, nie pamięta o tych, których reprezentować jest obowiązany. Dzięki temu musiałem żyć w otoczeniu najrozmaitszych potwornych baśni, najrozmaitszych legend, najrozmaitszych śmiesznych nieraz opowiadań, które mnie się tyczyły, które ze mnie wyrastały, a tak dalekie były od tego rzeczywistego skromnego człowieka, który tu przed wami stoi. I jeśli dziś, w dniu, w którym, jak sobie mówię, staję się obywatelem wolnego i łatwego dla siebie powietrza, to w tej chwili chcę serdecznie podziękować inicjatorom dzisiejszego bankietu, że w tej pierwszej, dziewiczej, że tak powiem, swobodnej mowie, mogę swobodnie niektóre zdania powiedzieć, które przedtem by wyglądały jak zdania nieodpowiednie w ustach człowieka pełniącego urząd reprezentacyjny.

Szanowni panowie! Pomimo woli biegnie się do przeszłości, mając w swym wspomnieniu pięć lat życia, pięć lat życia, przebytego w takim wirze wypadków, w takim chaosie zdarzeń, w takim przewrocie dotychczasowych ludzi i rzeczy, w takim dziwnym życiu! Szuka się w „zamierzchłej" przeszłości początków tego okresu, okresu, gdy Polska powstawać zaczęła. I wobec tego, że to jest tak znacznie oddalone, że można mówić o rzeczach prawie jak o historii i że jestem człowiekiem, który historię lubi, który nad historią się zastanawiał i który w niej nieraz szukał rozwiązania zagadnień teraźniejszości i wskazówek dla przyszłości, więc w tej pierwszej mojej mowie zatrzymam się na tych pięciu latach jak na historii. A że historia tak jakoś zdziałała, że w przyszłym skorowidzu historyka, który o tych latach pisać będzie, imię moje będzie powtarzane i cały szereg cyfr i cyferek oznaczać będzie stronice, na których imię moje jest wspomniane, przypuszczam, że mogę zaspokoić swój egoizm, zupełnie naturalny, i o sobie z okresu tych pięciu lat parę słów powiedzieć.

Moi panowie! W listopadzie 1918 r. stał się wypadek bynajmniej nie historyczny, ale taki sobie zwykły. Mianowicie – z dworca wiedeńskiego[1], jak się to zawsze ze wszystkimi teraz dzieje, przeszedł przez ulicę Marszałkowską itd. na ulicę Moniuszki[2] człowiek, którego będziemy nazywali Józefem Piłsudskim. Szedł w tym mundurze, w jakim obecnie mnie panowie widzicie[3]. Wracał, co prawda, z niezupełnie zwykłej podróży, wracał z Magdeburga. Wracali też w tym czasie z tych czy innych obozów dla internowanych i inni. I w tym też nic nie ma niezwykłego, w tym też nic nie ma historycznego. Historia zaczyna się później, historia niezwykła, nad którą nieraz się zastanawiałem w ciągu tych pięciu lat i szukałem odpowiedzi na pytania, które, przypuszczam, przyszłych historyków będą męczyły jeszcze bardziej wobec tego, że nie będą mieli naocznych świadków tych zdarzeń. Stała się rzecz niesłychana. Mianowicie – w przeciągu kilku dni, bez żadnych ze strony tego człowieka starań, bez żadnego z jego strony gwałtu, bez żadnego podkupu, bez żadnych koncesyj, czy to leśnych, czy jakichkolwiek innych, bez żadnych w ogóle i jakichkolwiek „legalnych", że tak powiem, rzeczy stał się fakt najzupełniej niezwykły. Człowiek ten stał się dyktatorem. Wtedy, kiedy się przygotowywałem do dzisiejszego przemówienia, zastanawiałem się nad tym określeniem: „dyktator". Nie chcę użyć jakiegoś wyszukanego słowa, nie chcę szukać dla siebie jakiejś specjalnej nazwy, szukam tylko, jako historyk, określenia zjawiska, którego inaczej nazwać nie można. Bo człowiek ten wydawał edykty, powszechnie słuchane, człowiek ten wydawał rozkazy, słuchane biernie z chęcią czy z niechęcią, ale które były wykonywane, człowiek ten mianował urzędników wojskowych i cywilnych. Czy on robił źle czy dobrze, ja w tej chwili tego nie dotykam, idzie mi o sam fakt, o fakt ścisły, o fakt historyczny. Inaczej tego określić nie mogę, jak tylko mianem dyktatora. Bo wszystko wtedy zależało od jego dobrej woli, od jego decyzji, od jego złej czy dobrej kalkulacji. Biernie czy czynnie, chętnie czy niechętnie, miliony mu ulegały, miliony jego jednego wyniosły w górę, miliony ludzi zdobyły się na akt dziwaczny, na akt niezrozumiały dla zwykłej analizy, aby

1 Na rogu Al. Jerozolimskich i Marszałkowskiej, rozebrany w latach trzydziestych XX w. (przypisy od wydawcy).
2 Piłsudski po powrocie z Magdeburga zamieszkał przy ul. Moniuszki nr 2 w pensjonacie pań Romanówien. (przyp. red.).
3 Piłsudski wystąpił na bankiecie w mundurze strzeleckim.

tak niezwykłą władzę dać temu człowiekowi bez żadnych z jego strony gwałtów lub narzucania. Dziś, gdy tyle jest praw i prawidełek, gdy tyle jest ograniczeń i zakazów, gdy panowie posłowie tak produkcyjnie pracują – rzecz ta wygląda tak niezwykle, że godna jest zatrzymania uwagi. Jestem przekonany, że i przyszły historyk nad tym właśnie będzie musiał się zatrzymać. Dlaczego, po co i na co i z jakiej racji? Dlaczego ten, a nie inny? Skąd i co za przyczyna? Skąd to dziwne zjawisko, które nagle w Polsce zaistniało?

Moi panowie! Analizując po trosze to zjawisko, nie sięgając głębiej, biorąc rzecz po ludzku, biorąc rzecz tak zwykle, jak się szklankę wody wypija, jak się myśli, jak się decyduje, nie mogę nie powiedzieć, że gdyby ten osobnik nie był nikomu absolutnie znany, gdyby nagle ni stąd, ni zowąd był wziętym, to ten fakt nie byłby możliwy. Czemu należy to, moi panowie, przypisać, gdzie szukać tej przyczyny, że temu człowiekowi, znanemu potem w skorowidzu historycznym jako Józef Piłsudski, oddano tę władzę? Dlaczego jemu w sposób tak sprzeczny z rozumem, rozsądkiem, logiką teraźniejszą władzę oddano? Skąd ten dyktator Polski, nie narzucający swojej władzy żadnym gwałtem, żadną pracą agitacyjną, nie robiący sobie popularności za pomocą takich czy innych wystąpień? Skąd to zjawisko? I gdy szukałem dla siebie wyjaśnienia, zawsze znajdowałem tylko jedno – nie w tych obrazach, które mi przyjemność sprawiały osobiście, a które mi mój przyjaciel, dr Michałowicz[4], wywołał, lecz w czymś innym. Za jedną rzecz ten człowiek był witany, za jedną rzecz niezwykłość jego mogła być uznaną, za jedną rzecz, powtarzam, mógł on mieć prawo moralne do zajęcia tego stanowiska, za to, moi panowie, że nosił ten mundur, za to, że był Komendantem I Brygady. Jedyną wartością, którą ludzie wówczas mieli, jedyną moralną siłą, która ludzi do posłuszeństwa zmuszała, jedyną moralną siłą, która miliony ludzi w ręce mu oddawała, był fakt, że był on Komendantem I Brygady i wracał z Magdeburga.

Szanowni panowie! Jeśli użyję tu wyrażenia – dyktator, to dlatego, że przypuszczam, że nawet niektóre z jego edyktów i dekretów jeszcze teraz działają, jeszcze teraz moc prawną mają, jeszcze teraz są ludzie, którzy muszą ulegać edyktom przez niego wydanym i podpisanym jego nazwiskiem. Bardzo mnie to cieszy. I mógł on tworzyć złe czy dobre rządy, wyznaczać oficerów, urzędników, przerzucać ich z miejsca na miejsce, pewnych ludzi na śmierć posyłać, dawać rozporządzenia mądre lub nie – to jest obojętnym, faktem jest, że był władcą absolutnym nowo tworzącego się państwa polskiego. Faktem też jest, że dzięki temu nieprzymuszonemu zjawisku, dokonanemu bez żadnego gwałtu i bez żadnego przewrotu, imię tego człowieka zostało wysunięte w górę. Nowa Polska dała słusznie czy niesłusznie przy swoim pierwszym kroku symbol swój w postaci człowieka, ubranego w szary, dość obszarpany mundur, zaplamiony w więzieniu magdeburskim.

Moi panowie! Pozwólcie, iż nad tym faktem, dość ważnym, uwagę waszą zatrzymam. Jest on faktem ścisłym, jest on faktem historycznym i pomimo iż należy do bardzo zamierzchłej przeszłości, to jednak oczy wasze ten fakt widziały, jednak świadkami jego byliście i bez względu na to, jak tam w tej czy innej redakcji, w tym czy innym gabinecie, w tej

4 Mieczysław Michałowicz (1876–1965), działacz polityczny i społeczny, lekarz pediatra, profesor i rektor Uniwersytetu Warszawskiego, senator II RP, współzałożyciel Stronnictwa Demokratycznego (1938).

czy innej rozmowie do tego faktu odnoszono się, to jednak fakt był faktem. Zastanawiałem się trochę nad nim jako nad zjawiskiem moralnym. Znając historię dyktatur wszelkiego rodzaju i z operetki, i nie z operetki, z dramatu i tragedii całej ludzkości, zastanawiałem się nad tym, jak się dyktatury tworzyły. Zwykłe drogi są tu dwie – jedna gwałtu i narzucenia swojej władzy – te wypadki w historii narodów są częste; druga – swobodnego wyboru, wyboru ludzi, którzy w chwili ciężkiej, gdy najbardziej potrzeba woli indywidualnej, gdy umysły są zatrwożone, szukają jednego człowieka, żeby jemu los swój w ręce oddać. Tu nie było ani jednego, ani drugiego wypadku. Nie było ani wyboru, nie było też gwałtu. Stał się fakt całkowicie inny, fakt moralnej pracy narodu, znajdującego się, co prawda, w wyjątkowej sytuacji i położeniu.

Moi panowie! Ten fakt moralnej pracy, której dokonał w tym czasie naród, nie jest moją historią, jest historią wszystkich tych milionów ludzi, którzy wtedy tego dyktatora słuchali, którzy nawet z minami czy grymasem niechętnym jemu się poddawali. Faktem jest, że tak było. Ta moralna praca, której dokonał wtedy wielomilionowy naród, jest faktem niezwykłym. Był on jak gdyby zaprzeczeniem tej smutnej dalekiej tradycji i tej smutnej sławy, którą naród nasz miał w przeszłości. Polska, sami Polacy to twierdzili, nierządem stoi. Polska to jest prywata, Polska to jest zła wola. Polska to jest anarchia. I jeśliśmy po upadku mieli sympatię dla siebie, to nigdy nie mieliśmy szacunku dla siebie. Nie zaufanie, a niepewność wzbudzaliśmy i stąd chęć narzucania nam opiekunów, wyznaczonych dla narodu anarchii, niemocy, samowoli, dla narodu, który się do upadku doprowadził prywatą, nieznoszącą żadnej władzy. I w tym narodzie powstał fakt tak niezwykły i tak dla niego oryginalny.

Moi panowie! Dumny jestem z tego faktu, dumny jestem nie tylko dlatego, że mnie ten zaszczyt spotkał, ale dumny byłem również ze swego narodu. Nie idzie mi, raz jeszcze powtarzam, o moją wartość lub o moją bezwartość, nie idzie mi o ocenę krytyczną tej czy innej mojej pracy, o wskazanie tego lub innego błędu lub tej czy innej cnoty. Idzie o sam fakt historyczny, który swoją nowością w Polsce i swoją niezwykłością metody zastanawiać będzie musiał każdego historyka.

Przyjmując za podstawę tego faktu moją poprzednią pracę w I Brygadzie, dumny jestem z tej mojej pracy.

Szanowni panowie! Dyktatorem byłem kilka miesięcy[5]. Decyzją moją głupią czy rozumną, to jest wszystko jedno, postanowiłem zwołanie Sejmu, oddanie władzy mojej w jego ręce i stworzenie legalnej formy życia państwa polskiego. Była to moja decyzja. Decyzja ta została usłuchana. Panowie posłowie, którzy potem nieraz przeciw mnie występowali, zostali wybrani na mój rozkaz, tego rozkazu usłuchali, wybór przyjęli, na określony przeze mnie termin do Warszawy się stawili, wyborcy w odpowiednim miejscu, również przeze mnie wyznaczonym, zebrali się i głosy swe oddali; urzędnicy, wyznaczeni przeze mnie, oceniali sprawność wyborów. Wybory były nieprzymuszone, nie szukałem w nich, jak i poprzednio, mojej osoby.

5 Tzn. od powrotu z Magdeburga do uchwały Sejmu Ustawodawczego z 20 II 1919, powierzającej mu sprawowanie urzędu Naczelnika Państwa (przyp. red.).

Sejm się zebrał 8 lutego[6]. Otworzyłem go, moi panowie, w tym samym mundurze Komendanta I Brygady, przemówiłem do Sejmu w tym samym mundurze, przy boku miałem szablę, ofiarowaną mi przez oficerów I Brygady, nie byłem niczym innym, jak tym, czym byłem poprzednio.

W parę tygodni potem stał się nowy fakt historyczny, nowy akt wybrania mnie jednogłośnie w Sejmie na Naczelnika Państwa Polskiego[7] i Naczelnego Wodza wojsk, znajdujących się w tym czasie w Polsce. Ten fakt również wzbudził we mnie zastanowienie. Z jednych zaszczytów szedłem do drugich.

Po kilku miesiącach najśmielsze marzenia któregokolwiek Polaka w niewoli ziściły się we mnie. Gdyby ktokolwiek miał najśmielszą ambicję, gdyby ktokolwiek chciał władzy, gdyby ktokolwiek *per fas et nefas*[8] szukać jej chciał w Polsce, to ziszczeniem tych marzeń byłoby to stanowisko, które mi wówczas dano, wbrew mojej woli i chęci, bo ja tego nie szukałem, ja się nawet targowałem, gdyż życzyłem sobie czego innego i szukałem czego innego. Szukałem wojska i szukałem dla siebie łatwego powietrza i łatwej pracy wojskowej. Dano mi wszystko do rąk. Dla upiększenia mojej pracy, dla upiększenia moich wspomnień, dla honoru i zaszczytu moich dzieci dano mi miano, które u nas dziecko, nieledwie, gdy wymawiać słowa polskie zaczyna, wspomina je z czcią – dano mi nazwisko „Naczelnika", imię, które łzy wyciska, imię człowieka, który pomimo, że umarł, żyje zawsze, wielkie imię Kościuszki[9]. To imię Naczelnika nowo tworzącego się państwa, Naczelnika, który w jednym ręku władzę cywilną i władzę wojskową ma piastować, któremu wyjątkowe prawa nadano, ażeby mógł w wyjątkowej sytuacji wyjątkową pracę dawać, to imię zostało mnie ofiarowane. Znowu, moi panowie, stwierdzam, że żadnego gwałtu, żadnej korupcji, żadnej koncesji, żadnej próby zmuszania kogokolwiek, żeby w tej chwili rękę za mną podniósł czy głos swój za mną oddał – nie było. I znowu, panowie, stanąłem w tym samym mundurze, w tym samym mundurze Komendanta I Brygady, nie znając żadnego innego w Polsce zaszczytu oprócz mojej poprzedniej dyktatury.

Proszę panów! Zaszczyty, honory, zaufanie, jednozgodnie wyrażone, znowu wywołały mi gdzieś z zamierzchłej przeszłości wspomnienia dawne, wspomnienia przeklęte, gdzie były te sejmy, które kiedyś, bezładne i krzykliwe, o jednozgodność wołały i nigdy tej jednozgodności nie miały, gdyż jeden człowiek przez swawolę, jeden człowiek, płatny szpieg, o duszy pełnej brudu, mógł pracę państwa zniweczyć. Gdzie te wspomnienia, gdzie posłowie i dygnitarze, na obcym żołdzie, w obcych kieszeniach, w obcych będący rękach, obcych słuchający rozkazów, płaszczący się, jak gad, przed obcymi, a tak dumni, a tak panoszący się w domu?! Gdzie te wspomnienia? Pierzchły, zginęły, bo znowu był akt moralny, akt odrodzenia. Znowu jest jednozgodność, ta niegdyś żądana, ta niegdyś wymarzona, ta niegdyś krzyczana i okrzyczana, ta jednozgodność w jednym akcie. Czy ktokolwiek to robił pod strachem, czy przez przy-

6 Dekret Naczelnika Państwa i Prezydenta Ministrów Paderewskiego z 5 II 1919 zwoływał Sejm na 9 lutego. Dnia 10 lutego nastąpiło otwarcie Sejmu (przyp. red.).

7 Mowa o wspomnianej uchwale Sejmu z 20 II 1919 (przyp. red.).

8 Prawnie lub bezprawnie (przyp. red.).

9 Zob. t. 1, s. 247.

zwoitość, czy z powodu niemożności znalezienia innego wyjścia, czy kto robił to biernie, czy czynnie – to jest wszystko jedno, fakt jest, fakt historyczny, który skupił się na mojej osobie.

Powtarzam raz jeszcze, że nie znam faktu tak dziwnego, nie znam faktu tak śmiesznego w swojej prostocie, jak ten, który jednego człowieka, tak mało znanego, tak mało odczutego, tak mało zżytego z całym tym społeczeństwem – bo wśród posłów znałem może kilkunastu, wszyscy inni byli mi obcy ludzie, którzy mnie nie znali, którzy nic nigdy nie widzieli w moim życiu – wynosi na to stanowisko bez żadnego gwałtu, przymusu, bez żadnej agitacji, a nawet wbrew jego woli, gdyż tego nie szukał, daje mu dobrowolnie władzę tak wybitną i tak wyjątkową.

Kazano mi wreszcie reprezentować siebie, wszystkich w Polsce na zewnątrz i wewnątrz. Jeżeli przedtem mogłem tłumaczyć zjawisko jakimś zamąceniem, jakąś nieumiejętnością – to w tym wypadku ludzie wybrani, mający czas do namysłu, do narad, do krytyki każdego swego postanowienia – dają mi poza tym, co miałem poprzednio, dają mi siłę moralną, którą każdy człowiek mieć może, gdy takim obdarzony jest zaufaniem, gdy to zaufanie w taki manifestacyjny, w taki uroczysty, w taki niezwykły sposób się wyraża. Lecz odtąd, panowie, te piękne zaszczyty, cudne jak z bajki tysiąca i jednej nocy, odtąd historia się zmienia. Postawiono mnie tak wysoko, jak nigdy nikogo nie stawiano, postawiono mnie tak, bym cień na wszystkich rzucał, stojąc jeden w świetle.

Był cień, który biegł koło mnie – to wyprzedzał mnie, to zostawał w tyle. Cieniów takich było mnóstwo, cienie te otaczały mnie zawsze, cienie nieodstępne, chodzące krok w krok, śledzące mnie i przedrzeźniające. Czy na polu bitew, czy w spokojnej pracy w Belwederze, czy w pieszczotach dziecka – cień ten nieodstępny koło mnie ścigał mnie i prześladował. Zapluty, potworny karzeł na krzywych nóżkach, wypluwający swoją brudną duszę, opluwający mnie zewsząd, nie szczędzący niczego, co szczędzić trzeba – rodziny, stosunków, bliskich mi ludzi, śledzący moje kroki, robiący małpie grymasy, przekształcający każdą myśl odwrotnie – ten potworny karzeł pełzał za mną, jak nieodłączny druh, ubrany w chorągiewki różnych typów i kolorów – to obcego, to swego państwa, krzyczący frazesy, wykrzywiający potworną gębę, wymyślający jakieś niesłychane historie, ten karzeł był moim nieodstępnym druhem, nieodstępnym towarzyszem doli i niedoli, szczęścia i nieszczęścia, zwycięstwa i klęski. Nie sądźcie, panowie, że to jest tylko metafora, ja zacytuję tylko kilka faktów, takich potwornych, dzikich, że trudno pojąć, z jakiej kadzi nieczystości zarazić trzeba sobie wyobraźnię, by podobne rzeczy wymyślić.

Reprezentant narodu, wybrany przez wszystkich, reprezentujący wszystkich – kradnie! Zbiera się komisja sejmowa, aby szukać skradzionych przez tego reprezentanta insygniów królewskich[10]. Komisja sejmowa, obradująca pod egidą czy pod kierownictwem marszałka

10 Na skutek zgłoszenia się płk. Adama Szymańskiego do ministra spraw wojskowych gen. Leśniewskiego z wiadomością, że istnieje legenda, jakoby dawne insygnia królewskie miały być ukryte w kościele we Włodzimierzu Wołyńskim, gen. Leśniewski polecił prof. Gembarzewskiemu i kapitanowi Żmigrodzkiemu zbadanie tej sprawy.

Dnia 28 VI 1920 udali się oni do Włodzimierza Wołyńskiego i przeprowadzili poszukiwania, które spełzły na niczym. Według komunikatu Ministerstwa Spraw Wojskowych, ogłoszonego przez PAT w grudniu 1920, „postanowiono jednak zachować pozór, jakoby rzeczywiście wynoszono insygnia i skarby, a tym samym nie dodawać przed ujawnieniem obecnego niepowodzenia chęci podejmowania dalszych prób przez osoby niepowołane". Ta okoliczność dała powód do powstania najrozmaitszych plotek o znalezieniu insygniów królewskich przez sfery wojskowe.

Sejmu, szuka, śledzi, bada, poszukuje skradzionych przez tego reprezentanta rzeczy! Czy panowie coś bardziej potwornego, coś bardziej wstrętnego, coś bardziej oplutego pomyśleć możecie? Czy można mieć reprezentanta tego rodzaju? Pomyślcie sobie to gdzie indziej, wśród wolnych, swobodnych narodów: nasz reprezentant – złodziej! Nasz reprezentant zdradza kraj w czasie wojny, umawia się z nieprzyjacielem! Naczelny Wódz, prowadzący wojnę, jest zdrajcą! Gdzież na niego kara?! Czy jest próba usunięcia go? Czy jest próba pociągnięcia go do odpowiedzialności? Czy jest próba zrobienia go odpowiedzialnym za te niebywałe zbrodnie? Nie ma! Idzie tylko o plucie, idzie tylko o kał wewnętrzny, którego pełna musiała być dusza, jeżeli na te rzeczy się zdobyła. Idzie o jakieś niesłychanie obrzydłe zjawisko duszy ludzkiej, która w ten sposób postąpić może. Potworny karzeł, wylęgły z bagien rodzimych. Bity po pysku przez każdego z zaborców, sprzedawany z rąk do rąk, płatny. Oto ci, którzy chcą obniżyć do swego poziomu to, co zostało wzniesione wysoko.

Moi panowie, powtarzam, nie znam, gdy nad ubiegłymi latami się zastanawiam, nie znam zjawiska bardziej stałego, bardziej metodycznie prowadzonego, jak to dotykanie rodzinnych stosunków, przed którymi każdy człowiek się zatrzymuje, jak to dotykanie moich przyjaciół, mojego otoczenia, każdego nieledwie człowieka, który się do mnie zbliżył, brudnymi rękoma, brudną duszą, brudnymi słowami i brudnym, stęchłym powietrzem.

Nie znam, moi panowie, zjawiska bardziej stałego, gdy przebiegam swoją historię za ubiegłe lata!...

Miałem przyjaciół, którzy się zmęczyli i odeszli, miałem współpracowników, z którymi źle czy dobrze współpracowałem, którzy także w ten czy inny sposób ode mnie odchodzili. Ale to paskudztwo duszy, które do mnie przylepiano, było tak nieodłączne, tak systematyczne, że gdy myślę o przeszłości, zawsze się oglądam, czy ubranie moje jeszcze nie cuchnie. A plucie to chrzczono wysokimi słowami, wysokimi hasłami. Była to praca tzw. narodowa, praca tzw. patriotyczna! Nie jest to tragizmem – dla mnie. Rzeczy takie rzadko się zdarzały na świecie, gdyż są one potworne, niemoralne, dzikie i wstrętne. Wylęgać się takie zjawiska mogą tylko w bagnie niewoli, przez które narody przechodzą.

Na rzucone mi tu przez p. Anusza[11] pytanie, który, nie żegnając się ani witając, z niepokojem pyta, dlaczego ten nieodłączny pracownik państwa polskiego, którego niegdyś na wysokie regiony wzniesiono, ozdobiony tak wielkim imieniem i zaszczytami, dlaczego on opuszcza swoje stanowisko – odpowiem wprost: Szanuję swoją historię, szanuję ją dla siebie, szanuję ją dla dzieci. Szanuję ją dla przyszłych historyków, którzy by także w twarz mi naplułi, gdybym razem z potwornymi karłami, którzy mnie obniżyć chcieli – pracował.

Decyzja moja była bezpowrotna. Karły próbowały w ostatnim czasie zmienić swoje grymasy na uśmiech szczęścia z powodu spotkania mnie w tym czy innym miejscu. Zastanawiałem się, moi panowie, nad swymi czynami, nad wartością mej pracy, nad tym, co zrobiłem

Na skutek tego poseł Skarbek z klubu Narodowej Demokracji postawił wniosek nagły w sprawie tajemniczego zniknięcia insygniów królewskich, domagający się wybrania nadzwyczajnej komisji, złożonej z 7 posłów, dla zbadania sprawy i wniosek ten na posiedzeniu Sejmu Ustawodawczego w dniu 4 III 1921 został uchwalony (przyp. red.).

11 Antoni Anusz (1884–1935), lekarz, do 1918 w PPS Frakcji Rewolucyjnej, żołnierz POW, wieloletni poseł na Sejm z ramienia BBWR.

i czegom nie zrobił. Nie będę mówił i nie będę sobie przypisywał większych zasług niż te, które mi świat przypisuje. Jeżeli mówią o mnie, że z narodem polskim rady sobie nie dałem – to przecież żadna krytyka, żadna śmiałość nie sięgnie po moje laury wojskowe. Okryłem chwałą oręż polski. Dałem w pierwszych dniach życia polskiego zwycięstwa tak błyskotliwe, tak nieznane, tak gdzieś w zamierzchłej przeszłości słyszane, że dotąd tą sławą pierś żołnierska się koi. Doprowadziłem do zwycięstwa nad nieprzyjacielem, przed którym inni drżeli. Dlatego też zwróciłem się natychmiast po złożeniu urzędu najwyższego do pracy wojskowej. Zdolności, temperament, doświadczenie nabyte dawały mi łatwość pracy, więcej – dawały mi łatwiejsze powietrze. Moi panowie, pracę tę opuściłem, opuściłem ją zupełnie. Wniosłem dymisję i prośbę o zwolnienie z wojska. Dlaczego? Obowiązek żołnierza jest trudny. We Francji armię nazywa się „grande muette" – wielkim niemową. Wojsko milczeć musi i nieraz, panowie, swobodnie używający języka, nie wiecie, jak ciężko nieraz bywa oficerowi i żołnierzowi w kraju, gdzie tak swobodnie języki w buziach się plączą, być tylko niemym świadkiem tego, co się dzieje, ściskać w sobie serca, myśl pracującą, aby się na zewnątrz nie wydobyła, zamknąć siebie. Ostrożnie, panowie, z tym instrumentem, ostrożnie, specjalnie z językami. Żołnierze należą do kasty obywateli bez praw, wtedy kiedy wy pełnoprawni jesteście. Wszedłem do wojska, dając swą pracę – teraz opuszczam szeregi. Dlaczego?

W tej samej chwili, gdy Belweder, miejsce zaszczytu, miejsce honoru Polski, opuściłem, wszedł tam inny człowiek, wybrany legalnie aktem uroczystym, podpisanym przez marszałka Sejmu[12]. Oddałem mu władzę zgodnie z Konstytucją. Na moje miejsce przyszedł dla reprezentacji narodu całego i wszedł na tę ścieżkę, którą ja po trosze przetorowałem, człowiek inny. Nie rozważam jego zalet ani wad, nie omawiam jego wartości. Człowiek ten, jak ja, został wyniesiony ponad innych, dobrowolnym aktem włożono na niego obowiązek, że ma być naszym przedstawicielem, ma w pieczy mieć nasz honor, naszą godność. Ta szajka, ta banda, która czepiała się mego honoru, tu zechciała szukać krwi. Prezydent nasz zamordowany został po burdach ulicznych[13], obniżających wartość pracy reprezentacyjnej przez tych samych ludzi, którzy ongiś w stosunku do pierwszego reprezentanta, wolnym aktem wybranego, tyle brudu, tyle potwornej, niskiej nienawiści wykazali. Teraz spełnili zbrodnię. Mord karany przez prawo. Moi panowie, jestem żołnierzem. Żołnierz powołany bywa do ciężkich obowiązków, nieraz sprzecznych ze swoim sumieniem, ze swoją myślą, z drogimi uczuciami. Gdym sobie pomyślał na chwilę, że ja tych panów, jako żołnierz, bronić będę – zawahałem się w swoim sumieniu. A gdym się raz zawahał, zdecydowałem, że żołnierzem być nie mogę. Podałem się do dymisji z wojska. To są, moi panowie, przyczyny i motywy, dla których służbę państwową opuszczam.

Na zakończenie pozwólcie mi, panowie, zrobić małą symbolistykę. Długi czas pracowałem w gmachu na Saskim placu[14], gdzie, przechadzając się po wielkim gabinecie, rzucałem

12 Mowa o Gabrielu Narutowiczu (1865–1922), pierwszym prezydencie II Rzeczypospolitej.

13 Mowa o obrzuceniu prezydenta Narutowicza grudami śniegu, gdy jechał 11 XII 1922 do Sejmu, by złożyć przysięgę (przyp. red.).

14 Tj. zniszczonym w czasie II wojny światowej Pałacu Saskim. Mieścił się tam Sztab Generalny (później Główny) Wojska Polskiego.

raz po raz okiem na ciemne, szare widoki Warszawy. I zawsze widziałem jakieś dziwne rzeczy – szarą płachtę, otaczającą jakąś dziwną postać. Naprzód szedł koń. Koń, idący ku słońcu, przerywający parkan, za nim na czworakach pełznącą postać ludzką. Ten widok nieraz mnie śmieszył... Ten widok bawił mnie swoją oryginalną konstrukcją rzeźbiarską. Gdzież tu jest myśl, gdzież tu jest idea, gdzie tu jest praca wielkiego artysty? Wielkie konisko, przerywające parkan, za nim z głową schowaną, jakby ze wstydu, na czworakach człowiek[15]. To był nasz Naczelny Wódz w przeszłości. Wrócił do kraju, szukał serca, szukał tego, czego dawno, dawno nie widział. Naczelny Wódz Wojsk Polskich, bo takim był książę Józef Poniatowski. Gdzież ten piękny ułan, gdzież jest ta postać wyśpiewana, wymalowana? Gdzie ona jest? Oddano mu hołd i sztandary przed nim powiewały, grzmiały armaty, jak nieraz w bitwach. Stanął i patrzy. Gdzie są moi następcy? Gdzie w wolnej Polsce naczelni wodzowie? Gdzie są moi koledzy? Ja zginąłem ongiś w błocie[16]. Błoto przykryło mi oczy, błoto zasłoniło wzrok. Gdzie są oni? Na mnie pierwszego padł zaszczyt być Wodzem Naczelnym Polski. Ja hufce stawiałem, ja je rzucałem w bój. Na pomniku są słowa: „Honor i Ojczyzna". Szukasz honoru? Znajdziesz twego następcę także w błocie, w błocie rodzimym! Błotem został napojony. Taki jest los naczelnych wodzów Polski bez honoru. Polski, której serce drgać nie umie. Panowie, ten symbol naczelnych wodzów Polski, z konieczności ginących w błocie, jest historią Polski dotychczasowej. Gdy patrzę na ten pomnik – mówię: I ja idę do błota. Szanowni panowie, tym symbolem chciałbym was pożegnać. Gdzie indziej w stosunku do reprezentantów państwa, nawet gdy są nieuczciwi, ukrywa się to, czyni się wysiłki, by na reprezentancie plamy nie było, by błyszczał jak tarcza. Gdzie indziej wódz naczelny, który zwyciężył, jest czczony, spotykają go honory i zaszczyty, bo przecież on państwo wyratował, przecież on ocalił od nieszczęścia wszystkich. U nas inaczej – wódz ma iść w błoto i tylko gdy dostatecznie błota się napije, ma być godnym Polski. Proszę panów, przywołując wam na pamięć te rzeczy, streszczając historię pięciu lat ubiegłych, nie chcę wcale wywołać efektu tragizmu. Chcę tylko stwierdzić, że to błoto jest i że ma ono powagę i znaczenie w Polsce. Chciałem stwierdzić, że jeżeli Polska w pierwszym okresie zdobyła się na naprawę Rzeczypospolitej, to potem powoli od naprawy do starych narowów powrót się zaczyna, i że, panowie, wielkich wysiłków pracy trzeba, aby Polskę znowu na drogę naprawy wypchnąć. Nie oskarżam nikogo, nie jestem ani prokuratorem, ani sędzią śledczym – szukam jedynie prawdy. Co do siebie, panowie, prosząc o pamięć, proszę zarazem o wielki, wielki odpoczynek, bym mógł łatwym powietrzem odetchnąć, bym mógł być takim wolnym i swobodnym, jak panowie, tak wesołym jak byli moi koledzy z I Brygady, którzy mi największe zaszczyty swą pracą dali.

15 Mowa o montowaniu wiosną 1923 pomnika Józefa Poniatowskiego na placu Saskim (przyp. red.). Obecnie pomnik ten, a dokładniej jego kopia, znajduje się przed Pałacem Prezydenckim na Krakowskim Przedmieściu.

16 Aluzja do utonięcia Józefa Poniatowskiego w rzece Elsterze 19 X 1813 (przyp. red.).

MARIA KOSZUTSKA **była głównym ideologiem Komunistycznej Partii Polski. Nie dziwne więc, że została jednym z delegatów KPP na pierwszy po śmierci Lenina, V Kongres Międzynarodówki, który obradował w Moskwie od 14 czerwca do 18 lipca 1924 r. W obradach uczestniczyło 504 delegatów reprezentujących 49 partii komunistycznych i robotniczych. Kostrzewa znana była w środowisku komunistycznym z samodzielności myślenia. Komitetowi Wykonawczemu nie podobało się jej stanowisko dotyczące metod walki z opozycją trockistowską, a także opinie na temat apodyktycznych metod kierowania partią. Łaskawie udzielono jej głosu dopiero 2 lipca i mogła przemawiać zaledwie 10 minut. Jednak chyba nikt nie wziął jej argumentów pod rozwagę, ponieważ w rezolucji jej działalność została uznana za oportunistyczną. Aresztowana w 1937 r. została skazana na 10 lat ciężkiego więzienia, w którym w 1939 r. zmarła. Zrehabilitowano ją w lutym 1956 r.** (katraw)

Maria KOSZUTSKA
ps. Wera Kostrzewa, 1876–1939, publicystka, członek PPS-Lewicy, współzałożycielka KPP, działaczka Kominternu.

MARIA KOSZUTSKA

ŹLE TRAFILIŚCIE, TOWARZYSZU STALIN

WYSTĄPIENIE NA POSIEDZENIU KOMINTERNU PODCZAS OBRAD KOMISJI POLSKIEJ, 3 LIPCA 1924

Nie wystarczy mi pięć minut. Proszę o przedłużenie (*Głosy: Mówcie 10 minut*).

Towarzysz Stalin starał się zorientować w naszych sprawach, wyczuć nasze bolączki. Należy mu za to podziękować. Ale nie we wszystkim możemy się z nim zgodzić.

Dużo tu mówiono o tym, że należy przyznawać się do popełnionych błędów. Zapewne. Ale zaręczam wam, towarzysze, że daleko łatwiej jest przyznawać się do błędów, niż nie zgadzać się z tymi, z którymi pragnęłoby się być jednomyślnym. To znacznie cięże j.

Co się tyczy zarzutów stawianych naszej grupie: Przyznaję, że było z naszej strony wiele braków w sensie praktycznego kierownictwa, co głównie wynikało stąd, że byliśmy zmuszeni pozostawać za granicą. Ale zarzuty Stalina o popieraniu przez nas oportunistycznych tendencji w partiach rosyjskiej i niemieckiej są całkowicie bezpodstawne.

Po pierwsze – co się tyczy sprawy rosyjskiej: Zacząć muszę od tego, by odrzucić raz na zawsze wszystko, co mówiono o naszej rzekomej dyplomacji. Jeśli tow. Zinowiew[1] pozwolił

1 Grigorij Jewsiejewicz Zinowiew (właśc. Hersz Radomylski, 1883–1936), czołowy działacz bolszewicki, od 1901 w SDPRR, bliski współpracownik Lenina, od 1903 bolszewik, od 1907 członek KC; po rewolucji m.in. przewodniczący Rady Delegatów Robotniczych w Piotrogrodzie, gdzie domagał się nasilenia „czerwonego terroru"; 1919–1926 przewodniczący Komitetu Wykonawczego Kominternu, od 1923 wraz z Lwem Kamieniewem współpracował ze Stalinem, ale oskarżony o „frakcyjność i opozycyjność" zbliżył się do Trockiego; 1921–1926 członek

sobie na tego rodzaju wycieczki przeciw nam z trybuny kongresu, to dowiódł tym tylko, że nas niedostatecznie zna i ocenia. Jako przewodniczący Kominternu zaś obowiązany byłby lepiej znać ludzi, którzy przez wiele lat kierowali partią – lepiej ich znać i prawidłowiej oceniać. Toteż polemiki na temat zmiany naszej orientacji z racji motywów podsuwanych nam – podejmować nie będę, gdyż wystąpienia tego typu w stosunku do nas uważam za w ogóle niedopuszczalne. Mówiliśmy i przedtem, i teraz właśnie bez żadnej dyplomacji – to, co dyktowało nam nasze głębokie przekonanie.

A teraz – jeszcze raz o różnicach zdań między nami: Towarzysz Stalin mówił o nas jak o sentymentalnych ludziach, którzy w ogóle boją się walki i chcą jakiejś idylli. Źle trafiliście, towarzyszu. Kto, tak jak ja na przykład, przeżył trzy rozłamy, nie może nie wiedzieć, co znaczy walka partyjna. Walczyliśmy nieraz na śmierć i życie z towarzyszami, którzy później stali się naszymi byłymi towarzyszami. Walczyliśmy potem nie na żarty i w komunistycznej partii. Tutaj dowiedzieliśmy się nagle z ust Szumskiego[2], że głównym złem w naszej partii był brak ostrych walk. Towarzysz ten widocznie ma zwyczaj mówić o rzeczach, o których nie ma najmniejszego pojęcia.

Gwałtownych starć u nas nie brakło. Walczyliśmy zażarcie z powodu sprawy rolnej. I nawet takiego typu wystąpienia, jakie miały miejsce tutaj, gdzie, jak słyszeliście, rzucano słowa „renegacja" itp. – nawet to nie jest dla nas nowością. Gdy po raz pierwszy na III Konferencji naszej partii[3] postawiłam na porządku dziennym kwestię rewizji naszego stanowiska w sprawie rolnej[4], to – być może z ust tych samych, szczególnie „gorliwych" towarzyszy – słyszałam wołanie: „zdrada!" Walczyliśmy zawzięcie z kapedowską linią[5] tow. Ślusarskiego[6]. Starć ostrych nie lękaliśmy się nigdy.

Jeżeli w związku ze sprawą rosyjską podnosiliśmy kwestię „metod walki", to nie dlatego, iż byśmy się lękali, że jeden towarzysz powie drugiemu jakieś zbędne, przykre słowo, i nie przez współczucie dla „obrażonych" czy pokrzywdzonych. Bo właśnie nie chodziło tu o sentymenty, ale o chłodny rozrachunek. Walka ideowa i wewnątrzpartyjne manewrowanie wobec niebezpieczeństwa rozmaitego rodzaju opozycji – to dwie całkiem różne rzeczy. A zwłaszcza w Rosji. Każdy z nas wie doskonale, że inaczej prowadzi się walkę z tymi, o których sądzimy, że w przyszłości nie będą w naszych szeregach, i inaczej wówczas, gdy mamy do czynienia z kierunkiem nie różniącym się z nami w podstawowych zagadnieniach. Na-

Biura Politycznego; w 1926 usunięty ze stanowisk; w 1927 usunięty z partii (ponownie w 1932); w 1935 skazany w procesie na 10 lat więzienia; w kolejnym procesie skazany na śmierć, rozstrzelany w 1936.

2 Aleksander Szumski (1890–1946), ukraiński działacz socjalistyczny i komunistyczny, od 1915 w partii socjalistów-rewolucjonistów, od 1920 członek Komunistycznej Partii Ukrainy (bolszewików), członek Komitetu Centralnego i Biura Politycznego, w latach 1921–1922 poseł USSR w Polsce, komisarz oświaty USRR.

3 W maju 1922.

4 Mowa o wprowadzeniu do programu KPP hasła „ziemia dla chłopów", w miejsce obowiązującego programu uspołecznienia ziemi.

5 Komunistyczna Partia Robotnicza Niemiec (KAPD), skrajnie lewicowa, antyparlamentarna partia komunistyczna w Republice Weimarskiej, założona w 1920, w programie próbowała połączyć idee syndykalizmu z ortodoksyjnym marksizmem. Początkowo KAPD była „członkiem-sympatykiem" Kominternu, jej delegacja na II Kongres po potępieniu jej poglądów jako „jawnego odstępstwa od komunizmu" opuściła kongres.

6 Przedstawiciel skrajnie lewicowego skrzydła KPP.

stępnie, w Rosji chodzi przecież nie tylko o obronę czystości linii partyjnej, ale o manewrowanie partii stojącej u steru władzy. Jeśli istnieje obiektywne niebezpieczeństwo, wywołane warunkami rozwoju rewolucji rosyjskiej, grupowania się wokół Trockiego[7] drobnomieszczańskich żywiołów czy też młodszych partyjnych pokoleń, usiłujących wyłamać się spod kierownictwa podstawowego bolszewickiego jądra, to kwestii tej nie może rozstrzygnąć raz na zawsze jakaś jedna, niezawodna, prawidłowa, nieoportunistyczna metoda.

Ja sądzę, że stwarzanie w partii w związku z tym zagadnieniem nastroju permanentnej walki, ciągłego naprężenia i szczucia właśnie wielokrotnie powiększa niebezpieczeństwo i stwarza koncentracyjne punkty dla wszystkich odśrodkowych tendencji. Sądzę, że kwestia wyzyskania dla partii, a nie tylko przeciw partii, tego kapitału olbrzymiej popularności, jaką cieszy się Trocki, to pierwszorzędnie ważny dla Rosji problemat. Sądzę, że w danych warunkach, jeśliby nawet tow. Trockiemu, jako bardzo silnej indywidualności, trudniej było niż wielu innym zrosnąć się całkowicie z bolszewizmem, to wysiłek powinien iść w kierunku związania go z nim jak najmocniej, ale nie odwrotnie.

Wy, towarzysze, możecie twierdzić, że wasze metody usuwania ujawniających się niebezpieczeństw są najbardziej skuteczne i celowe. Pod wpływem doświadczenia możecie dojść do odmiennych wniosków. Możecie manewrować raz tak, raz inaczej. Ale nie może tu być mowy o jakiejś jednej, niezawodnej, bezwzględnie obowiązującej metodzie czy zasadzie, której naruszenie jest oportunizmem. (*Mołotow*[8]: *Jeszcze i teraz wątpicie w to?*) – Nie tylko wątpię, ale jestem przeświadczona, że jest inaczej.

A teraz druga sprawa: niemiecka. W tych warunkach, w jakich rozgrywały się październikowe wypadki w Niemczech[9], niemożliwe było zwycięstwo, gdyż nie było masowych organizacji robotniczych, na których mógłby się oprzeć rząd rewolucyjny, i żywioł nie wysuwał ich. Nie było rad delegatów robotniczych ani zbrojnych drużyn, ani poważnego ruchu komitetów fabrycznych. I klęska, poniesiona w tych warunkach, nie powinna być w oczach niemieckiego proletariatu przedstawiona wyłącznie jako rezultat błędów kilku ludzi, którzy źle kierowali. Przeciwnie, niemiecki proletariat powinien wiedzieć i rozumieć, że najważniejszym złem była jego własna bierność, powinien wiedzieć, że jego własny ruch, ruch szerokich, rewolucyjnych mas nie wyrósł tak, aby zwycięstwo było możliwe. Powinien wiedzieć, że omyłką poprzedniego kierownictwa i całej Egzekutywy Kominternu było w okresie poprzedzającym niedostateczne przygotowanie się do bliskich, decydujących bojów, później zaś, w ostatnim okresie – przecenienie nastroju mas. To, co się mówi o winach Brandlera[10] i Radka[11], i wyłącznie tylko o ich winach, właśnie nie pozwala proletariatowi

7 Zob s. 242.

8 Zob. t. 3, s. 77.

9 Mowa o zorganizowanym przez komunistów zbrojnym powstaniu w Hamburgu (23–25 X 1923).

10 Heinrich Brandler (1881–1968), niemiecki działacz komunistyczny, od 1901 w SPD, w czasie I wojny przyłączył się do spartakusowców, od 1919 w centrali KPD; w 1921 uciekł do Moskwy, gdzie pracował w kierownictwie Kominternu i Czerwonych Związków Zawodowych; w 1928 powrócił do Niemiec, wykluczony z KPD, założył KPD-O (opozycja).

11 Karol Radek (właśc. Karol Sobelsohn, 1885–1939), jeden z czołowych działaczy bolszewickich, polityk i publicysta, w 1903 w PPSD, od 1904 w SDKPiL, uczestnik rewolucji 1905, w czasie I wojny w Szwecji i Szwajcarii, pośredniczył w porozumieniu między Leninem a niemieckim Sztabem Generalnym, po rewolucji w Rosji jeden niemieckiemu uczyć się na podstawie przeszłości, na podstawie przeżytych ciężkich doświadczeń, popełnionych błędów.

Co się tyczy kwestii wodzów – ich dyskredytowania, ich usuwania lub zachowywania: Nigdy nie wychodziliśmy z założenia, że wodzowie są w ogóle niezmienni, wieczni, że w żadnym wypadku nie należy ich obalać. Nie o to wcale chodzi. Ale nie wolno nam zapominać o charakterze okresu, w jakim żyjemy. Jest to okres rewolucji socjalnej. Czeka nas jeszcze wiele klęsk, nieuniknionych porażek i odwrotów, wiele prób naszych może zawieść. Zastanówmy się nad tym, jakie będą rezultaty stosowania takiej metody, by po każdej nieudanej próbie, po każdej przeżytej klęsce, na gruncie nieuniknionego w partii rozgoryczenia – pchać do rewolucji wewnętrznej, zmieniać całe kierownictwo i dyskredytować przywódców, obciążając ich zarzutami przekraczającymi granice błędów popełnionych przez nich rzeczywiście. Jeśli ten system będzie dalej stosowany, jeśli wszyscy towarzysze zdolni do kierownictwa, a ci, jak mówił Lenin, nie rodzą się dziesiątkami – jeśli wszyscy po kolei będą tak dyskredytowani, to w chwili decydującej może zabraknąć proletariatowi ludzi wypróbowanych i cieszących się zaufaniem mas, i kierownictwo rewolucją może przejść w ręce wodzów „sezonowych", karierowiczów i awanturników.

Oto przesłanki, z których wychodziliśmy w liście naszym i deklaracji. W najmniejszym stopniu nie byliśmy skłonni podtrzymywać oportunistycznych odchyleń przy stosowaniu linii jedności frontu. Przeciwnie, odchylenia te widzieliśmy jeszcze na wiele miesięcy przed październikiem, i w związku z tym stopniowo dojrzewało nasze krytyczne wystąpienie w stosunku do niektórych postanowień Kominternu. Moglibyśmy tego dowieść na podstawie dokumentów. Zwrot taktyczny, dokonany obecnie przez Komintern, zgadza się z linią naszą, z linią, którą przeprowadziliśmy na ostatnim naszym, marcowym plenum. I jeśli tow. Mołotow sądzi, że na V Kongresie nie podoba nam się wyprostowanie linii w sprawach dotyczących taktyki jedności frontu oraz dokonany zwrot taktyczny, to myli się bardzo. Różnica zdań dotyczy przede wszystkim metod organizacyjnych tudzież oceny minionych wypadków. Ta różnica mieści się w ramach taktycznej linii V Kongresu. Ale twierdzimy, że metody organizacyjne nie odpowiadają wskazaniom taktycznym.

Z powodu naszego wystąpienia i krytycznej oceny niektórych decyzji Egzekutywy tow. Zinowiew powiedział nam dawno: pogruchoczemy wam kości, jeśli spróbujecie występować przeciwko nam. Tak, towarzysze, możecie to uczynić z łatwością. Wiecie o tym dobrze, że walka z wami jest w danych warunkach niemożliwa. Jeślibyście postawili sporne sprawy na ostrzu noża, jeślibyście powiedzieli robotnikom w Polsce, aby wybierali nas lub was, to, jak myślicie – co uczynilibyśmy wówczas? Otóż nam nie pozostawałoby nic innego do zrobienia, jak powiedzieć im, aby szli z wami.

W Polsce daleko bardziej niż w każdej innej partii, niż w każdym innym kraju – wszelki ostrzejszy rozdźwięk, wszelki konflikt z rosyjską partią i rosyjskim CK stwarza dla partii

z twórców dyplomacji sowieckiej, 1918–1919 w Niemczech, gdzie pomagał utworzyć KPD, od 1920 w ZSRR, działacz Kominternu, od 1923 związany z Trockim; w 1927 wydalony z partii i zesłany, w 1929 po zerwaniu z Trockim przywrócony do łask, czołowy publicysta sowiecki realizujący wytyczne Stalina, w 1936 ponownie aresztowany i skazany na 10 lat łagru, w 1939 zabity przez więźniów kryminalnych.

wielkie ideowe niebezpieczeństwo i spotkać się musi z silnym oporem, dlatego że działamy w rozpalonej do białości przez burżuazję i ugodowców atmosferze nienawiści do Rosji Sowieckiej. Krytyczne podejście do trudniejszych i spornych zagadnień w Kominternie jest daleko łatwiejsze dla niemieckiej partii, np. właśnie ze względu na te różnice sytuacji politycznej. Dlatego też, jeżeli wy z powodu ujawnionej obecnie różnicy zdań staniecie na stanowisku wojny z nami, to nie może tu być mowy ani o walce, ani o porażce, ani o zwycięstwie. Taki już jest wasz specjalny przywilej i wynikająca z niego i ciążąca na was specjalna odpowiedzialność. Towarzysze! W naszej Komunistycznej Międzynarodówce kości połamane zrastają się. Obawiam się natomiast czego innego: właśnie z racji tego waszego specjalnego przywileju niebezpieczni dla was nie są tacy ludzie, którym można dla takich przyczyn, jak nam, łamać kości, ale tacy, którzy w ogóle kości nie mają, Widzieliśmy, jak niemieccy towarzysze z lewicy od chwili, gdy oddano im władzę w ręce, w wielu sprawach zmienili zdanie i porzucili swoje dawniejsze pozycje. Jednakże obserwując ten proces, twierdziłam zawsze, iż składają oni tym dowód, że posiadają cenne polityczne kwalifikacje. Są to bowiem młodzi wodzowie, towarzysze niedoświadczeni, którzy uczą się razem z masami prowadzonymi przez nich i przeżywają rażeni z nimi to, co przedtem było dla nich niezrozumiałe. Domagaliśmy się ich krytyki nie dlatego, aby ich odpychać, ale dlatego, aby ich zmusić do szybszego porzucenia błędów. Gdy wszakże starzy towarzysze z naszej polskiej opozycji, towarzysze, którzy mogli i powinni byli przemyśleć od dawna sporne zagadnienia i którzy przez lata całe walczyli z linią naszej partii i z linią Kominternu – gdy oni teraz chcą skorzystać z naszego zatargu z Kominternem dla wysunięcia siebie, przychodzą i oświadczają, że już zgadzają się we wszystkim: i w sprawie rolnej, i w narodowościowej, i w sprawach jedności frontu, i rewolucyjnego manewrowania – gdy jesteśmy świadkami takich nagłych przemian, to musimy stwierdzić, że to jest niebezpieczne, że to nie wywołuje zaufania. (*Stalin*[12]*: Uważacie to za nienaturalne?*) – Tak, co najmniej za nienaturalne.

Wracając jeszcze do spraw niemieckich: W styczniu przeceniliśmy, być może, niebezpieczeństwo kapedowskiego odchylenia, jako rezultatu rozpaczy i zniechęcenia, wywołanego porażką. Tym bardziej obawialiśmy się oddania władzy w ręce lewych. Zboczenia kapedowskie ujawniły się istotnie, choć nie z taką siłą, jak sądziliśmy. Proletariat otrząsnął się z przygnębienia, czego dowodem – pomyślny rezultat wyborów w Niemczech. Dlatego też wolno oczekiwać, że zwrot na lewo, zarówno w Niemczech, jak w Polsce, oznaczać będzie parcie masy do bardziej samodzielnych wystąpień. Tylko wtedy będzie on nie frazesem, ale prawdziwym krokiem naprzód w rozwoju ruchu.

Wreszcie słów parę o rezultatach dyskusji, jaka się tutaj toczyła, i wnioskach, jakie z niej powinna wyciągnąć nasza partia: Olbrzymi autorytet, jakim się cieszą towarzysze rosyjscy, jest dla nas wszystkich wielkim plusem. Ale byłby niebezpiecznym, gdyby go pojmować błędnie – gdyby zabijał wszelką samodzielność myśli. W zachowaniu się wielu towarzyszy z naszej delegacji widzimy takie niebezpieczne przejawy. Ktoś tu powiedział na przykład,

12 Zob. s. 319.

iż zjazd wybrał nas do KC dlatego, że nas Radek polecał[13]. Oczywiście, jest to nonsens. Ale szkodliwy i niebezpieczny jest nastrój towarzyszy, którzy sądzą, że tak mogło być i że to byłoby naturalne. Nawet bowiem pomimo rekomendacji członka Egzekutywy Kominternu partia nie może i nie powinna wybierać tych, do których nie ma zaufania,

Drugie, podobnej kategorii zjawisko: Gdy tow. Zinowiew zjawił się w naszej delegacji i wystąpił przeciwko nam, niektórzy towarzysze od razu zapomnieli nie tylko o długich latach wspólnej pracy, ale i o wszystkim, co jeszcze wczoraj wspólnie i zgodnie robiliśmy i postanawiali. Od członków KC należy wymagać więcej samodzielności – i w ocenie politycznych zagadnień, i w ocenie współtowarzyszy. Najfatalniejszym jednak objawem jest to, że pod wpływem nacisku z zewnątrz powstała w naszej delegacji taka panika, towarzysze do tego stopnia stracili wszelką równowagę, że zanikł w nich cały patriotyzm partyjny i poczucie partyjnej godności, bez której niewart jest grosza członek partii. Towarzysze, którzy występowali tutaj w imieniu większości delegacji polskiej, nie próbowali nawet w obliczu całego Kominternu bronić swej partii przed niesprawiedliwymi zarzutami. Nie to wam zarzucam, że nie broniliście nas, ale że nie broniliście samych siebie, swojej własnej pracy, swych własnych zasług. Tego nie zapomną wam nigdy. Dzięki wam cały Komintern powziął zupełnie fałszywe pojęcie o naszej partii. Waszym elementarnym obowiązkiem wobec partii było przedstawić ją taką, jaką ona jest istotnie. Wyście tego nie uczynili. Nie było racji po temu, abyście się tu kajali. To wyście tam w kraju nieśli na swoich barkach olbrzymi ciężar pracy, którą mogłaby poszczycić się każda partia i którą szczycić się powinniście i wy. Wyście to sprawili, że nasza partia posiada olbrzymie wpływy w masach mimo straszliwych represji, które na nią spadają. Wbrew wszystkim atakom na naszą partię, które przedstawicielom innych bratnich sekcji podyktowała przede wszystkim nieznajomość rzeczy, ja twierdzę, że właśnie nasza polska partia jest jedną z najbardziej rewolucyjnych, jeśli nie najrewolucyjniejszą partią w Kominternie. Mimo swej nielegalności i spadających na nią dzikich prześladowań umie ona bowiem podtrzymać związek z masami i natchnąć je duchem bojowym. Ostatnie wybory w okręgu dąbrowieckim[14] i warszawska demonstracja majowa są tego najlepszym dowodem. Są to cenne wartości, które partia powinna umieć zapisać do swoich aktywów. Powtarzam raz jeszcze, że dzięki frakcyjnym, a nie partyjnym wystąpieniom wielu towarzyszy, wszystkie partie biorące udział w obradach Polskiej Komisji i w ogóle cały Komintern otrzymały zupełnie fałszywe wyobrażenie o naszej partii. Jest to wasza wielka wina, towarzysze z większości polskiej delegacji – partia ma prawo i powinna surowo was za to osądzić.

Co się tyczy przyszłości: Najważniejsza, najbardziej pożądana usługa, jaką by naszej partii mogli oddać towarzysze rosyjscy, to gdyby nam pomogli nadać dyskusji, jaka rozwinie się w partii, właściwy kierunek. Prawidłowy zaś kierunek będzie wówczas, gdy jasno zostaną postawione przede wszystkim te zagadnienia, które dla nas w Polsce, dla naszej pracy i walki są ważne i aktualne. Jeżeli dyskusja sprowadzi się głównie do wycieczek osobistych

13 Mowa o II Zjeździe KPRP. Radek reprezentował na nim Komitet Wykonawczy Kominternu.

14 Mowa o wyborach do Kas Chorych w Zagłębiu Dąbrowskim w 1924. Komuniści uzyskali w nich 26 tys. głosów, na pozostałe listy padło łącznie 12 tys. głosów.

i frakcyjnych porachunków, jak to tutaj miało miejsce, to nie tylko nie uleczy ona partii, ale wywoła w niej niebezpieczną chorobę.

Prezydium przypomina wciąż, że wyczerpałam mój czas. Muszę kończyć. O mojej przeszłości, o której tutaj mówiło się wiele, mogę jedno powiedzieć: było w niej bez wątpienia wiele pomyłek, lecz na ogół jest to przeszłość kierowniczej grupy, która całą partię doprowadziła do komunizmu.

Na zarzuty osobistej natury odpowiadać nie będę – nie zasługują na to. Stwierdzę tylko, że oparte są na danych niezgodnych z rzeczywistością i prawdą.

Maria SKŁODOWSKA-CURIE

1867–1934, uczona, chemik i fizyk; od 1891 mieszkała we Francji; wraz z mężem, Pierre'em Curie, odkryła promieniotwórczy pierwiastek polon, a następnie rad; w 1903 małżonkowie Curie otrzymali Nagrodę Nobla z fizyki, a w 1911 Maria została po raz drugi laureatką tego wyróżnienia w dziedzinie chemii.

MARIA SKŁODOWSKA-CURIE **w latach 20. i początku lat 30. XX w. wielokrotnie odwiedzała Polskę. Obok względów rodzinnych ważnym powodem jej wizyt były starania o stworzenie Instytutu Radowego w Warszawie, którego otwarcie, z jej udziałem, odbyło się ostatecznie w 1932 r. Starając się zarazić słuchaczy swym entuzjazmem dla badań nad promieniotwórczością, w publikowanym poniżej wystąpieniu nie tylko przedstawiła ogólny zarys prowadzonych w paryskim Instytucie Radowym prac w tym zakresie, lecz także podkreśliła znaczenie zastosowania pierwiastków promieniotwórczych w medycynie. Terapia wykorzystująca substancje radioaktywne, przy wszystkich swych niewątpliwych osiągnięciach, miała jednak też drugą, mroczną stronę. Kilka miesięcy wcześniej, w lutym 1925 r., ukazał się raport komisji, w której skład wchodziła też Maria Curie, wskazujący na poważne zagrożenia dla zdrowia i życia ludzi narażonych na napromieniowanie i zalecający bezwzględne przestrzeganie środków ostrożności. Dla wielu takie ostrzeżenie przyszło za późno; wielka uczona zmarła w lipcu 1934 r. na złośliwą anemię, której pośrednią przyczyną było wieloletnie obcowanie z substancjami promieniotwórczymi.** (mag)

MARIA SKŁODOWSKA-CURIE

ORGANIZACJA I DZIAŁALNOŚĆ INSTYTUTU RADOWEGO W PARYŻU

WYKŁAD W INSTYTUCIE FRANCUSKIM, WARSZAWA, 6 CZERWCA 1925

Rząd Francuski zrobił mi wielki zaszczyt, zapraszając mnie do wygłoszenia jednego z pierwszych wykładów w Instytucie Francuskim, założonym w Warszawie, celem nawiązania nici umysłowego braterstwa między Francją a Polską. [...]

Instytut Paryski składa się z dwu pracowni, do których przywiązane są nazwiska: Curie i Pasteur[1], a imię Piotra Curie nadane zostało ulicy, która prowadzi do Instytutu. Obie pracownie mają między sobą związek organiczny, mimo że każda jest wyspecjalizowana. Laboratorium Curie zajmuje się badaniem ciał promieniotwórczych z punktu widzenia fizyko-chemicznego. Laboratorium Pasteura bada też same ciała z punktu widzenia biologii

1 Zob. s. 173.

i zastosowań lekarskich. Tak więc każde z tych laboratoriów potrzebuje odpowiedniej organizacji, aby podołać swemu zadaniu. Organizacja ta nie jest jeszcze dziś wystarczająca, lecz przedstawia poważne braki, z których najbardziej czuć się dają: brak własnego szpitala przy laboratorium Pasteura, brak pracowni fabrycznej przy laboratorium Curie i brak miejsca dla całości Instytutu. Zajmuje on istotnie zaledwie parę tysięcy metrów kwadratowych na gruncie uniwersyteckim, gdzie doń przylegają Instytut Chemii Stosowanej i Laboratorium Chemii Fizycznej, uniemożliwiając mu dalszy rozwój. A jednak rozwój ten jest tak konieczny, że wypadnie zapewne kiedyś, gdy znajdą się odpowiednie środki, przenieść całość Instytutu na jakiś obszerny grunt na pograniczu miasta. Tymczasem jednak zajmowany przez nas kątek jest środowiskiem pracy, służąc tak nauce, jak cierpiącej ludzkości.

Niektóre z najbardziej znanych instytutów radowych powstały od razu w charakterze lecznic, a to z powodu odkrycia leczniczych zastosowań radu. Historia instytutu paryskiego jest inna. Samo odkrycie radu, które tu w paru słowach przypomnę, odbyło się w roku 1898 w szkole fizyki i chemii przemysłowej miasta Paryża, gdzie Piotr Curie był wówczas profesorem i gdzie z nim razem pracowałam. Szkoła ta przemysłowa, umieszczona prowizorycznie w starych budynkach, miała pracownie dla uczniów, lecz nie dla badań naukowych. Jednak mieściły się one tam w miarę możności, dzięki ogólnej dobrej woli. I my mieliśmy tam kącik do rozporządzenia. Było to w czasie, gdy Henryk Becquerel odkrył fakt wielkiej wagi dotyczący związków uranu. Pokazał on, że związki te wysyłają samoistnie promienie, które działają na kliszę fotograficzną – podobnie jak światło, a przy tym mogą rozpraszać ładunek elektryczny elektroskopu, nadając przewodnictwo otaczającemu go powietrzu. Badając szereg innych ciał pod tym samym względem, znalazłam, że związki toru posiadają tę samą własność, i że jest ona w pewnych warunkach proporcjonalna do ilości uranu lub toru, które nazywać będziemy pierwiastkami aktywnymi. Jest to zatem własność atomowa uranu lub toru, a można ją mierzyć, obserwując szybkość, z jaką opada listek elektroskopu, gdy substancja, którą badamy, umieszczona jest w klatce elektroskopu w danej ilości i w odpowiednich warunkach. Wówczas to miałam sposobność zauważyć, że niektóre minerały zawierające uran są mocniej aktywne, niż można by sądzić z proporcji uranu, i wyciągnęłam stąd wniosek, że mogą one zawierać nieznaną dotąd, lecz bardzo aktywną, substancję, którą, wraz z Piotrem Curie, postanowiliśmy wydobyć za pomocą analizy chemicznej. W tym celu wypadło nam opracować nową metodę analizy za pomocą pomiarów elektrometrycznych, a metoda wykazała wkrótce, że minerały uranu zawierają istotnie nowe pierwiastki o charakterze aktywnym. Pierwszy z nich otrzymał nazwę polonu, a drugim z rzędu był rad, którego rola w następstwie okazała się tak ważna, że symbolizuje on niejako dla ogółu własność promieniotwórczą. Otrzymanie radu w stanie czystym okazało się nader trudnym zadaniem, ponieważ ciało to znajduje się w rudach uranu w proporcji nie przewyższającej paręset miligramów na tonę; oddzielenie go wymaga zatem przeróbki wielkiej ilości materiału. Ta okoliczność, która oczywiście nie była nam znana przy początku naszej pracy, sprawiła, że dopiero po kilku latach mozolnych trudów udało mi się otrzymać czysty rad i określić jego ciężar atomowy. Dla polonu zaś i dla wielu ciał radioaktywnych, które inni uczeni wynaleźli później za pomocą tej samej metody, i do dziś dnia nie można było dojść do tak zupełnego rezultatu. Dla chemicznych prac naszych mieliśmy tylko opuszczoną szopę – bez odpowiedniej chemicznej instalacji; lecz w miarę postępu robót wypadło nam również przenieść część takowych do pożyczonego lokalu fabrycznego. Ponieważ jednak doświadczenia nad produktami otrzymanymi w tych pierwszych latach dały nadzieję zbawiennych zastosowań leczniczych, powstała we Francji, już w roku 1904, pierwsza fabryka radu, produkująca ciało to na sprzedaż, oczywiście po bardzo wysokiej cenie. Produkcja przemysłowa radu rozwinęła się następnie i w innych krajach, a dziś ma miejsce przeważnie w Belgii. Jednakże zaczęły powstawać w różnych krajach instytuty radowe lecznicze, a także pracownie dla badań naukowych nad radem i innymi ciałami o własnościach podobnych. Jeżeli z punktu widzenia lekarskiego rad okazał się zbawiennym, to z punktu widzenia naukowego, prace nad radem wywołały przewrót w wielu zasadniczych pojęciach wiedzy współczesnej. Tak więc odkrycie radu wywołało obszerny ruch naukowy, leczniczy i przemysłowy, otwierając nowe horyzonty i nowe pole działalności. [...]

Wydobywamy ciała radioaktywne z minerałów uranu lub toru, przeważnie uranu. Ciał tych znamy dziś więcej niż 30, ale dwa tylko produkowane są w fabrykach; jednym z nich jest, jak wiadomo, rad, drugim mezotor, otrzymywany jako produkt uboczny w fabrykach wyrabiających tor. Oprócz tych dwu ciał radioaktywnych jest wiele innych, jak polon, aktyn, protaktyn itd. Dlaczegóż wszystkie te ciała znajdują się w minerałach uranu lub toru? Otóż – wiadomo dziś, że są one wszystkie pochodnymi tych dwu pierwiastków, czyli że każdy atom uranu lub toru daje, przez kolejne przemiany, szereg pierwiastków pochodnych, tworzących jakby rodzinę. Przemiany, o których tu mówimy, są atomowe, a przez to są one w sprzeczności z teorią bezwzględnej stałości pierwiastków, która była dotąd jedną z fundamentalnych zasad chemii. Tak np. jeżeli mamy pewną ilość radu zamkniętą szczelnie w zalutowanej szklanej rurce, to po stu latach będzie w tej rurce brakowało około 40 miligramów radu, które zostały przetworzone w inny rodzaj materii, przeważnie w ołów; oprócz tego będą w tej samej rurce maleńkie ilości tych ciał aktywnych, które pochodzą od radu, np. polon. Sam zaś rad – jest pochodnym uranu i tworzy się ciągle w minerałach uranu, jednocześnie zaś zanika. Każde z ciał radioaktywnych zanika w ten sposób, że ilość jego zmniejsza się o połowę w określonym czasie. Czas ten jest bardzo długi dla uranu – wynosi kilka miliardów lat; dla radu jest znacznie krótszy, wynosi bowiem 1600 lat, co jest wiele w stosunku do życia ludzkiego. Ale dla polonu – czas ten jest tylko 140 dni, a dla niektórych ciał aktywnych może wynosić parę dni, parę godzin, parę minut lub nawet część sekundy. Tak więc niektóre ciała aktywne żyją bardzo długo, gdy inne mają żywot mniej lub więcej krótki. Bezpośrednio z minerałów wydobywane są zwykle tylko ciała o życiu dłuższym – jak rad lub aktyn. Ciała krótko żyjące – są zwykle preparowane za pomocą najbliższych swoich długotrwałych przodków, czego wkrótce dam przykłady.

Ażeby poznać, czy minerał pewien zawiera ciała radioaktywne, możemy położyć kawałek jego na płytce fotograficznej osłoniętej przez czarny papier, zabezpieczający ją od światła. Po kilku godzinach, wywołując obraz, zobaczymy ciemne plamy, odpowiadające aktywnym częściom minerału. Jest to sposób bardzo prosty, który może być używany do prospekcji. Można również dojść do wniosku za pomocą elektroskopu. Jeżeli na płytce elektroskopu położymy aktywny minerał, szybkość ruchu listka przy wyładowaniu powie nam, czy minerał jest aktywny i pozwoli zmierzyć jego aktywność. Jest to właśnie ta metoda, która posłużyła do odkrycia radu. Z przyrządów elektrometrycznych, używanych w Laboratorium Curie, niektóre są więcej skomplikowane niż prosty elektroskop, lecz polegają zawsze na tej samej zasadzie. Minerały radioaktywne tworzą piękną kolekcję w moim laboratorium, i wiele z nich posiada żywe zabarwienie, ale dla celów praktycznej eksploatacji przedstawiają one interes o tyle tylko, o ile można je posiadać w znacznej ilości.

Wspominałam już wyżej, jak mało jest radu w najbogatszych minerałach, a jednak między ciałami silnie radioaktywnymi jest on względnie obfity. Jednak te nowe ciała są nam właśnie potrzebne, gdyż, w porównaniu z uranem i torem, przedstawiają one ogromną koncentrację energii promieniowania w stosunku do ilości materii. Przeróbka tysięcy kilogramów rudy musi być robiona w fabryce. Dopiero gdy cenna materia aktywna jest już w stanie daleko posuniętego oczyszczenia i zawarta w kilkuset gramach, można ją dalej oczyszczać w laboratorium Curie i, oddzielając od niej wszystko, co nie ma wartości, sprowadzić ją do bardzo maleńkiej masy. Najczęściej nie możemy ważyć tych małych ilości, lecz mierzymy je elektrometrycznie. Zawarte są one podczas operacji chemicznych w maleńkich naczynkach z kwarcu, szkła lub porcelany, które szybko zabarwiają się pod działaniem promieni na kolor fioletowy lub brunatny.

Ponieważ laboratorium Curie nie posiada własnej fabryki dla przeróbki większych ilości materiału, czynimy to w lokalu pożyczonym, tak jak w czasie pracy nad odkryciem radu. Praca zaś nad skoncentrowanymi preparatami odbywa się w specjalnym pawilonie; gdyby bowiem chemicy nasi robili ją w głównym laboratorium, nie można by tam robić pomiarów z powodu zanieczyszczenia przez pył radioaktywny. Radu od dawna już nie produkujemy, gdyż cena rudy i koszt fabrykacji są przy obecnej wartości radu dla nas niedostępne. Zajmujemy się raczej produkcją innych ciał aktywnych, które można otrzymać z odpadków fabrykacji radu, nie mających dziś jeszcze znacznej handlowej wartości.

Warto także poświęcić kilka słów pięknej preparacji, która odbywa się stale w laboratorium Curie – a polega na przygotowaniu emanacji radu, czyli radonu. Laboratorium posiada parę gramów radu, którego część jest w stanie stałym – rozdzielona w rurkach szklanych lub platynowych. Inna część jest przechowywana w roztworze wodnym, z którego wciąż wydzielają się dość obficie gazy – wodór i tlen, wynikające z rozkładu wody pod wpływem promieni radowych. Gazy te są troskliwie zbierane, zawierają one bowiem w małej ilości gaz radioaktywny, zwany radonem, który wynika z przemiany samoistnej radu. Atom radu, ulegając rozpadowi – wyrzuca z siebie mały atom gazu – zwanego helem, a pozostały – o wiele większy atom – stanowi właśnie – radon, ciało również gazowe. Tak więc, oczyszczając w odpowiedni sposób gazy wydzielające się z roztworu radu, możemy otrzymać – hel i radon. Jeżeli jednak hel jest gazem stałym, to radon ulega dalszej przemianie; pierwotny atom zmniejsza się, tworząc kolejno ciała zwane: Rad A, Rad B, Rad C etc. Okazało się, że te ciała pochodne, które oczywiście istnieją w każdym preparacie radu, są właśnie głównym źródłem promieni radowych. Jeżeli zatem wydzielimy radon, możemy zeń otrzymać to pożądane promieniowanie. W laboratorium Curie istnieje zatem regularna produkcja radonu dla celów naukowych i leczniczych. Gazy z roztworu radu są pobierane co dzień; ulegają one starannemu oczyszczeniu, a stąd objętość ich redukuje się do mniej niż milimetra sześciennego. Wówczas wprowadza się je do bardzo cienkich rurek szklanych i zamyka się te rurki samoświecące pod działaniem promieni radonu i jego pochodnych. Większość rurek dostaje się do lecznicy Fundacji Curie, a niektóre są zużytkowane w laboratorium Curie dla prowadzonych tamże badań. Czas zaniku do połowy jest dla radonu blisko 4 dni, można zatem posługiwać się tymi rurkami przez 8 do 10 dni, a nawet dłużej.

Jakiż jest dalszy los tych rurek z radonem? Otóż gdy ciało to zamiera, przetwarzając się stopniowo w rad A, rad B itd., czwarta z kolei przemiana daje, jak dziś wiadomo, ciało podobne z własności do ołowiu, zwane rad D; ten zaś rad D, osadzony na szkle rurki, przeobrażając się w dalszym ciągu, daje – polon. Tak więc polon pochodzi w prostej linii od radu, za pośrednictwem pewnej ilości ogniw pośrednich, z których pierwszym jest radon. Fakt ten pozwala zużytkować dla produkcji polonu – rurki z wygasłym radonem, nie dające już tych promieni, które oddają największe usługi w medycynie, a pochodzą od bliższych pochodnych radonu, których zanik towarzyszy zanikowi radonu. Tak więc zbieramy te rurki, gdzie się nagromadził rad D – ciało długotrwałe – rozbijamy je na pył szklany, który pod działaniem kwasów oddaje przyległą doń materię radioaktywną. Stąd otrzymujemy roztwory radu D – przechowywane w maleńkich naczyniach kwarcowych, a produkujące polon. Gdy ten się utworzył w wystarczającej ilości, zbieramy go na srebrnej blaszce zanurzonej w roztwór radu D, a oddzieliwszy go w ten sposób, możemy go znowu rozpuścić i zużytkować do doświadczeń. Tak więc produkcja radonu i polonu jest już regularnie zorganizowana; obecnie zaś są w toku próby podobnej organizacji dla innych ciał, jak np. tak zwany uran X, który można regularnie czerpać z uranu, albo tor X, który można otrzymać z mezotoru za pośrednictwem radiotoru i który był już produkowany, mniej lub więcej regularnie, w paru laboratoriach przemysłowych.

Ponieważ działalność nasza chemiczna jest nieodłączna od dobrej organizacji pomiarów elektrometrycznych – wypadło nam, z natury rzeczy, utworzyć centrum pomiarów nie tylko dla naszych potrzeb, ale także dla publicznego użytku. Istotnie, jest to zadanie niemałej wagi. Radioaktywne materie są często używane w tak małych ilościach, że nie można ich ważyć, a nawet, gdy to jest możliwe – dla radu, waga nie daje gwarancji czystości. Toteż ilość radu jest prawie wyłącznie określana przez pomiar promieniowania, tak dla sprzedaży jak dla kontroli w zastosowaniach leczniczych. W laboratorium Curie istnieje Oddział Mierniczy, który podejmuje się takich oznaczeń. Otrzymuje on z zewnątrz preparaty radu, lub jego minerały, a także wody mineralne i określa dla tych materiałów ilość zawartego w nich radu. W wodach mineralnych, oprócz małych ilości radu, bywa także radon, który również ulega oznaczeniu. Można także mierzyć w ten sposób ilość mezotoru, radiotoru, polonu i w ogóle wszystkich ciał aktywnych, które weszły lub zaczynają wchodzić w użytek. Podobne wydziały miernicze istnieją w Londynie, Brukseli, Berlinie, Wiedniu i Waszyngtonie. Oddają one wielkie usługi przemysłowi ciał radioaktywnych, szczególnie zaś lekarzom, dla których jest to rzecz pierwszorzędnej wagi, znać dokładnie energię promieniowania preparatów, a to tym bardziej, że chodzi tu o terapię, która może być niebezpieczna, jeżeli jest traktowana lekkomyślnie.

Prace natury fizycznej w laboratorium Curie mają zwykle na celu badanie promieni ciał radioaktywnych. Promienie te są trzech gatunków – oznaczonych przez litery α, β i γ, a towarzyszą one zawsze przemianie, czyli eksplozji atomów. Atom może przetworzyć się z oderwaniem atomu helu, który wypchnięty z wielką szybkością i naładowany dodatnio – stanowi promień α. W innych wypadkach nie odrywa się od atomu żadna znaczniejsza masa, lecz tylko tak zwany – elektron, czyli cząsteczka o ładunku ujemnym mająca masę blisko 1800 razy mniejszą niż atom wodoru; wyrzucona również z ogromną szybkością, stanowi ona promień β. Promienie zaś γ są tego samego gatunku, co światło, lub promienie Roentgena i towarzyszą zwykle w przemianie atomowej promieniom β. Zdolność przenikania materii jest najmniejsza dla promieni α, większa dla promieni β, a jeszcze większa dla promieni γ.

Promienie α mają w powietrzu przebieg kilku centymetrów, a można mieć ich obraz fotograficzny za pomocą metody Wilsona[2]. Polega ona na tym, że powietrze zawiera parę wodną, w której chwilowo wywołujemy przesycenie; promienie, które napotykają tę parę przesyconą, wytwarzają po drodze maleńkie kropelki wodne, które można silnie oświetlić i fotografować, tak że przebieg cząsteczki α jest w ten sposób zmaterializowany. Jest on prawie zupełnie prosty, a promienie fotografowane w odpowiednich warunkach mają wszystkie tę samą długość, bo prędkość początkowa wszystkich cząsteczek jest jednakowa. Promienie β można fotografować w ten sam sposób, ale z mniejszą łatwością, gdyż tworzą one daleko mniej kropelek na swej drodze. Promienie γ same przez się nie dają takich fotografii, lecz tylko za pośrednictwem promieni β, tak zwanych wtórnych, które wywołują przy przejściu przez materię własność promieni, która sprawia, że nadaje ona powietrzu i innym gazom pewne przewodnictwo elektryczne, sprawiające wyładowanie elektroskopu. Nazywa się to jonizacją i polega na rozszczepieniu napotkanych molekuł gazu na dwa jony – o ładunkach przeciwnych. Te jony przeprowadzają prąd elektryczny, a także na nich to osadzają się kropelki przesyconej pary wodnej. Promień α tworzy wiele więcej jonów na swej drodze, niż promień β.

Zjawisko jonizacji może być wykonane w formie tak czułej, że pozwala nam poznać przebieg przez gaz – jednego tylko promienia. Jeden zaś wysłany promień, czyli jedna oderwana od atomu cząsteczka, znaczy przemianę, czyli eksplozję jednego atomu, tak że jesteśmy w możności liczyć eksplodujące po kolei atomy. Aby tego dokonać, można zrobić następujące doświadczenie. W metalowym małym pudełku osadzona jest igła izolowana elektrycznie od pudełka przez podtrzymujący ją korek. Ostrze igły – wpuszczone wewnątrz pudełka – odległe jest o kilka milimetrów od niewielkiego okrągłego otworu w przeciwległej i prostopadłej do igły ściance. Między pudełkiem a igłą istnieje napięcie elektryczne, niezupełnie wystarczające do wywołania aigrette; jeżeli jednak promień α lub β napotka gaz między ostrzem i ścianką, wywołujący jony, to otrzymamy aigrette, a prąd w ten sposób chwilowo przesłany jest w odpowiednich warunkach dość znaczny, aby go można wykazać

2 Charles Thomson Rees Wilson (1869–1959), brytyjski fizyk, badacz promieniotwórczości i kondensacji pary wodnej. Twórca komory kondensacyjnej, zwanej też komorą Wilsona.

czułym przyrządem mierniczym, albo – po amplifikacji – usłyszeć w telefonie. Tak więc zjawiska promieniotwórczości pozwoliły nam po raz pierwszy kontrolować ruch oddzielnych atomów i poznawać chwile ich eksplozji. Licząc eksplodujące atomy radu, możemy stąd wyprowadzić szybkość zaniku do połowy tego ciała, która wynosi blisko 1600 lat.

W pracach nad promieniami α i β należy często posługiwać się elektromagnesami, ponieważ promienie te odchylone są ze swej drogi w polu magnetycznym. Można je również odchylać przez działanie sił elektrycznych. Odchylenia takie, mierzone drogą fotograficzną, nie w powietrzu, które hamuje promienie, ale w próżni, pozwalają obliczyć masę cząsteczek i prędkość. One to pozwoliły nam poznać naturę promieni α i β, a prowadzimy je w dalszym ciągu, aby rozróżnić grupy różnych prędkości i dokładniej je zbadać. Grupy promieni β są w ścisłym związku z grupami promieni γ, a prawo, dane tu przez Einsteina, pozwala związek ten wyzyskać dla określenia długości fali promieni γ. Ładunek promieni α i β może być zmierzony elektrometrycznie.

Promienie α, β i γ oprócz działania jonizacyjnego i fotograficznego wywołują także efekty świetlne, gdy napotykają ekrany pokryte ciałami zdolnymi do fosforescencji. Światło to można obserwować, wystawiając na działanie promieni platynocjanek baru lub siarczek cynku. Ten ostatni daje pod działaniem promieni piękne zjawisko scyntylacji. Polega ono na tym, że na ekranie pojawiają się świetlne punkciki, bardzo krótkotrwałe, a widzialne za pomocą lupy. Każdy punkcik wynika z uderzenia ekranu przez jeden promień α, tak że mamy tu drugą metodę liczenia promieni.

Metoda scyntylacyjna pozwoliła zaobserwować fakt bardzo ważny. Rutherford, wystawiając różne materie na działanie promieni α, przekonał się, że niektóre atomy mogą być rozbite przez uderzenie tych promieni. Tak np. atom azotu – bombardowany przez promienie α – bywa rozbity przy wyjątkowo gwałtownym starciu, co się objawia oderwaniem atomu wodoru, obdarzonego tak wielką szybkością, że może wywołać scyntylację. Zdarza się to niezmiernie rzadko, ale jednak jest to pierwszy przykład rozbicia atomów przez działanie wewnętrzne. Bo chociaż rozbijają się one samoistnie w przemianach radioaktywnych, to jednak przemiany te są niezależne od warunków zewnętrznych i nie udało się dotąd zmienić ich biegu w żadnym wypadku.

Promienie α, β i γ przenoszą ze sobą pewną energię, największą dla promieni α, a stąd podnoszą temperaturę ciał, w których są absorbowane. Wywołują one również liczne działania chemiczne i barwiące, związane z tworzeniem jonów w materii.

Wreszcie wywołują one ważne efekty biologiczne, które są podstawą nowej terapii, zwanej Curieterapią. Działanie to może być podniecające, gdy dozy są odpowiednie. Sprawdzono np., że może ono mieć dobry wpływ na wzrost roślin, a może i zwierząt. W silnych dozach działanie na komórki jest niszczące; ponieważ jednak nie wszystkie komórki są jednakowo wrażliwe, wynika stąd możność zniszczenia niektórych z nich, nie uszkadzając innych, co może mieć zbawienne skutki.

Terapia w zasadzie ma tu dwie drogi działania. Jedna polega na tym, że rad lub mezotor, zawarty w rurkach, działa z zewnątrz na chore tkanki. Metoda ta, gdzie użyte są tylko promienie γ, jest już najdalej opracowana i najlepiej znana. Ona to jest używana dotąd wyłącznie w Fundacji Curie, przez dyrektora Laboratorium Pasteura dra Régaud[3]. Oddaje ona, jak wiadomo, wielkie usługi w leczeniu raka. Druga metoda polega na wprowadzeniu ciał radioaktywnych wewnątrz organizmu przez iniekcje, inhalacje lub połknięcie. W tym wypadku działają również promienie α i β, a zatem energia zużyta może być większa. Działanie niektórych wód mineralnych bywa przypisywane tej formie interwencji ciał radioaktywnych w nich zawartych. Metoda ta wewnętrzna bywa stosowana do leczenia artretyzmu i wielu innych chorób, ale ma jeszcze charakter bardzo empiryczny. [...]

Pracownicy lat dawnych mile wspominają czas swego pobytu w naszym kółku, i chętnie powracają nas odwiedzić – czy to dla odświeżenia swych wiadomości – czy to dla zasięgnięcia rady lub pomocy. Niejeden mówi i myśli szczerze, że liczy do najpiękniejszych lat życia – czas spędzony w Instytucie naszym, gdzie przecież miejsce jest tak ściśle wymierzone, że o własnym pokoju do pracy zwykle nie może być mowy.

Zdaje mi się, że mam prawo powiedzieć na zakończenie, że Instytut Radowy w Paryżu, który dla mnie jest jakby żywą istotą – jakkolwiek daleki od doskonałości, jednak – całkowicie oddany służbie publicznej – wiernie służy ideałom Wiedzy i międzynarodowego porozumienia w sferze, gdzie bodźcem działania jest miłość Nauki i dobro Ludzkości.

3 Claudius Régaud (1870–1940), francuski lekarz i biolog, jeden z pionierów radioterapii i radiofizjologii.

Giovanni GENTILE

(1875–1944), filozof, pedagog, polityk, reformator włoskiego szkolnictwa.

GIOVANNI GENTILE **prawicowy heglista, reprezentował w dziedzinie polityki poglądy faszystowskie, rozwijając m.in. kolektywistyczną koncepcję państwa. Od 1923 roku należał do partii faszystowskiej, ponieważ upatrywał w Benicie Mussolinim odnowiciela życia kulturalnego, politycznego i społecznego. W 1925 roku zorganizował Instytut Kultury Faszystowskiej, którego był przewodniczącym. W tymże roku opublikował zbiór wcześniej wygłoszonych wykładów *Co to jest faszyzm?* Dla Gentilego ustrój faszystowski był jednością myśli i działania całego narodu, a moralność i siła stawały się jednością w myśli kreującej świat faktów przez przetwarzanie natury. Tak właśnie miał wyglądać ideał państwa etycznego. Przez skrajność swoich poglądów zaprzepaścił niektóre ze swoich bardzo ciekawych koncepcji.** (katraw)

GIOVANNI GENTILE

FASZYZM JAKO TOTALNA KONCEPCJA ŻYCIA

1925

Widzimy przed sobą dwie Italie: starą i nową. Italia przeszłych wieków jest naszą chwałą, ale także smutnym dziedzictwem, które ciąży na naszych barkach i naszych duszach: bądźmy szczerzy, to także nasza hańba, którą chcemy zmazać i która wymaga zadośćuczynienia. Jest prawdą, że wielka Italia zajmuje ważne miejsce w historii świata; można rzec, że to jedyna Italia, która jest znana, studiowana i badana przez wszystkich cywilizowanych ludzi, a jej historia nie jest historią jednostkową, lecz całą epoką historii powszechnej – Renesansem. [...] Italia cudzoziemców, a nie Włochów. Włosi bez wiary, a zatem nieobecni. Czy stara Italia nie była krajem dekadencji?

Powinniśmy do starych pomników dodać nowe. Wznieśmy je na naszych placach, by zahartować nasze charaktery. Uświęcając niedawne wspomnienia, które dają nam więcej powodów do chwały niż jakikolwiek inny okres w historii Italii, oddawajmy cześć raczej żywym niż umarłym. Oddając hołd tym wspaniałym wspomnieniom, wzmacniamy naszą świadomość, że jesteśmy wolnymi obywatelami wielkiego narodu. Przy takim rozumieniu słowa „naród" nawet wolność jest mniej prawem, a bardziej obowiązkiem; nagrodą, którą można osiągnąć jedynie poprzez dobrowolne wyrzeczenia obywateli, gotowych oddać wszystko ojczyźnie, nie domagając się niczego w zamian.

Nawet jednak ta koncepcja narodu, którą uważamy za kluczową, nie jest wymysłem faszystów. To dusza nowej Italii, która powoli, lecz nieubłaganie wypiera starą. Faszyzm, ze swym wyczuleniem na falę nacjonalizmu, który popchnął Italię w pożogę Wielkiej Wojny i pozwolił jej wyjść zwycięsko z tragicznej próby, jest reakcją na niedawny materializm, który próbował zlekceważyć wartość tej ofiary. [...] Faszyzm ma wszelkie dane, by przypominać ludziom o wielkości i pięknie dokonanego poświęcenia, które stanowi jednocześnie wielkie zobowiązanie na przyszłość.

Ileż to razy faszyzm był z jawnie złą wolą oskarżany o barbarzyństwo? Gdy jednak zrozumiemy prawdziwe znaczenie tego barbarzyństwa, będziemy z niego dumni, gdyż jest ono przejawem zdrowej energii, która obali fałszywych i znienawidzonych bożków i przywróci zdrowie narodowi dzięki sile państwa świadomego swych suwerennych praw, będących zarazem jego obowiązkami.

Nie zapominajmy, że z etycznego punktu widzenia państwo faszystowskie nie jest już agnostycznym państwem starego liberalizmu. Jego etyka bierze się z duchowości, a osobowość z samoświadomości. To system, który jest wolą. [...] Państwo jest emanacją woli narodu podniesioną do potęgi i jego intelektem. Niczego nie ignoruje i angażuje się w każde działanie prowadzone w interesie obywateli – co jest także w jego interesie – zarówno ekonomicznym, jak i moralnym. *Nihil humani a se alienumm putat.* Państwo nie jest ani wielką fasadą, ani pustym budynkiem. To człowiek sam w sobie. Jest to dom zbudowany i zamieszkany, ożywiają go zaś radości i smutki, które biorą się z trudów oraz całego żywota ducha ludzkiego. [...]

Panowie, faszyzm jest partią, doktryną polityczną. Ale faszyzm, będąc tym wszystkim, jest nade wszystko koncepcją życia. Tak jak katolik, o ile jest katolikiem, kieruje się w całym życiu swymi religijnymi przekonaniami, tak samo faszysta, bez względu na to, czy pisze do gazet, czy je czyta, zajmuje się własnym życiem osobistym czy rozmawia z innymi, patrzy w przyszłość czy też zgłębia przeszłość i dzieje swojego narodu, musi zawsze pamiętać, że jest faszystą!

W ten sposób wypełnia, można by rzec, główny postulat faszyzmu, by brać życie poważnie. Życie to trud, wysiłek, poświęcenie, ciężka praca; wiemy bardzo dobrze, że życie to nie zabawa. Na zabawę nie ma tu czasu.

Przed nami zawsze leży ideał, do którego trzeba dążyć: ideał, który nie daje nam chwili wytchnienia. Nie możemy tracić czasu.

PRZEŁ. TOMASZ KRZYŻANOWSKI

Benito MUSSOLINI

1883–1945, włoski polityk, kombatant I wojny światowej, początkowo działacz socjalistyczny, poźniej twórca faszyzmu i dyktator Włoch (*duce*), premier w latach 1922–1943, obalony w zamachu stanu, uwolniony przez niemieckich spadochroniarzy, przywódca marionetkowej Włoskiej Republiki Socjalnej, pod koniec wojny schwytany przez partyzantów i zastrzelony wraz z kochanką, Clarą Petacci.

BENITO MUSSOLINI w 1925 r. już od trzech lat był premierem Włoch. Władzę uzyskał 28 X 1922 r., gdy zagroził marszem na Rzym wiernych mu faszystów, umundurowanych w czarne koszule. Tekę premiera otrzymał od króla Wiktora Emanuela III zgodnie z zasadami ówczesnej konstytucji. Stanowisko wykorzystał do umocnienia własnej pozycji w strukturach władzy. W styczniu 1925 r. Mussolini w parlamentarnym przemówieniu wziął na siebie odpowiedzialność za zamordowanie socjalistycznego przywódcy Giacomo Matteottiego i tę datę przyjmuje się za prawdziwy początek jego dyktatury. Nie przeszkodziło mu to w wygraniu kolejnych wyborów i umocnieniu władzy. Nieudane zamachy na swoje życie wykorzystał do rozprawy z opozycją i likwidacji demokracji parlamentarnej. W przemówieniu wygłoszonym w mediolańskiej La Scali w trzecią rocznicę przejęcia władzy wyłożył cele państwa faszystowskiego. Zwykle cytuje się inny fragment tego przemówienia, w którym padają słowa: „Nasza formuła jest następująca: wszystko w państwie, nic poza państwem, nic przeciwko państwu", określające ideologiczne podstawy przekształceń ekonomicznych i budowy korporacjonizmu. Innym ważnym wątkiem tej mowy była zapowiedź budowy trzeciej – po starożytnym Rzymie i renesansowej Italii – cywilizacji włoskiej. Oznaczało to wstąpienie na drogę podbojów, co doprowadziło do ostatecznej klęski Włoch w II wojnie światowej (zob. t. 3, s. 33). (TZ)

BENITO MUSSOLINI

TRZECIA CYWILIZACJA WŁOSKA

28 PAŹDZIERNIKA 1925

Dlaczego mówię, że tylko dziś lud ma poczucie zwycięstwa?

[...] Polityczny ustrój, który poprzedzał nasze rządy, rządy demokratyczno-liberalne, ignorował masy. Później już ich dłużej nie ignorował, ale wydał na łaskę i niełaskę innych, którzy podburzali je przeciwko państwu.

Teraz, gdy widzicie weteranów maszerujących dwójkami i trójkami, ramię przy ramieniu, gdy widzicie wspaniałą dyscyplinę we włoskim narodzie, który nie chodzi już po ulicach niczym stada baranów, jak działo się to wcześniej, ale w zwartym szyku – rozumiecie, że w ich sercach nastąpiła dogłębna zmiana, rozumiecie, że włoski lud niebawem wejdzie do państwa albo już stał się jego częścią. Panowie, oto powód do dumy! Kto po wojnie, pracując na surowcach wojennych, na namiętnościach, na tryumfach, ale także rozczarowaniach wojennych, potrafił z powodzeniem zaprowadzić ten pogardzany naród, który stał się wrogi lub obojętny, z powrotem do owczarni państwa? Kto? Faszyści, nie liberalizm, nie socjalizm.

Masy, już pogodzone z narodem, wchodzą do państwa przez główną bramę, szeroko otwartą przez faszystowską rewolucję. Państwo zaś, z monarchią na górze, ogromnie poszerzyło swoją podstawę. Nie ma już więcej zwykłych poddanych, są obywatele; nie ma tylko narodu, są ludzie świadomi swojego przeznaczenia.

Właśnie to osiągnięcie, ten owoc zwycięstwa podtrzymuje wiarę w siebie u włoskiego ludu.

Jednakże, drodzy żołnierze, zwycięstwo nie jest ostatecznym celem: to punkt wyjścia; nie jest ono metą: to etap. Zwycięstwo nie jest wygodnym fotelem, w którym można się usadowić podczas uroczystości rocznicowych. Nie. Ono jest zachętą, bodźcem pchającym naprzód ku trudnym szczytom i bardziej żmudnym zadaniom...

Patrzmy jednym okiem na gołąbka pokoju, nawet jeśli tylko wzlatuje on w powietrze z dalekich horyzontów; lecz drugim okiem spoglądajmy na konkretne potrzeby życiowe i na historię, która pokazuje nam powstawanie, wzrastanie i upadek jednostek i narodów, stwarzające ogromne zachwiania równowagi z fatalnym skutkiem. Nie wykluczam możliwości, że jutro historia przyjmie inny bieg niż wczoraj, ale, czekając na ten cud, musimy mieć potężną i godną szacunku armię, odpowiednią flotę, siły powietrzne z wyższą rangą, wielkie poczucie dyscypliny i ducha poświęcenia we wszystkich klasach narodu. W roku 1836, po zakończonej fiaskiem wyprawie do Sabaudii, Giuseppe Mazzini[1] spytał: „A jeśli ta ojczyzna była tylko złudzeniem? A jeśli Włochy, wyczerpane po dwóch epokach cywilizacji, teraz zostały skazane na to, że leżą rozłożone na łopatki, bez imienia i celu, ujarzmione przez młodszy, bardziej żywotny naród?"

1 Giuseppe Mazzini (1805–1872), włoski dziennikarz, działacz niepodległościowy i republikański, twórca ruchu Młodych Włoch, uznawany za jednego z ojców zjednoczonych Włoch (zob. też s. 81).

Kiedy Mazzini dyktował te słowa, duszę ogarniało mu coś, co można by nazwać burzą wątpliwości. Teraz, wiek później, dla nas, Włochów tego pokolenia, niewysłowionym doświadczeniem jest rozwianie tak rozpaczliwej wątpliwości, a pomni na Vittorio Veneto[2], danie zwycięskiej odpowiedzi na to straszliwe pytanie.

Ojczyzna nie jest złudzeniem! To najsłodsza, największa, najbardziej ludzka, najbardziej boska z rzeczywistości! Nie! Włochy nie wyczerpały się podczas tworzenia pierwszej i drugiej cywilizacji, lecz właśnie tworzą trzecią.

Bracia żołnierze!

Stworzymy ją w imię króla, w imię Włoch, z fizycznym wysiłkiem, z duchem, krwią i życiem.

PRZEŁ. HALINA LUBICZ-TRAWKOWSKA

2 Po wielu klęskach, 24 X 1918, w bitwie pod Vittorio Veneto wojska włoskie, wsparte przez 2 dywizje brytyjskie, 1 francuską i 1 czeską, przełamały pozycje austriackie nad rzeką Piavą. Była to decydująca bitwa na froncie włoskim, Austro-Węgry poprosiły 28 X o zawieszenie broni.

Wystąpienie zbrojne Piłsudskiego 12 maja 1926 roku było dla społeczeństwa zaskoczeniem, tak samo jak powód, który podał Marszałek: „Nie może być w państwie za wiele niesprawiedliwości względem tych, co pracę swą dla innych dają, nie może być w państwie – gdy nie chce ono iść ku zgubie – za dużo nieprawości". Kiedy minął zaledwie miesiąc od przewrotu i gdy zaczęły się ujawniać metody rządzenia sanacji, Ignacy Daszyński bardzo ostro zaatakował rząd pomajowy na łamach „Robotnika". Jego oburzenie wywołał projekt zmiany konstytucji zmierzający do wzmocnienia władzy wykonawczej kosztem prerogatyw suwerennego Sejmu, które miały zostać uszczuplone. 5 lipca 1926 roku Daszyński wystąpił w Sejmie w dyskusji nad przedłożeniem rządowym. W tym przemówieniu zostały powtórzone oceny i fakty, które znalazły się w wydanej wcześniej książce Daszyńskiego *Sejm. Rząd. Król. Dyktator. Uwagi na czasie.* (katraw)

Ignacy DASZYŃSKI
1866–1936, polityk i działacz socjalistyczny, poseł do parlamentu austriackiego 1897–1918, w II Rzeczypospolitej wicemarszałek i marszałek Sejmu. Był świetnym mówcą, określano go jako polskiego Arystydesa.

IGNACY DASZYŃSKI

W OBRONIE PARLAMENTU

5 LIPCA 1926

Wysoka Izbo! Debata, którą dziś zaczęliśmy prowadzić w Sejmie, odbywa się na tle zmian po przewrocie majowym, który głęboko wstrząsnął Polską. Sam przewrót wywiesił jedno tylko hasło: walkę z nieprawością w życiu publicznym. Dopiero później dorobiono hasło, rzekomo zbawcze, wzmocnienia władzy prezydenta Rzeczypospolitej.

Nie mogę prowadzić analizy politycznych następstw przewrotu majowego, póki nie można utworzyć sobie sądów i wniosków ostatecznych. Polska pełna dziś jeszcze najżywszych nadziei i najżywszych obaw, że to jeszcze nie koniec, że szklanka nie wypita do dna. Ale im bardziej twórca przewrotu osłania się milczeniem, tym głośniej odzywają się ludzie, którzy zaledwie otarli się o płaszcz jego, a mają pretensje do autentycznych interpretacji zamierzeń przewrotu.

Wytwarza się pod naciskiem zdarzeń olbrzymiej miary samozwańcza kamaryla, która nie odpowiada w zupełności tej swobodzie poglądów, w jakiej ma się traktować w państwie i Sejmie najważniejszą zmianę, bo zmianę Konstytucji. W związku ze stekiem dziecinnych, nierozważnych, często niepoczytalnych, reakcyjnych programów słyszymy słowa odwoływania się do odrodzenia narodu lub naprawy Rzeczypospolitej!

Strzały majowe wywabiły całe stada wróbli, których dokuczliwy hałas narzuca się życiu publicznemu Polski. Gdyby odrodzenie moralne i naprawa Rzeczypospolitej stały się karykaturą, to gorzko żałowałaby Polska owych ofiar koniecznych, które padły w dniach majowych. Ale masy polskie to nie stado wróbli. Masy polskie spodziewają się i oczekują dalszych, dalej sięgających skutków majowego przewrotu. Masy te nie mogą się pozbyć instynktu historycznego, który powiada, że prawem przewrotu jest jego zwycięstwo, a prawu odpowiada zawsze i wszędzie obowiązek. Na nic się nie zda wobec tego instynktu masy, odczuwającej konieczności historyczne, pocieszanie się tym, że po raz drugi oddało się władzę, którą się miało bezpodzielnie w ręku.

Masy ludowe nie rozumieją tego, co się po przewrocie dzieje, nie mogą wyciągnąć z tego przewrotu żadnej nauki, jak tylko chyba tę jedną, którą daje sam przewrót, działający na wyobraźnię olbrzymiej masy, fascynujący tę masę.

Po dniach przewrotu mamy przed sobą, jak dotąd, właściwie jedyny owoc przewrotu – projekt zmiany Konstytucji.

Konstytucji nie zmienia się na użytek chwilowego rządu

Proszę panów, kilka uwag natury ogólnej. Po pierwsze. Należy przyzwyczaić się do tego, że zmian Konstytucji nie robi się pod kątem widzenia chwilowego rządu. Konstytucje robione na użytek partii, czy rządu, czy innego czynnika w państwie mają chorobę wewnętrzną, są ślepe na to, że Konstytucja musi być normalnym ogólnym prawidłem, musi być Konstytucją na złe i dobre czasy. I dlatego jakikolwiek rząd stoi przed nami, nie myślimy się powodować sympatią lub antypatią do tego rządu. Konstytucji nie robi się na zamówienie. Konstytucję robi się w zgodzie z najgłębszymi pokładami sumienia ludzkiego. To pierwsza uwaga.

P. Makowski w reakcyjnym orszaku

A druga ciśnie się również na usta, bo oto projekt rządowy nie przychodzi tu sam; za p. Makowskim[1] wkroczył cały orszak reakcyjnych projektów zmiany Konstytucji (*Wesołość*). Przecierać się chce oczy i pytać: czy też w dniach majowych Związek Ludowo-Narodowy czy Chrześcijańsko-Demokratyczny, czy może Chrześcijańsko-Narodowy także brały udział w strzelaniu przeciw „prawowitej władzy" (*Żywe protesty na ławach wspomnianych klubów*). Bo dziś razem z min. sprawiedliwości Makowskim na wyścigi rewolucjonizują Konstytucję i projekt rewolucyjnego zamachu jest im za blady (*Wesołość*).

Cóż to znaczy, w oczach pana prezesa Głąbińskiego[2] samo prawo obdarzenia pana prezydenta większą władzą to za mało i zmiana ordynacji wyborczej tu potrzebna, i wiek wyborczy należy podnieść i zasadę proporcjonalności usunąć. A klub chrześcijańsko-narodowy

1 Wacław Makowski (1880–1942), prawnik i polityk, profesor Uniwersytetu Warszawskiego, minister sprawiedliwości, 1928–1935 poseł, od 1930 wicemarszałek Sejmu, 1935–1938 senator i wicemarszałek Senatu, od 1938 ponownie w Sejmie (wicemarszałek), zmarł w Bukareszcie.

2 Stanisław Głąbiński (1862–1941), prawnik, ekonomista, profesor uniwersytetu we Lwowie, polityk narodowodemokratyczny, poseł do sejmu galicyjskiego i austriackiego, w okresie międzywojennym m.in. minister wyznań religijnych i oświecenia publicznego, wielokrotny poseł i senator, aresztowany przez NKWD w 1939, zmarł w więzieniu w Charkowie.

powiada, że Sejm ma być w 2/3 wybierany, a w 1/3 mianowany, a w Senacie mają być sami lewiatany[3], profesorzy, adwokaci i nominaty obok biskupów (*Wesołość*).

Strzały rewolucyjne[4] pobudziły czarne ptactwo do szalonego ruchu. Gawrony reakcyjne otaczają zewsząd ten Sejm.

Wprawdzie rząd może powiedzieć, że nikt nie odpowiada za towarzystwo, którego nie prosi. Ale w komisji spotykamy się. W komisji p. min. Makowski będzie z wdzięczną radością przyjmował każdy głos, który padnie za jego projektem, każdy głos poparcia z tego nieproszonego może towarzystwa. Kiedy przypatruję się temu widowisku, to zdaje mi się, że Sejm, gdyby miał instynkt kierujący, powiedziałby jak Małgorzata do Fausta, w otoczeniu którego znajduje się diabeł Mefistofeles: „Henryku, straszno mi przed tobą" (*Wesołość. Oklaski*). Ale Sejm nie ma uczuć Małgorzaty, Sejm gotów jest pod wpływem, powiedzmy to sobie, strachu, że przyjdzie coś gorszego, gotów jest, proszę panów, uchwalić nie takie projekty.

Sejm nie powinien być nierozwiązalny

Pierwszą część projektu mamy już właściwie w komisji, jest to wniosek Chrześcijańskiej Demokracji, który mówi o zmianie art. 26 Konstytucji[5] w tym duchu, ażeby Prezydentowi Rzeczypospolitej dać prawo rozwiązywania Sejmu. I nie dla polemiki, ale dla wyrażenia głębokiego przekonania, że w tym prawie tkwi niemal większość środków działających na Sejm w kierunku pożyteczniejszej jego działalności, chcę przytoczyć tutaj kilka rozważań. Sejm nierozwiązalny jest zaprzeczeniem demokracji, jest nieznośnym przywilejem, jest uciekaniem od sądu wyborców, jest źródłem marazmu życiowego w samym Sejmie. A z drugiej strony jest on przyczyną niesłychanej słabości rządu, albowiem rząd, który popadnie w konflikt z Sejmem, nie ma normalnego wyjścia, nie ma apelu do wyborców. Rząd w konflikcie z nierozwiązalnym Sejmem może tylko: albo pójść, albo zostać i Sejm demoralizować. I to jest kwintesencją dziejów stosunku rządów do Sejmu w Polsce.

Nierozwiązywalność Sejmu nic Sejmowi nie daje, a odbiera mu wszelki autorytet, jego siłę i władzę, płynące nie z czego innego, jak tylko z woli Narodu.

Krytyka obecnego Sejmu

Sejm, który ucieka przed rozstrzygnięciem tej woli, jest Sejmem, który się skazał w oczach Narodu na śmierć moralną. Dlatego ten Sejm, który spełnił dużo dobrych czynów, wśród ustaw którego znajdziemy ustawy o duchu nowoczesnym, ustawy, które zjednywają szacunek dla prawodawstwa polskiego, nie rozwiązał jeszcze zadań, które leżały przed nim otwarte, nie zjednoczył do dnia dzisiejszego zaborów, nie stworzył jednego prawa w Polsce. Do dnia dzisiejszego przerażające kontrasty w życiu prawodawczym, w życiu publicznym,

3 Tj. członkowie Centralnego Związku Polskiego Przemysłu, Górnictwa, Handlu i Finansów; organizacji branżowych związków i zrzeszeń wielkiego kapitału w Polsce.

4 Tj. zamach majowy.

5 Art. 26 konstytucji marcowej dopuszczał samorozwiązanie Sejmu (większością 2/3 głosów). Prezydent mógł rozwiązać Sejm za zgodą 3/5 Senatu.

w procesie karnym, w ustawie karnej stanowią ciągle przepaści między poszczególnymi zaborami. Kto miał moc i siłę scalić te zabory? Tylko Sejm. Nie rząd, nie żadna instytucja, nie wojsko, ani nie szkoła nawet, tylko ten Sejm, w którym reprezentanci trzech zaborów mieli wyrównać różnice zasadnicze, które zaborcy im narzucili. Tego wyrównania różnic nie było. Sejm zaniedbał kardynalnego swego zadania.

I dziś stoimy wobec buntu całych dzielnic przeciw Warszawie. To jest grzechów grzech, wada wad tego Sejmu.

A na polu już nie politycznym, ale na polu życia codziennego, na polu ekonomicznym czy finansowym czyśmy spełnili swoje zadanie? Proszę panów, mieliśmy pełnomocnictwami stworzoną walutę. Walutę pełnowartościową, walutę, która stała na równi ze złotem przez półtora roku blisko. Co z tej waluty zrobiono? Szmatę. A nasze życie ekonomiczne? Gdzie jest podniesienie wsi, gdy dziś w jakichś mętnych zapowiedziach mówi się, że 2/3 Państwa Polskiego to rolnictwo i rolnicy? Czy ten Sejm może z czystym sumieniem pomyśleć o tych swoich obowiązkach wobec podniesienia produkcji i konsumpcji? Na tym polu Sejm znów popełniał grzechy nie do darowania.

A prawo budżetu? Owo prawo kardynalne kontroli, źrenica praw w stosunku do rządu w każdym państwie, nie tylko w monarchiach? Proszę panów, gdzież to te budżety? Dopiero jest drugi budżet, a ten budżet jak wygląda? Niezrównoważony budżet, jak ziemniaki niedogotowane rzuca się Sejmowi – gryź, naprawiaj. Następstwem tego była demagogia partii i stronnictw sejmowych, które nie miały do dyspozycji tych źródeł i tych cyfr, które ma jedynie rząd. A kiedyśmy tu dyskutowali nad sprawozdaniem Najwyższej Izby Kontroli? Czy pamięta kto w tej sprawie dyskusję jakiejś szerszej natury? A proszę panów, przed nami leżą stosy zadrukowanej bibuły dostarczonej przez Najwyższą Izbę Kontroli, tam jest stek kradzieży, kradzieży i kradzieży. A Sejm na to patrzył spokojnie i nie wykonywał prawa kontroli. A aparat administracyjny? Krzątaliśmy się od początku istnienia Rzeczypospolitej nad tym aparatem, a czy dziś jesteśmy tego aparatu pewni? Czy może ktokolwiek powiedzieć, że biurokracja polska jest dobra?

A krzywda mniejszości narodowych, oszukanych w nikczemny sposób w szkole, gdzie wydzierano pod pozorem szachrajskiego utrakwizmu mowę ich dzieciom? Czy sprawa ta nie była funkcją Sejmu? Czy zostawić na łup wojewodów, komisarzy i policjantów całe miliony mniejszości narodowych, czy to było wolno? (*Wrzawa na prawicy*). Dziś, kiedy dach się pali nad głowami, panowie jeszcze o tym słyszeć nie chcecie, jeszcze przeciw temu protestujecie.

Czym się kieruje Chjena[6]

A władza wykonawcza? P. prezes Głąbiński ślicznie mówi, jak to oni chcieli wyposażyć władzę wykonawczą w siłę. Ale mamy tu świadectwo generalnego sprawozdawcy Konstytucji p. profesora – teraz jest moda na profesorów, więc od niego zaczynam – p. profesora

6 Chrześcijański Związek Jedności Narodowej (ChZJN), potocznie nazywany Chjeną; blok wyborczy partii endeckich i chadeckich przed wyborami w 1922. Po wygranych wyborach utworzył rząd w koalicji z PSL „Piast"; tzw. I rząd Chjeno-Piasta, z Wincentym Witosem jako premierem.

Dubanowicza[7], który wyrażał ducha większości swojej, do której należał także i p. prezes Głąbiński. Pisze on w swojej broszurze, że wbrew swemu przekonaniu umyślnie ograniczyli prawa prezydenta w Konstytucji, aby ewentualnie nie dawać władzy Piłsudskiemu! Więc Piłsudskiemu nie chcieliście dać tej władzy. Ale Piłsudski nie kandydował, a Wojciechowski[8] po zamordowaniu pierwszego prezydenta Narutowicza także tej władzy nie dostał.

Oto co się dzieje, gdy się przykrawa Konstytucję do sympatii lub antypatii dla jednego człowieka lub jednego stronnictwa. Pokutujcie panowie teraz wciąż za to, żeście wtedy byli partyjnikami nienawistnymi, nienawidzącymi Naczelnika Państwa. (*P. Dubanowicz: Nie o partię chodziło, chodziło o większą rzecz niż o Piłsudskiego, chodziło o Polskę*). Dzisiaj p. prof. Dubanowicz gotów zrobić się referentem komisji konstytucyjnej, która przy obecności w rządzie p. Marszałka Piłsudskiego będzie wotowała wzmocnienie władzy prezydenta i rządu. Przedtem głosowaliście z nienawiści, dziś głosować będziecie ze strachu. (*P. Dubanowicz: Panie prezesie, myśmy nie głosowali pod batem*).

Rozwiązać się!

Dwa razy przedkładaliśmy Sejmowi linkę ratunku, wniosek dobrowolnego rozwiązania się Sejmu. Taki wniosek istnieje i dzisiaj. Jeżeli nie powiedzie się plan rządu, jeżeli panowie będziecie w rozterce uczuciowej, to wówczas wniosek nasz leży i po raz trzeci wzywa was: umiejcie umrzeć z honorem. (*P. Wyrzykowski: Próżne wołanie*)[9]. Dwa razy nie chcieliście z honorem umrzeć, jeszcze czas, jeszcze możecie uratować, no, powiedzmy, honor.

Proszę panów, jak się ta rzecz przedstawia w waszych własnych wnioskach, to wam przeczytam. Jak panowie traktujecie dzisiejszy Sejm? W motywach wniosku klubu „Piasta" czytamy: „Sejm obecny zdyskredytowany przez stronnictwa niezdolne do pozytywnej współpracy" (*Głos z „Piasta": Słusznie*). Cóż tu jeszcze ratować, czegóż tu jeszcze bronić, jeżeli z waszych szeregów odzywają się takie głosy w motywach do ustawy? Kto wierzy w ten Sejm? Czy ten Sejm może się przeciwstawić komukolwiek? Nie. I dlatego nie tracę nadziei, że kiedy projekty rządowe nie przejdą i kiedy staniecie na rozdrożu, może wówczas będziecie głosowali za, po raz trzeci, powtórzonym wnioskiem, aby się Sejm rozwiązał i odbyły się wybory do nowego Sejmu. (*P. Dubanowicz: Na podstawie tej samej ordynacji wyborczej Sejm będzie jeszcze gorszy*).

O ile mówię o wadach naszego Sejmu, to nie myślę ani przez sekundę bronić dotychczasowych rządów polskich. Jeżeli Sejm był lichy, to rządy były jeszcze lichsze. Sejm zaniedbywał swoje obowiązki, ale rządy były trwałym towarzyszem wszelkiej nieprawości Sejmu. Dużo się narzeka na korupcję poselską, ale pytam się panów, czy korupcja poselska możliwa jest bez ministra? Minister jest odpowiedzialny za odwrotną stronę medalu i tej odpowiedzialności

7 Edward Dubanowicz (1881–1943), prawnik, profesor uniwersytetu we Lwowie, polityk endecki, w latach 1919–1927 poseł, współtwórca konstytucji marcowej, w 1927 wycofał się z czynnej polityki, w 1940 deportowany przez Sowietów do Kazachstanu, od 1942 w Londynie.

8 Stanisław Wojciechowski (1869–1953), współzałożyciel PPS, działacz spółdzielczy, od 1920 PSL „Piast", 1922–1926 prezydent II RP, później profesor SGGW.

9 Henryk Wyrzykowski (1884–1949), dziennikarz i działacz ludowy, w latach 1922–1935 poseł, w tym czasie w PSL „Wyzwolenie".

rząd z siebie na zrzuci. Proszę panów, ja nie widzę... (*przerywania*) myśmy pana Głąbińskiego słuchali spokojnie. (*Głos na prawicy: Bo nie żartował*). Ja nie żartuję, ja tylko nie mówię słomiano. Rozdział o rządach i o ich walorach czeka jeszcze swego historyka. Historia ta będzie stosunkowo łatwa, będzie smutną i ciemną kartą w dziejach administracji polskiej.

Veto prezydenta

Przejdę do dalszych punktów projektu rządowego i zastanowię się najpierw nad drobniejszymi. Do takich drobniejszych postanowień co do zmian konstytucyjnych należy veto prezydenta republiki. Tu od razu zwraca uwagę głęboka nieufność projektu do Senatu. Jak to? Stu kilkunastu senatorów, mających 60 dni do namysłu, mających zatem ogromną swobodę działania parlamentarnego, nie wystarcza? Więc najpierw Sejm, potem Senat, potem znowu Sejm, jeżeli Senat odrzuci albo zmieni projekt, potem dopiero przychodzi veto p. prezydenta, dalsze 30 dni. Proszę łaskawie to zsumować. Choćby tylko 10 dni trzeba było dla ustawy w komisji i na plenum w Sejmie – 60 dni Senat, to już jest 70. Wraca do Sejmu zmieniony tekst, znowu liczmy tylko 10 dni, to osiemdziesiąt. Veto p. prezydenta 30 dni, to jest 110. Po owym veto przychodzi z powrotem do Sejmu i znowu choćby tylko 5 dni. Razem 115 dni. Ta Polska, która potrzebuje ustaw, która potrzebuje ludzi, która potrzebuje wykonawców, ale i twórców, ta Polska ma być wzięta w jarzmo hamulców, tak, aby ruchy jej stały się ruchami żółwia, aby ustawy potrzebowały 115 dni, czyli 1/3 roku na to, żeby zostały ogłoszone w Dzienniku Praw Państwa. Gdzie tu logika, gdzie tu potrzeba publiczna i gdzie uzasadnienie?

Rada Stanu

Jeżeli ów Senat nie jest dość wystarczającym hamulcem, to pytam się, czy rada przyboczna p. prezydenta będzie lepszym? Niektóre stronnictwa proponują Radę Stanu. Ale, o ile prawo veta prezydenta jest dyskredytowaniem jawnym Senatu, to zależność prezydenta od Rady Stanu jest nonsensem ze stanowiska prezydenta.

Trybunał Konstytucyjny

To jeszcze nie wszystko, bo po tych bólach ciężkich, po 115 dniach, kiedy ustawa zostanie opublikowana, czy sądzicie panowie, że ona będzie obowiązywała? Nie, bo jedno z reakcyjnych stronnictw tej Wysokiej Izby wymyśliło jeszcze jeden hamulec najprzemyślniejszy w postaci Trybunału Konstytucyjnego, na wzór owego Supreme Court Stanów Zjednoczonych, owego hamulca postępowej legislatywy, znienawidzonego Trybunału Najwyższego, obarczonego klątwą wszystkich nowocześnie myślących ludzi w Ameryce. (*Głos: Bolszewików*). Nie bolszewików, ale rozumnych i uczciwych ludzi w Ameryce.

Przypominam sobie wypadek z prawodawstwa amerykańskiego, kiedy to pewien parlament stanowy uchwalił odszkodowanie dla wdów i sierot po zabitych kolejarzach. Trybunał Najwyższy odrzucił tę ustawę, ponieważ – twierdził – sprzeciwia się ona duchowi Konstytucji amerykańskiej, opartej na zasadzie „self help" (samopomocy). I ustawodawstwo musiało się cofnąć przed wolą 9 sędziów.

Rola profesorów

Ale każda historia ma swój humor i tu humorystyczne jest specjalnie stanowisko profesorów. Gdzie rzucić okiem na owe ciała hamujące, czy to Senat, czy Rada Stanu, czy Trybunał, wszędzie tam ma się wetkniętą pewną porcję profesorów (*Wesołość*). Profesorowie w dziejach ludzkości nie odegrali wielkiej roli, w masie swojej odznaczali się serwilizmem, wyjątki, wyklęte przez profesorów i palone na stosie, popychały naprzód dzieje ludzkości. Ale w Polsce, gdzie zrobiono uniwersytety w pośpiechu, gdzie nie dano nawet tym uniwersytetom skrystalizować się, z tych uniwersytetów hojną dłonią czerpie się wszystko „lepiej wiedzących" profesorów. Przypomina się zwrotka ironiczna z 1848 r. Kiedy w parlamencie frankfurckim znalazło się 88 profesorów, wówczas usta ludu niemieckiego jękły: „Acht und achtzig Professoren, Vaterland, du bist verloren"[10]. U nas profesorowie – to zbawcy. Bierze się tych panów do wszystkiego, to co się nazywa „Mädchen für alles"[11]. Pan z patentem, profesor! Bóg mi świadkiem, że profesorowie odgrywają nawet w tym Sejmie rolę podrzędną. Jest ich kilku. Ale to nikogo nie odstrasza. Jak tylko trzeba tworzyć instytucję hamującą, to się bierze panów profesorów, którzy w chwili ważnej usłuchają, jak podoficerowie, a w chwili nieważnej będą robili tylko szalenie dużo zamętu. Po co? Bardzo przepraszam pana ministra sprawiedliwości, bo on także jest profesorem (*Wesołość*). To do niego nie stosuje się (*Wesołość*). P. Makowski odznacza się wyjątkową działalnością na polu prawodawstwa konstytucyjnego. P. Makowski występuje wobec Sejmu jak oszczędna gospodyni, która chce Sejmowi jak najwięcej ująć pracy, chce mu urwać przy sposobności choćby 14 dni istnienia.

Prof. Makowski pragnie ulżyć Sejmowi pracy

Według Konstytucji mamy 90-dniowy okres wyborczy. P. prof. Makowski powiada: a dlaczego nie 120? 30 dni bez Sejmu, 30 dni wygrane! Dalej, dziś wystarczy, jeżeli trzecia część posłów poprosi marszałka o zwołanie Sejmu i on w ciągu 14 dni ma Sejm zwołać. P. prof. Makowski, jak oszczędna gospodyni, powiada: Nie, tego musi zażądać większość posłów, przy tym oszczędźmy 14 dni Sejmowi, niech prezydent jeszcze 14 dni będzie bez Sejmu. To nic, że zachodzi nagła i pilna potrzeba wypowiedzenia się Sejmu. Tymi przepisami chce się utrudnić zwoływanie Sejmu do tego stopnia, że wszelka aktualność gotowa ulotnić się do tego czasu. Ale odbiera się Sejmowi trochę dni jego istnienia.

P. minister powiada: dobre i to. Dobra gospodyni niczym nie gardzi, nie wstydzi się zaoszczędzić na niczym. Uczta weselna będzie, jak mówi Hamlet, odgrzana na obiad[12]. (*P. Wyrzykowski: Ale gospodyni warząchwią może oberwać*).

Budżet

Albo taka rzecz jak terminy budżetowe. Rozumiem zupełnie konieczność prawidłowej gospodarki budżetowej. Jestem gorącym zwolennikiem tego, aby jakiś termin był, ale czy

10 „88 profesorów – Ojczyzno, jesteś zgubiona!" – niesłusznie przypisywane Bismarckowi, prawdopodobnie po raz pierwszy użyte w 1901 w satyrycznym wierszyku zamieszczonym w „Deutsche Rundschau".

11 „Dziewczyna do wszystkiego".

12 Parafraza z aktu I, sceny 2.

ten termin ma narzucać Konstytucja i ma proponować rząd, czy to nie jest raczej funkcją Sejmu samego. Szanujący się Sejm nie czekałby, aż mu przepiszą to lub owo, tylko by sam zajął się rozumną gospodarką. Ale tak, jak się proponuje – cztery miesiące obrad, a po czterech miesiącach gilotyna, to premia dla rządu, aby potajemnie wywoływał ruch obstrukcyjny w Sejmie. Już widzieliśmy takie rzeczy na świecie u różnych narodów. Nie można takimi sztuczkami osłabiać kardynalnego prawa Sejmu, bo budżet przecież – to krew i łzy, praca i trud mas ludowych, którego nie można bez zapytania delegatów tych mas, czyli posłów, z powodu ustanowienia terminów dawać w ręce żadnego rządu. Proszę panów, obliczmy: cztery miesiące dla budżetu ma mieć Sejm, dwa miesiące Senat, 1 miesiąc veta, to jest sprzeczność sama w sobie, bo to 7 miesięcy. Musiałby się w takim razie, jak w Anglii, rok budżetowy zaczynać od 1 kwietnia. W przeciwnym bowiem wypadku prowizoria budżetowe będą stałą regułą i koniecznością parlamentarną w Polsce. I dlatego i tutaj należy się zapatrywać bardzo krytycznie na te sposoby naprawy.

Dekrety z mocą ustaw

O ile powyższe sprawy nazwałem rzeczami stosunkowo drobnymi, to nie mogę tego powiedzieć o projekcie rządu wprowadzenia dekretów z mocą ustawy.

Austriacki § 14

I dlatego, proszę panów, patrzymy na te dekrety z całą świadomością, że dobrego one Polsce nie przyniosą, ale co złego przyniosą? To jest niezwykle interesująca rzecz. Po pierwsze, pomieszanie kompetencji... Dam przykład. Czy możliwe jest to do pomyślenia, żeby zamiast Najwyższego Trybunału siedział rząd, żeby zamiast prezesa Najwyższego Trybunału był pan premier. Czy możliwe jest do pomyślenia pomieszanie władzy sądowej i rządowej w tak znacznej mierze, jak rząd chce zrobić to z władzą ustawodawczą?! Rzecz nie do pomyślenia. Dekrety z mocą ustaw są niczym innym, jak demoralizacją parlamentu w jego najważniejszej funkcji prawodawczej. Ale są także demoralizacją rządu. Dam panom maleńki przykład z niedalekich dziejów, od razu plastycznie wystąpi demoralizacja ministra. Weźmy człowieka, który odgrywał wielką rolę w życiu politycznym Galicji, p. prezesa Głąbińskiego. Był niegdyś p. Głąbiński prezesem Koła Polskiego i jako prezes stronnictwa parlamentarnego w nadzwyczaj energiczny sposób zwalczał rządowy § 14[13]. Ten sam p. prezes Głąbiński został razu pewnego ministrem kolei i sam ten prezes Koła Polskiego, później jako minister, podpisał sobie i rządowi austriackiemu budżet na 9 miesięcy za pomocą § 14. Oto macie panowie demoralizację rządu.

Środek szachrajstwa politycznego

Proszę panów, do czego to prowadzi? Czy panowie sądzicie, że rząd będzie robił wtedy dekrety, kiedy większość nie zechce? Rząd będzie robił na zamówienie większości dekrety.

13 Art. 14 konstytucji austriackiej z 1867 pozwalał na podejmowanie, w razie „pilnej konieczności", decyzji budżetowych przez rząd za zgodą cesarza. Austriackim ministrem kolei Głąbiński był w 1911.

Pokażę panom przykład z naszego Sejmu. Proszę panów, odkąd Polska istnieje, ze wszystkich ambon słyszeliśmy, że robotnicy polscy – to są próżniacy, że należy pracować dłużej, że należy pracować także i w pewne święta. Przychodzą pełnomocnictwa dla p. Grabskiego i wówczas ci pobożni panowie powiadają: w pełnomocnictwa włóżmy takie zadecydowanie przez rząd, żeby pracować wolno było, a raczej koniecznie trzeba było w pewne dni świąteczne. Izba głosuje, Chrześcijańska Demokracja na czele. Rząd, otrzymawszy pełnomocnictwo, powiada do robotników i fabrykantów: a teraz macie pracować na Matkę Boską Gromniczną i jeszcze wtedy a wtedy. I oto ze wszystkich ambon odzywają się głosy: to rząd masonów, Żydów każe w święta pracować! Najpierw mu dali pełnomocnictwa, żeby on się zabrał do tego, a potem huzia na niego: rząd masonów, rząd Żydów!

Oto macie, panowie, klasyczny przykład, jak większość może powiedzieć rządowi: sam babraj się i sam masz to zrobić, a ja będę udawała świętą. Ta większość parlamentarna razem z rządem może prowadzić szachrajstwa polityczne, o jakich się naszym ministrom dziś może nie śni.

„Pajęcze niteczki" „Wyzwolenia" i dziura p. Makowskiego

Proszę panów, gdy Stürghk[14] nie miał budżetu, a było lato, to podburzył Słoweńców, i 22 posłów licząca gromada Słoweńców stanęła na rozkaz i zaczęła bić w pulpity. Rząd rozpuścił parlament do domu, powiedział, że nie może patrzeć na to zgorszenie, a na drugi dzień podpisał na podstawie § 14 budżet. Tak to się robi i nasi ministrowie tego się nauczą powolutku, powolutku. Żal bierze, gdy się widzi stronnictwa demokratyczne, stronnictwa lewicowe, które powiadają: damy dekrety z mocą ustaw rządowi, ale zwiążemy mu ręce, nie wolno mu Konstytucji zmieniać i budżetu, i ceł, i podatków, i jeszcze innych takich rzeczy nietykalnych. To są pajęcze niteczki, które nie skrępują ręki rządu. To są dziecinne wymówki. § 14 był w Konstytucji austriackiej z 1867 r. uchwalony dla ratowania powodzian, pogorzelców i poszkodowanych przez filokserę właścicieli winnic. Potem, gdy Badeni[15] z Bilińskim[16] pierwszy budżet sobie zawotowali na podstawie § 14 w 30 lat później, poszło wszystko: i rekrut, i budżety, i pożyczki itd. Konstytucji nie trzeba było zmieniać, bo § 14 jest tą dziurą w Konstytucji, a naczynie dziurawe żadnej treści zatrzymać nie może. Jeżeli § 14 był małą zaledwie dziurką, to pan kanclerz sprawiedliwości, prof. Makowski, olbrzymią dziurę zrobił, cały przetak. Noś tu wodę w takim przetaku. (*P. Stroński*[17]*: Cały Sejm ma tą dziurą wylecieć!*).

Co by powiedział Bartel, gdyby z takim projektem przyszedł Stroński

Ja ciekaw byłbym, gdyby pan premier Bartel[18] był posłem (*Prezes Rady Ministrów Bartel: Jestem posłem*), ale nie premierem, tylko był posłem i gdyby przewrót majowy albo wypadki

14 Karl hrabia von Stürghk, premier Austrii w latach 1911–1916.

15 Kazimierz Feliks Badeni (1846–1909), polski prawnik i polityk z Galicji, w latach 1895–1897 premier Austrii.

16 Leon Biliński (1846–1923), polski ekonomista i polityk z Galicji, profesor i rektor uniwersytetu we Lwowie, minister finansów w gabinecie Badeniego.

17 Stanisław Stroński (1882–1955), filolog romański, publicysta, polityk endecki, w tym czasie członek Klubu Chrześcijańsko-Narodowego, później m.in. minister informacji w emigracyjnym rządzie Sikorskiego.

18 Kazimierz Bartel (1882–1941), matematyk, profesor Politechniki Lwowskiej, polityk: początkowo PSL „Wyzwolenie", później współzałożyciel Partii Pracy, trzykrotny premier, zamordowany przez hitlerowców.

październikowe postawiły na czele rządu p. Strońskiego i gdyby p. Stroński przyszedł z tymi samymi projektami, co dziś p. Bartel do Sejmu! Nie mogę reprodukować słów, które p. poseł Bartel, huknąwszy pięścią w stół, powiedziałby pod adresem p. Strońskiego (*Wesołość*). A jednak okoliczności zmieniają się, fortuna variabilis[19] i dzisiaj p. premier Bartel powiada: zbawienie Polski leży w dyskredytowaniu parlamentu i odebraniu odpowiedzialności rządowi polskiemu. (*Głos: Ale panowie pomagali*). Jak pomagaliśmy, to słyszycie panowie. Co by panowie powiedzieli, gdyby zakonnica poszła do baletu? Powiedzielibyście panowie prawie to samo, jakby baletnica poszła do klasztoru (*Wesołość*). Co powiecie na to, gdy jedenastu ministrom dajecie panowie prawo rządzenia bez parlamentu, bez jawności, bez trzech czytań, bez obrad komisji (*Głos: Bez stenogramów*), bez stenogramów, bez cenzury komisarza rządu, który konfiskuje interpelacje, co byście powiedzieli, gdyby takie funkcje spełniać zaczęło jedenastu ministrów?!

Prawdziwa baletnica, która się udała do klasztoru – zgorszenie, demagogia i Pan Bóg wie, co by jeszcze było. Ale to p. Bartla nie razi, że p. premier będzie prezydentem parlamentu, a jedenastu jego wiernych profesorów (*Wesołość i brawa*)... będzie tym parlamentem – że publiczność nie będzie dopuszczana i że kontrola przy tworzeniu ustaw nie będzie przestrzegana, to go nie razi. Jak by go jednak raziło, gdyby p. Stroński siedział na jego miejscu (*Wesołość*).

Co to za system?

Chciałbym się zapytać, czego rząd pragnie, czego chce? Czy chce republiki parlamentarnej, na wzór Francji, czy chce republiki na wzór Stanów Zjednoczonych, czy mussolinizmu[20], czy Sowietów[21]? Bo to są cztery rodzaje rządzenia masami i my nie wiemy, jaki to ma być system. Bo jest to taki jakiś polski system w austriackim i rosyjskim sosie, na wzór art. 14 austriackiego i art. 87 konstytucji caratu[22]. Trudno nam do tego systemu się przyzwyczaić. I my socjaliści do tego systemu nie przyzwyczaimy się. (*Głos na prawicy: A bat? Przerywania*).

Prawodawstwo kancelaryjne

Proszę panów. Punktem wyjścia jest dla mnie: Polska bez silnego, zdrowego, szanującego się i szanowanego Sejmu nie może istnieć. Złudzenia tylko mogą dyktować wybujałość w jakimkolwiek kierunku w lewo, czy w prawo. Epoka, w której żyje Polska, jej układ stronnictw, jej stanowisko gospodarcze, jej stanowisko polityczno-geograficzne wskazują, że naród będzie tylko wtedy silny, gdy będą go interesowały bezpośrednio sprawy jego Ojczyzny. Najbliższym łącznikiem między Ojczyzną a szerokimi masami ludowymi jest i pozostaje Sejm, nie ten Sejm, ale Sejm w ogóle. Sejm powinien sam siebie szanować i być szanowany. Czy panowie sądzą, że tymi dekretami z mocą ustawy uzyskacie szacunek dla Sejmu?

19 Fortuna jest zmienna.
20 Zob. s. 284 i 286.
21 Zob. s. 207 i 228.
22 Art. 87 konstytucji rosyjskiej z 1906 pozwalał carowi na wydawanie rozporządzeń z mocą ustawy w przerwach między posiedzeniami Dumy. Mikołaj II często z tych uprawnień korzystał.

Co będzie, jeżeli ważniejsze sprawy państwa będą funkcją kancelaryjną, jeżeli cały zapał dla tych spraw zostanie zaduszony przez biurokrację, która wtedy będzie największą siłą reprezentującą państwo? Czy sądzicie, panowie, że ten naród polski, nie przyzwyczajony jeszcze do przejmowania się w życiu codziennym myślą i troską o państwo, że on do tego państwa przez biura i kancelarie ministerialne się zbliży? Proszę panów, główną funkcją będzie wtedy funkcja posłuszeństwa. Ideał niektórych ludzi, przyzwyczajonych patrzeć na narody, jak na maszerujące kompanie (*Wrzawa*). Panowie będziecie słuchali aż jak miło! Proszę panów, to jest problem już nie polityczny, to jest problem socjologiczny. Masa narodu, która będzie miała jako główną funkcję funkcję posłuszeństwa, przejdzie dwa stany; pierwszy stan będzie stanem półpariasów (wydziedziczonych z praw), a drugi stan będzie stanem rewolucjonistów i buntu (*Głosy: Tak!*). Dla niewolnika, nie mającego drogi wyjścia, któremu tę drogę wyjścia zamknięto, rewolucja staje się najwyższym prawem. I to trzeba powiedzieć w oczy rządowi przewrotu majowego. Bo jak przewrót majowy wyrósł z poczucia, że nieprawości jest za dużo, tak późniejsze przewroty mogą wyrosnąć z poczucia, że bezprawia konstytucyjnego jest za dużo (*Brawa na lewicy*). Dziś w modzie jest faszyzm, sunie on w atmosferze, to jest moda (*Głos na prawicy: Jaki faszyzm?*). Włoski faszyzm.

Faszyzm przeciwko parlamentaryzmowi

Na czym polega polska ideologia włoskiego faszyzmu? Ja się na tym nie znam, więc biorę artykuł p. Dmowskiego i czytam, że faszyzm pozostawia parlament, ale pozostawia tylko cień, czy komedię parlamentaryzmu. A na miejsce wolnomularzy – według tych artykułów – którzy byli regulatorem międzynarodowego ruchu parlamentarnego, wchodzi spisek nacjonalistyczny.

A cóż jest nacjonalizm, jak nie narkoza, która oszałamia tłumy, ukazując im większe Włochy, Włochy na Morzu Śródziemnym panujące, grając przed oczyma tłumów wojną zwycięską, sławiąc wyższość, boską niemal, narodu włoskiego nad wszelkimi innymi narodami. Rozpatrując ten szał nacjonalizmu, ze strachem patrząc na przyszłe wojny, które on wywołać może, równie okrutne i bezmyślne, jak były wojny religijne i dynastyczne, przychodzimy do skromnego przekonania, że wady parlamentu nigdy nie są gorsze od wad, systemów nieparlamentarnych albo antyparlamentarnych. Czy faszyzm, czy bolszewizm, czy monarchizm zmartwychwstały na gruzach dawnych tronów to są rzeczy tak groźne i ciężkie, że parlament wobec nich jest ostoją dla masy.

Rozbicie Sejmu

Prawda. Rząd ma argument w ręku, argument, który nie da się ukryć, to jest: rozbicie parlamentu polskiego. Szesnaście stronnictw od lewa do prawa, od początku do końca. Szesnaście stronnictw, rozproszkowanie, któremu nie uległy tylko dwie partie w całej Izbie! Ale czy to rozbicie, to rzecz wyborców? Niedaleka przeszłość poucza, że tak nie jest. W 1922 r., w listopadzie, stanęła w Warszawie Chrześcijańska Jedność Narodowa. Lecz ta Chrześcijańska Jedność, kiedy weszła do tej sali, rozbiła się na trzy części. I Chrześcijańska Jedność znikła u drzwi tego Sejmu (*Różne okrzyki na prawicy*). Nie gniewajcie się, panowie, to są fakty. Ile stronnictw chłopskich weszło do Sejmu w 1922 roku? Dwa stronnictwa: „Piast" i „Wyzwolenie". A ile jest dziś polskich stronnictw chłopskich? Pięć: „Piast", „Wyzwolenie", „Stronnictwo Chłopskie", „Niezależni Chłopi" i „Radykałowie Chłopscy". Są stronnictwa, które pączkują i rozpadają się. Nie chcę wskazywać które, panowie wszyscy dobrze wiecie. One tworzą z siebie coraz to nowe stronnictwa. Czy panowie sądzicie, że to wina wyborców? (*Głos: Ordynacji wyborczej*). Nie, z ordynacją to nie ma nic wspólnego. Prawda, że liczba partii u nas musi być większa, bo mamy mniejszości narodowe: Niemców, Żydów, Ukraińców i Białorusinów. Ale mówię o rozproszkowaniu Sejmu w ogóle. Ten paraliż Sejmu jest także następstwem bezideowości rządów polskich, albowiem rządy polskie, gdyby miały wielkie idee, zwarłyby dokoła tych idei wielkie bloki. Ludzie przyzwyczailiby się z sobą pracować, ale w tym ohydnym handlu, który nazywa się polską polityką, kogo tu uchronić od rozbicia. (*P. Kwiatkowski*[23]*: To jest racja*). To są rzeczy straszne, odbijające się na Sejmie, ale pytam, czy odebranie temu Sejmowi praw jest leczeniem choroby? Niczym tej choroby rząd leczyć nie zamierza (*Głos: Sam jest chory*).

Zmiana Konstytucji należy do przyszłego Sejmu. W Sejmie zdyskredytowanym, w Sejmie bezsilnym, w Sejmie będącym pod strachem, chce się przeprowadzić zmianę Konstytucji, kiedy oto u wrót czeka drugi Sejm, właściwa konstytuanta, właściwe pole, na którym rząd i stronnictwa powinny się porozumieć i powinny wprowadzić bez Senatu rzeczywiście pożyteczne zmiany w Konstytucji. Ale rząd nie czeka. Rząd powiada: trzeba odpocząć. Po czym odpocząć? Po Sejmie czy po przewrocie? (*Wesołość*). Lubię, kiedy się, panowie, śmiejecie. My chcemy was we wczesnych wyborach pobić, a panowie udajecie, że też chcecie wczesnych wyborów. Są możliwe pewne pełnomocnictwa. Ale rząd pełnomocnictw nie chce. Rząd chce obalić połowę Konstytucji, aby mógł rządzić. Przypomina to opowieść o złej tanecznicy, której fartuszek zawadzał i która dlatego nie mogła tańczyć, ale my, którzy doskonale wiemy, że rzeczy ziemskie są znikome i że po rządach sanacji bardzo często przychodziły rządy katastrof narodowych, my dla wygody rządu w chwili konania… (*Głos na prawicy: Jak to, rząd, w którym jest Piłsudski, kona?*) …tego Sejmu, zmian Konstytucji dawać nie chcemy, aby zamiast wszechwładzy Sejmu – jednego zła – następowało drugie zło – wszechwładza rządu!

Odrzucić z miejsca przedłożenie rządowe

W tych słowach mieści się cała treść naszej opozycji i dlatego, proszę panów, ponieważ tego nie chcemy, przeto w tej debacie postawimy wniosek odrzucenia przedłożenia rządowego (*Huczne oklaski na lewicy*).

23 Władysław Kwiatkowski, poseł Narodowego Zjednoczenia Ludowego.

JÓZEF PIŁSUDSKI przybył do Nieświeża, by udekorować Złotym Krzyżem Virtuti Militari sarkofag swojego adiutanta, mjr. Stanisława Radziwiłła, poległego w czasie wyprawy kijowskiej. Z tej okazji do siedziby Radziwiłłów z różnych stron Polski przybyła polska arystokracja. Po uroczystościach w krypcie fary nieświeskiej na zamku odbyło się śniadanie. Po toaście gospodarza – Albrechta Radziwiłła, głos zabrał Marszałek. Mówił, że poległego adiutanta chce wspominać jako żywego, a jego żołnierska śmierć to uosobienie rycerskiej prawdy o tym domu. Wizyta Piłsudskiego na zamku nieświeskim trwała około dwunastu godzin. Wprawdzie pobyt i przemowa miały charakter raczej grzecznościowy, pozbawiony akcentów politycznych, to jednak sam fakt odwiedzin u Radziwiłłów był znaczący. Piłsudski miał podwójny cel. Po pierwsze chciał przyspieszyć integrację różnych grup konserwatywnych, a jednocześnie odciągnąć ziemiaństwo od endecji; po drugie – pragnął ostentacyjnie zdystansować się od ugrupowań lewicowych, skądinąd popierających go podczas zamachu majowego. (katraw/TZ)

Marszałek Piłsudski udaje się na spotkanie z prezydentem Wojciechowskim na moście Poniatowskiego, 12 V 1926

JÓZEF PIŁSUDSKI

PRZEMÓWIENIE W NIEŚWIEŻU

25 PAŹDZIERNIKA 1926

Stare to zamczysko mówi nam, jak śmierć i życie splatały się z sobą w pracy nad tymi murami. Miałem adiutanta, który z tego pochodził gniazda, i niewątpliwie duch Stanisława Radziwiłła jest z nami, gdy tu bawi jego wódz naczelny. Ani mnie to przeraża, ani dziwi. Dziś chcę jego wspomnieć nie jako umarłego, lecz jako żywego. Rycerska prawda tego domu uosobiła się w nim. Duma wielkiego domu, który tak dawno przeszłości naszej służył, zlały się w nim z wierną i twardą służbą żołnierza. Dom Radziwiłłów dał nam w przeszłości szereg ludzi, co w służbie państwa zasłynęli czy na polach bitew, czy w radach senatorów.

Piję dziś nie za pamięć o poległym, gdyż wierzę, że pamięć o nim żywa będzie wśród panów, lecz dziękując, wzruszony przemówieniami poprzedników, toast ten wznoszę za ród Radziwiłłów, goszczący mnie dziś, by pozostał równie wieczny, jak te stare mury Nieświeża...

Pogrzeb Juliusza Słowackiego na Wawelu, 28 czerwca 1927. Marszałek Piłsudski wygłasza mowę ze środkowej loggii 1. piętra.

JÓZEF PIŁSUDSKI **był wielbicielem Słowackiego. Równie wysoko, jak tego poetę, cenił być może tylko Wyspiańskiego. Nic więc dziwnego, że Marszałek był inicjatorem sprowadzenia prochów Juliusza Słowackiego do Polski. Zamiar ten był przyczyną pewnych oporów niechętnego Piłsudskiemu arcybiskupa Adama Sapiehy, krakowskiego metropolity, który obawiał się, że jest to swego rodzaju próba przed złożeniem w krypcie wawelskiej samego Piłsudskiego. Sapieha zażądał nawet od prezydenta pisemnego oświadczenia, iż złożenie prochów Słowackiego będzie ostatnim pochówkiem na Wawelu.**

Ekshumacji prochów wieszcza dokonano 14 czerwca 1927 r. na cmentarzu Montmartre. Stamtąd trumnę przewieziono do Cherbourga i dalej drogą morską do Gdyni, a później Wisłą do Warszawy. Po uroczystościach w stolicy trumnę przewieziono do Krakowa. Na dziedzińcu wawelskim przemówienie – uznawane często za jego najlepszą mowę – wygłosił Piłsudski. Jak zwykle mówił z pamięci – niestety żadne notatki do tego przemówienia nie zachowały się, znamy je tylko z relacji. Stąd pewne różnice w zapisach. Według jednych np. ostatnie słowa skierowane do oficerów, by wnieśli trumnę do krypty królewskiej, brzmiały: „by królom był równy"; w innej wersji „bo królom był równy". Na zebranych tłumach przemówienie wywołało wstrząsające wrażenie. (katraw/TZ)

JÓZEF PIŁSUDSKI

PRZEMÓWIENIE PRZY SKŁADANIU PROCHÓW SŁOWACKIEGO DO GROBÓW WAWELSKICH

28 CZERWCA 1927

Gdy przed trumną stoję, mówić muszę o śmierci, o wszechwładnej pani wszystkiego, co żyje. Wszystko, co żyje, umiera, a wszystko, co umiera, żyło przedtem. Prawa śmierci są bezwzględne. Są, jak gdyby stwierdzić chciały prawdę, że co z prochu powstało, w proch się obraca. Gdy kamień na taflę spokojnej wody rzucamy, powstają kręgi, idące wszerz i zamierające powoli. Tak żyją ludzie, gdy śmierci bramy przepastne przekroczą; kręgi powoli zamierają i nikną, pozostawiając po sobie pustotę, a nawet zapomnienie. Prawa śmierci i prawa życia, związane ze sobą, są bezwzględne i bezlitosne. Żyło ludzi mnóstwo i wszyscy pomarli. Pokolenia za pokoleniami, żyjące codziennym życiem, zwykłym lub niezwykłym, do wieczności przechodzą, pozostawiając po sobie jeno ogólne wspomnienia. Wspomnienia, gdzie imion nie ma i nie ma nazwisk. A jednak prawda życia ludzkiego daje nam i inne zjawiska. Są ludzie i są prace ludzkie tak silne i tak potężne, że śmierć przezwyciężają, że żyją i obcują między nami.

Przed sobą mamy trumnę ze szczątkami człowieka, szczątkami, które świadczą o prawdzie, że proch jesteś i w proch się obrócisz. Słowacki, jak żywa prawda życia, jest między nami. Staje się znajomym coraz szerszym kręgom. Wiemy o nim tyle, jak o żadnym ze swoich znajomych. Wiemy i o tym, czego nawet o braciach nie wiemy. Jest z tego powodu naszym żywym znajomym. Znamy drobnostki jego życia, anegdoty o nim, ba, jak sam pisze poeta, list do ekonoma lub wieczne przymierze z Handzią czy Marylką są nam znane i znajome[1]. Są skądś wyciągnięte i rzucone przed oczy. Śmierci prawa są w ten sposób przezwyciężone. Jest nam żywym znajomym i żywa znajomość Słowackiego staje się coraz powszechniejsza i coraz szersza, tak, że ma znajomych więcej, niż miał ich za życia. Gdy wezmę odwrotnie i policzę kilkanaście milionów Polaków, wśród których żył Słowacki, co z nich pozostało? Nie mają ani imienia, ani nazwiska, gdyż kilka zaledwie osób z ówczesnego pokolenia staje nam jako żywsze istoty, jako ci, którzy żyją, którzy nie umierają i nie nikną. Żył sto lat zaledwie temu, zaledwie trzy pokolenia wymarły lub wymierają, a jednak, gdy policzymy ludzi, o których cośkolwiek wiemy, to jest ich tak mało, a gdy mówimy o Słowackim, to spotykamy się z nim codziennie i z nim obcujemy. Powtarzamy jego słowa, jak gdyby był żywą istotą, powtarzamy wrażenia, które przeżywał, jeżdżąc po świecie. Wiemy, co mu się podobało, a co nie pozostawiło na nim żadnej impresji. Jest więc żywy i żyje wśród nas i prawda śmierci okrutna, prawda śmierci potężna nie istnieje dla niego. Powiecie może, że to metafora, że to nie jest słuszne, a jednak ta żywa prawda istnienia człowieka bez względu na to, co kto o niej mówi, jest żywą, prawdziwą i realną. Słowacki żyje dlatego, że umrzeć nie może. Zda się, jak gdyby bramy śmierci przepastne za nim zamknęły się nieszczelnie. Dla niektórych ludzi zostają one otwarte, tak że życie i śmierć się nie rozdzielą. Zda się, że są ludzie, którzy żyć muszą dłużej, których życie trwa nie latami, a wiekami, wbrew prawdzie przyrodzenia ludzkiego. I gdy teraz szczątki Słowackiego wprowadzamy do grobowców królewskich, wiemy, że przedłużamy mu życie dalej jeszcze i że żyć będzie tak długo, aż murów Wawelu nie naruszy czas zniszczeniem, a skała, która nad Wisłą samotna tu stoi, nie ulegnie śmierci. Dajemy mu w ten sposób dłuższe życie, dłuższą prawdę bytowania, które zostają pomiędzy ludźmi.

1 Mowa o następujących słowach Słowackiego:

...lecz jeśli twe dzieła
Zapisze sława wszystkiego pamiętna:
Ten dom, z którego cię nędza wypchnęła,
Będzie świątynią, a te ciche świerki
Pójdą na krzyże i na tabakierki,
A twe koszule porżną na szkaplerze,
A twe papiery – choćby to był tylko
Od ekonoma list, albo przymierze
Wiecznej miłości z Handzią lub Marylką –
Sawantką, łzami rzewnymi wypierze
I w sztambuch wklei...
(*Beniowski,* Pieśń I, w. 308–318).

Gdy warstwy ziemi otwarte przeliczę i widzę szkielety, co o Stwórcy świadczą, twierdzę, że są szkielety żywe, przejrzyste, świeże i młode, tak że płakać po nich nie umiałby nikt szczerze[2]. Nie płaczemy też po Słowackim! Gdy idzie trumna jego przez całą Polskę, witają go ludzie, nie zaś żegnają, tak jak gdyby był żywym człowiekiem, i żałobne dzwony nie żałobnie biją, lecz biją radością i tryumfem. Nikt z nas nie potrafiłby zapłakać nad zmarłym. Twierdzę raz jeszcze, że bramy przepastne śmierci dla niektórych ludzi nie istnieją. Świadczą o prawdzie wielkości takiej, że prawa wielkości są inne, niż prawa małości. Gdy warstwy ziemi otwartej przeliczę i widzę przeszłości gościńce, po których kroczy ludzkość i po których teraz stąpa historia, to widzę umoszczone twarde drogi, które ludzie, pokoleniami idąc w życie i pokoleniami umierając, mościli życiem swoim, tak jak i śmiercią. Pokolenia, które zostawiły ślady, szkieletami i pracą codzienną i codziennym odpoczywaniem, mościły gościńce trwałe i wieczne. Lecz wszędzie, gdzie gościńce mają skręty, wszędzie, gdzie załomy drogi, gdzie ludzi wahania i gdzie ludzi małych trwoga, stoją na załomach, jak drogowskazy, olbrzymie głazy, świadczace o wielkiej prawdzie bytowania. Stoją olbrzymie głazy samotne, lecz z nazwiskami, gdy ludzie giną bezimiennie. Na naszym gościńcu historycznym, gdzie pokolenia za pokoleniami idące mościły drogi i życiem, i śmiercią, czasy Słowackiego były załamaniem, były prawdą historyczną ciemności niewoli i bezsiły. Słowackiego wielkość sięga stu lat, gdy na ziemiach polskich przedostatnie powstanie 1830 roku skasowało jedną prawdę życia historycznego, skasowało wojsko. Wojsko, ta prawda siły ramienia, co broni i chroni, co życie dając, życie innym otwiera, co krwią, jak cementem, mości prawdę historii i trwania narodu, znikło w roku 1830. Wtedy zapanowało wahanie na tym skręcie drogi, danym nam przez los. W trosce prawdy siły ramienia, w trosce prawdy nadziei, że ramię się wzmocni, znikły i upadły. I mamy zaraz próby, by miecze, co w podziemiach zasnęły lub tylko echem grają, zastapić inną siłą, siłą ducha. Gdy miecze się skrzyżują, skry padają. Starano się wykrzesać prawdy duszy, tak silne i mocne, że w pracy skry padały także. Starano się zastąpić prawdy proste, siłę miecza prawdą siły ducha, tak by wzmocniwszy ducha, móc trwać w niewoli i móc uzyskać siły, gdy tych sił będzie potrzeba. Była to dziwna praca ówczesnego pokolenia, gdy ręce ludziom mdlały i gdy bojaźń tej prawdy ludzi nikczemniła i ludzi do rozpaczy doprowadzała; starano się zamienić prostą prawdę miecza siłą ducha, który się męczył w trwodze, że sile miecza nie dorówna. Poszły w niebo harfy, gdy miecze

2 Zdanie to jest reminiscencją następujących wierszy z *Beniowskiego*:

Gdy warstwy ziemi otwartej przeliczę
I widzę kości, co jako sztandary
Wojsk zatraconych, pod górnymi grzbiety
Leżą – i świadczą o Bogu – szkielety;
(Pieśń V, w. 465–468).

Bo kiedy grzebię w ojczyzny popiołach,
A potem ręce znów na harfie kładnę:
Wstają mi z grobu mary, takie ładne! –
Takie przejrzyste! Świeże! żywe! młode!
Że po nich płakać nie umiałbym szczerze.
(Pieśń V, w. 394–398).

pod ziemię się chowały, niszczejąc i rdzewiejąc. Gdy przed Słowackim, jedną z harf szczerozłotych, stoję, gdy warstwy mąk jego i pracy jego przeliczę, znajdę w tej harfie jedną strunę, co zawsze brzęczała, znajdę prawa dumy i prawa rozkoszy cierpienia dla dumy, dla godności ludzkiej. Szarpany niemocą ciała, szarpany niemocą prawd, które wyznawać rozum mu kazał, szukał w rozpaczy dumy siły, targającej wnętrzności swoje i ojczyzny swojej. Znajdziecie brzeczące struny dumy i struny godności ludzkiej na każdym kroku. Szedł, pracując, szedł, myśląc, że duma stargana i sponiewierana wyda nie jęk rozpaczy, lecz siłę olbrzyma. Pracował, jak i inni, myślał o możności, aby duch ludzki mógł zastąpić siłę ciała. I nieraz potwornie się męcząc, wątpił, jak i inni. „Godności nie mam, przed męką uciekłem"[3]. Tak mówi o sobie, męcząc się potwornie, i nie mógł wydobyć siły skończenia męczarni śmiercią. Stargana duma i sponiewierana, w błoto człowiek zdeptany, hardo prawa godności człowieka dumę nie w siłę miecza, lecz w siłę ducha przerabiały. On z kraju był nie dumnych helotów i dumy tej pragnął, by była siłą, by siłę dała, by wartość mocy, potęgę Polski mieć mogła. Gdy niegdyś jednego z większych, co ostatnie prowadzili bunty i powstania, pytałem, który z wieszczów najwięcej wpłynął, najwięcej działał, gdy miecze na naszej ziemi zadzwoniły, stwierdzał mi zawsze, że naszym poetą jest Słowacki.

Miłość ojczyzny – o! to słońce świetne
Dla serc, co dumne, sieroce, szlachetne,
Całe się czystym miłościom oddadzą.
Jako żórawie, co łańcuch prowadzą,
Świetniejsze serca wylatują przodem;
Umrą ich duchy, lecą przed narodem[4].

Gdy teraz, patrząc na trumnę, wiem tak, jak wszyscy zebrani, że Słowacki idzie, to wiem, że idzie tam, gdzie głazy na naszym gościńcu stoją, świadcząc nieledwie chronologicznie przez imiona o naszej przeszłości. Idzie między Władysławy i Zygmunty, idzie między Jany i Bolesławy. Idzie nie z imieniem, lecz z nazwiskiem, świadcząc także o wielkości pracy i wielkości ducha Polski. Idzie, by przedłużyć swe życie, by być nie tylko z naszym pokoleniem, lecz i z tymi, którzy nadejdą. Idzie jako Król Duch.

[Po zakończeniu przemówienia marszałek Piłsudski zwrócił się do otaczających nosze z trumną oficerów z następującymi słowami:]

W imieniu rządu Rzeczypospolitej polecam panom odnieść trumnę do krypty królewskiej, by[5] królom był równy.

3 Słowacki: *Rozmowa z matką Makryną Mieczysławską*, w. 58.
4 Słowacki: *Wacław*, fragm. XXIX, w. 722.
5 Bardzo wielu słuchaczy tej mowy stwierdza, że w tym miejscu Piłsudski powiedział nie: „by" – ale „bo".

George Bernard SHAW

1856–1950, dramaturg i prozaik irlandzki, laureat literackiej Nagrody Nobla w 1925, wybitny humanista i socjalista, wegetarianin.

GEORGE BERNARD SHAW, jeden z najwybitniejszych dramaturgów XX w., został poproszony, by wygłosić toast na cześć Alberta Einsteina – jednego z nawybitniejszych uczonych wszech czasów (zob. t. 3, s. 159 i 203). W zaraniu epoki mediów elektronicznych obydwaj cieszyli się ogromną popularnością, mówiąc dzisiejszym językiem, mieli status gwiazd. A na sali była jeszcze jedna gwiazda pierwszej wielkości – angielski pisarz i intelektualista Herbert George Wells. Uświetniali oni przyjęcie dobroczynne, którego gospodarzem był baron Walter Rothschild, zorganizowane w celu wsparcia żydowskich organizacji charytatywnych zajmujących się poprawą położenia wschodnioeuropejskich Żydów. Dla niektórych działaczy syjonistycznych jasne było, że sytuacja staje się groźna – w Niemczech dwa tygodnie wcześniej w Reichstagu zasiadło 107 nazistowskich deputowanych, w ZSRR Stalin stał się niekwestionowanym dyktatorem.

Trudno powiedzieć, ile funduszy zebrano wówczas na pomoc wschodnioeuropejskim Żydom. Ale toast wygłoszony wówczas przez Shawa nie stracił na aktualności do dziś – o różnicy między nauką a religią wciąż trzeba przypominać. (TZ)

GEORGE BERNARD SHAW

TOAST NA CZEŚĆ EINSTEINA

HOTEL SAVOY, LONDYN, 28 PAŹDZIERNIKA 1930

Napoleon i inni wielcy mężowie byli twórcami imperiów, ale tych ośmiu ludzi, których za chwilę wymienię, to twórcy wszechświata, o rękach niesplamionych krwią bliźnich. Jeśli cofnę się aż o dwadzieścia pięć stuleci, to ilu ich doliczę się w tym okresie? Mogę ich policzyć na palcach dwóch rąk.

Pitagoras, Ptolemeusz, Kepler, Kopernik, Arystoteles, Galileusz, Newton i Einstein – wciąż jeszcze dwóch palców brakuje do dziesięciu.

Także i wśród tej ósemki muszę przeprowadzić podział. Nazwałem ich twórcami wszechświata, ale niektórzy tylko go naprawiali. Newton stworzył wszechświat, który przetrwał trzysta lat. Oczekujecie pewnie ode mnie, bym stwierdził, że wszechświat Einsteina nigdy nie zniknie, ale ja nie wiem, jak długo on potrwa.

Owi wielcy ludzie byli twórcami jednej ze stron ludzkości – gdyż ma ona ich dwie. Jedną stronę zwiemy religią, a drugą nauką. Religia ma zawsze rację. Religia chroni nas przed wielkim problemem, wobec którego wszyscy stajemy. Nauka zawsze się myli: to najwymyślniejsza ze sztuczek człowieka. Nauka nie potrafi rozwiązać żadnego problemu bez tworzenia kolejnych dziesięciu.

Co takiego robili ci wielcy ludzie? Każdy po kolei twierdził, że jego poprzednik się mylił; czekacie, aż powiem, że Einstein udowodnił, iż Newton się mylił. Ale zapominacie, że kiedy nauka dotarła na swej drodze do Newtona, to ten niezwykły Anglik stanął wobec niej okoniem. Nigdy wcześniej coś takiego się jej nie zdarzyło.

Taka była nadzwyczajna potęga Newtona, że gdybym przemawiał 15 lat temu – a jestem na tyle stary, że to byłoby możliwe – to powiedziałbym wówczas, iż miał największy umysł, jakim kiedykolwiek obdarzono człowieka. A teraz połączcie światło tego wspaniałego umysłu z ufną wiarą i zabobonem. Newton znał współczesnych, znał ich język, znał swoich współbraci. Znał mnóstwo rzeczy. Wiedział, że równa wymiana czegoś za coś to sprawiedliwa propozycja, a uczciwy człowiek to taki, który składa uczciwe propozycje.

Znał swój wszechświat. Wiedział, że składa się z ciał niebieskich w ruchu. Wiedział także, iż jednego nie da się zrobić z żadną rzeczą: wprawić ją w ruch prostolinijny. Innymi słowy, ruch nie odbywa się po linii prostej.

Ale zwykłe fakty nigdy nie zatrzymają Anglika. Newton wymyślił ruch po prostej, nazwał to prawem ciążenia, a kiedy już to wymyślił, stworzył wszechświat, który był piękny sam w sobie. Kiedy zaś zastosował swój geniusz do napisania o tym wszechświecie, to jakiego rodzaju wyszła z tego książka? Książka, która podawała położenie wszystkich ciał niebieskich. Podawała, z jaką prędkością się poruszają. Podawała, o jakiej dokładnie godzinie znajdą się dokładnie w danym punkcie, by doszło do zaćmienia. To nie były cuda ani magia, tylko bardzo konkretny wywód.

Przez trzysta lat wierzyliśmy w ten Newtonowski wszechświat tak mocno, jak wcześniej, moim zdaniem, nie wierzono w żaden inny system. Zostałem w jego ramach wyedukowany i wpojono mi niezachwianą wiarę w niego. Aż tu zjawia się jakiś młody profesor. Dużo mówi, a my obwołujemy go bluźniercą. Twierdzi, że Newtonowska teoria z jabłkiem była mylna.

Powiedział: „Newton wcale nie wiedział, co się przydarzyło jabłku. Mogę to udowodnić, kiedy nastąpi najbliższe zaćmienie".

Na to my: „A następnie weźmiesz się za kwestionowanie prawa ciążenia".

Młody profesor odrzekł: „Nie, wcale nie chcę atakować prawa ciążenia, ale jeśli chodzi o mnie, to sobie bez niego poradzę".

„Co to znaczy – poradzisz sobie bez niego?"

A on na to: „Później wam opowiem".

Świat nie składa się z prostych. To świat krzywolinijny. Ciała niebieskie poruszają się po krzywych, bo taki jest ich naturalny ruch. Wszechświat Newtonowski załamał się i został zastąpiony przez wszechświat Einsteina. Tu, w Anglii, mamy go za cudownego człowieka.

Nie rzuca on wyzwania faktom naukowym, lecz postępowaniu nauki. Mało tego, że rzucił wyzwanie postępowaniu nauki, ale postępowanie nauki poddało się jego wyzwaniu.

Panie i panowie, proszę wstać. Piję zdrowie największego z żyjących dziś ludzi, Alberta Einsteina.

PRZEŁ. PAWEŁ BRAVO

Herman LIEBERMAN

(1870–1941), prawnik i polityk; przed I wojną światową działacz polskiego i europejskiego ruchu socjalistycznego; poseł do parlamentu w Wiedniu; żołnierz Legionów (oficer wywiadu); w II RP do 1933 poseł i dyplomata; następnie na emigracji, publicysta, podczas II wojny członek tymczasowego parlamentu (Rady Narodowej) i minister w rządzie gen. Władysława Sikorskiego.

HERMAN LIEBERMAN **pierwszy raz poważnie naraził się władzy w 1928 roku, oskarżając przed Trybunałem Stanu ministra skarbu Gabriela Czechowicza za to, że bez zgody parlamentu przekroczył wydatki budżetu. Marszałek Piłsudski, który domagał się wzmocnienia władzy wykonawczej, był wściekły. Poseł, będący jako adwokat świetnym oratorem, krytykował politykę obozu rządzącego, ale też przypominał Piłsudskiemu, że niedawno dokonał zamachu stanu pod hasłem walki z nadużyciami finansowymi, a teraz toleruje takie praktyki w swoim rządzie. Marszałka bolał szczególnie zarzut, że zaprzecza swym ideałom: z socjalisty stał się „wodzem reakcji". Lieberman powtarzał na wiecach i w wywiadach, że od maja 1926 r. w Rzeczpospolitej „jawnie łamie się konstytucję" oraz nieustannie „bombarduje porządek prawny" w imię „interesu państwa" i „racji stanu". Dowodził, że przedłożony przez blok rządzący projekt konstytucji opiera się na faszystowskiej doktrynie państwa, sprzecznej z demokratyczną zasadą rozdziału władz, niezależności sądów i szacunku dla swobód obywatelskich.**

Kiedy w 1930 roku pięć stronnictw opozycyjnych zawiązało wspólny blok wyborczy, władze odpowiedziały przemocą: nocą z 9 na 10 września, na tydzień przed głosowaniem, aresztowano liderów Centrolewu i przewieziono ich do twierdzy w Brześciu. Lieberman po drodze został pobity, w więzieniu wszyscy byli szykanowani. „Brześć hańbi imię Polski w Europie" – pisała w obronie więźniów grupa profesorów UJ. Do parlamentu Lieberman kandydował z celi. Z racji wielkiej popularności bez trudu zdobył mandat, lecz na wolność wyszedł dopiero po wpłaceniu kaucji. A 26 października 1931 roku wraz z 10 towarzyszami stanął przed sądem. Nawet akt oskarżenia potwierdził, że sądzeni opozycjoniści nie chcieli obalać ustroju parlamentarnego, lecz domagali się jedynie zmiany rządu. Proces, zwany brzeskim, zakończył się ośmioma wyrokami (Lieberman – któremu prokurator wytknął przy okazji żydowskie pochodzenie – został skazany na dwa i pół roku więzienia). Lieberman także potem wielokrotnie ostrzegał przed pokusą naprawiania państwa metodami niedemokratycznymi, kosztem prawa i wolności jednostek. Bał się rodzimej wersji faszyzmu, ale wierzył, że polskie społeczeństwo nie ulegnie propagandzie demagogów. (Krzysztof Burnetko)

HERMAN LIEBERMAN

NA PROCESIE BRZESKIM

SĄD OKRĘGOWY W WARSZAWIE, 27 PAŹDZIERNIKA 1931

[*Zachowana pisownia oryginału*].

Centrolew

Nie jest prawdą, że przygotowywałem zamach, rewolucję, że chciałem obalić przemocą rząd marszałka Piłsudskiego. Prawdą jest, że chciałem i chcę rząd obalić, ale drogą nowych wyborów. – W akcie oskarżenia jest mowa o spisku, o bojówkach. Ci panowie, którzy ułożyli ten referat w min. spraw wewnętrznych, złożyli dowód, że nie znają oni socjalizmu ani socjalistów. PPS jest partją opartą na masach, chcemy realizować cele przez uświadamianie mas, jesteśmy w odróżnieniu od komunistów demokratami.

Mówi się o organizowaniu rewolucji, tworzeniu spisków. Jest to sprzeczność. Rewolucja jest jawna, występuje gwałtownie, spisek to konspiracja tych, którzy chcą zdobyć władzę. Nie było powodów, opozycja miała w Sejmie większość i szacunek w społeczeństwie. Wedle aktu oskarżenia metody marszałka Piłsudskiego były najwznioślejsze, wykwintne, język anioła, a nasze metody i obyczaje podłe i nikczemne. Jak wygląda rzeczywistość? Będę mówił o faktach, które miały miejsce w granicach lat od 1928.

W tym roku zebrał się nowy Sejm. Jaką drogą go wybrano, mówić nie będę, jest to rzecz notorycznie wiadoma. Mimo wszystko opozycja uzyskała większość. Parlamentarnie rząd był w rękach Sejmu. Jak zachowaliśmy się wobec tego rządu? Mimo wszystko Sejm współpracuje lojalnie z rządem Piłsudskiego. Uchwalono prowizorjum budżetowe, ustawę inwestycyjną i wreszcie budżet. Natychmiast potem sesję zamknięto. Jednocześnie podał się do dymisji rząd marsz. Piłsudskiego. Sejm dymisji nie żądał. Dymisja następuje z wielkim hukiem, w dziennikach ukazuje się słynny wywiad, w którym czytamy, że „gdybym nie walczył z sobą, tobym nic nie robił, tylko bił i kopał tych panów posłów". Dlaczego? Przypuszczam, że dlatego, że nie wszyscy współcześni noszą szable, a wszyscy mówią.

[...]

To, co się później stało, było rozpaczliwem i bolesnem zjawiskiem. Albowiem poradzono p. prezydentowi dziwny precedens. – Dekretem został zwołany Sejm na dzień 23 maja i w ten sam dzień sesja została odroczona na trzy dni, a w dniu 20 czerwca przyszedł nowy dekret, który zamykał sesję, która to sesja nie odbyła się wcale. Ta decyzja dokonała przewrotu sytuacji. – To skrzyżowanie się trzech sprzecznych dekretów uderzyło w prawa zasadnicze Sejmu i powagę urzędu prezydenta.

My, jako przedstawiciele stronnictw ludowych, domagaliśmy się poszanowania prawa. Dlatego widzieliśmy naszą rolę w parlamencie skończoną. Postanowiliśmy zwrócić się do wyborców. Postanowiliśmy odpowiedzieć narodowi, dlaczego nasza rola jest skończona. Postanowiliśmy żądać od mas, aby w demonstracjach dały do zrozumienia, że to nie jest walka między Piłsudskim a Sejmem, ale walka o prawa zasadnicze obywateli.

Postanowiliśmy powołać lud na ulicę, lecz nie dla rewolucji, ale dla demonstracji pokojowej. Taką demonstracją miał być kongres krakowski[1]. Na dziesięć dni przed kongresem zwołany był zjazd posłów i senatorów sześciu stronnictw. Ułożyli oni deklarację kongresu. Mówiła ona o możliwości współpracy Sejmu i rządu. Dążeniem organizatorów było przekonać prezydenta Rzeczypospolitej, że źle się dzieje, że trzeba, by się połączył z narodem. Na kongresie uchwalono rezolucję. W szczegóły nie będę się wdawał. Rezolucja odpowiada moim przekonaniom. Istnieje odpowiedzialność prezydenta wobec narodu.

Kim jest prezydent Rzeczypospolitej?

Mówi się tu, że występowaliśmy przeciwko prezydentowi Rzeczypospolitej. Jest to nieporozumienie. Partja rządowa też mówi, że prezydent jest monarchą z Bożej łaski. Nie jest on monarchą z Bożej łaski. Gdyby nie wola takich prostaczków, jak nas tu 11 obecnych, prezydent Rzeczypospolitej nie byłby prezydentem. On jest wyniesiony wolą współobywateli i posłów i dlatego istnieje odpowiedzialność moralna prezydenta przed wyborcami, jako wyobraziciela narodu. W republice podchodzi się do prezydenta nie jak do monarchy, lecz jak do pierwszego obywatela. Tak przewiduje Konstytucja. Przewiduje ona ewentualną karną odpowiedzialność prezydenta za czyny występne, za pogwałcenie Konstytucji, za zdradę kraju, że można prezydenta wyrzucać armatami, nie jest w Konstytucji przewidziane, ale natomiast możliwość złamania przez prezydenta przysięgi jest uwzględniona.

Jeżeli więc Konstytucja o tem mówi, to przecież to prezydenta Rzeczypospolitej nie obraża. Gdy my natomiast o tem mówimy, jest to przestępstwem, a przecież nikt inny, tylko poseł przygotowuje akt oskarżenia. Jestem oskarżonym dlatego, że byłem oskarżycielem w Trybunale Stanu. (*W tem miejscu obaj prokuratorowie uśmiechają się*)[2].

Przykład obalania rządu przemocą

Po kongresie krakowskim nastąpiła przerwa dwuipółmiesięczna. Nie było rewolucyjnych objawów. Panowie sędziowie! Tu za mną siedzi (*oskarżony wskazuje na posła Witosa*[3]) człowiek, którego rząd został obalony przemocą i na jego przykładzie Polska mogła się dostatecznie nauczyć, jak się obala przemocą. Nasza akcja nie jest do tamtej akcji podobna.

Pan prokurator powiedział wczoraj, że oskarżeni, a więc i ja, chcielibyśmy przekreślić mord Kostrzewskiego[4], ale on nam to przypomni. – Ze skruchą stwierdzam, że chętnie strąciłbym w przepaść niebytu śmierć tych młodych ludzi, i śmierć tych innych od maja 1926 i śmierć setek żołnierzy na ulicach Warszawy.

1 Kongres Obrony Prawa i Wolności Ludu, zwołany przez Centrolew, obradował 29 VI 1930. W uchwale stwierdzano m.in., „że na każdą próbę zamachu stanu odpowiemy najbardziej bezwzględnym oporem", „na próbę terroru odpowiemy siłą fizyczną"; wzywano do usunięcia dyktatury Józefa Piłsudskiego.

2 Witold Grabowski i Robert Rauze.

3 Zob. s. 313.

4 Mowa o zdarzeniu w czasie kampanii wyborczej, do którego doszło w Częstochowie. Grupa zwolenników rządu zdemolowała lokal PPS i zniszczyła sztandary. Wstrząśnięty tym zdarzeniem Kostrzewski, robotnik, gorący zwolennik PPS, zastrzelił kilku urzędników miejscowej Kasy Chorych, lokalnych przywódców zwolenników rządu. Po tym czynie Kostrzewski popełnił samobójstwo.

[...] Witos kilkakrotnie przed zamachem majowym ofiarowywał władzę Piłsudskiemu, ofiarowywała mu ją również lewica. On jednak wybrał inną drogę do władzy. Zapadły się w przepaść niebytu setki żołnierzy, szlachetnych żołnierzy [...]

Po zabójstwie Narutowicza zgłosiła się do nas grupa piłsudczyków, stojących dziś na bardzo wysokich stanowiskach państwowych, którzy prosili nas o zorganizowanie akcji odwetowej.

(*Przewodniczący: To nie wiąże się ze sprawą, to wykracza poza ramy oskarżenia*).

[Lieberman:] To tak samo wiąże się ze sprawą jak wzmianki o Vanderveldem[5] i Blumie[6], pomieszczone w akcie oskarżenia.

PPS wydała odezwy do robotników, w których powiedziano: Nie chcemy zamętu i ruiny państwa.

Bombarduje się porządek prawny

W roku 1926 dyktator zwycięski zażądał zmiany Konstytucji. Powiększono władzę prezydenta Rzeczypospolitej i mimo to przez całe lata z ust „centralnej osoby" słychać było tylko narzekania na brak władzy. Ludzie uginają się pod ciężarem kryzysu, a tu ciągle jeden okrzyk „władza". Wszak w maju cała władza przeszła w ręce tego, który jej żądał i który wszystko robił, co chciał. W maju 1926 roku przez trzy dni bombardowano prezydenta Rzeczypospolitej, a do dziś dnia bombarduje się codziennie cały porządek prawny. Żaden naród nie wytrzyma tego ciągłego podkopywania podstaw państwa, tych niespodzianek, tych sensacyj, tego szpiclostwa i tej masy denuncjacyj.

Brześć na forum międzynarodowem

Pan przewodniczący nie pozwolił mi mówić o tym zarzucie, jaki mi przedstawiono, że wprowadziłem sprawę Brześcia na forum międzynarodowe, że broszura na ten temat wyrządziła wielką szkodę państwu.

(*Przewodniczący: Proszę nie wykraczać poza ramy sprawy*).

[Pos. Lieberman:] Jeżeli byle podmuch szkodzi na forum międzynarodowem, to trzeba było przewidzieć, że się te fakty rozniosą. Przez Brześć zerwano łączność z demokracją Zachodu. Mówi się, że broszura Vanderveldego o Brześciu zrobiła wielką szkodę dla Polski. Zawierała ona przedruk interpelacji. Na honor i Boga przysięgam, że wszystkie fakty tam podawane są prawdą.

(*W tem miejscu przewodniczący przerywa oskarżonemu*).

[Pos. Lieberman:] Uważam, że ta kwestja wiąże się ze sprawą, gdyż akt oskarżenia powołuje się na broszurę. Jeżeli Vandervelde podniósł swój głos, to proszę mnie za to skazać. Uścisnąłem jego rękę przy spotkaniu, aby podziękować mu za okazane serce.

5 Émile Vandervelde (1866–1938), belgijski adwokat, polityk socjalistyczny, m.in. przewodniczący Belgijskiej Partii Pracy; minister sprawiedliwości, spraw zagranicznych, zdrowia w różnych rządach; jeden z przywódców II Międzynarodówki. Tu chodzi o przedmowę jego autorstwa do wielojęzycznej broszury pt.: *Na rozkaz Marszałka Piłsudskiego. Piekło Brześcia Litewskiego przed forum Sejmu. Tekst interpelacji.*

6 Leon Blum (1872–1950), francuski polityk, socjalista, premier rządu Frontu Ludowego (1936–1937 i 1938), podczas wojny więziony w Buchenwaldzie, w latach 1946–1947 premier Tymczasowego Rządu Republiki, jednocześnie głowa państwa.

Jestem międzynarodowym socjalistą. Kocham ziemię ojczystą, ale idea międzynarodowej solidarności jest równie głęboka i szlachetna. Czy ja jestem winien, że mam w ręku książkę, w której jest opis tego, co przeżyłem, co jestem winien, że mężowie nauki, pisząc o Polsce, wspominają o Brześciu, że wymieniają etapy walki ludu i łączą z nią nasze nazwiska.

Aby 300 „ślabowanych" zasiadło w Sejmie

Siedzę tu, siłą faktu, ale to nie zatrze drugiego momentu, że siedzi tu człowiek, który był oskarżycielem w Trybunale Stanu. W gazetach rządowych pisano, że więzienie posłów da się usprawiedliwić zdobyczą utworzenia większości rządowej w Sejmie. To się pięknie nazywa, ale to jest interes wyborczy. Chodziło większości, aby znieść sprawę Czechowicza. To przyznał Radziwiłł[7], wielki mąż stanu (śmiechy na ławach obrońców). Radziwiłł płakał, ale mówił: To proces dziejowy. Na moje więc barki spadł „proces dziejowy", a obecnie „proces sądowy". Chodziło o wprowadzenie trzystu ludzi, aby siedziało „wyślabowanych" i dlatego sprawa brzeska opłaciła się, a trzystu „ślabowanych" zasiadło w Sejmie.

Ten, co streścił moje przemówienie tak, jak ono znajduje się w akcie oskarżenia, wypisał bzdury. Dziś jestem oskarżony dlatego, że nakazywał to interes wyborczy. Wynika to jasno z artykułów umieszczonych w piśmie „Przełom".

[Dr Lieberman odczytuje odnośny artykuł i stwierdza, że przyznał to również ks. Radziwiłł].

Jestem oskarżony dlatego, że byłem oskarżycielem przed Trybunałem Stanu. Ale oświadczam, że słowa moje, wypowiedziane przed Trybunałem Stanu, zostaną trwale wyryte w sercach obywateli. I tego nie odwołuję, co powiedziałem w Sejmie i w Trybunale Stanu. Żadnego uczynku w życiu publicznem nie żałuję i niczego nie odwołuję, niczego się nie wypieram i wierzę, że dyktatura runie pod naporem sił moralnych ducha narodu.

7 Janusz Franciszek Radziwiłł (1880–1967), po spotkaniu w Nieświeżu (zob. s. 301), nieformalny przywódca polskich konserwatystów, w latach 1928–1935 poseł (BBWR), 1935–1939 senator.

WINCENTY WITOS i inni politycy opozycyjni wobec obozu sanacji zostali aresztowani przez policję państwową i żandarmerię wojskową w nocy z 9 na 10 września 1930 roku i uwięzieni w twierdzy brzeskiej. Proces toczył się w Warszawie od 26 X 1931 r. do 13 I 1932 r., a choć oficjalnie nazywany był procesem Liebermana i towarzyszy, do historii przeszedł jako proces brzeski. Na ławie oskarżonych zasiadło jedenastu działaczy Centrolewu, których prokuratura oskarżyła o przygotowywanie zamachu, który „miał nie zmieniać ustroju państwowego, a tylko miał posłużyć do wymiany, przemocą, niektórych członków rządu". O próbie dokonania zamachu stanu miało świadczyć m.in. zwołanie kongresu krakowskiego (zob. przypis na s. 310) czy akcja 22 wieców wyznaczonych na 14 września 1930 roku. A Piłsudskiemu chodziło przede wszystkim o to, by Sejm nie wtrącał się do rządzenia, inaczej mówiąc, rząd chciał się uwolnić od kontroli ze strony parlamentu. W trzecim dniu rozprawy, 28 października 1931 roku, przed wystąpieniem Witosa sala wypełniła się do ostatniego miejsca i wśród wielkiej ciszy oskarżony rozpoczął wystąpienie. (katraw)

Wincenty Witos
1874–1945, przywódca ruchu ludowego, współzałożyciel PSL „Piast", trzykrotny premier rządu RP w latach 1920–1921, 1923, 1926; przywódca Centrolewu.

WINCENTY WITOS

NA PROCESIE BRZESKIM

SĄD OKRĘGOWY W WARSZAWIE, 28 PAŹDZIERNIKA 1931

Czynów moich i myśli się nie wypieram.

W dniu wczorajszym zapytywał mnie pan przewodniczący Wysokiego Sądu, czy przyznaję się do zarzucanych mi przemówień i czynów. Odpowiedziałem wówczas, iż się do nich nie poczuwam. Dzisiaj też, Wysoki Sąd pozwoli, że starać się będę o krótkie uzasadnienie mojego twierdzenia i wyjaśnienie niektórych faktów w ramach oskarżenia się znajdujących. Czyniąc to, nie mam ani na chwilę na myśli wypierać się moich czynów, uważając, że to wszystko, co robiłem, było zgodne z duchem ustawy, a ponadto było moim obowiązkiem obywatelskim. [...]

Do pierwszego Sejmu polskiego[1] weszliśmy nie tylko w dużej liczbie, ale z najlepszą chęcią służenia państwu. Wchodząc z tą liczbą i tą przeszłością, musieliśmy też mieć głębokie przekonanie, że zgodnie z naszym programem, a nawet wbrew temu programowi, należy ponosić wszelkie konsekwencje i brać na siebie odpowiedzialność za państwo.

1 Tzn. Sejmu Ustawodawczego z lat 1919–1922.

Pomijam wiele szczegółów, choćby nawet ważnych. W roku 1920, w drugiej jego połowie, Polska znalazła się w niesłychanie ciężkim położeniu. Wypadki te są znane i nie chcę ich w tej chwili przypominać. W tym położeniu i krytycznej sytuacji dla państwa Stronnictwo nasze wraz z innymi stronnictwami ludowymi podjęło się pracy wielkiej, pracy ofiarnej, dla ratowania państwa. Weszliśmy do Rady Obrony Państwa[2], weszliśmy także do rządu[3]. Dojście do rządu jest dla niektórych celem całego życia. My stoimy na innym stanowisku. Rządy zawsze są tylko ciężarem, jeżeli kto je obejmuje, pojmując to poważnie, albo obejmuje je z konieczności, albo wezwany do tego przez właściwy czynnik.

Nikt nie zaprzeczy, jak bardzo ważnym czynnikiem był wówczas lud polski, stanowiący ogromną większość w państwie. Ale lud ten nie był jeszcze wówczas z państwem zżyty ani też do niego przywiązany. Toteż ci, którzy temu ludowi przewodniczyli, musieli się liczyć z tym, co robią, gdzie i kogo za sobą prowadzą.

Trzeba sobie przypomnieć nie tylko ten moment, ale i fakt, że lud wszedł do państwa polskiego po stupięćdziesięcioletniej niewoli; była to niewola polityczna i społeczna, a bardzo często i moralna. Świadomość narodowa u ludu nie istniała zupełnie, państwa zaborcze bowiem starały się o zdobycie materiału dla siebie, a nie o świadomego obywatela dla Polski.

Wojna i wyczerpanie przez kilkuletnią wojnę światową doprowadziły do tego, że lud stał się obojętny na wszystko, pragnąc spokoju, bez względu na to, co się później stanie. Należało rozprószyć to zobojętnienie, trzeba było tłumaczyć, że największym dobrem nie jest gospodarstwo, nie jest majątek, ale największym dobrem jest wolna Ojczyzna. Jeżeli dało się wtenczas pociągnąć dla tej idei masy, to nikt nie zaprzeczy, że był to fakt wielkiej wagi i znaczenia państwowego, że wola i poświęcenie odniosły zwycięstwo. [...]

Stronnictwo nasze, jeżeli chodzi o jego tendencje i kierunek polityczny, było stronnictwem umiarkowanym, które też z tego powodu często spotykał zarzut, że nie idzie szybciej, nie łamie przeszkód, ale przechodzi przez nie powolniej. W tym było trochę prawdy. Staraliśmy się rzeczywiście powoli regulować stosunki w nowym państwie po to, ażeby były one więcej trwałe i niełatwe do zburzenia. Politykę naszą dyktował program. Powołany artykuł tego programu brzmi:

„Państwo nowożytne, zwłaszcza znajdujące się w tym położeniu geograficznym i politycznym, co Polska, może być pewne swojego bezpieczeństwa wtedy tylko, jeśli ogół obywateli będzie nad jego utrwaleniem współpracował i poczuwał się do odpowiedzialności za nie. Wobec tego PSL „Piast" bronić będzie nieugięcie ustroju demokratyczno-parlamentarnego, uważając równocześnie, że tylko ten ustrój zapewni ludowi wiejskiemu należyte wpływy na losy państwa i obronę żywotnych interesów wsi. Dążyć jednak będzie PSL „Piast" do ukształtowania ustroju demokratyczno-parlamentamego w taki sposób, by umożliwiał on ujawnienie się woli większości narodu, jako też trwałość i siłę władzy wykonawczej, opartej na tej większości. Uznając, że podstawą państwa jest praworządność, PSL „Piast" żąda

2 Rada Obrony Państwa, nadzwyczajny organ władzy powołany 1 VII 1920. W jej skład weszli: Naczelnik Państwa, marszałek Sejmu Ustawodawczego, dziesięciu posłów, premier.

3 Witos został po raz pierwszy premierem tzw. rządu Obrony Narodowej 24 VII 1920.

poszanowania prawa, przez wszystkich, bez wyjątku, obywateli. Wychodząc z powyższego założenia PSL „Piast" przeciwstawi się wszystkim próbom rozstrzygania konfliktów politycznych drogą gwałtu i narzucaniu w Polsce dyktatury z jakiejkolwiek strony".

Stanowisku temu byliśmy zawsze wierni i wierni pozostajemy do dziś dnia.

Żyliśmy w innym państwie, patrzyliśmy na rozwój stosunków, widzieliśmy, co stanowi siłę, a co niemoc państwa. Mieliśmy więc pełną naukę z przeszłości i byliśmy przekonani, że państwo w ciężkich chwilach nie będzie w stanie się obronić, jeżeli ogół obywateli nie jest z państwa zadowolony i z państwem związany. A przecież państwo nie zawsze żyje w pokoju, może mieć także i wojnę, która jest wielkim złem, ale może być złem nieuniknionym, a wtenczas państwo musi się zwrócić do swych obywateli, sięgnąć do ich ofiar, tak z mienia, jak z życia. A tego życia przecież nie daje się za byle zapłatę, sprzedaje się je tylko za wielkie wartości i ideały, a takim ideałem jest tylko wolna Ojczyzna.

Stosunki tak się ułożyły u nas, że lud wiejski w państwie polskim stanowi ogromną większość. Fakt ten jest odpowiedzią na to, jaką powinna być polityka państwowa i polityka stronnictw ludowych. Musi ona być polityką interesów państwowych, ale także musi uwzględniać interesy tej klasy ludności, która jest najliczniejsza. Pracę tę prowadziliśmy z wielkim nakładem sił, ale też z dużym powodzeniem, choć stan powojenny ludności wiejskiej, zgliszcza materialne i fizyczne, a często i moralne nie były gruntem podatnym do prowadzenia propagandy konieczności państwowych. Dlatego też szeregi naszego Stronnictwa często się chwiały, opuszczali je bowiem różni ludzie, więcej zapalni, radykalniej usposobieni. Niejednokrotnie zaś żywioły więcej postępowe zarzucały mi wstecznictwo, jeżeli w ogóle nie zdradę interesów ludowych. Ja się do owego miana „wstecznika" przyznaję. Uważam, że rola decydująca w państwie polskim należeć powinna do ludu. Znałem historię Polski przedrozbiorowej, historię jej rozwoju, niedoli i upadku. Widziałem braki i błędy przeszłości i chciałem, aby ich w Polsce odrodzonej uniknąć. Chodziło mi o to, aby zawsze być wiernym zasadzie przeze mnie i bliskich mi wyznawanej, bez względu na to, jakie będą stosunki, a która nam nakazywała: kiedy nie było Polski niepodległej – dążyć do niej: gdy przyszła Polska – pracować dla niej, a gdy Polska potrzebowała obrony – bronić jej. Te zasady stały się wytycznymi dla naszej polityki.

Teraźniejszość polska była ciężka. Państwo było przecież biedne, nie mogło więc nic dać nikomu: owszem wymagało ofiar. Wielkie rzesze ludności czekały na prawa, ale czekały i na korzyści. Nie czekały one tylko na ustawy podatkowe i inne ciężary, a nawet może na konstytucję. Na konstytucję czekała Polska, na ustawy podatkowe czekał Skarb, rzesze ludności czekały na rzeczy bardziej dla siebie korzystne.

Przyszedł jednak nareszcie czas, kiedy państwu nadano konstytucję, a lud polski otrzymał swoje prawa. Mieliśmy wówczas podstawę, ażeby ludowi powiedzieć, że konstytucja nie będzie nigdy naruszona, że będzie ona jakby ewangelią, mogliśmy mu powiedzieć wówczas, że Ojczyzna żąda od niego nie tylko podatków, ofiar z krwi i mienia, ale że go też czyni współwłaścicielem i gospodarzem państwa, dając mu możność decydowania o państwie, zabierania głosu i wypowiadania swego zdania. Był to okres, kiedy pomiędzy górą i dołem, pomiędzy rządem, Sejmem a ludem polskim istniała pewna wspólnota, kiedy zapadłe nawet wioski miały żywy kontakt z państwem przez swoich przedstawicieli, znajdujących się w Sejmie. Wtedy szerokie rzesze ludności interesowały się wszystkimi przejawami życia państwowego, uważały państwo za swoje i Sejm za swój. To chyba rzecz dla państwa równie ważna, jak i pożyteczna. Jest to zasługą Sejmów mimo ich błędów, błędów przywódców politycznych, od których może ja nie byłem również całkowicie wolny. [...]

Praca nasza stała się ciężka. Traktowanie Sejmu przez p. Piłsudskiego jest znane, ale ponieważ posiadał siłę, a wielu w Polsce jest takich, co mniej dbają o słuszność, a każdej sile się podporządkowują, trafili się więc i u nas ludzie, co chcieli się z tą siłą nie tylko pogodzić, ale jej się nawet poddać.

Ja byłem nie tyle przeciwnikiem p. Piłsudskiego, ile przeciwnikiem jego metod i sposobów rządzenia. Uznać się jednak musiałem za zwyciężonego i usunąłem się w cień. Uważałem, że będąc zwyciężonym, jako polityk powinienem zwycięzcy pozostawić wolne pole do pracy, będąc zdania, że nie można w Polsce robić wiecznych eksperymentów! [...]

Śledziłem przez czas dłuższy robotę rządów pomajowych i musiałem przyjść do przekonania, że nawet chwilowe sukcesy nie mogą wyrównać tych strat, jakie w ogóle te rządy przynoszą. Czułem się obywatelem państwa, miałem nie tylko prawo, ale i obowiązek troszczyć się o nie. Widziałem, że nie ma w nim żadnej poprawy, natomiast jest pogorszenie we wszystkich dziedzinach, do czego przychodzi nieznana jeszcze dotąd samowola. [...]

Słabą stroną rządów parlamentarnych jest to, że liczyć się one muszą z Sejmem, z opinią i ze swoimi kontrahentami; wyższość ich jednak w porównaniu z rządami jednostki leży w kontakcie i współpracy ze społeczeństwem. Wyjątek stanowił w dużej mierze Rząd Obrony Narodowej w roku 1920, który miał przed sobą wielki i konkretny program: uwolnienie kraju od nieprzyjaciela i zawarcie pokoju. Rządy pomajowe nie mają tych trudności, o których mówiłem, dlatego też mogliśmy się spodziewać, że zostaną przez nie usunięte zarzucane innym rządom łajdactwa, nadużycia i nieprawości. Musieliśmy jednak wnet przyjść do przekonania, że wypadki podobne zaczynają się mnożyć, a ponadto zaczynają się dziać rzeczy dla państwa przykre, wytwarzające przepaść pomiędzy większością społeczeństwa i rządem. [...]

Zebrań poselskich urządzałem bardzo wiele, uważając je za szkołę obywatelską. Zebrania nasze były też zawsze rzeczowe. Przestrzegałem na nich przed napaściami, oszczerstwami i insynuacjami. Dawałem wskazówki i instrukcje, by się zawsze zajmowano sprawami aktualnymi. Zebrania moje kończyły się zawsze zwrotem: „Jesteście w pełni uprawnionymi obywatelami. Stanowicie w Polsce najliczniejszą klasę ludności. Państwo jest dla was najwięcej potrzebne, nie wolno wam więc na jego losy, na przejawy życia politycznego być martwymi, a choćby tylko obojętnymi. Cokolwiek jednak robicie, uważajcie, że nie wolno wam łamać ani prawa, ani też przepisów. Wy, opuszczeni i słabi, dla których prawo jest obroną, musicie wszystko robić w ramach prawa". [...]

Z natury rzeczy tak bywa, że jeżeli człowiek lub też pewna grupa ludzi dostanie się do władzy, to stara się tę władzę rozszerzyć, a tym samym ukrócić prawa obywatelskie innych. Tym zamierzeniom właśnie nasze Stronnictwo starało się przeciwstawić.

Panowie sędziowie! Obecny system idzie w kierunku skrępowania praw ludu, ja też chcę z tego miejsca stan ten przedstawić. Lud prowadzony do państwa widział w nim swoją ostoję i swoją przyszłość. Odnosił się też z ufnością, ale chciał na odwrót, by to państwo odpłaciło mu się za to sercem. Tymczasem z chwilą gdy w Warszawie zaistniała dyktatura, to rozszerzyła się ona na wszystkich urzędników włącznie do policjantów. Lecz jeżeli dyktatura w Warszawie była inteligentna, to dyktatura policjanta taką być nie mogła, bo przeważna część policjantów nawet do swego zadania nie dorosła. A jednak byli to ludzie, którzy rządzili i sądzili. Zaczęły się orgie szykan i nadużyć.

Stan podobny wywołuje wśród ludności niechęć, a często nienawiść do urzędników, a przez utożsamianie ich z państwem niechęć ta przechodzi na państwo. Toteż lud obojętnieje dla państwa, nie znajdując opieki, a czując pogwałcenie swych praw, usuwa się na bok.

Wysoki Sąd przyzna, że obywatel, który chciał widzieć w państwie panowanie prawa i porządek, nie mógł na to spokojnie patrzeć, musieliśmy wykazywać, że to są rzeczy przejściowe, że to minie, że w ręku obywatela leży, żeby zmiany te przeprowadzić. W jaki sposób można te zmiany osiągnąć? Bronią powołaną do tego są wybory. Dawniej o posiadaniu władzy rozstrzygały armaty i karabin, teraz rozstrzyga kartka wyborcza, bo nowe życie kulturalne, cywilizacja i demokracja uznały je za broń więcej odpowiednią.

Ale jeżeli przychodzą wybory, a wyborca nie może swobodnie spełnić swego prawa, jeśli z urny wychodzi co innego, aniżeli wkłada wyborca, albo jeśli policjant poucza go pięścią lub kułakiem, jak należy głosować, to nic dziwnego, że ten obywatel od urny uciekał. Tuśmy więc przegrali, przegrała demokracja, ale przegrało też i państwo, a przecież ono nie może zbyt często przegrywać.

Postanowiliśmy więc kres temu położyć, ale nie w ten sposób, jaki nam imputuje oskarżyciel publiczny. Aniśmy chcieli, ani myśleli, ani też mogli chłopów prowadzić na Warszawę. [...]

Polskę na rebelie, na zamachy i na rozruchy nie stać. I będzie to trwało jeszcze długo. Polska, będąc w tych warunkach geograficznych, materialnych i narodowościowych, jeżeliby poszła na to szaleństwo, to mogłaby zapłacić sobą, a co najmniej kawałem swego obszaru.

Rewolucji więc nie chcieliśmy, bo Polski na loterię wystawiać nie mieliśmy zamiaru. A ja, któremu przecież patriotyzmu odmówić nie można, umiem się z tym liczyć, a tylko dla dokuczenia p. Piłsudskiemu tego zrobić nie mogłem i nie mogę.

Jeżeli chodzi o kongres krakowski, to złożyłem o tym zeznanie w znanych warunkach w Brześciu. Mógłbym o tych warunkach mówić, ale ponieważ jest co do tego zakaz pana Przewodniczącego, to ja zakazu tego się trzymam. W kongresie krakowskim wziąłem udział, byłem jednym z przewodniczących, godziłem się z uchwałą, która została powzięta i godzę się z nią obecnie, uważam bowiem, że mieści się ona w zakresie praw i obowiązków obywatela. Jestem przeciwnikiem dyktatury i rządów jednostki z głębokiego mego przekonania. Uważam za rzecz konieczną, ażeby z tym systemem, z tym rządem i „reżimem" w Polsce skończyć. [...]

Przez kongres krakowski, w którym wzięliśmy udział, chcieliśmy powiadomić społeczeństwo o istotnym stanie rzeczy. Wyznaję zasadę, że nigdy i nigdzie, w żadnym państwie nie wystarczy i dla obrony, i w każdej innej sytuacji państwa, ani klika, ani poszczególny, choćby najwięcej genialny człowiek. Ciężar ten musi wziąć na siebie całe społeczeństwo.

Nie chcemy więc, ażeby Polska budowana była na jednym człowieku, chcemy, ażeby budowało ją całe społeczeństwo.

Jeżeli chcę, aby pracą państwową zainteresowało się szerokie społeczeństwo, to uważam, że rządy konstytucyjne i parlamentaryzm są najlepszym do tego sposobem i najlepszą drogą.

Nie chciałbym już dłużej nużyć Wysokiego Sądu, ale mimo woli przypominają mi się koleje mego życia. Byłem przecież obywatelem innego państwa, byłem posłem na Sejm galicyjski[4]. W Sejmie tym zabierałem często głos mocny. Należałem do parlamentu austriackiego, gdzie również zabierałem głos[5]. W czasie wojny uważany byłem za zwolennika Ententy. Oskarżono mnie o zdradę stanu i o 5 innych zbrodni, wytoczono mi śledztwo, przesłuchiwano. Ale mimo wszystko ten rząd zaborczy, który znał moje stanowisko i moją pracę, nie wtrącił mnie do lochu ani nie deptał mojej godności i mego człowieczeństwa.

A w Polsce! Wysoki Sądzie, byłem tym prezesem rządu, który został przez zamach majowy obalony. Nie ja dokonałem zamachu, ale ja wraz z rządem stałem się ofiarą zamachu. A rząd ten nie był przecież rządem uzurpatorskim, był rządem konstytucyjnym, powołanym przez Prezydenta Rzeczypospolitej. A więc kto inny robił zamach i spisek, a ja siedzę na ławie oskarżonych.

Prawdziwi zamachowcy w Polsce muszą trafić na ławę oskarżonych.

Wierzę jednak zawsze, że w Polsce jest prawo i to równe prawo dla wszystkich, dlatego też, siedząc dzisiaj na ławie oskarżonych, ośmielam się zapytać pana przedstawiciela oskarżenia publicznego, czy nie zna tych ludzi, którzy dokonali zamachu i czy to było przestępstwem? Bo jeżeli jest tak, to powinna być wielka zmiana i spodziewam się, że ta zmiana nastąpi.

Dlatego siedząc na ławie oskarżonych, nie wdając się w to, jaki będzie wyrok, spodziewam się, że nareszcie przyjdą w Polsce takie zmiany, kiedy prawo i sprawiedliwość będą górą i kiedy na ławie oskarżonych zasiądą ci, co nie tylko zamach przygotowali, ale także którzy go chcieli i dokonali.

4 W latach 1908–1914.
5 W latach 1911–1918.

Rozwój gospodarczy Związku Radzieckiego – pierwszego na świecie państwa socjalistycznego – miały zapewnić reformy opracowane przez kierownictwo partii bolszewickiej z Józefem Stalinem na czele. Na przełomie lat 20. i 30. XX wieku po akcji kolektywizacji przyszła kolej na wprowadzenie kompleksowego planu gospodarczego, czyli pięciolatki. Plan pięcioletni wyznaczał najważniejsze kierunki rozwoju, określał wskaźniki w poszczególnych gałęziach gospodarki. Celem było dogonienie Zachodu. Biorąc za podstawę absurdalne założenia komunizmu naukowego, kierownictwo partii narzuciło drakońskie normy pracy i konieczność wykonywania odgórnie określonych planów w czasie krótszym od pierwotnie zapisanego w pięciolatce. Rzucono hasło wykonania planu pięcioletniego w cztery lata. Choć dobrych wyników – pomimo odgórnych nacisków – nie udało się osiągnąć, oficjalnie ogłoszono triumf polityki „pięć w cztery" (wskaźniki masowo fałszowano).

Przemówienie wygłoszone przez Józefa Stalina na pierwszej ogólnozwiązkowej konferencji pracowników przemysłu socjalistycznego 4 lutego 1931 r. miało pobudzić przodującą klasę robotniczą do bicia rekordów produkcyjnych. Stalin wzywał do wykonywania założeń planu pięcioletniego w trzy lata, co oznaczało jeszcze większe wyśrubowanie norm pracy, zapoczątkowało ruch przodowników pracy i ściganie przez organy bezpieczeństwa państwowego „elementów opornych" i „sabotażystów". (Anna Łabuszewska)

Józef STALIN
1878–1953, przywódca ZSRR, sekretarz generalny WKP(b), dyktator, wprowadził totalitarny system rządów, zapewniający mu niepodzielną władzę; posługiwał się masowym terrorem; początkowo zawarł sojusz z Niemcami hitlerowskimi, po ataku na ZSRR przystąpił do koalicji antyhitlerowskiej, po II wojnie światowej zawładnął krajami Europy Wschodniej; jego zbrodnie zostały napiętnowane na XX Zjeździe KPZR w 1956.

JÓZEF STALIN

NIE MOŻEMY ZWALNIAĆ!

PRZEMÓWIENIE NA PIERWSZEJ OGÓLNOZWIĄZKOWEJ KONFERENCJI PRACOWNIKÓW PRZEMYSŁU SOCJALISTYCZNEGO, 4 LUTEGO 1931

Towarzysze! Nasza konferencja zbliża się do końca. Przed wami przyjęcie rezolucji. Nie wątpię, że zostaną przyjęte jednogłośnie. W tych rezolucjach – trochę je znam – aprobujecie wskaźniki dla przemysłu na rok 1931 i zobowiązujecie się je wykonać.

Słowo bolszewika to poważne słowo. Bolszewicy mają w zwyczaju wypełniać obietnice, które składają. Co oznacza zobowiązanie wykonania wskaźników dla przemysłu na rok 1931? To oznacza zapewnienie ogólnego wzrostu produkcji przemysłowej o 45%. A to wielkie zadanie. Mało tego. Takie zobowiązanie oznacza, że nie tylko składacie obietnicę wykonania zadań naszej pięciolatki w cztery lata – to już postanowione i żadnych rezolucji dodatkowo w tej sprawie przyjmować nie trzeba – oznacza, że zobowiązujecie się do wykonania pięciolatki w trzy lata w podstawowych, decydujących działach przemysłu.

To dobrze, że konferencja podejmuje zobowiązanie wykonania planu na rok 1931 i wykonania pięciolatki w trzy lata. Ale jesteśmy nauczeni „gorzkim doświadczeniem". Wiemy, że nie zawsze zobowiązania są wykonywane. Na początku 1930 roku też padło takie zobowiązanie wykonania planu rocznego. Wtenczas trzeba było zwiększyć produkcję naszego przemysłu o 31–32%. Jednakże zobowiązanie nie zostało wykonane w pełni. Wzrost produkcji przemysłowej w rzeczywistości wyniósł za 1930 rok 25%. Musimy zadać pytanie: czy to samo nie powtórzy się i w tym roku? Kadra kierownicza, pracownicy naszego przemysłu podejmują zobowiązanie zwiększenia produkcji przemysłowej w 1931 roku o 45%. Ale jaka jest gwarancja, że zobowiązanie to zostanie wypełnione?

Co potrzeba, ażeby wykonać wyznaczone wskaźniki, ażeby produkcja mogła wzrosnąć o 45%, ażeby wykonać pięciolatkę nie w ciągu czterech lat, a w podstawowych i decydujących działach już w ciągu trzech lat?

Trzeba spełnić dwa podstawowe warunki.

Po pierwsze, musimy stworzyć realne albo – jak to u was mówią – „obiektywne" możliwości wykonania planu.

Po drugie, potrzebna jest wola i umiejętności zarządzania naszymi zakładami w taki sposób, aby te możliwości wcielić w życie.

Mieliśmy w zeszłym roku „obiektywne" możliwości, aby w pełni wykonać plan? Tak, mieliśmy. Świadczą o tym niepodważalne fakty. A fakty są takie: w marcu i kwietniu zeszłego roku produkcja przemysłu wzrosła o 31% w porównaniu z rokiem poprzednim. Zapytuję, dlaczego nie wykonaliśmy planu za cały rok? Co stanęło na przeszkodzie? Czego zabrakło? Zabrakło umiejętności wykorzystania możliwości, które były. Zabrakło umiejętności prawidłowego zarządzania zakładami, fabrykami, kopalniami.

Spełniliśmy pierwszy warunek: „obiektywne" możliwości wykonania planu. Ale nie spełniliśmy w wystarczającym stopniu drugiego warunku: umiejętności zarządzania przedsiębiorstwami. Tego nam zabrakło i właśnie dlatego planu nie zdołaliśmy wykonać. Zamiast 31–32% wzrostu osiągnęliśmy zaledwie 25%.

Oczywiście, 25-procentowy wzrost to bardzo wiele. Żadne państwo kapitalistyczne nie osiągnęło w 1930 roku ani teraz nie osiąga wzrostu produkcji. We wszystkich bez wyjątku państwach kapitalistycznych ma miejsce gwałtowny spadek produkcji. W takich warunkach uzyskanie 25% wzrostu to wielki krok naprzód. Ale mogliśmy dać więcej. Istniały bowiem niezbędne „obiektywne" warunki.

Tak więc, jaką mamy gwarancję, że w tym roku nie powtórzy się kazus ubiegłego roku, że nasz plan wykonamy w całości, że wykorzystamy nasze możliwości tak, jak powinny zostać wykorzystane, że nasze zobowiązanie nie pozostanie w pewnej części na papierze?

W historii państw, w historii krajów, w historii armii zdarzały się przypadki, kiedy były możliwości, żeby odnieść sukces, odnieść zwycięstwo, ale one, te możliwości, pozostawały niewykorzystane, jako że kadra dowódcza nie dostrzegała tych możliwości, nie potrafiła ich wykorzystać, i armie ponosiły klęski.

Czy mamy wszystkie możliwości niezbędne do wypełnienia wskaźników na rok 1931?

Tak, mamy takie możliwości.

Na czym polegają te możliwości, co jest niezbędne, by te możliwości zostały wcielone w życie?

Przede wszystkim niezbędne są bogactwa naturalne w kraju: ruda żelaza, węgiel, ropa naftowa, zboże, bawełna. Czy mamy te bogactwa? Tak, mamy. Mamy więcej niż w jakimkolwiek innych kraju. Weźmy choćby Ural, który jest kombinacją bogactw, jakiej nie dałoby się znaleźć w żadnym kraju. Ruda, węgiel, ropa naftowa, zboże – czegóż to nie ma na Uralu! Mamy w kraju wszystko, może tylko poza kauczukiem. Ale za rok–dwa będziemy mieli w swojej dyspozycji również kauczuk. Od tej strony – od strony bogactw naturalnych – jesteśmy w pełni zabezpieczeni. Mamy ich nawet w nadmiarze.

Czego jeszcze potrzebujemy?

Potrzebujemy takiej władzy, która miałaby chęć i siłę zdecydować, aby te ogromne bogactwa naturalne zostały wykorzystane dla dobra narodu. Czy mamy taką władzę? Tak, mamy. Co prawda nasza praca nad wykorzystaniem bogactw naturalnych czasami doprowadza do pewnych tarć pomiędzy naszymi pracownikami. Na przykład w zeszłym roku władza radziecka musiała przeprowadzić kampanię w kwestii utworzenia drugiej bazy węglowo-metalurgicznej, bez której nie możemy się dalej rozwijać. Ale pokonaliśmy już te przeszkody. I wkrótce będziemy mieli tę bazę.

Czego jeszcze potrzebujemy?

Potrzebujemy, aby władza miała poparcie milionowych rzesz robotników i chłopów. Czy nasza władza ma takie poparcie? Tak, ma. Na całym świecie nie znajdziecie drugiej takiej władzy, która cieszyłaby się takim poparciem robotników i chłopów, jakim cieszy się władza radziecka. Nie będę tu przytaczał faktów wzrostu współzawodnictwa socjalistycznego, faktów wzrostu przodownictwa pracy, faktów z kampanii walki o przekroczenie planu produkcji przemysłowej. Wszystkie te fakty, które dobitnie świadczą o poparciu milionowych rzesz dla władzy radzieckiej, są ogólnie znane.

Czego jeszcze potrzebujemy, aby wykonać i przekroczyć wskaźniki na rok 1931?

Potrzebujemy jeszcze takiego ustroju, który byłby wolny od nieuleczalnej choroby kapitalizmu i który poważnie przewyższałby kapitalizm. Kryzys, bezrobocie, marnotrawstwo, nędza szerokich mas – oto nieuleczalne choroby kapitalizmu. Nasz ustrój nie cierpi na te choroby, dlatego że władza spoczywa w naszych rękach, w rękach klasy robotniczej, dlatego że prowadzimy gospodarkę planową, zgodnie z planem gromadzimy zasoby i odpowiednio rozdzielamy je na poszczególne gałęzie gospodarki narodowej. Jesteśmy wolni od nieuleczalnych chorób kapitalizmu. Na tym polega różnica i na tym polega nasza wyższość nad kapitalizmem.

Popatrzcie, jak kapitaliści próbują pokonać skutki kryzysu gospodarczego. Maksymalnie obniżają zarobki robotników. Maksymalnie obniżają ceny na surowce. Ale nie chcą jakkolwiek obniżać cen na towary przemysłowe masowego użytku i żywność. A to oznacza, że chcą wyjść z kryzysu kosztem głównych konsumentów towarów, kosztem robotników, kosztem chłopów, kosztem ludzi pracy. Kapitaliści piłują gałąź, na której siedzą. Zamiast wyjścia z kryzysu dochodzi do jego pogłębienia, dochodzi do nagromadzenia przesłanek, prowadzących do jeszcze poważniejszego kryzysu.

Nasza przewaga polega na tym, że nie znamy kryzysów nadprodukcji, nie mamy i nie będziemy mieli milionów bezrobotnych, nie mamy anarchii w produkcji, ponieważ prowadzimy gospodarkę planową. Ale to jeszcze nie wszystko. Jesteśmy krajem o najbardziej skoncentrowanym przemyśle. To oznacza, że możemy budować nasz przemysł na podstawie najlepszej techniki i zapewnić dzięki temu niezwykłą wydajność pracy, niezwykłe tempo akumulacji. Nasza słabość w przeszłości polegała na tym, że przemysł ten bazował na rozproszonym i drobnym rolnictwie. Ale to mamy za sobą. Teraz jest inaczej. Jutro, a być może za rok, będziemy krajem o najpotężniejszym rolnictwie. Sowchozy i kołchozy – a to one są wielkimi formami rolnictwa – już w tym roku dały połowę całego naszego zboża. A to oznacza, że nasz ustrój, ustrój radziecki, daje nam takie możliwości szybkiego postępu, o których nie może marzyć ani jeden kraj burżuazyjny.

Czego jeszcze potrzebujemy, aby posuwać się do przodu siedmiomilowymi krokami?

Potrzebujemy partii, tak zwartej i zjednoczonej, aby skierować wysiłki wszystkich najlepszych ludzi z klasy robotniczej na rzecz realizacji jednego celu, i na tyle doświadczonej, aby nie dopuścić do dryfu w razie trudności i aby systematycznie wprowadzać w życie słuszną, rewolucyjną, bolszewicką politykę. Czy mamy taką partię? Tak, mamy. Czy prowadzi ona słuszną politykę? Tak, prowadzi. To słuszna polityka, albowiem daje ona odpowiednie rezultaty. To przyznają teraz nie tylko przyjaciele, ale i wrogowie klasy robotniczej. Popatrzcie, jak wyją i wściekają się na naszą partię wszystkim „znani" dżentelmeni – Fish[1] w Ameryce, Churchill w Anglii, Poincare[2] we Francji. Dlaczego tak wyją i się wściekają? Dlatego że polityka naszej partii jest słuszna, dlatego że przynosi nam sukces za sukcesem.

Oto, towarzysze, wszystkie te obiektywne możliwości, które ułatwiają nam wykonanie wskaźników na rok 1931, które pomagają nam wykonać pięciolatkę w cztery, a w decydujących działach – nawet w trzy lata.

Podsumujmy: pierwszy warunek wykonania planu – „obiektywne" możliwości mamy. To pewne.

A czy możemy spełnić drugi warunek – to znaczy, czy umiemy odpowiednio wykorzystać te możliwości?

Inaczej mówiąc, czy mamy odpowiednio zorganizowane zarządzanie fabrykami, zakładami, kopalniami? Czy w kwestii kadry zarządzającej wszystko układa się pomyślnie?

Niestety, w tej kwestii nie wszystko układa się pomyślnie. I my, jako bolszewicy, musimy powiedzieć to wprost i szczerze.

Co oznacza zarządzanie produkcją? U nas nie zawsze patrzy się po bolszewicku na problem kierowania przedsiębiorstwami. U nas nierzadko myślą, że kierować to znaczy podpi-

1 Hamilton Fish III (1888–1991), amerykański polityk, republikanin, jeden z czołowych izolacjonistów, znany z radykalnego antykomunizmu, w latach 1920–1944 w Kongresie. Stalin czyni tu aluzję do raportu sepcjalnej komisji kongresowej ds. działalności komunistycznej w USA, który opublikowano w 1931.

2 Raymond Poincaré (1860–1934), francuski polityk prawicowy, wielokrotny premier, w latach 1913–1920 prezydent Francji.

sywać papiery, polecenia. Smutne, ale to fakt. Czasem mimo woli przypominają się pompadurzy Szczedrina[3]. Czy pamiętacie, jak pompadurowa pouczała młodego pompadoura: nie zawracaj sobie głowy nauką, nie zgłębiaj istoty rzeczy, niech inni to robią, to nie twoja sprawa – do ciebie należy podpisywanie papierów. Trzeba przyznać ze wstydem, że i wśród nas, bolszewików, jest niemało takich, którzy kierują poprzez podpisywanie papierów. A jeśli chodzi o zgłębianie istoty, o zapoznanie się ze sprzętem, o ambicje, by zostać prawdziwym gospodarzem, tego akurat ani-ani.

Jak mogło dojść do tego, że my, bolszewicy, którzy przeprowadziliśmy trzy rewolucje, którzy wyszliśmy zwycięsko z wojny domowej, którzyśmy poradzili sobie z ważnym zadaniem stworzenia nowoczesnego przemysłu, którzyśmy skierowali rolnictwo na drogę socjalizmu, jak mogło dojść do tego, że w kwestii zarządzania produkcją pasujemy przed papierkiem?

Przyczyna jest taka, że papierek podpisać jest o wiele łatwiej, niż zarządzać produkcją. A wielu działaczy gospodarczych poszło po linii najmniejszego oporu. Jest w tym też nasza wina, wina władz centralnych. Jakieś dziesięć lat temu wysunięto hasło: „Ponieważ komuniści nie znają jeszcze techniki produkcji na odpowiednim poziomie, muszą uczyć się zarządzania gospodarką, przeto niech starzy technicy i inżynierowie, specjaliści odpowiadają za sprawy produkcji, a wy, komuniści, nie wtrącajcie się w sprawy techniczne, ale – choć bez wtrącania się – jednak uczcie się techniki, uczcie się zarządzania produkcją bez wytchnienia, żeby potem wspólnie z oddanymi specjalistami stać się prawdziwymi kierownikami produkcji, prawdziwymi gospodarzami". Takie było hasło. A co się stało w rzeczywistości? Drugą część formuły odrzucono, albowiem uczyć się jest o wiele trudniej, niż podpisywać papiery, a pierwszą część formuły spłaszczono, pojmując nieingerencję jako odsunięcie się od poznawania techniki produkcji. Wyszła z tego bzdura, szkodliwa i niebezpieczna bzdura, im szybciej się od niej uwolnimy, tym lepiej.

Samo życie niejednokrotnie sygnalizowało nam niepowodzenia w tej materii. Proces szachtyński[4] był pierwszym poważnym sygnałem. Proces szachtyński pokazał, że organizacje partyjne i związki zawodowe nie zachowały czujności partyjnej. Pokazał, że nasi działacze gospodarczy skandalicznie pozostali w tyle w sprawach techniki, a niektórzy starzy inżynierowie i technicy, pracując bez kontroli, łatwo wpadają w pułapkę szkodnictwa, tym bardziej że nieustająco dokuczają im swoimi „propozycjami" wrogowie z zagranicy.

Drugim sygnałem był proces „Prompartii"[5].

Oczywiście u podstaw szkodnictwa leży walka klasowa. Oczywiście, wróg klasowy stawia wściekły opór natarciu socjalizmu. Ale to nie wyjaśnia takiego rozkwitu szkodnictwa. To za mało.

Jak mogło dojść do tego, że szkodnictwo osiągnęło tak wielkie rozmiary? Czyja to wina? To nasza wina. Gdybyśmy kwestię zarządzania gospodarką zorganizowali inaczej, gdyby-

3 Chodzi o utwór *Pompadurzy i pompadurowe* Michaiła Sałtykowa-Szczedrina, satyrę na stosunki społeczne w Rosji drugiej połowy XIX wieku (przyp. tłum).

4 Proces „szkodników" w mieście Szachty – za sabotowanie produkcji przed sądem stanęło kilkudziesięciu inżynierów i techników, kilkunastu oskarżonych skazano na najwyższy wymiar kary (przyp. tłum).

5 Partii Przemysłowej (przyp. tłum).

śmy wcześniej wzięli się do uczenia się techniki, wcześniej opanowali sprawy techniczne, gdybyśmy częściej i mądrze wtrącali się w zarządzanie gospodarką – szkodnikom nie udałoby się tak wiele naszkodzić.

Musimy sami zostać specjalistami, gospodarzami, musimy zwrócić się twarzą w stronę wiedzy technicznej – to tu kierowało nas życie. Lecz ani pierwszy sygnał, ani nawet drugi sygnał nie zdołał zawrócić nas we właściwym kierunku. Czas najwyższy, już dawno nadszedł ten czas, aby odrzucić stare hasło, które przestało być aktualne, hasło o niewtrącaniu się w sprawy techniczne, i stać się specjalistami, znawcami tematu, stać się pełnoprawnymi gospodarzami i zarządzającymi gospodarką.

Często pytają mnie, dlaczego u nas nie obowiązuje zasada jednoosobowego kierownictwa? Tej zasady nie ma i nie będzie dopóty, dopóki nie zdołamy opanować spraw technicznych. Jak długo wśród nas, wśród bolszewików, nie będzie odpowiedniej liczby ludzi, którzy będą orientować się w sprawach technicznych, gospodarczych, finansowych, tak długo nie zdołamy zastosować zasady jednoosobowego kierownictwa. Możecie pisać dowolnie wiele rezolucji, przysięgać najpiękniejszymi słowami, ale jeśli nie opanujecie spraw technicznych, gospodarczych, finansowych zakładów, fabryk, kopalń, to nic z tego nie będzie, nie będzie jednoosobowego kierownictwa.

Zadanie zatem polega na tym, aby opanować sprawy techniczne i przejąć zarządzanie w swoje ręce. Tylko takie postawienie sprawy daje gwarancję, że nasze plany będą wykonywane w całości, wtedy będziemy mogli wprowadzić jednoosobowe kierownictwo.

To sprawa, ma się rozumieć, niełatwa, ale możemy sobie z nią poradzić. Nauka, doświadczenie w sprawach technicznych, wiedza – to rzeczy nabyte. Dziś ich nie mamy, a jutro będziemy mieć. Rzecz najważniejsza to wielkie bolszewickie pragnienie, aby opanować sprawy techniczne, opanować wiedzę o zarządzaniu produkcją. Jeśli takie pragnienie będzie, osiągniemy wszystko, pokonamy wszystkie przeszkody.

Czasem pytają mnie, czy nie należałoby trochę zwolnić, powstrzymać parcie do przodu. Nie, nie możemy tego zrobić, towarzysze! Nie możemy zwalniać! Wręcz przeciwnie, w miarę sił i możliwości musimy zwiększać tempo. Tego wymagają od nas nasze zobowiązania, jakie podjęliśmy wobec robotników i chłopów ZSRR. Tego wymagają od nas zobowiązania, jakie podjęliśmy wobec klasy robotniczej całego świata.

Zwolnić to znaczy zostać z tyłu. A ci, którzy zostają z tyłu, są bici. Ale my nie chcemy być bici. Nie, nie chcemy! Historia starej Rosji polegała między innymi na tym, że Rosja zawsze dostawała cięgi za zacofanie. Dostawała cięgi od mongolskich chanów. Od tureckich beków. Od szwedzkich feudałów. Od polsko-litewskich panów. Od angielsko-francuskich kapitalistów. Od japońskich baronów. Od wszystkich dostawała cięgi z powodu zacofania. Z powodu zacofania w dziedzinie wojskowości, z powodu zacofania w dziedzinie kultury, organizacji państwa, w przemyśle i rolnictwie. Bili ją wszyscy, bo można się było przy tym wzbogacić i nie ponieść kary. Czy pamiętacie słowa przedrewolucyjnego poety: „Tyś i uboga, i wszechobfita, Tyś i bezsilna, i niespożyta, Rosjo rodzinna"[6]. Te słowa starego poety

6 Nikołaj Niekrasow, *Komu się na Rusi dobrze dzieje* w tłumaczeniu Juliana Tuwima (przyp. tłum.).

dobrze przyswoili sobie ci panowie. Bili ją i dogadywali: „Tyś wszechobfita" – bo można się było wzbogacić jej kosztem. Bili i dogadywali: „Tyś i uboga, i bezsilna" – bo można ją było bić i grabić bezkarnie. Taka jest zasada wyzyskiwaczy: bić zacofanych i słabych. Wilcze prawo kapitalizmu. Jesteś zacofany, jesteś słaby – a więc nie masz racji, a więc można cię bić i zniewolić. Jesteś potężny – a więc masz rację, a więc trzeba się ciebie strzec.

Oto dlaczego nie możemy dłużej być zacofani.

W przeszłości nie mieliśmy, bo nie mogliśmy mieć ojczyzny. Ale teraz, kiedy obaliliśmy kapitalizm, kiedy władzę mamy my, naród – teraz mamy ojczyznę i będziemy walczyć o jej niepodległość. Czy chcecie, żeby nasza socjalistyczna ojczyzna została pokonana i żeby utraciła niepodległość? A jeśli tego nie chcecie, powinniście jak najszybciej zlikwidować jej zacofanie i rozwinąć iście bolszewickie tempo w dziele budownictwa gospodarki socjalistycznej. Innej drogi nie ma. To dlatego Lenin mówił w przeddzień Października: „Albo umrzeć, albo doścignąć i prześcignąć przodujące kraje kapitalistyczne".

Zostaliśmy za przodującymi krajami kapitalistycznymi 50–100 lat. Musimy pokonać ten dystans w dziesięć lat. Albo to uczynimy, albo nas zgniotą.

Oto co dyktują nam nasze zobowiązania wobec robotników i chłopów ZSRR.

Ale mamy jeszcze inne, poważniejsze, ważniejsze zobowiązania. To zobowiązania wobec światowego proletariatu. Pokrywają się one z tymi pierwszymi. Ale stawiamy je wyżej. Klasa robotnicza ZSRR jest częścią światowej klasy robotniczej. Zwyciężyliśmy nie tylko dzięki wysiłkowi klasy robotniczej ZSRR, ale także dzięki poparciu światowej klasy robotniczej. Bez tego poparcia dawno by nas zadziobali. Mówi się, że nasz kraj jest szturmową brygadą proletariatu wszystkich krajów. Dobrze powiedziane. Ale to nakłada na nas poważne zobowiązania. Z jakiej racji popiera nas międzynarodowy proletariat, czym zasłużyliśmy sobie na takie poparcie? Ano tym, że jako pierwsi rzuciliśmy się do walki z kapitalizmem, że jako pierwsi ustanowiliśmy władzę robotników, że jako pierwsi zaczęliśmy budować socjalizm. Tym, że gdy nasza sprawa się powiedzie, to przewróci cały świat i wyzwoli klasę robotniczą. Czego potrzebujemy, by odnieść sukces? Musimy zlikwidować nasze zacofanie, rozwinąć wysokie, bolszewickie tempo budownictwa. Musimy pędzić naprzód tak, aby klasa robotnicza całego świata, patrząc na nas, mogła powiedzieć: oto on, mój oddział w walce o postęp, oto ona, moja brygada szturmowa, oto ona, moja władza robotnicza, oto ona – moja ojczyzna. To, co robią, robią dobrze, nasza sprawa jest słuszna – poprzemy ich przeciwko kapitalistom i rozpalimy sprawę rewolucji światowej. Czy powinniśmy spełnić nadzieje światowej klasy robotniczej, czy powinniśmy wypełnić nasze zobowiązania wobec niej? Tak, powinniśmy, jeśli nie chcemy się skompromitować.

Takie są nasze zobowiązania, wewnętrzne i międzynarodowe.

Widzicie, że dyktują nam one bolszewickie tempo rozwoju.

Nie powiem, że w sprawie zarządzania gospodarką nic nie zostało u nas zrobione. Zostało zrobione, i nawet bardzo dużo. Podwoiliśmy produkcję przemysłową w porównaniu z przedwojenną. Stworzyliśmy największą na świecie produkcję rolną. Ale moglibyśmy zrobić więcej, gdybyśmy postarali się w tym czasie naprawdę opanować kwestie produkcji, jej sprawy techniczne i stronę finansowo-ekonomiczną.

Maksimum w dziesięć lat powinniśmy pokonać dystans, jaki nas dzieli od przodujących krajów kapitalizmu. Mamy po temu wszystkie „obiektywne" możliwości. Brakuje nam tylko umiejętności wykorzystywania tych możliwości. A to zależy od nas. Tylko od nas! Najwyższy czas, byśmy się nauczyli wykorzystywać te możliwości. Najwyższy czas, by skończyć z przegniłą formułą niewtrącania się w sprawy produkcji. Najwyższy czas przyswoić inną, nową, odpowiednią dla tego momentu formułę: wtrącania się do wszystkiego. Jeśli jesteś dyrektorem zakładu – wtrącaj się we wszystkie sprawy, zgłębiaj je, nie przegap niczego, ucz się i jeszcze raz się ucz. Bolszewicy powinni opanować sprawy techniczne. Już najwyższy czas, aby bolszewicy sami stali się specjalistami. Technika w okresie rekonstrukcji pozwala na wszystko. I działacz gospodarczy, który nie chce poznawać spraw technicznych, który nie ma zamiaru opanować techniki – to rzecz śmiechu warta, a nie działacz gospodarczy.

Mówi się, że trudno jest opanować sprawy techniczne. To nieprawda! Nie ma takich twierdz, których bolszewicy nie mogliby zdobyć. Poradziliśmy sobie z wieloma bardzo trudnymi zadaniami. Obaliliśmy kapitalizm. Zdobyliśmy władzę. Zbudowaliśmy wielki przemysł socjalistyczny. Zawróciliśmy średniaka na drogę socjalizmu. Najważniejsze rzeczy z punktu widzenia budownictwa już zrobiliśmy. Pozostało jeszcze trochę: opanować sprawy techniczne, naukę. I kiedy to nam się uda, osiągniemy takie tempo, o którym teraz nawet nie śmiemy marzyć.

I osiągniemy to, jeśli naprawdę będziemy tego chcieli!

PRZEŁ. ANNA ŁABUSZEWSKA

FRANKLIN DELANO ROOSEVELT w polityce wewnętrznej musiał przez pierwsze dwie kadencje walczyć ze skutkami Wielkiego Kryzysu, niszczącego od 1929 r. podstawy ekonomiczne i społeczne państw Zachodu. Mowa inauguracyjna na rozpoczęcie pierwszej kadencji zawierała apel o poparcie przez obywateli USA programu Nowego Ładu (New Deal), serii reform mających zwalczyć skutki Wielkiego Kryzysu. Podczas kampanii wyborczej Partia Demokratyczna nawoływała do zmiany myślenia o roli rządu federalnego, który powinien – jej zdaniem – aktywnie wpływać na życie gospodarcze kraju i przyspieszyć zakończenie kryzysu. Podejście to miało charakter niemal rewolucyjny w stosunku do dotychczasowej amerykańskiej liberalnej tradycji, ograniczającej rolę państwa, i wymagało uzyskania aprobaty najpierw wyborców, a potem ogółu społeczeństwa. (zk)

Franklin Delano ROOSEVELT
1882–1945, przywódca Partii Demokratycznej i prezydent USA. Wygrał wybory kolejno w 1932, 1936, 1940 i 1944. Za jego prezydentury USA wycofały się z pozycji imperialnej wobec Ameryki Łacińskiej i podjęły obronę demokracji w skali świata, zagrożonego wobec ekspansji państw faszystowskich.

FRANKLIN DELANO ROOSEVELT

MOWA INAUGURACYJNA

4 MARCA 1933

Jestem pewien, że moi rodacy oczekują, iż po objęciu urzędu prezydenta przemówię do nich z taką szczerością i zdecydowaniem, jakich wymaga obecna sytuacja naszego państwa. Jest to czas, kiedy przede wszystkim należy mówić prawdę, całą prawdę, szczerze i śmiało. Nie powinniśmy się też wzdragać przed rzetelnym spojrzeniem na warunki, jakie dziś panują w naszym państwie. Ten wielki naród przetrwa, tak jak przetrwał w przeszłości, odrodzi się i rozkwitnie. Pozwólcie mi zatem przede wszystkim wyrazić moje mocne przekonanie, że jedyną rzeczą, której musimy się bać, jest sam strach – bezimienny, irracjonalny, nieuzasadniony lęk, paraliżujący działania, których podjęcie jest konieczne, by z odwrotu przejść do natarcia. We wszystkich ciemnych chwilach w życiu naszego narodu przywództwo oparte na szczerości i energicznym działaniu spotykało się ze zrozumieniem i poparciem samych obywateli, bez czego zwycięstwo nie jest możliwe. Jestem przekonany, że w tych krytycznych dniach ponownie udzielicie waszym przywódcom takiego poparcia.

Z takim oto nastawieniem z mojej i z waszej strony stajemy wobec naszych wspólnych trudności. Wiążą się one, dzięki Bogu, jedynie ze sprawami materialnymi. Ceny akcji obniżyły się do niebywale niskiego poziomu; podatki wzrosły; nasza siła nabywcza spadła; organom rządowym wszelkiego typu grozi poważne skurczenie się dochodów; nastąpiło zamrożenie obrotów handlowych; wszędzie wkoło ziemia usłana jest zwiędłymi liśćmi przedsięwzięć przemysłowych; farmerzy nie znajdują rynków zbytu dla swoich produktów; tysiące rodzin utraciło oszczędności wielu lat życia.

Co gorsza, wielu bezrobotnych obywateli stoi wobec ponurego problemu zdobycia środków na utrzymanie, a równie wielka liczba obywateli pracuje w mozole za niewielką zapłatę. Jedynie naiwny optymista może nie dostrzegać ciemnych stron rzeczywistości dnia dzisiejszego.

A jednak przyczyna naszych cierpień nie kryje się w sferze przyrody. Nie cierpimy z powodu plagi szarańczy. W porównaniu z ogromnymi trudnościami, jakie przetrwali nasi przodkowie, dzięki temu, że byli ufni i nie lękali się, nadal jest wiele rzeczy, za które powinniśmy dziękować. Natura nadal oferuje nam swoje dary, zwielokrotnione dzięki ludzkiemu trudowi. Choć jednak obfitość jest u naszych drzwi, to w coraz mniejszym stopniu korzystamy z jej dobrodziejstw. Wynika to w dużej mierze stąd, że przez swój upór i niekompetencję władcy giełdy dóbr ludzkości zawiedli, popełnili błąd, przyznali się do fiaska, po czym uciekli od odpowiedzialności. Praktyki pozbawionych skrupułów spekulantów walutowych, odrzucone przez serca i umysły obywateli, zostały postawione w stan oskarżenia przed sądem opinii publicznej.

Prawdą jest, że się starali, ale ich działania biegły torem przestarzałej tradycji. Stanąwszy wobec załamania się rynku kredytowego, zaproponowali jedynie udzielanie nowych pożyczek. Pozbawieni perspektywy zysków, którymi mogli zachęcać ludzi do podążania za ich fałszywym przywództwem, uciekli się do nawoływań, płaczliwie błagając, aby znów obdarzono ich zaufaniem. Znają jedynie reguły pokolenia egoistów. Nie mają żadnej wizji, a kiedy brakuje wizji, naród ginie.

Handlarze walutą uciekli ze swoich wysokich stołków w świątyni naszej cywilizacji. Możemy teraz na powrót poświęcić tę świątynię odwiecznym prawdom. Miarą odnowy będzie to, w jakim stopniu bardziej niż zwykłym zyskiem pieniężnym będziemy się kierować wartościami społecznymi.

Szczęście nie polega jedynie na samym posiadaniu pieniędzy; jego źródłem jest radość z dokonań i dreszcz emocji twórczego wysiłku. Radość i moralne bodźce do pracy nie mogą być dłużej zapominane w szalonej gonitwie za ulotnymi zyskami. Te mroczne dni będą warte ceny, jaką za nie płacimy, jeśli nauczą nas, że naszym prawdziwym przeznaczeniem jest nie to, żeby nam służono, ale to, byśmy służyli sobie i naszym współobywatelom.

Przyznanie, że błędem jest używanie zamożności materialnej jako miernika sukcesu, wiąże się nierozerwalnie z porzuceniem fałszywego przekonania, iż urząd publiczny i wysoka pozycja polityczna powinny być oceniane jedynie według kryteriów prestiżu stanowiska i osobistych korzyści; należy także położyć kres takim zachowaniom w bankowości i biznesie, które zbyt często upodobniały dziedziny wymagające najgłębszego zaufania do bezwzględnej i egoistycznej działalności przestępczej. Trudno się dziwić, że zaufanie słabnie, ponieważ sprzyjają mu jedynie uczciwość i poczucie honoru, bezwzględne poszanowanie zaciągniętych zobowiązań, sumienna ochrona i wolne od egoizmu postępowanie; bez tego zaufanie nie może istnieć.

Odnowa wymaga jednak zmian nie tylko w samej etyce. Ten naród domaga się działania, i to działania już teraz.

Naszym najtrudniejszym i najważniejszym zadaniem jest dać ludziom pracę. Nie jest to problem nierozwiązywalny, jeśli zabierzemy się do niego w sposób mądry i odważny. Można go rozwiązać po części, zatrudniając ludzi bezpośrednio przez sam rząd, a więc przez potraktowanie tego zagadnienia tak, jakbyśmy mieli do czynienia z sytuacją kryzysową w czasie wojny. Jednocześnie jednak powinniśmy – dzięki temu zatrudnieniu – realizować bardzo potrzebne programy stymulowania i zmieniania sposobu eksploatacji naszych zasobów naturalnych.

Równolegle musimy uczciwie spojrzeć na przeludnienie w naszych okręgach przemysłowych i – przez zaangażowanie się na skalę ogólnokrajową w redystrybucję ziemi – dążyć do lepszego jej wykorzystania przez tych, którzy najlepiej sobie radzą z uprawą roli. Działania te można wspomóc krokami mającymi na celu zwiększenie wartości produktów rolnych, a tym samym także zwiększenie zdolności nabywania towarów produkowanych w miastach. Można ten proces także wspomóc, kładąc kres narastającym stratom, spowodowanym bankructwami naszych małych domostw i naszych farm. Można ten proces wspomóc, nalegając, by władze federalne, stanowe i lokalne zareagowały bezzwłocznie na żądanie drastycznej redukcji ich kosztów. Można ten proces wspomóc przez skoordynowanie różnych działań pomocowych, które dziś są często rozproszone, nieekonomiczne i nierówne. Można ten proces wspomóc przez zorganizowanie w skali państwowej nadzoru nad wszystkimi dziedzinami transportu, łączności i innych usług, które mają zdecydowanie publiczny charakter. Istnieje wiele sposobów, którymi można ten proces wspomóc, ale nigdy nie uda się tego dokonać jedynie przez mówienie o tym. Musimy działać, i to działać szybko.

Wreszcie nasz postęp w dziedzinie zwiększania miejsc pracy będzie wymagał dwóch zabezpieczeń przed powrotem złych duchów starego porządku; cała sfera bankowości, kredytowania i inwestowania musi podlegać ścisłemu nadzorowi; należy położyć kres spekulacji cudzymi pieniędzmi i wprowadzić regulacje zapewniające odpowiedni i mocny pieniądz.

To są kierunki naszego ataku. Będę teraz prosić nowy Kongres na specjalnym posiedzeniu, by zaaprobował konkretne kroki w celu ich realizacji i będę prosił kilka stanów o natychmiastową pomoc.

Przyjmując ten program działań, podejmujemy trud zaprowadzenia porządku w naszym narodowym domu i sprawienia, aby wydatki równoważyły się z dochodami. Nasze międzynarodowe kontakty handlowe, choć niezwykle ważne, mają w tym momencie drugorzędne znaczenie wobec problemu stworzenia zdrowej gospodarki narodowej. W sprawach praktycznych jestem zwolennikiem zasady zajmowania się w pierwszej kolejności rzeczami najważniejszymi. Nie będę szczędził wysiłków, by ożywić handel światowy przez korektę systemu gospodarczego w skali międzynarodowej, ale sytuacja kryzysowa w naszym własnym państwie jest na tyle poważna, że nie można czekać, aż te działania odniosą jakiś skutek.

Koncepcja, która jest myślą przewodnią tych szczególnych środków narodowej odnowy, nie ma wąskiego charakteru nacjonalistycznego. Kładzie ona przede wszystkim nacisk na współzależność rozmaitych czynników we wszystkich regionach Stanów Zjednoczonych – na uznanie mającego wielką tradycję i wciąż istotnego amerykańskiego pionierskiego ducha. To jest droga do uzdrowienia. To jest droga którą powinniśmy natychmiast podążyć. Jest to najpewniejsza gwarancja, że odnowa będzie trwała.

W dziedzinie polityki światowej chciałbym sprawić, aby nasz naród przyjął postawę dobrego sąsiada – sąsiada, który bezwzględnie szanuje siebie samego i dlatego szanuje prawa innych – sąsiada, który honoruje swoje zobowiązania, a uzgodnienia ze swoimi sąsiadami traktuje jak świętość.

Jeśli właściwie oceniam nastroje naszego społeczeństwa, to teraz rozumiemy tak dobrze jak nigdy przedtem, do jakiego stopnia jesteśmy wzajemnie zależni od siebie; że nie możemy jedynie brać, ale musimy też dawać; że na to, abyśmy mogli iść do przodu, musimy postępować jak dobrze wyszkolona i lojalna armia, która jest skłonna do ofiar dla dobra wspólnej dyscypliny, ponieważ bez takiej dyscypliny nie dokona się żadnego postępu i żadne przywództwo nie może być skuteczne. Wiem, że jesteśmy gotowi i skłonni, aby poddać nasze życie i nasze mienie takiej dyscyplinie, ponieważ dzięki niej możliwe jest przywództwo, ukierunkowane na szersze dobro. To właśnie chciałbym zaoferować, przyrzekając, że wyższe cele powiążą nas świętym zobowiązaniem, zapewniając jedność, do której odwoływano się dotąd jedynie w czasach walki zbrojnej.

Złożywszy to przyrzeczenie, przyjmuję bez wahania przywództwo tej wielkiej armii naszych obywateli, zdecydowanych podjąć zdyscyplinowany atak na nasze wspólne problemy.

Podjęcie tego rodzaju działań, zmierzających do tego właśnie celu, jest całkiem możliwe przy tej formie rządu, którą odziedziczyliśmy po naszych przodkach. Nasza konstytucja jest tak prosta i praktyczna, że zawsze możliwe jest sprostanie potrzebom o charakterze wyjątkowym przez zmiany w układzie i w rozłożeniu akcentów, bez zmiany formy podstawowej. To dlatego nasz ustrój konstytucyjny okazał się najtrwalszym mechanizmem politycznym, jaki wytworzył współczesny świat. Wytrzymał wszystkie napięcia związane z ogromnym powiększeniem terytorium, wojnami z innymi państwami, bolesnymi konfliktami wewnętrznymi i zmianami w stosunkach międzynarodowych.

Należy mieć nadzieję, że tradycyjna równowaga między władzą wykonawczą i ustawodawczą całkowicie wystarczy, aby sprostać bezprecedensowemu zadaniu, jakie przed nami stoi. Może jednak być i tak, że bezprecedensowa konieczność podjęcia natychmiastowego działania może wymagać tymczasowego odejścia od tradycyjnej równowagi w działaniach władz publicznych.

Jestem przygotowany, by w ramach moich konstytucyjnych obowiązków zalecać podejmowanie kroków, których może wymagać zagrożone państwo w zagrożonym świecie. Te kroki lub inne działania, które Kongres może zaproponować dzięki swojemu doświadczeniu i mądrości, będę starał się, w ramach moich konstytucyjnych uprawnień, wspomagać, aby zostały możliwie szybko wprowadzone w życie.

Jednak w przypadku, gdyby Kongres nie podjął jednego lub dwóch takich działań i w przypadku, gdyby kryzys państwa nadal nie był zażegnany, nie cofnę się przed oczywistymi krokami, których podjęcie będzie wówczas moim obowiązkiem. Poproszę Kongres o udzielenie mi jedynego pozostałego instrumentu, którym można posłużyć się w celu zażegnania kryzysu – szerokich uprawnień władzy wykonawczej do stoczenia walki z kryzysem, takich uprawnień, jakie zostałyby mi udzielone, gdybyśmy zostali zaatakowani przez wroga zewnętrznego.

Za zaufanie, jakim mnie obdarzycie, odpłacę wam odwagą i oddaniem na miarę tego czasu. Nie zawiodę was.

Stajemy wobec nadchodzących mozolnych dni, zagrzewani odwagą płynącą z narodowej jedności. Podejmujemy to wyzwanie z wyraźną świadomością, że występujemy w imię starych i drogocennych wartości moralnych; z czystą satysfakcją, która bierze się z sumiennego wykonywania swoich obowiązków zarówno przez starych, jak i młodych. Naszym celem jest stworzenie podstaw dla komfortowego i stale bezpiecznego życia narodu.

Nie odnosimy się nieufnie do przyszłości prawdziwej demokracji. Naród Stanów Zjednoczonych nie zawiódł. Będąc w potrzebie, wskazał swoimi głosami w wyborach, że pragnie bezpośredniego, energicznego działania. Wybrał przywództwo zdolne do wprowadzenia dyscypliny i wytyczenia kierunku. Uczynił mnie instrumentem swoich życzeń. Przyjmuję jego wybór, traktując to jako dar.

W tym oddaniu narodu pokornie prosimy Boga o błogosławieństwo. Niech Bóg ma w swej opiece każdego z nas z osobna i nas wszystkich razem. Niech Bóg pokieruje mną w tych nadchodzących dniach.

PRZEŁ. PIOTR RĄCZKA

Fotografie na okładce: **AKG/East News; BE&W;**
Fotografie: **Archiwum (62, 83, 91, 93, 94, 102, 130, 135, 169, 173, 302);**
Corbis (8, 10, 19, 66, 71, 79, 81, 99, 110, 112, 113, 115, 125, 145, 149, 152, 157, 163, 186, 187, 195, 207, 209, 212, 228, 241, 242, 255, 286, 309, 319, 327);
Corbis AKG/East News (s. 29, 38, 53, 167, 178); PAP/CAF (218, 260, 269, 289, 308, 313); Roger Viollet/East News (69, 276, 284).

William Cobbett, *Praca trzystu tysięcy małych dziewczynek w Lancashire,* [za:] William Safire, *Lend me Your Ears: Great Speeches in History, Updated and Expanded Edition*, W. W. Norton & Company, New York - London 2004.
Thomas Babington Macaulay, *Przeciwko dyskryminacji,* [za:] www.libertystory.net
Fryderyk Engels, *O zaletach systemu komunistycznego,* [za:] Peter Wende (red.), Inge Schlotzhauer (współpr.), *Politische Reden*, t. 1: *1792-1867*, Frankfurt am Main 1990.
Fryderyk Wilhelm IV, *Oddaję w wasze ręce cenny klejnot wolności,* [za:] Peter Wende (red.), Inge Schlotzhauer (współpr.), *Politische Reden*, t. 1: *1792-1867*, Frankfurt am Main 1990. Copyright © S. Fischer Verlag.
Wilhelm Jordan, *Za przyłączeniem prowincji poznańskiej,* [za:] Peter Wende (red.), Inge Schlotzhauer (współpr.), *Politische Reden*, t. 1: *1792-1867*, Frankfurt am Main 1990. Copyright © S. Fischer Verlag.
Arnold Ruge, *Przeciwko przyłączeniu prowincji poznańskiej,* [za:] Peter Wende (red.), Inge Schlotzhauer (współpr.), *Politische Reden*, t.1: *1792-1867*, Frankfurt am Main 1990. Copyright © S. Fischer Verlag.
Abby Kelly Foster, *Kobiety stać na więcej,* [za:] www.assumption.edu
Karol Marks, *Sędzią jest historia, wykonawcą wyroku - proletariat,* [za:] www.marxists.org
Aleksander II, *Panowie, żadnych marzeń,* [za:] *Rok 1863. Wybór aktów i dokumentów*, opr. E. Maliszewski, Warszawa.
Abraham Lincoln, *O domu podzielonym,* [za:] www.historyplace.com
John Brown, *Ostatnie słowo przed sądem,* [za:] www.iath.virginia.edu
Giuseppe Garibaldi, *Odezwa do towarzyszy broni,* [za:] www.historyplace.com
Abraham Lincoln, *Pierwsze przemówienie inauguracyjne,* [za:] www.bartleby.com
Otto von Bismarck, *Krew i żelazo* , [za:] www.dsg.ch
Abraham Lincoln, *Adres Gettysburski,* [za:] www.showcase.netins.net
Abraham Lincoln, *Ostatnie przemówienie,* [za:] www.showcase.netins.net
Elizabeth Cady Stanton, *O destrukcyjnym pierwiastku męskim,* [za:] William Safire, *Lend me Your Ears: Great Speeches in History, Updated and Expanded Edition*, W. W. Norton & Company, New York - London 2004.
Otto von Bismarck, *Kulturkampf,* [za:] Peter Wende (red.), Inge Schlotzhauer (współpr.), *Politische Reden*, t. 2: *1869-1914*, Frankfurt am Main 1990. Copyright © S. Fischer Verlag.
Susan B. Anthony, *Prawo kobiet do głosowania,* [za:] www.fordham.edu
Wódz Józef, *Mowa kapitulacyjna* http://www.pbs.org/weta/thewest/resources/archives/six/jospeak.htm
Stojący Niedźwiedź, *Sposób myślenia Amerykanów jest jak trucizna,* http://indianerforumcom.in.funpic.de
Ernest Renan, *Co to jest naród?,* [za:] Ernest Renan, *Co to jest naród?*, tłum. Józef Beckerman, [w:] Przegląd Literacki, 1888, nr 23, 24, 25, 32.
William Gladstone, *O tolerancję i prawa dla wolnomyślicieli,* [za:] William Safire, *Lend me Your Ears: Great Speeches in History, Updated and Expanded Edition*, W. W. Norton & Company, New York - London 2004.
Ludwik Waryński, *Usprawiedliwieni jesteśmy przed własnym sumieniem i przed ludem,* [za:] *Pierwsze pokolenie marksistów polskich*, t. 2, Warszawa 1962.
Otto von Bismarck, *Niemcy a Europa,* [za:] Peter Wende (red.), Inge Schlotzhauer (współpr.), *Politische Reden*, t.2: *1869-1914*, Frankfurt am Main 1990. Copyright © S. Fischer Verlag.
Ludwik Pasteur, *Stawiać życie ludzkie ponad wszelkimi zwycięstwami,* [za:] *Otwarcie Instytutu Pasteura. Sprawozdanie*, Sceaux 1888, s. 26-30.
Helmuth von Moltke (Starszy), *O przyszłej wojnie* , [za:] Peter Wende (red.), Inge Schlotzhauer (współpr.), *Politische Reden*, t. 2: *1869-1914*, Frankfurt am Main 1990. Copyright © S. Fischer Verlag.
Teodor Herze, *Syjonizm to powrót do żydostwa poprzedzający powrót do kraju,* [za:] Teodor Herzl, *Mowy ze Zjazdów Bazylejskich*, Warszawa 1900.
Emil Zola, *Nie chciałem, by mój kraj tkwił w kłamstwie i niesprawiedliwości,* [za:] Emil Zola, *Oskarżam!*, wybór i red. Jerzy Adamski, przeł. Irena Rolewska, Warszawa 1958.
Bernhard von Bülow, *Młot i kowadło,* [za:] www.lib.byu.edu
Wilhelm II Hohenzollern, *Mowa huńska,* [za:] www.zeit.de. Tekst tłumaczenia opublikowany na podstawie oryginału zamieszczonego na stronie internetowej tygodnika DIE ZEIT.
Karl Pearson, *Życie narodu z punktu widzenia nauki,* [za:] www.hmco.com
Henrik Ragnar Törnebladh, *Prezentacja laureatów Henri Becquerela, Piotra Curie i Marii Skłodowskiej-Curie,* [za:] www.nobelprize.org. Copyright © 1903 by The Nobel Foundation.
Theobald von Bethmann Hollweg, *Dobrobyt albo obronność,* [za:] www.zeit.de. Tekst tłumaczenia opublikowany na podstawie oryginału zamieszczonego na stronie internetowej tygodnika DIE ZEIT.
Józef Piłsudski, *Przemówienie do I kompanii kadrowej* , [za:] Józef Piłsudski, *Pisma zbiorowe*, red. Wacław Lipiński, t. IV. Reprinted by permission of the Pilsudski Institute of America

Edward Grey, *Pokoju w Europie nie da się uratować, Great Britain, Parliamentary Debates, Commons*, Fifth Series, Vol. LXV, 1914.
Rabindranath Tagore, *Nacjonalizm,* [za:] Rabindranath Tagore, *Nationalism*, Macmillan and Co, London 1918.
Włodzimierz Lenin, *Musimy zręcznie, ostrożnie prowadzić proletariat,* [za:] www.marxists.org
Georges Clemenceau, *Możemy sprawić, by nadszedł ten dzień* , [za:] www.assemblee-nationale.fr
Woodrow Wilson, *14 punktów,* [za:] www.lib.byu.edu
Roman Dmowski, *Exposé na konferencji pokojowej w Paryżu,* [za:] *Sprawy polskie na konferencji pokojowej w Paryżu 1919 r. Dokumenty i materiały*, t. 1, Warszawa 1959.
Włodzimierz Lenin, *O demokracji burżuazyjnej i dyktaturze proletariatu,* [za:] Lenin, *Dzieła wszystkie*, t. 37, Warszawa 1988.
Włodzimierz Lenin, *Czym jest władza radziecka?,* [za:] http://www.aha.ru/~mausoleu/speaches/soviet.htm
Lew Trocki, *O wojnie z Polską,* [za:] www.magister.msk.ru
Mohandas Karamchand Gandhi, *Wycofanie poparcia dla zła wymaga całkowitego powstrzymania się od gwałtu,* [za:] www.mkgandhi.org
Józef Piłsudski, *Przemówienie w Sali Malinowej hotelu Bristol*, [za:] Józef Piłsudski, *Pisma zbiorowe*, t. 6, Warszawa 1937. Reprinted by permission of the Pilsudski Institute of America.
Maria Koszutska, *Źle trafiliście, towarzyszu Stalin,* [za:] Maria Koszutska, Wera-Kostrzewa, *Pisma i przemówienia*, t. 2, Warszawa 1961. Copyright © 1961 by Książka i Wiedza.
Maria Skłodowska-Curie, *Organizacja i działalność Instytutu Radowego w Paryżu,* [za:] *Dwa odczyty Marji Skłodowskiej-Curie wygłoszone w Warszawie w dniach 5 i 6 czerwca 1925 r.*, Warszawa 1926.
Giovanni Gentile, *Faszyzm jako totalna koncepcja życia,* [za:] Gentile Giovanni, *What is Fascism?*, [w:] *Fascism: A Reader*, tłum. i red. Roger Griffin, Oxford University Press, Oxford 1995.
Benito Mussolini, *Trzecia cywilizacja włoska,* [za:] Mussolini Benito, *Commemoration of Victory*, [w:] *Fascism: A Reader*, tłum. i red. Roger Griffin, Oxford University Press, Oxford1995.
Ignacy Daszyński, *W obronie parlamentu,* [za:] Ignacy Daszyński, *Teksty*, Warszawa 1986.
Józef Piłsudski, *Przemówienie w Nieświeżu,* [za:] Józef Piłsudski, *Pisma zbiorowe*, t. 9, Warszawa 1937. Reprinted by permission of the Pilsudski Institute of America.
Józef Piłsudski, *Przemówienie przy składaniu prochów Słowackiego do Grobów Wawelskich,* [za:] Józef Piłsudski, *Pisma zbiorowe*, t. 9, Warszawa 1937. Reprinted by permission of the Pilsudski Institute of America.
George Bernard Shaw, *Toast na cześć Einsteinu,* [za:] William Safire, *Lend me Your Ears: Great Speeches in History, Updated and Expanded Edition*, W. W. Norton & Company, New York - London 2004.
Herman Liebermann, *Na procesie brzeskim,* [za:] *Witos o demokracji: wybór przemówień, pism i rozmów Wincentego Witosa. Edukacja dla Demokracji*, Warszawa 1995.
Wincenty Witos, *Na procesie brzeskim,* [za:] *Witos o demokracji: wybór przemówień, pism i rozmów Wincentego Witosa. Edukacja dla Demokracji*, Warszawa 1995.
Józef Stalin, *Nie możemy zwalniać!,* [za:] И.В. Сталин, *Собрание сочинений в 16 томах.* t. 13, Москва 1952.
Franklin Delano Roosevelt, *Mowa inauguracyjna,* [za:] www.odur.let.rug.nl/~usa